| 제11판 |

정서행동장애

James M. Kauffman, Timothy J. Landrum 지음
방명애, 김은경, 박지연, 이효신 옮김

Σ 시그마프레스

정서행동장애, 제11판

발행일 | 2020년 3월 5일 1쇄 발행

지은이 | James M. Kauffman, Timothy J. Landrum
옮긴이 | 방명애, 김은경, 박지연, 이효신
발행인 | 강학경
발행처 | (주)시그마프레스
디자인 | 김은경
편 집 | 문승연

등록번호 | 제10-2642호
주소 | 서울특별시 영등포구 양평로 22길 21 선유도코오롱디지털타워 A401~402호
전자우편 | sigma@spress.co.kr
홈페이지 | http://www.sigmapress.co.kr
전화 | (02)323-4845, (02)2062-5184~8
팩스 | (02)323-4197

ISBN | 979-11-6226-257-3

Characteristics of Emotional and Behavioral Disorders of Children and Youth, 11th Edition

Authorized translation from the English language edition, entitled CHARACTERISTICS OF EMOTIONAL AND BEHAVIORAL DISORDERS OF CHILDREN AND YOUTH, 11th Edition, 9780134449906 by KAUFFMAN, JAMES M.; LANDRUM, TIMOTHY J., published by Pearson Education, Inc, publishing as Pearson, Copyright © 2018

KOREAN language edition published by SIGMA PRESS, INC., Copyright © 2020

✽ 책값은 책 뒤표지에 있습니다.

이 도서의 국립중앙도서관 출판예정도서목록(CIP)은 서지정보유통지원시스템 홈페이지(http://seoji.nl.go.kr)와 국가자료공동목록시스템(http://www.nl.go.kr/kolisnet)에서 이용하실 수 있습니다. (CIP제어번호 : CIP2020006962)

교육의 목적은 교육을 받는 학생의 삶의 질을 향상시키는 것이다. 오늘도 학생의 삶의 질을 높이기 위해 수많은 교사와 연구자들이 교육 현장에서 학생들에게 효과적인 교육을 제공하려 애쓰고 있다. 그러나, 현실은 초 · 중 · 고등학교의 정규 교육과정을 마치기 전에 학교로부터 제적당하거나 퇴학 또는 자퇴를 하는 학교 밖 청소년의 수가 지속적으로 증가하고 있으며, 현재 그러한 학생의 수가 50~60만 명으로 추정되고 있다. 더불어 많은 학생들이 스트레스와 우울 및 불안을 호소하고 있다. 2019년 청소년 통계에 따르면 11년째 청소년의 사망원인 1위가 자살이며, 2019년 여성가족부 통계에 따르면 전국 학령 전환기(초4, 중1, 고1)의 인터넷과 스마트폰 과의존 위험군 청소년이 20만 명을 넘는다. 학교폭력도 언어적 폭력과 신체적 폭력뿐만 아니라, 정보통신망을 이용한 사이버 따돌림까지 다양한 유형으로 나타나고 있으며, 그 정도도 점차 심해지고 있다. 많은 국내외 연구가 교사의 소진에 가장 부정적인 영향을 미치는 요인이 학생의 정서행동 문제라고 밝히고 있는데, 학생의 정서행동 문제는 학생과 환경과의 상호작용을 통해 개선될 수도 있고 악화될 수도 있다. 따라서 학생의 정서행동 특성에 영향을 미치는 생물학적 요인, 가족 요인, 또래 요인, 교사 요인, 문화 요인 등을 분석하고, 각 학생으로 하여금 정서행동 문제를 감소시키고 바람직한 기술을 습득할 수 있도록 개별화된 중재 프로그램을 신중히 계획해 체계적이고 장기적으로 실시할 필요가 있다. 정서행동장애 학생이나 위험군 학생에게 분노조절기술과 사회성 기술 등 필요한 생활기술을 교수하고, 인지행동 중재를 적용할 필요가 있을 뿐만 아니라, 가족 중재와 지역사회기관과의 협력적 중재도 예방적인 차원에서 매우 중요하다.

이 책은 정서행동장애 학생의 특성에 따라 효과적으로 교육하고 지원하기 위해 필요한 정보와 증거기반의 실제를 모아 놓은 책이다. 제1부는 제1장 시작점 : 기본 가정, 제2장 우리가 말하고자 하는 것 : 문제와 그 범위, 제3장 정서행동장애 분야의 발전과 최근 쟁점으로 구성되어 있다. 제2부는 정서행동상애의 원인론적 요인으로서 제4상 생물학적 요인, 제5장 문화 요인, 제6장 가족 요인, 제7장 학교 요인을 포함하고 있다. 제3부는 정서행동장애의 하위 유형으로서 제8장 주의력결핍 과잉행동장애, 제9장 품행장애, 제10장 불안장애, 제11장 우울장애와 자살행동, 제12장 사고, 의사소통, 상동행동의 중도장애, 제13장 청소년기 문제행동을 포함하고 있다. 제4부는 사정과 관련하여 제14장 측정, 선별, 확인과 제15장 교수를 위한 사정으로 구성되어 있다. 김은경 교수가 1, 2, 8, 12장을 번역하였고, 방명애 교수가 3, 4, 9, 11장을 번역하였으며, 박지연 교수가 5, 6, 7, 10장을 번역하였고, 이효신 교수가 13, 14, 15장을 번역하였다.

이 책이 정서행동장애 학생의 인권을 존중하며 효과적으로 교육하는 데 귀중한 자료로 사용될 것이라 확신한다. 특수교사를 꿈꾸며 열심히 공부하는 예비 특수교사, 교육 현장에서 장애 학생의 삶의 질을 높이기 위하여 최선을 다하는 특수교사와 일반교사, 정서행동장애를 연구하는 대학원생과 학자, 정서행동장애 자녀를 사랑으로 양육하는 부모님과 가족, 그리고 정서행동장애에 관심이 있는 모든 이에게 도움이 되길 소망한다.

이 책이 나오기까지 오랫동안 인내하며 기다려주신 (주)시그마프레스의 강학경 사장님과 정성을 다해 작업해준 편집부 직원들에게 감사드린다. 우리의 모든 형편과 연약함을 아시는 하나님께서 세밀하게 간섭하시며 인도하셨기에 이 번역 작업을 마칠 수 있었음을 고백한다.

나에게 이르시기를 내 은혜가 네게 족하도다
이는 내 능력이 약한 데서 온전하여짐이라 하신지라
그러므로 도리어 크게 기뻐함으로
나의 여러 약한 것들에 대하여 자랑하리니
이는 그리스도의 능력이 내게 머물게 하려 함이라
고린도후서 12장 9절

2020년 2월
역자 일동

이 책은 이전 판들과 마찬가지로 정서행동장애를 가진 아동과 청소년을 위한 특수교육 개론서이다. 미국 연방법에서 사용하는 용어는 **정서장애**(emotional disturbance, ED)지만, 이 책에서는 최근 특수교육 분야에서 가장 널리 사용되고 있는 정서행동장애(emotional or behavioral disorders, EBD)라는 용어를 사용했다.

정서행동장애는 모든 장애 범주에 속한 아동과 청소년에게서 흔히 관찰되는 장애이기 때문에, 이 책은 지적장애와 학습장애의 특성을 다루는 교과목이나 장애 범주에 상관없이 특수교육 대상 학생의 특성을 다루는 교과목에도 유용하게 사용될 수 있다. 또한 이 책은 학교심리학, 교육심리학, 아동의 이상심리학을 전공하는 학생들에게도 유용할 것이다.

이 책을 집필한 우리의 의도를 명확하게 밝히기 위하여 몇 가지 설명이 필요하다. 첫째, 발달 과정(developmental processes)은 정서행동장애를 이해하는 데 있어서 매우 중요하다. 우리는 아동발달에 대한 방대한 문헌 자료들을 통합하여 문헌 내용이 정서행동장애 아동과 청소년을 이해하는 데 있어서 어떠한 정보를 제공하는지 보여주려고 노력했다. 이러한 과정에서 우리는 정서행동장애의 원인에 대해 알려진 것을 요약했을 뿐만 아니라, 교사들이 이 장애를 어떻게 하면 더 잘 다룰지에 대해 제시하고자 했다. 둘째, 신뢰할 만한 실증적 자료에 근거한 연구와 이론에 집중하는 과정에서 저자들이 사회학습 원리(social learning principles)에 다소 치우쳐 있음을 독자들은 눈치챌 것이다. 그러나 이는 관념이 아닌 실험적 증거에 따라 문헌을 검토한 결과이므로, 사회학습에 대한 약간의 편향을 이해받을 수 있으리라 믿는다. 셋째, 이 책은 정서행동장애 학생을 위한 중재를 총체적으로 모두 다룬 책이 아니다. 앞서 언급했듯이 이 책은 개론서이므로 언급하지 않고 넘어간 내용도 있고, 향후의 논의를 위해 결론을 내리지 않고 남겨둔 부분도 있다. 독자들이 이 책의 참고문헌에 나오는 자료를 이용하여 필요한 정보를 찾으리라는 희망을 가지고 다소 미진한 부분을 그대로 남겨두었다.

우리는 현직 교사들과 예비교사들의 관심사를 다루고자 노력했다. 특히 제3부에서 많은 중재를 소개했는데, 각 중재에 대한 설명은 간략하고 기초적인 것임을 다시 한 번 강조한다. 이 책은 교사가 정서행동장애 학생을 위해 중재를 능숙하게 실행하는 데 요구되는 모든 교육 방법과 행동 중재의 세부사항을 제공하지는 않는다. 이 책은 교육방법론 책도 아니고 실용 안내서도 아니다.

제11판의 개정사항

이 책의 최우선 목표는 최근 연구에 기초하여 정서행동장애 아동과 청소년을 이해하도록 돕는 것이다. 이 책이 교육방법론 책은 아니지만 정서행동상애 아동과 청소년을 다루는 전문가들과 장애 학생 가족들에게 도움이 될 만한 연구와 자료를 포함했다. 제11판의 중요한 개정사항은 다음과 같다.

- 새로운 참고문헌들을 추가했으며, 새로운 연구들이 반박하지 못하는 고전연구들은 이전 판들에 제시한 그대로 포함했다.
- 여러 장을 논리적으로 재구성했다. 예를 들어 이전 판에서는 마지막 장에 다루었던 교사를 위한 시사점을 제1장에 제시했고, 제9장에서 가시적 · 비가시적 반사회적 행동을 모두 다루었다.
- 정서행동장애의 개념적 모델과 기본 가정들을 제1장에 제시했다. 정서행동장애가 무엇인지에 대해 가지고 있는 각자의 개념적 모델과 기본 가정에 따라 장애의 특성과 원인과 중재에 대한 관점도 달라지므로 독자는 제1장에서 자신의 개념적 모델을 점검할 필요가 있다.
- 제1부, 제2부 및 제4부에 포함되었던 개인적 고찰 중 교수와 직접 관련이 없는 것은 삭제했다.
- 사정에 관련된 내용을 제14장과 제15장으로 나누어 구성했다.

이 책의 구성

이 책은 기본 개념 중심으로 (1) 문제와 개념적 접근의 특성과 역사 및 정서장애 학생을 교수하는 시작점, (2) 주요 원인적 요인들, (3) 정서행동장애의 다양한 측면, (4) 사정으로 구성했다. 이러한 구성이 이 책의 독자들이 좋은 교사뿐만 아니라 비판적인 사상가와 문제 해결자가 되는 것을 도울 수 있을 것으로 기대한다.

제1부에서는 정서장애 학생을 가르치는 교사가 가지고 있어야 하는 신해와 기본 가정을

소개했다. 제1장은 정서행동장애에 대한 주요 개념적 모델을 다루었고, 제2장은 정서행동장애의 정의와 관련된 주요 개념과 유병률을 다루었으며, 제3장은 정서행동장애 분야가 심리학, 정신의학 및 공교육 분야에서 어떻게 발달해 왔는지와 최근의 주요 동향에 대해 소개했다.

제2부에서는 정서행동장애를 초래하는 원인적 요소들과 이러한 요소들이 특수교사에게 주는 시사점을 소개하였다. 제4장에서는 생물학적 요인을, 제5장에서는 문화적 요인을, 제6장에서는 가족의 역할을, 제7장에서는 학교의 영향에 대해 논의했다. 각 장은 아동과 청소년이 정서행동장애를 어떻게 나타내게 되는지를 이해하기 위해 최근 연구 결과들을 통합하여 제시하고 어떤 예방적 조치를 취할 수 있는지에 대해 논의했다.

제3부에 포함된 제8~13장에서는 정서행동장애의 하위 유형에 관해 논의했다. 이 장들은 교사와 부모의 행동평정을 요인분석한 결과에서 추출한 행동차원을 중심으로 구성했다. 모든 장애를 명확하게 분류할 수 있는 진단체계란 있을 수 없지만, 이 장들은 실증적인 연구들로부터 일관성 있게 나타나는 행동 차원을 중심으로 논의했다. 각 장에서는 각 하위유형의 정의, 진단, 중재와 함께 특수교육과 밀접한 관계가 있는 쟁점이 강조되었다.

제4부에서는 정서행동장애의 사정 절차와 문제점들을 다루었다. 제14장은 학생이 특수교육에 적격한지를 결정하기 위한 사정 절차와 정서행동장애의 위험군을 선별하는데 있어서의 문제점을 살펴보았다. 제15장은 교수적 목적을 위한 사정에 대해 살펴보고, 부모와 교사와 전문가들이 정서행동장애의 특성을 이해하고 공통의 언어를 사용하여 의사소통할 수 있도록 정서행동장애를 분류하기 위한 사정의 어려움에 대해 논의했다.

차례

제3장　정서행동장애 분야의 발전과 최근 쟁점 71

제7장　학교 요인 169

제4부 사정

제1부 출발점

개요

이 책은 대부분의 사람들이 좋아하지 않는 아동과 청소년에 관한 것이다. 그들의 행동은 부정적 감정을 불러일으키며 우리는 부정적으로 대응하거나 가능한 한 빨리 이들에게서 벗어나고 싶어 한다. 사실 연령에 상관없이 이러한 행동에 대한 사람들의 전형적인 반응은 화를 내거나, 포기하거나, 불필요한 갈등을 피하기 위해 단순히 회피하는 것이다. 이 아동들은 대개 순화된 언어로 묘사되지 않는다. 그들은 대부분의 학생들보다 부정적이고 불쾌한 언어로 묘사될 가능성이 더 높다.

그렇다면, 누군가는 왜 이 학생들을 가르치려고 하는지 궁금하지 않은가? 일부 사람들이 이 학생들을 가르치고 있다는 것은 정말 다행스러운 일이다. 그들은 함께 일하고 싶을 만큼 이러한 아동과 청소년들을 돌본다. 그들은 이 학생들의 잠재력을 보고 잘 가르치고 싶어 한다.

이 아동과 청소년들은 누군가가 도와주지 않으면 사회적으로 수용될 수 있는 행동을 배우지 못한다. 이들이 도움 없이 배우지 않는 이유 중 하나는 다른 사람들의 반응 때문이다. 이 아동들은 전형적으로 다른 사람들을 불쾌하게 할 뿐 아니라 자신의 상황을 더 나쁘게 만든다. 다른 사람들이 이 아동들과 상호작용하기를 원하지 않기 때문에 예의 바른 또래, 부모, 또는 교사들에게 만회를 하거나 배울 기회를 많이 갖지 못한다.

모든 유형의 정서·행동 문제들은 상호 관련되어 있으며, 우리가 묘사하고 있는 아동과 청소년 중 단지 한 가지 유형의 문제만을 보이는 경우는 극히 드물다. 그들은 여러 가지 문제를 함께 보이는 경향이 있다. 그들은 다른 사람의 눈에 거슬리는 재능을 가지고 있고 많은 다양한 방식으로 그 재능을 능숙하게 사용한다. 우리가 말하는 아동과 청소년 중 일부는 사회적으로 위축되어 있지만, 대부분은 공격적이고 주변에서 본 적이 있는 이들이다. 그들은 일반적으로 사회적 거부나 소외뿐 아니라 학업 실패를 경험한다. 일반적으로 또래에게 인기가 없으며 리더가 되지 못한다. 반사회적 행동 때문에 반사회적인 또래들 사이에서는 높은 지위를 가질 수도 있다. 일부는 집단 괴롭힘을 주도하거나 이러한 괴롭힘으로 인해 인기가 있을 수 있다. 일부는 친구를 사귈 수는 있지만 친구 관계를 유지하는 방법을 알지 못한다.

대부분의 정서행동장애(emotional or behavioral disorders, EBD) 아동과 청소년들은 남학생들이다. 하지만, 점차 여학생들의 비율이 증가하고 있다.

우리가 고려하고 있는 청소년들 중 상당수가 초등학교에서, 심지어 학교 입학 전에 판별될 수 있지만 대부분 그렇지 않다. 그들이 얼마 동안, 보통 몇 년 동안 학교에서 매우 심각한 행동 및 학업 문제를 보이기 전까지는 대부분이 특수교육 대상으로 판별되지 않는다. 그들은 정서행동장애로 인식되기 전에 몇 년 동안 다른 것으로 분류되기도 한다. 예를 들어 정서행동장애를 가지고 있다고 인식되기 전에 과잉행동을 보인다고 하거나 주의력결핍 과잉행동장애(ADHD)를 가지고 있다고 여겨지기도 한다.

대부분의 성인들은 정서행동장애 아동과 청소년들의 행동이 권위적인 사람에게 너무 거슬려서 문제와 처벌을 요구하는 것 같기 때문에 가능한 한 이들을 피하려 한다. 그들은 대개 자신을 실패자로 여긴다. 그들은 삶에서 큰 만족을 얻지 못하고, 계속해서 자신의 열망에 미치지 못한다. 그들은 단지 다른 사람들을 미치게 하는 방식으로 행동하는 것 외에는 자신이 원하는 것을 얻기 위해 무엇을 해야 하는지 이해하지 못하는 것 같다. 그들이 장애를 가지고 있다는 것은 일상생활의 중요한 측면에서 이들의 선택이 매우 제한적이라는 것을 의미한다. 그들은 자신의 행동으로 인해 사회적 상호작용과 자기성취를 위한 많은 기회를 잃는다.

많은 사람들은 이 아동들이 심리학자, 정신과 의사, 사회복지사, 또는 정신건강 교육 분야 전문가에게 의뢰되는 아동들이라고 여기는 것 같다. 이러한 의뢰가 바람직할 수도 있다, 이 책은 그에 관한 내용을 다루지는 않는다. 우리 교육자들은 정서행동장애 학생에 대해 다음과 같은 질문을 해야 한다.

유튜브 비디오 사례

비디오 연결 1.1

'조현병 아동들'이라는 이 영상은 아동기 조현병이라는 매우 심각한 장애를 가진 아동들을 보여준다. UCLA의 마크 드 안토니오 박사가 영상에서 지적하듯이 아동기 조현병은 드물게 나타나지만, 서비스 수준에 대해 생각해보고 아동과 가족을 지원하면서 이 장애에 대처해야 할 것이다.(https://www.youtube.com/watch?v=PVHNGZOOmx0)

- 우리가 정서행동장애 학생을 보면 그가 정서행동장애 학생인지를 어떻게 알 수 있는가?
- 교사는 정서행동장애 학생을 돕기 위해 무엇을 할 수 있는가?
- 정서행동장애 학생의 교육과 관리에 대해 우리는 어떤 기본적 가정을 해야 하는가?
- 어떤 교육과 관리 전략이 성공할 가능성이 높은가?
- 특수교사는 자신의 교육과 관리의 성과로 무엇을 기대해야 하는가?

정서행동장애에 관해 생각할 때 우리는 사람들이 생각하고 행동하는 방식에 대해 많은 질문을 할 필요가 있다. 이를 위해 상상력이 필요하다. 즉 스스로에게 질문을 하고 일종의 공상으로 다양한 답을 시도해야 한다. 어떤 주제에 대해 배우는 데 가장 효과적인 전략 중 하나는 자신이 묻는 질문에 스스로 답해보는 것이다. 질문을 하기 시작하면, 처음에 생각했던 것만큼 답이 간단하지 않다는 것을 알게 될 것이다.

전문적인 일에 대한 우리의 많은 생각은 내적 대화이다. 우리가 알고 있거나 배우게 될 것에 관해 우리는 자신에게 질문을 하고 상상을 한다. 그러나 스스로에게 던질 수 있는 많은 질문들은 분명한 해답을 가지고 있지 않다. 경우에 따라서는 '모른다'고만 하면 되는 경우도 있다. 때때로 우리는 학식 있는 추측이나 개인적 견해에 만족해야 한다.

제1장에서 우리는 일부 학자들이 이상한 행동과 평범한 행동을 설명하는 주요 방식의 일부분을 요약 제시한다. 이러한 생각들은 용납할 수 없는 행동을 보이는 학생들과 함께 일하는 데 가장 큰 도움이 될 수 있는 기본적인 개념이 무엇인지에 대한 안내를 제공한다. 문제에 대해 생각하는 방식, 즉 문제를 분석하고 해결책을 검증하는 방식은 우리가 학생들을 대하는 방식에 큰 영향을 미칠 것이다. 그다음으로 기본적인 가정이나 개념을 제시한다. 하지만, 우리가 제시하는 가정이나 개념만이 사물을 보는 유일한 방법이 아니라는 것을 독자들이 이해하길 바란다. 단지 그것이 적어도 우리에게는 가장 유용한 것이라고 생각한다. 제1장의 목적은 몇 가지 기본적인 가정의 개요를 제시하고 우리가 생각하는 가장 기본적인 가정들이 정서행동장애 아동과 청소년을 교육하는 데 필요한 것이라고 말하는 것이다. 먼저 네 가지 개념 모델을 간략히 요약 제시하고 정서행동장애 유발 원인, 행동 유형, 평가 및 중재 간의 상호 관계에 대한 견해와 그 견해의 기초가 되는 통합적 사회인지 모델을 기술한다. 독자들은 나머지 장들을 읽으면서 좋은 교수에 대한 우리의 관점을 이해할 것이다.

우리는 독자들이 학생에 대한 기대뿐 아니라 교사로서 자신에 대한 기대도 검토함으로써 정서행동장애 학생들을 가르치는 것에 대해 생각하기 시작할 것을 제안한다. 기대의 맥락 안에서, 교사는 인과관계를 이해하고 그 안에서 교사 자신의 가능한 역할을 이해하려고 노력해야 한다. 전문 교육자들은 또한 다음과 같은 과제를 수행할 의무가 있다.

- 진보를 점검하고 다른 사람과 그 진보에 관해 의사소통할 수 있을 정도로 개별 학생의 행동을 정확하게 정의하고 측정한다.
- 학생들을 위한 적절하고 교정적인 경험을 계획한다.
- 학생들과 그들의 행동에 대해 효과적으로 소통한다.
- 모델링과 직접적인 지도를 통해 학생들에게 자기통제를 가르친다.
- 문화 차이를 존중하고 가치 있게 여기는 것을 학생들에게 가르친다.

- 특수교육의 가장 중요한 일인 교수에 초점을 둔다.
- 학생들도 우리처럼 여러모로 사람이라는 점을 기억한다.

모든 교육자들이 정서행동장애 학생을 돕기 위해 교사들이 무엇을 할 수 있고 무엇을 해야 하는지에 대해 명확한 생각을 갖는 것이 중요하다고 보기 때문에 첫 장에서 교수에 대한 우리의 견해를 간략히 제시한다. 정서행동장애 학생들을 가르치는 것은 누군가가 아무 생각 없이 또는 무턱대고 할 수 있는 일이 아니다. 우리는 독자가 생각을 할 때 독자 자신과 다른 사람들에게 하는 질문을 중단할 것을 제안하는 것이 아니다. 교수에 대한 우리의 지향점을 드러내는 글을 썼다고 해서 그것을 최종적이거나 불변의 것으로 여기지 않는다. 우리가 특별한 문제가 있는 학생들에 대해 그리고 교수에 대해 더 많이 배우면 우리의 주장은 불가피하게 잠정적으로 수정될 수도 있다. 사실 우리는 이 책을 읽는 것이 독자에게는 자기질문하기 여정의 시작이 되기를 바란다. 또한 독자들이 이 책에서뿐 아니라 다른 많은 자료에서도 직접 경험한 것과 읽은 것에 비추어 우리의 논평에 대한 통찰력에 의문을 제기하기 바란다. 궁극적으로, 독자들이 도전적인 학생들을 가르치는 것에 대한 자신의 견해를 밝히기 위해 노력하고 자기 의문을 제기하는 모험을 결코 멈추지 않기를 바란다.

제2장을 보면 알 수 있는 바와 같이, 우리는 매우 어려운 문제를 가지고 있다—정서행동장애는 무엇인가? 이 질문이 근본적인 것처럼 보일지 모르지만, 이에 대한 답은 모호하며 지속적인 논쟁을 불러일으킨다. 그리고 이 질문에 대한 답이 아직 나오지 않은 가운데, 더 많은 질문에 직면한다. 대부분의 학교에서 볼 수 있는 정서행동장애 학생 비율은 얼마나 되는가? 왜 우리가 신경을 써야 하는가? 독자들이 이미 스스로에게 질문을 했겠지만, 우리가 정확하게 정의할 수 없는 문제의 정도를 어떻게 정확하게 측정할 수 있는가? 제2장을 읽는 것은 추정하는 만큼 정서행동장애 학생들이 많을 경우 정서행동장애 학생들의 요구를 충족시키기 위해 무엇이 필요한지에 대한 질문을 만드는 데 도움이 될 것이다.

제3장에서 언급하는 바와 같이, 정서행동장애 분야의 시작을 정확히 기술하기는 어렵다. 이는 부분적으로 관련 전문직의 시작에 가려져 있기 때문이다. 정서행동장애 분야의 기원을 찾는 것이 어렵다면, 이 분야가 어디로 나아가야 하는지를 예측하는 것은 더 어려울 것이다. 독자들이 제3장에서 '새로운' 또는 오늘날의 발전에 대해 읽으면서 많은 질문을 할 수 있기를 바란다. 이전에 이러한 것을 들어 본 적이 있는가? 누가 이런 생각을 했고 어떻게 되었는가? 이것이 순환적 생각(이전에도 있었던 생각)이라면 오늘날 제시되고 있는 방식에서 어떠한 차이가 있는가? 우리의 최선의 논리와 우리가 가지고 있는 사실들을 사용한다면, 이러한 생각의 실행 결과는 무엇이라고 생각하는가?

우리가 제1부에서 제기하는 질문들은 기본적인 것이다. 그러나 기본 질문들은 대답하기 가장 어려운 것일 수도 있다. 이 기본 질문들은 표면적으로는 단순해 보이지만 사실은 그렇지 않다. 질문에 대한 완전하고 만족스러운 답은 시대에 걸쳐서 가장 예리한 사람들의 마음에 들지 않았다. 독자들은 이 책을 읽기 시작하면서 연구자들과 교사들이 이 기본 질문들을 어떻게 다루려고 하였는지에 호기심을 갖기 바란다. 그리고 독자 자신이나 다른 사람들에게 물어볼 수도 있는 질문들에 대해 관심을 갖기 바란다. 좋은 질문을 하고, 답에 대해 합리적으로 의심하는 것은 다른 어떤 분야와 마찬가지로 교육 분야에서도 과학의 한 부분이다.

1 시작점 : 기본 가정

문제에 대한 다양한 생각 방식과
좋은 수업에 대한 우리의 생각

Gagliar Images/Shutterstock

학습 목표

1.1 행동 문제에 대한 생각에 따라 중재 전략이 어떻게 다른지를 설명할 수 있다.

1.2 네 가지 개념 모델(생물학적 모델, 심리교육적 모델, 행동주의 모델, 생태학적 모델)의 분명한 강점과 약점을 간략히 기술할 수 있다.

1.3 자신이 하나의 개념 모델을 어떻게 선택했는지를 기술할 수 있다.

1.4 통합적 사회인지 모델의 주요 특징을 기술할 수 있다.

1.5 정서행동장애 학생을 위한 효과적인 교사의 역할을 이해할 수 있다 — 정의, 측정, 평가; 일, 놀이, 애정, 즐거움; 직접적이고 정직한 의사소통; 자기통제; 문화 차이; 교수; 사람에 대한 생각.

1.6 정서행동장애 관련 논의에서 유발 원인, 행동 유형, 평가, 중재 간의 상호관계를 설명할 수 있다.

문제에 대한 생각

모든 문화권의 사람들은 인간 행동의 문제를 유발하는 원인에 대해 나름의 생각을 가지고 있다. 사람들은 행동을 제거하거나 조절하거나 예방하는 절차를 행동의 추정 원인과 연계하고자 한다. 지난 수 세기 동안 제시된 원인과 중재에서 우리는 몇 가지 개념적 주제를 찾아볼 수 있다. 이러한 주제는 수천 년 동안 현저하게 지속적으로 유지되고 있다. 현대의 생각은 선조들의 입장에 대응하는 주제를 정교화하거나 확대하는 정도이다. 인간의 행동을 설명하고 조절하기 위한 목적으로, 사람들은 인간을 영적인 존재, 생물학적 유기체, 이성적이고 정서적인 존재, 환경의 산물 등으로 보고 있다(원인에 대한 설명은 Cook & Ruhaak, 2014 참조).

전문적인 훈련을 받지 않은 사람들은 아동과 청소년 삶의 모든 양상이 심리적 문제를 일으킬 가능성이 있는 것들로 가득하다고 보기도 한다. 그러나 사회과학 분야의 전문가들은 문제를 유발할 수 있는 다양한 원인이 있음을 인식하고 이를 파악하고자 한다. 교육자들은 인간의 적응행동과 부적응행동을 설명하는 데 항상 노력을 기울이고 있다. 오늘날 우리는 매우 많은 가능한 원인들을 알고 있기 때문에 그것들을 모두 분류하기는 어렵다.

예를 들어 아동과 청소년은 일상생활에서 스트레스를 느끼며 학교생활로 인해 특히 더 많은 스트레스를 받는다는 것을 교사들은 인정한다. 그러나 아동과 청소년이 스트레스에 직면해 있음을 인정하는 것만으로 정서행동장애(emotional and behavioral disorders, EBD)의 원인과 중재를 이해하는 데 큰 도움이 되지는 못한다. 대부분의 경우 어느 정도의 스트레스가 필요하다. 스트레스를 인식하는 것과 스트레스가 인간 발달에 어떻게 영향을 주며 어떤 스트레스가 가장 중요한지에 대한 일관성 있는 견해를 표명하는 것은 별개이다. 자아개념(self-concept)이 인간의 정서발달과 행동에 중요하다는 것을 인식하는 것과 자아개념(self-esteem)이 행동에 영향을 미치는 복잡한 변인들과 어떻게 상호작용하는지를 이해하는 것은 별개이다.

피상적 수준 이상으로 정서행동장애를 이해하기 위해서 우리는 원인과 중재에 대한 엄청난 양의 정보를 조직화하고 의미를 부여하는 원리인 개념 모델이 필요하다. 인간의 행동을 지나치게 단순화한 설명들은 잠시 인기를 끌었다가 조롱을 받으며 사라지고 만다. 지나치게 단순화한 생각이 어떻게 상투적인 생각(cliché)이 되고 우스갯소리가 되었는지를 보여주는 오래전의 예를 들면, 19세기 초에 나타난 자위행위가 정신이상을 유발한다는 생각이다(Sachs, 1905 참조). 이러한 생각은 즉시 상투적인 생각('자위행동을 했기 때문에 아이가 미쳐가고 있다'고 대부분의 사람들이 생각하는 것)이 되었다. 현재는 대부분의 사람들이 이러한 생각을 정말로 말도 안 되는 우스갯소리로 본다(Hare, 1962 참조). 최근 들어 보다 더 관심을 받고 있는 지나치게 단순화한 설명은 정서행동장애가 스트레스에 의해 초래되므로 정신건강을 위하여 대처기제를 찾는 것이 중요하다는 것이다. 또 다른 설명은 정서행동장애가 낮은 자아개념에서 비롯된다고 보는 것이다.

　21세기 초의 가장 중요한 쟁점 중 하나인 청소년 폭력에 대한 지나치게 단순화한 설명과 보다 상세한 설명 간의 차이에 관해 생각해보자. 전문 학술지와 전문 서적에 따르면, 폭력은 한 가지 원인에 의해 비롯된 것이 아니며 한 가지 치료법이 있는 것도 아니다. 폭력의 원인을 이해하고 효과적인 중재를 찾기 위해서는 인간 행동에 영향을 미치는 생물학적 요인과 사회학적 요인을 통합시켜야 한다. 이는 단순한 견해가 아니다. 그러나 일부 인기 있는 출판물의 기사들은 폭력행동에 대한 특정 견해를 받아들여 지나치게 단순화하려고 한다. 진화심리학자들은 인간 행동, 신경화학물질, 환경이 어떻게 상호작용하고 유전 과정을 통하여 어떻게 행동이 형성되는지를 연구한다. 진화심리학(evolutionary psychology)에 대한 단순한 견해는 인간의 모든 정서와 행동 문제에 대한 심각하게 잘못된 설명을 이끌 수 있다. 또한 폭력은 기회의 부족에 의해 나타난다는 생각도 있다. 그러나 이러한 생각 자체가 지나치게 단순화한 것이다. 사실상 기회는 중요하다. 그러나 폭력의 원인은 기회의 부족 이상으로 더 복잡하다.

네 가지 개념 모델의 설명

행동의 개념 모델(심리학의 학파라고도 함)은 인간의 행동에 대해 서로 다른 설명을 하고 행동을 변화시키는 방법으로 서로 다른 제안을 한다. 여기서는 네 가지 개념 모델의 기본 가정과 설명을 제시하고자 한다. 이 설명을 읽을 때 다음의 세 가지를 기억해야 한다.

- 이 책에서는 각 모델을 간단히 설명하였으므로 각 모델을 충분히 이해하기 위해서는 더 많은 문헌을 참고해야 한다.
- 각 모델의 설명은 다양한 견해를 반영하지 않고 의도적으로 그 모델에만 기초하여 기술되었다.
- 이 책에는 신뢰할 만한 증거가 충분하지 않은 모델들(예 : 프로이트의 심리역동 모델, 심각한 행동 문제가 귀신들린 것이라고 보는 종교적 관점)은 포함시키지 않았다.

이 책에서는 개념 모델의 차이를 강조하기 위해 의도적으로 설명을 단순화하였다. 개념 모델들은 호평과 악평을 받는 기간들을 거쳐 왔다. 일부 개념 모델들은 과학적 증거의 축적을 통해 강화되고 있다(다양한 개념 모델에 대한 보다 구체적인 설명은 2006년 Kauffman과 Landrum의 연구를 참고하기 바란다. 또한 증거기반 실제[1]에 관한 내용은 2014년 Walker와 Gresham의 연구를 참고하기 바란다).

우리가 설명하는 특정 모델은 다른 모델들보다 특정 장애와 더 관련이 있을 수 있다. 예를 들어 **생물학적 모델**(biological model)은 품행장애보다는 조현병과 더 관련이 있다.

생물학적 모델

인간의 행동은 신경생리학적 기제와 관련이 있다. 즉 인간은 중추신경계의 도움 없이는 지각할 수도 없고 생각할 수도 없으며 행동할 수도 없다. 생물학적 모델은 다음의 두 가지 가정 중에서 하나 또는 두 가지에 근거한다.

1. 정서행동장애는 생리적 결함(physiological flaws)에 의해 초래된다.
2. 정서행동장애는 약물치료 등과 같은 생리적 중재를 통해 통제될 수 있다.

일부 연구자들은 과잉행동, 우울, 공격성 등의 장애는 유전요인, 뇌기능장애, 뇌구조 문제, 식품 첨가물, 생화학적 불균형 등으로 인해 초래된다고 주장한다. 또 다른 연구자들은 대부분의 정서행동장애는 약물, 신경학적 수술, 운동, 또는 다른 신체 기반의 치료에 의해 완화될 수 있다고 주장한다. 따라서 기본적인 생물학적 문제를 인식하는 것이 중요하다. 하지만 성공적인 치료가 반드시 생물학적 결함을 해결하는 것을 목표로 하지는 않는다. 대부분의 경우에, 우리는 정서행동장애를 유발하는 뇌손상, 유전적 과정, 대사장애 등을 완화할 수도 없고 치료할 수도 없다는 것을 안다. 우리는 정서행동장애의 생리적 원인을 이해하는 것에 만족하고 사회적 환경을 변화시키는 것을 포함하여 처치에 최선을 다할 뿐이다.

생리적 과정에 대한 가설에 기초한 관리 전략들 중 일부는 생리적 장애에 대해 언급하지 않는다. 예를 들어 과잉행동이나 조현병의 생리적 원인이 분명히 밝혀지지는 않았으나, 그러한 문제를 보이는 학생들에게 약물을 처방한다. 생물학적 접근은 약물치료 외에 식이요법, 운동, 수술, 바이오피드백, 생리학적 문제를 악화하는 환경요인의 수정 등을 포함한다(Forness, Freeman, & Paparella, 2006; Forness & Kavale, 2001; Forness, Walker, & Kavale,

---

1 역자 주 : 증거기반 실제(evidence-based practice)는 체계적인 연구에 의해 그 효과가 입증된 실제를 의미함

2003; Konopasek & Forness, 2014; Kutcher, 2002 참조).

의학적 모델은 종종 비판적 용어로 사용되어 왔다. 의학적 진단과 정신과적 중재가 특수교육보다 선행되어 왔으므로 의학적 모델이라는 용어가 특수교육의 권위를 떨어뜨린다고 간주되기도 하며 특수교육은 약물치료를 흉내 내는 것에 불과하다고 간주되기도 한다. 그러나 약물이라는 용어는 과학에 기초한다는 것을 의미하며, '의학적 모델'이라는 용어는 과학적 탐구와 실제에 기반한 모델임을 의미한다. 또한 유전학 연구를 포함한 생물학은 정서행동장애의 원인과 처치를 이해하는 데 중요한 함의를 가지고 있다(Cooper, 2014; Grigorenko, 2014; Mattison, 2014). 특수교육이 때때로 의학적 모델을 따른다는 비난을 받지만 특수교육은 의학보다는 법률에 따라 결정된다(Kauffman, 2007a 참조).

Forness과 Kavale(2001)은 전통적인 생물학적 또는 의학적 모델을 대체할 '최신 의학적 모델'을 제안하였다. 최신 의학적 모델은 교육에 대한 과학적 접근과 현대 의학적 실제, 특히 약물치료를 포함하며, 이는 행동주의 모델을 대체하는 것이 아니라 보완하는 것이다. 즉 최신 의학적 모델은 과학적 원리에 기반을 둔 행동중재와 약물치료를 통합하려는 시도이다(Forness et al., 2006; Konopasek & Forness, 2014 참조).

최신 의학적 모델은 더 자세히 고려할 가치가 있다. 그러나 교사로 일을 하고 있을 때에는, 생물학적 실험이 교수 실제에 대한 시사점을 거의 제공하지 못한다. 교사가 학생들의 유전인자를 선택하는 것도 아니고, 수술을 하거나 약물을 처방하지도 않으며, 식단 조절이나 물리치료를 하지도 않기 때문이다. 반면에 교사는 학급의 사회적 환경에 대해 상당히 큰 힘을 발휘할 수 있으며, 교사가 정서행동장애에 대해 어떤 견해를 가지고 어떻게 행동하느냐가 학습 환경에 결정적으로 중요하다. 또한 이 모든 접근들은 이 최신 의학적 모델의 과학적 기반에서 이루어져야 한다. 뿐만 아니라 교사들은 정서행동장애 학생이 정신의학에서 주로 처방받는 약물이 무엇이며 그 작용과 부작용은 무엇인지에 대해 알고 있어야 한다(Mattison, 2014).

심리교육적 모델

심리교육적 모델(psychoeducational model)은 무의식적 동기와 내면의 갈등에 초점을 맞출 뿐 아니라 학교, 가정, 지역사회에서의 기능과 관련된 일상적이고 현실적인 요구도 강조한다. 심리교육적 모델의 기본 가정은 교사가 학생의 학업 실패와 행동 문제를 효과적으로 다루기 위해서 학생의 무의식적 동기를 이해해야 한다는 것이다. 이는 교사가 학생의 무의식적 갈등을 해결하는 데 초점을 맞추라는 의미가 아니다. 교사는 학생으로 하여금 자기성찰과 계획을 통하여 자기통제력을 습득할 수 있도록 돕고 사회적 맥락과 문화 등 환경적 조건을 고려해야 한다는 것이다(Learoyd-Smith & Daniels, 2014; O'Brennan, Furlong, O'Malley, & Jones, 2014 참조).

　　심리교육적 모델에 기초한 중재에는 학생이 자신의 행동 중 어떤 것이 문제이며, 행동의 내적 동기를 인식하고 행동의 후속 결과를 관찰하며 미래에 유사한 상황이 발생할 때 취할 수 있는 대안적 행동을 계획하도록 돕는 치료적 토론 또는 **생활공간 면접**(이후에 **생활공간 위기중재**라고 명명됨)이 포함된다. 즉 이러한 중재들은 행동을 직접적으로 변화시키려고 하기보다는 학생이 자신의 행동 변화를 이끌 통찰력을 얻도록 돕는 것이다(Long, Wood, & Fecser, 2001 참조).

생태학적 모델

　　생태학적 모델(ecological model)은 생태심리학과 공동체 심리학의 개념에 기초한다. 생태학적 모델이 형성되기 시작한 초기에 이러한 접근은 학생의 가정, 지역사회, 학교에서 중재를 실시했던 유럽의 교육자들에 의해 시작되었다. 생태학적 모델에 따르면 학생은 다양한 역할이 요구되는 복잡한 사회적 체계에서 또래와 성인들과 사회적 교류를 주고받는 존재로 간주된다. 따라서 이러한 모델에 근거한 중재는 학생이 속해 있는 전반적인 사회적 체계를 분석하며 학생이 처한 환경의 모든 차원에서 실시된다. 생태학적 모델에 근거한 중재는 전반적인 사회체계의 변화를 위해 행동주의 및 사회학습 개념과 방법들을 강조하는 경향이 있다(Cantrell & Cantrell, 2007 참조).

　　1980년대와 1990년대에는 생태학적 개념, 사회학습, 행동주의 이론을 통합하여 **생태행동분석**(ecobehavioral analysis)이라고 불렀다. 생태행동분석은 학생을 위한 교수와 행동관리를 향상시키기 위하여 자연적으로 발생하는 기능적 생활사건을 기술적으로 일관성 있게 사용하려는 시도이다. 예를 들어 자연적으로 일어날 수 있는 또래교수가 효과적으로 일관성 있게 사용될 수 있다는 것이 증명되면, 일시적이고 비용도 많이 들며 개입적이면서도 신뢰할 수 없는 인위적인 중재 방법들에 덜 의존하면서도 지원적이고 교육적인 사회체계를 구축할 수 있다는 것이다.

행동주의 모델

　　행동주의 모델(behavioral model)의 두 가지 중요한 기본 가정은 다음과 같다.

1. 문제의 본질은 인간이 보이는 행동 자체이다.
2. 행동은 환경 사건과 상관이 있다. 즉 행동은 환경 사건과 연계하여 하나의 기능을 한다. 행동 발생 이전 사건(선행사건) 또는 이후의 사건(후속사건)과 관련이 있다.

대부분의 부적응행동은 부적절하게 학습된 반응으로 간주된다. 따라서 행동주의 모델의 중재는 적응행동을 교수하기 위하여 **선행사건**(antecedent)과 **후속사건**(consequences)을 수정하는 것을 포함한다. 행동주의 모델은 표적행동의 명확한 정의와 신뢰할 수 있는 행동 측정, 행동을 유지하거나 변화시킬 수 있는 변인통제, 자연과학의 접근 방법처럼 반복 가능한 인과관계 정립 등을 강조하는 행동심리학자들의 연구에 기초한다. 행동주의 모델에 근거한 중재는 표적행동을 선정하고, 현재 수준을 측정하며 환경 사건들을 분석하고, 목표행동이 신뢰할 만한 수준으로 변화될 때까지 선행사건과 후속사건을 수정하는 것이다(Alberto & Troutman, 2012; Kazdin, 2008; Kerr & Nelson, 2010; Kauffman, Pullen, Mostert, & Trent, 2011; Walker & Gresham, 2014; Walker, Ramsey, & Gresham, 2004 참조).

개념 모델의 선택

우리가 직면한 과제는 논리적으로 옹호할 수 있는 이론을 선택하거나 구성하고 이를 대안적인 개념 모델을 지속적으로 평가하는 데 활용하는 것이다. 즉 신뢰할 만한 모델과 그렇지 않은 모델을 결정하고 인간 행동을 이해하는 데 도움이 되는 모델인지 여부를 결정하는 것이 우리가 직면한 과제인 것이다.

앞서 간략히 살펴본 개념 모델은 어제 만들어진 것이 아니다. 개념 모델은 오랜 역사적 뿌리를 가지고 있으며 오랜 시간에 걸쳐서 다듬어지고 지지되어 온 것이다(Kauffman & Landrum, 2006 참조). 우리 저자들은 정서행동장애를 포함한 인간의 행동을 이해하는 데 가장 신뢰할 만하고 도움이 되는 견해로 사회인지 이론(social-cognitive theory)을 자주 언급한다. 우선 지금까지 살펴본 네 가지 개념 모델을 비교한 후에 이 네 가지 모델의 통합적 모델이라고도 할 수 있는 사회인지 모델에 관해 살펴보고자 한다. 우리는 사회인지 모델이 좋은 수업에 대한 우리의 견해와 교육의 과학에 부합한다고 여긴다.

앞서 간략히 살펴본 네 가지 모델의 주요 강점과 약점이 표 1.1에 제시되어 있다.

우리가 개념 모델을 어떻게 취급하느냐에 대해 다양한 선택 방법이 있다. 첫째, 단일 모델을 선택하여 모든 가설과 연구 결과들을 판단하는 기준으로 삼을 수 있다. 이러한 선택 방

표 1.1 네 가지 개념 모델의 주요 강점과 약점

모델	주요 강점	주요 약점
생물학적	생리적 과정에 대한 신뢰할 만한 정보에 기초한다.	교사가 생리적 과정을 변화시키는 데 직접 관여할 수 없다.
심리교육적	자주 간과되는 행동의 내적 동기를 고려한다.	상대적으로 임상연구의 지지를 받지 못한다.
생태학적	행동이 사회적 상황에 어떻게 적합화되는지를 고려한다.	환경의 다양한 양상을 통제해야 한다.
행동주의	교수와 학습에 기초하며 일차적으로 학급에 초점을 둔다.	관찰 가능한 행동에만 초점을 둔다.

법은 일관성과 명료성이 있다는 장점이 있지만, 한 가지 기준으로 모든 것을 판단해야 하므로 혼란스러울 수도 있다. 두 번째 방법은 모든 개념 모델을 동등하게 존중하는 것이다. 이러한 선택 방법은 편견 없이 각 모델의 장단점을 인정하기 때문에 매력적으로 보인다. 그러나 이 방법에는 많은 단점이 있다. 이 방법은 우리가 특별한 목적을 위하여 다양한 개념을 구분할 이유가 없다는 가정에 기초한다. 또한 이 방법은 행동관리나 교육도 종교나 정치처럼 과학적 탐구를 할 필요 없이 개인적 신념에 따르면 된다는 태도를 갖게 만든다. 뿐만 아니라 이러한 접근 방법은 미흡한 개념에 정당성을 부여하기도 하고 어리석은 자기모순에 빠지게 하기도 한다. 결국, 교육의 발전을 치명적으로 저해할 미흡한 개념 모델을 인기가 있고 유행한다는 이유로 지지하게 될 것이다(Anastasiou & Kauffman, 2011; Kauffman, 1999d, 2010c, 2011; 2014b; Kauffman & Sasso, 2006a; Kauffman, Ward, & Badar, 2016; Mostert, Kavale, & Kauffman, 2008; Sasso, 2001; Silvestri & Heward, 2016).

세 번째 방법은 이 책의 저자인 우리가 선택한 방법으로서 반복 가능한 임상자료와 과학적 방법에 의해 가설을 검증하는 것이다(Cook, Landrum, Tankersley, & Kauffman, 2003; Crockett, 2001; Forness, 2005; Kauffman, 2011, 2014c; Kauffman & Landrum, 2006; Landrum, 2015; Landrum & Tankersley, 2004; Sasso, 2007 참조). 이러한 방법을 사용하여 우리는 사회인지 모델과 다른 모델들의 사회학습에 관련된 개념들을 수용하고 신뢰할 만한 과학적 증거가 불충분한 개념 모델들을 배제하였다.

그러나 특정 목적을 위해서 한 모델이 다른 모델들에 비해 유용다고 믿기는 하지만 이 책의 저자인 우리의 선택이 단일 모델의 선택을 의미하지는 않는다. 아동과 청소년의 문제행동을 나누는 교사들에게는 과학적 연구 절차에 따라 실험을 반복할 때 일관성 있게 노출되는 결과를 가장 유용한 지식과 정보라고 간주하는 자연과학적 접근 방법이 적합할 수 있다.

모든 문제를 과학적 실험을 통해 해결할 수는 없다. 어떤 경우에는 논리적 분석 등이 필요하기도 하다. 그러나 과학적 실험을 통해 신뢰할 만한 양적 실험에 따른 증거를 얻을 수 있다. 교사들은 자신의 교육의 근거를 이러한 과학적 연구에 의해 입증된 효과적인 실제(즉 증거기반 실제)에 두어야 한다. 뿐만 아니라 교사에게 가장 유용한 과학적 정보는 보다 나은 행동 변화를 위해 사회적 환경이 어떻게 수정 또는 보완될 수 있으며 어떻게 학생에게 자기통제(self-control)를 교수해야 하는지를 밝히는 실험연구로부터 얻을 수 있다.

과학에 대한 일반적인 오해는 과학이 확실한 성과를 이끈다는 것이다. 실제적인 과학적 연구를 통해 우리는 특정한 연구 결과를 확신할 수 있고 과학적 증거에 기초하여 예측할 수 있기 때문에 확실해 보이는 연구 결과를 얻을 수 있다. 그러나 과학은 잠정적인 것으로, 과학적 방법에 의해 얻어진 자료에 의해 포기 또는 수정될 수 있다고 주장한다(Brooks, 2014; Kauffman, 2011, 2014c; Sasso, 2001, 2007). 과학은 알려지지 않은 것, 불확실한 것을 즐긴다. 특수교육을 포함하여 사회과학에서의 과학적 연구 결과는 자연과학에서의 연구 결과보다 더 잠정적이라 할 수 있다.

통합적 사회인지 모델

정서행동장애 학생의 교육은 교수 방법론과 연결된 일관된 철학이나 개념 모델에 의해 좌우되지 않는다. 하나의 개념 모델을 맹신하는 것은 바람직하지 않으며 다양한 이론이 생산적인 논쟁을 위한 기초가 될 수 있지만, 우리는 보다 통합적이고 보다 덜 위험한 개념 모델에 의해 진전을 이룰 수 있을 것이다.

실제로 단일한 개념 모델을 무리하게 고집하는 전문가는 거의 없다. 대부분의 전문가들은 적절한 임상 실제를 위해서는 다양한 관점을 취해야 한다는 것을 알고 있다. 그러나 지나치게 단순화하거나 자기모순에 빠지지 않고서는 다양한 모델의 개념과 전략들을 절충하는 데 제한점이 있다. 일부 개념 모델들은 문제에 대해 극단적인 접근을 하기 때문에 상호 보완적일 수 없다. 인간 행동에 대한 특정 가정들을 받아들일 경우, 상반되는 다른 가정들을 배척할 수밖에 없는 경우가 있다. 우리는 **사회인지 모델**(social-cognitive model)이 필요한 모델들의 통합을 제공한다고 생각한다.

이 책에서 사용하는 **사회인지**라는 용어는 다양한 다른 모델들을 수용하고 행동의 발달적 특징을 포함한다. 즉 행동은 일반 발달의 맥락에서 평가되어야 한다는 것이다. 발달 단계에 걸쳐서 적응 또는 부적응행동의 유형에는 연속성이 있다. 즉 모든 발달 단계에서 적응행동과 부적응행동이 나타날 수 있다. 그러나 같은 행동이 다른 연령에서 다른 의미를 가질 수 있다. 즉 같은 행동이 발달 단계에 따라 다르게 평가될 수 있다. 예를 들어 연령에 적합한 사회성 기술이 명백히 부족하다는 것은 모든 발달 단계에서 부적응으로 간주될 수 있지만 사회적 지체를 나타내는 특정 행동들은 아동의 연령과 사회적 상황에 따라 다르게 평가될 수 있다(Learoyd-Smith & Daniels, 2014; Strand, Barnes-Holmes, & Barnes-Holmes, 2003; Sugai & Lewis, 2004 참조).

사회인지 이론(social-cognitive theory)은 행동심리학, 생리학, 환경의 영향, 인지의 역할(사고와 감정)에 관해 우리가 알고 있는 것을 통합하여 자연과학의 관점에서 인간의 행동을 설명하려는 시도이다. 과학적 연구에 따르면 인간 행동에 의해 후속 결과인 환경적 반응이 생기게 되고 이러한 환경적 반응은 인간이 미래에 어떻게 행동할 것인지에 영향을 미친다. 그러나 행동주의 접근 관련 연구만으로 인간 행동의 중요한 세부요소들과 복잡한 특징들을 설명하기는 어렵다. 사회인지 이론은 **개인대행**(personal agency)[2]을 강조한다. 개인대행은 의사소통을 위해 상징을 사용하고 미래의 사건을 예측하며 관찰이나 대리경험을 통해 배우고 자신을 평가하고 통제하며 자기성찰을 할 수 있는 인간의 능력이다. 개인대행이나 사회적 맥락은 행동 분석에 필요한 차원을 추가하며, 인간 행동에 대한 보다 완성된 설명을 제공한다(Bandura & Locke, 2003; Malone, 2003 참조).

우리는 사회인지 모델에 적합하다고 여기는 많은 연구들의 예를 제시할 수 있지만 몇 가지 이유로 신중할 수밖에 없다. 첫째, 많은 연구들이 근거하고 있는 개념 모델들이 명확하지 않다. 둘째, 우리가 언급하는 연구의 연구자들은 자신들의 연구를 좋은 예로 보지 않을 수도 있다. 셋째, 어떤 예들은 정서행동장애에 적용된 자연과학을 보다 명확하게 강조하기 위해 다른 예들보다 행동의 직접 관찰과 측정에 훨씬 더 많이 의존한다. 그럼에도 불구하고, 우리는 학령전기 아동을 위한 가정-학교 연계 중재의 예는 Feil 등(2014)의 연구에서, 자기점검의 예는 Bruhn, McDaniel, Kreigh(2015)의 연구에서, 공격행동과 내적 상태(자아도취, 인지된 사회적 지위, 사회인지)의 관계에 대한 예는 Gumpel, Wiesenthal, Söderberg(2015)의 연구에서 인용하였다.

----

2 역자 주 : 개인대행(personal agency)은 인간은 자신과 자신의 삶과의 관계에서 중재하는 대행자(agency)의 역할 수행을 통해 자신이 삶은 주체적으로 변화시킬 수 있는 능력을 가지고 있음을 의미한다. 즉 개인대행은 인간이 자신이 삶에 영향을 미치는 주체적인 능력에 대한 자기인식을 의미한다.

좋은 수업

우리는 정서행동장애 학생을 가르치는 것에 대해 우리가 가지고 있는 기본 전제를 여기에서 설명하고자 한다. 이러한 전제는 교실에서 문제행동을 보이는 학생들을 다루기 위해 제안하는 것에 근거한다. 우리의 주된 관심사는 과학적 증거와 그 증거에 대한 논리적 사고를 바탕으로 한 좋은 교수 실제에 대한 최상의 증거에 기초한다(Engelmann & Carnine, 2011; Hattie, Masters, & Birch, 2015; Hattie & Yates, 2013; Hirsch, Lloyd, & Kennedy, 2014; Kauffman, 2010c, 2011, 2015a; Lemov, 2014; Pullen & Hallahan, 2015 참조).

여기서 좋은 수업(good teaching)에 관한 내용은 사회인지 개념 모델에 근거한다. 가장 좋은 의미의 단어로 표현하면 과학적이라는 점이다. 즉 우리가 찾을 수 있는 최상의 연구를 통해 얻은 자료와 다양한 논쟁에 대한 증거에 관한 신중하고 합리적인 사고에 근거한다는 것이다. 여기에서는 효과적인 교수(effective instruction)에 관해 상세히 기술하지는 않을 것이다. 그러나 정서행동장애 학생을 어떻게 가르쳐야 하는지를 개략적으로 설명하고자 한다.

이 책에서는 일반적인 좋은 수업의 의미를 사용하고자 한다. 이론적이거나 추상적 용어보다는 일반적인 의미로서의 좋은 수업이라는 용어를 사용한다. 이는 무엇이 중요한지에 대한 우리의 견해를 담고 있는 직접적인 진술이다. 이 절은 이 책의 나머지 부분의 어조를 대표한다.

기대

적절한 기대를 설정하는 일을 우리가 진지하게 고려해보면, 중요한 문제일 뿐 아니라 놀라울 정도로 어려운 일이다. 우리가 학생과 우리 자신에 대해 기대하는 바는 교육 전략을 선택하는 데 결정적인 요소이다. 우리의 기대는 우리 자신과 우리 학생들의 성취를 어느 정도 결정한다. 게다가 우리의 기대는 우리와 우리 학생들이 성취한 것을 평가하는 방식에도 크게 영향을 미친다.

안타깝게도 21세기 초는 교사의 기대에 대한 공허한 표어와 진부한 선언이 성행하는 시기로 기억될 것이다. 예를 들어 '모든 아동은 배울 수 있다'라는 표어가 크게 유행했지만, 이는 모든 아동이 무엇을 배울 수 있다는 것인지, 어느 정도의 속도로 어느 정도 유창하게 배울 수 있다는 것인지, 어떤 목적으로 배워야 한다는 것인지, 이를 위해 자원의 분배가 어떻게 이루어져야 할 것인지 등과 같은 중요한 질문들이 뒤따르지 않았던 진부한 구호에 불과했다. 비슷한 예로 '모든 학생에게 같은 수준의 높은 기대를 갖자'는 말도 학생 간 개인차를 인정해야 함을 무시한 과도하게 단순화된 표어로 기억될 것이다(Kauffman, 2010c, 2011; Kauffman & Badar, 2014a; Kauffman & Konold, 2007; Kauffman & Lloyd, 2017; Kauffman, Pullen, Mostert, & Trent, 2011).

개별 학생에게 적합한 기대를 설정하려면, 그 기대는 도전적이지만 너무 높지 않으면서도 특별한 기술을 필요로 한다. 적합한 기대는 정확한 평가에 달려 있다. 확실히, 검사 결과와 과거 수행에 대해 정확히 아는 것에 달려 있다. 이때 주의를 두어야 하는 것은 평가에 따른 숫자와 퍼센티지와 같은 단순한 수치가 아니라 학생에 대한 민감함이다 특수교육대상학생에 대한 기대는 대체적으로 낮은 편이지만, 교사가 높은 기대를 가지고 있다는 것을 말하기 위해 단순히 기대를 높게 설정하는 것은 전혀 현명한 것도, 도움이 되는 것도 아니다. 어느 쪽이든 간에, 한 사람 또는 한 집단에 대한 높은 기대가 다른 개인 또는 집단에 대해 반드시 높은 것은 아니다. 그리고 기대가 설정된 학생은 자신이 그 기대에 도달할 수 있다고 믿어야 한다. 그렇지 않으면 그 기대는 학생이 학교를 싫어하는 또 다른 이유가 될 수 있다.

학생이든 동료든 타인에 대한 적절한 기대를 설정하고 교사로서 자신에 대한 기대를 설정하는 데는 교수-학습에 관해 우리가 알고 있는 것에 대한 상당한 반성적 자세가 필요하다. 학생에 대해서는, 우리는 개별 학생의 문제의 본질, 우리 자신의 한계와 편견, 통계적 분포의 현실을 고려할 필요가 있다(예 : 통계적 분포는 어느 누구도 무시할 수 없는 특정한 실제인 평균, 사분위수 등을 항상 가지고 있다. Kauffman, 2015a; Kauffman & Lloyd, 2017 참조). 앞으로 우리 자신과 타인에 대해 무엇을 기대해야 할지에 대한 보다 진지하고 반성적인 자세가 이어지길 기대한다.

교사들은 수업과 수업 평가를 위한 건설적이고 실제적인 기초를 세우는 데 도움이 될 질문들을 무시한 채, 학생에 대한 기대를 충동적으로 설정하곤 한다. 정서행동장애 학생을 가르치는 특수교사는, 교사라면 누구나 행동관리계획을 세우기 전에 스스로에게 질문해야 하는 다음의 문제들로부터 시작해야 한다.

- 이 문제가 부적절한 교육 과정이나 수업 전략에 기인했을 가능성이 있는가?
- 내가 학생에게 하도록 요구한 것과 하지 못하게 금지한 것은 무엇인가? 요구 또는 금지와 관련하여 내가 해야 하는 것을 무엇인가?
- 특정 행동이 나를 특별히 힘들게 하는 이유는 무엇인가? 나는 이에 대해 어떻게 해야 하는가?
- 내가 걱정하는 이 행동이 발달적으로 중요한 것인가?
- 과도하게 나타나는 행동에 중점을 두어야 하는가, 아니면 부족하게 나타나는 행동에 중

점을 두어야 하는가?

- 이 문제를 해결하면 다른 문제도 함께 해결될 것인가?
- 나의 기대를 어떻게 표현해야 하는가?

학생을 과소평가하지 않거나 실패에 처하게 하지 않으며 개인적 또는 문화적으로 수용되지 않는 편견이 포함되지 않은 학업과 행동의 기대 수준에 도달할 수 있도록 끊임없이 스스로에게 질문하는 반성적 접근이 필요하다(Kauffman et al., 2011).

교사들은 연수를 통해서나 학교 내의 타인을 통해 교사 자신에 대해서나 학생과 함께 살아가는 다른 성인들에 대해 너무 낮거나 높은 기대를 갖곤 한다. 일부 교사는 생존과 자신의 이익을 챙기는 것에 주된 목표를 두고 있어서 학생들의 성취와 사회적 행동을 향상시키거나 교사 자신의 수업 기술을 개선하는 것과 관련된 자신의 역할에 대해 별로 관심이 없다. 이들은 학생의 실패에 크게 책임을 느끼지 않으며 자신이 학생과 시간을 보냈으니 그것으로 되었다고 생각한다. 이들은 일반적으로 자신이 기대한 만큼 얻고 현재 상태를 유지하는 것 이상의 노력은 하지 않는다.

또 다른 교사들은 학생들을 위해 거의 모든 개인 욕구를 희생하면서 스스로를 순교자나 구원자로 여기기도 한다. 또한 이들은 학생의 실패를 자신의 실패로 여기고 학생을 '정상'으로 만들기 위한 치료를 하고 싶어 한다. 이들은 자신이 원하는 것을 얻지 못하여 실패감에 젖어 괴로워하다가 너무 빨리 교육계를 떠나는 경향이 있다.

예상할 수 있듯이, 스스로에게 큰 기대를 하지 않는 사람들은 다른 성인들의 학대, 방임, 무능력을 너그럽게 보는 경향이 있는 반면에, 스스로에게 지나치게 큰 기대를 하는 사람들은 자신이 정한 기준에 미치지 못하는 사람들을 무시하는 경향이 있다. 정서행동장애 학생을 가르치기 위해서는 자신에 대한 이해가 선행되어야 한다(Richardson & Shupe, 2003). 개인의 성장을 촉진하고, 실패에 직면해서도 희망과 인내를 잃지 않게 하며, 부모와 다른 교사들과 지원적 관계를 맺게 해 주는 적절한 기대 수준을 자신과 타인을 위해 세우는 것은 결코 작은 성취가 아니다. 이것은 정서행동장애 학생 지도를 위한 적절하고 충분한 훈련이 되어 있지 않은 교사들에게는 매우 힘든 과제이다.

교사가 자신뿐 아니라 지도하는 학생에 대해 갖는 기대는 때때로 자신이 속한 문화, 특히 다른 사람들이 교사와 가르침에 대해 보는 방식에 의해 영향을 받는 경우가 많다. 노벨상 수상자인 소설가 나기브 마푸즈(Naguib Mahfouz)는 한 이집트 가정의 삶의 사건들에 대해 글을 썼다(Mahfouz, 2001). 마푸즈의 이야기 배경은 대략 1930년경으로 오래전이지만, 그의 글에서 묘사된 부모의 태도는 오늘날의 많은 부모의 태도와 비슷하다. 이야기에서 교사가 되고 싶어 하는 카말에게 아버지는 가르치는 일인 교직은 가치가 없으며 시간을 낭비하고 누구에게도 존경받을 수 없는 일이라고 말하며 카말이 알고 있는 교사 중 누구도 인간으로 대우할 가치가 없었다고 말한다. 물론, 일부 인간답지 못한 교사들이 있기는 하다. 한편, 카말의 어머니는 교사가 되는 것에 대한 다른 견해를 제시한다. 그녀는 사람들이 가치 있는 교직을 왜 폄하하는지를 이해하지 못한다고 한다. 이는 부분적으로 숙련된 교사가 학생의 삶에 미치는 매우 좋은 영향을 이해하기 때문인 것으로 보인다.

많은 교사들은 일부 학부모들과 전문가들이 자신들을 무시하는 것에 충격을 받는다. 그러한 무시는 교사 자신과 학생들에 대한 교사의 기대를 흔들어 놓을 수 있다. 그러나 일부 사람들은 교직의 권위를 인정하고 교사를 존경한다. 카말의 어머니와 같은 사람들의 통찰에 주목하는 것이 중요하다.

사람들이 가르침을 경시하는 이유 중 하나는 가르침이 특별한 기술임을 이해하지 못하기 때문이다. 많은 교사들은 좋은 수업은 배우고 가르칠 수 있는 과학이라는 것을 인식하지 못하며 운동을 하거나 악기를 연주하거나 노래를 부르거나 의사가 되거나 어떤 것을 잘하게 되는 것과 같이 신중한 연습과 구체적인 실제 기술을 필요로 한다는 것을 인식하지 못한다. 정서행동장애 청소년을 위한 좋은 교사는 교사라는 직업을 가지고 있는 한 가르침의 기술(즉 수업의 기술)을 지속적으로 익히고 이를 학습에 어려움을 보이는 학습자에게 계속해서 적용해야 한다.

행동의 원인

정서행동장애의 원인은 거의 모든 경우에 아직 알려져 있지 않다. 유발요인(causal factors)이 장애에 영향을 미칠 수 있다. 단일한 원인은 아니다. 기여요인(contributing factors)은 **취약요인**(predisposing factors)이거나 **촉발요인**(precipitating factors)일 수 있다. 취약요인과 촉발요인 모두 주어진 상황에서 장애의 발생 가능성을 증가시킨다. 취약요인은 일련의 촉발요인이 주어지면 부적응 반응을 촉발할 수 있다(Cook & Ruhaak, 2014 참조).[3]

원인과 관련하여 취약성(vulnerability)과 회복탄력성(resilience)을 이해하는 것이 중요하다(Gerber, 2014 참조). 취약성은 취약요인과 촉발요인이 함께 주어질 때 정서행동장애 발생 가능성이 높음을 의미한다. 회복탄력성은 동일한 취약요인과 촉발요인을 경험한 사람이 정

3　역자 주 : 이러한 요인들은 개인이 원래 가지고 있었던 것(취약요인)일 수도 있고 갑자기 발생한 것(촉발요인)일 수도 있다. 이 두 가지 요인이 모두 환경 내에서 정서행동장애 발생의 가능성을 높인다. 취약요인에 촉발요인이 더해지며, 즉 개인이 이미 가지고 있는 요인에 갑자기 발생한 요인이 더해지면 부적응행동으로 쉽게 이어질 수 있다.

서행동장애를 일으키거나 발생시키지 않을 가능성이 높음을 의미한다.

교사는 학생의 현재 정서와 행동 상태를 설명하는 기여요인을 판별해야 한다. 다양한 생물학적 요인들이 중요한 것은 사실이지만, 교사가 학교에서 학생에게 제공할 수 있는 것을 포함한 여러 경험들 역시 생물학적 요소 못지않게 중요할 뿐 아니라 교사가 무언가를 할 수 있는 요인이다. 행동의 발달에서 유전과 환경이 상호작용한다는 이미 잘 알려진 사실은 해를 거듭하면서 과학적 연구가 축적되면서 더욱 확고해지고 있다. 교사의 임무는 환경에 주목하는 것이다.

특수교사의 주요 관심은 교사가 바꿀 수 있는 기여요인에 있어야 한다(Hattie & Yates, 2013; Kauffman, 2011; Kauffman et al., 2011; Pullen, 2004 참조). 교사의 통제 밖에 있는 요인들에 의해 아동과 청소년의 문제가 처음 시작될 수도 있지만, 특수교사는 정서행동장애가 이미 발생한 後에 그 장애를 가진 학생들과 함께 일하게 된다. 이때 특수교사에게는 두 가지 주요 책임이 있다. 하나는 그 학생에게 더 이상의 피해(새로운 문제)가 일어나지 않게 하는 것이고, 또 다른 하나는 학생의 현재 환경에 가능한 한 최대한의 통제를 하는 것이다. 이는 과거 상황과 학교 밖에서 발생하는 것을 바꿀 수는 없지만 학급과 학교가 보다 적절한 행동을 보일 수 있도록 환경을 조정해야 한다는 의미이다.

교사는 아동의 이익을 위해 교실 밖 상황에서 부모와 함께 가정 환경의 개선과 지역사회 자원 활용에 영향을 미칠 수 있다. 그러나 교사는 다른 환경보다도 교실 환경에 관심을 두어야 한다. 자신의 교실을 행동 개선에 도움이 되는 환경으로 만들 수 있음을 입증하기 전까지는 생태학적 관리(ecological management)나 랩어라운드 서비스(wraparound services) 같은 굉장한 문구를 포함하여 교실 밖 환경에 영향을 미치려는 모든 노력은 무의미하다(Engelmann & Carnine, 2011; Heward, 2003; Snider, 2006 참조).

이는 교직원이 가족 또는 지역사회와 협력하는 것이 중요하지 않다는 것이 아니다. 그러나 우리는 학교 행정가와 자문가들이 가정-학교 또는 지역사회-학교 간에 연계를 지원하지 않는 환경에서 많은 교사들이 일하고 있음을 알아야 한다. 교사들은 종종 혼자서 그 일들을 해야 하고, 그렇기에 학교 밖에서 개별 교사들이 할 수 있는 기여는 자신의 학급에서 할 수 있는 것에 비해 제한적일 수밖에 없다.

특수교사는 학생의 행동이 예측 가능하고 통제 가능하다는 입장을 취해야 한다. 어느 누구도 과거를 바꿀 수는 없다. 교사 한 사람의 힘으로 현재 일어나고 있는 여러 요인을 바꿀 수 없다. 따라서 교사는 설령 아무것도 바꿀 수 없다 하더라도 적어도 적절한 교실 환경이 학생의 삶을 다르게 만들 수 있다는 믿음을 가져야 한다. 우리는 교실 환경 그 이상의 변화를 소망하고 이를 이루기 위해 일해야 한다. 우리는 교실 안에서 최상의 실제(best practices)를 실행해야 하는 책임을 가지고 있다. 우리의 교육 구조 또는 포괄적이고 통합적이며 협력적인 서비스의 부족과 같은 다른 요인을 탓한다고 해서 교실에서의 최상의 실제를 제대로 실행하지 않은 책임을 피할 수는 없다(Kauffman, Nelson, Simpson, & Mock, 2017; Landrum, 2017 비교).

일부 사람들은 아동의 삶에서 모든 것이 실제로 변화되지 않으면 학교에서 시행한 많은 것들이 학생에게 영향을 미치지 못했다고 보는 경향이 있다. 아동의 문화는 어떤 특정한 중재가 많은 변화 또는 일관되거나 지속적인 효과를 이루지 못하는 '위급 체계(emergent system)'라 불린다(Brooks, 2011 참조). 문제행동의 원인이 매우 복잡하고 상호적이어서 많이 것들이 함께 이루어지지 않으면 아동을 도울 수 있는 많은 것을 할 수 없다는 생각은 잘못된 것이다. 많은 것이 함께 이루어져야 한다는 전제를 가지고서는 아동에 대한 전망은 어두울 수 있다. 위험요인을 많이 가지고 있는 어려운 아동들을 지도하는 교사들은 자신이 그저 작은 변화를 이룰 수 있다고 하여 포기해서는 안 된다. 비유로 들자면, 우리가 학생들의 삶에서 모든 어둠을 몰아낼 수는 없다는 것을 알지만 우리는 할 수 있는 한 촛불을 밝혀야 한다.

행동의 정의, 측정, 평가

교사들의 주된 역할은 학생들의 특수교육 적격성 여부를 결정하는 것과 아동과 청소년을 어떻게 가르쳐야 할지를 결정하는 것이다. 교사는 무엇을 가르칠 것인지를 결정하기 위해 진단과 평가 정보를 사용해야 한다. 교실에서 개별 학생의 행동에 대한 교사의 지식과 관용은 학생이 특별한 도움을 필요로 하는지, 학생이 학습해야 하는 것이 무엇인지, 학생이 교육받을 수 있는 가장 적절한 교수 환경은 어디인지를 결정하는 궁극적 기준이 되어야 한다(Kauffman & Badar, 2014b, 2016; Kauffman, Mock, Tankersley, & Landrum, 2008; Kauffman, Anastasiou et al., 2016; Kauffman et al., 2015; Rozalski, Miller, & Stewart, 2017; Zigmond, 2015).

학생의 장애를 정의하고 분류하는 데 여러 문제가 많지만 다행히도 행동을 정의하고 측정하는 것이 불가능하지는 않다. 교사는 학생이 타인과 갈등을 일으키고 문제를 키우는 결과를 초래하는 행동을 정확하게 정의하고 측정할 수 있다. 실제로 자신이 가르치는 학생의 행동을 정의하고 측정하지 않으려 하거나 하지 못하는 교사의 수업은 아마도 그 학생에게 효과적이지 않을 것이다.

정서행동장애 학생은 어떤 행동을 너무 과다하게 하거나 제대로 하지 못하기 때문에 우선적인 도움을 필요로 한다. 학생의 이러한 과다 또는 결핍행동을 정확하게 정의하고 측정하지 못하는 것은 심각한 잘못이 된다. 이는 마치 간호사가 자신은 지금 너무 바쁘고 활력 징후(vital sign, 즉 맥박, 호흡, 체온, 혈압)는 대략적으로 짐작하는 것으로 충분하며 이러한 활력 징후는 환자의 건강에 대한 피상적인 수치에 불과한 것으로 근원이 되는 병의 특성을 보여주지 못한다고 주장하면서 활력 징후를 측정하지 않는 행위와 비슷한 것이다.

특수교사는 학생의 학업뿐 아니라 사회적 행동을 개선해야 하고 그러한 변화를 이루었음을 보여주어야 한다. 측정은 지나치게 중요할 정도로 정교할 필요는 없다. 하지만 측정은 학생의 요구와 진전을 평가하는 데 필수적이다(Heward, 2003; Silvestri & Heward, 2016; Kauffman, 2011; Shinn, 2014). 행동의 변화를 가능한 한 정확하게 정의하고 측정하지 못하는 것은 변명의 여지가 없다.

교사들은 행동과 학업을 측정하는 방법에 관해 수년간 손쉽게 접할 수 있었다(예 : Alberto & Troutman, 2012; Shinn, 2014). 학생들은 자신의 삶에서 보다 더 자신을 조절할 수 있는 기회를 얻을 수 있도록 자신의 행동을 측정하는 방법을 습득할 수 있다.

우리는 모든 학생의 모든 행동이 측정되어야 한다거나 교사가 다른 중요한 문제를 제쳐두고 측정에만 몰두해야 한다고 제안하는 것이 아니다. 수업은 측정보다 훨씬 중요하다. 수업에 대한 정서적 염려를 배제하는 기계적 접근은 인지 및 행동 목표를 무시하는 접근보다 더 정당하다고 볼 수 없다. 그러나 학생의 가장 중요한 행동 및 학업 문제와 성취가 측정되지 않고 기록되지 않는다면, 교사는 학생의 진보에 관한 어떠한 실제적으로 중요한 의사소통을 하기 어렵다.

교사가 학생의 행동 변화에 대한 어떠한 객관적인 자료도 없이 '이 학생은 이번 주에는 많이 좋아졌다'와 같이 주관적인 평가를 하는 것은 충분하지 않다. 물론 학생의 행동과 교사의 방법의 정서적 양상을 직접적으로 측정할 수는 없다. 이러한 것들은 중요할 수도 있다. 이는 측정할 수 없는 모든 것을 무시해야 한다는 의미는 아니다. 그러나 정서행동장애 학생의 교사가 학생이 하는 행동 또는 하지 않는 행동 중에 문제가 되는 것이 무엇인지를 정확히 관찰하지도 않고 가능한 한 객관적이고 정확하게 사회 및 학업행동을 측정하지도 않는 것은 비양심적인 것이다.

행동에 대한 직접 측정을 하지 않으면 교사는 학생의 반응에 대해 주관적인 느낌으로 판단할 위험이 있다. 또한 행동에 대한 직접적인 측정 없이는 학업 및 사회성 기술에 대한 교수의 효과(자신이 사용한 교수 방법과 행동관리 기법의 효과)를 잘못 이해할 수도 있다. 교사는 학생과의 관계를 주관적이고 정서적인 용어로 설명할 수 있을 뿐 아니라 학생의 행동

유튜브 비디오 사례

비디오 연결 1.2
'행동 정의하기(Defining Behavior)' 비디오는 행동을 정확하게 조작적으로 정의하는 것의 중요성을 간략히 설명한다. 이러한 조작적 정의를 통해 교사는 행동의 발생을 기록하고 교수 또는 중재이 효과를 점검할 수 있다. (https://www.youtube.com/watch?v=WtjyYZw20Rk)

변화와 학업 수행에 대한 객관적이고 정확할 증거를 보여줄 수 있어야 한다고 기대하는 것이 합리적이다.

측정의 목적은 표준화된 검사든 비형식적인 검사든 또는 직접 관찰과 측정이 적합한 경우에도, 학생의 수행과 요구를 평가하는 것이다. 좋은 평가는 궁극적으로 수업에 유용하다. 좋은 평가는 정서행동장애 학생이 무엇을 알고 있고 할 수 있으며 무엇을 학습해야 하는지에 대한 정보를 교사에게 제공한다.

행동 측정의 중요성에 대해서는 워낙 많이 강조되어 왔기 때문에 교사들이 왜 학생들의 행동을 여전히 잘 측정하지 않는지를 많은 사람들이 의아해한다. 측정이 소홀히 이루어진 배경에는 다음과 같은 이유들이 있다.

- 일부 특수교사와 일반교사들은 실제 문제는 내면 깊이 있고 관찰 가능하지 않기에 직접적인 측정이 불가능하며 행동은 단지 정신병리학의 피상적 양상일 뿐이기 때문에 행동에 대한 측정이 중요하지 않다는 생각을 여전히 가지고 있다.
- 부모들은 교사의 능력에 대한 불충분한 증거를 때때로 수용하기도 한다.
- 일부 교사들은 행동에 대한 직접적인 측정의 가치를 이해하지 않거나 행동 측정을 잘하는 방법에 대한 훈련에 참여하지 않는다.
- 측정을 하지 않았는데도 행동 변화가 발생하게 되어, 측정이 중요하지 않다는 잘못된 결론을 내릴 수 있다.

일, 놀이, 애정, 즐거움

정서행동장애 아동과 청소년은 생산적인 일을 하지 못하거나 노는 방법을 알지 못하거나 애정을 주고받지 못하고 삶을 즐기지 못하기도 한다. 그러나 이러한 네 가지 경험(일, 놀이, 애정, 즐거움)은 만족스럽고 의미 있는 인간의 삶의 근본이라 할 수 있다. 정서행동장애 학생을 위한 교육은 근본적인 경험에 정확히 초점을 맞추는 교육과정을 필요로 한다. 이는 이러한 경험을 직접적으로 가르치기 위한 교육과정이 필요하다는 의미는 아니다. 사실상 일하고 놀고 사랑하고 즐기는 방법을 아동과 청소년에게 가르치려는 일부 사람은 유용한 특정 기술들을 내용으로 하는 교육과정을 가지고 있어야 하는데, 그러한 기술들 자체가 삶의 필수적인 경험을 구성하지 않는다. 재미를 추구하는 많은 사람들의 기이한 행동과 일부 전문 운동선수들의 심각할 정도로 위험한 경기 모습을 보면 단지 노력만으로 즐거움과 놀이를 경험하는 것이 얼마나 어려운지를 알 수 있다. 사건들 간의 관계, 즉 사건 그 자체뿐 아니라 경험의 구조인 사건들 간 관계는 사람들에게 일, 놀이, 애정, 즐기는 법을 가르쳐준다. 그렇다. 일을 즐기는 것, 즉 재미있게 하는 것은 중요하다. 그러나 우리는 일할 때만 또는 놀 때만 즐거운 사람에게는 문제가 있다는 것도 알아야 한다.

교사는 학생들을 위한 환경을 구조화하거나 질서 있게 정리하여 학생과 교사들이 그 환경에서 일을 성취하고 놀이를 배우고 애정을 느끼며 재미를 누리게 해야 한다. 교사는 학생들이 무엇을 할지 선택할 수 있는 완전한 자유를 허용하는 식으로 구조와 질서를 제공하지는 않는다. 정서행동장애 청소년들은 자신이 무엇을 해야 할지 선택을 잘못하여 어려움을 겪는다. 교사는 학생이 무엇을 배워야 할지에 대한 가치판단을 해야만 한다. 오래전에, 정서행동장애 청소년 교육 분야의 선도적인 한 학자는 학생이 당연히 읽기, 쓰기, 철자, 수학을 배워서 이러한 학업 기술들을 가지고 있어야 하지만 야구 방망이로 공 치기, 공 던지고 받기, 기타 연주하기, 카누 젓기, 버스로 여행하기 등을 배우는 것도 좋다고 하였다(Hobbs, 1974). 교사는 학생이 무엇을 배우면 좋을지와 학생이 어떻게 행동해야 하는지에 대한 자신의 판단에 자신감을 가져야 한다. 그러한 자신감이 없다면, 교사는 학생에게 학습을 위해 필요한 구조를 제공할 수 없다.

우리는 학생이 학습해야 하는 기술들을 교사가 항상 결정해야 한다고 말하려는 것이 아니다. 중요한 것은 학생이 아무 생각 없이 행동 기준을 따르게 해서는 안 되고, 학생이 자유로운 사회에서 더 많은 개인적인 선택과 만족을 누릴 수 있게 할 행동과 학습의 합리적인 기준을 요구하라는 것이다.

교사가 무엇을 가르쳐야 하는지에 대한 어려운 결정과 가치판단 외에도, 교수에 관한 질문은 여전히 남아 있다. 효과적인 교수를 조직하는 두 가지 기본 원칙이 있다—학생에게 적절한 과제(학생이 일반적으로 성공할 수 있는 정도의 적절한 수준의 과제)를 선택하기와 학생의 수행에 대한 적절한 후속 결과를 준비하기(Kame'enui, 2015; Kauffman et al., 2011; Pullen & Hallahan, 2015; Scruggs & Mastropieri, 2015 참조). 우리는 일, 놀이, 애정, 즐거움을 실패가 아닌 성공과 숙달을 통해 학습한다. 또한 우리가 자부심, 품위, 자기가치를 비롯한 정신건강에 좋은 특성들을 배우게 되는 것은, 우리의 바람이 즉각적으로 충족되는 경험을 통해서가 아니라 어려움을 극복하려 애쓰고 요구되는 일들을 해내며 우리의 노력이 바람직한 결과를 이루어냈음을 확인하는 경험을 통해서다.

우리는 학생이 마법적이고 신비로우며 내적으로 안내된 과정을 통해 무언가를 배우리라고 기대할 수 없다. 학생의 배움은, 행동에 대한 적절한 수준의 기대를 가지고 이러한 기대에 대한 부응에 보상을 하는 유능하고 민감한 성인이 있어야 보장될 수 있다. Hobbs(1974)는 오래전에 이에 대한 생각을 가지고 있었다 — 적절한 수준의 기대는 도전적이지만 도달이 어려운 것은 아니다. 좋은 교사는 학생이 감당할 수 있는 과제를 선정하여 학생이 자신의 진정한 능력과 바람을 알아 감에 따라 학생 스스로 점진적으로 자신의 목표를 설정하게 한다. 좋은 교사는 한 학생에게 매우 어려운 과제가 다른 학생에게는 쉬운 과제일 수 있음을 안다.

사건들이 구조화되는 순서가 학생의 학습에 큰 영향을 미친다는 것, 특히 매우 선호하는 사건(놀이)을 이보다 덜 선호하는 사건(일하기, 학생의 경우 공부하기)의 결과로 제공하는 것이 개인의 과제 성취를 증가시킨다는 수많은 증거들이 있다(Kerr & Nelson, 2010; Sprague, Jolivette, & Nelson, 2014; Walker, Ramsey, & Gresham, 2004 비교). '놀기 전에(보상받기 전에) 공부하기(일하기)'라는 기대는 기본 원리이다. 보상과 특권(개인이 당연히 가지는 권리 이상의 것)이 대가 없이 주어지는 환경은 무의미하다. 반면, '노력해야 얻을 수 있는' 환경은 자아개념을 형성시켜 준다. 오래전에 뉴욕 시의 비행 소녀들과 함께 일했던 Esther Rothman(1970)은 보상이 반드시 돈을 의미하는 것은 아니라며 일과 보상의 가치에 대해 설명하였다. 돈이 아니더라도 학생에게 의미 있는 특권, 물건, 활동이 보상이 될 수 있다(Kauffman, Pullen et al., 2011; Landrum & Kauffman, 2006; Rhode, Jenson, & Reavis, 2010 참조). 보상을 본질적으로 가치 없다고 여기는 사람들의 무시에도 불구하고(예 : Kohn, 1993), 성취에 대한 의미 있는 보상은 전통적인 교수 수단이며 학생이 최선을 다하도록 격려하는 것이다. 수행에 대한 적절한 보상은 내적 동기를 감소시키지 않는 것으로 밝혀졌다(McGinnis, Friman, & Carlyon, 1999 참조). 토큰 경제의 기본 원칙은 일에 대한 정당한 보수의 지급이다. Rothman(1970)은 일에서 얻는 일상적 성과의 하나는 자부심이라고 하였다.

우리가 일, 놀이, 애정, 즐거움에 대한 정의를 내리려 하는 것은 그렇게 주제넘은 일은 아닐 것이다. 일에 대한 정의로 '원하는 목표를 이루기 위해 의미 있고 필수적인 노력을 기울이는 것'이라는 기술은 충분하다. 그러나 정서적으로 건강한 사람에게는 일, 놀이, 애정, 즐거움이 밀접하게 연결되어 있지만, 정서행동장애 아동과 청소년에게는 이 네 가지가 연결되어 있지 않거나 도달하기 어려울 수 있다. 아동 또는 청소년이 정서와 행동에서 어려움을 보일 때, 신체 활력의 균형, 열정, 기쁨, 깊은 만족감을 회복시키는 가장 효과적인 전략은 적절한 일과 그 일의 수행에 대한 일관된 결과를 제공하는 것이다. 놀이, 애정, 즐거움은 가치 있는 과제를 성취하는 경험을 했을 때와 자신의 힘으로 보상을 획득했을 때 뒤따라오는 경우가 많다. 일하는 것은 자아개념의 견전한 기초를 세우는 것이다. 일에는 학업적인 일뿐 아니라 다른 것들도 포함된다. 궁극적으로 능숙한 수행 그 자체가 보상이 될 수 있다.

직접적이고 정직한 의사소통

구조화된 접근을 옹호하는 일부 사람들과 행동 수정에 열광하는 일부 사람들은 행동에 대한 일관된 후속 결과만으로도 학생의 행동에 대한 필요한 변화를 가져오기에 충분하다고 여긴다. 그러나 학생을 가르치는 일은 사건들 간의 관계를 구조화해주는 것 그 이상의 일이다. 교사가 학생의 이야기를 어떻게 듣고 학생에게 어떻게 말하는지는 학생이 다른 환경적 사건을 어떻게 지각하고 반응하는지에 영향을 미친다(Kauffman, Pullen et al., 2011; Lemov, 2014). 예를 들어 행동에 대한 후속결과를 설명할 때 교사는 결과의 긍정적인 면을 강조할 수도 있고 부정적인 면을 강조할 수도 있다. 어떤 교사는 "수학문제를 다 풀 때까지 인터넷을 사용할 수 없어!"라고 말한다. 또 다른 교사는 이와 다르게 "수학문제를 다 풀면 바로 인터넷을 사용할 수 있어."라고 한다. 두 교사 모두 행동(반응)과 후속 결과의 관계를 설명했고 두 교사의 말이 모두 정확하지만, 후자의 경우는 적절한 성취에 대한 긍정적 결과에 주목한 반면 전자의 경우는 수행을 하지 않았을 때의 부정적 결과에 주목하고 있다. 이 두 설명이 학생에게 미치는 영향력은 다를 수 있다. 비구어적 의사소통 역시 매우 중요하며, 교사의 말과 일치해야 한다. 교사는 존중, 사랑, 자신과 학생에 대한 신뢰를 주고받을 수 있는 방식으로 듣고 말하고 행동해야 한다.

이는 학생의 행동에 대해 교사가 항상 승인하거나 긍정적으로 받아들여야 한다는 의미는 아니다. 허락할 수 없다는 것을 명확히 전달해야 할 필요도 있다. 우리가 학생의 모든 행동을 너그럽게 허용하거나 무관심으로 반응한다면 학생들은 적절하게 행동하는 법을 배울 수 없을 것이다. 학생의 부적절한 행동에 대해 솔직한 평가를 하는 것을 포함한 정직성은 교사에게 큰 도움이 된다. 기대하는 바를 매우 명확하게 전달함과 동시에, 바람직한 행동과 그렇지 못한 행동에 대해 긍정적 결과와 부정적 결과를 일관성 있게 적용하는 것은 대부분의 문제행동관리를 성공적으로 이끈다.

의사소통은 쌍방 간에 이루어지는 일이기 때문에, 교사들이 경청하기를 배우고 이해심을 가지고 학생의 행동을 지켜보면서 학생의 구어적 행동과 비구어적 행동 간의 관계를 정확하게 해석하기를 배우지 않는 한, 교사의 노력이 성공하기는 어렵다. 자신의 말이 제대로 전달되지 않았다고 믿는 학생은 타인의 이해를 얻기 위해 극단적인 선택을 하게 되며, 종종 자신의 의사를 전하려는 목적으로 더 큰 문제를 일으키곤 한다.

아동과 청소년에게 직접적이고 솔직하게 말하는 것은 의사소통을 촉진한다. 많은 교사들과 부모들이 학생 및 자녀와 대화할 때 애매모호하게 말하는 경향이 있는데, 이는 아마도 거절하는 것과 거절당하는 것을 두려워해서이거나, 정서행동장애 청소년을 돕기 위해서는 이들에게 직접적인 지시를 해서는 안 된다는 말을 잘못 이해한 것으로 여겨진다(O'Leary, 1995 참조). 청소년들에게는 성인들이 바라는 것이나 의도하는 것을 짐작으로 알아내야 하는 상황은 전혀 도움이 되지 않는다. 사실상, 어떻게 행동해야 할지에 대해 교사가 명확하고 단도직입적이며 모호하지 않게 말해주는 것만으로도 일부 학생들의 행동이 향상될 수 있다. 대부분의 경우, 좋은 수업은 학생이 통제하는 것이 아니라 교사가 통제하는 것이다 (Heward, 2003; Kauffman, 2010c, 2011; Snider, 2006 참조). 또한 좋은 수업은 학업 및 행동 문제를 포함하여 명확하게 만드는 것이다. 좋은 수업은 문제에서 애매함을 제거하는 것이다(Engelmann & Carnine, 2011).

정서행동장애 학생들은 반드시 교사의 정직성을 시험해본다. 정직성은 의견을 표현하고 사실을 정확히 전달하는 데 있어서 솔직함 그 이상의 것이다. 학생들은 교사들의 말과 행동이 일치하는지를 알고 싶어 한다. 의미 없는 위협을 하거나 약속된 긍정적 결과와 부정적 결과를 적용하지 않는 교사들은 학생들과 충돌할 수밖에 없다.

자기통제

학생이 다른 사람의 행동 관찰을 통해 많은 것을 학습한다는 것을 보여주는 많은 증거들이 있다(Kauffman, Pullen et al., 2011; Kerr & Nelson, 2010). 모범적으로 행동하지 못하는 교사는 교수 전략이 얼마나 훌륭한지에 관계없이 학생을 돕는 것이 아니라 망친다. 솔직히 말해서 정서행동장애 학생을 가르치는 일은 사회적으로 부적응하거나 심리적으로 불안정한 사람에게는 적절한 직업이 아니다. 교사를 모방하여 학생의 부적응행동이 발생하는 것이 아니라 학생의 행동 개선이 나타나야 한다.

이는 교사가 완벽한 모델이 되어야 한다는 말은 아니다. 자신이나 타인에 대해 완벽을 기대하는 것은 그 자체로 부적응적인 것일 뿐 아니라, 일부 정서행동장애 학생들이 교사의 도움을 받아 극복해야 하는 문제다. 교사는 자신과 타인의 불완전함을 수용하고 자신과 타인의 실패에 건설적으로 대처하는 등의 정서 및 행동 특성을 보여줄 수 있어야 한다.

Hobbs(1966)는 교사가 제공해야 하는 모델의 유형을 약 반세기 전에 요약했는데, 이것은 지금까지도 우리를 안내하는 이상적 요건으로 남아 있다. 무엇보다도 교사는 인격적인 성인이어야 하고 교육을 잘 받은 사람이어야 하며 애정을 주고받을 줄 알고 유연하고 삶을 즐길 줄 알아야 하며 판내하면서도 난호해야 하고 오늘의 유용성과 내일의 희망을 소중히 니

겨야 하며 정서행동장애 청소년이 도움을 받을 수 있다는 확신을 가져야 한다.

정서행동장애 학생의 교사는 자기통제(self-control)에서도 모범을 보여야 한다. 교사는 자기통제의 모범을 보일 뿐 아니라 직접교수를 통해 이를 지도해야 한다. 무엇보다도 적절한 자기안내(self-guidance)는 개인의 권리라는 개념에 내재되어 있으며 통제력의 상실은 문제행동의 특징이 된다. 이는 학생이 아무 간섭 없이 원하는 대로 행동하도록 허용해도 된다는 말도 아니며, 교사가 학생에게 어떤 식으로 행동할지 결코 요구해서는 안 된다는 말이 아니다.

학생이 자신의 이익을 위해 최선을 다하지 않거나 타인의 권리를 침해하는 방식으로 행동하는 경우가 아닌 한, 학생은 자신의 행동을 스스로 선택할 수 있어야 한다. 교사의 역할은 교실 환경을 구조화하여 학생이 자신에게 주어진 선택의 범위를 알고, 가능한 많은 행동 영역에서 선택하기를 연습하며, 적절한 결정하기를 배우고, 적절한 결정을 했을 때 보상을 받을 수 있게 해주는 것이다. 학생은 가능한 한 자신의 행동을 스스로 독립적으로 충분히 조절할 수 있도록 자기교수(self-instruction), 시연(rehearsal), 안내된 연습(guided practice) 등의 인지행동 기법(cognitive-behavior techniques)을 배워야 한다. 처음에는 학생의 습득을 위해 외적 통제가 필요하겠지만, 이러한 통제가 최대한 내재화될 때까지는 진정한 인성교육(humanistic education)이라는 과제가 완성되었다고 할 수 없다(Bruhn, McDaniel, & Kreigh, 2015; Kauffman, Bantz, & McCullough, 2002; Kauffman, Pullen et al., 2011).

문화 차이

문화 차이(cultural differences)에 대한 교사의 이해는 일반교육에서 학생의 성공에 필수적이다(Ispa-Landa, 2015). 이는 특수교육에서도 마찬가지다. 좋은 교사는 문화 차이에 민감하다.

문화 차이에 대한 민감성, 즉 다문화 민감성(multicultural sensitivity)이 학생의 피부색, 성별, 혈통, 종교 등에 따라 조정되는 교육으로 종종 잘못 해석된다(Anastasiou, Kauffman, & Michail, 2016 참조). 그러한 가정은 교사가 어떤 집단의 특성을 고려할 때, 특히 좀 더 개인에 관련된 문화적 특성보다는 사회 주류에 의해 억압당하거나 소외된 집단의 특성을 고려할 때 교육이 더 적절하거나 효과적이라는 것이다.

소수문화집단에 대한 억압과 소외는 미국뿐 아니라 세계 모든 지역의 주요 문제이다(Patterson & Fosse, 2015 참조). 이 문제는 특정 대륙, 국가, 인종, 신념, 또는 제도에 한정된 것이 아니다. 이는 인류의 문제이며 인종, 성별, 지역에 관계없이 교사가 직면해야 하는 문제이다(Anastasiou, 2017; Anastasiou, Gardner, & Michail, 2011; Anastasiou & Keller, 2017; Hallahan et al., 2015; Kauffman, Conroy, Gardner, & Oswald, 2008 참조).

타 문화에 대한 이해와 다문화교육은 최근 일반교육과 특수교육에서 상당한 관심을 받고 있다. 그러나 문화적으로 민감하거나 반응적인 교육의 의미가, 교사가 다른 문화에 대해 민감하거나 반응적이기 위해 무엇을 해야 할지에 대해 교사들이나 교실을 관찰하는 사람들이 이해할 수 있는 방식으로 정의된 적이 거의 없다(Kauffman, 2011; Kauffman, Conroy et al., 2008). 게다가 문화적 민감성을 비롯하여 교수와 관련된 주요 다문화 쟁점들은 모호할 뿐 아니라 학생의 개별 특성보다는 집단 특성에 근거를 두는 구성주의적 관점에서 의해 설명되는 경우가 많다(Anastasiou & Kauffman, 2012; Kauffman, 2015c; Kauffman & Badar, 2014a).

집단 정체성(장애를 포함하여 어떤 특성에 의한 것이든 간에)은 인종차별, 성차별, 그리고 기타 형태의 불공정한 차별의 기반이 된다. 차별이라는 불공정성은 접근성, 특권, 교육, 범죄, 책임을 비롯한 모든 사회적 판단이 개인이 아닌 집단 정체성에 근거해야 한다는 생각에 기초한 것이다. 사실상 이런 생각은 집단 특성(그것이 인종, 성별, 종교, 또는 그 외의 집단 정체성과 관련 어떤 특성이든) 자체를 장점으로 규정한다. 즉 당신이 X라는 집단(예를 들어 인종, 재산, 종교, 성별 등에 의해 정해진)에 속한다면 Y(능력, 선호도, 행동 등)가 당연히 당신의 특성이라고 보는 것이다. 이것이 바로 한 개인의 특성 중 하나가 다른 특성을 결정한다고 믿는(설령 그것이 사실이 아니더라도) 고정관념이다. 개인과 집단의 특성을 구분하고 장애를 다른 형태의 다양성과 다르게 다루어야 함을 이해하는 것이 사회 정의를 이루는 데 필수적이다(Anastasiou et al., 2016; Kauffman & Landrum, 2009).

고정관념을 피하고 문화적 다양성을 존중하는 유일한 방법은 개별 학생과 그 가족의 대화를 통해 과학의 틀 안에서 개인으로서의 학생과 가족을 발견하는 것이다(Kauffman, Conroy et al., 2008). 물론 과학 자체가 문화적 편견이라고 주장할 수도 있지만, 여러 문헌들에 상세하게 설명되어 있으므로 이러한 주장은 단순한 유언비어이다(예 : Anastasiou & Kauffman, 2011, 2013; Kauffman, 2011; Kauffman & Sasso, 2006b; Mostert, Kavale, & Kauffman, 2008; Sasso, 2007).

교육 분야에서 사용되는 '개별성에 민감하지 못함'이라는 표현에는 집단 특성에 치중한다는 의미가 포함된다. 예를 들어 학생이 속한 집단 정체성이 교육과정, 교수 방법, 또는 행동관리를 결정하는 정당한 근거인 것처럼 교사가 학생을 대하는 경우가 있다. 그러나 이는 특수교육에서 법적으로 수용될 수 없는 일일 뿐 아니라 공명정대한 사회의 기초라고도 할 수 없다. 특수교육에서 교육과정, 교수 방법, 배치와 같은 결정을 단순히 학생의 집단 특성에 근거하여 내리는 것(예를 들어 학생을 특정 집단며 또는 특정 문화적 정체성을 가진 집단에 배치한다는 결정)은 법적으로 허용되지 않는다. 오히려, 법적으로 특수교육은 학생의 개별 요구에 기초하여 이루어져야 한다(Bateman, 2017; Bateman & Linden, 2012; Huefner, 2006; Kauffman, 2015c; Yell, Crockett, Shriner, & Rozalski, 2017).

　장애에 대한 것이든 인종, 성별, 종교 등의 집단 특성에 대한 것이든 간에 모든 문화적 민감성은 개인에 대한 관심을 요구한다. 교육이 너무나 자주 문화적으로 민감하지 못하다는 것은 교육의 수치이며, 이는 효과적인 학업 교수와 행동중재를 사용하지 않기 때문이다. 증거기반실제(Evidence-based practices, EBP)[4]를 손쉽게 얻을 수 있음에도 불구하고, 이러한 실제들을 멀리하고 잘못된 개념을 받아들이는 경우가 많다(Landrum, 1997; Morris & Mather, 2008; Walker & Gresham, 2014 참조). 때로는 안타깝게도, 연구자의 집단 정체성에 의해 오염된 것으로 추정된다는 이유로 신뢰할 만한 증거임에도 불구하고 받아들여지지 않는 경우도 있다(예 : 증거를 제공한 사람의 인종, 성별, 기타 그가 속한 집단 정체성을 이유로 그 증거를 거절함). 그러나 교수와 행동관리를 위한 효과적인 실제를 적용하지 못하면, 아무리 좋은 의도라 하더라도 문화적 민감성을 확보하지 못한 것이다.

교수 : 특수교육의 비즈니스

지난 몇십 년간 정서행동장애 학생의 교사로서 우리가 배운 가장 중요한 교훈은 교수(instruction)를 경시해서는 안 될 뿐 아니라 이를 이차적인 것으로 생각해서도 안 된다는 것이다. 정서행동장애 학생들의 교육에서 학업 교수가 이차적 관심으로 밀려나고 문제행동의 통제나 억제에 초점을 두는 경우가 너무 자주 관찰되는 것은 심각한 문제이니, 이러한 현상이 정서행동장애 학생을 가르치는 우리의 노력을 특징지어서는 안 될 것이다(Kauffman, 2010a; Kauffman & Landrum, 2007; Lane & Menzies, 2010).

　우리는 모든 특수교육의 초점을 다시 교수에 두어야 한다(Bateman, Lloyd, Tankersely, & Brown, 2015; Kauffman, 2014b, 2015a; Kauffman & Badar, 2014a, 2014b; Zigmond, 2015). 정서행동장애 학생의 교사들에게 교수가 특히 중요한 이유로 다음의 두 가지를 들 수 있다. 첫째, 학업 성취는 정서 및 사회 적응에 매우 기본적인 것이어서 이를 교육적 중재의 최고 업적으로 삼지 않는 것은 어리석은 일이기 때문이다. 학생의 학업 성취를 증진시키는 것은 학생의 자기평가와 사회적 유능함을 향상시키는 유일하고도 가장 신뢰할 만한 방법이다. 둘째, 적어도 교사에게는, 학생의 행동관리 및 수정을 교수적 문제로 보고 접근하

4　역자 주 : 엄정한 연구 방법을 통해 효과가 검증된 중재, 일반 실제에서 지속적으로 효과가 검증된 중재.

는 것이 최선이기 때문이다(Kauffman, 2010a, 2014b; Kauffman et al., 2011; Walker et al., 2004). 이는 문제의 선행사건, 즉 행동 문제가 발생할 것으로 예측되는 환경이나 맥락을 더욱 강조한다는 의미다. 또한 사회적 또는 정서적 문제를 읽기나 수학 또는 다른 교과목을 지도할 때 생각할 수 있는 문제와 유사한 방식으로 생각하는 것을 의미한다. 이는 기대행동을 명확하게 구체화하는 데 주안점을 두고, 문제행동이 발생하는 맥락을 수정하며, 기대행동을 시연하고 촉진한다는 의미다. 바람직한 행동에 대해 강력한 강화를 적용하는 것은 중요한 일이지만, 다른 교수적 요소가 잘 실행되고 있을 때 그 효과가 극대화될 수 있다. 대부분의 학생들에게 효과적이었던 교수에 대해 기대한 만큼 반응하지 않는 학생들도 있다(Kavale, Kauffman, Bachmeier, & LeFever, 2008; Shinn, 2014). 그럼에도 불구하고 좋은 교수는 효과적인 행동 관리를 위한 우선적 요구사항이다.

사람에 대한 생각

정서행동장애를 추상적으로 생각하는 것과 현실 속에서 이 장애를 관찰하는 것은 상당히 다른 일이다(Putnam, 2015 참조). 타인의 삶에서 이 장애가 발생한 것을 관찰하는 것과 이 장애가 내 자신의 삶의 일부가 되는 것은 절대 같을 수가 없다. 너무 자주 우리는 정서행동장애 관련 학생과 교사의 삶이라든지, 부모와 가족의 삶을 고려하지 않는다. 장애를 가지고 있는 것이 어떠한 것인지 그리고 장애 아동과 청소년 자녀 또는 학생을 만나는 것이 어떠한 것인지와 이들을 양육 또는 지도할 책임을 맡게 되는 것이 어떠한 것인지를 고려하지 못할 때가 많다(Earley, 2006; Suhay, 2007; Warner, 2010 참조). 우리는 무엇보다도 우리와 같이 수정 또는 개선뿐 아니라 애정, 관심, 이해, 지원을 필요로 하는 실제 사람을 다루고 있다는 점을 잊고 있다. 정서행동장애 중학생들을 위한 특수학교 교장인 Jill Jakulski 박사는 교사는 자신이 가르치는 학생들을 실제로 좋아해야 하며 학생들이 말한 것 또는 그 전날에 했던 행동이 무엇이든 상관없이 학생들과 함께 일할 수 있어야 한다고 말한다. 그것은 어려운 일이고 모든 사람이 할 수 있는 것은 아니다.

원인, 행동 유형, 평가, 중재 간의 상호관계

인간 행동을 개념화하기 위한 사회인지 모델에 근거하여 아동과 청소년의 정서행동장애의 특성에 대한 논리 정연한 논의를 구조화하기 위한 가장 좋은 방법은 무엇일까? Bandura(1986)에 따르면, 이 모든 상호작용을 한 번에 연구하는 것은 불가능하다. 모든 인과요인들은 동시에 조사하는 것이 너무 복잡하기 때문에 과학적으로 접근하기 어렵다. 우리는 행동, 행동 평가, 행동의 원인, 행동의 효과를 보다 단순하고 관리 가능한 부분으로 나누어 연구해야 한다. 이는 연구를 수행하고, 연구 결과를 요약하고 해석하는 데 필요하다.

그림 1.1은 이러한 요인들이 어떻게 상호 관련되어 있는지를 보여준다. 겹쳐지는 2개의 원은 진단평가와 중재가 중복된 활동이라는 것을 의미한다. 일부의 경우 전혀 별개로 겹쳐지지 않는 부분이 있지만 대부분의 경우 평가와 중재는 함께 이루어진다. 집합 이론에 따르면, 진단평가와 중재는 교집합이다. 그림 1.1에서 보는 바와 같이, 장애의 여러 유형과 네 가지 주된 원인적 요인들이 제시되어 있으며 그림에 표시되어 있는 점들은 우리가 모든 범주에서 나열하지 않은 것들이 더 있음을 나타낸다. 그림에서 겹쳐진 원을 통해 선을 따라 살펴볼 수 있다. 예를 들어 우울장애의 유전적 요인에 대한 평가와 같이 그림의 특정 부분을 분석하기 위해 선택할 수 있다. 즉 유전적 요인과 우울장애에 대한 선이 만나는 것이다. 그러나 유전적 요인의 선을 따라가다 보면, 우울장애에 대한 선뿐만 아니라 장애의 다른 모든 유형에 대한 선과 모두 만나게 된다. 또한 공격성을 포함한 품행장애 관련 선을 따라가다 보면, 모든 원인적 요인에 대한 선을 만나게 된다. 그림 1.1은 우리가 분석하고 있는 특정 문제

그림 1.1 원인, 행동 유형, 평가, 중재 간의 상호 관계

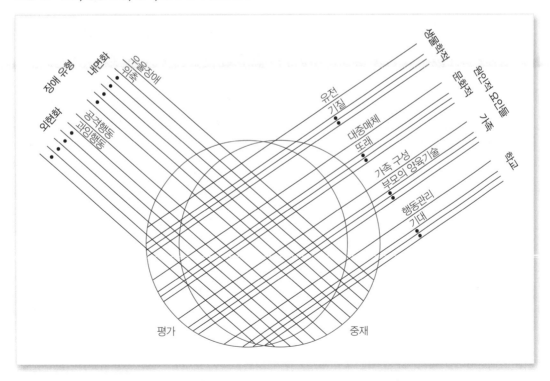

를 다른 모든 문제들과 완벽히 분리할 수 없으며 일반적으로 평가와 중재가 모두 관련되어 있음을 보여준다. 예를 들어 우울장애의 유전적 요인에 대한 평가를 연구한다고 할 때, 또래와 부모를 포함한 중재의 설계와 원인적 요인으로서 기질에 대한 평가를 전적으로 무시할 수는 없다. 우리 때때로 하나의 특정 주제에 집중할지라도, 그 주제가 다른 주제와 어떻게 연계되어 있는지도 알아야 한다.

이 책에서 우리는 제2부에서 우선적으로 인과요인에 대해 살펴보고 제3부에서 장애 유형을 그리고 제4부에서 진단평가를 살펴본다. 그러나 특정 주제 또는 요인을 다루면서 다른 것들도 유념해야 한다.

요약

인간의 본질에 대한 관점은 인간의 행동을 설명하고 정서행동장애를 중재하기 위한 전략을 선택하는 데 있어 결정적인 영향을 미친다. 역사적으로 살펴보면, 인간을 영적인 존재로 개념화하기도 하였고 생물학적 유기체, 이성과 감정의 존재, 환경의 산물 등으로 간주하기도 하였다. 생물학적 모델, 심리교육적 모델, 생태학적 모델, 행동주의 모델 모두 특정한 장단점을 가지고 있다. 사회학습과 자기통제에 관련된 과학적 실험연구들에 기초한 사회인지 모델은 전문가들에게 가장 타당하게 여겨지고 있다. 행동뿐 아니라 사고와 감정을 포함하여 사회인지 접근은 이 책의 논지와 맥을 같이 한다.

올바른 기대를 갖는 것은 가르침, 즉 교수에서 중요한 부분이다. 기대는 학생과 교사 모두에게 적용되며 무엇보다도 중요한 것은 기대는 너무 높거나 너무 낮아서도 안 된다는 것이다. 교사가 이를 명심해야 하는 가장 중요한 이유는 교사는 무엇인가를 할 수 있는 사람이기 때문이다. 이는 교사가 학교에서 일어나는 일에 집중해야 함을 의미한다. 사실상, 유능한 교수의 실제는 사회 및 학업적 측면 모두에서 행동의 직접적인 관찰과 측정을 요구한다. 교사는 일, 놀이, 애정, 즐거움이 모두 얼마나 중요하고 상호 관련되어 있는지를 학생들에게 가르쳐야 한다. 놀이는 일반적으로 일에 뒤따르며 일 자체가 높은 보상이 되고 즐거움이 될 수 있으며 애정 어린 보살핌을 주고받는 것이 만족을 주는 것임을 학생들이 학습할 수 있어야 한다. 학생과의 직접적이고 솔직한 의사소통이 중요하다. 교사는 자기통제의 좋은 모델로도 역할을 해야 한다. 문화적 다양성은 삶에 가치를 부여한다. 교사는 필요한 학업기술을 지도하면서 동시에 학생들이 문화적 다양성을 수용하도록 지도해야 한다. 교사들은 특수교육의 가장 중요한 일이 효과적인 교수를 제공하는 것임을 반드시 기억해야 한다. 더불어 특수교사로 일하는 우리는 학생과 가족들이 도움과 애정 어린 보살핌을 필요로 하는 사람들임을 명심해야 한다.

논의를 위한 사례

다음과 같은 사례에서 당신이라면 무엇부터 시작하겠는가?

데릭(Derrick)

데릭은 12세로 학업기술은 3학년 수준이지만, 중상위 학생들과 영재 학생들을 위한 5학년 학급에 배치되어 있다. 데릭은 그를 가르친 모든 교사들에게 공포스럽고 다루기 힘든 학생으로 알려져 있다. 데릭은 나이에 비해 몸집이 크다. 또한 데릭은 가지런히 않은 치아, 오싹한 웃음, 이상한 눈빛을 가진 '무서운 아이'로 묘사된다. 데릭은 행동 문제 때문에 오랜 기간 동안 반나절만 학교에 있도록 허락되었다. 학교의 교사 지원팀은 데릭이 특수교육 서비스를 위한 진단평가를 받을 것을 제안하였다.

데릭의 행동은 집에서도 매우 문제가 많고 위협적이다. 데릭의 부모는 이혼을 하였으며 데릭은 엄마, 여동생, 남동생과 함께 산다. 데릭은 부모의 이혼에 대해 분노하며 엄마에게 가족을 파괴시켰다고 비난을 퍼붓는다. 학교의 사회복지사에 따르면, 데릭은 기르던 개를 부엌 칼로 목을 잘라 죽이고 토막 내어 마당에 뿌렸다고 한다. 데릭의 엄마는 데릭이 칼이나 다른 부엌기구로 동생들을 해칠까 봐 부엌 서랍을 자물쇠로 잠그고 산다. 또한 엄마는 방문도 이중 잠금 장치를 하고 데릭을 무서워하는 데릭의 두 동생들을 데리고 잔다. 자녀 양육과 관련하여 전화를 한 아빠와 통화를 시켜주지 않았다고 엄마에게 화가 나서 데릭은 부엌 칼로 엄마의 침실 방문을 부수었다. 데

릭의 엄마는 공포에 질려 있으며, 사회적 서비스나 정신건강 서비스의 도움도 받지 못하고 있다.

올해 데릭의 일반학급 담임 교사는 경험이 많은 특수교사로, 데릭에 대해 잘 알고 있으며 특수교육을 위한 진단평가가 완료될 때까지 데릭을 맡기로 하였다. 데릭은 교사들과 다른 학생들이 자기를 두려워한다는 것을 알고 있으며, 심술궂은 행동을 해서 자신의 악명을 높이는 것을 즐긴다고 말한다. 그러나 학년 초에 새로운 담임 교사는 데릭을 무서워하지 않는 것 같고 침착하며, 데릭의 문제 행동에 관심을 갖지도 않는 것 같았다. 어느 날 데릭은 담임 교사에게 다가가서 "선생님은 내가 누군지 모르시죠?"라고 물었다.

출처 : Kauffman, Pullen, Mostert, and Trent (2011).

사례에 관한 토론 과제

1. 데릭의 행동의 원인을 이해하기 위하여 어떤 개념적 모델을 적용할 수 있는가?
2. 데릭의 사례에서 사회인지 모델을 적용하여 고려할 수 있는 가장 중요한 것은 무엇이며 이러한 것들이 어떻게 상호 연관되어 있다고 생각하는가?
3. 데릭을 위한 중재 전략을 설계한다면 무엇부터 시작은 한 것이며 그 이유는 무엇인가?
4. 당신이 데릭의 교사라면 데릭의 질문에 대해 최선의 반응을 결정하는 데 있어서 어떤 개념들을 적용하겠는가?

버디를 위해 무엇을 해야 하는가?

버디(Buddy)

나는 일반학급 6학년을 지도하고 있다. 버디는 나의 10년간의 교직생활에서 만난 학생들 중에서 가장 불쾌한 학생 중 한 명이다. 버디는 신체적으로나 정신적으로 불쾌한 학생이다. 버디는 항상 더럽고 냄새가 나며 예의 바른 사회에서는 받아들여질 수 없고 적대적이며 비열한 언어를 사용한다. 대부분의 시간에 버디는 어른뿐 아니라 아이들이 자신에게서 가능한 한 빨리 그리고 가능한 한 멀리 떨어지기를 원한다. 이를 직접 봤다면 몹시 기분 나쁘게 여길 수 있다. 놀랍게도 버디는 가끔은 정말 착한 모습을 보이기도 한다. 그러나 일반적으로 버디보다 더 혐오스러운 12살을 상상하기는 어렵다. 그래서 버디의 이름이 친구라는 의미임에도 불구하고 누구의 친구도 아닌 것은 어쩌면 당연한 일일지도 모른다.

여기서는 버디가 어떤 사람인지를 생각해보자는 것이다. 버디는 피가 날 때까지 코를 후비고 그런 다음 코피를 닦는다. 이 행동만으로도 대부분의 사람은 매우 역겨워한다. 그러나 버디는 자신의 귀를 후벼 파고 코피를 닦았던 휴지로 귀지를 닦는다. 버디는 여드름을 짜고 그 휴지로 피와 피지를 닦는다. 버디는 자신의 휴지에 침을 묻혀서 자신이 쓴 답을 지우려 한다. 이러한 행동들은 단순히 교사들만 역겹게 만드는 것이 아니라 학급 내 다른 학생들도 역겹게 만든다.

그러나 버디가 자신의 휴지로 하는 것과 같이 교사로서 나를 정말 미치게 만드는 것이 있다. 지우개를 사용할 때, 버디는 세게 문질러서 종이에 구멍을 크게 낸다. 버디는 학습지의 엉뚱한 곳에 답을 쓰곤 한다. 그런 다음 그 종이를 동그랗게 말아서 교실 내 다른 엉뚱한 장소로 화살처럼 던진다. 버디는 자주 종이에 네 글자로 된 단어를 쓰고 외설적인 그림을 그리고 나치 표시를 한다. 버디는 종이에 구멍을 내고 종이를 찢고 종이 뭉치를 만들어 테이프를 붙이고 다시 찢고 다시 테이프를 붙인다. 이 모든 일을 하면서 버디는 욕설을 중얼거린다. 버디는 학교에서 하는 활동이 너무 유치하거나, 너무 어렵거나, 멍청하거나, 너무 미쳤기 때문에 그 빌어먹을 일을 할 수 없다며 "내가 무슨 멍청한 개 자식이길래 도대체 이딴 걸 왜 해야 하지?"라고 중얼거린다. 물론 우리 반의 다른 아이들은 더 나쁜 말을 듣는다. 그러나 이러한 말들은 우리 반 학생들뿐 아니라 담임 교사인 나도 수용할 수 없는 말들이다.

버디는 자주 자신을 다른 모든 사람에게 골칫거리로 만든다. 버디는 몸집이 작은 아이들을 무자비하게 놀리고 괴롭힌다. 버디는 교사들을 깨물고 다른 성인들을 위협한다. 청결함과 쾌적함은 그의 것이 아니다. 며칠 전에 버디는 이전 담임 교사에게 '바보'라고 욕을 했다. 현 담임 교사인 나는 지금 그에 대한 인내심이 바닥난 상태이다.

나는 버디에 대해 다른 교사들과 교장 선생님과 이야기를 나누어 왔다. 어느 누구도 무엇을 해야 하는지를 모르는 것 같다. 버디의 문제는 점점 더 나빠지는 것 같다. 이는 갑자기 그렇게 된 것은 아니다. 그는 6살 때도 그랬던 것 같다. 버디의 부모는 버디를 단지 어린아이로 보는 것 같고 문제로 보지 않는다. 물론 버디는 정말 친절할 수 있기 때문에, 항상 친절하게 행동할 수 있는 잠재력이 분명이 있다. 그래서 내가 다른 교사들과 함게 있을 때 버디가 한 행동의 일부를 말하면, 그들은 "음, 그래요. 하지만 버디는 정말 착한 아이일 수 있어요. 제 생각에는 사람들은 심호흡 한번 크게 한 후에, 그래 그 아이는 그런 아이야라고 말하지요"라고 한다.

사례에 관한 토론 과제

1. 버디와 같은 학생이 어떻게 오랜 기간 동안 일반교육을 받을 수 있는가? 일반 교사는 버디와 같은 학생을 어떻게 다루어야 하는가?

2. 버디가 장애를 가지고 있다고 생각하는가? 그렇지 않다면, 왜 그렇게 생각하는가? 그렇다면, 왜 그렇게 생각하는가? 버디가 정서행동장애를 가지고 있다고 생각하는가?

3. 버디에게 특수교육이 필요하다고 생각하는가? 그렇지 않다면, 왜 그렇게 생각하는가? 그렇다면, 버디가 어디에서 교육을 받아야 한다고 생각하는가? 또한 버디에게 필요한 것이 무엇이라고 생각하는가?

4. 당신이 일반 교사든 특수 교사든 버디의 교사라면, 버디가 더 나은 행동을 배우는 데 도움이 되도록 무엇을 할 것인가?

2 우리가 말하고자 하는 것 : 문제와 그 범위

정의와 출현율

Creative Images/Shutterstock

학습 목표

2.1 이 책에서 언급되고 있는 학생을 묘사하는 일반적인 용어를 나열할 수 있다.

2.2 정서행동장애(EBD)가 장애로 간주되어야 하는 이유를 설명할 수 있다.

2.3 정서행동장애를 정의하는 것이 어려운 이유를 기술할 수 있다.

2.4 정서행동장애를 가진 학생들을 판별하는 것이 왜 임의적인 결정을 필요로 하는지 설명할 수 있다.

2.5 정서행동장애의 출현율이 학생 인구의 약 2%라는 보수적인 추정치의 입장을 옹호할 수 있다.

2.6 현재 연방정부 범주에서 *정서장애*로 특수교육을 받고 있는 공립학교 인구의 대략적인 비율을 진술할 수 있다.

우리는 정서행동장애 학생들을 가르칠 수 있기를 원한다. 우리는 앞 장에서 몇 가지 개념 모델을 언급하였다. 그러나 언급된 것의 세부사항에도 주의를 기울여야 한다. 이 장에서는 우리가 언급하는 학생을 어떻게 불러야 하는지(우리가 사용하는 표찰) 그리고 이들의 장애를 어떻게 정의해야 하는지에 관해 살펴보고자 한다. 그런 다음, 이러한 장애를 가진 학생들이 얼마나 많은지, 즉 정서행동장애로 볼 수 있는 학생들이 학령기 학생 중 어느 정도의 비율로 나타나는지를 살펴보고자 한다.

용어

이 분야의 용어는 혼란스럽지는 않지만 불분명하다. 물론 장애를 명명할 수 있는 다른 용어가 많을 경우에는 정확하게 정의하기 어렵다. 그래서 정의의 문제점을 언급하기 전에, 학생들에게 사용되거나 제안되는 용어나 표찰이 무엇인지를 먼저 살펴볼 필요가 있다.

정서장애(emotionally disturbed)는 현재 특수교육 연방 법률과 규정에서 사용된다. 그러나 일부 전문가들은 이들 아동과 청소년의 문제를 보다 정확하게 묘사하는 행동장애(behaviorally disordered)라는 용어를 선호한다. 행동장애는 정서장애보다는 낙인의 문제가 덜한 표찰로 여겨진다. 이 외에도 이들을 설명하는 다른 용어들을 전문 문헌과 여러 주의 다양한 법률과 규정에서 찾아볼 수 있다. 대부분의 경우 이 용어들은 표 2.1에 제시된 A열 용어가 B열의 용어 중 하나와 조합되어 만들어진다. 정서적으로 불리한 조건(emotionally handicapped), 정서적으로 손상된(emotionally impaired), 또는 행동적으로 손상된(behaviorally impaired)과 같이 사용될 수 있다. 때로는 사회 및 정서적으로 부적응한(socially and emotionally maladjusted), 사회 및 정서적으로 일탈된(socially and emotionally disturbed), 개인 및 사회적으로

표 2.1 용어 조합

A	B
정서적으로(emotionally)	일탈된(disturbed)
행동적으로(behaviorally)	장애가 있는(disordered)
사회적으로(socially)	부적응한(maladjusted)
개인적으로(personally)	불리한 조건의(handicapped)
	갈등이 있는(conflicted)
	손상된(impaired)
	도전적인(challenged)

부적응한(personally and socially maladjusted)과 같이, A열에서 두 단어와 B열에서 하나의 단어를 조합한 용어가 있다. 요점은 용어에 대해 일치된 것이 없고 때로는 용어가 사용되는 정서행동장애 아동과 청소년들만큼이나 혼란스럽다는 점이다. 표찰 관련 문제는 모순적이다. 이에 관해서는 이후에 논의하고자 한다.

혼란스러운 용어들의 조합은 이 범주에 대해 일반적으로 수용되는 용어로 대체될 수 있다. 1980년대 후반에 국립정신건강 및 특수교육연합회(National Mental Health and Special Education Coalition, NMHSEC)는 정서행동장애(emotional or behavioral disorders)라는 용어를 채택하였다. 이 연합회는 다양한 전문가와 옹호단체 간 협력을 위해 1987년에 설립된 이후(Forness, 1988a; Forness & Knitzer, 1992), 1991년까지 30개 이상의 전문 및 옹호단체가 여기에 참여하였다. 정서행동장애 아동과 청소년(children and youth with emotional or behavioral disorders)이라는 용어가 보다 많이 사용되고 있다. 우리는 다소 사소하지만 '또는(or)', '~와(and)' 중 어느 것을 사용할 것인지에 대한 문제를 고려한다. 국립정신건강 및 특수교육연합회에서는 정서장애와 행동장애 중 하나 혹은 두 가지 모두를 보이는 아동과 청소년을 포괄적으로 표현하기 위해서 정서행동장애(emotional or behavioral disorders)라는 용어를 선정하였다. 이 용어는 다른 많은 용어들보다 더 명확하지만, 유감스럽게도 아직 연방 법률과 규정에 사용되는 용어는 아니다.

정의

우리가 논의하고 있는 유형의 장애를 가진 아동 또는 청소년들을 만나면, 그들과의 경험은 쉽게 지워지지 않는 그림으로 우리의 기억 속에 깊게 새겨질 가능성이 크다. 그럼에도 불구하고 이들의 장애를 정의하기는 어렵다. 우리는 정서행동장애가 무엇인지 직감적으로 파악할 수는 있다. 하지만 정서행동장애의 정의, 즉 장애 여부에 대한 타당하고 신뢰할 수 있는 판단 지침의 구성은 결코 간단하지 않다(Mundschenk & Simpson, 2014).

이 아동과 청소년들의 문제가 장애라고 보이지 않는 한 판별될 수 없는 장애를 이들이 가지고 있기 때문에 정의는 중요하다. 제1부 초반에서 언급된 바와 같이, 이 학생들은 임상생활의 중요한 측면에서 제한된 선택을 가지고 있다. 다른 학생들에 비해, 이들은 행동에 문제가 있다는 이유로 제한된 선택을 갖는다. 이들의 행동은 사회적 상호작용 환경에 따라 다르게 나타나며 이들은 사회적 상호작용과 자아실현을 충족시키기 위한 많은 기회들을 잃게 된다.

신뢰할 수 있는 정의를 정립하는 것이 어려운 이유 중 하나는 정서행동장애가 사회적 맥락을 벗어나서 존재하는 것이 아니라 문화적 규칙에 따라 부여되는 표찰이기 때문이다. 이는 정서행동장애가 존재하지 않거나 단지 우리의 상상의 산물이거나 우리 문화에 특유한 것임을 의미하는 것이 아니라, 사회적 맥락이 중요함을 의미하는 것이다.

정서행동장애를 인식하고 정의하는 것에 대한 일반적인 반대 의견은 특수교육의 다른 장애 범주와 마찬가지로 이 장애 범주는 단지 사회적 구인(social constructs)일 뿐이라는 것이다. 그러나 어떠한 것이 사회적 구인이라는 사실(즉 어떠한 것이 사회 규칙에 의해 정의되어 재정이되거나 새롭게 이해될 여지가 있는 것이라는 사실)이 그것을 무의미하거나 중요하지 않거나 옹호될 수 없는 것으로 만들지 않는다. 다음의 모든 것들도 사회적 구인이라는 것을 기억하는 것이 현명하다―정의, 가난, 윤리, 아동기, 청소년기, 사랑, 가족. 이 외에도 많은 다른 사회적 구인의 예를 들 수 있다. 핵심은 정서행동장애가 하나의 사회적 구인이지만, 이를 단지 상상력의 산물, 불필요한 것, 현명하지 못한 것 또는 비이성적인 것으로 가정해서는 안 된다는 점이다(Anastasiou & Kauffman, 2011, 2012; Mostert, Kavale, & Kauffman, 2008 참조).

과학은 무언가를 이해하는 최상의 도구이다(Kauffman, 2011, 2014c; Kauffman & Sasso, 2006a, 2006b). 우리는 행동과 정서에 대해 가능한 한 많이 알고 싶어 하는데, 주로 그것을 연구하기 위해 과학적 방법을 사용한다. 그러나 자연과학의 객관적 방법은 일탈행동을 규정하는 데 부차적인 역할을 하기도 한다. 정서행동장애는 한 문화권의 선택된 권위자들이 용납할 수 없는 행동이다. 일반적으로 이러한 행동은 안전, 보안, 혹은 사회의 가치를 위협하는 것으로 인식된 행동이다. 이는 정서행동장애의 판별이 변명의 여지가 없음을 의미하는 것이 아니라, 인간의 사회화 과정으로 인식되어야 함을 의미하는 것이다.

정서행동장애를 정의하는 것은 부분적으로 주관적일 수밖에 없다. 우리는 객관적이고 정확하게 개인의 특정 반응을 측정할 수 있으며, 사회규범, 문화규칙, 또는 행동에 대한 지역사회 기대를 아주 명확하게 말할 수 있다. 그러나 우리는 궁극적으로 규범, 규칙, 기대를 알고 그것으로부터 개인의 일탈 정도에 대한 평가는 주관적인 판단을 필요로 한다는 것을 알아야 한다. 정의의 문제는 다음에 제시된 차이에 의해 더욱 어려울 수 있다. 우리는 각각에 대해 더 자세히 살펴보고자 한다.

• 개념 모델의 차이
• 정의 목적의 차이
• 정서와 행동 측정의 복잡성
• 정상과 일탈행동의 범위와 가변성

- 발달 규준과 사회문화적 기대를 비교 대상으로 활용 — 생태학
- 다른 장애와의 관계
- 정서와 행동 문제의 발달상 과도기적 일시성
- 표찰의 문제점

개념 모델의 차이

많은 다양한 개념 모델이 매우 상세하게 기술되었다. 각각의 개념 모델은 정서행동장애 아동이 그렇게 행동하는 이유에 대한 일련의 가정과 행동을 교정하기 위한 방법을 제시하고 있다. 한 가지 모델에서 파생된 정의가 있긴 하지만, 다른 모델을 지지하는 사람들은 이를 선호하지 않는다. 모든 사람이 동의하는 정의를 만드는 것은, 개념적 설득에도 불구하고 불가능할 수 있다. 또 다른 문제는 정서행동장애의 많은 개념은 단순히 성인의 정신병리학 모델의 수정에서 비롯되었으며, 다양한 연령 간의 발달차를 고려하지 않았다는 것이다 (Kauffman & Brigham, 2009 참조). 정서행동장애가 추상적인 것에 동의하지 않는 사람들은 실제적인 정의에 대해서도 동의하지 않을 것이다. 또한 사실상 모든 사람이 좋은 생각이라고 말하는 긍정적인 목표인 정서행동장애의 예방에 대한 논의에서, 정의에 동의하지 않는 사람들은 무엇을 예방해야 하고 어떻게 최상의 예방을 해야 하는지에 대해서도 의견이 다를 수 있다는 점에 유념해야 한다(Kauffman, 2014a 참조).

정의 목적의 차이

정의는 그것을 사용하는 사람들의 목적에 도움이 된다. 법원, 학교, 병원, 가족들은 정의에 대해 서로 다른 기준을 갖는다. 자신의 목적 이외의 정의의 가치를 반드시 부정하지는 않지만, 자신이 하는 일에 부합하는 특정한 정의를 신뢰하는 경향이 있다. 예를 들면 법원은 법률 위반 행동에, 학교는 주로 학업 실패에, 병원은 의뢰 근거로 활용되는 행동에, 가정과 지역사회는 규칙을 위반하거나 관용의 한계에 이르게 하는 행동에 초점을 둔다. 청소년들의 행동에 책임이 있는 모든 사람에게 유용한 하나의 정의를 만드는 것은 매우 어려운 일이다.

우리의 관심사는 교육 목적에 도움이 되는 정의에 있다. 우리의 초점은 학교 관련 문제에 있다. 문제의 아동과 청소년을 학생이라고 보고, 학교에 대한 언급을 포함한 정서행동장애의 정의가 우리에게 가장 의미 있을 것이다.

주정부와 지역 교육청은 상당히 다양한 정의를 사용하며 정서행동장애의 추정 원인에 관한 진술이 정의에 포함되기도 한다. 주정부 규정은 생물학적 또는 가족 요인을 가능한 원인

으로 언급하기도 하며, 아동과 청소년이 장애를 가지고 있다는 것에 대한 증명을 요구하거나, 합법적으로 이들을 분류할 수 있는 사람을 명시화할 것이다. 주정부의 규정에는 지적장애 또는 심각한 건강장애로 인한 장애는 제외된다는 진술과 같은 배제 조항이 있다. 주정부와 지역교육청의 정의는 너무 다양해서 한 학생이 어떤 주나 학군에서는 장애를 가지고 있는 것으로 판별되어도 다른 주에서는 장애로 판별되지 않을 수 있다. 문제는 거의 모든 정의에서 찾을 수 있는 자유재량권이 있다는 것이다.

분명히 학생이 단순히 다른 주로 이동한 것에서 그치지 않고 '정상'에서 '장애'로 바뀐다면, 문제는 정의에 있는 것이다. 문제는 특정 행동의 발생 여부에 대한 두 사람 간의 의견 불일치 문제가 아니라, 특정 행동의 의미에 대한 주정부의 서로 다른 정책이 문제인 것이다.

각 주정부와 지역 교육청은 연방 규정에서 사용하는 정의에 부합하는 방향으로 정의를 점진적으로 변경할 수 있다. 그러나 각 주마다 용어와 정의에서 큰 차이가 있으며 현재의 연방 정의 자체는 후에 살펴보겠지만 심각한 문제점을 가지고 있다.

정서와 행동 측정의 복잡성

정서행동장애를 정의하기에 충분한 성격, 적응, 불안, 기타 관련 심리적 구인을 정확히 측정하는 검사 도구는 없다. 즉 단순히 검사 점수로 정서행동장애를 정의할 수는 없다. 검사는 아동과 청소년의 행동을 이해하는 데 도움이 되지만 검사 도구의 신뢰도와 타당도는 정서행동장애를 정의하는 데 적합하지 않다.

직접 관찰을 할 수 없는 인간의 내적 상태와 성격 구인을 측정하는 검사, 즉 투사검사는 특히 그 결과에 대한 의구심이 들 수 있다. 직접 관찰과 행동 측정은 간접평가에 대한 의존을 줄여줄 수는 있으나, 이러한 새로운 평가 기법들이 정의의 문제를 해결하지는 못한다. 교사는 심리측정검사에 대한 학생의 반응을 아는 것보다는, 학생이 얼마나 자주 급우를 때리거나 성인에게 말대꾸를 하는지에 대해 아는 것이 보다 유용하다. 그러나 교사나 심리학자들 사이에서 특정 행동의 빈도가 어느 정도여야 정서행동장애로 볼 수 있다는 데에 의견이 일치하지 않는다. 특정 문제행동에 대한 지역의 규준은 선별에는 유용할 수 있으나 정의를 위한 근거가 되지는 못한다.

분류 목적으로 학생을 비교하려면, 행동은 특정 환경 조건에서 평가되어야 한다. 행동은 사회적 맥락에 따라 다양하게 나타나기에, 즉 학생은 다른 상황에서 다르게 행동하기 때문에 이러한 기준이 요구되는 것이다. 그러나 환경 조건이 구체화되고 특정 조건에서 학생의 행동을 직접적으로 신뢰성 있게 측정하더라도, 만족스러운 정의를 얻지는 못할 것이다. 민일한 일련의 환경 조건이 주어지더라도 문제행동과 적응행동은 행동이 얼마나 자주 발생하는지에 따라 정의된다.

정서와 행동의 측정 문제는 시각과 청각 분야에서의 측정 문제와 유사하다. 중심부 시력과 순음청력 역치는 주의 깊게 통제된 조건에서 정확히 측정될 수 있지만, 이러한 측정은 일상생활 환경에서 얼마나 효율적으로 보고 듣는지를 잘 나타내지는 못한다. 예를 들면 검사에서 동일한 청력을 가진 것으로 평가된 두 사람이 매우 다르게 기능할 수 있다. 한 사람은 잔존 청력이 남아 있어 구어를 사용하고 다른 사람은 농(deaf)으로 수화에 의존할 수 있다. 시각과 청각의 효율성은 보고 듣기 위해 환경 내 변화하는 요구에 어떻게 적응하는지를 관찰함으로써 평가되어야 한다. 행동 적응은 종종 미묘하게 변화하는 요구에 개인이 얼마나 잘 부응하는가에 따라 판단되어야 한다. 이러한 판단에는 정확한 측정뿐 아니라 행동에 미치는 문화 및 상황적 영향에 대한 지식이 포함된 경험적인 '임상적' 평가가 필요하다.

정상과 일탈행동의 범위와 가변성

행동의 폭넓은 범위가 정상으로 고려될 수 있다. 정상과 문제행동 간의 차이는 유형(type)보다는 정도(degree)에 있으며, 이 둘 사이에 명확한 구분은 없다. 대부분의 아동과 청소년은 정서행동장애 아동과 청소년이 보이는 거의 모든 행동을 보이지만, 이들은 다른 상황, 다른 연령, 다른 비율로 이러한 행동을 보인다. 울기, 떼쓰기, 싸우기, 징징거리기, 침 뱉기, 소변보기, 소리치기 등의 행동은 모든 아동과 청소년에게서 나타날 수 있다. 단지 정서행동장애 아동과 청소년은 이러한 행동을 보이는 상황, 강도, 비율이 다를 뿐이다.

문제행동에 대한 부모와 아동 및 청소년의 인식에 대한 종단연구와 조사연구에서 보면, 많은 일반 아동과 청소년은 발달 과정에서 떼쓰기, 파괴행동, 공포심, 과잉행동 등의 문제행동을 어느 정도 보였다. 대부분의 학생은 일부 시간에 문제행동을 보인다고 교사의 지적을 받기도 한다.

또한 일탈행동은 큰 가변성을 가지고 있다. 일탈행동은 타인에 대한 신체적 공격에서 극단적 위축까지 그 범위가 다양하다. 어떤 사람은 이러한 두 극단의 사이를 번갈아 가며 보일 수 있고, 일탈의 정도는 환경 변화나 시간의 흐름에 따라서 현저하게 달라질 수 있다. 인간 행동의 분류는 상호 배타적이지 않다. 사람은 한 가지 유형 이상의 문제를 가질 수 있다. 장애의 모든 다양한 유형과 정도를 포함한 정의를 만들기는 매우 어렵다.

발달 규준과 사회문화적 기대 : 생태학

장애 아동과 청소년들이 보이는 일부 행동들은 거의 모든 문화집단과 사회 계층에서 비정상 적인 것으로 인식된다. 함묵증, 심각한 자해행동, 배설물 먹기, 살인은 모든 문화와 거의 모든 집단에서 발견되는 행동 문제들의 예들이다. 이러한 행동들은 거의 보편적인 발달 규준과 일치하지 않는다. 그러나 아동과 청소년의 행동은 단순히 학교와 같은 환경에서 특정 문화나 사회기관의 특정한 기준을 위반한다는 이유만으로 일탈한 것으로 여겨지기도 한다. 학업 성취, 다양한 유형의 공격성, 성적 행동, 언어 패턴 등은 민족, 종교, 가족, 학교 등의 기준에 따라 일탈적이거나 정상적인 것으로 판단될 것이다.

행동의 행위 또는 패턴이 단순히 사람들의 기대 차이로 인해 한 상황이나 맥락에서는 장애 또는 일탈로 간주될 수 있지만 다른 상황이나 맥락에서는 그렇지 않을 수도 있다. 즉 정서행동장애는 일반적으로 사회적 또는 문화적 기대에 의해 정의되며, 보편적인 발달 규준에 의해 정의되는 것은 아니다. 예를 들어 7세까지 읽기를 하지 못하고, 타인을 때리고, 타인의 물건을 빼앗고, 욕설을 하는 것은 아동의 지역사회 또는 집단 소속의 기준에 따라 평가된다. 그러나 극단적인 공격성, 은밀한 반사회적 행동, 그리고 일탈 또래의 규범에 대한 사회화는 문화에 특정한 사회적 기대를 위반할 뿐 아니라 거의 모든 문화에서 발달 위험을 일으킬 수도 있다(Kauffman & Brigham, 2009; Kauffman et al., 2011; Kazdin, 2001, 2008; Walker et al., 2004).

많은 경우에, 정서행동장애는 사회적 상호작용에서 비롯되거나 사회적 상호작용에 의해 악화된다. 많은 일탈행동들이 모델링, 강화, 소거, 처벌을 통해 학습되는데, 이는 모든 사람들의 많은 행동을 정상적 또는 일탈적으로 만들고 유지시키는 학습 과정이다. 성인과 다른 청소년들과 성인들이 바람직하지 않고 부적절한 행동을 유발하고 지원하는 조건들을 뜻하지 않게 마련해줄 수 있다. 역설적으로, 부적절한 행동을 의도치 않게 조성한 동일한 성인이 그 아동이나 청소년이 정서행동장애를 가진 것으로 표찰을 부여하는 것을 주도할 수 있다. 만약 이 성인이 아동이나 청소년의 행동과 관련하여 자신의 행동을 바꾼다면 또는 아동이나 청소년이 다른 환경에 있게 된다면 이 아동이나 청소년은 매우 다르게 행동할 것이다. 이러한 경우에서 문제는 부분적으로, 때로는 대부분 양육자 또는 또래들의 행동에 있다.

우리는 정서행동장애 아동이나 청소년이 다른 사람들이 반응하는 방식에 대해 비난할 일이 아니라고 결론을 내리고 싶다. 그러나 아동과 청소년의 행동은 그들의 부모, 교사, 또래, 그들과 상호작용하는 다른 사람들에게 영향을 미친다. 연구자들은 아동이 부모, 교사, 또래들로부터 배운 것과 같이 확실하게 아동이 아동 자신에게 행동하는 방법을 그들(부모, 교사,

또래)에게 가르치고 있음을 지난 수년간의 연구를 통해 밝혀내고 있다. 그러므로, 정서행동
장애 아동과 청소년이나 환경 내 다른 사람들에게만 잘못을 돌리는 것은 적절하지 않다. 교
수 · 학습은 교사와 학습자가 빈번하게 그리고 종종 미묘하게 역할을 교환하는 상호적인 과
정이다. 아동이 교사, 또래, 혹은 부모와 관계에서 어려움을 느끼면, 교사 등에 대한 아동의
반응을 평가하는 것만큼이나 아동의 행동에 대한 교사 등 관련인의 반응을 고려하는 것이
중요하다.

생태학적 관점은 아동 또는 청소년과 환경의 다양한 양상 간에 상호관계를 고려한다. 생
태학적 관점에서 정서행동장애는 단순히 아동의 부적절한 행위가 아니고 아동과 다른 사람
들 간에 바람직하지 않은 상호작용이다. 예를 들면 아동이 학교에서 보이는 분노 발작은 정
말 문제가 될 수 있다. 생태학적 관점에서는 아동의 문제를 다루는 데 있어서, 아동의 사회
적 목표와 전략과 더불어 아동의 교사, 또래, 부모의 행동, 즉 아동의 짜증과 다른 행동에 대
한 그들의 기대, 요구, 반응을 고려한다.

다른 장애와의 관계

다른 장애를 완전히 배제하고 정서행동장애를 정의하는 것은 비현실적이다. 수십 년 전
Hallahan과 Kauffman(1977)은 경도 지적장애, 학습장애, 정서행동장애 간에 많은 유사점이
있다고 지적하였다. 지적장애 또는 다른 장애를 가진 사람들이 정서행동장애를 보인다고
많은 문헌에서 언급되고 있다(Blackorby, Knokey, Wagner, Levine, Schiller, & Sumi, 2007;
Lee, Moss, Friedlander, Donnelly, & Horner, 2003; Matson & Laud, 2007; Sturmey, 2007).
심각한 자폐성 장애와 지적장애에서 정서행동장애를 구별하는 것은 어려울 뿐 아니라, 어
떤 경우에는 매우 어린 정서행동장애 아동들과 청각장애, 시각장애, 뇌병변장애, 또는 심각
한 뇌손상을 가진 아동들을 구별하는 것도 어려울 수 있다. 사실 정서행동장애는 다른 장애
와 함께 가장 빈번하게 발생한다.

정서와 행동 문제의 일시성

정서행동장애는 종종 일시적이며, 정서행동장애 아동과 청소년의 문제는 나타났다 사라졌
다 할 수 있다. 정서행동장애 문제가 24시간 내내 지속될 것이라는 생각은 흔하지만 매우 심
각한 오해다. 아동과 청소년은 발달 단계 중 어느 한 단계에서 정서행동장애를 보일 수 있지
만 다른 단계에서는 보이지 않을 수 있다(Forness, Freeman, Paparella, Kauffman, & Walker,
2012; Hallahan et al., 2015; Kauffman & Brigham, 2009). 또는 한 번만 보이고 다시 보이지

않을 수도 있다(Kauffman, Mock, & Simpson, 2007).

많은 어린 아동들이 보이는 행동 문제들은 문제가 심각하거나 높은 수준의 적대적 공격성과 파괴력을 포함하지 않는 한 몇 년 내에 사라질 수 있다. 그럼에도 불구하고, 어린 아동들의 높은 수준의 문제행동은 종종 지속되고 치료되지 않으면 더 악화되기도 한다(Briggs-Gowan, Carter, Bosson-Heenan, Guyer, & Horwitz, 2006; Dunlap et al., 2006). 정의는 반드시 연령별 특성을 고려해야 하고 장기간 지속되지 않는 발달적으로 정상적인 문제를 고려해야 한다.

표찰의 문제점

학생의 문제에 표찰이 부여되면, 표찰을 바꾸는 것은 매우 어렵거나 불가능할 수 있다. 이는 표찰이 연관된 정의의 개념적 기반이나 표찰의 의미에 상관없이 사실로 보일 수 있다. 표찰이 아동과 청소년을 낙인찍을 수 있고 교육 · 고용 · 사회화를 위한 이들의 기회를 변화시킬 수 있기 때문에, 표찰을 부여하는 것은 위험하다.

여전히 우리는 정서행동장애와 같은 장애를 포함하여 이들을 묘사하는 표찰(용어)을 사용하지 않고서는 이야기할 수 없다. 우리의 정의는 학생들이 특정한 일탈 집단의 구성원으로 판별될 때 이들의 피해를 최소화할 수 있는 언어로 묘사되어야 하지만, 낙인을 줄이는 것은 우리가 붙인 표찰에 대한 사회적 태도 변화에 달려 있지, 바람직하지 않은 특성을 언급하는 표찰을 바꾸는 것에 달려 있지 않다(Kauffman, 2014a, 2014b, 2015b; Kauffman & Badar, 2013; Kauffman & Hallahan, 2005b; Kauffman, Mock, Tankersley, & Landrum, 2008 참조).

정의의 중요성

정의의 문제는 처음에는 중요해 보이지 않을 수 있다. 권한을 가진 성인이 그렇게 말할 때 만약 학생이 정서행동장애를 가지고 있다면, 보다 중요한 효과적인 중재의 문제에 대해 우리 스스로 관심을 깊고 밀로 논쟁하는 것을 즐기는 사람들에게 정의의 문제를 맡기는 것은 어떨까? 진지한 성찰은 궁극적으로 정의가 너무 중요해서 우연이나 변덕에 맡길 수 없다고 결론짓게 한다.

우리가 받아들이는 정의는 우리가 문제를 어떻게 개념화하고 이에 따라 적절하다고 생각하는 중재 전략을 반영한다. 정의는 실무자에게 직접적인 영향을 미치는 개념적 틀을 간략히 제공한다. 의학적 정의는 의학적 치료의 필요성을, 교육적 정의는 교육적 해결책의 필요성 등을 내포한다. 또한 정의는 서비스 대상 인구를 구체적으로 명시하여 누가 중재를 받고 어떻게 서비스를 받을지에 대해 큰 영향을 미친다. 어떤 정의가 서비스 대상 인구를 특정한다면 이는 출현율 산출의 근거가 될 것이다. 마지막으로, 정의는 재정 할당과 실무자 훈련과 고용에 관한 입법기관, 정부 인사, 학교 관리자의 결정에 영향을 미친다. 애매하고 부적절한 정의는 혼란스럽고 부적합한 법률, 명확하지 않은 행정 정책, 기능적이지 못한 교사연수 및 비효과적인 중재를 초래한다. 정의는 어려운 문제일 뿐 아니라 중요하다. 가능한 한 확실한 정의를 세우는 것은 학교에서 특수교사가 이러한 학생들의 장애를 인식하는 데 도움이 된다.

대표적인 예가 현행 연방 정의인데, 이는 다양한 이유로 인해 부적합하거나 부적절하다는 비난을 받아 왔다. 연방 정의는 학생이 특수교육 목적으로 정서장애(emotionally disturbed)로 분류되기 위해서는 학업 실패를 보여야 함을 명시한다. 이 정의의 특징은 심각한 정서행동장애를 가졌지만 학년 수준에 부합하는 학업기술을 보이는 많은 학생들이 서비스를 받지 못하는 결과를 초래할 수 있다. 게다가 사회적으로 부적응하지만 정서장애는 아닌 것으로 간주되는 아동들을 제외하는 것은 품행장애 학생들을 특수교육에서 제외시킬 수 있다. 그래서 우리는 연방 정의가 무엇인지를 살펴보고자 한다.

현행 연방 정의

Eli Bower가 오래전에 제시한 정의만이 국가 수준의 공공정책에 큰 영향을 미쳤다(Bower, 1981). 현재의 연방 정의는 1950년대 캘리포니아에 있는 수천 명의 학생을 대상으로 한 Bower의 연구로부터 나온 것이다. Bower의 정의는 자신의 연구 결과를 논리적으로 해석한 것에 기초하였으나, 미국 교육부에서 채택한 뒤틀린 정의는 오랫동안 비논리적이라는 비판을 받아 왔다(Bower, 1982; Council for Children with Behavioral Disorders Executive Committee, 1987; Forness & Knitzer, 1992 참조). 이에 관련된 쟁점을 이해하기 위해서는, 먼저 Bower의 정의를 이해한 후 이를 연방 정의와 하나하나 비교해야 한다.

정의와 판별에 대한 고전 문헌에서, Bower는 정서적으로 불리한 조건의(emotionally handicapped) 학생이란 다음 다섯 가지 특성 중 하나 또는 그 이상을 일정 기간 동안에 현저한 정도로 보이는 사람으로 정의하였다(1981, pp. 115-116).

1. 지적, 감각, 건강 요인으로 설명할 수 없는 학습에서의 무능력
2. 또래 및 교사와의 만족스러운 대인관계 형성 또는 유지의 무능력

3. 정상적 조건에서 부적절한 유형의 행동이나 감정

4. 일반적이고 만연한 불행감 혹은 우울감

5. 개인 또는 학교 문제와 관련하여 신체적 증상, 통증, 공포를 보이는 경향성

Bower에 따르면, 첫 번째 특성인 학습에서의 문제는 정서장애(또는 정서행동장애)의 가장 중요한 학교 관련 양상이다. Bower 정의에 포함된 또 다른 중요한 특성은 문제의 심각성 정도 또는 수준을 포함하고 있다는 것이다.

Bower의 정의는 많은 장점을 갖는데, 무엇보다 행동을 다섯 가지 특성 유형으로 구체화하였다는 것이다. 그러나 여전히 어느 누구도 특정 아동과 청소년이 정서행동장애를 가지고 있거나 가지고 있지 않다고 쉽게 결정하지 못한다. 이는 '일정 기간 동안에'와 '현저한 정도로' 같은 용어가 허용하는 범위는 넓고, 다섯 가지 특성 각각에 대해 주관적 판단이 요구되기 때문이다. 다음의 질문에 답하는 데 있어서의 문제점을 생각해보라.

- 학습에서의 무능력은 무엇인가? 성취가 1년 지연됨을 말하는가? 6개월? 2년? 단지 학업기술 학습에서의 무능력만을 의미하는가, 아니면 적절한 사회적 행동을 학습하는 데 있어서의 무능력도 포함하는가?
- 학습에서의 분명한 무능력이 지적 또는 건강요인으로 설명될 수 있는 것이 아님을 어떻게 입증할 것인가? 건강요인은 정신건강요인을 포함하는가?
- 또래와의 만족스러운 대인관계기술이란 정확히 무엇인가?
- 부적절한 행동은 무엇이고, 정상적 조건은 무엇인가?
- 불행감은 언제 만연한가?

Bower의 정의는 공법 94-142[현재의 법 명칭은 장애인교육법(Individuals with Disabilities Education Improvement Act—IDEA 2004)이다]의 시행을 관리하는 규율과 규칙에 있어서 몇 가지 의미 있는 변화를 포함시켰기 때문에 공공정책에 상당한 영향을 미쳤다. 정서장애 용어를 사용하는 연방법에서의 정의는 다음과 같다(연방 정의와 Bower 정의의 가장 중요한 차이는 고딕체로 표시되어 있다).

4. 정서장애는 다음과 같이 정의된다.

(i) 이 용어는 다음의 다섯 가지 특성 중 하나 이상을 **교육적 수행에 불리한 영향을 줄 만큼 장기간에 걸쳐** 현저한 정도로 보이는 상태로,

(A) 지적, 감각적, 건강상의 요인에 의해 설명할 수 없는 학습에서의 무능력

(B) 또래 및 교사와 만족할 만한 대인관계 형성 또는 유지의 무능력

(C) 정상적 상황에서 부적절한 행동이나 감정

(D) 일반적이고 만연한 불행감 혹은 우울감

(E) 개인 또는 학교 문제와 관련하여 신체적 증상, 통증, 공포를 보이는 경향성

(ii) 조현병을 포함하며, 정서장애라고 판명되지 않는 한 사회 부적응 아동은 포함하지 않는다.

Bower의 정의에서 사용된 **정서적으로 불리한 조건에 있는**(emotionally handicapped)이라는 용어는 연방 정의에서 **정서장애**(emotionally disturbed)로 바뀌었다. 그러나 고딕체로 표기된 부분에서 보는 바와 같이, 연방 정의는 Bower의 정의에서 찾을 수 없는 세 가지 진술을 포함하고 있다. 이러한 추가진술이 정의를 더 명확하게 하지는 않는다. 이것은 정의를 거의 말도 안 되게 만든다. '교육적 수행에 불리한 영향'이라는 진술은 특히 난해하다. 아마도 이 규정이 오직 교육적 사안들과 관련 있음을 의미할 것이다. 그러나 교육적 수행이 학업 성취만을 의미하는 것으로 간주된다면 이는 학습에서의 무능이라는 특징 A와 중복되는 것이다. 그리고 어떤 학생도 교육적 수행에 불리한 영향을 미치지 않으면서 위에 기술된 특성 중 하나 또는 그 이상을 장기간에 걸쳐 현저한 정도로 보일 가능성은 거의 없다. 예를 들어 학생이 학업 수행에서 학교 평균 수준 이상을 보이면서 특징 D, 즉 일반적이고 만연한 불행감 혹은 우울감을 보인다면 어떻게 판단해야 할 것인가? 교육적 수행이 단지 학업 성취만을 의미하는 것으로 해석된다면, 그 학생은 정서행동장애에서 제외될 수 있다. 그러나 교육적 수행이 학교 상황에서의 개인 및 사회적 만족을 포함하여 해석된다면, 이 조항은 불필요하다.

유튜브 비디오 사례

비디오 연결 2.1

'정서행동장애 범주에서의 판별, 평가, 적격성의 문제'에 관한 비디오를 본다. 발표자가 논하는 정서장애의 연방 정의의 요소, 특히 연방 정의에서 사용되는 애매한 용어의 예에 주목한다. (https://www.youtube.com/watch?v=7BQy3l6oJ3c)

(ii)의 조현병과 사회 부적응에 관한 조항은 훨씬 더 큰 혼란을 초래한다. 조현병 아동은 다섯 가지 특성 중 하나 또는 그 이상을(특히 B 혹은 C, 아니면 모두) 장기간에 걸쳐 현저한 정도로 보인다. 따라서 부록은 불필요한 것이다. 사회 부적응에 대한 부분도 이해할 수 없다. 사회 부적응 아동이 다섯 가지 특성 중 하나 또는 그 이상을(특히 B 혹은 C, 아니면 모두) 장기간에 걸쳐 현저한 정도로 보이지 않으면서 사회적으로 부적응할 수는 없다. 어떠한 논리 또는 연구도 사회 부적응과 정서장애의 차이를 설명하지 못한다(Bower, 1982; Cline, 1990; Costenbader & Buntaine, 1999; Landrum, 2017; Walker et al., 2004). 우리가 살펴본 제한점으로 인해, 많은 전문가들은 현재의 정의에 매우 불만족스러워하며, 곧 개선되기를 바란다.

정의에 대한 견해

20세기 초에는 정의에 대한 정신의학적 관점이 학교 교직원들에 의해 별 의심 없이 받아들여지는 경향이 있었다. 1950년대와 1960년대 캘리포니아 공립학교에서의 Bower 연구와 정서행동장애 학생을 위한 특수교육 프로그램의 성장은 교실에서의 학생들의 행동과 더 밀접한 관련이 있는 정의를 이끌어냈다(Mundschenk & Simpson, 2014; Walker, Yell, & Murray, 2014 참조). 대부분의 전문가들은 주어진 정의가 결코 모든 목적에 적합할 수 없음을 안다. Knitzer(1982)는 정신건강 서비스를 필요로 하는 아동과 청소년이 많은 고통을 겪고 있는 독특한 개인이라는 사실을 간과하지 않고 이들을 설명하기 위해 흔한 용어를 사용하는 것은 어려운 일임을 이미 오래전에 언급하였다. 이것은 여전히 사실이다.

역설적으로, 현재 연방 정의는 정서행동장애 학생이 제대로 서비스를 받지 못하는 데 기여하고 있을 수도 있다(Forness et al., 2012; Kauffman et al., 2007, 2009 참조). Bower의 정의에 추가된 것은 너무 많은 해석을 허용하기 때문에 서비스가 필요한 학생들이 쉽게 제외될 수 있다. 어떤 학생은 학업에 문제가 없어서 제외될 수 있으며, 어떤 학생은 사회적으로 부적응하긴 하지만 정서적으로 문제가 없어서 제외될 수 있다. 또는 어떤 학생들은 문화적으로 다르다고 오해를 받아서 제외될 수 있다. 학생이 학업부진을 보여야 하는지와 비행청소년들이 정서장애로 분류될 수 있는지 등에 대해서 법적 논쟁은 지속되고 있다.

학생의 몇 가지 관련 행동 특성은 명확하게 설명될 수 있지만, 정서행동장애의 정의는 부분적으로 주관적이다. 행복과 우울이 완전히 객관적으로 정의되지 못하는 것과 같은 이유로, 정서행동장애의 정의는 완전히 객관적으로 정의될 수 없다. 이는 더 객관적인 정의 찾기를 포기하거나 정의 개선이 불가능함을 의미하는 것이 아니다. 그러나 정서행동장애의 정의가 교육자들에게 가장 유용하기 위해서는, 학생을 판별하기 위한 주관적인 판단에 학생과 함께 일하는 교사들의 판단이 포함되어야 한다. 전문가 집단에서 내린 결정에서, 심리학자, 사회복지사, 정신과 의사가 아닌 교사는 학생들이 학교에서 도움을 필요로 하는지 여부를 결정하는 데 가장 중요한 '불완전한 검사'로 여겨져야 한다(Gerber, 2005; Gerber & Semmel, 1984 참조). 그러나 교사들의 판단을 이용하는 것은 교사들에게 윤리적 결정을 내리는 데 큰 책임이 주어진다. 그것은 선생님들이 피할 수 없는 책임이다(Kauffman, Badar, & Wiley, 출판 중).

대안적 정의

수십 년간 대안적 정의가 나오고 있다. 때때로 변화는 긴 시간이 걸리기도 한다. 우리는 정의를 바꾸는 생각을 포기하지 않는 것이 중요하다고 생각한다.

전문가들은 대안적 정의에 동의하지만 아직까지는(2017년 기준) 새로운 정의를 채택하도록 미 의회를 설득하지는 못했다. 앞서 언급했던 국립정신건강 및 특수교육연합회 (NMHSEC)는 새로운 정의를 제안하기 위해 연구단을 구성하였다. 연구단은 십여 개의 전문가협회와 옹호단체들의 강력한 지지에 기반하여 이들 단체를 대표해 정의를 제안하였다. 1980년대에 제안된 정의는 다음과 같다.

Ⅰ. **정서행동장애**(EBD)란 학교에서의 행동 및 정서적 반응이 적절한 연령, 문화, 인종적 규준과 매우 달라서 학업적, 사회적, 직업적, 개인적 기술을 포함하는 교육적 수행에 불리한 영향을 주는 장애를 의미한다. 이 장애는

(a) 환경에서의 긴장 사건에 대해 일시적이고 예상 가능한 정도 이상의 반응을 보이고,

(b) 학교 관련 환경을 포함한 두 가지의 다른 상황에서 지속적으로 나타나며,

(c) 그 아동이나 청소년의 개인사를 고려했을 때 효과적일 것이라는 팀의 판단하에 제공된 프로그램 내 개별적 중재에도 불구하고 문제가 지속된다.

정서행동장애는 다른 장애와 함께 존재할 수 있다.

Ⅱ. 조현병, 정동장애(affective disorder), 불안장애, 지속되는 품행과 적응장애가 Ⅰ에서와 같이 교육적 수행에 불리한 영향을 미친다면 이러한 장애를 가진 아동과 청소년도 정서행동장애 범주에 포함된다. (Forness & Knitzer, 1992, p. 13)

이러한 정의는 정서행동장애 아동과 청소년을 판별하고 교육하는 모든 문제를 해결할 수 없다. 그럼에도 불구하고 이 연합회와 많은 회원단체는 다음과 같은 이유에서 앞서 제시된 NMHSEC의 정의가 의미 있는 개선이라고 믿는다.

1. 낙인 감소를 위한 전문가의 선호와 관심을 반영하는 용어를 사용한다.
2. 정서장애와 행동장애 모두를 포함한다.
3. 학교 중심이지만, 학교 밖에서 보이는 장애도 중요하다는 것을 인정한다.
4. 인종과 문화의 차이에 민감하다.
5. 사소하거나 일시적 문제 또는 스트레스로 인한 일반적 반응은 포함하지 않는다.
6. 의뢰 전 중재의 중요성을 인정하지만, 극단적인 경우에는 필요가 없음을 인정한다.
7. 아동과 청소년이 중복장애를 가질 수 있음을 인정한다.
8. 정신건강 및 특수교육 전문가가 관심을 갖는 광범위한 정서행동장애를 임의적으로 배제하지 않고 포함한다. (Forness & Knitzer, 1992)

현재 연방 정의의 주요 문제는 특수교육 및 관련 정신건강 서비스를 필요로 하는 많은 반

사회적인 아동과 청소년들을 배제한다는 점이다. 그렇다, 반사회적인 아동과 청소년들은 교사들을 매우 짜증나게 하고, 종종 다른 많은 사람들에게도 그런다. 더 중요한 것은, 그들은 인생에서 장기적인 성공을 위한 최악의 예후를 가진 사람들 중 하나라는 것이다. 그들은 장애를 가진 아동과 청소년들이고 그렇게 인식될 필요가 있다.

NMHSEC와 30개 이상의 전문 및 옹호단체는 제안된 정의를 공식적으로 승인하였고, 이를 연방정부의 법과 규정에 반영하려고 노력하고 있다. 이 정의를 지지하는 사람들은 궁극적으로 이 정의가 미국에서 표준으로 채택되기를 바란다. 한편, 우리는 연방법과 그 규정에 사용되는 정의를 고수하고 있다. 정서행동장애 아동과 청소년들의 몇 가지 예를 고려해볼 수도 있다. 이 예들은 우리가 제공할 수 있는 모든 다른 예들과 이 예들을 모두 포함하여 정의를 쓰는 것이 얼마나 어려운지를 보여준다.

장애의 예

우리가 정의하려고 하는 것이 무엇인지를 몇 가지 예를 통해 생각해보고자 한다. 아동과 청소년은 여러 가지 면에서 타인에게 부정적 감정과 반응을 유발할 수 있다. 다음 몇 장에 볼 수 있듯이, 정서행동장애에서 나타나는 정서와 행동은 두 가지 차원으로 묘사될 수 있다—외현화 행동(공격적, 표출행동)과 내재화 행동(사회적 위축). 여기에 소개된 사례는 정서행동장애 유형의 범위와 장애 발생의 다양한 요인을 설명한다. 우리가 소개한 사례들을 매체에서 접할 수 있는 모든 사례들과 비교해 보면, 우리가 지속적인 인간의 문제에 대해 말하고 있음을 이해할 수 있을 것이다. 즉, 인간의 문제는 인간 사회만큼 오래되었지만, 또한 오늘날의 뉴스만큼 현대적이다.

정의 작성의 문제점을 생각할 때, 인간의 문제가 청소년뿐 아니라 어린 아동에게도 나타나기 때문에 일반적인 정의는 나이에 얽매일 수 없다는 것을 기억해야 한다. 문제는 가난 속에서 방치되고 학대받으며 자란 사람들뿐 아니라 자상한 부모를 둔 특권층 가정에서 자란 사람들에게서도 나타나기 때문에, 일반적인 정의는 모든 상황을 포함해야 한다. 그들은 종종 평균 이하의 지능을 보이지만 때때로 뛰어난 지적 능력을 보이기도 하기 때문에, 정의는 그들이 얼마나 똑똑한지와 상관없이 개인들을 수용해야 한다. 인간의 문제는 외현화(표출) 또는 내재화(위축) 행동으로 나타나거나 둘 다 나타날 수 있으며, 관찰자의 관점이나 자기 자신의 관점에서 설명될 수 있으므로, 정의는 그러한 행동의 차원 중 하나만 포함할 수 없다. 다음에 제시되는 사례들을 살펴보고, 정서행동장애의 일반적인 정의가 다루어야 하는 매우 다양한 유형의 문제들을 기억해보자.

로저의 사례

로저(Roger)는 12살로, 7학년이다. 그는 학교, 가족, 이웃에게 이미 많은 문제를 보이고 있었다. 그는 누구와도 잘 어울리지 않는 것 같고, 자신의 주변에서 일어나는 일에 대해 자기 나름의 견해를 가지고 있다. 예를 들어 그는 학급 또래들과 교사들에게 가운데 손가락을 들어 보이지만, 단지 머리를 긁거나 얼굴을 긁었을 뿐이라고 설명한다. 그는 자신이 잘못한 것이 없다고 말하면서 자신의 무죄를 밝히려고 하는데, 그것은 단지 다른 사람들이 '더러운 마음'을 가지고 있다는 것이다. 그는 자신의 책을 찢은 다음 그것이 망가져서 다시 붙이려고 했을 뿐이라고 주장한다. 또한 다른 학생을 나쁜 이름으로 부른 후에 다른 학생이 먼저 자신을 나쁜 이름으로 불러서 똑같이 대응한 것뿐이라고 말하며 자신의 행동을 정당화한다.

간단히 말해서, 로저는 부정적인 상호작용을 시작하거나 부적절한 일을 한 것에 대해 절대 책임을 지지 않는다. 1학년 때부터 그를 맡았던 모든 교사들은 그가 문제행동을 보인다는 것을 알아챘다. 그렇다고는 해도 부모가 평가를 요구하지 않아 특수교육을 위한 평가를 받은 적도 없었다. 그리고 교사들과 학교 관리자들은 그의 교사들 중 한 사람이 쓴 것처럼 그를 단지 '매우 귀찮고 성가신 아이'로 본다. 로저가 10살이었을 때 부모는 이혼을 했다. 이혼 전 몇 년 동안 서로에 대한 상당한 적개심을 가지고 있었다고 한다. 로저는 외동아들이며, 부모와 접촉한 적이 있는 교사와 다른 전문가들(예 : 학교 심리사, 사회복지사 등)의 추측으로는 그의 행동 문제가 상당 부분 부모의 갈등으로 인한 것이라고 한다.

베시의 사례

베시(Betsy)는 학교에 있는 내내 문제를 보인다. 초등학교 1학년 때 베시가 이상행동을 보인다고 교사들이 말하였는데 나이가 들면서 점점 더 문제가 악화되었다. 교사들은 베시가 단지 이상한 소녀일 뿐이라고 생각했다. 하지만 베시가 4학년이 되면서 실제로 문제를 보였다. 베시는 매우 쉽게 산만해지고 지나치게 활동적인 것처럼 보였고, 리탈린을 복용하고 있었다. 처음에 사람들은 베시가 ADHD(주의력결핍 과잉행동장애)를 가지고 있다고 생각했다. 베시의 학업기술은 바닥으로 떨어졌다. 베시는 학업적으로 기대하는 성과를 이루기보다는 떨어지는 것 같았다. 베시는 환각, 환청, 중얼거림을 보이기 시작했다. 베시의 행동이 4학년 들어서면서 너무 이상해져서 소아정신과 의사에게 진단 의뢰되었고 의사는 아동기 조현병(거의 드물게 발생하는 질환)으로 진단하고 정신과 병원에 입원할 것을 권유했다. 이런 것들은 다른 사람들뿐 아니라 그녀 자신에게도 두려운 것이었다. 베시는 마치 실제인 것처럼 그녀에게 보이는 환각과 병원 입원 모두에 대해 겁을 먹었다. 뭔가 잘못됐다는 느낌이 든 듯했지만 환청을 듣고 그것을 진지하게 받아들이는 걸 멈출 수가 없었다. 병원은 베시에게 낯선 곳이기 때문에 처음에는 무서운 곳이었지만, 그녀의 환각이 사라지기 시작하고 많은 관심과 일상이 있었기 때문에 그곳은 편안한 장소가 되었다.

정신과 병원에서 베시는 처방된 항정신병약을 복용했다. 그녀는 학교 공부를 따라가기 위해 병원에 있는 학교도 다녔다. 3년 후, 베시는 매우 많이 향상되었고 극적인 교육적 진전을 이루어서 정신과 병원에서 퇴원하여 지역사회 내 정규 학교에 다시 들어갔다. 베시는 7학년 때 자신의 나이에 맞는 공립학교로 돌아왔다.

베시가 지금은 상태가 좋은 것 같지만, 환각을 조절하기 위해 여전히 약을 먹고 있다. 그리고 물론, 베시와 다른 모든 사람들은 이것이 일시적인 것인지 아니면 영구적인 변화인지 궁금해한다.

톰의 사례

톰(Tom)은 11살이고 5학년으로 높은 IQ를 가지고 있다. 톰은 신체적 장애나 언어적 문제를 가지고 있지 않다. 톰은 성적이 갑자기 떨어지기 시작한 4학년 때까지는 이렇다 할 학업적 어려움을 보이지 않았다. 올해 톰은 대부분의 교과에서 D와 F를 받게 될 것이다.

톰은 작년까지 교사들에게 학교에서 문제가 되는 듯한 인상을 주지 않았다. 그러나 지난 18개월 동안 그를 대했던 모든 교사들은 그의 잦은 잘못된 행동에 대해 견해를 밝혔다. 톰이 툭하면 떠들고, 다른 아이들을 괴롭히고, 성질을 부리고, 자리에서 일어나 교실을 돌아다니기 때문에 교사들은 톰을 다루기 어려워했다. 톰은 평소 반항적이어서 또래나 성인들과 많이 다툰다. 톰의 교사들은 그가 점점 나빠지고 있다고 본다. 그의 호전성이 너무 심해서 그는 최근 학교 안팎에서 다른 아이가 다쳐서 치료를 받아야 하는 등 몇 차례 싸움을 벌였다. 2주 전에 톰은 동네 가게에서 사탕 한 봉지를 훔치다 집혔다. 문제 점검표를 통한 교사들의 평가는 그의 행동이 학급 또래들의 90퍼센트보다 더 자주 문제

가 된다는 것을 보여준다.

톰은 정말 친한 친구는 없지만, 그의 행동과 유사한 행동을 보이는 다른 아동들은 가끔 그를 참아내거나 심지어 그를 좋아한다고 말한다. 톰과 그의 두 형제는 감독이나 통제를 거의 하지 않는 어머니와 의붓아버지와 함께 살고 있다. 부모는 톰의 학업 진전이나 부족에 대해 전혀 관심을 보이지 않았고 톰이 진짜 문제를 가지고 있다는 것을 인정하지 않았다. 부모는 톰의 싸움이나 물건 훔치는 것을 대수롭지 않은 일로 보고 있다.

교사들은 몇 가지 이유로 그를 매우 걱정한다. 톰은 학업의 대부분을 완수하지 못하고, 대부분의 과목에서 수행을 제대로 하지 못한다. 또한 종종 다른 학생들을 때리거나 놀리거나 교사 또는 과제에 대해 불평하면서 수업을 방해한다. 톰은 수업시간에 사인펜으로 팔에 '타투'를 그리며 많은 시간을 보낸다. 톰이 그리는 타투의 대부분은 주로 폭력적인 주제를 가지고 있다. 어떤 교사도 톰과 친밀한 관계를 맺지 못하고 톰의 행동에서 의미 있는 개선을 이끌어내지 못하고 있다.

베시가 정서행동장애의 일부 유형을 가지고 있다는 것에 동의하지 않는 사람은 거의 없을 것이다. 부분적으로, 베시의 행동이 매우 특이했고 환각과 관련이 있기 때문이다. 또한 부분적으로 정신과 의사가 정신질환으로 잘 알려진 조현병으로 진단했기 때문이다. 그러나 로저와 톰은 정서행동장애를 가진 아동과 청소년들 중에서 보다 더 전형적이긴 하지만, 사람들이 정서행동장애로 종종 동의하지 않는 유형의 학생들이다. 그들의 경우는 그렇게 명백해 보이지 않으며, 어떤 사람들은 그들이 연방의 정의에 따라 정서장애로 볼 수 있다고 주장할 것이고, 다른 사람들은 그렇게 해서는 안 된다고 주장할 것이다. 로저와 톰은 우리가 어떤 이유로 어디를 판단의 선으로 그어야 하는지, 단지 골칫거리라고 보아야 할 것인지, 아니면 정서행동장애로 보아야 할 것인지에 대해 생각하게 만드는 그런 유형의 학생들이다. 그들은 정의에 부합하는가 아니면 그렇지 않은가? 우리는 그들을 정서장애로 간주해야 하는가 아니면 그래서는 안 되는가?

정서행동장애를 어떻게 정의해야 하는지에 대한 어려움과 계속되는 논란을 감안할 때,

정서행동장애를 얼마나 많은 아동과 청소년들이 경험하는지에 대한 정확한 정보를 얻는 것도 지속적인 도전이라는 것은 놀랄 일이 아니다. 우리는 이제 정서행동장애의 출현율을 결정하는 문제와 이러한 도전이 학교에 주는 문제에 대해 살펴보고자 한다.

출현율

우리가 어떻게 정의를 내리든 상관없이 거의 모든 아동과 청소년은 어떤 시간에, 어떤 사회적 맥락에서 정서행동장애를 보일 수 있다. 그러나 이러한 단 하나의 일시적이며 사소한 문제 때문에 거의 모든 아동과 청소년을 장애로 분류하는 것은 어리석은 일이다. 사실 아동과 청소년의 20% 이상이 심각한 심리적 문제가 있다는 제안은 일반 대중의 불신과 전문가의 회의를 불러일으킨다. 일반적인 반응은 일상생활의 일부로서 사람들이 반드시 겪어야 할 가혹한 공격을 탄식하며 정상적인 성장통에 대해 지나친 동정심으로 떠들어대는 것이다.

그러나 우리는 더 심각한 문제에 직면한다. 일반 대중과 관리자들은 교사의 학생 문제에 대한 보고를 사소하고 비현실적이라 생각하여 받아들이지 않는 경향이 있다. 교사들은 정서행동장애 학생의 행동을 지도하고 관리하는 데 서툴러서 때때로 비교적 사소한 잘못된 행동에 대해 과도한 관심을 보이기도 한다. 그럼에도 불구하고 회의론자들은 이러한 사실을 이용해 교사들의 의견을 무시한다. 특수한 지원의 필요성을 설득력 있게 주장하고 싶다면, 우리가 우려하는 학생의 정서와 행동 문제들은 비전형적이며 심신을 쇠약하게 만드는 문제들이지 교사의 역량 부족으로 인한 것이 아님을 확실하게 보여주는 사례를 제시해야 한다.

아동기와 청소년기에 발생하는 일반적인 어려움과는 확연히 구별되고, 훌륭한 교사가 있음에도 불구하고 사회 및 개인적 발달을 위한 학생의 선택을 심각하게 제한하는 정서행동장애 문제는 얼마나 자주 발생하는가? 이에 대한 답은 완전히 객관적일 수 없다. 질문에 답하는 데는 임의적인 기준이 사용된다. 이러한 기준은 객관적일 수는 있으나, 이를 선택하는 데는 주관적 판단이 요구된다. 다음의 질문들을 살펴보자—특정 연령에서 얼마나 무거워야(말라야, 커야, 또는 작아야) 특별한 아이로 판별되어 의료 서비스를 받을 수 있는가? 얼마나 수입이 적어야 생활보호대상자가 될 수 있는가? 지능과 사회적응의 평균이 얼마여야 지적장애 또는 영재아로 판별되어 특수교육을 받을 수 있는가? 우리는 각각의 경우에 임의적으로 정의를 변경하여 더 많은 사람을 비전형적, 즉 비만, 빈곤, 지적장애, 정서행동장애 등으로 '만들 수' 있다(Kauffman & Hallahan, 2005b; Kauffman & Lloyd, 2017). 의사, 경제학자, 사회복지사, 심리학자, 또는 교육자는 일정한 기준에 부합한 사례를 만들 수 있는데, 이는 공공정책이나 판단준거를 만들려는 입법가 같은 사람들에게 설득력이 있을 수 있다. 이러한 공공정책과 판단준거는 단순한 합의의 문제로, 마음대로 바뀔 수도 있다.

다음으로, 정서행동장애가 있다고 판단되는 아동과 청소년의 빈도나 백분율은 선택의 문제이다. 정서행동장애는 관찰자와 사회적 맥락으로부터 분리될 수 있는 객관적 실체가 아니다. 빈곤, 사랑, 정의와 마찬가지로, 정서행동장애는 허용될 수 있는 것과 바람직한 것에 대한 우리의 판단에 기초하여 구성할 수 있는 사회적 현실이다. 전문가로서 우리의 과제는 출현율 논쟁에 참여하여, 아동과 청소년이 삶에 대해 우리가 할 수 있는 가장 현명하고 배려하는 선택을 하는 것이다. 우리는 판별의 위험(예 : 사회적 낙인)이 장점(중재의 효과)보다 더 크게 영향을 미칠 수 있는 학생을 판별해야 하는데, 이는 쉬운 일이 아니다. 우리는 이와 같이 판별의 위험과 장점에 대한 어려운 판단을 해야 하는데, 문제는 개별 사례에 대한 우리의 판단이 정확하다는 것을 거의 확신할 수 없다는 점이다.

앞서 설명한 학생들(로저, 베시, 톰)이 정서행동장애를 가지고 있는 것으로 간주해야 하는지 여부를 결정해보라. 학생에 대한 모든 설명이 간략하며 판단을 내리기 전에 더 많은 정보가 필요하다는 생각이 들 것이다. 사실상 판단을 위해서는 많은 정보를 가지고 있어야 한다. 이러한 경우에 주어진 개략적인 정보에만 근거하여 판단을 내리는 사람은 아마도 전문가가 아닐 것이다. 그럼에도 불구하고 어느 시점에서 우리는 누가 정서행동장애를 가지고 있는지 또는 그렇지 않은지를 결정해야 한다.

출현율과 발생률의 의미

출현율(prevalence)은 한 모집단에서 특정 장애를 가진 총 사례의 수이다. 장애의 출현율은 특정 시점에 대해 계산(해당 **시점의 출현율 산출**)하거나 주어진 시간, 일반적으로 학년 또는 평생에 걸쳐서 계산(누적 출현율 산출)할 수 있다(Forness et al., 2012 참조). 출현율은 총 사례의 수를 모집단의 총수로 나눈, 한 모집단에 대한 비율로 표현된다. 그래서 한 학교에 총 2,000명의 학생 중 40명이 정서행동장애로 판별되었다면 해당 시점의 출현율은 2%가 된다.

발생률(incidence)은 한 모집단에서 특정 장애가 새롭게 발생한 사례의 수이다. 사례(case)는 특정 장애를 가진 개인 또는 삽화적 사건(episodes)을 의미한다. 이는 한 사람이 장애 증상을 보이다가 호전될 수 있고 다시 장애 증상을 보일 수 있기에 한 사람이 발생률 계산

유튜브 비디오 사례

비디오 연결 2.2

이 비디오('정서행동장애 범주의 판별, 평가, 적격성에 관한 쟁점')의 두 번째 부분에서, 학령기 아동의 정서행동장애 출현율의 추정치와 정서장애의 연방 정의에 따른 아동의 실제 비율 간 차이에 관한 논의를 살펴볼 수 있다. (https://www.youtube.com/watch?v=IbLfGc5RoAY).

에 두 번 이상 포함될 수도 있음을 의미한다. 발생률은 출현율과 마찬가지로 모집단에 대한 비율로 표현되긴 하지만, 개인이 아닌 일련의 삽화적 사건으로 계산되면 오해의 소지가 있을 수 있다. 발생률은 특정 장애가 얼마나 자주 발생하는지를 다루고, 출현율은 얼마나 많은 사람들이 특정 장애를 가지고 있는지를 다룬다.

특수교육의 목적에서 출현율은 발생률보다 더 많은 의미를 가지고 있다. 교사와 행정가들은 해당 학년도에 정서행동장애 또는 다른 장애를 가진 학생의 수 또는 비율을 알거나 추정하는 것에 가장 관심을 가져 왔다.

출현율에 관심을 가져야 하는 이유

출현율과 발생률을 추정하는 것은 학급 교사에게 큰 의미는 없다. 일정 수의 어려운 아동들을 지도하는 것에 책임이 있을 때에는, 학교 학생의 2%, 5%, 또는 10%가 정서행동장애를 가지고 있는지의 차이가 무엇인가? 그건 다른 사람들의 문제이다!

그러나 교육청, 주정부, 국가 수준에서 특수교육 프로그램을 계획하고 관리하는 사람들에게 출현율과 발생률은 매우 중요하다. 출현율 추정과 발생률은 예산 편성, 직원 고용, 연수 프로그램 계획 등에 근거가 된다. 학교 이사회 또는 학교 행정가들은 프로그램 서비스 대상 학생의 비율이 인근 지역 교육청, 주정부, 또는 국가의 평균 수준보다 많거나 적다는 이유로 예산 증감을 결정한다. 그래서 출현율이 학급 교사들과 무관하거나 순전히 학문적인 것처럼 보일지라도, 궁극적으로 교사들의 근무 여건에 영향을 미칠 수 있다.

출현율 추정

정서행동장애 출현율의 추정은 학령기 인구의 0.5%에서부터 20% 이상까지 다양하게 나타난다. 시점 출현율(point prevalence)과 누적 출현율(cumulative prevalence)에 관계없이 추정치가 다양하게 나타나고 혼란스러운지 그 이유를 쉽게 알 수 있다. 첫째, 정확한 정의를 가지고 있지 않은 장애를 추정하는 것은 불가능하지는 않지만 어려운 일이다. 정의가 선택되더라도 사례 수를 추정하기는 어렵다. 관련 연구에서는 판별률(identification rate)이 부분적으로 진단 준거의 결과임을 분명히 보여준다(예 : Cluett et al., 1998). 문서화된 표준 정의를 사용하더라도, 사람들은 자신의 개인적 정의를 머릿속에 갖고 있어서 문서화된 표준 정의를 어떻게 학생의 행동에 맞추는지에서는 사람들마다 다르다(Kauffman et al., 2007 참조). 둘째, 정서행동장애 학생의 수를 추정하는 데 다양한 방식이 사용될 수 있다. 방법론상의 차이는 극명하게 다른 결과를 가져올 수 있다. 셋째, 사회 정책과 경제 요인이 방법론보다 더 강력한 영향을 미칠 수 있다.

위양과 위음

주 또는 국가 전체에서 혹은 큰 지역 교육구 전체에서 모든 사례의 수를 세는 것은 쉬운 일이 아니기 때문에 모집단의 표본에서 추정되는 출현율과 발생률은 불확실하다. 추정치는 신중하게 선택된 표본에 적용된 표준 선별 절차에 기인한다. 방법론상의 문제는 설문조사를 실시하는 방법이나 선거 중 예측하는 방법과 유사하다. 표본의 선택 방법과 질문 내용에 따라서 수치가 달라질 수 있다.

정서행동장애를 가진 학생을 추정하거나 판별할 때 오류가 발생할 수밖에 없다. 판별 시 발생하는 오류로는 위음(false negatives, 판별되어야 하는 학생이 판별 안 됨)과 위양(false positives, 판별되면 안 되는 학생이 판별됨)을 들 수 있다. 다른 말로 표현하면 다음과 같다.

위음 : 간과 또는 놓침

위양 : 잘못된 판별

위음이 위양보다 훨씬 더 빈번하게 발생하고 보다 염려가 되는 오류지만, 위음에 대한 선호와 위양에 대한 두려움은 흔히 정서행동장애의 예방을 방해하기에 충분하다. 그렇기에 이를 신중히 고려해야 한다. 아동의 정신건강에 대한 미국 보건총감보고서(U.S. Surgeon General's Report)(U.S. Department of Health and Human Services, 2001)와 많은 출현율 연구에 따르면, 위음(판별되어야 하는 학생을 간과함)이 위양(판별되지 말아야 하는 학생을 판별함)보다 더 훨씬 더 많다(Forness et al., 2012; Kauffman et al., 2007, 2009; Warner, 2010 참조). 정신건강 분야에서의 현실적 문제는 과잉판별이 아닌 실제 사례를 간과하는, 즉 위음의 경우이다. 정서행동장애의 실제 사례를 판별하지 못한 실수는 특수교육에서 매우 큰 실수로 보일 수 있다. 자료에 따르면 정서행동장애에 대한 명확한 증거가 있는 소수의 아동과 청소년만이 치료를 받고 있다고 볼 수 있다. 효과적인 중재가 거의 없었던 때에는 이는 그리 큰 사안은 아니었지만 지금은 중요하게 여긴다. 안타깝게도 정신적 문제는 생애 초기에 시작하며 정신장애의 위험은 유년기에 힘든 일을 경험한 아동이나 정서행동장애를 보이는 아동들에게 더 높게 나타난다. 그래서 조기중재가 매우 중요하다. 하지

유튜브 비디오 사례

비디오 연결 2.3

이 비디오('정서행동장애 범주의 판별, 평가, 적격성에 관한 쟁점')의 세 번째 부분에서, 위양(실제로는 장애를 가지고 있지 않은데 정서행동장애로 판별된 학생)과 위음(정서행동장애로 판별되지 않았는데 실제로 정시행동장애를 가지고 있는 학생)의 개념에 중점을 두고 누가 정서행동장애를 가지고 있는 것으로 판별되는지에 관한 논의를 살펴볼 수 있다. (https://www.youtube.com/watch?v=8_xnTJcTtmE)

만 현실에서는 대부분의 초기 문제들이 무시되고 있다(Costello, Egger, & Angold, 2005 참조).

경제 현실

학령기 학생 중 특수교육을 필요로 하는 정서행동장애 학생의 아주 적절한 추정치는 2%이다. 정신건강 서비스를 필요로 하는 아동 인구의 비율은 추정치보다 훨씬 더 높을 수 있다. 추정치는 또한 정서행동장애를 위한 특수교육을 필요로 하는 비율의 표시일 것이다(Costello et al., 2005; Forness et al., 2012; Kessler, Berglund, Demler, Jin & Walters, 2005; U.S. Department of Health and Human Services, 2001; Walker et al., 2004; Wang, Berglund, Olfson, Pincus, Wells, & Kessler, 2005 참조). 그러나 미국 교육부의 보고에 따르면, 학령기 인구의 1% 미만이 '정서장애' 범주에서 특수교육을 받고 있다. 한마디로 서비스 제공 비율은 서비스가 필요한 것으로 추정되는 비율보다 훨씬 낮으며, 이는 모든 민족 또는 인종집단에서도 동일하게 나타난다.

정서장애의 정의는 매우 모호하고 주관적이어서, 포함하거나 배제하는 것이 유용한 목적에 도움이 되는 한 어떤 학생도 포함되거나 제외될 수 있다. 학교 시스템과 주정부는 정서행동장애 학생의 수가 예산 범위 내에 있어야 유용하다고 생각한다. 공식적으로 판별을 하지 않는 것은 많은 학교 관계자들이 확장된 서비스의 어려움, 위험 비용을 피하는 편리한 방법이다. 또한 많은 전문가들은 종종 그들의 성별, 문화, 연령, 가족, 또는 사회경제적 지위와 관련하여 학생들의 비판별(nonidentification)을 합리화하는 것이 쉽다고 생각한다.

합리적 추정과 실제 서비스 제공 비율

'지속적인 문제로 인해서 특수교육을 받아야 하는 학생 비율의 합리적 추정은 어느 정도인가?'라는 질문은 매우 적절한 질문이다. 수십 년간의 인구조사에 기초한 합리적 추정은 학령기 인구의 적어도 3~6%이다(Forness et al., 2012; Kessler, Berglund et al., 2005; Perou et al., 2013; U.S. Department of Health and Human Services, 2001; Wang, Berglund et al., 2005; Wang, Lane, Olfson Pincus, Wells, & Kessler, 2005 참조).

한 전국 대표조사에서, 성인 인구의 거의 절반에 달하는 46%가 자신의 인생에서 진단 가능한 정신장애를 경험하였다고 한다(Kessler, Chiu, Demler, & Walters, 2005). 게다가 물안장애(응답자 중 29%)와 충동조절장애(응답자 중 25%)의 평균 발현 연령은 11세로 나타났다. 21세기 초 미국 보건총감보고서에 따르면, 최소 5%의 아동과 청소년이 심각한 정신건강 문제를 가지 있고 이 중에서 약 5분의 1만이 정신건강 서비스를 받는다고 한다(U.S.

Department of Health and Human Services, 2001). 미국 내 아동 대상의 또 다른 조사에서, 특정한 해에 13~20%의 아동들이 정신장애를 가지고 있는 것으로 추정되며 출현율이 증가하고 있다고 한다(Perou et al., 2013). 이 연구 등은 비판을 받고 있으며, 중도장애의 출현율은 감소했다고 하며 10~13% 정도일 수 있다고 한다(Olfson, Druss, & Marcus, 2015). 심각한 정신건강요구를 가진 아동과 청소년의 적어도 절반이 특수교육을 위해 판별되어야 하며 2.5%가 보수적인 추정치라고 가정해도 틀리지 않을 것이다. 이는 2016년에(그리고, 아마도, 그 후의 어느 해에도) 정서장애 범주에서 특수교육을 받고 있는 학생 비율의 적어도 2.5배이다.

거의 반세기 동안 이루어진 다양한 연구에서 일관적으로 확인된 연구 결과는 다음과 같았다. 첫째, 대부분의 아동과 청소년은 발달 중 어떤 시점에서 심각한 문제를 보인다. 둘째, 교사와 성인들은 2% 이상의 학령기 아동과 청소년들이 일관되게 몇 년에 걸쳐서 장애행동을 보여 정서장애의 연방 정의에 부합한다고 생각한다. 현재 정서행동장애 학생들을 위한 프로그램에 참여하고 있는 학생들뿐 아니라 유사한 특성을 보이지만 정서행동장애로 판별되지 않은 학생들 모두 중재 없이는 극복될 수 없는 심각한 학습 및 사회적 어려움을 보인다.

출현율에 영향을 미치는 요인

정서행동장애로 판별되어야 하는 아동과 청소년의 정의에 대해 우리가 동의할 수 있다고 가정하면, 이러한 장애의 출현율을 증가시키거나 감소시킬 수 있는 다른 요인은 무엇일까?

원인과 출현율 간의 잠재적 연관성

이쯤 되면 다양한 생물학적, 가족, 학교, 문화적 조건이 정서행동장애를 더 자주 유발한다는 것을 충분히 알 수 있다. 그래서 우리는 정서행동장애가 다른 것보다도 어떤 지역사회, 학교, 학생 집단에서 더 많이 나타난다고 예상할 수 있다. 그럼에도 불구하고 출현율에 영향을 미칠 수 있는 이러한 요인들은 서비스 비율의 극단적인 범위(어떤 주에서는 학령기 인구의 0.05%에서 다른 주에서는 학령기 인구의 2% 이상까지)를 설명하지 못한다. 따라서 빈곤, 실업, 영양실조, 위험한 지역사회와 같은 위험요인 외에도 출현율의 차이를 설명할 수 있는 다른 요인들이 작용할 수 있다.

정서행동장애는 연령 간에 동일한 비율로 나타나지 않는데, 부분적으로는 정서행동장애의 특성과 정서행동장애에 대한 우리 사회의 반응 양식 때문이다. 비교적 적은 수가 저학년에서 판별된다. 대부분은 12~14세 사이에 판별되고 어린 나이부터 10대 중반까지 꾸준히 판별이 증가하고 있다. 정서행동장애 학생의 연령에 따른 출현율 경향은 모든 청소년에게 스트레스를 주는 시기인 청소년기에 들어서면서 사회적 어려움이 증가하는 것과 연관이 있다고 추측할 수 있다. 학습장애와 지적장애 학생들은 학교생활 초기에 보다 분명한 학업적 어려움을 겪는 경향을 보인다. 지적장애 학생들은 청소년기 동안 안정적이고 지속적으로 학교생활의 어려움을 보이는 반면에, 학습장애 학생들은 초기 청소년기에 자신의 어려움에 대한 해결책을 찾기 시작한다. 그러나 정서행동장애 학생들은 종종 나중에, 몇 년간의 고군 분투 후에 그리고 다른 진단명을 받은 후에 판별된다.

정서행동장애 판별에 대한 저항

정서행동장애 아동의 문제는 성인들에게 너무 고통스러울 정도로 명백하고 참을 수 없을 때까지 가능한 오랫동안 간과되거나 등한시 되는 경향이 있다(Warner, 2010 참조). 일부 추정치는 정신건강 요구를 경험한 대다수의 사람들이 결국에는 서비스 시스템에 접촉할 것이라고 하지만, 장애의 발현과 초기 접촉 간에 지연은 다소 충격적이다. 기분장애(mood disorder)의 경우 6~8년, 불안장애의 경우는 20년 또는 그 이상의 지연을 보인다(Wang, Berglund et al., 2005). 이 아동들이 서비스를 받을 즈음에는 나이도 들고 다른 장애 범주로 판별된 아동들보다 심각한 문제를 보인다(Earley, 2006 참조). 성인들은 그들에게 보다 요구적이고 처벌적으로 반응하는 경향이 있다. 이는 부분적으로 정서행동장애 학생들이 다른 장애 범주에 있는 학생들보다 더 높은 학교 중퇴율을 보이고 더 자주 보다 제한적인 환경에 있다는 사실을 설명한다.

불균형적 판별

정서행동장애는 모든 민족집단에서 동일한 비율로 판별되지 않는다. 아프리카계 미국 학생들은 원백분율 비교(raw percentage comparisons)(즉 특수교육 수혜 학생들의 비율에 대한 일반 인구의 비율을 비교)에 근거하여 백인 학생보다 1.5배 더 많이 판별된다(National Research Council, 2002; Osher et al., 2004; Oswald, Coutinho, Best, & Singh, 1999; Skiba, Middleberg, & McClain, 2014). 그러나 동일한 원백분율 비교를 사용하면, 히스패닉 혹은 아시아-태평양 섬 민족집단의 학생들이 백인 학생들보다 정서장애로 상당히 적게 판별될 수 있다. 그리고 남학생이 여학생보다 정서장애로 훨씬 더 많이 판별될 수 있다(Oswald, Best, Coutinho, & Nagle, 2003). 그러한 불균형적인 패턴은 수십 년 동안 알려져 왔지만, 이

유튜브 비디오 사례

비디오 연결 2.4

이 비디오('정서행동장애 범주의 판별, 평가, 적격성에 관한 쟁점')의 네 번째 부분에서, 발표자는 판별의 불균형에 대한 자료의 간략한 개요를 제공하고 불균형에 영향을 미치는 몇 가지 요인에 관해 언급하며 교사들이 이러한 요인들을 다루기 위해 할 수 있는 것을 설명한다. (https://www.youtube.com/watch?v=Iu_6kOYjktg)

는 여전히 지속되고 있다.

판별의 불균형은 심각한 문제로, 이는 평가에서의 편견과 같은 다양한 요인의 결과일 수 있다. 게다가 여러 민족집단의 불균형 정도에 있어서 주마다 확연한 차이가 있다. 관련 연구는 원백분율을 비교하는 것이 오해의 소지가 있음을 시사하고 있다. 성취와 행동에서 유사한 특성을 보이는 아동들을 비교할 때, 아프리카계 미국 아동과 다른 소수민족의 아동들은 제대로 판별이 되지 않을 수 있다(Anastasiou, Morgan, Farkas, & Wiley, 2017; Kauffman & Anastasiou, 출판 중; Morgan, Farkas, Cook, Strassfeld, Hillemeier, Pun, & Schussler, 2016). 그 원인은 확인되고 있지 않지만 정서와 행동 문제의 위험요인들에 과도하게 노출되어 있는 아동들에 대한 서비스를 불균형적으로 거부하는 제도화된 인종차별 때문인 것 같다.

민족 또는 성별에 따른 구분을 하지 않는 정서장애의 전체 판별률은 아동과 청소년의 정서행동장애 출현율 추정치보다 높게 나타난다. 그러나 출현율과 불균형의 복합적인 쟁점은 모든 민족집단이 불충분하게 서비스를 받고 있지만 특정 집단은 다른 집단에 비해 보다 더 불충분하게 서비스를 받고 있음을 분명히 시사한다. 구체적으로, 모든 민족집단에서 위양보다는 위음이 더 문제인 것 같고, 이러한 위음의 문제는 아프리카계 미국인 아닌 다른 민족집단에서 더 문제로 보인다(Kauffman et al., 2007, 2009).

사회정책과 경제적 요인

사회정책과 경제 현실로 인해 공립학교에서 정서행동장애 학생의 판별률이 학령기 인구의 2% 이상을 넘지 못해 왔다. 경제 현실을 생각해보자. 1970년대에, 공립학교 학생의 2% 이상에게 서비스를 제공하기 위해 연방정부로부터 매년 약 10억 달러의 지원이 더 필요했고 더불어 주정부와 지역구로부터 약 14억 달러의 자원이 더 필요하였다(Grosenick & Huntze, 1979). 이는 담당자 연수 비용과 물가 상승에 대한 보조금이 포함되지 않은 것이다. 오늘날 학령기 인구의 2% 이상 학생에게 서비스를 제공하기 위해서는 연방 자금만 해도 현재 책정된 예산보다 매년 수십억 달러가 더 필요하다. 연방이나 주의회나 지역 학교에서 이 많은 학생들에게 서비스를 제공하기 위해 담당자 연수와 프로그램 운영에 관한 예산을 만들 가능성은 매우 희박하다. 또한 정서행동장애의 판별률이 평소보다 낮은 것은 보수적 정치 견해와 분명히 관련이 있다(Wiley, Brigham, Kauffman, & Bogan, 2013; Wiley, Kauffman, &

Plageman, 2015; Wiley & Siperstein, 2011). 안타깝게도, 존재하는 정서행동장애를 단순히 판별하지 않음(또한 서비스를 필요로 하는 아동들에게 서비스를 제공하지 않는 것을 포함) 으로 인한 즉각적인 비용 절감에 대한 표면적인 우려는 실제로 정신질환을 가진 사람들이 감옥에 가거나 실업 상태일 때 사회적 일탈에 대응하는 장기적인 비용을 증가시키는 효과를 가져올 수 있다(Kendziora, 2004).

적절한 훈련을 받은 인력의 부족과 뛰어넘을 수 없는 예산 문제에 직면한 상황에서, 우리는 학교 당국에 무엇을 기대할 수 있는가? 학교 당국은 서비스를 제공해줄 수 없는 학생을 판별함으로써 소송과 연방 자금 손실의 위험을 감수할 수 없다. 이에 서비스를 제공할 수 있을 만큼의 학생만을 판별하는 것이 합리적인 것이다. 비극은 사회정책(연방법)이 불가능을 의무화하고 대중과 많은 전문가들이 경제 현실에 맞게 자신의 인식을 바꿀 가능성이 크다는 것이다. 사회정책으로 인해서 예산을 관리하는 사람들은 '학교에는 정서행동장애 학생들이 얼마나 많이 있는가?'라는 질문에서 '우리가 얼마나 많은 학생들에게 서비스를 제공할 수 있는가?'라고 질문을 바꾼다. 또한 그들은 체면을 세우고 법을 준수하려고, 실제로 학교에 서비스를 제공할 수 있을 만큼의 정서행동장애 학생들이 있다고 결론을 내리고 싶어 한다. 특히 예산 문제가 발생할 때, 실제로 많은 학생들을 잘못 판별하고 있는 사례를 만들려고 하고 특수교육을 받고 있는 학생들의 수를 줄이려 한다.

정서행동장애 학생을 판별하지 않으려는 압박은 매우 크다. 이러한 압박은 오랫동안 이어졌다(Dunlap et al., 2006; Kauffman, 1999c, 2004, 2005, 2014a; Peacock Hill Working Group, 1991, 또한 Gage et al., 2010 참조). Morse(1985)가 '매우 심각하게 손상된(very seriously impaired)'이라고 했던 아동기 인구의 3% 아동들 대부분에게 특수교육과 관련 서비스를 제공하는 날이 아직 가까이 오지 않은 것 같다.

학생을 장애로 판별하여 시간제로라도 일반학급 밖에서 특수 프로그램을 제공하는 것에 대한 혐오는 1990년대 이후 완전통합 운동으로 알려진, 일반교육과 특수교육을 통합 또는 재구조화하려는 노력으로 이어졌다(Kauffman & Hallahan, 2005a, 2005b; Mock & Kauffman, 2002; Zigmond, 2015; Zigmond & Kloo, 2017; Zigmond, Kloo, & Volonino, 2009 참조). 완전통합의 지지자들은 현재 장애인으로 여겨지는 대부분의 학생들이 장애가 전혀 없거나 경도장애를 가지고 있다고 주장한다. 이들의 장애는 진짜가 아니거나 경도이기 때문에 우리는 일반학급 교사들이 부가적인 훈련이나 도움 없이도 효과적으로 이 학생들을 다룰 수 있을 것이라고 기대할 수 있다. 비록 선의라 하더라도, 이러한 관점은 정서행동장애와 다른 장애가 특수교육과 관련 서비스가 필요한 장애라는 인식을 억압한다. 그래서 현재 추세는 타인을 과도하게 공격하거나 방해하는 행동을 보이는 학생들에 대해서만, 즉 가장 심각한 장애를 보이는 학생에 대해서만 정서행동장애로 판별하려는 것으로 보인다(Forness et al., 2012).

1986년 전문가 모임에서는 특수교육 서비스를 받지 못하고 있는 정서행동장애(당시의 용어로는 '심각한 정서장애') 학생에 대해서 다음과 같은 결론을 내렸다(National Mental Health Association, 1986).

> 대부분의 SED(seriously emotionally disturbed, 심각한 정서장애) 아동은 판별되지 못하고 필요한 서비스를 받지 못한다. 이러한 과소판별에는 여러 가지 이유가 있다:
>
> - 아동이 심각한 정서장애(SED)로 낙인찍히는 것에 대한 우려가 있다.
> - SED의 특수교육 적격성을 위한 법적 정의가 명확하지 않다. 그래서 주에서는 나름의 정의를 구체화해야 했고, 이는 각 주별로 상당한 차이를 초래하고 있다.
> - 주와 지역의 판별 절차에서 통일성이 부족하다.
> - 주의 예산 제약으로 인해 판별해야 할 SED 학생 수에 제한을 둘 수 있다.
> - 예산 부족뿐 아니라 지역사회 내에 적절한 서비스의 부재로 인하여 학생 판별이 제한될 수 있다. 또한 예산 부족 또는 서비스 제공 대상의 어려움으로 인하여 지역사회는 적절한 서비스 개발에 대한 자신감이 결여되어 학생 판별이 제한될 수도 있다.
> - 정신건강 분야 임상의들 간에 정의와 진단에 대한 명료성이 부족하여, 교육자들은 SED 아동을 평가하는 데 어려움을 겪는다.
> - 연방법에서는 '사회 부적응' 아동을 제외하지만, 사회적 부적응과 SED를 명확히 구분하기 어렵고 무의미하다. 이러한 혼란으로 인해 일부 아동은 판별되지 못하고 서비스를 받지 못할 수 있다.
> - 심각한 행동 문제를 보이는 아동은 판별되고 행동이 드러나지 않는 아동은 간과되는 경향이 있다. 일부 사회에서는 부분적이지만 아프리카계 미국 남성들이 SED로 과다판별되고 골칫거리인데 명명되지 않는 모든 인종의 여성들은 과소판별되기도 한다.
> - SED 청소년을 판별하기 위해 학교와 교육 시스템은 지역사회 내 부모와 전문가들에게 제한적인 지원 노력을 한다.
> - SED 아동들은 장애 정도에 있어서 차이가 있고 다른 장애 아동과 비교해서도 차이가 있다. SED 아동은 판별되기 전에 보다 많은 장애 증상을 보이는 경향이 있으며, 경도나 중등도 SED 아동은 절대 판별되지 않을 수도 있다(p. 5).

지난 수십 년 동안 위의 진술 중 어떤 것도 변화하지 않았다. 사실, 보다 많은 정서행동장애 아동과 청소년을 위한 서비스 요구가 증가함에 따라, 미국 사회의 대응은 특수교육을 포함하여 요구를 가진 아동과 청소년들에게 서비스를 제공하는 사회적 프로그램을 위한 재정을 줄이는 것이었다(Gage et al., 2010 참조).

특정 장애의 출현율과 발생률

지금까지 우리는 일반적인 사례로 정서행동장애를 고려하였다. 그러나 정서행동장애의 유형은 다양하기 때문에, 일부 특정 문제의 출현율 추정은 가능하다. 하나씩 개별적으로 구체적인 특정 장애의 출현율을 추정할 때 우리가 앞서 일반 사례로 논의해 온 추정에서의 어려움과 동일한 어려움을 갖는다. 그럼에도 불구하고 일부 출판물에는 정서행동장애의 하위 유형에 대한 출현율 또는 정신건강 서비스 자료가 포함되어 있다(예 : Wang, Berglund et al., 2005; Wang, Lane et al., 2005).

정서행동장애의 분류는 일반 정의만큼이나 문제가 있다. 그리고 출현율 추정의 방법론은 적어도 일반적인 경우처럼 많은 특정 장애(예 : 우울장애, 품행장애, ADHD 등 정서행동장애의 유형)에 대해서도 다양하다. 따라서 특정 장애의 출현율과 발생률의 추정은 다양하고 혼란스럽다. 가능하면 우리는 이 책의 특정 장애를 다루는 장에서 출현율 추정치를 제공할 것이다.

요약

많은 사람들이 **정서행동장애**(EBD)로 용어를 변경하기를 원하지만 여전히 연방법은 **정서장애**(emotional disturbance)라는 용어를 사용한다. 정서행동장애 아동과 청소년은 자신의 사회적 상호작용 환경에 어울리지 않는 행동을 보임으로써 장애로 인식된다. 정서행동장애의 정의는 개념 모델의 차이, 다양한 사회단체의 목적에 따른 차이, 사회적 상호작용 행동 측정의 문제, 정상행동의 가변성, 정서행동장애와 다른 장애 간의 복잡한 관계, 많은 아동기 장애의 과도기적 일시성, 경멸적인 표찰 효과로 인해서 복잡하고 어려운

문제이다. 그 어떤 정의도 완전히 객관적일 수 없다. 보편적으로 수용된 정의도 없다. 교육 맥락에서 사용되는 가장 일반적인 정의는 본래 Bower가 제안한 것으로, IDEA를 위한 연방 규칙과 규정에 통합되었다. 이 정의는 다음과 같은 뚜렷하고 지속적인 특성을 구체화한다.

1. 학교 학습 문제
2. 불만족스러운 대인관계
3. 부적절한 행동과 감정
4. 만연한 불행감 혹은 우울감

5. 학교 또는 개인 문제와 관련된 신체적 증상 혹은 공포

연방법 정의에는 이러한 특성에 더하여 모호한 포함 및 배제 조항이 추가되었다. 정의의 개선이 가능하고 판별을 위한 객관적인 준거가 개발되고 있지만, 학생의 행동 판단에 대한 책임은 불가피하다.

국립정신건강 및 특수교육연합회(NMHSEC)가 제안한 대안적 정의는 정서행동장애(emotional or behavioral disorder)라는 용어를 사용한다. 제안된 정의는 연방법과 규정에 대안적 정의를 통합하기를 바라는 연합회의 많은 구성원들에 의해 지지를 받아 왔다. 제안된 정의의 주요 사항은 다음과 같다.

1. 학교에서의 정서와 행동 반응
2. 연령, 문화, 민족 규준과의 차이
3. 교육적(학업적, 사회적, 직업적, 개인적) 수행에 불리한 영향
4. 일시적 또는 예상 가능한 정도 이상으로 스트레스에 반응
5. 학교를 포함한 두 가지 다른 상황에서 문제를 지속적으로 보임
6. 개별적 중재에도 불구하고 지속적으로 문제를 보임
7. 다른 장애와의 공존 가능성
8. 정서행동장애의 모든 범주

거의 모든 아동과 청소년은 특정 시기에 문제행동을 보인다. 이러한 정서와 행동 문제는 정상발달의 한 부분이다. 출현율의 수치는, 교사의 역량 부족 때문이 아니라 판별된 학생의 행동이 매우 비전형적이고 파괴적이기 때문에 특별한 서비스를 필요로 한다는 설득력 있는 주장을 수반해야 한다. 그러나 판별 기준을 세우는 데는 판별과 비판별의 상대적 위험에 대한 판단뿐 아니라 어느 정도의 차이가 허용 가능한지에 대한 임의적 판단이 필요하다.

출현율은 특정 시기에 또는 특정 시간 동안에 장애를 보이는 개인의 수 또는 백분율이다. 발생률은 특정 간격 동안에 발생하는 장애의 새로운 사례의 수이다. 출현율은 특수교사들에게 가장 큰 관심사였다. 출현율은 교사의 일상적인 일과 무관해 보일 수 있으나, 교사의 근무 여건에 영향을 미치며 프로그램을 계획하고 관리하는 사람들에게는 중요한 사안이다.

출현율 추정은 표준 정의의 부족, 방법론상의 문제, 사회정책과 경제요인으로 인해 어렵다. 표준적 정의가 수용되지 않을 경우에는 사례를 집계하기는 어렵다.

최상의 이용 가능한 연구에 기초한 합리적 추정은 학령기 인구 중 3~6%가 정서행동장애로 인해 특수교육과 관련 서비스를 필요로 한다는 것이다. 특수교육을 받는 학생들의 비율이 1% 미만이지만, 이 비율의 극적인 증가가 가까운 미래에 일어날 것 같지는 않다. 경제요인, 완전통합 운동, 비판별에 대한 압박가 같은 제약으로 인해 미래 출현율 추정치를 제한하는 것 같다. 판별에서의 민족적 불균형은 심각하지만 아직 설명되지 않은 문제이다. 어떤 민족집단도 출현율 연구에 의해 제안된 비율 이상으로 특수교육이나 다른 정신건강 서비스를 받지 못한다.

논의를 위한 사례

그는 어디에 적합한가?

앨런 주크(Allan Zook)

앨런의 부모가 우리 교실을 관찰하기 위해 방문했을 때, 그들이 아들을 위한 이상적인 학급을 찾기 위해 여러 곳을 다녀보고 있는 중이라는 것을 나는 알지 못했다. 관찰 전 앨런은 중복장애 학생을 위한 특수교육 서비스에 적합하다고 판정되었다. 그러나 학교와 부모 모두 앨런이 최상의 서비스를 받을 수 있는 곳을 결정할 수 없었다. 학교 방문 1주일 후, 감독자는 내게 앨런의 서류를 주며 앨런의 부모님을 만나고 IEP를 개발하라고 했다. 감독자는 내 어깨를 두드리며, "선생님이 당첨되었어요!"라고 말했다. 나는 "왜?"라는 의문이 들었다.

나의 '당첨 선물'은 7살 아동이었다. 앨런은 두 살 때부터 언어치료를 받아 왔으며, 상당량의 항경련제를 복용했고, 어른의 요구나 지시에 순응하지 않았다. 또한 교사와 또래에게 스트레스를 주는 여러 가지 행동을 보였다. 예를 들어 코를 판 후에 교사나 친구들에게 닦았다. 앨런은 통합학급 수업시간에 일상적으로 자신의 맨몸을 노출하였다. 그는 자신의 나이보다 덩치가 크고 공격적이었으며, '괴롭히는 사람'이라 불렸다. 나는 앨런이 혼자서 놀고 다른 학생들에게 다가가지 않는 것을 관찰하였지만 놀라지 않았다. 다른 학생들도 그에게 다가가지 않았다.

앨런을 검사한 학교 심리사에 따르면, 그를 검사하는 것은 엄청난 도전이었다. 전체 IQ 점수는 73으로 나왔지만, 검사하는 날 그의 반응은 평상시와 달라서 이는 실제 그의 지능지수가 아닐 수 있었다. 앨런의 학업기술은 사회성 기술만큼이나 뒤처졌다. 대부분의 규준평가와 교육과정기반 검사 결과에 따르면, 앨런은 읽기와 수학에서 또래보다 2~3년 뒤처져 있었다. 소근육 운동기술은 거의 없었으며, 필기, 자르기, 그리기는 죽기보다도 하기 싫어했다. 앨런은 울화(분노 발작)를 터뜨리기 전에 항상 "너무 어려워요"라고 불평을 하였다.

앨런은 개별 교수와 소집단 교수에 참여하는 것이 거의 불가능했다. 앨런이 드물지만 집중을 하려 시도해도, 교실 옆을 지나가는 사람, 자리를 이동하는 다른 학생들, 새롭게 장식된 게시판, 다른 사람의 옷, 이상한 소리 등 모든 것에 쉽게 산만해졌다.

전날 발작으로 인해 늦게 등교하는 날에는 앨런은 차분해지고 문제행동의 감소를 보였지만, 발작 이전에 습득한 많은 기술들을 기억하지 못했다. 앨런은 때때로 학교에서 발작을 보이기도 하였는데, 발작 후에는 학교 수업에 참여할 수 없었다.

나는 자신에게 "주님, 왜 저인가요?"를 반복하며 물었다. 앨런의 부모와 특수교육 행정가는 학습장애, 지체장애, 정서장애 아동들을 위한 학급을 고려하였지만, 그들은 결국 경도 지적장애 아동들을 위한 나의 학급이 앨런에게 최상의 장소라고 결정하였다. 그들은 매우 구조화되고 직접적인 나의 프로그램을 좋아하고, 우리 반 학생들이 행복해하고 많은 사회 및 학업기술을 학습하고 있다는 사실을 좋아하였다. 그들은 앨런이 다른 어떤 교실보다 나의 학급에 잘 맞을 것이라고 믿었다. 게다가 나의 학급은 학생 정원에서 여유가 있었다. 그래서 내가 복권에 당첨된 것이었다.

사례에 관한 토론 과제

1. 앨런은 IDEA의 정서장애 정의에 부합하는가? 앨런은 국립정신건강 및 특수교육연합회(NMHSEC)의 정서행동장애 정의에 부합하는가?

2. 앨런이 겪는 어려움 중 어떤 것이 교육 목적으로 가장 중요한 것인지를 어떻게 결정할 것인가?

3. 앨런이 이 학급에 배치된 것이 적절했는가? IDEA에 따라 합법적이었는가? (이 책의 여러 장을 읽은 후에 이 질문을 다시 보고 싶을 수도 있나.)

4. 앨런에게 가장 적절한 범주와 프로그램에 대해 생각하는 데 출현율과 발생률에 대한 고려가 어떤 역할을 했을 것이라 생각하는가?

3 정서행동장애 분야의 발전과 최근 쟁점

Universal History Archive/UIG/Getty Images

학습 목표

3.1 1800년대부터 현재까지 정서행동장애 학생을 위한 치료에 있어서 중요한 역사적 사건들에 대해 설명할 수 있다.

3.2 21세기에 들어서 정서행동장애 학생의 교육 분야가 직면하고 있는 중요한 쟁점은 무엇이며, 이는 역사적 사건 및 경향과 어떠한 연관성이 있는지 설명할 수 있다.

3.3 공법 94-142 이후 장애인교육법(IDEA)이 최근에 재인준되기까지 특수교육 분야에 영향을 미쳤던 중요한 법적 발전과 쟁점의 중요성을 설명할 수 있다.

3.4 정서행동장애 학생의 교육과 치료 분야의 역사적 발전에 있어서 비교적 성공한 것과 아직도 해결되지 않은 도전에 대해 설명할 수 있다.

3.5 정서행동장애 학생을 위한 미래의 교육과 치료에 있어서 낙관적으로 희망을 가질 수 있는 이유를 설명할 수 있다.

생활이 비교적 단순했던 오래전 과거에는 정서행동장애와 관련된 문제들이 그리 어려운 일이 아니었을 것이라고 생각하기 쉽다. 물론 오래전 과거의 생활을 현재와 비교하면 훨씬 단순했겠지만, 역사적인 문헌들을 살펴보면 사회적 일탈을 인지하고 그것에 대처하는 일은 항상 어렵고 당황스러운 것이었다. 또한 현재 정서행동장애와 관련된 쟁점들은 오랜 역사적인 뿌리를 가지고 있다는 것을 알 수 있다(Kauffman & Landrum, 2006; Rodriguez, Nontesinos, & Preciado, 2005 참조).

현재의 쟁점들은 과거와 관련된 연속적인 문제로 조명되어야 한다(Bateman, Lloyd, & Tankersley, 2015; Kauffman, 2014b; Kauffman, Nelson et al, 2017; Lloyd, Tankersley, & Bateman, 2015). 즉 현재 우리가 직면하고 있는 쟁점과 문제점들이 단지 현재 상황이나 환경 안에서만 발생한다고 생각한다면 이해할 수가 없다. 역사에 대한 지식이 우리로 하여금 실수를 되풀이하지 않게 한다고 장담할 수는 없지만, 역사를 무시한다면 우리는 유사한 실수를 반복하게 될 것이다(Kauffman, 2014b; Kauffman & Landrum, 2006; Kauffman & Smucker, 1995).

정서행동장애 분야의 역사는 다른 분야, 특히 심리학 및 정신의학의 역사를 포함해야 한다(Lewis, 1974). 역사를 살펴보면 일부 학생은 문제행동으로 부모와 다른 성인들을 화나게 하고 실망시켰으며, 사회의 행동규범을 어기기도 하였다. 교사들은 학생들의 문제행동으로 인하여 늘 도전을 받아 왔다. 그러나, 정서행동장애 학생을 위한 특수교육은 비교적 최근에 시작되었다. 현재 정서행동장애 분야는 특수교육의 광범위한 분야와 불가분의 관계이므로 많은 어려운 쟁점에 직면해 있고, 미래도 불투명하다(Kauffman, 2014b, 2016; Kauffman, Anastasiou, & Maag, 2016; Kauffman & Badar, 출판 중; Reed, Gable, & Yanek, 2014).

정서행동장애 분야의 개괄적인 역사

19세기

18세기 말경에 미국과 프랑스가 혁명의 시기를 거치면서 '정신이상자'와 '천치'(그 당시 정신질환자와 지적장애를 지칭하는 용어)를 위한 유익하고 효과적인 중재가 나타나기 시작하였다. 정치 및 사회적으로 혁명 시기였던 19세기가 시작되는 무렵에 개인의 자유, 인간의 존엄, 박애, 공교육을 강조하는 흐름은 장애인을 위한 인도적인 중재와 교육의 발판을 마련하는 계기가 되었다.

19세기 정서행동장애 분야의 문헌들은 오늘날의 관점에서 본다면 빈약하게 보인다. 정서행동장애에 관한 대부분의 문헌은 부정확하고 왜곡된 내용을 담고 있어서 현재 우리가 직면하고 있는 문제들을 19세기에 이미 언급한 문헌의 가치를 평가절하하게 만든다(Kauffman, 1976).

19세기 초 일부 정신의학자들은 정서행동장애의 원인적 요인들을 발견하기 시작하였고 그것은 현재에도 중요한 의미를 갖는다. 예를 들면 아동의 기질과 양육, 과잉보호, 지나친 방임 및 비인간적 훈육 간 상호작용 등이다. 19세기 절반기부터 정서행동장애의 생물학적 원인을 인식하기 시작하였지만, 조기 훈육이나 훈련 등과 같은 환경적인 요인을 더 강조하였다. 따라서 그 시기의 중재는 감각 자극, 훈육 및 교수를 제공하는 것에 초점을 맞추었다.

정서행동장애 아동을 포함하여 많은 아동과 청소년이 19세기에 방임되고 학대받았다. 1800년대에 많은 아동과 청소년들에게 가해진 학대는 잔인한 훈육, 강제 노동 및 다양한 비인간적인 일들을 포함한다. 비록 19세기의 정서행동장애 아동을 위한 교육과 중재가 오늘날과 비교하면 초보적인 수준이었지만, 그 시대의 일부 아동들은 오늘날의 아동들이 받은 것보다 더 나은 교육이나 중재를 받기도 하였다. 우리가 현재 21세기의 시설, 학교, 교정기관, 가정에서 아동들에게 가해지고 있는 방임과 학대에 대한 기사를 읽을 때, 오늘날 아동들과 청소년들의 비참한 처지는 과거와 비교하여 별로 나아진 것이 없다고 결론지을 수도 있다.

다른 시기처럼 19세기도 격변의 시기였다. 1850~1900년대 사이에 심한 정서행동장애와 지적장애에 대한 태도에 중요한 변화가 나타났다. 1800년대 전반기의 도덕적 중재와 모범적인 사회 프로그램과 연관된 낙관주의, 실용주의, 녹장적이고 인도적인 방법들이 미국 남북전쟁을 거치면서 염세주의, 이론주의, 경직, 비인간적인 시설 등으로 변화하기 시작하였다. '백치', '정신이상', 비행 등을 신속하게 해결하고, 빈곤과 같은 상황을 즉각적으로 바로잡으려 했던 사설 자선사업이나 국가 프로그램의 실패는 냉소와 환멸을 초래하였다. 큰 수용시설과 보호소가 작은 시설에 비해 1인당 비용을 낮추기는 하였지만, 시설이 더 좋아진 것은 아니었다. 국가의 정책이 바뀌더라도 사회의 가난한 자나 환자들의 상황이 항상 나아지는 것은 아니다. 때로는 더욱 나빠지기도 한다. 19세기 후반기에 사회정책의 퇴행적인 현상에 영향을 미친 여러 가지 복잡한 원인들은 경제, 정치, 사회, 관련된 분야의 여러 요인들과 연관되어 있다(Gerber, 2017; Kauffman, 2009, 2011, 2014b; Kauffman & Landrum, 2006 참조).

19세기 말경에 아동과 청소년의 정신장애에 대한 여러 권의 책이 출판되었다. 이 책들은 주로 원인과 분류에 대한 내용을 다루었으며, 우리가 할 수 있는 것이 많지 않다는 운명론적인 관점에 기울어져 있었다(Kanner, 1960). 정신장애는 자위행위, 과로, 과도한 공부, 특정 주제나 문제에 대한 집착, 유전, 타락, 질병과 같은 여러 가지 다양한 원인에 의하여 유발되고 되돌릴 수 없는 것으로 여겨졌다. 이러한 정신장애와 청소년 비행 등의 문제들이 해결되지는 못하였지만, 이를 해결하기 위한 새로운 노력들이 시도되기 시작하였다.

20세기 초반 : 중재 프로그램의 개발

아동과 청소년의 정신 및 신체건강에 대한 염려가 20세기 초에 널리 나타나기 시작하였다. 특수교사 양성 프로그램은 1914년에 미시간주에서 처음 시작되었다. 1918년에는 모든 주에서 의무 교육법이 제정되었고, 1919년에 오하이오주에서 장애 아동에게 주정부 차원의 보육을 제공하는 법이 통과되었다. 1930년에 미국 내 16개 주에서 특수아동과 청소년을 교육하는 데 드는 초과비용을 지역 교육청에서 보상해주는 법을 제정하였다. 교육과 심리검사가 광범위하게 사용되기 시작하였으며, 학교 심리학, 학생지도, 상담 등이 출현하기 시작하였다. 정신건강과 아동을 지도하는 클리닉이 1930년대 와서 비교적 일반화되기 시작하였다. 그 시기에 소아정신과는 새로운 학문 분야였다. 정서행동장애 아동의 교육에 있어서 특히 중요한 영향을 미치고 있는 2개의 전문가 조직인 특수아동협의회(Council of Exceptional Children, CEC)와 미국 예방정신의학협회(American Orthopsychiatric Association)가 1920년대에 창설되었다.

1930년의 대공황과 1940년대의 제2차 세계대전은 장애 학생의 교육을 위한 관심과 재정의 방향을 다른 곳으로 바꾸게 하였다. 그럼에도 불구하고 1930년대보다 1940년대에 더 많은 장애 아동들이 특수교육을 받게 되었으며, 1948년에는 그 당시 총 48개 주 중에서 41개 주가 최소한 하나의 장애 유형에 대해서 특수교육 서비스를 제공하도록 규정하는 법을 제정하였다. 특수학급에 입급된 대다수의 학생들은 경도 지적장애(그 당시의 용어는 정신박약 또는 정신지체) 아동들이었다. 정서행동장애 아동을 위한 교육 프로그램은 상대적으로 드물었으며, 대도시를 중심으로 심한 문제행동이나 비행 청소년을 위한 프로그램들이 주로 실시되었다.

1930년대에 정서행동장애 아동을 교육하는 데 있어서 중요한 발전이 있었다. 미국 최초의 소아정신병원인 Bradly Home(지금은 Emma Pendleton Bradley Hospital)이 1931년에 로드아일랜드주에 설립되었다. 1940년대에 존스홉킨스대학교 의과대학의 Leo Kanner가 현재 자폐증(autism) 또는 자폐성 장애(autistic spectrum disorder)라고 알려진 증후군을 발견하였나(그는 이를 소아자폐증이라고 불렀다). 뉴욕시의 Lauretta Bender는 소현병 아동을 위한 교육에 있어서 개척자였다.

1930년대 말경에 정서행동장애 아동에 대한 관련 연구문헌들이 많이 증가하였다. 또한 특수학급, 특수학교, 교사자문 등과 같은 특수교육의 다양한 방법들이 시도되었다.

20세기 중반과 후반 : 중재 프로그램의 발전

정서행동장애 교육에 대한 관심의 물결은 20세기 중반에 일어났다. 정서행동장애 아동의 교육은 그 가치가 취약이 하면 분야가 되었다. 1950년대 말에 정서행동장애 아동을 학교 교실에서 교육하는 것에 관한 첫 번째 책이 출판되었으며, 연구자들은 공립학교에서 정서행동장애 학생을 판별하는 체계적인 절차가 필요하다는 것을 인식하였다. 전문가들은 1964년에 함께 모여 특수교육협회(CEC) 안에 분과 학회인 행동장애 아동학회(Council for Children with Behavioral Disorders)를 새로 만들었다. 1963년에 정서행동장애 아동을 교육하는 전문 인력 양성프로그램이 연방정부의 지원을 받게 되었다. 또한 첫 명칭이 '자폐아동을 위한 전국협회(National Society for Autistic Children)'였던 미국자폐협회(Autism Society of America)가 1965년에 설립되었다.

20세기 후반기에 정서행동장애 분야의 주요 책들은 정서행동장애 학생을 교육하기 위한 다양한 개념적 모델의 관점을 제시하였다. 즉 특수교사들은 학생의 마음에 내재되어있는 심리적 장애와 행동의 무의식적인 동기를 파악해야 한다는 관점부터 행동 그 자체가 문제라는 관점까지 매우 다양한 것이었다.

1960년대와 1970년대에 심한 정서행동장애를 포함한 중증장애 학생을 교육하는 것에 대한 관심과 노력이 폭발적으로 증가하였다. 그 당시 정서행동장애와 관련하여 널리 수용된 모델 중에서 효과성에 대한 증거가 제시된 것은 Re-ED라고 알려진 재교육 프로그램(Re-Education program)이다(Cantrell & Cantrell, 2007 참조). 이 시기에 행동수정이 가장 널리 채택되고 심한 장애 학생에게 매우 효과적이라고 증명된 중재 방법이었는데, 지금은 응용행동분석(applied behavior analysis, ABA)으로 더 많이 알려져 있다.

1980년대 말경에 장애 학생 교육을 위하여 특수교육과 일반교육을 완전히 통합하자는 주장들이 있었다. 즉 일부 사람들이 일반교육과 특수교육의 체제를 완전히 통합하는 것을 제안하거나 장애 학생을 일반학교가 아닌 다른 교육 장소에 배치해서 교육하는 분리교육을 완전히 폐지하기를 요구하였다. 이러한 주장은 1990년대에 완전통합 운동(full inclusion movement)으로 발전되었다. 장애 학생을 일반교육에 완전히 통합시키는 것이 많은 경우에 바람직한 것일 수 있지만, 이러한 완전통합 운동은 개별 학생의 교육적 요구나 교육의 실행 가능성에 있어서 여러 가지 제한성이 있다는 비판을 받았다(Anastasiou & Kauffman, 2011; Kauffman, Bantz, & McCullough, 2002; Kauffman, Ward, & Badar, 2016; Mock & Kauffman, 2002; Zigmond, 2015). 또한 1980년대에 정서행동장애 영·유아를 위한 특수교육 서비스에 대한 쟁점이 부각되기 시작하였다. 1986년에 미국 의회는 공법 99-457을 통과시켰는데, 이것은 0세부터 36개월까지의 장애 영·유아나 위험군에 속하는 영·유아에게 조기중재 프로그램을 제공하는 주에 인센티브를 제공하는 사항이 포함되었다(Conroy, 2017 참조).

1990년대에 연방정부는 정서행동장애(그 당시의 용어는 **심한 정서장애**) 학생의 교육을 위한 국가 차원의 전략적 계획을 수립하였다. 정서행동장애 학생들은 일반적으로 낮은 학업성취를 보였으며, 다른 교육성과도 만족스럽지 못했고, 다른 학생집단에 비해 자퇴율이 높고 졸업률은 낮았으며, 분리교육을 받는 경우가 많았고, 소수인종이나 빈곤계층 출신들이 많았으며, 청소년 사법제도에 저촉되는 경우도 많았다. 그러나 이들을 위한 국가 차원의 전략적 목표를 성취하기 위한 충분한 지원은 제공되지 않았다. 이 국가 차원의 계획이 필요한 변화를 이끌어낼 수 있을 만큼 충분히 구체적이었는지에 대해서는 논의의 여지가 있다(Kauffman, 1997; Kauffman & Landrum, 2006).

21세기의 쟁점들

21세기 초 정서행동장애 분야의 쟁점과 동향은 특수교육의 경험적이고 개념적인 토대를 구축하는 것이다. 이러한 쟁점과 동향은 우리로 하여금 특수교육의 발전이 일관성 있고 극적이며 지속되는 시대에 도래한 것이라고 믿고 싶게 하지만, 역사적인 관점에서 살펴보면 현재의 쟁점과 동향은 새로운 것이 아닐 뿐만 아니라, 현재 제시되는 문제 해결을 위한 제안들도 완전히 성공할 것 같지도 않다(Bateman et al., 2015; Kauffman, 2014b; Reed et al., 2014).

누가 어떤 장소에서 어떤 방법으로 특수교육 서비스를 받아야 하는지에 대해 지속적으로 논생이 되고 있나(Bateman, 1994; Bateman et al., 2015; Kauffman, 2014b; Kauffman & Landrum, 2006; Kauffman & Nelson et al., 2017). 오늘날 당면한 대부분의 쟁점들은 이미한 세기가 지난 것들로서 고전 연구의 예는 다음과 같다—조기발견(예 : Brown, 1943), 교육배치(예 : Berry, 1936; Postel, 1937), 일반교육과 특수교육의 유사성(예 : Baker, 1934), 조기발견과 예방(예 : Martens & Russ, 1932), 사회성 기술 훈련(예 : Farson, 1940).

이 장에서 살펴보고자 하는 쟁점과 동향은 21세기 초반인 지금도 중요한 것이지만, 사실

이것들은 수십 년의 역사를 가지고 있을 뿐만 아니라, 앞으로 다가올 수십 년 동안에도 성가신 문제로 남아 있을 것이다. 이러한 쟁점과 동향들은 완전히 별개의 것도 아니며, 구분 가능하지도 않다. 사실상 우리는 하나의 쟁점을 다룰 때 다른 쟁점들도 함께 다룰 수밖에 없다.

조기발견과 예방

아동의 부적응행동에 대한 교사와 부모의 자기패배적 반응은 기다려 보자는 것인데, 이는 정서행동 문제가 곪아 터져서 심각해질 때까지 방치하는 것이다(Kauffman, 2010c, 2014a; Kauffman & Brigham, 2009). 조기발견과 예방에 관련된 본질적인 문제는 적어도 과거 50년에 걸쳐 제시되어 온 문제이다(Bower, 1960). 그러나 이러한 문제를 다룰 방법은 거의 없다. 정서행동장애의 조기징후는 주의 깊은 관찰이나 신뢰할 만한 선별 도구를 사용해야만 판별 가능하며, 정서행동장애의 정의와 판별 방법은 향상되어야 한다(Lane, Kalberg, & Menzies, 2009; Land, Menzies, Oakes, & Kalberg, 2012; Walker, Yell, & Murray, 2014). 대부분의 정서행동장애는 아동기나 청소년기에 시작되는데, 이러한 장애를 가지고 있는 대부분의 학생들은 중재를 받는다 하더라도 수년이 지난 후에 받게 된다.

　　장기적으로 결과를 부정적이며 파괴적으로 만들 가능성을 높이는 정서행동장애의 위험 요인들은 빈곤, 아동 학대와 방임, 일관성 없는 가혹한 훈육뿐만 아니라 가족, 학교, 지역사회, 사회적 상황 등과 관련된 다양한 요인들이다. 그러나, 장기적으로 부정적인 결과를 초래하는 과정을 알게 되더라도 아동의 삶을 바꿀 만한 조기중재를 하는 것은 쉽지 않다. 예방과 조기중재가 매우 바람직한 것이긴 하지만, 실제적으로는 다양한 이유 때문에 실시하기 어렵다(Kauffman, 1999c, 2005, 2014a; Kauffman & Brigham, 2009 참조).

　　조기중재는 다음과 같은 두 가지 측면에서 중요하다.

1. 아동이 어릴 때 문제를 해결한다.
2. 연령에 상관없이 문제행동의 발생한 초기일 때 해결한다.

　　이 두 가지 형태의 조기중재가 예방의 핵심임에도 불구하고, 조기발견과 조기중재 및 예방은 아직도 해결되지 않은 문제로 남아 있다.

　　경고 신호는 자주 무시되고, 가벼운 문제행동은 지명적인 수준은 아니라 할지라도 심각한 수준으로 진행될 때까지 방치된다(Dunlap et al., 2006; Evans, Rybak, Strickland, & Owens, 2014; Hendershott, 2002; Kauffman, 2014a; Kauffman & Brigham, 2009; Walker et al., 2014). '나중에 후회하는 것보다 조심하는 것이 낫다'는 표어는 아동과 청소년의 문제

행동에는 적용되고 있지 않으며, 결과는 치명적이다.

조기발견과 예방은 많은 특수교사와 심리학자들이 받아들이고 주목할 수밖에 없는 사안이다(Briggs-Gowan et al., 2006; Dunlap et al., 2006; Dunlap & Fox, 2014; Feil et al., 2014; Walker & Sprague, 2007; Walker et al., 2014 참조). 조기발견과 예방이 일관성 있게 지속되며 유지되기 위해서는 과학적인 근거에 따라 정책적으로 능숙하게 처리해야 하는데, 이것을 이전 세대가 실행하지 못하였다. 아동의 문제행동이 수년 동안 방치되어 심각한 수준에 이르러서야 특수교육 서비스에 의뢰되는 경우가 많다. 이것은 예방과 완전히 상반되는 것인데, 흔히 있는 일상적인 일이 되어 버렸다. 게다가 특수교육에 대한 부정적인 태도는 아동의 문제를 조기에 발견하고 지원하는 것을 어렵게 만든다. 효과적인 특수교육은 아동이 학교에서 성공할 수 있도록 도울 수 있다(Strain & Timm, 2001; Walker et al., 2014 참조).

학교는 아동의 문제를 조기발견할 수 있는 지식과 방법을 사용하여 문제가 심각해지기 전에 발견할 수 있을까? 아동의 문제가 조기에 발견된 경우에 학교는 예방적인 중재를 적용할 수 있을까? 이러한 질문은 1960년에 Bower이 했던 질문이고, 그 후에도 수십 년 동안 많은 사람들이 했던 질문이다. 이 질문에 대한 답변은 여러 가지 이유 때문에 불확실하다(Forness et al., 2012; Kauffman, 1999c, 2003a, 2003b, 2004, 2010a, 2010b, 2010c, 2014a). 그림 3.1은 조기발견과 예방에 대한 찬반양론을 제시한 것인데, 양극단의 관점에서 어떻게 균형을 잡는지 보여준다. 그림 3.1이 각 관점의 모든 주장을 다 보여 주는 것은 아니지만, 사람들은 조기발견과 예방에 반대하는 주장에 쉽게 쏠린다.

반사회적이고 폭력적인 학생들을 위한 교육

학교나 지역사회 내에서 발생하는 반사회적이고 폭력적이며 비행 행동은 오랫동안 해결하기 어려운 문제로 간주되어 왔다. 20세기 후반에 미국 사회에서 청소년 폭력은 다양한 분야의 중재가 요구되는 중요한 문제가 되었다. 1990년대에 반사회적이고 폭력적인 학생을 위한 교육은 일반교육뿐만 아니라 특수교육 분야에서도 주요 쟁점이 되었다(O'Mahony, 2014; Walker, Forness et al., 1998; Walker et al., 2014).

비록 21세기에 들어와서 폭력 범죄가 하강 곡선을 보이는 경향이 있기는 하지만, 청소년 폭력은 아직도 심각한 문제로 남아 있다(Furlong, Morrison, & Jimerson, 2004; Mayer & Leone, 2007). 청소년들은 대부분 경고 신호를 보내지 않고 폭력행동을 하지 않기 때문에, 폭력행동의 전조현상에 주의를 기울이는 것이 필요하다. 이러한 전조현상은 일반적으로 공격적인 말, 공격행동에 관련된 말, 위협, 협박 및 다양한 형태의 괴롭히는 행동 등이 포함된

그림 3.1 조기발견과 예방에 대한 주장

조기발견과 예방을 옹호하는 주장	조기발견과 예방을 반대하는 주장
정서행동장애가 미흡하게 확인되고 있다.	너무 많은 학생들이 이미 정서행동장애로 판별되어 있다.
	우리는 학생들에게 장애 표찰을 붙이는 것을 원하지 않는다.
위음이 위양보다 더 심각하다.	위양보다 위음의 위험부담을 감수하는 것이 낫다.
특수교육이 정서장애 학생에게 도움을 제공할 수 있다.	특수교육은 비효과적이다.
나중에 발견하는 것보다 조기발견을 하는 것이 더 효과적이다.	우리는 학생들을 최소제한환경에 배치하기를 원한다(일반학급으로 해석할 수 있음).
	인종적, 민족적 및 성별 편견 때문에 학생을 잘못 판별할 수 있다.
	장애 발견은 의학적인 모델에 근거한다.

다. 정서행동장애 학생은 일반 학생에 비해 더 자주 폭력으로 위협한다(Kaplan & Cornell, 2005). 이에 대해 최상의 실제는 전조행동이 심각한 행동으로 발전하지 않도록 중재를 실시하도록 제안하고 있다(예 : Kauffman, 2015b; Kauffman & Brigham, 2009; Lerman & Vorndran, 2002; Sheras, 2002; Smith & Churchill, 2002). 폭력행동과 그것의 전조행동은 매우 복잡하여 우리로 하여금 다음과 같은 어려운 질문에 답하도록 요구하고 있다.

- 언제 반사회적이고 폭력적인 행동을 장애로 규정해야 하며, 언제 특수교육을 실시하기에 부적절한 범죄행위나 비행으로 간주해야 하는가? 장애로 규정할 행동의 유형과 비행, 범죄 및 도덕성 상실로 규정할 행동의 유형에 대해 뜨거운 논쟁이 이어지고 있다.

- 반사회적이고 폭력적인 행동을 일반학급에서 어느 정도까지 수용해야 하는가? 오늘날 많은 일반학급에서 수용되고 있는 문제행동들이 수십 년 전에는 수용되지 않았다. 또한 품행 문제는 학교와 학급에 따라 매우 다양하다. 일반학급에서 수용하거나 감당할 수 있는 행동의 유형에 대해서는 상당한 견해 차이를 보이고 있다. 행동을 하는 사람과 그 행동을 따로 분리하여 생각할 수는 없기 때문에 어떤 학생을 일반학급에서 분리시켜야 하는지에 대해 많은 논란이 있다.

- 만약 학생이 학급이나 학교에서 수용할 수 있는 행동의 범위를 넘어선다면, 어디에서 어

떻게 교육을 지속적으로 제공할 수 있을 것인가? 대안학교, 특수학급, 가정중심의 교수 등과 같은 배치 유형과 교수방법은 많은 갈등의 소지를 담고 있다.

• 반사회적이고 폭력적인 행동을 통제할 수 있는 합법적인 방법은 어떠한 것들이 있는가? 아동과 청소년을 중재하는 데 있어서 벌의 다양한 유형과 합법적인 사용에 대해 뜨거운 논쟁이 되고 있다.

• 반사회적이고 폭력적인 행동을 감소시키고자 노력하는 학교는 지역사회의 일부로서 어 떻게 최상의 역할을 수행할 수 있는가? 오늘날 반사회적이고 폭력적이 행동은 학교가 단 독으로 해결할 수 있는 문제가 아니라는 것을 우리 모두가 인식하고 있다. 그러나, 이를 위하여 학교가 무엇을 할 수 있는지, 무엇을 해야만 하는지, 그리고 이 문제에 대하여 사 회의 다른 기관들과 어떻게 협력할 수 있는지에 대해서는 상당한 견해 차이가 있다.

수십 년에 걸친 연구들이 이러한 쟁점들을 어떻게 다루고 예방할 수 있는지에 대해 제안 하고 있다(Kazdin, 2008; Strain & Timm, 2001; Walker et al., 2004, 2014). 그러나, 학교에 총기를 가져오거나, 또래나 교사를 위협하고 협박하거나, 수업을 방해하거나, 투옥된 경험 이 있는 학생들을 위한 교육적 중재에 대해서는 앞으로도 수십 년간 논쟁을 일으키는 문제 로 남아 있을 것이다. 장애 학생, 특히 학습장애나 정서행동장애를 가지고 있는 학생들에 대 한 징계는 논란의 여지가 있고, 미국장애인교육법과 다른 교육법에도 포함될 만큼 중요한 쟁점이다(Bateman, 2017; Bateman & Linden, 2012; Huefner, 2006, 2015; Yell, 2012; Yell, Crockett et al., 2017; Yell, Katsiyannis, et al., 2017 참조).

통합적이고 협력적인 지역사회중심 서비스

21세기 초의 강한 통합의 추세는 아동과 가족을 위한 다양한 서비스를 통합하여 제공하는 것이며, 이는 중재 프로그램을 제공받기 위하여 아동이 다른 환경으로 이동하는 것이 아니 라, 포괄적인 서비스를 아동의 가정과 지역사회에서 제공하는 것이다(Eber, Malloy, Rose, & Flamini, 2014). 이러한 접근은 개별적인 프로그램만으로 충분하지 않으며, 아동과 관련된 모든 서비스 간 긴밀한 협력이 필요하다는 전제하에 특수교육, 아동보호 서비스, 아동복지, 양육관리 등과 같은 다양한 사회적 서비스 프로그램을 조정하고 그 효과를 증진시키기 위한 것이다.

일반교육과 특수교육을 포함하여 통합적이고 협력적인 사회 서비스를 지역사회에 있는 학교에서 제공하자는 견해가 설득력을 얻고 있다. 이러한 견해는 아동의 삶이 정서행동장

표 3.1 통합적이고 협력적인 지역사회 중심 서비스에 대한 질문

1. 만약 개별 서비스 기관들의 자원이 매우 적다면, 통합하여 서비스를 전달하더라도 많은 아동이 부족한 서비스를 받게 되는 것 아닌가?
2. 만약 통합적인 서비스가 장기적인 관점에서 효과적이라고 판단될 경우에, 적절한 훈련을 받고 직접 서비스를 제공하는 모든 인력들을 관리하고 조정할 수 있을 만큼 고도의 훈련을 받은 전문가를 고용하는 비용이 비싸지 않을까?
3. 학교의 역할은 무엇인가? 학교 역할의 범위는 어디까지이며, 학교 예산을 어디에 써야 하는가?

애 학생처럼 혼란스럽거나 위탁가정에서 사는 학생들의 경우에 더욱 설득력을 가지게 된다. 그러나, 이 견해를 실제로 실행하거나 이러한 서비스 전달 체계의 효과를 제시하는 것은 간단한 일이 아니다. 현 시점에서 이러한 복잡한 서비스 전달 체계에 대한 연구를 어떻게 설계하며, 그 효과를 평가할 것인지에 대해서 거의 이해하지 못하고 있다. 표 3.1에 제시된 질문들에 대해서 분명한 답이 아직 없기 때문에, 이와 같은 질문들은 앞으로 수십 년 동안 논의될 것이다.

통합적이고 협력적인 지역사회중심 서비스는 아주 중요하게 다루어지고 있으나 새로운 개념은 아니다(Kauffman, 2010a; Kauffman & Landrum, 2006). 이러한 서비스가 많은 지역사회에서 실제로 실시될 것인지 여부는 대다수의 사람들이 학교를 어떻게 인식하고 있는지와 아동들에게 얼마나 큰 가치를 부여하느냐에 달려 있다. 국가의 법률 제정에서 획기적인 변화가 없는 한, 이러한 서비스가 널리 실시되기 위해서는 오랜 시간이 필요할 것이다. 21세기 초의 탈시설화는 아주 비참하게 실패한 것처럼 보인다. 길거리나 감옥이 정신질환을 가지고 있는 청소년이나 성인들의 주된 거주지가 되고 있는 실정이다(Earley, 2006; Goin, 2007; Warner, 2010). 이러한 현상은 19세기의 상태로 되돌아가고 있다는 것을 의미한다.

학업기술과 사회성 기술에 대한 강조

효과적인 특수교육과 행동관리의 핵심은 효과적인 교수이다(예 : Hirsch, Lloyd, & Kennedy, 2014; Kauffman, 2015a; Kauffman & Badar, 2014b; Kauffman & Hallahan, 2005b; Kauffman & Pullen et al., 2011; Lane & Menzies, 2010; Nelson, Bener, & Bohaty, 2014; Pullen & Hallahan, 2015). 사실 연구자들은 이미 오래선에 교사가 예측 가능한 문제행동을 교수 문제로서 접근하여 학업을 교수하는 것과 유사하게 바람직한 행동을 교수하는 절차들을 고안하였다. 교수를 강조하는 것은 적어도 다음의 두 가지 이유 때문에 특수교육 분야에서 지속적인 관심을 받을 것이다.

1. 연구자들은 효과적인 교수가 행동관리의 첫 단계라고 간주한다. 즉 효과적인 교수 프로그램은 많은 문제행동(비록 모든 문제는 아니라 할지라도)이 일어나는 것을 예방하며, 교수에 대한 강조는 공교육의 분명한 책무로 여겨지고 있다. 1960년대 초반부터 수십 년 동안 행동주의 모델을 강조하는 특수교육자들은 문제행동을 변화시키기 위하여 후속결과를 사용하는 것을 강조해 왔다. 과거에는 문제행동을 나타내는 학생을 교육함에 있어서 문제행동을 유발할 수 있는 선행사건과 행동이 발생하는 매라이나 환경을 무시했으나, 최근에는 효과적인 교육의 도구로 인정하고 있다. 연구자들은 교사가 만들고 사용하는 학급환경과 교수절차가 어떻게 문제행동과 그것을 해결하는 데 영향을 미치는지 이해할 수 있도록 돕고 있다(예 : Alberto & Troutman, 2012; Kauffman, 2010a; Kauffman & Pullen et al., 2011; Kerr & Nelson, 2010; Lingo, Slaton, & Jolivette, 2006; Scott & Shearer-Lingo, 2002).

2. 행동 문제에 대하여 교수적인 접근방법을 지지하는 임상적인 증거들이 누적되고 있으며, 바람직한 행동을 명료하게 교수하는 것이 특수교육 프로그램의 핵심이라는 사실이 널리 받아들여지고 있다(Kauffman, 2014b; Kauffman & Pullen et al., 2011; Landrum & Kauffman, 2006; Lane & Menzies, 2010). 학업기술과 사회성 기술을 동시에 교수하는 것이 학교의 핵심적인 책무로 간주되고 있기 때문에 행동중재만을 교육목표로 삼는 프로그램은 용인되지 않을 것이다. 특수교육 분야에서 행동 중재가 가장 효과적인 것으로 간주되고 있기는 하지만, 행동 중재만 강조하는 접근 방법에는 위험요소가 내포되어 있다. 만약 반사회적이고 파괴적이며 폭력적인 학생이 특수교육 대상자로 진단받지 못하고, 단지 '나쁜(bad)' 학생으로 간주된다면, 교육적인 장소라기보다는 처벌적인 장소일 가능성이 있는 대안 프로그램으로 추방되어 배치될 가능성이 높다. 이러한 학생에게 특수교육이 필요한지에 대해 논란이 되고 있다. 또한 일반교육으로부터 그들을 배제하는 것을 정당하게 여기게 될 것이고, 일반학교에 계속 다닌다 할지라도 그들을 위해서는 학업기술이나 사회성 기술의 교수가 그다지 강조되지 않을 것이다.

그러나, 정서행동장애 학생들을 위한 학업기술을 교수하는 것은 여전히 연구주제에서 제외되고 있는 실정이다(Kauffman, 2015a; Mooney, Epstein, Reid, & Nelson, 2003). 앞으로 정서행동장애 학생을 위한 프로그램에서 학업기술을 교수하는 것에 더 많은 주의를 기울여야 할 것이다.

행동의 기능평가

교사와 연구자들은 **행동의 기능평가**(functional behavioral assessment, FBA)를 통하여 학생 행동의 구체적인 목적이나 기능이 무엇인지를 밝히고 결정한다. 행동중재의 목표는 학생으로 하여금 문제행동의 똑같은 기능을 수행하는 수용 가능하고 바람직한 행동을 함으로써 목적을 달성하도록 하는 것이다(Alberto & Troutman, 2012; Cullinan, 2002; Kerr & Nelson, 2010; Martens & Lambert, 2014).

기능평가를 강조하는 것은 학업기술과 사회성 기술의 교육과정에 관심이 증가하는 것과 맥을 같이 한다. 또한 기능평가는 교사로 하여금 바람직하지 못한 행동을 유발하는 환경사건과 학생이 문제행동을 함으로써 얻게 되는 후속결과에 대하여 집중하게 만든다. 예를 들어 기능평가는 학생이 좌절을 해서 문제행동을 보이는지, 지루해서 문제행동을 보이는지, 또는 자극이 너무 많이 주어져서 문제행동을 보이는지를 밝혀준다. 또한 기능평가는 학생이 관심을 받게 되기 때문에 문제행동을 보이는지, 또는 문제행동을 보임으로써 어려운 과제나 불쾌한 요구를 회피할 수 있기 때문인지에 대한 정보도 제공한다. 행동의 기능평가가 교수의 매우 유용한 도구이기는 하지만, 기능평가를 실행하거나 교수절차의 근거로서 사용하기 위해서는 관찰자를 위한 심도 있는 훈련이 요구되며, 특히 심한 문제행동이나 장기적인 문제를 보이는 학생을 대상으로 적용할 때는 더욱 주의를 기울여야 한다(Alberto & Troutman, 2012; Cullinan, 2002; Fox & Gable, 2004; Kerr & Nelson, 2010; Walker et al., 2004 참조). 따라서 다음과 같은 기능평가의 잠재적인 제한점을 고려하여야 한다.

- 행동의 기능평가는 매우 복잡하다. 행동의 기능을 파악하는 것, 즉 학생이 행동을 통해 말하고자 하는 것이나 행동의 역할을 알기 위해서는 훈련된 관찰자가 광범위한 평가를 해야 한다. 따라서 기능분석에 대한 훈련을 받은 조력자의 도움 없이는 교사 혼자 필요한 관찰과 평가 절차를 수행하는 것은 불가능한 일이다.
- 행동의 기능평가에 의해 제안되는 행동중재 절차는 학급교사가 외부적인 도움을 받지 않고 단독으로 수행하기는 매우 힘들다.
- 행동의 기능평가와 기능분석은 일차적으로 학교 환경이 아닌 환경에서 행동 관찰을 하기 위해서 개발되었다. 그러므로 이러한 방법을 정서행동장애 학생이 학교에서 많이 보이는 문제 상황에 일반화하는 데 있어서 제한점이 있을 수 있고, 특히 정서행동장애 학생의 다양하고 심각한 문제행동을 가끔 나타낼 경우에는 기능평가를 적용하기가 쉽지 않다.

그럼에도 불구하고, 기능평가에 대한 연구 결과는 매우 효과적인 교수절차에 대한 정보를 제공하고 있으며, 특수교사가 사용하는 중요한 접근 방법이 되었다. 따라서, 특수교사는 행동의 기능평가가 무엇을 의미하는지와 학교에서 문제행동을 나타내는 학생들에게 어떻게 적용할 수 있는지에 대해 충분히 숙지하고 있어야 한다(Bateman, 2017; Sasso, Conroy, Stichter, & Fox, 2001; Yell, Katsiyannis et al., 2017 참조). 기능평가라는 주제는 앞으로도 계속해서 논의가 될 것이다.

대안적 배치의 연속체

1990년대부터 장애 학생의 통합은 가장 논쟁을 불러일으키고 분열을 초래하는 주제이다(Crockett & Kauffman, 1999; Hallahan et al., 2015; Huefner, 2015; Kauffman, Ward, & Badar, 2016; Wiley, 2015; Zigmond, 2015). 특히 일반학급에 정서행동장애 학생을 배치하는 것은 더욱 논쟁이 되어 왔다(Kauffman & Lloyd, 1995; Kauffman, Lloyd, Baker, & Riedel, 1995; Kauffman, Lloyd, Hallahan, & Astuto, 1995b). 이러한 논쟁은 일부 정서행동장애 학생을 일반학급에 통합할 것인지에 대한 논쟁이 아니라, 모든 학생이 일반학급에서 교육을 받아야 한다는 주장에 대한 논쟁이다.

통합(inclusion)에 대한 다양한 정의가 제시되어 왔고, 용어 자체와 그 의미에 대해서는 혼란이 지속되고 있다. 사실상 장애 학생이 가능한 한 정상적인 교육경험을 할 수 있도록 부분통합 또는 완전통합을 해야 한다는 것에 반대하는 사람은 없을 것이다. 실제적으로 지난 수십 년 동안 장애 학생을 최소제한환경(least restrictive environment, LRE)에 배치하는 것이 특수교육의 기본 개념이었다. 21세기에 들어와서 중요한 논쟁이 되고 있는 것은 일부 개혁자들이 주장하는 것처럼 일반학급이 문자 그대로 모든 학생을 위한 최소제한환경이냐는 것이다(Huefner, 2015; Kauffman & Badar, 2016; Zigmond, 2015 참조). 장애인교육법 등 연방정부의 특수교육법은 2017년에도 여전히 표 3.2에 제시한 바와 같이 교육배치의 연속체를 요구하고 있다.

완전통합(full inclusion)을 주장하는 사람들은 다양한 장애 유형이나 장애 정도를 고려하지 않고 특수교육을 논하고 있으며, 일반학급에 배치됨으로써 불이익을 받는 학생은 없다는 관점을 가지고 있다. 이러한 관점은 논리적 근거와 도덕적 근거에 있어서 매우 부적절하다(예 : Anastasiou & Kauffman, 2011; Wiley, 2015).

일부 개혁주의자들은 장애 학생을 지역사회 내 일반학교에 완전통합하거나 매우 제한적인 배치 옵션만 허용하고 연속적인 배치 체계는 버려야 한다고 주장한다. 그러나, 많은 특수교육사들은 그러한 주장이 특수교육 내생사, 득히 정시행동장애 학생에게 부적필하니 효

표 3.2 정서행동장애 학생을 위한 교육배치 유형

- 일반학급 배치 : 보조인력, 상담, 심리 또는 정신건강 서비스 등의 지원
- 일반학교 내 학습 도움실 배치 : 일반교사와 학생에게 자문과 협력 제공
- 일반학교 내 전일제 특수학급 배치 : 가끔 부분적으로 일반학급에 통합
- 특수학교 배치 : 여러 지역의 특수교육 대상자에게 교육 제공
- 병원이나 기숙제 시설의 부분적 교육 프로그램에 배치 : 가끔 지역사회 내 일반학급에 배치
- 기숙제 치료센터와 병원의 입원 프로그램에 배치 : 일부 학생은 주말에 가정에 다녀오기도 하고, 지역사회 내 일반학급에 배치
- 가정중심 교수 프로그램에 배치 : 교사가 학생의 가정에 방문하여 교육 제공
- 청소년 교정교육센터와 교도소 내 학교에 배치

율적이지 않고, 치명적인 문제를 초래할 수 있다고 강조한다(예 : Anastasiou & Kauffman, 2011; Morse, 1994). 또한 장애인교육법에 따르면 연속적인 배치 체계를 유지하지 않거나 각 개별학생의 필요에 따라 배치를 결정하지 않으면 법률을 위반하는 것이라고 규정하고 있다(Bateman, 2017; Bateman & Chard, 1995; Bateman & Linden, 2012; Crockett & Kauffman, 1999; Huefner, 2006, 2015; Kauffman & Hallahan, 2005a; Yell, 2012; Zigmond, 2003, 2015; Zigmond & Kloo, 2017). 그럼에도 불구하고 완전통합에 대한 이상주의자들의 압력과 정치적 압력이 강하게 형성되어 있기 때문에, 연속적인 배치 체계를 유지하는 것이 심각한 논란의 대상이 되고 있다.

역사를 통하여 고찰해보면, 교육배치의 목적은 아동과 가족 모두가 적절한 행동과 정신건강을 유지할 수 있도록 사회적 및 생태학적 환경을 만들고 관리하는 것이다. 표 3.3에 교육배치의 목적을 제시하였다. 이러한 목적은 연속적인 배치 체계가 없이는 성취 불가능한 것으로 보인다. 또한, 많은 연구에서 얻어진 증거들을 체계적인 통계 방법을 적용하여 요약한 메타분석의 결과, 특수학급에 배치된 아동들이 일반학급에 배치된 아동들보다 학업성취는 더 향상되었고, 문제행동은 더 감소하였다(예 : Carlberg & Kavale, 1980; Stage & Quiroz, 1997). 따라서 정서행동장애 아동을 위한 옹호자들은 연속적인 배치체계를 없애거

표 3.3 교육배치의 목적

- 아동에게 학업기술, 생활기술, 정서적 반응과 태도 및 행동을 교육하기 위해서
- 아동의 가족, 교사, 또래로 하여금 아동을 위해 적절한 지원적인 환경을 제공하도록 교육하기 위해서
- 아동이 필요로 하는 치료교육(예 : 심리치료, 약물치료, 행동치료)을 받을 수 있는 환경을 유지하기 위해서
- 아동의 행동과 환경을 관찰하고 사정할 수 있는 기회를 제공하기 위해서
- 정서행동장애 아동과 청소년을 그들 자신과 다른 사람들로부터 보호하기 위해서
- 아동의 통제할 수 없는 문제행동으로부터 주변 사람들(가족, 지역사회 구성원, 학급 구성원)을 보호하기 위해서

나 극도로 제한하려는 개혁론자들의 주장에 맞서서 지속적으로 투쟁하여야 할 것이다.

취업과 중등 이후 교육으로의 전환

1990년대부터 IDEA가 장애 학생들을 위하여 고등학교에서 취업이나 중등 이후 교육으로 전환하는 것에 대해 개별화된 교육계획을 문서화하도록 규정하였다(Hallahan et al., 2015; Rojewski & Gregg, 2017; Unruh & Murray, 2014 참조). IDEA는 공교육을 개혁하고 노동 인력을 교육하기 위한 사회적인 관심과 더불어 전환교육을 지속적인 주요 과제로 다루어 왔다.

전환교육 내에서 논란이 되고 있는 주요 과제는 중등학교에서 장애 학생들에게 어떠한 교육과정을 제공하고, 장애 학생들을 어디에 배치해야 하는지다(Bullis & Cheney, 1999; Cheney & Bullis, 2004; Edgar & Siegel, 1995). 정서행동장애 학생뿐만 아니라, 다른 유형의 장애를 가지고 있는 학생을 위한 전환교육계획은 Edgar(1987)가 강조한 딜레마 때문에 실패할 수도 있다(그림 3.2에 제시).

교육에 대한 관점의 차이는 항상 논쟁을 불러일으킨다. 만약 모든 학생이 동일한 교육을 받지 않는다면, 우리는 일부 학생들은 공평한 교육을 받지 못한다고 간주한다. 개별화교육에 있어서 차이와 평등을 조정하는 것이 어렵다. 중등학생들로 하여금 중등 이후의 삶을 계획하도록 돕는 데 있어서 내재되어 있는 이러한 딜레마는 쉽게 해결되지 않으며, 아마도 완전히 해결되지 않을 수도 있다. 이러한 딜레마는 각 세대가 지속적으로 해결하려고 노력해야 하는 논쟁거리일 것이다.

그림 3.2 대학에 진학하지 않는 학생을 위한 직업교육의 딜레마 : 어느 경우가 더 부정적인 결과를 초래할까?(무엇이 결과에 영향을 줄 것인가?)

직업교육을 제공하지 않는 경우	직업교육을 제공하는 경우
대학진학을 하지 않는 학생에게는 중등교육과정이 부적절하다.	학생이 다른 교육과정을 배우는 것으로 인해 낙인이 찍힌다.
학생이 직업을 위한 준비를 할 수 없다.	능력별 학급편성을 하고 차별을 한다고 비난을 받는다.
학생이 학업실패를 하고 중퇴를 한다.	이류의 사회적 지위를 가지게 된다.

다문화 특수교육

1990년대 들어 미국 국민의 연령, 사회계층, 인종 분포에 있어서의 급격한 변화는 교육자 들로 하여금 다문화와 관련된 쟁점에 대해 관심을 가지게 만들었다. 어떤 유형의 장애를 가 진 학생을 교육하든지 간에 다문화와 관련된 쟁점을 이해할 필요가 있다(Anastasiou et al., 2016; Hallahan et al., 2015; Klingner et al., 2015). 특히 정서행동장애 아동을 교육할 때에 는 행동과 관련된 독특한 문화적인 측면과 아울러 모든 문화권에서의 보편적인 행동 원리 에 대하여 세심한 주의를 기울일 필요가 있다(Kauffman & Anastasiou, 출판 중; Kauffman, Conroy et al., 2008; Osher et al., 2004).

다문화교육을 실시하기 위한 목적으로 문화를 정확하게 정의하는 것은 어려운 일이다 (Patterson & Fosse, 2015 참조). 문화는 특수교육과 관련하여 여러 가지 측면에서 다양할 수 있다. 예를 들어 어떤 훈육 방법을 선호하거나 거부하는지 또는 구성원들이 어떠한 경험을 가지고 있는지 등이다. 또한 다문화주의(multiculturalism)의 기본 개념에 따르면 어떤 문화 든지 하나의 문화권 내에 엄청나게 많은 개별적 다양성이 있다는 것이다. 특정 문화가 다른 문화와 차별적인 집단적인 특성을 가지고 있다고 하더라도, 그 문화 내 각 개인은 그러한 특 성을 보일 수도 있고 보이지 않을 수도 있다는 것이다.

이러한 점을 고려하더라도 정서행동장애 학생을 위한 특수교육에 있어서의 다문화적인 관점은 다음과 같은 어려운 질문과 관련하여 지속적으로 논란이 되고 있다.

- 문화적인 편견 없이 어떻게 행동을 평가할 수 있을 것인가? 문화적 측면을 고려하지 않 고는 행동을 평가할 수 없다. 그러므로 아동이 속한 문화를 이해하고, 그러한 문화적 특 성이 행동의 지각과 판단에 어떻게 영향을 미치는지를 아는 것은 매우 중요하다.
- 서비스가 부족한 것이 주요 쟁점으로 떠오를 때마다 왜 특수교육을 받는 아동들의 인종 적 불균형이 문제가 되는가?
- 아동이 속한 문화권에서는 어떤 행동이 정상행동이며 어떤 행동이 일탈행동인가? 분명 히 문화권마다 수용되는 행동과 부적절하여 수용되지 못하는 행동에 있어서 차이가 있 고, 아동의 행동을 평가하는 기준과 기대에 있어서도 차이가 있다. 그러므로 아동이 속한 문화권에서 가족과 지역사회의 문화적 요구를 이해하는 것은 필수적이다.
- 아동이 속한 문화권 내에서 수용 가능한 중재는 어떤 것인가? 아동에 대한 성인의 적절 한 행동에 있어서 문화에 따라 상당한 차이가 있다. 교육자들은 아동의 부모와 지역사회 구성원들이 특정 중재에 대하여 어떻게 생각하는지 이해해야 한다.

- 인종차별, 성별에 따른 차별 등 여러 가지 차별적인 요인들이 어떻게 일탈행동을 정의하고 중재하는 데 영향을 미쳐 왔고, 앞으로 어떻게 영향을 미칠 것인가?
- 행동이나 중재를 판단하는 데 있어서 어떤 문화가 표준이 되어야 하는가? 적절하고 긍정적인 특성만을 가진 문화가 있는가? 특정 문화적 특성을 적절하거나 부적절하다고 누가 결정할 수 있는가?

다문화교육이라는 과제는 전혀 새로운 것이 아니다. 미국인들은 문화적인 다양성을 다루어야 하는 어려운 과제에 직면해 왔다(Hallahan et al., 2015; Kauffman & Landrum, 2006; National Research Council, 2002; Patterson & Fosse, 2015). 역사적으로 보면, 모든 하위문화를 통합하고 지원할 수 있는 하나의 보편적인 문화를 제공하려는 시도는 성공하지 못했다. 앞으로 수십 년 동안 미국인들은 인간적이며 민주적인 미국 문화가 존재하고 지속될 수 있는지를 결정하게 될 것이다. 차이를 인정하는 문화가 번성하기 위해서는 여러 하위문화의 차이와 상관없이, 모든 사람을 위한 보편적인 인본주의에 초점을 맞추어야 할 것이다(Anastasiou, 2017; Anastasiou & Kauffman, 2012; Anastasiou et al., 2016, 2017; Kauffman & Anastasiou, 출판 중; Kauffman & Badar, 출판 중; Kauffman, Conroy et al., 2008).

중재반응 접근

21세기 초에 등장한 '새로운' 주장은 아동이 일반학급에서 제공되는 질 높은 교수와 행동관리 중재에 반응하는 것에 실패하기 전까지는 특수교육 대상자로 의뢰해서는 안 된다는 것이다. 이러한 주장은 새로운 것이 아니며, **중재반응**(response to intervention, RTI, RtI) 접근의 구성요소들은 이미 잘 알려진 전략들이다(Kauffman, Bruce, & Lloyd, 2012).

사실상, 중재반응 접근은 증거기반의 교수를 요구하고 있지만, 중재반응 접근 자체는 증거가 미약하며, 정서행동장애 학생의 경우에 더욱 그렇다(Kauffman et al., 2012). 증거기반의 접근은 특수교육 대상자를 진단하는 데 있어서 통계적 쟁점을 언급하지 않으며(Kauffman & Lloyd, 2017), 특수교육에 있어서 실패를 예방하고 인종적 불균형 문제를 예방할 수 있다는 주장은 희망이고 추측일 뿐이다(Kauffman et al., 2012).

물론, 학생을 특수교육을 위한 진단평가에 의뢰하기 전에 일반학급에서 효과적인 교수와 긍정적 행동 지원을 제공하고, 문화적 차이와 정서행동장애를 혼동하지 않으며, 중재반응 접근방법으로 일반교육을 제공하여 누가 특수교육을 필요로 하는지를 알아내는 것은 바람직한 것이다. 그러나, 중재반응 접근의 일부 구성요소들(예 : 교육과정중심 측정, 긍정적 행동 지원)이 상당한 증거기반을 가지고 있기는 하지만, 증거반응 접근 자체는 증거기반의 실제가 아니다. 중재반응 접근의 위험성은 학생에게 필요한 특수교육을 적절한 시기에 제공하는 것을 지연시킬 수 있다는 것이다(Huefner, 2015; Johns, Kauffman, & Martin, 2016 참조). 결국, 특수교육에 의뢰된 학생들은 일반교육에서 이미 실패한 것이고, 일부 학생들은 질 높은 일반교육의 교수에도 불구하고 또래들이 성취할 수 있는 것을 성취하지 못한다. 또한, 교육의 단계적 시스템의 절차를 거치며 중재의 본질을 유지하며 적용하는 것도 어려운 일이다(Gresham, 2014).

특수교육이 비판을 받고 있는 관점에서 중재반응 접근을 평가하여야 한다. 특수교육은 아동을 능력에 따라 분류한다고 비판을 받아 왔고, 아동의 특별한 필요에 명칭을 부여한다고 비판을 받아 왔으며, 일반교육과정과는 다른 교육과정이나 추가적인 교육과정을 요구한다고 비판을 받아 왔고, 아동이 수행의 자격기준에 도달하였는지를 임의적으로 결정한다고 비판을 받아 왔다. 일반교육과 특수교육이라는 두 단계로 된 체계보다도 더 많은 단계로 구성된 중재반응 접근은 특수교육이 받아 온 비판보다도 더 많은 비판을 받는 것이 마땅하다(Kauffman, 2016; Kauffman, Badar, & Wiley, 출판 중).

법의 발달과 쟁점

정서장애, 행동장애, 또는 지적장애를 가진 많은 사람들에게 교사, 의사, 심리학자, 정신과 의사들은 수 세기 동안 다양한 치료적 서비스를 제공해 왔다(Kaffman & Landrum, 2006). 그러나 19세기 후반에 미국에서 의무교육법이 제정되어 의무 교육이 실시되기 시작한 후에도 장애 아동들, 특히 오늘날 정서행동장애로 불리는 장애를 가진 아동들은 학교에 다니지 못하는 경우가 많았다. 그러한 장애를 가진 일부 아동들은 소년원이나 병원, 시설 등에서 교육을 받았으나, 대부분의 아동들은 교도소에 가거나 학교에서 쫓겨나서 거리를 방황하거나 집에서 생활하며 교육을 받지 못했다.

1975년까지 정서행동장애를 가진 아동들을 위한 교육은 주정부의 땜질식 교육으로 이루어졌으며, 연방 법률에 근거하여 실시되지는 못하였다. 우리가 알다시피 특수교육의 중요한 이정표가 된 것은 1975년에 제정된 전장애아교육법(Education for all Handicapped Children Act, EAHCA)이었으며, 이것은 공법 94-142로 불렸다. 전장애아교육법은 모든 장애 아동이 무상의 적절한 공교육을 받아야 한다고 규정한다. 이 법률은 정서나 행동에 장애를 가진 아동들(그 법령에서는 정서장애로 지칭함)도 포함하였다.

이 법은 장애 학생과 그들의 가족을 위한 기념비적인 법이므로 그 중요성을 과소평가하거나 오해해서는 안 된다(Gallagher, 2007; Martin, 2013; Yell, Katsiyannis et al., 2017 참조). 이 법의 영향과 이 법이 제정된 이후에 수정되고 개정된 법률에 대해 살펴보면 다음과 같다.

전장애아교육법(공법 94-142)

전장애아교육법(공법 94-142)의 즉각적인 영향은 다음 두 가지로 나타났다(Yell, Katsiyannis et at., 2017). 이 법의 첫 번째 영향은 1975년 이전까지 장애 때문에 공교육으로부터 완전히 배제된 약 175만 명의 학생들에게 나타났다. 이 법의 두 번째 영향은 비록 공교육에 속해 있기는 했지만 자신들의 교육적 요구에 따라 적절한 교육을 받지 못했던 약 300만 명의 학생들에게 나타났다.

공법 94-142가 1975년에 제정된 이래로 여러 번의 법적 개정이 있었지만, 그 법의 중요 원리는 지금도 고스란히 남아 있다. 이러한 중요 원리는 표 3.4에 제시되어 있다.

정서행동장애 학생에게 전장애아교육법은 여러 가지 점에서 중요한 의미가 있다. 첫째, 이 법은 정서행동장애에 대한 연방정부의 정의를 제시하고 있다. 즉 공법 94-142에서는 심한 정서장애(serious emotional disturbance)라는 용어를 사용하였고, 1997년에 개정된 장애인 교육법(IDEA)에서는 그 용어는 정서장애(emotional disturbance)로 수정되었다. 제2장에서 살펴본 바와 같이 용어의 적절성에 대한 논란은 계속되고 있지만, 1975년에 제정된 연방정부의 정서행동장애 정의는 현재까지 바뀌지 않고 사용되고 있다.

유튜브 비디오 사례

비디오 연결 3.1
이 비디오는 장애인교육법의 핵심 원리들의 개요를 소개하고 있다. (https://www.youtube.com/watch?v=P—IJkVYItQ)

표 3.4 전장애아교육법과 개정된 법률(IDEA, IDEIA)의 주요 구성요소

아동 판별	국가는 장애를 가진 아동을 선별하고 판별하는 데 모든 노력을 기울여야 한다.
무상의 적절한 교육	모든 장애 아동은 무상의 적절한 교육을 받아야 한다.
최소제한환경	장애 아동은 가장 일반적인 최소제한환경에서 자신의 교육적 요구에 따라 적절한 교육을 받아야 한다.
개별화교육 프로그램	장애를 가지고 있다고 판별된 각 아동을 위하여 문서화된 개별화교육 프로그램(IEP)을 개발해야 한다.
비차별적 평가	장애 아동은 언어, 문화, 장애로 인해 차별받지 않는 방법으로 평가되어야 한다.

둘째, 이 법은 전체 학령기 인구의 약 2%가 정서행동장애로 인해 교육 서비스를 필요로 할 것으로 추정하였다. 제2장에서 살펴보았듯이 이 추정치는 매우 중요한 의미가 있는데, 전문가 집단이 제시하는 정서행동장애의 추정치는 그것보다 훨씬 높기 때문이다. 공법 94-142가 제정되자마자 정서행동장애의 판별 비율이 약 0.4%에서 1%로 높아졌다. 그러나 미국에서 정서행동장애 아동의 실제 판별 비율은 오랫동안 약 1% 이하로 유지되고 있다. 비록 이 법이 많은 긍정적인 영향을 미쳤으며 지금까지 여러 번 개정되어 왔지만, 어떤 연방법도 정서행동장애의 정의를 완전히 해결하지 못했고, 출현율과 비슷한 장애의 발견율을 보이지 못하고 있다. 사실상, 실제적인 서비스를 받는 학생에 대한 연방정부의 데이터는 매우 낮은 추정치인 2%에도 미치지 못하고 있다.

장애인교육법(IDEA, 공법 101-476)

전장애아교육법(공법 94-142)이 실질적으로 개정된 것은 1990년에 이루어진 장애인교육법(공법 101-476, IDEA)인데, 이 법의 개정은 장애 용어에 대해서 더욱 적절하면서도 사람 먼저(person first)에 대한 시대 정신을 반영하는 것이었다(예 : 'handicapped children' 대신에 사람 먼저인 'children with disabilities'를 사용). 이 장애인교육법(IDEA)의 중요한 변화 중 하나가 **전환교육**(transition) 또는 학교 졸업 후의 성인 환경으로의 전환에 대한 강조이다. 전환교육에 대한 강조는 장애 학생들이 학교를 졸업한 후에 성인 생활에 적응하는 데 있어서의 성과가 매우 부정적이었기 때문이다(Bradley, Doolittle, & Bartolotta, 2007). 정서행동장애 학생에게도 성인생활로의 전환은 매우 중요한 문제로 인식되어 왔다. 정서행동장애 학생들은 성인생활 적응에 있어서 많은 어려운 문제들을 경험하는데, 타인과 사회적 관계를 맺는 것, 사법제도에 연루되는 것, 추가적인 직업 훈련의 필요뿐만 아니라, 독립생활을 시작하고 유지하는 데 필요한 지원 등과 관련된 문제들도 포함된다. 정서행동장애 학생들이 성인생활에 적응하는 데 어려움을 겪게 되는 또 다른 문제는 학교를 졸업하기 전에 자퇴를 하는 것이다.

이러한 문제를 해결하기 위하여 1990년에 개정된 장애인교육법(IDEA)은 16세 이상 모든 장애 학생의 개별화교육 프로그램(IEP) 안에 각 학생이 필요로 하는 전환교육 서비스의 내용을 포함하도록 규정하고 있다. 전환 서비스(transition services)는 다음과 같이 정의되었다.

장애 학생이 학교를 졸업하고 성인생활에 적응하는 것을 돕는 교육성과 중심의 교육과정(outcome-oriented process)으로서 중등 이후 교육, 직업 훈련, 지원 고용을 포함하는 통합된 직업적응, 지속적인 성인교육과 서비스, 자립생활 및 사회 참여 등을 포함하는 통합적인 활동이다(20 U.S.C S 1401[a[19]].

1997년에 개정된 장애인교육법(공법 105-17)

1997년에 개정된 장애인교육법(IDEA)은 정서행동장애 학생의 교육에 직접적인 영향을 미치는 중요한 변화를 담고 있다. 가장 특별한 점은 훈육(discipline)에 대한 변화이다. 학교 관리자들이 가장 어려워하는 일이 학교 규칙을 어기는 장애 학생을 훈육하는 문제이다. 일부 교육자들이 비록 일시적인 정학이라 해도 학교로부터 학생을 배제시키는 것은 무상의 적절한 공교육(FAPE)을 받을 학생의 권리를 침해하는 것이라고 주장했기 때문에, 비장애 학생들에게도 사용되는 처벌(예를 들면 교내정학이나 교외정학)에 대한 심도가 있는 조사가 필요했다. 반면에 학교 관리자들은 학교를 안전하게 운영하는 문제가 점점 더 중요하게 되었다. 따라서 1997년에 개정된 장애인교육법은 이러한 문제를 두 가지 측면에서 다루고 있다.

첫째, 1997년에 개정된 장애인교육법은 지역 교육청으로 하여금 행동 문제를 보이는 장애 학생을 위하여 예방적인 행동중재계획(behavior intervention plan, BIP)을 만들 것을 규정하였다. 이는 정서행동장애로 진단된 거의 모든 학생이 그 대상이 되며, 다른 장애를 가진 장애 학생도 해당된다. 예를 들면 지적장애 학생이나 학습장애 학생도 행동중재계획이 필요할 수 있다. 행동중재계획은 긍정적인 행동중재 전략과 적절한 지원을 포함한다. 이러한 행동중재계획은 문제행동을 일으키거나 유지시키는 조건(환경)을 체계적으로 분석하는 행동의 기능평가(functional behavioral assessment, FBA)에 근거해야 한다. 개정된 IDEA는 지역 교육청이 학생을 위한 행동중재계획을 개발하는 데 있어서 예방적인 차원에서 접근해야 하며, 문제행동 때문에 학생의 교육배치를 바꿀 필요가 있으면 문제행동의 발생 10일 이내에 행동중재계획을 개발하고 실행해야 한다고 규정하고 있다(Yell, 2012).

개정된 장애인교육법이 행동의 기능평가라는 용어를 사용하고 있지만, 미국 교육부에서 개정한 법령이나 세부 규칙에는 행동의 기능평가에 대한 세부적인 내용을 제시하지 않았다. 따라서 교육자들은 행동과 관련된 전문적인 문헌에 의존하여 세부적인 내용을 유추하고 실제에 적용할 수 밖에 없다. 전문적인 문헌은 행동의 기능평가를 위하여 교사는 먼저 대상 아동의 행동을 구체적인 용어로 정의하여야 한다고 제안한다. 예를 들면 '파괴적이다'라는 표현보다는 '교사가 학생의 행동을 교정해 줄 때 교사에게 모욕적인 말을 한다'라는 표현이 훨씬 더 구체적으로 정의될 것이다. 행동중재 팀이 학생이 문제행동에 대하여 지

유튜브 비디오 사례

비디오 연결 3.2

이 비디오에서 Durand 박사가 행동의 기능평가의 개요와 개념의 예시를 제공한다.(https://www.youtube.com/watch?v=2v1GJflTmrM)

접 관찰 등을 이용하여 체계적으로 자료 수집을 하면, 문제행동을 일으키거나 유지시키는 것(즉 행동의 기능)이 무엇인가에 대한 가설을 만들 수 있게 된다. 행동중재 팀은 **환경변인**(enviornmental variables)(예 : 교실의 구조, 또래들), 문제행동이 발생하기 이전의 **선행사건**(antecedent events)(예 : 교사가 학생에게 수학책을 꺼내라고 말하는 것), 문제행동 뒤에 따라오는 **후속결과**(consequences)(예 : 또래가 웃는 것, 교무실로 보내지는 것)를 분석할 수 있어야 한다. 만약 수집한 자료에서 대상 아동의 문제행동에 대한 구체적인 가설을 세울 수 있을 만큼 행동 패턴을 분명하게 알 수 있다면(예 : 대상 학생은 주로 수학시간에 많은 문제행동을 보이고, 그러한 행동의 결과로서 그 학생은 교실에서 쫓겨난다), 행동중재 팀은 행동중재 계획을 만들기 위한 실행가설을 세워야 한다. 행동중재계획은 주로 문제행동과 관련된 선행사건과 후속결과를 변화시키는 것, 문제행동과 같은 기능을 가지고 있는 적절한 대체행동(replacement behavior)을 가르치는 것, 또는 학생의 자리를 바꾸는 것과 같은 환경변인을 조정하는 것 등을 포함한다.

1997년에 개정된 IDEA에 행동중재계획의 필요성과 관련된 내용이 제시되어 있는데, 학교가 장애 학생을 훈육할 때 비장애 학생을 훈육하는 것과 같은 방법을 사용하라는 것이다. 그러나 이에 대하여 논쟁이 일어났으며 논쟁의 중심이 된 것은 **증거 명시**(manifestation determination)라는 개념인데, 이것은 학생의 문제행동이 장애로 인한 직접적인 결과인지를 결정하는 과정을 의미한다. 1997년 개정된 IDEA은 만약 학교 관리자가 학생의 문제행동 때문에 그 학생의 교육적인 배치를 10일 이상 바꾸려고 한다면, 문제행동이 그 학생의 장애와 직접적이거나 또는 실질적인 관계가 있는지에 대한 장애 관련 여부를 설정하는 과정을 거쳐야 한다고 규정하고 있다(Yell, 2012, p. 347). 또한 문제행동의 장애 관련 여부를 결정하기 위한 공청회를 통해 그 학생의 IEP가 적절했는지와 개별화교육 프로그램이 잘 실행되어 왔는지도 검토해야 한다. 장애 관련 여부를 결정하는 증거명시 공청회의 결과에 따라 그 학생을 어떻게 훈육할 것인지가 결정된다. 만약 문제행동이 학생의 장애와 직접적인 관련이 없다고 결정되면, 학교는 비장애 학생을 훈육하는 방법과 같은 방법으로 그 학생을 훈육하도록 규정하고 있다. 물론 그러한 훈육에는 학교 외 다른 교육환경에 배치하는 것도 포함되는데, 다른 교육환경에 배치되더라도 학교는 학생의 개별화교육 프로그램에 포함된 교육 서비스를 제공하여, IDEA에서 중요하게 규정하고 있는 무상의 적절한 공교육이 실행되도록 해야 한다.

유튜브 비디오 사례

비디오 연결 3.3

이 비디오에서 Tarbox 박사는 개별화교육 프로그램의 행동중재계획이 효과가 없다는 학부모의 염려를 자폐성 장애 학생을 예시로 들어 언급하였다. 행동중재계획과 행동의 기능평가 간 관계와 학부모와 교사에게 기대해야 하는 것에 대한 설명을 주의 깊게 살펴보라.(https://www.youtube.com/watch?v=SuC_cRR1Ezl)

문제행동의 장애 관련 여부를 결정하는 증거 명시에 대한 규정은 학교의 규칙을 위반하는 모든 유형의 장애 학생에게 다 적용되는 것이다. 사실상 법원은 장애 관련 여부의 결정을 할 때 학생이 가지고 있는 특정 장애의 명칭에 영향을 받아서는 안 된다고 규정하고 있다(예 : S-1 v. Turlington, 1981년의 사례). 즉 학교는 어떤 학생이 **정서장애**를 가지고 있다고 해서 그 학생의 모든 문제행동이 정서행동장애와 관련이 있다고 가정해서는 안 된다. 물론 다른 장애유형을 가지고 있는 장애 학생(예 : 학습장애)의 문제행동은 그 장애와 전혀 연관이 없다고 가정해서도 안 된다.

그럼에도 불구하고 이러한 장애 관련 여부를 결정하는 과정은 정서행동장애 학생을 가르치는 교육자들에게 큰 걱정거리이다. 왜냐하면, 정서행동장애라는 명칭 자체가 어떤 형태의 문제행동과 연관되어 있는 것으로 보여서 정서행동장애 학생들에 대한 정학이나 퇴학 등에 관한 논의가 다른 장애 영역에 비해 더 자주 일어나기 때문이다. 이러한 경우에 학생의 문제행동 그 자체가 장애라고 결론지을 수도 있다. 만약 문제행동 그 자체가 장애라고 한다면 문제행동이 장애와 관련되어 있는지 여부를 결정하는 증거 명시는 필요없다. 그러한 경우에 정서행동장애를 가지고 있는 학생을 대상으로 실시되는 증거 명시는 이전에는 관찰되지 않았던 학생의 새로운 문제행동이 그 학생의 장애의 일부에 해당하는지에 관한 것이 될 것이다.

장애인교육법(IDEA 2004)

장애와 관련된 연방법은 2004년에 장애인교육법으로 다시 개정되었다. 이 법은 장애인교육육성법(Individuals with Disabilities Education Improvement Act of 2004, IDEIA)이라고 불리기도 한다. 이 개정된 법에는 많은 변화가 있는데, 그중 **개별화교육 프로그램**(Individualized Education Program, IEP)의 절차와 관련되어서 IEP를 수정할 때 개별화교육 프로그램을 위해서 팀 미팅을 다시 소집하지 않고서도 IEP 팀과 부모로부터 문서화된 승인만 받으면 가능하도록 수정되었다. 그리고 IEP의 구성요소에 있어서도 개정이 이루어졌는데, IEP에 더 이상 단기 목표나 기준을 제시하지 않아도 되도록 변경되었다. 그러나 정서행동장애와 관련하여 가장 중요한 변화는 역시 훈육과 관련된 것이다.

문제행동과 장애의 관련 여부를 결정하는 증거 명시 조항이 2004년 장애인교육법(IDEA 2004)에 포함되어 있는데, Yell(2012)에 따르면, 이 규정은 특정 문제행동이 학생의 장애와 직접적으로 연관되어 있는지를 결정하는 기준을 '단순화하면서도 더욱 강화'하였다(p. 109). 이러한 변화의 결과로서 학교가 학생의 특정 행동이 장애에 기인한 것이 아니라고 결정할 수 있는 여지가 넓어졌으며, 그에 따라 장애 학생을 비장애 학생들을 훈육하는 것과 같은 방법으로 훈육할 수 있게 되었다.

또한 IDEA 2004는 학교가 학생의 훈육을 위해서 임시적인 대안교육환경(interim alternative educational setting, IAES)을 사용할 수 있는 가능성을 높여 주었다. 임시적인 대안교육환경이란 문제행동을 나타내는 학생을 위해 특수학교에서 교육을 제공할 수도 있고, 정학과 유사하게 일반학교 내 분리된 공간에서 교육을 제공할 수도 있으며, 아동의 가정에서 교육을 제공할 수 있다는 것을 의미한다. 그러나 가정에서 학생에게 교육을 제공하는 경우에는 IDEA 2004의 요구사항들을 충족하기 어렵기 때문에 논란의 대상이 된다. 사실상 법은 임시적인 대안교육환경이 무엇인지에 대한 정의를 내리지 않고, 임시적인 대안교육환경에서 어떤 서비스를 제공해야 하는지에 대해서만 기술하고 있다. 요약하면, 임시적인 대안교육환경은 학생이 일반교육과정에서 교육적인 진보를 지속적으로 이룰 수 있도록 IEP에 포함된 교육 서비스와 교수적 수정을 제공하는 것이다. 또한 임시적인 대안교육환경은 그러한 교육배치를 초래한 문제행동에 대하여 구체적인 중재 프로그램을 제공해야 한다. 임시적인 대안교육환경은 심각한 문제행동을 나타내는 학생을 일시적으로 분리함으로써 학교와 학급의 질서를 유지하고 관리를 용이하게 하기 위한 방안으로 사용되기도 한다.

매우 심한 문제행동을 나타내는 학생을 학교로부터 일시적으로 분리하는 것은 학교 전체의 안전과 질서를 위하여 효과적이라는 것은 명백한 일이다. 그러나 특수교육자와 정서행동장애 학생을 옹호하는 사람들은 문제행동을 나타내는 학생들을 일반교육환경으로부터 분리하는 배치가 학생에게 미칠 영향에 대해 염려하고 있다. IDEA 2004는 약물이나 무기와 관련된 규칙 위반과 더불어 다른 사람에게 심한 상해를 입히는 것도 임시적인 대안교육환경에 배치할 수 있는 조건으로 포함시켰다. 새로운 법의 규정은 문제행동을 나타낸 학생을 임시적인 대안교육환경에 배치할 수 있는 기간을 달력에 따른 45일에서 학교 수업일수 45일로 증가시켰다.

특수교육 관련 법의 이러한 변화는 학생을 훈육하는 데 있어서 학교의 권위를 더욱 강화한 것이다. 즉 학생이 장애를 가지고 있는지 여부와 관계없이 또는 특정 행동이 학생의 장애와 직접적으로 관련된 것이라 할지라도 학교가 학생을 학교로부터 배제시킬 수 있게 된 것이다. 학교로부터 학생을 배제하거나 교육배치를 변화시키더라도 교육청이 지속적으로 학생에게 교육 서비스를 제공하도록 보호장치가 실행되어야 하며, 학생이 투옥되더라도 학생이 투옥되기 전에 장애 학생으로 판명되었을 경우에는 이러한 보호장치가 실행되어야 한다. 그러나 많은 교육자들은 정서행동장애 학생들이 가장 분리된 환경(궁극적으로 최종적인 배치 장소가 될 수도 있는 환경)에서 받는 교육 서비스의 내용과 질, 그리고 적절성에 대하여 많은 염려를 하고 있다.

특수교육 관련 법의 개정에 따른 변화뿐만 아니라 더 넓은 범위의 교육법도 정서행동장애 학생의 교육에 실질적인 영향을 미칠 수 있다. 최근의 가장 실제적인 예가 2001에 제정된 아동낙오방지법(No Child Left Behind Act, NCLB)이다.

2001년 아동낙오방지법(NCLB, 공법 107-110)과 성취 기준 중심의 정책

George W. Bush 미국 대통령은 일반교육을 개혁하기 위하여 초 · 중등교육법의 버전인 공법 107-110 아동낙오방지법에 사인하였는데, 실제로 그 법안은 특수교육에도 아주 중요한 영향을 미치고 있다. 그 법의 핵심 주제는 학교가 모든 학생을 위한 교육 수행에 있어서 책무성을 가져야 한다는 것이다. 그 법에 따르면 가능한 모든 학생의 집단(예 : 인종, 빈곤, 언어, 장애에 근거한 집단)은 교육 수행에 있어서 같은 기준을 성취하여야 하며, 성취 기준에 있어서의 집단 간 차이는 좁혀져야 한다는 것이다.

그러나 불행하게도 이 법은 관련 규정이 특수교육에 어떠한 영향을 미칠 것인지에 대해서는 주의를 기울이지 않았다(Gallagher, 2007). 또한 이 법은 장애의 특성, 통계적 분포 및 다른 실제적인 요소 등을 고려하지 않은 것으로 보인다(Kauffman, 2005, 2010c; Kauffman & Konold, 2007; Kauffman & Lloyd, 2017). 예측할 수 있듯이, 많은 장애 학생들이 비장애 학생들을 대상으로 하는 이러한 성취 기준에 도달하는 데 매우 큰 어려움을 겪는다. 따라서 아동낙오방지법(NCLB)하에서 장애 학생의 수행을 평가하는 것은 지속적으로 논란이 될 것이다.

학생의 학업 성취 외에도 교육법은 모든 교사가 질적으로 우수해져야 한다고 요구하는데, 이것도 논란의 여지가 있다. 질 높은 교사라는 것이 무엇을 의미하는지 정의하기 어려우며, 특히 특수교사를 양성하고 교사자격증을 수여하는 것에 있어서 어려운 문제들을 야기할 수도 있다(Rock & Billingsley, 2015).

법과 소송의 동향

21세기 초에 George W. Bush 행정부가 시작한 책무성에 대한 강조와 일반교육과 특수교육의 격차를 축소하려는 경향은 지속되고 있다. 지난 수십 년 동안에 제정된 법의 동향을 정리할 수는 있지만, 앞으로 어떻게 될지 예측하는 것은 아주 어려운 일이다. 그러나 미래의 법제정과 소송에 대하여 우리가 확실하게 말할 수 있는 한 가지 사실은 앞으로 변화될 것이라

는 점이다. 하지만 어떻게 변화될 것인지를 정확하게 예측하기는 어렵다(Gallagher, 2007;
Kauffman, 2014b, 2015a; Kauffman & Landrum, 2006 참조).

1975년에 시작된 특수교육과 관련된 연방법은 점차 자유방임적으로 변해가는 것 같다.
최근에 개정된 법들은 특수교육과 일반교육의 차이를 점점 없애려는 것 같이 보이며, 또한
각 주가 법률을 해석하는 데 있어서 더 많은 자유가 주어지는 것 같이 보인다. 이는 일반교
육과 특수교육을 한 줄로 세우려는 시도의 결과이다. 교육법은 대부분의 장애 학생들에게
더 일반 학생들에게 적용하는 학업성취 기준을 적용하고, 행동에 대한 기준과 기대도 모든
학생들에게 동일하게 적용함으로써 특수교육과 일반교육을 최대한 유사하게 만들려고 노
력하는 것 같다.

장애 학생과 일반 학생을 위한 학업성취 기준과 행동기대 기준을 동일하게 하는 것이 정
서행동장애 학생들에게 유익할지에 대해서는 논란의 여지가 있다. 더욱이 법 제정이 앞으
로 어떤 방향으로 이루어져야 하는지에 대해서도 심사숙고해야 한다. 한 가지 가능성은 특
수교육과 일반교육의 차이가 점차 모호해지는 것이다. 대안적인 가능성은 특수교육과 일반
교육 간 차이가 지금과 거의 같은 수준으로 유지되는 것이다. 또 다른 가능한 예측은 연방법
에서 특수교육과 일반교육 간 차이를 점차 없앨 경우에 몇십 년 후에는 1975년에 처음으로
연방법을 제정하게 하였던 문제들이 다시 도출되어 다시 특수교육과 일반교육의 차이를 선
명하게 만들 것이다(Kauffman, 1999c, 2008a, 2008b, 2014b).

법 제정과 소송의 함의

실제 학교에서 교육을 담당하는 사람은 법과 법원 판결의 변화를 계속 추적하기는 어렵다.
사실 교사들은 법률과 법원 판결을 해석하는 것과 교육현장에서 수행해야 하는 법적인 규정
사항들을 이해하는 것을 법률가나 학자, 행정가들에게 주로 의존하
고 있다. 교사들은 개별화교육 프로그램, 훈육 및 법에 명시된 사항
들에 대해서는 학교와 교육청의 규정을 따라야 한다.

한 가지 중요한 오해는 법이 윤리적인 문제에 대하여 최선의 가
이드를 제공한다고 간주하는 것이다. 법에 어긋나지 않는 것이 지
혜롭지 못하고 비윤리적일 수도 있다. 정서행동장애 학생을 판별하
고, 프로그램과 교육과정을 구성하고, 교육환경에 배치하고 훈육하
는 데 있어서 무엇이 그 학생에게 가장 최선인가에 대해서는 흔히
어려운 윤리적인 문제가 대두된다. 일부 학교 관리자가 법을 어떻

유튜브 비디오 사례

비디오 연결 3.4
이 비디오는 한 교육청의 장애 학
생의 훈육에 대한 간단명료한 개요
를 소개한다. 이는 개별화교육 프
로그램, 행동중재계획, 증거 명시,
임시적인 대안교육환경을 포함한
다.(https://www.youtube.com/
watch?v=4N4oP2P013U)

게 해석하든지 법이 해당 학생에게 가장 최선의 것을 제공할 수도 있고 그렇지 않을 수도 있다. 그러므로 교사나 교육자들은 한 학생에게 최선의 것이 다른 학생에게 그렇지 않을 수도 있다는 점을 반드시 기억해야 한다.

또 다른 오해는 법이 최상의 실제에 근거하고 있다고 믿는 것이다. 연구가 언제나 신뢰할 만한 정보를 실제에 제공하는 것은 아니다. 증거나 논리가 언제나 법률의 기초가 되는 것도 아니다. 법이 우리가 알고 있는 것을 무시하고 과학적 증거를 거부하도록 요구할 경우에 정서행동장애 학생을 가르치는 교사는 딜레마에 빠지게 된다(Kauffman, 2011, 2014c; Kauffman & Konold, 2007; Kauffman, Mock, Tankersley, & Landrum, 2008; Landrum, 1997, 2015; Landrum & Tankersley, 2004; Tankersley, Landrum, & Cook, 2004 참조).

과거

정서행동장애 아동과 청소년을 위한 교육의 역사를 살펴보면 낙담할 수도 있다. 중요한 쟁점들은 거의 해결되지 않은 채로 남아 있고, 현재 쟁점과 동향은 이미 오래전에 있었던 것이 다시 재생되어 나타난 것 같다(Bateman et al., 2015; Kauffman & Nelson et al., 2017; Reed et al., 2014; Whelan, 1999 참조). 정서행동장애 아동의 교육과 관련된 문제들을 해결하기 위하여 많은 노력을 기울여 왔음에도 불구하고, 가장 유망해 보였던 혁신의 결과도 미진하거나 실망스러웠으며 폐기되기도 했다. 이와 같은 실망은 우리들의 비현실적인 기대 때문이거나 선한 의도가 항상 성공을 보장하지 않는다는 사실을 망각했기 때문이다.

특수교육에서, 특히 정서행동장애 아동의 교육에서 성공을 정의하는 것은 어려운 일이다. 만약 특수교육이 실제로 성공한다면, 그 결과로서 우리는 무엇을 기대하는가? 심한 행동 문제를 나타내는 많은 학생들의 경우에 중재가 조기에 실시되지 않으면 완벽하게 중재가 성공하는 것은 현실적으로 거의 가능성이 없다(Kauffman & Brigham, 2009). 그러면 어떤 조건하에서 얼마나 많은 향상이 나타나야 성공이라고 정의할 수 있을까? 이는 특수교육자들이 느러내놓고 식섭석으로 서의 언급하지 않는 중요한 실문들이나. 우리의 기내는 사주 합리적이지 못하며, 우리 자신이나 우리가 적용하는 교육 프로그램에 대해서도 자주 과장되고 비현실적이며 이상주의적인 기준을 적용하여 우리의 노력이 실패한 것으로 간주하고 있다.

특수교육자들이 기울여 왔던 많은 노력들을 합리적인 기준으로 판단하면 보통 이상으로 성공적이었으나(Walker, 2003), 괄목할 만하게 상당히 성공적인 것은 거의 없으며, 모든 측면에서 완전히 성공한 것은 전혀 없다. 특수교육의 실패에 대해 비난하면서 급진적인 변화를 요구하는 것은 특수교육에 할당된 자원에 근거하여 판단할 때 특수교육의 효과에 대해 지나치게 기대하는 왜곡된 지각에서 비롯되었다. 그러므로 우리는 특수교육이 지금까지 많은 장애 학생들의 삶을 향상시켜 온 역사를 인정하는 동시에, 특수교육을 개선하여 더 나은 교육성과를 내야 한다는 인식과의 적절한 균형을 맞추도록 끊임없이 노력하여야 한다. 그러므로 우리는 변화, 성공, 완벽함에 대하여 비현실적인 기대를 하지 않고, 특수교육이 실패한 점이나 제한점 그리고 개선할 점을 인식할 필요가 있다.

지난 세기 동안 특수교육이 걸어온 길은 우생학에서 시작하여 표현에 이르기까지 좋은 의도로 포장되어 왔다. 되돌아보면 우리는 장애 아동을 낙인찍고 비인격적으로 대하며 장애 학생의 권리와 특권을 박탈한 사람들을 괴물로 간주했다. 장애 명칭을 만들고, 시설을 세우고, 특수학급을 만들고, 시설을 비우고, 새로운 장애 명칭으로 땜질하고, 완전통합을 요구하고, 부적절하고 비생산적인 법령과 규정을 만드는 사람들을 우리는 현실적인 사람들로 보지 않았다. 그들의 의도는 선하였지만, 그 선한 의도가 희망을 현실로 만들기에는 충분하지 않았다.

그러나 계획한 대로 다 성공하였다면 특수교육의 역사는 완전한 치료, 완벽하게 실현된 잠재능력, 낙인과 차별로부터의 해방, 효과적인 관리, 사회적 조화 등과 같이 성공적인 이야기가 되었을 것이다. 잘 구성된 최선의 계획이라 할지라도 여러 가지 이유로 인하여 실패할 수 있는데, 이는 자신들이 만든 계획들을 사회역사적인 맥락에서 전반적으로 보지 못하거나, 그 당시에 알려진 인간 행동을 위한 중재 방법을 실제적으로 완전하게 적용하지 못하기 때문이다. 우리 자신이 만든 계획이 현재의 사회정치적인 경향에 얽혀 있거나, 우리가 실시하는 중재에 대하여 잘못된 주장을 한다면, 이는 미래 세대에 골칫거리가 될 것이다. 그러므로 우리가 과거에 행해진 많은 실수를 피하기 원한다면, 역사에 대하여 명확하게 분석하고 인식할 필요가 있으며, 어떤 변화가 진정한 발전을 가져올 수 있을 것인가에 대하여 세심한 주의를 기울일 필요가 있다. 또한 객관적이고 과학적인 지식과 기준에 더욱 많은 주의를 기울여야 할 것이다(Bateman et al., 2015; Crockett, 2001; Kauffman, 2010c, 2011; Kauffman, Anastasiou, & Maag, 2016; Lloyd & Hallahan, 2007; Reed et al., 2014; Sasso, 2007; Walker, Forness et al., 1998).

현재와 미래

미래의 발전을 예견하는 것은 과거의 사건들에 기초하기 때문에 과거를 돌아보는 것은 매우 중요하다(Kauffman, 2014b; Kauffman & Landrum, 2006; Nelson & Kauffman, 2009 참조). 과거를 돌아보면 정서행동장애 학생들이 겪는 어려움에 대한 관심이 많아졌다 적어졌다를 주기적으로 반복해 왔으며, 효과적인 중재에 대해서도 진전의 기간과 퇴보의 기간이 있었다. 전문가들은 새로운 방법에 대해 열광을 하다가 해결책이 미흡하다는 것이 밝혀지면 실망을 표현하곤 했다. 과거에 실시했던 장애 학생에 대한 사회적 의무를 충족하려는 법적-관료주의적인 접근 방법은 실패하였고, 미래에 대해서 어떤 희망도 주지 못했다. 장애인교육법, 아동낙오방지법 및 후속 법률들은 법적 기준과 약속을 제시하였는데, 그러한 법들을 제정하는 것이 중요한 것은 사실이다. 그러나, 그러한 법률들은 변하기도 하고 언제나 빠져나갈 구멍들이 있었다. 그러나, 지금까지 장애 학생을 위한 효과적이고 인도적인 교육은 언제나 능력이 있고 배려심이 깊은 교사와 다른 사람들의 개인적인 행동에 의존해 왔으며, 이러한 추세는 앞으로도 법적 명령이나 금지법에 상관없이 지속될 것이다.

과거에 일어난 일은 언제나 앞으로 일어날 일의 전조이므로 오늘의 문제가 과거와 어떻게 연관되는지를 아는 것이 중요하다(Gerber, 2017; Lloyd et al., 2015 참조). 오늘날 도움이 필요한 사람들을 위한 서비스와 지원을 삭감하려는 압력이 많은데, 지원을 삭감하면서 아동과 그들의 가족들이 받을 고통을 감추려고 미사여구를 사용하여 미화하고 있다. 위험군 아동과 청소년은 교육 개혁이라는 이름하에 언급되는 구호, 거부, 자기모순, 가식, 그리고 비이성적이며 비과학적이고 이해할 수 없는 말들로부터 아무런 도움을 받지 못한다(Kauffman, 2010c, 2011, 2014b; Kauffman, Anastasiou, & Maag, 2016).

오늘날 특수교육을 폄하하는 것이 일반적이다. 물론 특수교육은 완벽하지도 않고 더 신뢰를 얻기 위해서는 개선할 필요도 있다. 그러나, 특수교육이 형편없거나 자기 이익만 추구하지는 않으며, 비판하는 사람들이 제안하는 변화들이 특수교육을 대단히 향상시키지도 못한다(Kauffman, 2009, 2014b). 특수교육과 관련 학문 분야가 문제를 만들기보다는 문제를 해결하고, 절망보다는 희망의 근원이며, 상처를 만들기보다는 상처를 치유한다는 것을 기억할 필요가 있다(Kauffman & Hallahan, 2005b; Walker, 2003; Walker, Forness et al., 1998).

우리는 장애 학생을 일반교육환경에 배치하는 것을 중요시하는 '완전통합의 분위기(climate of full inclusion)'에서 살고 있다(Zigmond, Kloo, & Volonino, 2009). 이러한 분위기는 일반교육과 특수교육이 다르지 않으며 달라서도 안 되고, 장애 학생을 위한 해결책은 모든 학생을 다 잘 가르칠 수 있도록 일반교육을 향상시키는 것이라는 관점에 기초한다. 그동안 특수교육이 불명예스러운 것으로 간주되어져 왔으나, Zigmond와 Kloo(2017)가 주장했듯이, 특수교육이 특별하지 않으므로, 일반교사가 통합학급의 비장애 학생들을 가르치면서 장애 학생을 가르칠 수 있다고 믿는 것이 불명예스러운 것이다(Zigmind, 2015).

폭넓은 과학적 지식과 경험으로 인해 과거에 비해 정서행동장애 학생을 도울 수 있는 잠재력은 많아졌지만, 오늘날의 쟁점들은 지난 세기의 쟁점들과 유사하다. 빠르고 쉬운 해결책으로 모든 문제를 해결하는 것은 불가능하다. 사람들은 정서행동장애 학생에 대해 관심을 가져야 하며, 그 관심은 어떻게 아동이 정서행동장애를 가지게 되는지에 대한 질문에 대해서 신뢰할 만한 해결책을 찾기 위해 부지런히 노력하는 것을 포함해야 한다. 더 중요한 것은 정서행동장애 학생이 바람직한 행동을 학습할 수 있도록 돕는 방법을 찾는 것이다. 사람들이 그러한 해결책을 찾고 교육현장에 적용하는 만큼, 우리는 종국적으로 특수교육의 진보가 퇴보보다 클 것이라는 확신을 가지게 될 것이다.

요약

정서행동장애 아동과 청소년은 역사를 통하여 점차 인식되어 왔다. 정서행동장애 학생을 교육하고자 하는 노력은 19세기부터 시작되었다. 20세기 후반부터 교육적 중재에 있어서 급격한 발전이 일어나기 시작하였다. 다양한 이론과 교육적 실제들이 제안되었다. 현재의 많은 쟁점들은 이전에 해결되지 않아 다시 제기된 것이나 또는 앞으로도 완전히 해결하지 못할 수도 있는 그러한 쟁점들이다.

정서행동장애 분야의 역사를 단지 연대기적인 사건들을 살펴본다고 완전히 이해할 수 있는 것은 아니지만, 이러한 연대기적인 기록을 통하여 이론과 동향의 발달과정에 대한 개관은 알 수 있을 것이다. 정서행동장애 학생과 관련된 중요한 사건들을 표 3.5에 제시하였다.

표 3.5 정서행동장애 학생과 관련된 중요 사건의 연대기(1799~2004년)

연도	사건
1799	Itard는 프랑스 아베롱에서 발견된 야생소년에 대한 보고서를 출판하였다.
1825	미국에서 최초로 비행청소년을 위한 보호시설이 뉴욕에 설립되었고, 유사한 기관이 보스턴(1826년)과 필라델피아(1828년)에도 설립되었다.
1841	Dorothea Dix는 정신이상자에게 보다 나은 치료를 제공하기 위한 운동을 시작하였다.

(계속)

표 3.5 정서행동장애 학생과 관련된 중요 사건의 연대기(1799~2004년)(계속)

연도	사건
1847	비행청소년을 위한 최초의 주립시설인 남학생용 주립 교정학교가 매사추세츠주 웨스트버러에 설립되었다.
1850	Samuel Gridley Howe의 주장에 따라 매사추세츠주는 정신지체 청소년을 위한 학교를 운영하였다. Edward Seguin이 미국으로 이주하였다.
1866	Edward Seguin은 『백치와 생리학적 방법의 치료』라는 책을 출판하였다.
1871	무단결석 학생과 반항적인 아동을 위한 무학년제 학급이 코네티컷주 뉴헤이븐에 개설되었다.
1898	뉴욕시 교육위원회는 무단결석 아동을 위해 2개의 학교를 지정하고 책임을 부여하였다.
1899	미국에서 최초의 청소년 법정이 시카고에 개설되었다.
1908	Clifford Beers는 『스스로 발견한 마음』이라는 저서를 출판하였다.
1909	전국정신건강협회가 창설되었다. Ellen Key는 『아동의 세기』라는 책을 출판하였다. William Healy가 시카고에 청소년 정신병리시설을 개소하였다.
1911	Arnold Gesell은 예일대학교에 아동발달클리닉을 개소하였다.
1912	의회에서 미국아동위원회가 구성되었다.
1919	오하이오주에서 장애인을 위한 교육법이 만들어졌다.
1922	특수아동협회(Council for Exceptional Children)가 창설되었다.
1924	미국예방정신의학협회가 창설되었다.
1931	미국에서 최초로 소아정신과 병원이 로드아일랜드에 설립되었다.
1935	Leo Kanner는 『소아정신의학』이라는 저서를 출판하였다. Lauretta Bender와 그의 동료들은 뉴욕의 벨뷰 정신병원 내에 정신과 문제를 가진 아동을 위한 학교를 개설하였다.
1943	Leo Kanner는 유아자폐증을 처음으로 학계에 소개하였다.
1944	Bruno Bettelheim은 시카고대학교에 치료학교를 개설하였다.
1946	뉴욕시 교육위원회는 정서장애 및 부적응 학생을 위해 600개 학교를 지명하였다. Fritz Redl과 David Wineman은 디트로이트에 Pioneer House를 개설하였다.
1947	Alfred Strauss와 Laura Lehtinen은 미시간주 노스빌에 소재한 웨인훈련학교에서의 경험을 바탕으로 『두뇌손상 아동을 위한 정신병리 및 교육』이라는 책을 출판하였다.
1950	Bruno Betteheim은 『사랑으로 충분치 않다』라는 책을 출판하였다.
1953	Carl Fenichel은 브루클린에 중증 정서장애 아동을 위한 최초의 사립학교인 League School을 설립하였다.
1955	Leonard Kornberg는 정서장애 아동을 교실에서 교육하는 것에 대한 최초의 책인 『부적응 아동을 위한 교실』이라는 책을 출판하였다.
1960	Pearl Berkowitz와 Esther Rothman은 허용적이고 정신분석학적인 교육방법을 서술한 『정서장애 아동』이라는 책을 출판하였다.

표 3.5 정서행동장애 학생과 관련된 중요 사건의 연대기(1799~2004년)(계속)

연도	사건
1961	William Cruickshank 등은 메릴랜드주 몽고메리카운티에서 실시한 구조화된 교육 프로그램의 결과를 보고한 『뇌손상과 과잉행동 아동을 위한 교수 방법』이라는 책을 출판하였다. Nicholas Hobb와 그의 동료들은 테네시주와 노스캐롤라이나주에서 Project Re-ED라는 교육 프로그램을 시작하였다.
1962	Norris Haring과 Lakin Phillips는 버지니아주 알링턴에서 실시한 구조화된 프로그램의 결과를 서술한 『정서장애 아동 교육』이라는 책을 출판하였다. Eli Bower와 Nadine Lambert는 캘리포니아주에서 행해진 연구를 바탕으로 『정서장애 아동 선별을 위한 학교 절차』라는 책을 출판하였다.
1963	공법 88-164는 정서장애 분야에서 필요한 전문가를 양성하는 데 필요한 기금을 제공하는 법적인 근거를 마련하였다.
1964	William Moore, Richard Cutler, Albert Fink는 『정서장애 아동을 위한 공립학교 교실 : 연구분석』이라는 책을 출판하였다. 행동장애 아동을 위한 분과 학회가 특수아동협회(CEC) 내에 별도로 구성되었다.
1965	Nicholas Long, William Morse, Ruth Newman은 『교실에서의 갈등』이라는 책을 출판하였다. 미국자폐협회가 창설되었다. 정서장애아 교육에 대한 최초의 연례 학회가 시라큐스대학교에서 개최되었다.
1968	Frank Hewett는 캘리포니아주 산타모니카에서 실시되었던 교육에 대한 내용을 보고하는 『교실 내 정서장애 아동』이라는 책을 출판하였다.
1970	William Rhodes는 정서장애 영역의 이론, 연구 및 중재 방법 등을 요약·분석하고자 정서장애의 개념적 모형에 대한 연구 프로젝트를 시작하였다.
1974	중증장애협회가 창설되었다.
1975	Nicholas Hobbs는 특수아동 분류에 관한 연구 프로젝트의 결과를 보고하는 『아동의 분류와 아동의 미래』라는 책을 출판하였다.
1978	공법 94-142(1975년 제정)는 심한 정서장애 아동을 포함한 모든 장애 아동을 위한 무상의 적절한 공교육을 규정하고 있다. 전국적인 요구조사를 수행할 수 있도록 미주리대학교에 연구기금이 조성되었다.
1986	공법 99-457이 제정되어 1990-1991학년도부터 3~5세까지의 모든 장애 아동에게도 공법 94-142에서 규정한 내용을 적용하도록 확대하였다. 통계에 따르면 공립학교에 등록된 전체 학생 중에 약 1%가 심한 정서장애를 위한 특수교육을 받은 것으로 나타났으며, 이는 출현율 추정치의 약 절반에 해당하는 것이다.
1987	국립정신건강 및 특수교육연합회가 창설되었다. C. Michael Nelson과 Robert B. Rutherford, Bruce I. Wolford는 『범죄재판체제에서의 특수교육』이라는 책을 출판하였다.
1989	아동 정신건강을 위한 부모연합회가 창설되었다. 전국 청소년 범죄교정협회가 창설되었다.
1990	공법 94-142의 내용을 개정한 장애인교육법(IDEA)이 제정되었다. 국립정신건강 및 특수교육연합회가 새로운 정의와 용어를 제안하였다.
1997	심한 정서장애 학생을 위한 국가적인 계획(agenda)이 제시되었다. 장애인교육법이 개정되었다. 정서장애를 지칭하는 연방정부의 용어에서 '심한(seriously)'이라는 용어가 삭제되었다.
2004	장애인교육법(IDEA)이 장애인교육육성법(Individuals with Disabilities Education Improvement Act)으로 변경되었다.

정의, 출현율, 용어는 특수교육 분야에서 아직도 매우 중요한 쟁점으로 남아 있다. 정서행동장애 학생을 어디에서 교육할 것인가도 중요한 쟁점으로 논의되고 있다. 일반교육과 특수교육을 하나로 합치거나 서둘러 통합하자는 제안에 대해서는 상당한 회의론이 일어나고 있으며, 특히 중등학교에서의 통합에 대해서는 더욱 회의적이다. 최근에 나타나는 추세 중 하나는 특수교육 서비스를 투옥된 청소년과 정서장애 유아에게 제공하는 것이다. 개념적인 모델은 사회 체계 안에서 학생의 행동과 인지를 포괄할 수 있는 통합적인 접근 방법으로 더욱 섬세하게 진화하고 있다. 부모, 전문가, 지지자들로 구성된 새로운 연합체와 부모와 가족단체가 특수교육 분야에 새로운 희망을 주고 있다.

21세기의 쟁점과 동향은 조기발견과 예방, 반사회적이고 폭력적인 아동의 교육, 통합적이고 협력적인 지역사회중심의 서비스 제공, 학업기술과 사회성 기술의 교수, 행동의 기능평가, 대안적인 교육배치의 연속체 유지, 직장이나 고등교육기관으로의 전환, 다문화교육, 중재반응, 연방정부의 특수교육법과 일반교육법의 개정을 포함한 다양한 법적 쟁점 등을 포함한다.

논의를 위한 사례

당신이 책임져요

신디 로우(Cindy Lou)

나는 미국 남부의 작은 도시에 있는 전일제 특수학급에서 교사생활을 시작했다. 나는 특수교사 자격증이 없었지만, 지역 교육청에서 특수학급을 가르칠 사람이 절실하게 필요하던 때였다. 나의 첫 학생이 오기 이틀 전에 교장선생님이 두툼한 서류 폴더를 나에게 건네주면서 "존스 부인과 나는 이 학생이 당신의 학급에서 교육을 더 잘 받을 수 있으리라 생각합니다."라고 말했다. 그는 그 학생이 왜 내 학급에 더 적합한지에 대해서는 어떠한 설명도 하지 않았다. 시간이 지나면서 나는 내 학급에 학생들이 어떻게 오게 되는지를 알게 되었다. 만약 교장선생님과 일반학급 교사의 의견이 일치한다면, 일반학급의 학생서류함에 있는 해당 학생의 서류 폴더를 꺼내 내 서류함에 넣어 놓는 것이었다. 그러면 그 학생은 '정신지체(retarded)'가 되었다. 그 과정은 그렇게 간단한 것이었다.

그해 내 교실에서 가장 흥미로운 학생은 신디로우였는데, 그 학생의 지능은 특수학급에 해당하지 않는 학생 중 하나였다. 내 학급으로 오기 4년 전의 지능은 92였다.

신디는 내가 그렇게 다른 자리에 앉게 하려고 애를 썼지만 항상 교실의 맨 뒷자리에 앉았다. 나는 곧 신디가 자신이 구축한 세계 안에 있으려고 하는 것임을 알게 되었다. 신디는 혼자서 하는 과제를 하고 나서는 늘 혼잣말을 끊임없이 했다. 때로는 혼잣말을 하다가 눈에 보이는 아무에게나 고함을 지르거나 위협을 하기도 했다. 초기에는 학급에 있는 몇 명의 학생들이 혼잣말을 하고 있는 신디를 보고 웃거나 놀리기도 했다. 그러나 곧 그들은 신디를 조심해야 한다는 것을 알아 가기 시작했다. 신디는 자신에게 짓궂게 구는 학생을 잘 때리지는 않았지만, 몸집이 큰 여학생이었다. 그리고 다른 학생을 때리고서도 사과하지 않았다.

신디는 갑자기 화를 내기도 하지만 학급에서 가장 똑똑한 학생이었다. 신디는 내가 가르치는 것을 항상 제일 먼저 배웠고, 과제도 제일 먼저 완수했으며, 말이나 글로 대답하는 질문에도 늘 바르게 대답했다. 신디의 엄마와 교장선생님, 그리고 학교 사회복지사와 함께 나는 많은 노력을 기울였지만, 신디는 일주일에 적어도 하루는 결석하였다.

신디는 7학년이었으며 두 번이나 유급되었다. 그녀는 몸집이 크고 가슴이 어른같이 조숙한 학생이었다. 얼마 지나지 않아 한 술집 여자 주인이 '신디를 잘 돌보라'고 나에게 말했다. 그녀가 말하기를 신디는 자신의 술집 밖에서 기다리고 있다가 돈을 조금 받고서 몸을 판다는 것이었다. 그리고 덧붙이기를 "그 애는 내 술집 여자들의 수입을 깎아먹고 있어. 더욱이 나는 술집을 합법적으로 운영해야 하는데, 내 상점의 여자애들은 누구도 그 애같이 미성년자는 없단 말야."라고 따지듯 큰소리로 말했다.

크리스마스 며칠 전에 신디가 나에게 별 같이 생긴 유리로 된 예쁜 양초꽂이를 선물했다. 서로 화를 내는 일이 늘 있었기 때문에, 신디가 나에게 선물을 했다는 것에 나는 감동했다. 그러나 한 시간 후에 교장선생님이 나를 사무실로 호출했다. 선물가게 지배인이 거기 있었다. 그는 신디가 그 양초꽂이를 훔치는 것을 보았다는 것이었다. 그가 신디를 막아 섰을 때, 신디가 폭력적이 되어 자신이 뒤로 피했다는 것이다. 그 장면을 목격한 다른 사람들도 있다고 했다. 그는 양초꽂이 값을 누군가 내지 않으면 경찰에 이 일을 알리겠다고 했다. 나는 바보같고 어리석으며, 준비되지 않은 교사였다. 그 양초꽂이 값은 내가 지불했다.

사례에 관한 토론 과제

1. 당신은 이 같은 사례가 역사적으로 볼 때 어떤 시기에 일어날 수 있다고 생각하는가? 그 이유는 무엇인가?

2. 역사적으로 이 사건은 언제 일어났다고 생각하는가? 이 분야의 어떤 발전이 당신이 그러한 결론을 내리도록 했는가?

3. 특수교육이 필요한 학생을 잘못 판별하고 배치하는 것을 막기 위해 역사적으로 어떤 일들이 이루어져 왔는가? 이와 관련하여 당신은 지금까지 만들어진 것보다 더 나은 예방책을 제시할 수 있는가?

제2부 정서행동장애의 원인 요소

개요

문제행동은 풀리지 않는 수수께끼와 같다. 문제행동을 볼 때면 우리는 왜 그런 행동이 나오는지 의아해한다. 우리는 거듭 자문한다. "왜, 왜, 도대체 왜 그러는 걸까?"

문제행동에 대한 우리의 전통적인 반응은 무엇이 문제인지를 이해하게 해줄 개념 모델을 찾는 것이다. 그렇게 하는 이유 중 하나는 문제행동과 관련하여 무엇 또는 누구를 비난해야 할지 알고 싶어서일 것이다. 우리는 문제행동이 왜 일어나는지만 알 수 있다면 이를 교정하고 예방할 수 있을 것이라고 믿는다. 제2부에서는 정서행동장애의 '원인'을 묻는 질문에 대한 답으로 가장 자주 논의되는 네 가지, 즉 생물학적 요인, 문화, 가족, 학교를 다룬다. 이 4개 장을 읽을 때 다음 질문을 염두에 두기 바란다.

- 여러 원인 요소들이 어떤 식으로 상호 관련되어 있는가?
- 원인에 대한 지식은 중재와 어떻게 연결되는가?
- 각 원인 요소가 우리에게 주는 시사점은 무엇인가?

생물학적 요인, 문화, 가족, 학교를 각각 별도의 장으로 다루었다고 해서 이 원인 요소들을 별개의 이슈로 보면 곤란하다. 사실 이 네 가지 모두는 서로 관련되어 있다. 오로지 한 가지 원인 요소가 정서행동장애를 유발하는 경우는 거의 없다(Cook & Ruhaak, 2014 참조). 우리가 정서행동장애의 '원인'을 단언할 수 있는 경우도 거의 없다. 하나의 원인을 정확하게 찾아내는 일은 극히 드물다. 대부분의 경우 우리는 여러 원인 요소들이 어떻게 함께 작용하는지를 고려해야 하는데, 다시 말해서 각 원인 요소가 개인의 위험이나 취약성에 어떤 영향을 미치는지, 그리고 개인의 회복력에는 어떤 영향을 미치는지 고찰해야 한다(Gerber, 2014; Hayden & Mash, 2014 참조). 우리는 정서행동장애의 위험을 높이는 요인을 고려할 때, 그러한 위험을 상쇄하는 요소, 즉 개인의 회복력을 높이고 장애를 예방하는 데 도움이 되는 조건들도 함께 고려해야 한다. 우리는 각 원인 요소가 정서행동장애의 발생 위험을 높이는 조건을 조성하는 데 어떻게 기여했는지를 알아보는 한편, 이러한 위험요인을 막는 데 도움이 된 사건과 조건도 조사해보아야 한다.

우리는 종종 문제행동의 원인을 알면 문제행동에 대처할 더 좋은 방법을 찾을 수 있다고 생각한다. 만약 어떤 사람의 행동이 '질병'이나 '장애'의 징후라면, 우리는 그 질병이나 장애의 원인을 찾기만 하면 행동을 고칠 수 있을 거라고 믿는다. 그러나 원인을 찾았다고 해서 항상 중재 방법을 바로 알아낼 수 있는 것은 아니다. 찾아낸 원인을 해결할 수 있는 현실적인 방법이 없을 수 있기 때문이다. 예를 들어 이미 공격성이 심한 아동이 텔레비전을 많이 보면 공격행동이 더 심해질 수 있음을 알고 있더라도, 아동의 텔레비전 시청을 통제할 효과적인 방법이 없을 수 있다. 한편, 효과적인 치료나 중재 방법을 찾았다는 것이 반드시 원인을 알아냈다는 뜻도 아니다. 예를 들어 약물로 아동의 과잉행동을 줄일 수 있다고 해서 그 아동의 과잉행동이 생화학적 원인에 의한 것이라고 단정할 수는 없다. 어떤 약물이 특정 질병의 원인과 어떻게 관련되는지를 의사들도 잘 모를 수 있지만, 그런 약물도 환자에게 효과적일 때가 적지 않다. 효과적인 치료법을 출발점으로 하여 원인을 역추적하는 방식, 즉 전후 관계를 인과관계로 해석하는 것은 매우 흔한 논리적 오류다. 예를 들어 페니실린이 인후염을 낫게 했다고 해서 페니실린이 부족하면 인후염에 걸린다고 말할 수는 없다. 이를 교실에 적용해보자. 학생의 착석행동에 대한 칭찬이 과제 집중 행동을 향상시켰다고 해서 착석행동에 대한 강화가 부족하면 아동에게 주의집중 문제가 생긴다고 볼 수는 없는 것과 마찬가지다. 원인 요소를 고려할 때는 다음 사항을 자문해보아야 한다.

- 정서행동장애를 유발한 요인을 파악 또는 짐작하게 되었다면 나는 그 지식으로 무엇을 해야 할까?
- 원인을 찾지 못하더라도 이 문제를 다루기 위한 효과적인 방법을 찾으려면 어떻게 해야 할까?

원인 요소는 교사들에게 시사하는 바가 크기 때문에 제2부의 각 장 마지막에는 각 원인 요소가 교사들에게 주는 시사점을 제시하였다. 문제행동이 무엇 때문이고 누구의 책임인지에 대한 우리의 시각은 우리를 힘들게 하는 아동과 청소년을 위해 어떤 중재를 선택할지 결정하는 데 매우 중요하다.

정서행동장애의 원인 요소와 그 요소에 대한 비난은 중재 선택뿐 아니라 장애를 가진 개인의 사회적 생존에도 중요한 영향을 미친다. 우리 사회에 통용되는 도덕적 원칙은 인간의 통제를 넘어서는 불행에 대해서는 개인의 책임으로 돌리지 않아야 한다는 것이다. 일반적으로, 환자들이 병을 앓고 있다는 이유로 비난을 받지는 않는다. 만약 우리가 아동과 청소년이 자신의 통제를 넘어서는 정신병이나 사회적 상황으로 고통 받는다고 생각한다면, 이들의 문제행동을 이들의 탓으로 보지는 않을 것이다. 오늘날 미국과 대부분의 서구 문화권에서는 심각한 부적응행동을 아동과 청소년의 탓으로 돌리는 일이 드물다. 대부분의 경우 비난의 대상은 개인이 아니라 생물학적 문제, 부모의 관리 소홀이나 학대, 가족 해체, 또래 압력, 교사의 무능력, 무질서한 학교, 또는 사회적 부패 등으로 옮겨 간다.

우리는 어느 정도까지 정서행동장애를 개인에게서 분리하여 외부 요인의 탓으로 돌려야 할까? 어떤 상황일 때 우리는 수용할 수 없는 행동을 보이는 아동을 '자신의 선택을 책임져야 할 한 개인'이기보다는 '환경이나 생물학적 조건의 희생양'으로 보아야 할까? 문제의 원인을 개인에게서 분리하는 것은 사회적 일탈행동의 특성, 심각성, 강도, 그리고 그러한 행동을 보이는 개인의 나이에 따라 상당히 다른 의미를 띤다. 예를 들어 조현병 아동과 청소년에게 '너의 행동은 스스로 선택한 것이니 너의 일탈행동에 대해 도의적 책임을 져야 한다'고 비난한다면 이는 어떤 이유로든 정당화되기 어려운데, 이는 조현병이 생물학적 과정에 의한 것이라는 증거가 명백하기 때문이다. 그러나 생물학적 이유가 뚜렷하지 않고 개인의 의지가 좀 더 명백하게 관여되어 보이는 문제(예를 들어 품행장애나 청소년 비행)를 가진 장애 아동과 청소년에 대해서는 자신의 행동에 대한 도의적 책임을 어느 정도 져야 한다고 본다. 십대 저격수나 학교에서 총을 쏜 청소년은 비난을 면하기 어렵다. 하지만 조현병을 가진 청소년이 자신은 수술을 받아야 한다는 망상을 하게 되어 수술비를 구하려고 은행강도 짓을 한다면 어떻게 해야 할까?

원인 요소의 탓과 개인의 책임에 대한 문제는 정서행동장애 분야에서 널리 공유되어 온 매우 중요한 쟁점이다. 이 문제는 학생이 보이는 품행장애나 '사회적 부적응'을 장애로 볼 것인지, 처벌과 징계를 요하는 행동으로 볼 것인지에 대한 논란의 핵심이다. 이 문제는 학교가 학생의 문제행동이 장애로 인한 것인지 여부를 판단해야 한다는 규정, 즉 증거 명시(manifestation determination)라는 아이디어의 핵심이기도 하다. 쉽게 말해서 학교는 학생이 문제행동을 보일 때 '이것은 장애로 인한 것임'이라는 결론을 내리거나 '학생은 그와 다르게 행동하기를 선택할 수 있었으므로 장애가 변명이 될 수 없음'이라는 결론을 내려야 한다.

정서행동 문제를 개인의 탓으로 돌릴 경우, 학교에서 부적응행동을 보이는 대부분의 학생들과 정서행동장애로 판별된 학생들에게 처벌중심의 접근이 적용될 것임은 명백하다. 그러나 개인의 탓이 전혀 아니라고 보는 것 역시 바람직하지 못한 결과를 초래할 수 있는데, 예를 들어 비행을 보이는 청소년에게 과도한 사회적 관심과 혜택이 주어질 수 있고, 개인의 성실한 노력이 과소평가될 수 있다. 개인의 책임과 자아실현이 강조되는 시대를 사는 특수교사들은 학생이 자기통제 능력을 발휘할 수 있다는 증거와 자신의 행동에 대한 개인적 · 도덕적 책임을 전혀 물을 수 없는 환경의 희생양이라는 증거를 조심스럽게 비교할 수 있어야 한다. 어느 쪽 탓이 더 큰지를 측정해볼 수도 있겠지만, 그러한 측정은 매우 주의 깊게 이루어져야 한다.

4 생물학적 요인

학습 목표

4.1 생물학적 요인이 왜 일탈행동의 원인으로서 설득력이 있는지 설명할 수 있다.

4.2 정서행동장애의 위험요인인 유전요인의 역할을 설명할 수 있다.

4.3 뇌손상이나 뇌기능장애가 정서행동장애와 어떤 관련이 있는지 설명할 수 있다.

4.4 식습관이나 영양이 정서행동장애와 어떤 관련이 있는지 설명할 수 있다.

4.5 기질이 무엇이며, 학생과 교사의 상호작용에 기질이 어떻게 영향을 미치는지 설명할 수 있다.

4.6 약물복용을 하는 정서행동장애 학생의 중재에 있어서 교사의 적절한 역할을 설명할 수 있다.

원인으로서 생물학적 요인

정서행동장애에 대한 생물학적 관점이 많은 관심을 받고 있다. 그 한 가지 이유는 행동에 대한 심리학적 모델이 모든 행동의 다양성을 설명할 수 없기 때문이다(Cook & Ruhaak, 2014; Pinker, 2002). 다른 이유는 유전학, 생리학, 의학기술의 발전이 정서행동장애에 대한 생물학적 주장을 사실인 것처럼 여겨지게 하기 때문이다. 또한, 심한 정서행동장애 학생들 중 신경심리학적 문제를 가지고 있는 비율이 높다는 연구 결과가 있기 때문이다(Cooper, 2014; Kuniyoshi & McClellan, 2014; Mattison, Hooper, & Carlson, 2006).

휴먼게놈프로젝트(Human Genome Project)가 완성되었다고 2003년 4월에 발표되었다(Collins, 2003; Collins, Green, Guttmacher, & Guyer, 2003). 즉 인간 DNA의 모든 유전자 지도를 '해석(맵핑, mapping)'한 것이다. 이러한 성취는 예방의학을 급속하게 발전시키고, 정신장애를 예견하여 조기치료를 하는 데 많은 영향을 미칠 것이다. 이에 대해 이 프로젝트의 책임자는 의학에서 혁명적인 변화를 일으킬 수 있는 위대한 가능성이 있다고 주장하였다(Collins, 2003). 그러나 유전자 단독으로 인간의 행동을 결정하지 못한다는 사실을 생각하면, 유전자 코드를 해석했다는 성취에 대한 흥분은 많이 감소될 것이다(Scull, 2015). 또한 유전자 편집(gene editing)과 유전자 조작(gene manipulation)이 발전하면서 의료의 윤리적 측면에 심각한 문제를 제기하고 있다(Achenbach, 2015; Kauffman & Hallahan, 2009).

지난 수십 년 동안 우리는 중추신경계가 모든 행동과 밀접하게 연관되어 있고, 모든 행동은 신경화학적 활동과 연계되어 있다고 이해해 왔다. 과학자들은 오래전부터 유전적 요인만으로도 인간 행동의 모든 다양성을 설명하기에 충분할 수도 있다고 주장해 왔다(Eiduson, Eiduson, & Geller, 1962; Weiner, 1999). 따라서 정서행동장애는 언제나 유전적 문제, 박테리아나 바이러스성 질병, 뇌손상, 뇌기능장애, 알레르기, 또는 다른 생화학적 불균형을 의미하는 것으로 믿는 것이 타당해 보일 수도 있다(Linnoila, 1997). 또한 심각한 반사회적 행동이 뇌종양과 같은 신경학적 원인이 있다거나(예 : Burns & Swerdlow, 2003), 생물학적 요인들이 반사회적 행동을 야기하는 성향에 영향을 미쳤다(예 : Dodge & Pettit, 2003; 또한 Earley, 2006; Sedgwick, 2007 참조)는 사례들이 발표되었다.

생물학적인 설명이 표면적으로는 매력적으로 보겠지만, 장애가 단지 생물학적 원인에 의해서만 야기된다고 가정하는 것은 마치 장애가 사회적 요인이나 문화적 요인에 의해서만 발생한다는 가정과 마찬가지로 사실을 왜곡할 수 있다. 물론 생물학적 요인이 모든 행동에 전반적으로 영향을 미치지만, 생물학적 요인이 단독으로 영향을 미치는 것이 아니다. 환경적 요인과 상호작용하면서 영향을 미치는 것이다(Jensen et al., 2001; Pinker, 2002; Plomin, 1995; Rutter, 1995; Scull, 2015 참조).

장애가 생물학적 원인에 기인한다는 것을 안다고 해서 항상 치료가 가능한 것은 아니다. 이 말은 생물학적 원인에 기인한 장애가 치료가 불가능하다는 것을 의미하는 것이 아니라, 장애의 원인에 대한 직접적인 생물학적 치료가 불가능한 경우에 과학자들은 생물학적 원인이 초래한 결과와 장애의 증상만을 치료할 수 있다는 것이다. 또한 생물학적 요인과 환경적 요인을 상호작용하기 때문에 환경적 요인을 변화시키는 것이 생물학적 원인에 기인한 장애에 대한 최선의 치료가 될 수도 있다. 즉 생물학적 원인에 기인한 장애의 부정적인 영향을 최소화할 수 있는 사회적 환경을 조성하는 것이다. 예를 들어 투렛장애(Tourett's disorder)는 틱, 강박관념, 충동, 과잉행동, 주의산만 등을 동반하는 뇌신경장애인데, 약물치료와 함께 사회적 환경을 조정하고 인지행동 전략을 사용하여 치료할 수 있다. 즉 투렛장애는 신경학적 장애지만, 사회적 환경요인이 그 증상에 상당한 영향을 미칠 수 있다. 주의력결핍 과잉행동장애(ADHD) 및 그와 관련된 학습장애에 대한 가장 효과적인 치료는 약물치료지만, 문제행동을 보이는 ADHD 아동의 경우 약물치료와 심리사회적 중재(예 : 행동치료)를 함께 사용하는 것이 더욱 효과적이다(Hallahan, Kauffman, & Pullen, 2015; Hallahan, Lloyd, Kauffman, Weiss, & Martinez, 2005; Jensen et al., 2001; Pullen, Lane, Ashworth, & Lovelace, 2017; Rooney, 2017).

문제행동과 관련된 생물학적 과정에 대해 새로운 사실들이 급속도록 발견되고 있지만, 그 과정은 매우 복잡하다. 게다가 거의 모든 정신병리 현상의 기능한 원인으로 거의 모든 유형의 생물학적 요인들이 거론되고 있다. 생물학적 요인이 행동에 다양한 영향을 미치지만, 환경적 요인도 생물학적 과정에 영향을 미치기 때문에 생물학적 요인과 문제행동 간 인과관계를 증명하는 일은 간단한 일이 아니다. 생물학적 원인에 대한 지식은 의학적 예방과 치료에 상당히 긍정적인 영향을 미치지만, 교사에게 직접적인 영향을 주는 교육적 시사점을 제시하지도 못한다. 의학 전문가와 생물학자가 정서행동장애의 생리학적 측면을 진단하고 치료하는 반면에, 교사는 거의 전적으로 환경적인 요인에 관여한다. 즉 교사가 정서행동장애의 생물학적 요인에 대한 기본적인 지식은 가지고 있어야 하지만, 아동의 정서행동에 영향을 미치는 환경적 요인의 조정을 가장 중요하게 다루어야 한다.

이러한 점을 염두에 두면서, 정서행동장애에 영향을 미치는 유전학, 뇌손상, 뇌기능장애, 영양실조, 알레르기, 기질 등 다양한 생물학적 요인에 대해 논의하고자 한다. 그러나, 이 장에서 모든 형태의 장애와 관련된 생물학적 요인의 영향에 대해 모두 살펴볼 수는 없다. 예를 들어 임신기에 어머니의 약물남용은 자녀의 정서행동 문제에 영향을 미칠 수 있다. 그러나, 이 장에서는 모든 가능성에 대한 논의를 할 수는 없고, 이미 검증된 생물학적 원인과 장애의 대표적인 사례에 초점을 맞추어 간단하게 논의했다.

유전

아동은 부모로부터 신체적 특성 외에 행동적 특성과 관련된 성향(predisposition)도 물려받는다. 따라서 유전자가 범죄, 주의집중장애, 과잉행동, 조현병, 우울장애, 투렛장애, 자폐성 장애, 불안장애를 포함한 모든 유형의 정서행동 문제와 관련된 요인으로 제시되는 것은 놀라운 일이 아니다(Asarnow & Asarnow, 2003; Kuniyoshi & McClellan, 2014; Levy & Hay, 2001 참조). 이와 관련된 연구들에 따르면, 유전자는 바람직한 행동뿐만 아니라 바람직하지 않은 행동의 발달에도 상당한 영향을 미친다. 이미 21세기가 시작되기 전에도 행동에 미치는 유전적 영향에 대한 과학적 증거가 많았기 때문에, 현재 연구자들이 하는 질문은 행동에 유전적 영향이 미치는지 여부에 대한 것이 아니라, 유전인자가 행동에 어떻게 영향을 미치느냐는 것이다(Grigorenko, 2014).

특정 질병이나 취약성과 관련된 유전자가 계속 발견되고 있지만, 유전자를 조작하는 유전자 치료는 일부 과학자와 언론에 의해 실제보다 지나치게 과장되고 있다. 그러나, 아동 행동에 있어서 유전자에 의해 결정된 차이는 연구에 의해서도 검증되었고, 일상생활에서도 관찰되고 있다.

21세기 초에 우리는 유전자가 똑같은 복제동물이 똑같은 행동을 나타내지 않는다는 것을 알게 되었고, 이는 자연적으로 발생한 일란성 쌍생아의 경우에서도 마찬가지다. 따라서 과학자들은 행동적 특성이 유전자에 의해서만 결정되는 것이 아니라, 사회학습을 포함한 환경적인 요인들이 타고난 정서행동적 성향을 변화시키는 데 매우 중요한 역할을 한다는 결론을 내리게 되었다.

특정 행동이 경우에 있어서는 사회학습이 유전자보다 훨씬 더 중요한 역할을 한다. 특성 행동이 유전된다는 증거는 거의 없다. 하지만, 아동과 청소년의 주요 정신장애에 있어서 유전적 영향이 뚜렷한 경우도 있다. 유전이 되는 것은 특정 방법으로 행동하는 성향이며, 이러한 성향은 여러 유전자와 연관된 복잡한 과정에 의해 형성되고, 환경적인 조건에 의해 더 뚜렷해지기도 하고 약화되기도 한다. 정서행동장애가 단일 유전자나 단일 염색체의 이상에 기인하는 경우는 매우 드물다. 일반적으로 복잡한 유전자의 상호작용으로 야기되는 복합장애인 장애의 **공존성**(comorbidity)이 나타난다(Grigorenko, 2014; Hay & Levy, 2001; Kuniyoshi & & McClellan, 2014).

유전적 요인이 다양한 장애에 영향을 미치는데, 유전적 요인에 의한 장애로 가장 잘 인식되어 있는 것이 조현병이다. 조현병은 어린 아동에게서는 거의 나타나지 않으며, 일반적으로 청소년기의 중기와 후기에 주로 많이 시작된다(Asarnow & Asarnow, 2003; Kuniyoshi & McClellan, 2014). 대부분의 경우에 조현병의 첫 증상은 15~45세에 나타난다. 조현병의 증상은 성인과 아동에게서 유사하게 나타나지만, 조기에 조현병이 나타나는 경우 조현병의 증상이 더 심한 경향이 있다. 조현병의 주요 특성은 망상, 환각, 체계적이지 못한 말, 사고장애이다.

아직도 조현병, 우울장애, 양극성장애의 성향을 결정하는 정확한 유전적 메커니즘은 밝혀지지 않았지만, 수십 년 동안의 연구에 근거하면 조현병 환자의 친족이 조현병이나 조현병과 유사한 행동을 할 위험이 증가하는 것으로 나타났다. 최근의 연구들도 조현병과 유전적 연관성을 뒤집지는 못하고 있다(Youngstrom & Algorta, 2014 참조). 아동과 조현병 친족이 유전적으로 가까울수록, 아동이 조현병을 나타낼 위험성은 증가한다. 이러한 위험성은 사회적 환경이나 대인관계 요인만으로는 설명할 수 없다. 조현병을 가지고 있는 사람과 유전적인 연관성이 증가할수록 조현병이 발현될 위험은 증가하는 것이다. 예를 들어 형제자매가 조현병을 가지고 있는 경우에도 위험성이 증가하지만, 일란성 쌍생아의 경우에 위험성은 훨씬 높아진다.

많은 사람들이 조현병이나 다른 장애에 대한 위험성의 시사점을 오해하고 있다. 조현병에 대해 유전적인 위험성이 높은 사람은 반드시 조현병을 나타내는가? 아니다. 조현병이 유전적 요인과 관련있다는 것이 예방이 불가능하다는 것을 의미하는가? 아니다. 조현병에 대한 유전적 소인을 가지고 있는 사람들 중에 조현병이 유발되지 않는 경우도 있다. 조현병을 가지고 있는 혈족이 조현병에 대한 위험성을 증가시키기는 하지만, 일란성 쌍생아 또는 부모가 둘 다 조현병을 가지고 있는 고위험군의 경우에도 조현병을 나타낼 확률은 50% 이하이다(유전적 위험성과 우울장애와 관련된 개인사를 포함하는 가족의 가계도에 대해서는 Sedgwick, 2007 참조). 사회적 환경을 변화시키고, 조현병을 유발할 상황을 피함으로써 위험요인의 영향을 낮출 수 있다(Gerber, 2014).

조현병의 원인은 복잡하고 복합적인 것이므로 유전요인은 단지

유튜브 비디오 사례

비디오 연결 4.1

이 비니오에서 의사는 조현병의 가계성 위험과 조현병을 촉발하는 환경요인에 대해 이야기하고 있다.(https://www.youtube.com/watch?v=iuquAP3R-lk)

하나의 성향요인일 뿐이다(Mukherjee, 2016 참조). 그러나, 조현병과 관련된 행동이나 조현병은 마약성 약물이나 환경적인 스트레스에 의해 유발될 수 있다. 따라서 친족 중에 조현병을 가지고 있는 고위험군의 경우에 마약성 약물을 피해야 한다(Gottesman, 1987, 1991).

유전적 요인의 시사점

유전적 요인에 기인한 장애에 대한 일반적인 오해는 치료할 수 없다는 것이다. 즉 일단 유전자 코드가 결정되면 그와 관련된 일탈적인 행동 특성이 변하지 않는다는 것이다. 그러나 반드시 그렇지만은 않다. 조현병의 경우, 생물학적 요인뿐만 아니라 환경적 요인이 일탈행동의 발생과 관련이 있다. 조현병과 관련된 유전의 생화학적인 메커니즘이 밝혀지면, 효과적인 중재로 일탈행동의 과정을 조정하거나 예방할 수 있을 것이다. 그럼에도 불구하고, 예방 효과는 비가시적이므로 무엇이 예방되었는지 알 수는 없다(Kauffman, 1999c; Specter, 2009).

유전적 요인이 다양한 행동 문제와 생리적 문제에 영향을 미치는 것으로 알려져 있다. 조현병과 같은 심한 장애의 경우에 유전적 요인의 영향이 더 분명하게 나타나지만, 유전 체계가 어떻게 작동하는지에 대해서는 불분명하다. 대부부의 정서행동장애에 있어서 유전적인 영향은 불분명하며, 교육자들은 환경적 요인을 더 중요하게 여긴다(Grigorenko, 2014; Pinker, 2002; Specter, 2009 참조).

Kazdin(2008)이 지적한 바와 같이, 부모와 교사는 아동의 행동을 변화시키기 위해 실시하는 프로그램이 효과가 없을 거라는 결론을 너무 빨리 내린다. 물론 환경적인 변화가 효과가 없는 경우들도 있다. Kazdin이 언급한 것처럼, 모든 행동관리 전략을 적용해도 통제가 안 되는 아동의 문제행동도 있다. 그러나, 대부분의 경우에 있어서는 유전적인 요인이 문제행동에 영향을 미치는 경우라고 할지라도, 선행사건 중심의 중재와 후속결과 중심의 중재를 체계적으로 적용하면 효과적이다(Foxx, 2016b; Walker & Gresham, 2014 참조).

진화생물학에 따르면 행동에 영향을 미치는 요인은 유전자의 구성뿐만 아니라 서로 유전적으로 관련이 없는 사람들의 유전자가 섞이는 것이다. 유전자 혼합(genetic mixing)은 종(species)이 영속적으로 유지되는 데 도움을 준다. 그러나 유전자에 무작위적으로 오류가 생기거나 변이되는 유전자 돌연변이도 발생한다(Batshaw, 2002b; Grigorenko, 2014; Judson, 2002). 이러한 돌연변이는 때때로 파괴적이며, 종이 생존할 수 없도록 만든다. 우리는 정서행동장애가 돌연변이인지 또는 인류가 영속하는 데 어떤 방법으로든 도움이 되는지 알지 못하다.

뇌손상과 뇌 역기능

유튜브 비디오 사례

비디오 연결 4.2

이 비디오는 외상성 뇌손상의 특성, 원인, 영향에 대해 기본적인 사실을 알려준다. 외상성 뇌손상이 인지적 행동적 및 정서적 기능에 영향을 미칠 수 있다는 것에 주의를 기울여라.(https://www.youtube.com/watch?v=d-TOzS4CWpA)

뇌는 출생 전, 출생 시, 또는 출생 후에 여러 가지 방법으로 손상을 입을 수 있고, 그러한 손상은 반사회적 행동에 상당한 영향을 미칠 수 있다(Batshaw, 2002a; Hallahan et al., 2015; Lajiness-O'Neill, Erdodi, & Lichtenstein, 2017). 사고나 출생 과정에서 일어나는 신체적 외상은 뇌조직을 파괴하기도 한다. 장기간 지속되는 고열, 감염병, 독성 화학물질(아동이나 임신 중인 여성이 섭취한 약물이나 독극물) 등도 뇌에 손상을 입힐 수 있다. 그러나 아동의 뇌손상의 주된 원인은 무산소증으로 알려진 **저산소증**(hypoxia)이다. 저산소증은 산소의 공급이 심각하게 감소하는 것으로서 출생 시에 주로 발생하지만, 출생 후에도 사고나 질병 또는 호흡장애의 결과로 발생하기도 한다.

뇌는 다양한 이유로 인해 정상적으로 기능하지 못할 수도 있다. 외상성 뇌손상으로 인한 뇌 조직의 손상이 역기능을 초래할 수도 있다. **외상성 뇌손상**(traumatic brain injury)의 경우, 뇌의 특정 부위 또는 부위들의 손상이 뇌기능에 장애를 초래하는 것이다. 하지만, 뇌는 출생 시 또는 질병으로 인하여 생긴 구조적인 이상(예 : 뇌 특정 부위의 기형)이나 약물에 의한 신경화학적 불균형 때문에 기능을 적절하게 수행하지 못할 수도 있다. 과학자들은 뇌가 왜 제대로 기능하지 못하는지에 대해 알지 못하는 경우가 많다. 예를 들어 조현병은 분명히 뇌와 관련된 장애로 알려져 있지만, 우리는 아직도 조현병 환자의 뇌에 무엇이 잘못되었는지에 대해 정확하게 알지 못한다. 연구자들은 **강박충동장애**(obsessive-compulsive disorder, OCD)의 기저에 있는 뇌의 메커니즘을 밝히기 위하여 노력하고 있다(Nutt, 2016 참조).

다양한 정서행동장애가 이미 밝혀졌거나 의심되는 뇌손상이나 뇌기능장애에 기인한 것으로 간주된다. 학습장애와 그와 관련된 과잉행동, 충동성, 주의집중 문제가 아직 뇌손상이나 뇌기능장애의 정확한 특성이 증명되지는 않았지만, 뇌손상이나 뇌기능장애에 기인한 것으로 간주되어 왔다(Hallahan et al., 2005, 2015). 어떤 연구자들은 출산 전, 출산 시, 또는 출산 후의 미세한 뇌손상이 심각한 청소년 비행이나 성인 범죄와 관련된 주요 원인이라고 주장한다. 다른 연구자들은 많은 정서행동장애 학생들이 의사소통 및 수의집중과 관련된 신경심리학적인 문제를 가지고 있다고 주장한다(Mattison et al., 2006).

거의 모든 유형의 심한 정서행동장애는 어느 정도 뇌의 구조적인 문제나 화학적인 문제와 연관되어 있다고 간주되고 있다. 이와 관련하여 1990년 연방정부 법에 명시된 외상성 뇌손상에 대해 살펴보고자 한다.

의학적으로 뇌손상이 진단되지 않은 경우에 외상성 뇌손상에 기인한 특성들의 원인을 다른 것에서 찾는다. 많은 경우에 폭력행동 등의 문제행동을 뇌손상과 연관시키지 못한다. 물론, 뇌손상에 대한 의학적인 증거가 없이 뇌손상이 문제행동의 원인이라고 주장해서도 안된다. 외상성 뇌손상은 뇌의 손상된 부위에 따라 폭력적인 공격행동, 과잉행동, 충동성, 부주의뿐만 아니라 다양한 정서행동 문제를 초래한다고 알려져 있다. 외상성 뇌손상에 의해초래될 가능성이 있는 심리사회적 문제는 다음과 같다.

- 부적절한 태도 또는 매너리즘을 보이는 것
- 유머 또는 사회적 상황을 이해하지 못하는 것
- 쉽게 피곤해하거나 좌절거나 화를 내는 것
- 이유 없이 공포나 불안을 느끼는 것
- 예민하고 성급하게 화를 내는 것
- 갑작스럽고 과장된 기분이 변화하는 것
- 우울장애의 특성을 보이는 것
- 한 가지 생각이나 행동에 집착하는 것

외상성 뇌손상이 정서행동적인 측면에 영향을 미치는지 여부는 뇌의 신체적인 손상에 의해서만 결정되는 것이 아니다. 아동이 뇌손상을 입은 연령과 뇌손상을 입기 전후의 사회적환경도 영향을 미친다. 아동과 청소년의 바람직하지 않은 행동을 초래하는 가정환경, 지역사회 또는 학교 환경(예 : 조직화되지 않은 환경, 성인의 관리감독 부재, 위험한 환경, 예방적 안전의 부재)은 외상성 뇌손상을 발생시키는 위험성과 관련이 있다. 또한 그러한 환경은외상성 뇌손상으로 인하여 초래되는 정서행동적인 문제를 더 악화시킬 수도 있다.

뇌손상의 **후유증**(sequelae)을 효과적으로 관리하기 위하여 아동으로 하여금 적절한 행동을 습득할 수 있도록 지원하는 환경을 조성하는 것이 필요하다(Best, Heller, & Bigge, 2010). 일반적으로 의학적인 치료에 의해서만 외상성 뇌손상으로 인한 후유증을 원상태로 되돌릴수는 없다. 뇌손상으로 인하여 정서행동 문제가 발생한다고 간주되고 있지만, 정서행동 문제는 일차적으로 환경적인 개선(예 : 외상성 뇌손상 아동의 행동에 대한 다른 사람들의 요구, 기대, 반응)을 통해 다루어져야 한다.

외상성 뇌손상은 개인의 자아개념을 파괴하기도 한다. 자아정체성을 회복하는 것은 오랜기간의 재활을 필요로 하며, 다양한 전문 분야의 노력이 필요하며 힘들고 고통스러운 과정이다(Lajiness-O'Neill et al., 2017 참조). 효과적인 교육과 치료를 위해서 학급에서의 행동관리뿐만 아니라 가족치료, 약물치료, 인지훈련 및 의사소통훈련이 필요하다.

뇌손상과 뇌기능장애는 다양한 정서행동장애를 발생시킬 수 있다. 그러나 뇌손상과 뇌기능 이상이 정서행동장애를 유발하는 유일한 원인이 아니며, 뇌손상이 정서행동장애에 미치는 영향은 환경적인 요인에 따라 달라질 수 있다.

영양, 알레르기, 기타 건강 관련 쟁점

심각한 영양실조가 아동의 인지발달과 신체발달에 치명적인 영향을 준다는 것은 오래전부터 알려진 사실이다. 특히 나이가 어린 아동의 영양실조는 파괴적이다. 이는 자극에 대한 아동의 반응을 감소시키고 아동을 비활동적으로 만든다. 심한 영양실조, 특히 심각한 단백질 결핍의 결과는 뇌발달의 지체, 돌이킬 수 없는 뇌손상, 지적장애를 초래할 수 있고, 이러한 문제들이 복합적으로 나타날 수도 있다. 심한 영양실조가 있는 아동이 장기적으로 나타내는 결과는 비활동성, 사회적 위축, 학업실패 등이다. 또한 배고픔과 부적절한 영양은 아동이 교과학습과 사회적 학습에 집중하는 것을 저해한다. 따라서 빈곤한 가정에서 자라는 아동의 열악한 영양 상태에 관심을 기울여야 한다(Tanner & Finn-Stevenson, 2002).

영양실조보다는 덜 심각하지만, 비타민이나 미네랄 등의 영양이 불균형하거나 설탕이나 카페인 등을 너무 많이 섭취하는 것도 아동에게 문제행동을 야기할 수 있다는 사실은 널리 받아들여져 왔다. 아동이 무엇을 먹는지 또는 안 먹는지가 어느 정도 과잉행동, 우울장애, 자폐성 장애, 비행 등과 관련이 있다고 간주되어 왔다. 교사는 저혈당증, 비타민이나 미네랄 결핍, 알레르기 등이 행동에 영향을 미칠 수 있다는 잠재적인 문제를 인식하고 있어야 한다. 그러나 특정 음식이나 알레르기가 아동의 인지적, 정서적, 행동적 문제를 야기한다는 것이 지나치게 과장되어서도 안 된다.

일부 아동들이 특정 음식이나 다양한 물질(예 : 약물, 꽃가루, 먼지, 벌레에 물리는 것)에 알레르기를 보이기는 하지만, 이러한 알레르기가 정서행동장애를 일으킨다는 증거는 희박하다. 그러나 부모와 마찬가지로 교사도 영양이 문제행동의 주요 요인이라고 믿고 싶어한다(Williams & Foxx, 2016). 음식과 알레르기가 정서행동 문제를 초래한다는 미신을 편견과 기대가 유지시키는 것 같다. 적절한 영양이 중요하지만 특정 음식물을 완전히 식단에서 배제하거나 지나치게 규제하는 것은 바람직하지 않다.

아동들에게서 비만, 수면장애, 상해, 질병 등의 다양한 이상들이 발견되고 있다(Peterson,

Reach, & Grabe, 2003). 많은 건강 문제들이 가난과 관련되어 있다(Pascoe et al., 2016). 어떤 경우에는 가난이 신체적 건강뿐만 아니라 정신건강 문제와도 연관된다. 그러나 모든 건강 문제가 가난이나 정서행동 문제 때문에 초래된다고 가정해서는 안 된다.

기질

1960년대부터 연구자들은 오랜 세월 동안 논의되어 왔던 기질의 개념에 대해 새로운 탐색을 시작했다. 기질의 정의와 측정, 그리고 기질의 변화 가능성과 지속성에 대해 아직도 상당한 논쟁이 지속되고 있다(Keogh, 2003; Rimm-Kaufman & Kang, 2005). 기질은 다양하게 정의되어 왔는데, '행동 스타일'이라고 정의되기도 하고, '어떤' 행동을 '얼마나 잘' 하느냐가 아니라 행동을 '어떻게' 하느냐로 정의되기도 하며, 영아 행동의 '능동적이고 반응적인 특성'이라고 정의되기도 하고, 영아기의 '측정 가능한 행동'이라고 정의되기도 한다. 이러한 기질은 부모나 교사가 작성한 설문지를 이용하여 측정하거나, 아동의 행동을 직접 관찰하여 측정하기도 한다. 연구자들이 기질을 정의하고 측정하는 방법은 다르더라도, 기질의 개념을 일반적인 용어로 설명할 수는 있다. 즉 개인은 어떤 상황이나 사건에 대하여 일관적이고 예측할 수 있는 형태로 반응하며, 그들의 전형적인 반응형태인 기질은 기초적인 생물학적 과정뿐만 아니라 환경적 요인들에 의해서도 부분적으로 결정된다.

그러나 중요한 점은 영아가 타고난 경향성이 있으므로 특정 형태로 행동을 한다는 것이다. 영아는 생물학적 요인에 의해 주로 결정된 행동 스타일을 이미 가지고 있으며, 출생 후 수 주 또는 수개월 동안 영아의 행동 형태는 주변사람들의 반응에 영향을 미친다. 그러나 기질은 아동이 자라는 환경에 의해서 변화될 수도 있다. 아동이 경험하는 것과 아동이 다루어지는 형태에 따라서 아동의 기질은 좋아질 수도 있고 나빠질 수도 있다(Chess & Thomas, 2003; Keogh, 2003; Nelson, Stage, Duppong-Hurley, Synhorst, & Epstein, 2007). 아동의 다루기 어려운 기질은 아동이 정서적 또는 행동적으로 이상을 일으킬 위험성을 증가시킨다. 기질은 초기의 행동 스타일로서 환경적인 영향과 상호작용함으로써 변화될 수 있다. 이제는 고전이 된 Thomas, Chess, 그리고 Epstein(1968)의 종단연구에 근거하여 기질적인 특성을 다음과 같이 아홉 가지 유형으로 설명할 수 있다.

1. **활동 수준**(activity level) : 아동이 먹고, 목욕하고, 잠자고, 놀이를 할 때 움직이는 정도
2. **리듬**(rhythmicity) : 아동이 먹고, 자고, 배설하는 등 일상적인 일을 할 때의 규칙성

또는 예측성

3. 접근성 또는 위축성(approach or withdrawal) : 새로운 사람, 장소, 장난감, 음식 등에 대한 아동의 반응

4. 적응(adaptability) : 아동이 새로운 상황이나 자극에 얼마나 빨리 익숙해지고 교정하는가의 정도

5. 반응의 강도(intensity of reaction) : 어떤 상황이나 자극에 대한 긍정적 또는 부정적 반응에 소비되는 에너지의 양

6. 반응 역치(threshold of responsiveness) : 아동으로부터 반응을 이끌어내는 데 필요한 자극의 양이나 강도

7. 기분의 질(quality of mood) : 아동이 나타내는 즐겁고 기쁘고 친근감 있는 행동과 불쾌하고 울고 친근하지 않은 행동의 비교

8. 주의산만(distractibility) : 아동이 주어진 상황에서 자신의 행동을 방해하는 외적 자극 또는 부적절한 자극에 의해 방해받는 빈도

9. 주의집중 범위와 지속성(attention span and persistence) : 방해물이 있음에도 불구하고 아동이 주어진 활동을 지속하는 시간의 양 또는 지속하려는 경향성

Thomas 등(1968)은 어떤 유형의 기질을 가지고 있는 아동도 부모 또는 주양육자의 양육 태도에 기인한 정서행동장애를 나타낼 수 있다고 주장하였다. 앞서 제시된 기질의 특성 외에도 일반적이거나 포괄적인 용어로 기질이 정의되기도 한다. 예를 들어 Keogh(2003)은 순한(easy) 기질과 다루기 어려운 난기질로 나누어 설명한다. 순한 기질의 아동들은 규칙적이고 적응을 잘하며, 새로운 자극에 긍정적인 반응을 보이고 일반적으로 부드러운 반응과 긍정적인 기분을 보인다. 반면에, 난기질의 아동들은 문제행동을 더 많이 나타내며, 불규칙한 생물학적 기능, 새로운 자극에 대한 부정적이거나 위축된 반응, 환경 변화에 대한 느린 적응, 부정적인 기분을 자주 나타내고, 일반적으로 강하게 반응하는 경향이 있다. 이 외에도 어떤 아동들의 기질을 '전반적으로 느리게 행동한다', '통제가 안 된다', '내성적이다', '활달하다', '게으르다', '잘 적응한다' 등으로 묘사하기도 한다.

Keogh(2003)에 따르면, '난기질'의 아동은 자신이 행동하는 사회적 맥락(예 : 특별한 상황이나 환경 또는 문화적 기대)에 의해 많은 영향을 받는다. 중요한 점은 양육자가 아동이 난기질을 가지고 있다고 인식하게 되면 부정적인 반응을 하게 된다는 것이다. 즉 난기질을 가지고 있는 아동을 돌보는 것은 쉽지 않기 때문에 부모는 짜증과 부정적인 감정을 나타내거나 아동을 무시하거나 벌을 주는 경향을 나타낼 수 있다. 만일 부모와 아동이 서로에게 짜증

이나 화를 낼 경우, 그러한 부정적인 상호작용은 아동이 향후 부적절하고 바람직하지 못한 문제행동을 나타낼 확률을 증가시킬 수 있다. 다른 연구자들에 의해 실시된 종단연구도 아동의 기질이 아동이 장차 나타낼 행동을 부분적으로 설명하거나 예측할 수 있다고 보고하였다. 예를 들어 영아의 내성적인 기질 또는 활달한 기질은 성장 후에 유치원에서 관찰된 행동과 연관된다(Rimm-Kaufman & Kagan, 2005). 영·유아기에 난기질을 보이는 아동은 청소년기에 문제행동을 보일 가능성이 높다(Caspi, Henry, McGee, Moffitt, & Silva, 1995). 반면에 영·유아기의 순하고 긍정적인 기질은 성장 후에 아동의 스트레스에 대처하는 회복탄력성과 연관된다(Keogh, 2003). 아동의 기질과 부모의 양육행동이 상호작용하여 아동을 위기에 처하게 할 수도 있고, 아동의 회복탄력성을 향상시킬 수도 있다(Nelson et al., 2007; Ungar, 2011).

난기질의 개념을 비판하는 사람들도 있다. 어떤 사람들은 연구자들이 영아의 타고난 생물학적 특징이라고 믿는 것이 실상은 어머니의 보고를 주관적으로 해석한 것이라고 주장한다. 즉 난기질이라는 개념은 영아의 행동에 대한 사회적 인식을 반영한 것일 뿐이고, 영아에게 내재된 특성이 아니라는 것이다. 즉 영아가 난기질을 가졌다고 판단하는 것은 객관적인 평가에 근거한 것이 아니라 어머니의 보고에 근거하므로 영아의 생물학적 특성을 측정하기보다는 어머니 또는 연구자의 인식을 측정하는 것이다. 하지만, Keogh(2003)는 이 연구 결과가 영아의 타고난 행동 특성과 기질이 환경 조건에 의하여 변화될 수 있다는 현실을 뒷받침하는 것이라고 해석하였다. 아동의 행동을 형성해 가는 환경요인과 타고난 요인 간 상호작용에 대하여 다음과 같이 일반적인 견해가 도출되었다.

1. 가족의 역기능, 이웃의 폭력, 빈곤한 학교, 기타 불행한 조건 등 환경적인 요인들이 아동의 행동장애에 실제적인 영향을 미친다.

2. 아동이 타고난 내재적인 요인들이 이전에는 사회적 환경 때문에 발생한 것으로 인식되었던 여러 장애를 설명해준다. 예를 들어 우리는 이제 자폐성 장애, 학습장애, 비만 등은 일차적으로 생물학적 과정에서 비롯된다는 것을 이해하게 되었다. 이러한 장애들은 광범위한 환경 조건하에서 존재하는 것 같다.

3. 아동이 정상적인 기질을 가지고 있다고 해도 양육자의 가치 및 기대와 잘 맞지 않으면 스트레스를 일으키게 되고, 정서행동장애를 초래할 수 있다.

환경요인과 내재적인 생물학적 요인 둘 다 정서행동장애에 영향을 미친다. 즉 환경요인과 내재적인 생물학적 요인이 결합해 기질에 영향을 미친다. 게다가 아동의 전형적인 행동과 사회적 환경이 잘 맞지 않으면 아동의 난기질을 악화시킨다. 아동의 난기질은 정서행동장애의 위험을 높이지만, 부모와 교사가 아동의 행동을 다루는 방법에 따라서 정서행동장애가 나타날 위험성은 증가하기도 하고 감소하기도 한다(Keogh, 2003; Nelson et al., 2007).

교실에서 나타나는 아동의 기질에 대한 교사의 평가를 연구한 Keogh(2003)에 따르면, 아동은 교실에서 일관성이 있는 행동 양상과 기질을 보이며, 교사는 수업을 계획하거나, 가르치거나, 아동을 다루는 데 있어서 아동의 기질을 고려하는 경향이 있는 것으로 나타났다. 또한, 교사 자신도 기질을 가지고 있기 때문에 아동의 기질과 잘 맞을 수도 있고 잘 맞지 않을 수도 있다.

기질이 정서행동장애의 발달에 중요한 영향을 미치기는 하지만, 기질이 단독으로 영향을 미치기보다는 환경요인들과 상호작용하면서 영향을 미치는 것이다. 일관성 있게 예민하거나 충동적인 일관된 행동 특성이나 기질은 정서행동장애의 위험성을 증가시킨다. 기질에 관한 연구들은 기질이 생물학적 요인만의 직접적인 결과라고 주장하지는 않지만, 학생들은 각자 일관성이 있는 행동 양상을 나타내기 때문에 교사는 수업을 하거나 행동을 관리할 때 각 학생의 기질을 고려하여야 한다.

교사를 위한 시사점

행동에 부정적인 영향을 미치는 생물학적 요인은 많고 복잡하다. 교사들은 유전, 부모의 방임과 학대, 영양실조, 신경학적인 손상 등이 어떻게 학업 실패 및 충동적이거나 반사회적인 행동과 연관되는지는 이해하여야 한다. 생물학적 요인들과 사회적 위험요인들의 상호작용으로 반사회적 행동이나 다른 정서행동장애의 원인을 가장 잘 설명할 수 있다. 유전적 경향, 방임, 학대, 영양실조, 뇌손상 등이 학교와 가정에서의 일관성이 없는 행동관리와 공존할 때 부적응행동에 부정적인 영향을 미치게 된다.

그러나, 모든 유형의 정서행동장애가 생물학적인 원인에 기인하므로 의학적 중재가 가장 효과적이라고 가정하는 것은 잘못된 것이다. 정서행동장애와 특정 생물학적 요인 간 연관성도 희박할 뿐만 아니라, 생물학적 원인은 교육적인 방법을 어떻게 변화시켜야 하는지에 대한 직접적인 시사점을 제공하지도 못한다. 교사는 다른 전문가들과 함께 협력하여 학생들에게 최상의 의료적 지원, 균형이 있는 영양, 물리적 환경을 제공하도록 노력하여야 한다. 그러나, 교사는 학생에게 의료적 중재를 제공할 수 없으며, 학생의 신체적 건강에 기여하는 것도 제한적이다. 교사는 학생이 가지고 있는 생물학적 요인들에 대해 인식하고 있어야 하며, 필요한 경우에 다른 전문가에게 의뢰해야 한다. 교사는 학생이 가지고 있는 생물학적 요인을 학생에게 바람직한 행동을 가르치지 않을 핑계로 삼아서는 안 된다. 왜냐하면 학생의 학업기술과 사회성 기술을 향상시키면 학생이 일상의 환경에서 성공하고 행복해질 가능성이 증가하기 때문이다.

정서행동장애에 대한 약물치료는 점점 더 보편화되고 있고, 체계화되고 있으며, 효과도 증가하고 있다(Konopasek & Forness, 2014; Mattison, 2014; Nutt, 2016). 약물치료가 때로 정서행동장애를 중재하는 데 매우 효과적이다[조현병과 심한 정신질환의 치료에 있어서의 약물중재의 중요성을 언급한 Earley(2006)의 설명 참조]. 그러나 불행하게도 많은 교사들이 약물중재에 대한 편견을 가지고 있어서 약물중재를 반대하고 있는 것 같다. 이러한 편견을 가지게 되는 것은 교사가 약물치료의 목적이나 효과에 대해 잘 알지 못하기 때문일 수도 있다. 또는 교사가 교실에서의 학생 행동을 주의 깊게 관찰하는 것이 약물의 효과를 최대화하고, 부작용을 최소화하며, 약물 복용의 중지 여부를 판단하기 위해서 필요하다는 것을 이해하지 못하기 때문일 수도 있다.

교사가 약물을 처방하거나 약물의 복용량을 조정할 수는 없지만, 교사의 관찰은 의사에게 중요한 정보를 제공한다(Mattison, 2014). 교사는 학생에게 처방되는 약물들에 대해서 알아야 하며, 그러한 약물들이 교실에서의 학생 행동과 수행에 미치는 효과와 부작용에 대해서도 알아야 한다.

교사는 학생에게 처방되는 약물의 유형과 복용량을 학생 가족을 통해 명확하게 알아야 하며, 약물을 처방한 의사가 학교에서의 효과와 부작용에 대한 정보를 얻기 위하여 교사에게 연락을 하는 경우에 의사와 직접 의사소통하여 약물 복용에 대한 정보를 얻어야 한다. 또한 교사는 특정 약물의 효과와 부작용에 대하여 보건교사에게 자문을 구하여야 한다. 인터넷을 주의 깊게 사용한다면 치료 약물(예 : 불법적인 목적으로 사용되거나 남용되는 치료 약물) 또는 일부 정서장애 학생들이 처방도 없이 남용하는 불법 마약에 대한 정보를 얻는 데 유용하게 사용할 수 있다.

교사는 약물중재의 특정 사례와 관련해 추가적인 정보를 수집해야 한다. 향정신성 약물은 항우울제, 신경흥분제, 항정신제, 기분안정제 등 많은 유형과 하위 유형이 있다. 새로운 약물이 지속적으로 소개되고 있으며, 약물의 효과와 부작용은 복용량과 개인에 따라 매우 다르게 나타날 수 있다. 교사는 간호사나 의사의 자문을 받거나 전문 서적을 통해 특정 치료 약물과 복용량뿐만 아니라 약물 유형에 대한 구체적인 정보를 수집해야 한다. 학생의 부모나 담당 의사는 학생이 복용하는 약물에 대해 교사에게 알려주어야 하며, 교사에게 약물이 교실에서의 학생 행동과 학업 수행에 미치는 효과에 대해 점검해 달라고 부탁해야 한다. 만일 교사가 어떤 학생이 향정신성 약물을 복용하는 것에 대해 아무런 정보도 제공받지 못하고 교실에서의 학생 행동을 관찰해 달라는 부탁을 받지 않은 경우, 교사는 부모나 보건교사와 연락해서 약물에 반응하는 학생의 행동을 점검하는 방법에 대해 의논해야 한다.

요약

보는 행동은 생와약식이고 신생익씩인 활동이 포함되기 때문에 생물학적 요인은 중요한 의미가 있다. 정서행동장애의 원인이 될 수 있는 생물학적 요인은 유전, 뇌손상과 뇌기능장애, 영양실조와 알레르기, 기질 등이 포함된다.

유전적인 요인은 거의 모든 장애의 원인으로 제시되고 있다. 유전적 요인이 조현병을 일으키는 원인으로 알려져 있지만, 유전자 체계가 어떻게 작용하는지에 대해서는 아직 알지 못한다. 환경적인 요인도 유전적으로 취약한 사람에게 조현병을 일으키는 데 영향을 미치는 것으로 알려져 있다. 유전적 요인이 어떤 장애의 원인이라고 해서 그 장애가 치료될 수 없다는 것을 의미하지는 않는다.

뇌손상이나 뇌기능장애는 거의 모든 유형의 정서행동장애의 원인이 된다고 알려져 있다. 외상성 뇌손상은 두뇌의 뚜렷한 손상과 관련이 있으며 매우 다양한 정서행동 문제를 야기한다. 조현병은 최근에 유전적 요인에 의한 장애로 알려졌지만, 정확한 원인과 뇌기능 이상에 대해서는 알려져 있지 않다. 환경적인 요인이 외상성 뇌손상이나 조현병을 다루는 데 중요한 요인이다.

심한 영양실조는 아동의 발달에 심각한 영향을 미친다. 음식이나 알레르기가 여러 유형의 정서

행동징애의 원인이 될 수 있다는 일반적인 견해를 뒷받침할 만한 일관성 있는 연구 결과가 축적되어 있지 않다. 교사는 음식 섭취와 알레르기가 아동에게 미치는 영향에 대해 잘 알고 있어야 하지만, 이로 인해 아동을 가르치는 교수방법에 대하여 주의를 기울이지 않는다면 잘못된 것이다.

기질은 일관성 있게 환경에 반응하는 행동 양식이나 타고난 성향이다. 기질이 생물학적 요인에 근거하지만 환경적 요인에 의해서도 영향을 받는다. 부모와 교사가 아동의 기질을 잘 관리한다면 난기질과 연관된 정서행동장애의 위험성을 감소시킬 수 있다.

생물학적 요인이 정서행동장애에 영향을 미치지만, 환경적(심리적) 요인과 상관없이 독립적으로 작용하는 것이 아니다. 현재 보편적으로 수용되고 있는 관점은 생물학적 요인과 환경적 요인이 서로 상호작용하여 장애를 일으킨다는 것이다. 작은 결함부터 심한 결함에 이르는 생물학적 원인의 연속체와 경도부터 최중도에 이르는 정서행동장애의 연속체를 함께 제시하는 것이 합리적인 것으로 보인다. 생물학적 요인이 교사가 일상적으로 하는 일에 많은 영향을 미치는 것 같지 않아 보이지만, 그래도 교사는 이러한 생물학적 요인에 대하여 알아야 하며 필요시 학생을 전문가

에게 의뢰할 수 있어야 한다. 교사는 향정신성 약물의 효과와 부작용에 대해서도 잘 인식하고 있어야 하며, 약물이 학생에게 미치는 효과에 대해서도 주의 깊게 관찰하여야 한다.

논의를 위한 사례

그녀는 계속 말을 한다.

로나 (Lorna)

15세인 로나는 때로 쉬지 않고 말을 하는데, 그녀가 하는 말은 사람들을 혼란스럽게 한다. 그녀의 가족은 로나에게 때로 "로나, 너는 지금 쉬지 않고 말하고 있어"라고 알려준다. 로나의 남동생은 로나에게 아무도 그녀의 이야기를 듣고 싶어 하지 않는다고 말한다. 그러나, 로나는 다른 가정의 남동생들도 누나들에게 그런 식으로 버릇없이 표현한다고 생각한다. 로나의 엄마는 로나가 이야기하는 것을 상대방이 이해하기 위해서는 상대방이 로나와 경험을 나누어야 한다고 말해주었다. 그러나 로나 엄마는 사람들이 로나를 이해하는 것이 힘들 것이라는 것을 인정하였다.

병적 다변증(verborrhea, logorrhea)은 과다하게 이야기를 하는 것이다. 어떤 기술적 또는 정신의학적 용어를 사용하든 간에 쉬지 않고 계속 이야기를 하거나 말을 너무 많이 하는 것은 정서행동 문제가 있다는 징후이다.

정신과 의사는 로나의 쉬지 않고 이야기하는 경향 때문에 로나에게 심각한 증상이 있다는 견해를 가지게 되었다. 의사는 로나에게 심도 있는 진단평가를 권하였고, 로나에게 다른 문제도 있다는 것을 알게 되었다. 로나는 쉬지 않고 말하는 문제뿐만 아니라, 쉬지 않고 글을 쓰는 문제도 가지고 있었다. 그러나, 로나가 단어를 빠뜨리거나 단어를 쓰다 중단하기 때문에 그녀의 글을 이해할 수는 없다. 로나의 문장은 지나치게 길고, 글을 쓰는 주제에 대해 혼동을 하기 때문에 하나의 주제에 대해 한두 문단 이상을 쓰지도 못한다.

출처 : 익명의 저자 (1994)

사례에 관한 토론 과제

1. 로나가 고등학교 1학년 학급에 있다고 상상해 보라. 교사인 당신이 로나가 조현병이 있고 정신과 약을 먹고 있다는 것을 알게 된다면, 로나가 쉬지 않고 이야기하는 것에 대한 당신의 반응이 달라지겠는가? 반응이 달라지지 않는다면 왜 그런가? 반응이 달라진다면 어떻게 달라지겠는가?

2. 당신은 교사로서 로나가 정상적인 대화(예 : 계속 이야기하지 않는 것)를 학습할 수 있도록 어떤 전략을 사용하겠는가?

3. 만약 로나가 고등학교 1학년 통합학급에 배치되어 있다면, 교사인 당신은 비장애 학생들로 하여금 로나가 이야기를 쉬지 않고 할 때 어떻게 로나에게 도움이 되게 반응하라고 가르칠 것인가?

5

문화 요인

학습 목표

5.1 문화적인 차이에서 비롯되는 갈등과 이러한 갈등이 아동과 청소년에게 어떤 방식으로 스트레스를 야기하는지 설명할 수 있다.

5.2 교사들이 자신과 다른 문화권에 소속된 학생들에 대한 편견과 차별의 문제를 피하기 위해 취할 수 있는 조치를 설명할 수 있다.

5.3 문화 요인이 어떤 방식으로 일탈행동을 야기하는지 설명할 수 있다.

5.4 TV 시청이 아동의 반사회적 행동 및 친사회적 행동에 어떤 영향을 미치는지 설명할 수 있다.

5.5 아동이 적절한 사회적 행동을 배우는 데 도움이 되는 이웃의 특징을 묘사할 수 있다.

정서행동장애의 원인 요소로서 문화 요인이 갖는 호소력

아동과 청소년의 행동은 부분적으로 다양한 사회적 영향을 받는다. 이어지는 두 장에서는 아동의 행동에 미치는 가족의 영향(제6장)과 학교의 영향(제7장)을 다루겠지만, 가족과 학교가 행사하는 사회적 영향력만으로 아동의 행동이 결정되는 것은 아니다. 아동, 가족, 교사들은 그들의 행동을 형성하는 더 큰 문화의 일부다. 부모와 교사들은 자신들이 살아가고 일하는 문화에서 통용되는 가치관을 바탕으로 행동의 기준과 기대 수준을 정하는 경향이 있다. 아동의 태도와 행동은 그들의 가족, 또래, 지역사회의 문화 규준을 따른다. 그러므로 우리는 문화적 다양성과 문화 변동의 맥락에서 행동을 평가해야 한다. 가족 관계는 시대에 따라 변하고, 문화에 따라 다르다. 모든 시대와 문화를 아우를 수 있는 성공적인 자녀 양육의 패턴이나 특징을 발견할 수는 있겠지만, 한 상황에서는 적응행동이라 볼 수 있는 특정 행동이 다른 상황에서는 그렇지 못한 경우가 분명히 존재한다[예 : 빈곤한 도시 중심부와 부유한 교외 지역, 평화로운 시대와 전시(戰時), 경제적 성장 및 안정기와 경제적 침체기, 부모에 의한 양육과 조부모에 의한 양육, 부모가 다 있는 가정과 한부모 가정]. 따라서 2015년이나 2020년 또는 2025년의 연구 결과는, 인구학적 상황이나 환경이 달라질 2030년이나 그 이후의 가족에 대해 제대로 말해주지 못할 것이다(Hayden & Mash, 2014; Patterson & Fosse, 2015; 또한 www.virginia.edu/marriageproject/ 참조).

사회적으로 기대되는 행동도 문화의 일부지만, 문화는 이에 국한되지 않는다(Anastasiou & Kauffman, 2011; Anastasiou, Kauffman, & Michail, 2016; DeLuca, Clampet-Lundquist, & Edin, 2016). 문화는 가치, 전형적이거나 수용 가능한 행동, 언어와 방언, 비언어적 의사소통 패턴, 문화적 정체성에 대한 인식, 세계관이나 일반적 시각 등을 모두 포함한다. 고유한 가치, 생활양식, 언어, 방언, 비언어적 의사소통방식, 자아인식, 준거, 정체성을 가진 많은 소집단들이 더 큰 사회 안에 존재한다(이 소집단들은 종종 '하위문화'라고 불리는데, 이는 그들이 다른 집단의 지배를 받거나 덜 중요해서가 아니라 전체의 일부라는 의미에서 그렇게 불린다). 한 문화를 유지하면서 동시에 그 문화를 형성하는 하위문화를 존중하려면 어떻게 해야 할까? 그 답은 명확하지도 간단하지도 않다(정서행동장애 학생을 위한 특수교육을 포함하여 다문화주의와 다문화교육에 관한 심도 있는 논의를 살펴보기 위해서는 Anastasiou et al., 2016; Hallahan et al., 2015; Kauffman & Anastasiou, 출판 중; Learoyd-Smith & Daniels, 2014; Skiba, Middelberg, & McClain, 2014 참조).

미국은 다양한 민족과 문화의 혼합체라는 이미지에서 '문화 용광로(cultural melting pot)'라고 불리곤 한다. 우리 모두는 이제 시민의 다양성이 미국을 강하고 더 좋게 만든다고 믿게 되었다. 그러나 문화의 다양한 구성 성분을 제대로 혼합하지 못한다면, 즉 미국 문화에 속한 다양한 구성원을 통일된 하나의 정체성으로 연합시키지 못한다면 더 강하고 좋은 사회가 될 수 없다. 동전마다 새겨져 있는 표어 'E pluribus unum(다양성 안의 단일성)'은 갈수록 심각해지는 모순을 잘 보여주고 있는 것 같다. 우리는 문화적 다양성을 존중하지만, 공동의 문화적 가치는 우리 사회를 하나로 묶어준다. 개별성과 통합성(즉 구별됨과 하나됨) 간의 긴장은 거의 모든 쟁점에 대한 집단 간 갈등의 시발점이 될 수 있을 뿐 아니라 정서행동장애를 야기할 수도 있다. 어떤 사회를 하나로 묶는 것은 통합성, 하나됨, 단일성, 공통성이다. 공통적인 것을 완전히 배제할 정도까지 차이를 강조하다보면 문화적 갈등, 인종주의, 집단 증오, 전쟁을 야기할 수 있다. 또한 행동이나 교수(instruction) 면에서는 동일한 원칙이 모든 문화에 적용 가능한 것 같다(Kauffman, Conroy et al., 2008).

아동의 가족, 학교, 교사의 가치관이나 기대가 다른 문화적 규준과 상충될 때 정서 또는 행동 발달에 불리한 영향을 미칠 수 있고, 학교에서의 행동이 까다로운 쟁점이 될 수 있다. 서로 다른 문화적 영향력이 아동의 행동을 서로 다른 방향으로 이끌 때, 기대행동 간의 충돌이 발생하고 학생이 문화적 규준을 위반하여 문제아라는 표찰을 받게 될 가능성이 높아진다. 많은 문헌에서 '인종'을 중요한 문화요인으로 주목해 왔다. 많은 사람들이 '인종'을 과학적으로 설명할 수 있는 생물학적 실제라고 생각하지만, 사실은 그렇지 않다. 인종이라는 문화적 요소가 중요하지 않다는 의미는 아니다. 다만 '인종'은 생물학적 근거가 없다는 것이다 (Anastasiou & Kauffman, 2012). 이는 학생의 민족적 정체성과 민족 공동체가 중요하지 않다는 의미도 아니다(Fosse, 2015; Patterson, 2015a, 2015b).

상충하는 다양한 문화적 가치관과 기준

상충하는 여러 가치관과 기준, 그리고 이것이 아동과 청소년에게 야기하는 스트레스의 예를 찾기란 그리 어렵지 않다. 텔레비전 쇼, 영화, 잡지들은 많은 아동이 속해 있는 가족의 표준과는 너무도 다른, 높은 지위의 사람들의 행동과 가치관을 미화하며, 부모들은 이를 모방하는 자녀를 나무라곤 한다. 종교집단은 더 큰 공동체에서는 크게 문제가 되지 않는 특정 행동들을 금지하기도 한다(예 : 춤추기, 영화 보기, 데이트, 자위행위). 이러한 종교적 가르침을 따르는 아동들은 또래의 배척과 비난을 받으며 사회적으로 고립될 수 있고, 반면 그러한 금기를 깬 아동들은 심한 죄책감에 시달릴 것이다. 부모들은 자녀가 또래나 교사의 인정을 받는 어떤 특성이나 행동(예 : 특정 옷을 입는 것, 학교에서의 성취)에 부여하는 가치를 이해하지 못할 수도 있다. 부모와 자녀의 가치관 차이는 부모들이 하는 불평의 핵심이 되곤 한다.

일반적으로 우리 사회에서는 구타와 공격성을 수용하기 어려운 것으로 본다(Kimonis, Frick,& McMahon, 2014 참조). 그러나 체벌은 미국의 전 역사에 걸쳐 부모가 자녀를 훈육하는 방법에 포함되어 왔으며, 미국 부모의 약 95%가 어린 자녀에게 체벌을 사용하는 것으로 나타났다(Gershoff, 2002; Taylor, Manganello, Lee, & Rice, 2010). 아동에 대한 체벌을 법으로 금지하는 나라가 있기는 하지만, 미국은 그렇지 않다. 체벌에 대한 여러 문화집단의 태도와 체벌의 영향에 대한 다양한 견해는 여전히 많은 논란의 여지가 있다.

'인종 간' 결혼을 통해 출생한 아동은 정체성 발달에 어려움을 가질 수 있는데, 특히 청소년기에 그러하다. 이들은 다문화가정 자녀들을 향한 사회의 양가감정을 이해하는 동시에 각 문화의 장점을 취하여 두 가지 인종적 정체성을 하나의 개별 정체성으로 조화시키는 데 어려움을 갖는다. 동시에 미국의 인구학적 현상을 살펴보면 국가, 민족, 인종의 범주가 계속해서 통합되고 있는 추세이므로, 어떤 사람이 특정 문화의 정체성을 언제, 어떻게 가지게 되었는지를 파악하기가 어렵다(Kauffman, Conroy et al., 2008). 또한, 아동들이 인격적인 대우를 받으려면 오랜 기간 수호되어 온 전통적인 문화적 신념이 경험적 증거에 기반을 둔 더 나은 신념, 즉 서양 문화의 현실적 관점으로 바뀌어야 한다는 점이 과학적 세계관을 가진 사람들에게는 명백하게 다가온다.

상충하는 문화들이 행동에 미치는 영향력은 때때로 예상치 못한 결과를 초래한다. 즉 문화는 특정 유형의 행동을 권장하는 동시에 그 행동을 하는 사람에게 심한 벌을 주기도 한다. 해야만 할 것 같은 유혹이나 압력이 존재하는 한편, 그에 대한 처벌이 뒤따르는 이러한 현상은 특히 폭력적 행동과 성적인 면에서 명백하게 나타난다. 우리 사회는 대중매체에서 높은 지위를 가진 폭력적인 인물을 멋있게 표현함으로써 폭력을 조장하는 면이 있다. 그러나 아동이 이를 모방한 사회적 공격성을 보이면 심하게 벌을 준다. 십대의 임신 역시 문화에 의해 조장된 면이 있지만, 이에 대한 이 사회의 반응을 생각해보라. 지난 몇십 년간, 성에 대한 가치관은 너무나 많이 바뀌어서 청소년들은 더 많은 자유를 가지게 됨과 동시에 피임에 대한 책임도 갖게 되었다. 우리 사회는 아직 제대로 준비가 되지 않은 청소년들에게 자유와 책임을 주면서 이들을 유혹해 놓고, 이러한 자유와 책임을 어떻게 다루어야 할지에 대해서는 도움을 주지 않을 뿐 아니라 자유를 남용하거나 책임감 없이 행동하면 처벌을 한다. 영화, 인터넷, 소셜미디어, 광고들은 성적 절제와 피임을 장려하는 노력과는 정반대의 방향으로 행동하는 인물들을 보여주면서 성적 매력과 돌발적인 성적 행위를 강조한다. 십대들은 종종 또래들에게 좀 더 성적으로 활발해지라고 압력을 행사한다. 그와 동시에 보수적인 정치인들은 성교육을 최소화하고 십대들이 피임 기구를 쉽게 구하지 못하게 한다. 또한, 가사와 육아를 어떻게 할 것인가에 대한 교육도 적절하게 이루어지지 않고 있다.

다문화적 관점

서로 다른 문화적 기준들이 야기하는 갈등 외에도 이들의 성인이 문화적 가치관을 편견을 가지고 타인을 바라보게 만들 수 있다. 교육 분야의 문화적 편견에 대한 본격적 논의는 이 장의 범위를 벗어나지만, 편견과 차별의 문제는 아동의 행동을 평가할 때 중대한 영향을 미친다(Patterson & Fosse, 2015).

결국, 거의 모든 행동 기준과 기대행동, 그리고 일탈행동에 대한 대부분의 판단은 문화의 영향을 받는다. 즉 가치판단은 문화로부터 완전히 자유로울 수 없다. 다문화적 요소를 중시하는 다원화된 사회에서, 교사들을 향한 핵심 질문은 아동의 특정 문화적 전통에서 비롯된 행동을 판단할 때 충분히 관용적이었는가 하는 것이다(Cartledge, Kea, & Ida, 2000; Osher et al., 2004; Patterson, 2015a; Skiba et al., 2014). 아동이 더 큰 사회에서 살아가는 데 어려움을 겪게 만들 정도만 아니라면, 아동의 문화적 차이는 수용되어야 한다. 다만, 자아실현, 독립성, 책임감 같은 교육의 고차원적인 목표 성취와 양립할 수 없는 가치와 행동은 수정되어야 한다.

누가 사회의 더 큰 목표를 정하는가? 우리는 모두 우리 자신의 문화적 기반을 기준으로 하여 타인을 판단하는 경향이 있다. 미국은 유럽 하위문화에 의해 지배되어 왔기 때문에, 다문화 관련 논의의 핵심은 유럽권이 아닌 소수문화에 대한 것이었다.

다문화적 관점을 적용하는 규칙을 세우는 것은 쉬운 일이 아니다. 교사와 학교 행정가들은 어떤 행동 기준이 자신의 개인적 가치 체계를 대표하는 것이고, 어떤 행동 기준이 더 큰 사회에의 적응을 위해 정당화될 수 있는 요구인지를 매순간 결정해야 한다. 예를 들어 학생은 반드시 교실에서 모자를 벗어야 하는가? 상류층 영어란 무엇이며, 학생들이 학교에서 성인에게 말을 할 때 상류층 영어를 쓰는 것이 필수적인가? 일반적으로 아동이 사회에서 성공하고 행복해지는 것과 양립할 수 없는 가치와 행동은 무엇인가? 특정 문화적 가치가 학생을 학교 실패의 위험에 처하게 할 때는 언제인가? 학교 자체의 문제 때문에 학교 실패의 위험이 비롯되는 상황에는 어떤 것이 있는가? 그러한 학교 문제는 어떻게 발생한 것이며, 학생들에게 무엇을 요구하는가?

이런 질문들에 대해 정해진 답은 없다. 이 질문들은 다문화 사회에서 공평과 정의를 향한 우리 노력의 일부로 늘 남아 있을 것이다. 이와 동시에, 학생들을 위한 최선의 공정성은 증거기반 교수의 제공을 통해 실현될 수 있다(Kauffman, Mock, Tankeresley, & Landrum, 2008; Walker & Gresham, 2014).

문화 요인 파악과 관련된 어려움

별도의 장에서 살펴보게 될 가족과 학교 외에 가장 흔히 연구되는 문화 요인은 대중매체, 또래집단, 이웃, 인종, 사회 계급, 종교단체, 도시화, 건강과 복지 서비스 등이다. 정서행동장애에 미치는 이러한 요인들의 영향을 평가하는 것은 매우 어려운 일인데, 이는 특히 다음 세 가지 이유 때문이다.

첫째, 많은 문화 요인들 간의 관계가 매우 강력하여 각각의 요소를 분리하기가 불가능하다. 일찍이 Hodgkinson(1995)은 우리의 관심이 빈곤의 보편적 영향력에서 인종 및 민족 차이에 대한 문제로 옮겨 갔다는 점에 주목하였다(Pascoe et al., 2016 참조). 인종이나 민족 정체성이 빈곤과 상관관계가 있을 수도 있지만, 소수인종이나 소수민족에 속한 장애 아동의 삶을 향상시킬 수 있는 최선의 전략은 빈곤 그 자체에 집중하는 것이다.

둘째, 문화 요인 중 상당수는 관련 연구가 매우 제한적이거나 거의 없는 실정이다. 예를 들어 종교적 신념과 종교단체가 가족의 삶과 아동의 행동에 미치는 영향력은 매우 크지만, 이에 대한 연구는 거의 없다.

셋째, 문화와 기질이 서로 긴밀하게 관련되어 있어서 문제행동이 무엇에서 비롯되었는지 판별하기가 매우 어렵다. 아동의 행동이 문제일까, 아니면 교사의 기대가 문제일까, 또는 교사와 아동이 서로 맞지 않는 것이 문제일까(Keogh, 2003)?

문화 요인을 이해하는 것이 이와 같이 어려움에도 불구하고 현존하는 연구들은 어떤 문화 특성과 일탈행동의 발생 간에 관련이 있음을 제안하고 있다. 예를 들어 현재 미국 문화의 두 가지 대표적 특징이라고 할 수 있는 매체 속의 폭력과 총기류의 손쉬운 구입은 아동과 청소년의 공격행동에 긴밀하게 연결되어 있다(Huesmann, MoiseTitus, Podolski, & Eron, 2003; Walker et al., 2004). 인간성을 파괴하는 문화적 행동 패턴을 수정하는 동시에 인류의 조건을 향상시키는 문화적 다양성을 이해하고 유지하는 것은 엄청난 도전이다.

대중매체

대중매체는 인쇄물, 라디오, 텔레비전, 영화, 음악, 인터넷을 통한 전자 정보 등을 포함한다. 대중매체가 아동과 청소년의 행동에 미치는 영향에 대한 사회의 염려는 책과 잡지가 널리 보급된 때부터 시작되었다. 몇 세대 전만 해도 우리는 라디오 프로그램이나 만화책의 영향을 걱정하곤 했다. 재즈음악은 인간을 타락시킨다고 인식되기도 했다. 최근에는 교과서, 외설 잡지, 소설, 영화, 전자 게임, 힙합, 인터넷을 통해 얻을 수 있는 정보와 음란물이 젊은 이들의 생각과 행동에 미치는 영향에 대해 걱정하며 느끼고 있다.

읽고, 보고, 듣는 것이 행동에 영향을 미치는 것은 확실하지만, 상품 광고의 영향에 대한 연구 외에는 이 현상을 설명한 연구가 거의 없다. 출판업자와 방송관계자들은 후원자의 광고가 얼마나 효과적이었는지를 보여주기 위해 시장 조사를 한다. 그들은 무엇이 잘 팔리는지, 아동과 청소년을 포함한 특정 소비자층의 구매 습관에 영향을 줄 수 있는 것이 무엇인지에 관해 많은 것을 알고 있다. 그럼에도 불구하고, 매체가 아동의 사회적 행동에 미치는 영향은 명확하지 않으며, 여전히 논란 중에 있다. 아이러니하게도, 텔레비전 광고가 행동에 미치는 지대한 영향력을 확신하는 바로 그 사람들(방송국 임원들)이 텔레비전 폭력이 아동의 사회적 행동에 미치는 영향은 미미하다고 주장한다.

오늘날, 텔레비전이 행동 발달에 미치는 영향은 가장 심각한 매체 관련 쟁점이다. 장시간의 텔레비전 시청은 아동의 인지 능력에 불리한 영향을 끼치는 것으로 보이며(Zimmerman & Chistakis, 2005), 청소년의 주의집중, 학습, 학교생활 문제를 일으킬 위험과 관계있는 것으로 추정된다(Johnson, Cohen, Kasen, & Brook, 2007). 또한, 연구자들과 정책 입안자들은 텔레비전 시청이 어떤 방식으로 아동의 공격성이나 친사회적 행동(예 : 남을 돕기, 양보하기, 협동하기)을 증가시키는지에 관심을 보이고 있다. 연구들은 텔레비전 시청과 공격성의 관련성을 명백히 보여주고 있지만, 이는 통계적으로 그렇다는 것이지 개별 아동에게 일대일로 단정할 수 있는 것은 아니다. 텔레비전을 별로 보지 않는데도 매우 공격적인 아동이 있는가 하면, 텔레비전을 계속 보는데도 공격적이지 않은 아동도 있다. 그러나 텔레비전 시청이 어떤 아동들의 반사회적 행동에 기여하는 것은 명백하므로, 텔레비전 시청이 어떤 방식으로 문제의 원인이 되는지를 이해하는 것은 중요하다. 관찰학습(observational learning)은 텔레비전에 나오는 폭력이 공격행동을 조장하는 명백한 방식 중 하나다. 아동들은 본 것을 따라한다. 그러나 이는 너무 단순화된 설명이며, 최근 연구들에서는 좀 더 복잡한 과정이 관여되는 것으로 나타났다.

텔레비전 시청의 영향에 관한 가장 적절한 설명은 오래전에 주창된 사회인지 모델에 잘

유튜브 비디오 사례

비디오 연결 5.1

이 영상에서는 한 연구자가 텔레비전 시청이 어린 아동의 행동에 미치는 영향에 관한 연구를 설명하고 있다. 그는 유익한 텔레비전 쇼의 긍정적 영향과 폭력 장면(심지어 만화와 같은 어린이 프로그램에 포함된 장면이어도)의 부정적 영향을 모두 다루고 있다. (https://www.youtube.com/watch?v=ox8vlSRl1lM)

들어맞는다(Bandura, 1986). 즉 개인 변인(사고와 감정), 사회 환경, 행동이라는 세 요소 간의 상호성이 개인에게 영향을 미친다는 것이다. 텔레비전에 나오는 폭력과 공격의 예에서 Bandura의 3자 간 상호성(triadic reciprocality)은 (1) 공격행동과 그 행동을 하는 텔레비전 인물에 대한 아동의 사고와 감정, (2) 아동의 환경(학교, 가정, 지역사회), (3) 아동의 폭력적 텔레비전 프로그램 선택과 문제 상황에서 보이는 공격적 반응이 포함된다. 그러나 친구 관계나 학교 수행 등과 같이 공격성이 드러날 수 있는 일반적인 사회적 상황 또한 고려되어야 한다.

텔레비전의 폭력적인 장면을 많이 시청한 아동일수록 성인기에 폭력적인 대인관계행동을 보일 가능성이 매우 높다(Huesmann, Moise-Titus, Podolski, & Eron, 2003). 매체에서의 폭력행동은 반사회적 행동을 선동하고, 아동이 공격행동에 무심해지게 하며(즉 공격행동을 보아도 무덤덤하고, 타인을 돕지 않으려 함), 자신이 처한 환경을 좀 더 공격적이고 위험한 장소로 인식하게 하는 것 같다. 일부 폭력적인 비디오 게임은 정서적 준비와 행동 시연을 통해 폭력행동을 하기 위한 효과적 훈련을 제공하기도 한다. 텔레비전 폭력을 시청하는 것이 정서행동장애 아동을 포함한 모든 아동을 폭력적이 되게 만드는지에 대해 아직 연구들이 명백하게 밝히고 있지는 못하지만, 아동의 텔레비전 시청을 제한하고 아동의 관심을 좀 더 건설적인 활동에 돌려야 할 이유는 충분하다. 텔레비전과 영화에 묘사된 폭력을 줄이는 것은 아동 및 청소년의 폭력행동 수위를 낮추는 데 도움이 될 것이다.

대중매체(텔레비전뿐 아니라 모든 출판물, 영화, 음악, 비디오, 방송 매체)가 정서행동장애의 발생에 미치는 영향은 친사회적이고 인간적인 사회를 건설하려는 사람들에게 걱정거리일 수밖에 없다. 예를 들어 십대의 자살행동은 십대의 자살을 다룬 방송 후에 증가하는 경향이 있다. 폭력에 의한 해결을 미화하는 영화는 텔레비전 폭력의 영향력을 증폭시킨다. 폭력과 외설을 특징으로 하는 출판물들은 행동 발달이나 품행에 어떤 **긍정적** 영향도 미치지 못한다.

어떤 사람들은 힙합(랩) 가사의 영향을 걱정한다. 사람들이 불쾌해 하는 단어나 문구를 사용하는 랩 가사도 있기는 하지만, 모든 랩이 그런 것은 아니다. 이는 다른 보컬 뮤직 장르에서도 마찬가지다. 힙합 자체를 비난한다면 어떤 문화에서든 이 시대 젊은이를 이해할 수 없다(Marshall, 2015).

바람직하지 못한 행동에 대한 묘사를 즐기고 긴시회적 프로그램을 늘리며 바람직한 행동을 자주 보도하면, 우리 문화가 좀 더 인간적이 되고 자기파괴적 성향도 줄어들 수 있을 것이다. 그러나 매체 문제의 해결은 그리 명백하지 않다. 검열제도는 자유로운 사회라는 원칙과 양립하기 어렵다. 아동 보호를 고려한 개인의 선택과 책임이 이 문제에 대해 수용 가능한 유일한 접근일지도 모른다. 매체 제작과 매체 시청에서 어떻게 책임 있는 개인의 선택을 증진시킬지에 대해서는 아직 알려진 바가 없다.

마지막으로 강조하고 싶은 점이 있다. 사회에서 영향력을 가진 어떤 사람들이 공격적이고 위협적이며 품위가 없고 남을 무시하는 말을 쓰고, 다른 사람을 조롱하거나 거짓말을 하고, 현실을 부정하는데, 비슷한 영향력을 가진 다른 사람들이 이들의 행위를 명확하게 지적하고 거부하며 처벌하지 않는다면, 이러한 잘못된 행동은 점점 더 긍정적으로 인식될 것이다. 반사회적 행동을 하는 모델과 그러한 모델에 대한 관심과 보상은 제9장에서 다룰 **품행장애**(conductive disorder)의 발생에 심각한 영향을 미친다. 대중매체(특히 텔레비전)가 반사회적 행동을 장애의 한 특징으로 보지 않고 낭만적인 모습으로 그린다면 정서행동장애의 하위 유형 중 일부는 별 문제가 아니라고 인식될 수 있고 정서행동장애의 특징인 특정 행동을 보이는 사람을 추앙하는 결과가 야기될 수도 있다(Kauffman & Badar, 출판 중).

또래집단

또래집단은 다음 두 가지 방식으로 정서행동장애의 발생에 기여할 수 있다. 첫째, 긍정적이고 상호적인 또래관계는 적절한 사회성 발달에 필수적이다. 또래집단은 사회적 학습에 매우 중요하게 관련되기 때문에 긍정적인 또래관계를 수립하지 못하는 아동들은 높은 위험에 처하게 된다(LeBlanc, Sautter, & Dore, 2006). 둘째, 어떤 아동과 청소년들은 사회성 기술도 있고 사회적 지위도 높지만, 부적응행동 패턴을 강요하는 또래집단과 어울린다(Farmer, 2000; Walker et al., 2004).

긍정적인 또래관계의 부재

또래관계는 행동 발달에 매우 중요한데 특히 아동기 중반과 청소년기 초기에 그러하다. 이제 우리는 다섯 살밖에 되지 않은 어린 아동의 또래관계 문제도 파악할 수 있게 되었는데, 이러한 또래 문제는 장기화되는 경향이 있다(Walker et al., 2004). 또래집단 내에서의 사회적 위치를 결정하고 유지하는 데 관련된 행동 특성이 무엇인지에 대해 갈수록 많은 것들이 밝혀지고 있으며, 또래집단에서의 지위와 이후의 행동 문제 간에 존재하는 상관관계도 갈수록 명백해지고 있다.

일반적으로, 높은 사회적 지위나 사회적 수용은 또래와의 친사회적 상호작용 및 타인에 대한 긍정적 태도(예 : 도움 주기, 친절, 규칙 준수)와 관련된다. 낮은 지위나 사회적 거부는 또래집단 내에서의 적대감, 방해행동, 공격성과 관련되어 있다. 이를 더욱 복잡하게 만드는 것은, 공격적인 아동은 그렇지 않은 아동에 비해 자신의 적대적 의도를 또래의 행동 탓으로 돌리는 경향이 많으며, 또래의 의도에 적의가 없을 때에도 공격적으로 반응할 가능성이 높다는 사실이다. 또래 내에서의 낮은 사회적 지위는 학업 실패, 자살과 비행을 포함한 아동기 이후의 다양한 문제와도 관련된다. 사실, 비약한 또래관계, 학업 무능력, 낮은 자아개념은 반사회적 행동 발생에 대한 실증적 모델에서 가장 중요한 요인들이다.

반사회적인 아동과 청소년들은 일탈행동을 하는 또래에게 끌리는 경향이 있으며, 권위를 가진 성인뿐 아니라 또래들과도 갈등관계에 있음을 보여주는 수많은 증거가 있다. 협동, 공감, 사회적 상호성에 대해 또래로부터 배우지 못하는 아동은 이후의 삶에서도 적절한 관계를 발전시키지 못할 위험에 놓인다. 이들은 인생에 잘 적응하기 위해 요구되는 친밀하고 영속적인 우정을 발전시키는 데 어려움을 가질 가능성이 크다. 즉 또래집단은 사회적 일탈을 야기하는 주요 요인이다.

그러나 이런 식의 일반화는 또래 내 사회적 지위와 아동의 행동 특성 간 관계에 대한 복잡한 연구 결과들을 제대로 반영하지 못한다. 사회적 지위는 또래의 추천, 교사의 평정, 또는 직접적인 행동 관찰을 통해 측정할 수 있다. 자료의 출처에 따라 사회적 수용이나 거부에 대한 상이한 그림이 나올 수 있다. 또래집단이 용인하는 행동은 연령과 성별에 따라 다르므로, 같은 행동도 나이와 성별에 따라 또래관계에서 갖는 함의가 다를 수 있다. 사회적 거부를 야기하는 사회적 과정과 고립이나 무시를 야기하는 사회적 과정은 상당히 다를 수 있다. 같은 교실 상황에 있어도 학생들이 속한 인종이 서로 다르다면 교실 상황이 각 학생의 사회적 지위와 친구관계 패턴에 미치는 영향은 다를 수 있으며, 또래들의 사회적 인식에 편견이 존재할 때 동일한 행동을 보인 두 학생이 사회적으로 수용되는 정도가 달라질 수 있다.

아동의 사회적 수용에 대한 모든 정보는 사려 깊고 도움을 잘 주며 또래들을 따돌리지 않고 집단의 규준이나 규칙을 따르는 아동이 인기가 있다고 말하고 있다. 연령에 따라 달라지기는 하지만 또래들에게 거부당하는 아동의 반사회적 행동 특성은 이와 상반된 특성, 즉 규칙 위반, 과잉행동, 방해행동, 공격성 등과 관련되어 있다. 아동들은 성장함에 따라 외현적인 신체적 공격성을 덜 보이는 경향이 있다. 이들이 다른 사람을 괴롭히고 그로 인해 거부당하는 방식은 보다 복잡하고 미묘해지며 행동보다는 말을 중심으로 이루어진다. 신체적 공격성은 종종 여학생보다는 남학생 집단에서 거부를 야기하는 요인이 된다.

사회적 위축(social withdrawal)은 종종 또래의 거부와 관련이 되지만, 인과관계가 늘 명확한 것은 아니다. 사회적 위축은 또래관계에 대한 아동의 사고 안에서 공격성만큼 두드러지게 인식되지 않는다. 그러나 아동이 성장함에 따라 위축은 거부와 밀접하게 관련되는데, 이는 아동이 사회집단에 참여하려고 시도했다가 거절을 경험하게 되었기 때문이다. 이러한 상관관계는 위축이 거절당한 경험에서 비롯되며, 반복되는 사회적 좌절에 대처하는 방식임을 시사한다. 반복된 거절에 따른 위축을 보이는 아동들은 더 심한 위축과 거부의 악순환에서 헤어나지 못한 채 놀림과 학대의 대상이 될 수 있다.

또래들이 격렬하게 거부하는 아동의 행동 특성에 비해 또래들의 관심 밖인 아동의 행동특성에 대해서는 별로 알려진 것이 없는데, 이는 또래들의 눈에 띄지 않는 아동의 특성을 연구하는 것이 무척 어렵기 때문이다. 그렇지만 또래들은 이러한 아동들을 볼 때, 수줍고 위축되어 있으며 혼자 놀 때가 많지만, 인기 있는 아이보다 덜 공격적이고 공부를 잘할 것이라고 생각하는 듯하다. 또래들의 관심을 받지 못하는 아동들이 비교적 높은 수준의 친사회적 행동을 보이고 교사의 기대에 부응할 때도 있지만, 이들의 자기주장 부족은 또래로 하여금 이들이 사회적으로 유능하지 않다고 생각하게 만드는 결과를 초래한다.

거부당하고 위축되어 있으며 무시당하는 아동에게 부족한 사회성 기술의 판별이 가능해졌다면, 이러한 기술을 지도할 프로그램 마련이 논리적으로 적절한 대책이다. 사회성 기술 훈련(social skills training) 프로그램은 요즘 쉽게 구할 수 있다(Gresham & Elliott, 2014; McGrath, 2014). 그러나 사회성 기술 훈련이 괄목할 만한 성과를 내지 못하는 경우가 많은데 이는 프로그램이 제대로 실행되지 못했거나 일관성 있게 실행되지 못했기 때문일 것이다.

게다가 어떤 기술을 가르쳐야 할지를 정확히 알기 어려울 때도 많다. 주의 깊은 진단 없이 중요한 사회성 기술 결함을 쉽게 판별할 수 있다는 생각은 거짓된 과잉 단순화다(Gresham & Elliott, 2014). 사회적 유능함(social competence)은 이전에 생각했던 것 이상으로 복잡하다. 사회적 유능함은 특정 상황에서 특정 기술을 발휘하는 능력과 관련이 있지만, 주어진 상황에 필요한 기술을 판별하고 그 기술의 수행을 구체화하는 것은 매우 어려운 일이다. 또한, 또래관계에서 문제를 야기하는 아동의 사회성 기술 결함을 파악하는 일이 늘 가능한 것도 아니다. 또래의 거부나 무시에는 일반적으로 매우 다양하고 복잡한 원인이 있다.

제대로 연구된 바는 없지만, 또래관계와 사회성 기술 훈련의 문석에서 매우 중요한 것 중 하나는, 또래의 행동을 바라보는 아동의 관점을 왜곡시키는 기대(expectation)의 발생에 관한 것이다. 예를 들어 어떤 아동이 또래들로부터 싸움을 잘한다거나 인기가 있다는 평판을 받고 있다면, 다른 또래 역시 이러한 평판에 반응하게 된다. 즉 아동들은 평판이 좋은 아이의 동기(motives)를 어느 정도 예측해 놓고, 그 아이가 이러한 예측에 맞게 행동하리라고 기대하며, 발생한 행동 사건을 그 기대에 맞추어 해석한다. 한 아이가 공을 던져 다른 아이의 머리를 쳤을 때, 또래들은 공을 던진 아동의 동기에 대한 자신의 믿음에 따라 이 사건을 해석할 것이다. 공을 던진 아동이 매우 인기 있는 아이이고 공격적인 아이가 아니라고 알려져 있다면, 또래들은 이 사건을 우연이라고 해석할 것이다. 그러나 공을 던진 아동이 잘 싸우기로 유명한 아이라면, 또래들은 이 사건을 친구에 대한 공격행동이라고 해석할 것이다. 이와 같이 선입견과 실제 행동 간의 상호작용은, 유사한 행동을 했는데도 왜 어떤 아동은 거부를 당하고 어떤 아동은 그렇지 않은지를 이해하는 데 반드시 고려되어야 한다.

그러므로 효과적인 사회성 기술 중재는 사회적 수용을 증진시킬 기술을 지도하는 것뿐 아니라 정서행동장애 아동을 향한 또래집단의 반응도 다루어야 한다. 또래집단의 사회적 환경이 적절한 행동 변화를 지원할 수 있게 변화되어야만, 아동이 배운 사회성 기술이 장애 아동의 지위를 향상시키는 성과를 가져올 수 있다. 사회적으로 수용되기 위해 아동에게 필요한 구체적 사회성 기술을 파악하여 이를 지도하는 것만으로는 충분하지 않다. 우리는 결국 정서행동장애 아동을 향한 평판, 즉 또래들이 이 아동에 대해 갖는 인식과 귀인을 바꿔야 한다.

바람직하지 못한 또래와의 사회화

정서행동장애의 주요 원인 요소 중 하나는 또래 압력과 일탈된 또래집단과의 어울림이라고 할 수 있는데, 특히 반사회적 행동과 비행의 경우에 더욱 그러하다. 반사회적 성향의 학생들이 일반학급 또래의 바람직한 행동을 관찰하고 모방할 것이라는 생각은 관찰 학습에 대한 진실보다는 미신에 근거한 듯하다. 대부분의 경우 반사회적 학생들은 친사회적 모델을 거부하고 일탈된 또래집단에 끌린다.

반사회적 행동뿐 아니라 학업과제 거부에 대한 또래 압력은 많은 지역사회에서 심각한 문제인 듯하다. 어떤 학생들은 학업 실패와 교실에서의 방해행동에 대한 또래 압력 때문에 과제를 수행하지 않으려 하거나 바람직하지 않은 행동을 하여 받게 되는 비난과 꾸중을 감수한다. 이러한 압력은 특정 민족집단에서만 일어나는 것이 아니다. 어떤 민족이나 인종집단, 어떤 사회적 계층에서든, 꾸준하고 일 잘하고 말 잘 듣는 사람들을 멸시하는 또래집단을 찾을 수 있다. 심지어 집단 따돌림 같은 매우 심각한 행동을 하는 학생이 또래들에게 가장 인기 있는 학생일 때도 있다(Leff, Waanders, Waasdorp, & Paskewich, 2014; Thunfors & Cornell, 2008). 어떤 학교에서는 학생 중 상당수가 심각하고 부적응적이며 학습에 방해가 되는 행동을 보인다. 이러한 학교의 학생들이 갖는 스트레스와 위험요인들이 서로 연합하면, 불순응이 일상적으로 발생하고 또래의 강화로 인해 다른 학생들의 문제행동을 당연히 여기고 수용하는 학교 문화가 조성될 수 있다(Warren et al., 2003).

그러므로 교사들은 학생들의 적절한 행동을 촉진하고 유지시키려는 노력이 부정적인 또래 압력에 의해 약화될 수 있음을 인식해야 한다. 또한 어떤 또래 압력이 존재하는지와, 일부 학생들이 일탈적인 하위문화에 속하기를 거부하는 방식도 이해해야 한다. 더 중요한 것은 교사들이 또래교수나 기타 전략을 활용하여 친절한 태도와 학업 성취를 지지하는 또래 문화를 조성할 방법을 찾는 것이다. 적절한 훈련과 감독하에 자기보다 어린 아이들을 돌보고 가르칠 기회를 정기적으로 가졌던 대부분의 학생들은 이러한 또래문화를 만들 수 있다. 또한, 정서행동장애 아동에게 바람직한 사회적 행동을 효과적으로 교수하기 위해서는 특별한 교실 환경이 필요할 수도 있다(Kauffman, Anastasiou, Badar, Travers, & Wiley, 2017; Kauffman, Bantz, & McCullough, 2002; Kauffman, Ward, & Badar, 2016).

이웃과 도시화

이웃이란 주민들의 사회적 계급과 물리적 환경의 질뿐 아니라 그 지역에서 활용 가능한 심리지원 체계를 말한다. 사회적 일탈의 다른 요인들(특히 사회 계급)로부터 이웃요인을 분리해내는 것은 불가능까지는 아니더라도 매우 어렵다. 이웃과 지역사회는 품행장애나 청소년 범죄와 같은 매우 가시적인 일탈행동의 예방에 중요한 역할을 한다. 예를 들어 범죄율이 높은 지역에서 윤리적 질서, 사회 통제(social control), 안전, 공동 책임에 대한 공동체 의식을 이끌어내기는 매우 어렵다. 이러한 곳에서는 이웃의 모니터링과 상호 지지가 부족하기 때문에 개인을 대상으로 한 중재가 성공하지 못할 가능성이 크다. 학교에 무기를 가지고 오는 학생들은 부모, 교사, 급우, 친구들로부터 사회적 지지를 받지 못한다고 느끼는 것으로 나타났다(Malecki & Demaray, 2003). 일탈에 대처할 수 있다는 공동의 자신감을 증진시키는 집단 중심의 지역사회 중재가 제공된다면 우범 지역에서 발생하는 청소년 비행과 범죄를 예방하는 데 많은 도움이 될 것이다. 지역사회 결속력도 일부 정신과적 장애를 감소시키는 데 일조할 수 있다(Grapen et al., 2011). 범죄가 '표준'이 되는 지역에서는 아동과 청소년의 폭력 사용도 증가한다(Ng-Mak, Salzinger, Feldman, & Stueve, 2002). 어떤 사람들은 시골에 은둔하는 삶이나 농업문화가 갖는 미덕과 치유력에 열광하기도 하지만, 시골에서의 삶이 도시 환경에 비해 아동의 정신건강과 성취도 향상에 더 도움이 된다는 것을 뒷받침하는 증거는 별로 없다. 일탈과 관련된 결정적 요인은 낮은 사회경제적 지위와 가정이나 지역사회와의 유대감 단절인 듯하다. 미국 시골 지역의 경제 및 사회적 조건에 관한 최근의 조사 결과들은 아동과 가족이 살기 힘든 곳이 도심 지역만은 아님을 명확히 보여준다. 시골이라는 말이 아동에게 '안전한', '건강에 좋은', 또는 '교육적으로 우수한' 곳을 의미했던 시절이 있었겠지만, 이 시대에는 반드시 그렇지는 않다.

인종

인종은 문화적 다양성을 이해하고 다문화 교육을 발전시키는 과정에서 지속적인 관심을 받아 왔다. 그럼에도 불구하고 대다수 미국인들에게는 인종적 정체성을 정의하는 일이 갈수록 어렵게 느껴지고 있으므로, 인종이 행동에 미치는 영향을 고려할 때 이를 재정적 결핍, 사회 계급, 또래집단 등과 기타 요인이 미치는 영향과 분리하도록 유의해야 한다(Anastasiou & Kauffman, 2011; Anastasiou et al., 2016; Anastasiou, Morgan et al., 2017; Kauffman & Anastasiou, 출판 중; Morgan, Farkas, Cook et al., 2016 참조).

Achenbach와 Edelbrock(1981)은 아동과 청소년의 행동 문제 발생률에 관한 대규모의 잘 통제된 연구에서 인종 간 차이를 거의 발견하지 못했으나 사회 계급에 따라서는 행동평정 결과가 현저히 달랐다. 즉 낮은 사회 계급에 속하는 아동들은 높은 사회 계급에 속하는 아동들에 비해 문제행동 점수가 높고 사회적 능력 점수는 낮았다. Cullinan과 Kauffman(2005)은 교사의 정서 및 행동 문제에 대한 판단이 학생의 인종에 따라 편향되지 않았으며, 정서행동장애를 지닌 특수교육대상자 집단에 아프리카계 미국인의 비율이 높은 이유가 인종적 편견에서 비롯된 특수교육에의 의뢰 때문이 아님을 지적하였다. Roberts, Roberts와 Xing(2006)의 연구에서는 아프리카계, 유럽계, 멕시코계 미국인 청소년들의 정신과적 장애 발생률 간에 차이가 없는 것으로 나타났다. Neighbors 등(2007)의 연구에서는 아프리카계 미국인들이 정신건강 서비스를 그리 많이 이용하지 않는 것으로 나타났다.

사회 계급과 학업 성취의 영향을 통제했을 때, 인종은 정서행동장애와 관계가 거의 없거나 아예 없다. 인종에 동반될 수 있는 위험요인들은 아마도 많은 소수민족 가정의 문제인 빈곤과 학업 저성취일 것이다(Anastasiou, Morgan et al., 2017; Noble et al., 2015 참조).

백인 청소년에 비해 흑인 청소년들의 비행 발생률이 높다는 연구들 때문에 청소년 비행의 요인으로 인종이 자주 거론되지만, 다음 두 가지 이유로 이러한 발생률 차이에 의문을 제기해볼 필요가 있다. 첫째, 법적 절차에서의 차별로 인해 흑인 학생의 공식적 비행 발생률이 높게 나타난 것일 수 있다. 둘째, 인종은 가족, 지역사회, 사회 계급 등의 다른 원인요소들과 분리하기가 매우 어렵거나 거의 불가능하다. 따라서 인종이 다른 요인들의 영향을 배제한

후에도 비행과 관련이 있는지는 명백하지 않다.

우리는 개인 고유의 배경이나 경험을 고려하지 않고 인종에 대해 일괄적인 판단을 내리는 경향이 있다. 이러한 경향은 인종에 따른 고정관념을 야기한다. 인종적 정체성은 청소년들이 사회에서 받는 대우를 결정하는 데 중요한 역할을 하며, 인종의 영향으로 보이는 많은 것이 다른 요인의 결과일 때도 많다(Anastasiou, Morgan et al., 2017; Kauffman & Anastasiou, 출판 중; National Research Council, 2002; Sampson, 2015 참조).

인종에 대한 가치, 기준, 기대 등은 집단 성원들에 의해 내부적으로 조성될 뿐 아니라 이들이 속한 더 큰 문화로부터 부과된 외적 압력에 의해서도 형성되기 때문에 인종을 둘러싼 쟁점은 매우 복잡하다. 그러므로 우리는 인종의 영향을 분석할 때, 주류문화집단이 그 외의 인종을 어떻게 대우하는지에 따른 영향력을 주의 깊게 분리해내야 한다.

미국의 지배층 인종집단이 상대적으로 세력이 약한 인종집단에게 가했던 부당한 대우의 긴 역사를 고려할 때, 정치적 혹은 사회적 세력이 약한 소수인종 출신이라는 사실만으로 학업 성취, 경제적 안정, 정신건강이 저해될 수 있음은 그리 놀라운 일이 아니다. 그러나 대부분의 소수인종 학생들이 이러한 위험요인에 쉽게 굴복하지 않는다는 점도 유념해야 한다(Patterson & Fosse, 2015 참조).

요점은 특수교육대상자나 비행청소년 내에 인종적 불균형이 존재한다고 해서 이것이 특정 인종의 아동과 청소년이 특수교육을 받거나 청소년 교정시설에 갈 확률이 높다는 의미는 아니라는 것이다. 예를 들면 정서행동장애를 지닌 특수교육대상자의 절반이 아프리카계 미국인이라는 이유로 아프리카계 미국인 학생들의 절반은 정서적으로 문제가 있다고 결론짓는 것은 엄청난 오류다. 이런 식의 논리적·산술적 오류는 고정관념을 조장한다(Kauffman, Nelson et al., 2017 참조).

사회 계급과 빈곤

아동의 사회 계급은 일반적으로 부모의 직업으로 가늠하게 되는데, 노동자와 가내 수공업 종사자의 자녀를 낮은 계급으로, 전문직 종사자나 경영자의 자녀를 좀 더 높은 계급으로 본다. 낮은 사회적 계급은 종종 정신병리 문제와 관련이 있지만, 이러한 상관성의 의미에 대해서는 논란의 여지가 많다.

사회 계급과 정서행동장애 간의 관계에 대해서는 어느 정도 알려져 있는 반면, 사회 계급과 특정 유형의 문제행동 간 관계에 대해서는 제대로 밝혀진 것이 없다. 게다가 가정의 불화와 분열, 부모의 낮은 지능, 부모의 범죄, 생활 조건 악화 등이 부모의 직업보다 아동의 행동을 훨씬 더 잘 설명하는 것 같다. 낮은 지위에 있는 많은 부모들이 이러한 조건들을 가지고 있기는 하지만, 낮은 사회 계급 자체가 아동의 사회적 일탈을 유발하는지 여부는 명백하지 않다. 부모와 가족의 특정 조건이 존재하는 상황에 한해 사회 계급이 하나의 원인요소로 작용할 수도 있다(Roberts et al., 2006 참조).

빈곤 및 빈곤으로 인한 모든 결핍과 스트레스를 포함하는 경제적 불리함은 명백한 행동장애의 발생요인이 될 수 있지만, 부모의 직업적 지위에 따른 사회 계급을 하나의 요인으로 보기는 어렵다(DeLuca et al., 2016; Park, Turnbull, & Turnbull, 2002; Pascoe et al., 2016; Qi & Kasiser, 2003; Roberts et al., 2006 참조). 가난하다는 이유만으로 사람들이 이상해지거나 가정을 파괴하는 것은 아니며, 아동이 학교에서 실패하거나 정서행동 문제를 보이는 것도 아니다. 그러나 극심한 빈곤의 일부라고 할 수 있는 여러 조건들은 학교에서의 학습과 관련된 아동의 신경학적 발달(Noble et al., 2015)과 인지 및 사회성 발달에 매우 부정적인 영향을 미친다. 빈곤은 부적절한 의식주, 혼란스런 생활 조건과 폭력에의 노출, 따뜻하고 세심한 성인에게 배울 기회의 부족과 관련되어 있다(Pascoe et al., 2016; Vance, 2016 참조). 이따금 가난을 경험해보지 못했거나 가난에 근접해본 적도 없는 사람들이 가난을 칭송하거나 가난이 주는 황폐함을 부정하면서 가난할 권리에 대해 주장하기도 한다.

젠더

많은 문화권에서 여성의 역할은 남성을 돕는 것이었다. 사실 미국 문화 전체를 구성하는 하위문화 상당수가 엄격한 가부장제 사회였다. 여성은 종종 불공평한 대우를 받았고, 여성에게 군림하는 것이 남자다움의 상징으로 여겨졌다. 빈곤과 불평등은 여성을 향한 폭력에도 영향을 미친다. 성 평등은 어떤 문화에서든 중요하며, 성 불평등 문제를 다룰 때는 남성과 여성을 모두 포함하는 것이 중요하다(Miller, 2015). 학교는 교육기회에서의 성 불평등이 문제행동으로 이어지지 않도록 유의해야 한다.

교사를 위한 시사점

교사들은 문화 요인이 학생들의 정서 및 행동 문제에 영향을 미치는 방식을 인식하고 있어야 하며, 행동 문제의 평가에 문화적 편견이 개입될 가능성을 의식해야 한다. 행동장애와 관련된 환경과 조건들의 결합에서 개별요인의 영향을 분리해내기는 어렵다. 행동 및 행동 교정에 대한 부모의 태도는 문화와 지역사회 수준을 모르고서는 이해하기 어려운데, 특히 체

학생과의 신체 접촉 등과 같이 논란의 여지가 있는 쟁점에 대해서는 더욱 그러하다.

때로 교사와 학생 간에 존재하는 문화나 인종의 차이가 충돌을 일으킬 때가 있는데, 교사들은 이런 일이 발생하면 매우 놀란다. 예를 들면 Nakamura(2003)는 일본의 한 고등학교에서 학생들이 자신에게 보인 경멸을 경험하고 깜짝 놀랐던 경험을 묘사하였는데, 그는 미국에서처럼 그 학교에서도 많은 학생들이 부당한 대우를 받고 있음을 발견하였다.

장애를 야기하는 특정 요인들에 대한 고찰은 아동의 개별 상황을 개선하기 위한 중재로 이어질 수 있다는 점에서 문제의 예방에 중요한 함의를 갖는다. 예를 들어 텔레비전에서 방영되는 폭력을 줄이고 친사회적 프로그램을 더 많이 방영하는 것은 아동들의 텔레비전 시청 시간을 줄이는 것 못지않게 우리 사회의 공격성을 줄이는 데 도움이 될 것이다.

지적 자극과 정서적 발달은 물론이고 건강과 안전마저 위태로운 불우한 환경에서 자라고 있는 아동의 요구를 다루기 위해 해야 할 일은 한두 가지가 아니다. 그러나 이러한 사회적 변화는 교사들의 힘만으로는 이룰 수 없으며, 대대적인 노력을 필요로 한다. 아동들이 처한 신체적·정신적 건강의 위험에 대해 더 많은 시민들이 외쳐야 한다. 빈곤 속에 사는 아동과 청소년을 위한 프로그램은 국가의 미래에 매우 중요한 결과를 가져올 것이다. 이제 남은 문제는, 지자체와 정부가 납세자들에게 빈곤하고 불리한 환경의 아동과 청소년들을 위한 프로그램을 후원해 달라고 요청하는 것이다.

이 장에서 논의한 원인 요소 중 거부나 무시를 당하는 학생들의 또래관계는 교사들이 일상적 업무에서 가장 중요하게 고려해야 할 문제다. 이제 우리는 학생의 빈약한 또래관계나 일탈된 또래와의 사회화가 미치는 영향이 심각성을 알게 되었다. 그러나 부적응행동 패턴이 어느 정도 고착된 후 학생들의 사회적 지위를 향상시키거나 일탈된 또래집단과의 연합을 바꾸려면 어떤 중재 방법을 사용해야 효과적일지에 대해서는 별로 아는 바가 없다. 문제의 아동과 그 또래들을 위한 학교기반의 조기개입을 시작하는 것은 연구자들과 교사들에게 최우선과제가 되어야 한다. 이러한 개입은 사회적 적응 문제 예방에 중요한 역할을 할 수 있다(Evertson & Weinstein, 2006; Ispa-Landa, 2015; Martella, Nelson, Marchand-Martella, & O'Reilly, 2012 참조).

요약

아동, 가족, 교사들은 그들이 일하고 살아가는 큰 문화의 기준과 가치에 영향을 받는다. 문화 간 갈 등은 아동의 스트레스와 문제행동을 야기할 수 있다. 서로 다른 문화 간 갈등뿐 아니라 동일한 문화 내에서 주어진 상충되는 메시지도 행동에 부정적인 영향을 미칠 수 있다. 문화는 특정 유형의 행동을 부추기는 동시에 처벌하기도 한다. 예를 들면 젊은이들은 매체를 통해 성적 행동을 하라는 유혹이나 부추김을 받지만, 그와 동시에 우리 사회는 십대 임신에 불이익을 준다.

우리는 우리의 다원화되고 다문화된 사회에 존재하는 편견과 차별에 맞설 수 있어야 한다. 아동이나 청소년을 더 큰 사회에서 실패하게 만들 정도의 행동만 아니라면, 문화적으로 다른 행동은 수용되어야 한다. 교사들은 교육의 궁극적 목표 성취에 방해가 되는 행동만 교정하면 된다. 그러나 다문화적 관점을 적용할 명확한 규칙은 아직 수립되지 않은 상태다. 교사와 학교 행정가들은 이 사회에서 학생을 위태롭게 할 만한 행동이 무엇인지를 결정하기 위해 지속적으로 노력해야 한다.

가족과 학교 외에 행동에 영향을 미치는 문화 요인에는 대중매체, 또래집단, 이웃, 도시화, 인종, 사회 계급 등이 있다. 이러한 문화 요인들을 진단하기 어려운 이유는, 이 요인들이 서로 너무나 긴밀하게 연결되어 있기 때문이다. 예를 들어 사회 계급, 인종, 이웃, 도시화, 성 불평등, 또래집단 같은 요인들을 분리하기는 매우 어렵다. 사회 계급, 인종, 이웃, 도시화 그 자체가 정서행동

장애의 중요한 원인 요소라는 증거는 없다. 이러한 요인들은 경제적 결핍과 가족 갈등이라는 맥락에서만 명백한 문제가 되는 것 같다.

다른 문화 요인들은 좀 더 명확하게 행동장애 발생에 관여한다. 텔레비전 시청은 이미 공격적인 아동들의 공격성을 더욱 심하게 만든다. 타인을 돕거나 타인과 협력하지 못하며 방해행동과 공격행동을 하는 아동들이 또래로부터의 거부를 경험할 때 증가 추세에 있던 이들의 공격성은 더욱 가속화된다. 일탈행동을 하는 또래와의 사회화 역시 반사회적 행동의 주요 원인 요소다. 폭력 장면이 나오는 텔레비전 시청, 또래의 거부, 나쁜 친구들과의 어울림 중 어떤 경우든 간에, 아동의 사회적 일탈을 심화시키는 요소는 아동의 행동, 그들이 처한 환경(아동의 행동에 대한 타인의 반응 포함), 아동이 자신의 행동과 환경에 대해 가지고 있는 인식이다.

또래관계와 사회성 기술 훈련에 관한 선행연구들은 교사들에게 매우 명백하고 직접적인 시사점을 제시한다. 교사들은 일탈된 학생들이 필요로 하는 사회성 기술을 가르치는 데 관심을 가져야 한다. 그러나 교사들은 또한 또래집단의 반응과 인식, 행동장애 학생이 형성하는 일탈적인 사회적 관계망에도 관심을 가져야 한다.

논의를 위한 사례

이들을 어떻게 이해할 것인가?

제임스(James Winters)

제임스는 중산층 백인들이 모여 사는 동네에서

성장했고 어린 시절에는 골목 끝에 있던 공원에서 친구들과 축구나 야구를 하며 오후를 보내곤 했다. 그는 도보로 두 블록 거리에 있는 초등학교

를 6년간 다녔고, 교외에 위치한 고등학교에서도 그런대로 공부를 잘해서 자신의 동네에서 남쪽으로 2시간 거리에 있는 4년제 주립대학교에 합격했으며, 고등학교 동창 중 스무 명 정도가 같은 대학에 진학했다. 그는 일찍부터 특수교육을 전공으로 선택했고 교사 양성 프로그램에서 큰 흥미와 재미를 느꼈다. 제임스는 다른 친구들과 마찬가지로 졸업이 가까워오자 약간의 불안을 느꼈지만, 자신은 똑똑하고 학교에서 공부도 잘했으며 특수교사로서 잘 준비되어 있다고 스스로를 안심시켰다.

이러한 낙관주의 덕분에 그는 자신이 자라나고 학교생활을 했던 곳에서 50마일쯤 떨어진 중소도시의 한 중학교에서 교사직을 제안했을 때 그 자리가 힘들어 보이긴 했지만 기꺼이 그곳에서 일하기로 결정하였다. 그는 도움을 절실히 필요로 하는 학생들과 함께하는 도전을 기대했고, 그 학교가 자신이 다녔던 학교들보다는 불우한 환경에 처한 학생 비율이 높다는 것도 알고 있었다. 예를 들면 그는 정서행동장애 학생을 위한 특수학급의 모든 학생이 무료 급식 대상임을 알고 있었다. 그러나 그가 일하게 될 이 학교 재학생의 반 이상이 흑인이며 자신이 맡을 학급의 모든 학생도 흑인이라는 점에 대해서는 별로 주의를 기울이지 않았다. 출근 첫날 학생들이 교실로 들어올 때 제임스는 주름이 멋있게 잡힌 옥스퍼드 셔츠에 타이를 매고 쾌활한 미소를 지으며 문 앞에서 학생들을 맞았다. "여러분, 반가워요. 원하는 자리에 앉도록 해요." 제임스가 학생들에게 원하는 자리에 앉아도 된다고 자신 있게 말한 것은, 학생들이 오기 전에 모든 책상이 교실의 중앙을 향하도록 배

치하였고 학생들이 잡담을 나누거나 서로를 방해하지 않도록 책상 간 간격을 충분히 띄워 두었기 때문이었다. 제임스는 이러한 사전준비를 해 두었으니 좌석배정을 할 필요가 없다고 생각했고, 원하는 자리에 앉아도 좋다는 속임수로 학생들 중 몇몇을 자기 편으로 만들 수 있을 거라고 믿었다.

새 직장에 대한 그의 낙관주의는 각 학생이 교실에 들어오면서 한 마디도 하지 않고 그의 옆을 스쳐 지나갈 때부터 무너지기 시작했다. 아무도 그와 눈을 맞추지 않았다. 제임스는 학생들이 자신을 스쳐 지나가면서 경멸의 눈길을 보내거나 고개를 좌우로 흔드는 것을 여러 번 눈치챘다. 그의 자리배치 역시 타격을 입었다. 첫 번째 학생이 자리에 앉자 두 번째 학생이 의자를 밀며 교실을 가로질러서 자신의 친구 옆자리에 털썩 소리를 내며 앉았다. 얼마 지나지 않아 교실의 모든 의자가 다른 자리로 옮겨졌고, 7명 정도의 학생들이 교실 뒤편 구석에 모인 채 일부 학생은 책상 앞에 앉고 일부 학생은 책상 위에 앉아서 친구들을 바라보거나 창밖을 바라보며 새로 온 교사를 완전히 무시했다. 제임스는 이 학교의 교사직을 수락한 자신의 결정에 극심한 스트레스를 느꼈다. 그는 자신의 책상 위에 가지런히 놓인 학습지 더미를 불안한 심정으로 쳐다보았다. 그것은 과학적 방법론을 다룰 자신의 첫 수업을 위해 아침 일찍부터 복사해 둔 단어게임, 가로세로 낱말 맞추기, '가설 세우기'라는 제목의 그래픽 조직자 등이었다. 수업 시작종이 울렸지만 학생들은 듣지 않는 것 같았고, 더 큰 소리로 떠들기 시작했다. 학생들의 말은 알아듣기 어려웠지만 비속어를 자주 쓰고 있다는 점은 분명했다. 그는 겨우 몇 마디를

알아들었는데 그중 가장 잊을 수 없는 말은 이것이었다. "자기가 교사인 줄 아는 백인 소년이 하나 왔네."

사례에 관한 토론 과제

1. 제임스의 낙관주의는 출근 첫날 학생들을 만나면서 점차 무너지기 시작해서 결국 불안한 심성에 이르게 되었다. 무엇이 이런 상황을 야기했는가? 제임스가 새 직장에 대해 가졌던 생각 중 현실과 동떨어진 점은 무엇이었는가?

2. 제임스는 자신의 교수계획이 그리 성공적이지 않았다고 생각하는 것 같다. 그의 접근을 바꾸거나 교수계획을 수정할 필요가 있는가? 만약

그렇다면 어떻게 수정해야 하는가? 왜 수정해야 하는가?

3. 제임스가 출근 첫날을 위해 할 수 있었던 다른 준비가 있었다면 그것은 무엇일까? 출근 첫날 학생들을 처음 만났을 때 제임스가 어떻게 하는 것이 좋았을까?

4. 위 사례는 이번 장에서 다루었던 편견, 고정관념, 문화적 이해 부족이나 문화적 부조화 및 기타 쟁점을 어떤 방식으로 보여주고 있는가?

5. 위 사례에서 교사인 제임스가 아프리카계 미국인 남성이고 학생들이 백인이라고 가정해보자. 위 사례나 위 질문에 대한 당신의 반응이 다를 것이라고 생각하는가?

6 가족 요인

Scott Cunningham/Pearson Education, Inc.

학습 목표

6.1 가족 구조와 가족 상호작용이 아동의 사회정서 발달에 미치는 영향을 설명할 수 있다.

6.2 한부모 가정 또는 위탁 가정에 사는 아동이라고 해서 반드시 정서행동장애를 보일 위험이 크다고 보기는 어려운 이유를 설명하고, 이러한 가족 형태와 관련된 요인 중 정서행동장애의 위험을 높이는 요인을 논의할 수 있다.

6.3 부모들의 자녀 행동관리 유형을 명명하고 자녀의 행동 발달에 최선 또는 최악의 영향을 미치는 양육

방식을 설명할 수 있다.

6.4 강압적인 가족 상호작용과 아동의 반사회적 행동 발달 간 관계를 설명할 수 있다.

6.5 부적 강화의 함정을 정의하고 예를 제시할 수 있다.

6.6 가속 상호교류 보넬이 학대받는 아동의 가정에 어떻게 적용되는지 설명할 수 있다.

6.7 자녀가 학교에서 성공하거나 실패하는 데 부모가 어떤 영향을 미치는지 설명할 수 있다.

정서행동장애의 원인 요소로서 가족 요인이 갖는 호소력

아이가 문제행동을 하면 부모가 자녀를 잘 관리하지 못한 결과라고 비난하거나 가족 해체의 탓으로 돌리는 것이 일반적인 경향이다. 아동의 사회성 발달에 가족관계가 갖는 중요성을 고려할 때 우리가 정서행동장애의 원인을 가족 구조, 형태, 상호작용에서 찾으려는 점은 이해할 만하다. 그러나 가족 관계만으로는 정서행동장애를 직접적으로 예측할 수 없다. 다른 원인 요소와 마찬가지로 가족과 관련된 요소들도 매우 복잡하며, 유전적 요소 및 다양한 환경 사건과 상황의 영향을 받는다. 우리는 정서행동장애를 단순화하여 설명하지 않도록 유의하는 동시에 아동 정신병리에 대한 연구자들의 종합적이고 신뢰할 만한 예측요인을 고려해야 한다(Brigham, Bakken, & Rotatori, 2012; Scull, 2015 참조).

가족 특성은 사회경제적 지위, 가족이 아닌 누군가에게 받는 지원, 아동의 나이와 성별 및 기질 등과 같은 많은 요소들과의 복잡한 상호작용을 통해 정서와 행동의 발달에 영향을 미치는 것으로 보인다. 여기서 위험성(risk)이라는 개념은 매우 중요하다. 즉 우리는 정서행동장애 발생의 가능성(probabilities)을 다루고 있으며, 특별한 사건이나 상황은 정서행동장애와 같은 특정 결과가 나타날 가능성을 높일 수도 있고 낮출 수도 있다는 것이다. 위험성을 가진 여러 요인이 공존한다면(예 : 부모의 반사회적 행동, 지역사회의 폭력성, 아동의 까다로운 기질이 공존) 한 가지 요인만 존재할 때보다 정서행동장애의 발생 가능성이 높아질 것이다. 두 가지의 위험 요소가 결합될 때 아동이 장애를 갖게 될 가능성은 2배 이상이 될 수 있다. 예를 들면, 한 가지 위험 요소를 가진 아동이 또 하나의 위험 요소를 갖게 되었을 때 정서행동장애가 발생할 가능성은 2배 이상 증가하고, 여기에 제3의 위험 요소가 추가된다면 정서행동장애의 발생 가능성은 몇 배로 높아질 수 있다(Mash & Barkley, 2014; Pascoe et al., 2016; Seeley, Rohde, Lewinsohn, & Clarke, 2002 참조).

그러나 장애 발생 가능성은 아동을 보호하거나 아동에게 회복탄력성을 제공하는 여러 요소들의 관점에서도 고려되어야 한다. 즉 아동에게 도움이 되는 요소들이 공존할 수 있기 때문에 위험성을 바탕으로 예상했던 것만큼 상황이 나쁘지 않을 수도 있다.

예를 하나 들어보자. 일반적으로 가족이 해체되면 아동이 위기에 처한다. 그러나 부모 중 한 편 또는 부모 모두와 떨어져 산다고 해서 아동의 심리 및 행동 발달이 반드시 저해되는 것은 아니다. 늘 싸우는 부모와 함께 사는 것이 부모와 떨어져 사는 것보다 아동에게 더 해로울 수도 있다. 부모 사이에 갈등이 있거나 부모와 떨어져 살더라도 부모 중 한 편과 좋은 관계를 맺고 있는 아동은 그 상황에서 잘 버틸 수 있다. 아동이 타고난 기질적 특징과 부모의 행동 간 상호작용은 부모의 별거나 부모의 불화보다 더 중요하다. 또한, 가정 외부의 요인들(예 : 학교)도 가족 요인이 미치는 부정적 영향을 감소시키기도 하고 증가시키기도 한다.

무슨 이유에서인지 어떤 아이들은 가정의 심각한 문제나 가족해체 앞에서도 끄떡없다. 어떤 아이는 가족이 아동에게 미치는 부정적 영향에 매우 취약하고 또 다른 아이들은 그렇지 않은데, 우리는 아직 그 이유를 정확히 모른다. 아동의 긍정적이며 순한 기질(제4장에서 다루었던 기질에 대한 내용을 상기할 것)과 어머니의 온정이 회복탄력성을 높이는 요인으로 간주되기는 하지만 이러한 요인들이 폭력적인 가정에서 나타나는 정신병리 문제를 완화하기에는 충분하지 않을 수도 있다. 또한, 많은 연구들은 높은 인지기능, 호기심, 열의, 스스로 목표를 세우는 능력, 높은 자아존중감 등이 회복탄력성과 관련이 있다고 제안하고 있다. 이에 최근의 위험 아동(at-risk children)을 다루는 많은 중재 프로그램은 위험 요소 감소와 회복탄력성 향상에 초점을 두고 있다(Beardslee, Versage, Van de Velde, Swatling, & Hoke, 2002; Gerber, 2014; Hayden & Mash, 2014; Olsson, Bond, Burns, Vella-Brodrick, & Sawyer, 2003; Place, Reynolds, Cousins, & O'Neill, 2002; Singer, Maul, Wang, & Ethridge, 2017).

이와 반대로, 우리는 가족 관계의 어떤 특징들, 특히 부모의 일탈과 불화, 가혹하고 예측하기 어려운 부모의 훈육, 정서적 지지의 결핍 등으로 인해 아동이 정서행동장애를 가질 위험이 높아짐을 알고 있다. 그러나 이러한 위험을 가진 가족 환경이라고 해서 아동이 반드시 장애를 갖게 되지는 않는다. 인과관계는 이보다 훨씬 더 복잡하다.

증가된 위험(heightened risk)이라는 개념은 장애를 단지 인과관계로 이해하는 관점과는 대소되는 것으로, 정서행동장애에서 중요한 개념이다. 정서행동장애의 발생 가능성이 큰 가정에서는 어떤 일이 일어나고 있는가? 이러한 질문에 대하여 우리는 일반적으로 답할 수는 있어도 다음의 두 가지 이유로 인해 개별 아동이 정서행동장애를 갖게 될지 여부를 정확하게 예측할 수는 없다. 첫째, 아이들마다 가족 환경의 영향을 받는 정도가 각기 다르다. 나이가 어리고 순종적인 아이는 나이가 더 많고 반항적인 형제와는 매우 다른 가족 관계를 경험할 것이다. 둘째, 생활 환경이나 환경 조건이 아동에게 긍정적으로 또는 부정적으로 작용할 것인지 여부, 그리고 그러한 조건이 아동의 정서행동장애 발생 가능성을 높이거나 낮출지 여부는 관련된 과정(processes)에 달려 있다. 과정이나 경로(단순히 위험요인이 존재한다는 사실보다는 아동이 그러한 요인에 노출되는 정도와 패턴에 얼마나 잘 대처하는지)가 아동의 취약성 또는 회복탄력성을 결정한다. 이처럼 동일한 가족 환경을 공유하더라도 그 가정의 자녀들이 모두 동일한 경험을 하는 것은 아니다(Jenkins, Rasbash, & O'Connor, 2003; Pinker, 2002).

우리가 각 아동이 취약성이나 회복탄력성을 갖게 되는 과정에 대해 아는 것이 그리 많지는 않지만, 핵심 요소는 스트레스 상황에 노출되는 패턴과 순서, 그리고 강도(intensity)인 것 같다. 스트레스 가득한 생활사건의 축적이 아동의 대처 능력을 결정하는 중요한 요소임은 명백하다. 문제가 되는 생활사건은 가족 안에서 일어날 수도 있지만, 가족이 활동하는 더 넓은 사회적 환경과도 관련이 있다. 그러므로 아동이 가족 구성원과 경험하는 상호 교류뿐만 아니라, 이러한 상호작용에 영향을 미칠 수 있는 가족의 외적 스트레스도 함께 고려하는 것이 중요하다.

30여 년 전의 연구들은 아동의 정신병리 발달의 기초라고 간주되는 일반적 과정에 초점을 맞추는 경향이 있었지만, 최근의 연구들은 정서행동장애를 유발하거나 악화시키는 데 기여하는 구체적이고 핵심적인 상호작용을 고찰한다. 여러 정서행동장애의 기초가 **사회적 학습**(social learning)임을 지적하는 실증적 연구들이 많아지고 있는데, 이러한 연구들은 특정 유형의 행동에 대한 부모의 **모델링**(modeling), **강화**(reinforcement) 및 **벌**(punishment)이 아동의 행동 발달에 어떤 영향을 미치는지에 대한 열쇠를 쥐고 있다고 제안한다. 예를 들어 불안 수준이 높은 아동의 경우 긴장하거나 회피하는 행동의 모델링과 강화가 자주 발생하는 가족에 속할 가능성이 크다는 것이다. 이런 가정에서는 부모가 위험이나 대인관계를 회피하는 아동의 행동을 보상하는 경향이 있으며, 이로 인해 공포와 불안이 심화되고 그 표출이 증가된다(Dadds, 2002; Heubeck & Lauth, 2014; Singer et al., 2017).

여러 종단연구들은 가족 요인이 아동의 반사회적 행동과 비행의 발달에 결정적인 요인이지만 유일한 요인은 아님을 강조하고 있다. 약 1,500명의 소년을 조사한 Loeber, Farrington, Stouthamer-Loeber와 Van Kammen(1998a)의 연구에서는 행동 문제의 조기발생과 부모의 일탈행동 간에 상관관계가 있음을 발견하였다. 연구자들은 이 연구의 결과야말로 위기 청소년의 삶에 보호요소를 제공하는 중재가 절실히 필요함을 보여준다고 주장하였다. 즉 가족 요인이 매우 중요한 것은 사실이지만 가족 요인만으로 아동의 운명이 좌우될 만큼 강력하지는 않다(Reinke, Frey, Herman, & Thompson, 2014 참조).

가족의 구조나 상호작용 패턴은 아동이 학교에서 성공하거나 실패하는 데 분명한 영향을 미치며, 궁극적으로는 아동의 인생에 영향을 미친다. 한편, 가족 상호작용은 외적 요인의 영향을 받기도 하는데 특히 빈곤이나 부모의 고용상태가 미치는 잠재적 영향력은 매우 강력하다. 우리는 다음에서 정서행동장애 아동의 가족에 대해 현재까지 알려진 것들이 교육자에게 주는 시사점이 무엇인지를 논의할 것이다. 그러나 가족 관련 연구는 그 범위가 방대하고 매우 복잡하므로 이 장에서는 이 복잡한 주제 중 일부 분야의 핵심 사항을 살펴보고 방대한 문헌의 개요만을 살펴보고자 한다.

가족의 정의와 구조

부모와 자녀로 구성된 가족개념이 오늘날의 미국 주류문화에서 여전히 이상적인 것으로 여겨지지만 이 시대의 현실에서는 매우 다양한 가족 형태가 존재한다. 가족의 기본적인 기능은 다음과 같다.

- 자녀를 돌보고 보호한다.
- 자녀의 행동을 조절하고 통제한다.
- 물리적·사회적 세계를 이해하고 이에 대처하는 데 필요한 지식과 기술을 전달한다.
- 상호작용 및 대인관계에 대한 정서적 의미를 부여한다.
- 자녀의 자기이해를 촉진한다.

가족이 스스로를 어떻게 정의하든, 핵심은 '각 구성원이 서로를 가족으로 여기고 서로를 돌보고 보호하는 데 동의하는가'라고 할 수 있다. 가족은 혈연관계인지 여부와 관계없이 서로 결합되어 있다고 느끼는 한 집단의 사람들이다. 이러한 관점에서 가족 구조가 아동의 행동에 영향을 미치는지 여부와 만약 영향을 미친다면 어느 정도 영향을 미치는지를 면밀히 살펴볼 필요가 있다.

가족의 크기나 출생 순서가 행동 발달에 미치는 영향에 대해 많은 연구가 이루어져 왔지만 이러한 가족의 형태 관련 요소보다는 한부모 가정이나 비전형적 가족 구조를 야기하는 이혼 및 기타 환경 관련 요소들이 훨씬 더 중요하다. 가족 구성이나 형태가 아동의 행동에 영향을 미칠 수는 있지만, 가족 구성원 간 **상호작용**이나 가족 구성원들이 생활하는 사회적 맥락 등의 요인들이 가족 구조 자체보다 행동 문제의 발생에 더 중요한 것으로 보인다.

여러 연구들은 가족 형태 그 자체만으로는 아동의 정서행동 발달에 그리 큰 영향을 미치지 않는다고 명백히 제안하고 있다. 한부모 가정에서 자라난 아동이 정서행동장애를 가질 가능성이 높을 수는 있지만, 이때 위험 요소는 부모 중 한 명이 양육을 했다는 점이 아니라 한부모 가정과 관련된 조건(예 : 재정적 압박)인 것으로 생각된다. 생물학적 부모가 아닌 다른 사람의 양육을 받은 아동 역시 대리 양육 자체가 문제라기보다는 생물학적 부모와 분리되기 전 또는 위탁 가정에 맡겨진 후 아동이 경험한 학대와 방임 또는 그 외 충격적인 상황으로 인해 정서행동장애 발생의 위험이 커지는 것이다. 요약하자면, 가족 구성이 어떠하든지에 관계없이 가족 안에서 일어나는 일, 즉 가족 구성원 간 상호작용이 가족 구조보다 훨씬 더 중요하다. 그렇지만 이 장에서는 한부모 가정과 대리 양육(예 : 위탁 가정, 입양, 친척에 의한 양육 등)이 아동 행동에 미치는 영향을 간략하게 살펴보고자 한다.

결혼과 가족은 우리 사회에서 계속 변화하고 있다(Wilcox, 2010; 또한 www.virginia.edu/marriageproject/ 참조). 전통적 결혼, 동성 간 결혼, 한부모 가정에 대한 사람들의 태도는 계속 바뀌고 있는데, 특히 특별한 인구학적 특성을 가진 집단에서 더욱 그러하다. 교육수준이 낮고 경제적 자원이 적은 집단일수록 극적인 변화를 보이는데, 전통적 결혼에 대한 이들의 신념은 갈수록 약해지고 있다.

한부모 가정

주로 이혼이나 비혼모, 군인 가족 등의 이유로 상당수의 아이들이 한부모 가정에서 양육되고 있다. 퓨리서치센터(www.pewresearch.org)에 따르면 2013년 미국 아동의 3분의 1 이상 (34%)이 한부모 가정에서 살고 있는 것으로 나타났다. 1960년에 미국 아동의 9%만이 한부모 가정에서 양육되었고, 1980년에 그 수치가 19%로 늘어났던 점을 고려할 때, 34%라는 통계는 미국 내에서 한부모 가정이 증가하고 있음을 보여준다. 이와 같이 한부모 가정에서 양육되고 있는 아동의 비율이 매우 높음을 고려할 때 부모 중 어느 한 편만 있는 가정이 아동을 정서행동장애의 위험에 처하게 하는 것은 아닌지 사람들이 궁금해하는 것은 이해할 만하다. 먼저 이혼이 아동의 행동에 미치는 영향을 살펴보자.

이혼은 부모와 자녀뿐 아니라 친척과 친구들에게도 상처를 준다. 이혼 가정의 아동들이 느끼는 지속적인 심리적 고통과 공포는 이미 잘 알려져 있다. 그러나 대부분의 아동이 이혼에 잘 적응하며, 만성적인 정서행동 문제를 겪지 않고 살아간다는 것을 보여주는 많은 연구 결과도 있다.

아동이 부모의 이혼에 어떻게 적응하는가는 가족해체를 넘어서는 여러 요인의 영향을 받는다. 이러한 요인들은 아주 다양한데, 부모 이혼 당시 아동의 나이, 양육을 담당하는 부모의 성격, 스트레스 대처와 관련된 아동의 인지 및 정서적 특성 등이 그 예가 된다. 이혼 후 아동이 보이는 정신병리 문제를 예측할 수 있는 일반적인 공식은 없다.

가정에서 아버지의 부재는 현대 사회에서 흔한 일이다. 아버지나 어머니의 부재가 아동에게 미치는 영향은 아동이 양육을 담당하는 부모와 어떤 관계를 맺고 있는지에 따라 매우 달라지는데, 이 장의 내용 중 가족 상호작용을 다루는 절에서 이에 대해 살펴볼 것이다.

대리 양육

위탁 가정이나 친척집에서 살고 있는 아이들은 정서행동장애와 학교 관련 어려움을 가질 위험이 높은 것처럼 보인다. 친부모가 아니면서 정서행동장애 학생을 키우는 이들이 겪는 긴장과 스트레스를 구체적으로 고찰하는 연구들은 아직 시작 단계에 불과하다(예 : Taylor-Richardson, Heflinger, & Brown, 2006).

어떤 아동은 부모의 사망이나 무능력 같은 불가피한 이유로 대리 양육을 받게 되지만, 대 리부의 아동은 부모의 학대나 방임 때문에 아동보호기간이 보호를 받게 되는데, 이러한 아동의 수는 점점 증가하고 있다. 미국 보건복지부(2015)는 2013년 한 해 동안 학대나 방임을 당한 아동이 679,000명에 달한다고 보고했는데, 이 숫자를 환산하면 미국 아동 1,000명 중 9.1명(0.91% 또는 아동 110명 중 1명)이나 된다. 게다가 이 비율은 공식적으로 발표된 사례 수만을 기초로 한 것임에 주목할 필요가 있다. 대리 양육 가정에 위탁되는 아동들은 단기적 정서행동 문제 또는 그 이상의 문제를 야기할 가능성이 매우 높은 정신적 충격을 이미 경험한 상태다(영아기에 입양된 경우를 제외하고는). 학대를 경험한 아동은 그렇지 않은 아동에 비해 행동 문제를 더 많이 보이는 것으로 알려져 있다. 그러나 아동들이 왜 그리고 어떤 과정으로 대리 양육을 받게 되는지는 아직도 잘 알려져 있지 않다.

대리 양육의 가장 중요한 문제는 아동을 잘 양육하는 것과 관련된 높은 동기와 기술을 가진 양육자를 찾고 훈련하는 일이다. 많은 위탁 가정의 부모들은 이 일에 거의 또는 전혀 훈련을 받지 않았으며, 특히 까다로운 아이를 대하는 훈련을 잘 받은 사람은 거의 없다. 장기간의 대리 양육은 아동에게 긍정적 영향을 미치는 것으로 나타났지만, 대리 양육을 받는 많은 아동들은 여러 위탁 가정을 전전하며 단기간만 머무르기 때문에 이러한 여러 환경을 거치는 동안 부정적인 행동과 정서적 영향이 나타날 위험이 커지는 것으로 보인다. 여러 위탁 가정을 전전하거나 양육이 서툰 대리 양육자들과 생활하는 데서 비롯되는 안정감, 지속성, 애착관계, 돌봄의 결핍은 정서행동장애의 발생 가능성을 높인다.

입양가족도 친가족과 마찬가지로 다양한 구조를 가진다. 입양가족이 아동의 정서 및 행동 발달에 미치는 영향은 친가족이 미치는 영향과 유사한 것으로 생각된다. 한부모 가정이나 동성결혼 가정의 입양, 또는 입양될 자녀와 양부모의 피부색이나 인종이 다른 경우의 입양(예 : 백인 부모가 유색인종 아동을 입양)이 적절한지에 대해서는 논쟁이 발생하기도 한다. 이러한 가정들 역시 다른 가족들과 유사한 방식으로 가족 결정인자들이 작용할 것으로 짐작된다. 즉 부모의 피부색, 인종, 성, 성적 지향은 아동의 정서행동장애에 대한 결정요인은 아니다.

가족 상호작용

가족 요인을 생각할 때 우리는 "어떤 유형의 가족이 정서행동장애 아동을 만드는가?"라고 질문하는 경향이 있다. 그러나 "정서행동장애 아동이 어떤 유형의 가족을 만드는가(즉 정서행동장애 아동이 가족에게 미치는 영향은 무엇인가)?"라는 질문 역시 합리적이다.

최근 아동 발달 연구자들은 아동이 부모의 행동에 미치는 영향이 가족 상호작용을 결정하는 주요 요인임을 알게 되었다. 해체된 가정의 아이가 어떤 가정이라도 붕괴시킬 만한 행동 특성을 보이는 것은 그리 이상한 일은 아니다(Pinker, 2002; Scull, 2015 참조). 부모는 아동에게 많은 영향을 미치는 데 반해 아동은 부모에게 그리 큰 영향을 미치지 않는다는 생각은 더 이상 사실이 아니다. 연구자들은 이미 몇십 년 전에 부모의 바람직하지 못한 양육행동과 부정적인 가족 상호작용이 문제행동을 보이는 아동에 대한 가족 구성원들의 반응 중 하나임을 발견하였다. 부모와 아동 간 상호성(reciprocity)의 영향은 초기 부모-자녀 상호작용에서 관찰할 수 있으며, 그 이후의 모든 상호작용을 통해 더욱 강화되고 명백해진다. 이러한 역동성은 특히 아동 관리와 아동 학대에서 명확하게 나타난다.

아동 관리

부모의 관리와 훈육은 거의 모든 정서행동장애 관련 논의에서 주요 주제로 등장한다. 우리는 제3부의 각 장에서 가족 상호작용을 정서행동장애의 원인 요소 중 하나로 다시 언급할 것이다. 여기에서는 부모의 자녀 관리에 대한 일반적인 연구 결과를 살펴보되, **품행장애**(conduct disorder)라는 이름으로 알려진 충동성, 공격성, 폭발행동과 같은 아동의 장애를 야기하는 가족 요인으로 사람들이 가장 먼저 고려하는 가족 상호작용의 역할을 논의하는 데 초점을 둘 것이다. 실제로 아동의 불안, 공포, 우울에 미치는 부모 행동의 영향보다는 파괴적, 반항적, 공격적인 아동 행동에 미치는 부모 훈육의 영향에 관해 밝혀진 것이 더 많다(Ehrensaft et al., 2003; Kazdin, 2008).

훈육 방식의 영향은 매우 복잡하여 부모와 아동의 일반적인 행동 특성과 가정에서 일어나는 지속적인 스트레스를 고려하지 않고서는 잘 예측할 수가 없다. 그렇지만 연구를 통해 매우 잘못된 것으로 판명된 상호작용을 부모들이 하지 않도록 도울 수 있는 일반적인 훈육 지침을 제시하는 것은 가능하며, 이러한 지침은 모든 문화집단에 동일하게 적용 가능하다(Kazdin, 2008 참조). 다음에서 고전적 연구 몇 가지를 살펴보자.

여러 해 전에 O'Leary(1995)는 2~4세 자녀를 둔 어머니들이 전형적으로 보이는 세 가지

유튜브 비디오 사례

비디오 연결 6.1

이 영상에서 강사는 **바른 권위**를 적용하는 양육을 설명하기 위해 긍정적 양육이라는 용어를 사용하고 있다. (https://www.youtube.com/watch?v=r-L2yqlcwJU)

형태의 오류를 발견했는데 그것은 지나친 관대함(laxness), 과잉반응(over-reactivity), 심한 잔소리(verbosity)이며, 이러한 어머니들의 오류는 지금도 여전히 나타난다. 지나친 관대함이란 미리 포기한 채 규칙을 요구하지 않고, 잘못된 행동을 했는데도 관심과 같은 정적 강화를 주는 것을 말한다. 과잉반응이란 분노, 비열함, 짜증 등을 말한다. 심한 잔소리는 아동에게 말을 해봐야 소용이 없는 상황인데도 잘못된 행동에 대하여 장황하게 논쟁하려는 경향을 말한다.

부모가 자녀에게 하는 매우 '친절한' 말이 훈육의 측면에서는 효과적이지 않을 수 있는데 이는 부모들이 일관성 있고, 단호하며, 명확한 한계 설정을 할 줄 모르거나 알아도 실천하지 않으려 해서다. 이런 부모들은 뒤늦게 장황하고 한없이 친절한(그러나 경솔한) 꾸중을 해서 결국 아동의 행동을 악화시킨다. 또 다른 부모들은 자녀가 잘못된 행동을 했을 때는 가혹하게 혼을 내면서 바르게 행동했을 때는 관심을 주지 않는 우를 범한다.

연구자들은 훈육의 두 가지 주요 차원을 제시하였는데, 그것은 반응(responsiveness : 온화함, 상호성, 애착을 포함함)과 요구(demandingness : 모니터링, 엄격한 통제, 행동에 따른 정적, 부적 강화 제공을 포함함)다. 자녀를 잘 관리하는 부모는 매우 반응적이면서 동시에 적절한 요구를 한다. 이들은 또한, 자녀에게 매우 헌신적이다. 좀 더 구체적으로 말하면 매우 효과적인 훈육을 하는 부모는 자녀의 요구에 민감하고 공감해주며 관심을 쏟는다. 이들은 자녀와 긍정적이고 호혜적인 상호관계 패턴을 형성하며, 부모의 온화함과 호혜적 관계는 자녀의 정시적 애착과 성인-아동 긴 유대감의 기반이 된다. 이 부모들은 또한 자녀에게 올바른 요구를 한다. 즉 자녀의 연령에 적절하게 자녀를 감독하면서 자녀의 행동을 모니터링한다. 자녀가 잘못된 행동을 했을 때는 자녀를 조정하거나 억압하려 하는 대신 직접적이고 단호하게 직면한다. 이들은 자녀의 잘못된 행동에 대하여 엄격하지만 적대적이지 않은 태도로 명확하게 가르치고 올바른 요구를 하며, 폭력적이 아닌 부정적 후속결과를 약속대로 일관성 있게 적용한다. 이 부모들은 또한 자녀가 바람직한 행동을 했을 때는 칭찬과 인정, 격려, 다양한 보상 등의 형태로 정적 강화를 제공한다.

요구와 반응을 적절하게 사용하는 부모의 훈육을 **바른 권위**(authoritative)라고도 부르는데, 바른 권위는 아동의 행동 발달에 최선의 영향을 미친다. 이와 반대되는 개념은 반응 없이 요구만 하는 **나쁜 권위**(authoritarian)다. 연구자들은 바른 권위를 가진 양육이 아

유튜브 비디오 사례

비디오 연결 6.2

이 영상에서 강사는 **나쁜 권위**를 적용한 양육을 설명하면서 이러한 양육에서 비롯되는 부정적 결과를 함께 제시하고 있다. (https://www.youtube.com/watch?v=Lj64B6P9bxs)

동과 청소년의 흡연과 음주 감소, 그리고 중학생의 분노와 소외감 감소 등과 유의한 상관관계가 있음을 밝혀냈다(Adamczyk-Robinette, Fletcher, & Wright, 2002). 바른 권위를 가진 훈육의 특징은 자녀에게 요구하는 것과 자녀에게 제공하는 것 간의 균형이라 할 수 있는데, 이러한 균형은 많은 문화권에서 효과적인 부모 훈육의 핵심 특징이다. 이러한 훈육은 아동을 돌보는 모든 사람이 효과적인 훈육을 하기 위한 핵심 요소지만, 반사회적 행동을 보이는 아동의 가족의 경우 이러한 상호작용 패턴이 잘 나타나지 않는다.

오리건대학교의 고(故) Gerald Patterson과 그 동료들은 지난 몇십 년에 걸쳐 반사회적 청소년 가정의 가족 내 상호작용 특징에 대한 통찰력을 우리에게 제공해주었다. 그들의 연구방식은 부모와 자녀의 행동을 가정에서 직접 관찰하여 식별 가능한 가족만의 패턴을 찾는것이었다. 연구 결과, 공격적인 아동의 가족 상호작용은 부정적, 적대적 행동의 교환을 특징으로 하는 반면, 공격적이지 않은 아동의 가족 상호작용은 부모와 자녀 간에 긍정적이고 유쾌한 행동의 교류를 특징으로 하고 있었다. 공격적인 아동의 가정에서는 자녀가 부모를 매우 성가시게 하고 부모에게 혐오적인 방식으로 행동할 뿐 아니라 부모 역시 자녀를 통제하려고 혐오적인 방법(때리기, 소리 지르기, 위협하기 등)에 주로 의존한다. 즉 가정에서 자녀의 공격성은 부모의 공격적인 반응을 야기하지만, 자녀의 이러한 공격성이 부모의 처벌적인 훈육 방식에서 비롯되는 면도 있다(Patterson, Reid, Jones, & Conger, 1975; Patterson, Reid, & Dishion, 1992; Reid & Eddy, 1997 참조).

오래전에 Patterson(1980)은 엄마와 자녀 사이의 혐오적인 상호작용에 대하여 연구하였는데, 그의 연구 결과는 최근에 연구된 자료와 다르지 않다[www.oslc.org에 접속하여 오리건 사회학습센터(Oregon Social Learning Center)의 많은 연구 자료와 보고서를 살펴보라. 그 연구 중 어떤 것은 매우 최근 것이고 어떤 것은 40년 혹은 그보다 더 오래된 것이다]. Patterson의 연구팀이 공격적인 아동의 가족을 연구한 결과, 대부분의 바람직하지 않은 문제행동이 **부적 강화**(negative reinforcement)에 의해 유지되는 것으로 나타났다. 부적 강화는 싫어하는 상황을 피할 수 있게 되는 것을 포함하는데, 이를 통해 심리적, 신체적 고통이나 불안에서 벗어나게 되므로 그것이 보상(즉 부적으로 강화)으로 작용하는 것이다.

이러한 상호작용이 더 심한 갈등과 강압적 관계를 야기한다는 점에서 Patterson은 이를 **부적 강화의 함정**(negative reinforcement traps)이라고 불렀는데, 함정에 빠져 있는 각 사람은 상대방의 혐오적인 행동에 대해 유사한 행동으로 반응하고, 부적 강화로 상대방을 통제하려는 강압적인 방법을 갈수록 더 많이 사용하는 경향이 있다. 이러한 상호작용은 결국 부모가 자녀의 강압을 이기지 못하고 요구를 포기하는 함정에 빠지게 만든다. Patterson과 그의 동료들은 일반 아동과 달리 품행에 문제가 있는 아동은 부모의 요구나 처벌에 대하여 더 많은 문제행동으로 반응하는 경향이 있음을 발견하였다. 그러므로 공격적인 아동의 가족들은 아동이 바람직하지 못한 행동을 더 많이 하게 만들기도 하고, 심지어 아동이 문제의 그 행동을 더 잘 배우게 하기도 한다.

숙제와 관련해 부적 강화의 함정이 진행되는 과정에 대한 Patterson(1980)의 설명을 표 6.1에 나타난 예시를 통해 살펴보자. 이 예시에서는 자녀가 숙제를 하지 않은 상태인데 이는 어머니에게 혐오적인 조건이다. 첫째, 어머니가 자녀에게 숙제를 하라고 하면 자녀는 징징거리며 불평을 하는데, 아마 숙제가 너무 어렵다거나 너무 많다거나 하면서 투덜거리고 울 수도 있다(이는 엄마에게도 혐오적인 상황이다). 자녀의 징징거림이 엄마를 너무 힘들게 하면 얼마 후 엄마는 숙제하라는 말이나 명령, 잔소리 등을 멈출 것이다. 이때 숙제를 하라는 어머니의 명령(또는 요구)이 너무나 싫었던 자녀는 자신의 징징거림이 어머니의 요구나 잔소리를 멈추게 했음을 발견한다. 즉 자녀는 '내가 숙제에 대해 계속 징징거리면 엄마는 숙제하라는 말을 멈추는구나'라는 깨달음을 얻는 것이다. 단기적으로는 엄마와 자녀 모두 짜증이나 고통에서 벗어나게 되었지만(즉 아동은 징징거림을 멈추었고 엄마는 요구하기를 멈추었음), 숙제는 여전히 남아 있다. 결국, 엄마는 자녀에게 숙제하라는 요구를 더 이상 하지 않게 될 것이고, 자녀는 징징거림을 이용하여 엄마의 요구를 멈추게 할 수 있음을 배우게 된

표 6.1 **학교 관련 부적 강화의 함정이 가족 내에서 작용하는 방식**

숙제와 관련하여 가정에서 나타나는 부적 강화의 함정		
첫째 →	둘째 →	셋째
엄마는 자녀가 아직 숙제를 안 한 것을 알고 "지금 바로 숙제 시작해!"라고 말한다.	자녀가 징징거린다.	엄마는 요구를 포기하고 자녀에게 숙제라는 말을 멈춘다.
	단기적 영향	장기적 영향(부적 강화의 함정)
어머니가 얻는 것	어머니가 짜증에서 벗어남(자녀가 징징거림을 멈추었을 때)	엄마의 말에 자녀가 징징거리면, 엄마는 앞으로도 자녀에게 요구하기를 포기하거나 요구를 하지 않을 것이다.
자녀가 얻는 것	자녀가 짜증에서 벗어남(어머니가 요구를 멈추었을 때)	숙제가 되어 있지 않더라도 엄마는 자녀에게 숙제하라는 말을 덜 할 것이다.
결과	숙제가 완료되지 못함	숙제하라는 엄마의 말을 멈추게 하려고 자녀는 앞으로도 더 많이 징징거릴 것이다.

다. 엄마와 자녀 모두 혐오적인 후속결과를 회피하게 됨으로써 부적 강화를 받은 셈이다. 그러나 문제 상황(끝내지 못한 숙제)은 이후의 부정적 상호작용을 불러일으킬 잠재요인으로 남아 있다. 자녀가 계속 숙제를 하지 않으면 학교에서 실패할 위험이 높고, 이를 더 이상 참을 수 없는 엄마는 숙제에 대해 더 심하게 잔소리를 하게 될 것이므로 이러한 시나리오는 반복될 가능성이 크다.

표 6.1은 자녀와 엄마 간 부적 강화의 함정을 보여주었지만, 동일한 부적 강화의 함정이 교사-학생 간에도 발생할 수 있다. 제7장에서 우리는 학교에서의 부적 강화를 다루게 되는데, 부적 강화의 함정이 부모뿐 아니라 교사와 관련하여 교실 내에서 발생할 수도 있음을 설명할 것이다.

사실 공격적인 아동의 가족 구성원들은 서로를 공격적이 되게 하고 서로에게 부적 강화를 사용하도록 길들인다. 이러한 길들임은 주로 공격적인 자녀와 부모 간 상호작용에서 발생하지만, 형제자매도 이 상호작용에 포함될 수 있다. Patterson(1986b)은 공격적인 아동의 형제자매들이 공격적인 아동이 없는 가정의 형제자매들보다 부모에게 더 공격적인 것은 아니라고 하였다. 그러나 반사회적 청소년이 속한 가정에서의 형제자매 간 상호작용은 공격적인 아동이 없는 가정에서의 형제자매 간 상호작용에 비해 훨씬 더 공격적이라고 보고하였다. 공격적인 자녀와 부모가 주고받는 강압적인 상호작용은 형제자매들이 서로에게 강압적이 되는 방법을 배우게 하는 것 같다. 이러한 아동들이 학교를 포함한 다른 환경에서도 더 공격적인 성향을 보이는 것은 당연하다. 학교에서의 갈등과 실패는 많은 경우에 가정에서의 반사회적 행동과 관련이 있다(Kazdin, 2008; Kerr & Nelson, 2010; Walker, Ramsey, & Gresham, 2004 참조).

행동장애의 발생 과정을 완벽하게 묘사하기는 어렵지만, Patterson의 연구팀이 제시한 모델에서는 자녀가 보이는 일반적이고 경미한 수준의 강압적 행동을 부모가 효과적으로 훈육하지 못하는 데서 행동장애가 비롯된다고 지적한다. 자녀는 부모와의 힘겨루기에서 이기기 시작하고, 부모는 강압적 상호작용에 효과적으로 반응하는 대신 벌을 점점 더 많이 준다. 강압적 상호작용의 빈도와 강도는 계속 증가하여 그 빈도가 하루에도 수백 번으로 늘어나고, 강도 역시 징징거리기, 소리 지르기, 짜증에서 시작하여 때리거나 신체적 공격에 이르게 된다. 아이는 부모와의 힘겨루기에서 더욱 승승장구하고, 부모는 효과적이지 않은 처벌을 지속하여 또 다른 갈등을 야기한다. 이러한 가족 내 강압적 과정은 정신병리 문제를 일으킬 위험이 높은 기타 조건들, 즉 사회적·경제적 불리함, 약물이나 알코올 중독, 부모의 불화와 별거 또는 이혼과 같은 다양한 스트레스 요인과 함께 발생할 수도 있다. 이 과정에서 아동은 부모의 온정을 거의 또는 전혀 받아보지 못하고 또래들에게는 거부당하기 일쑤다. 학교 실패는 이 과정에 동반되는 전형적인 부산물이다. 이런 상황에 있는 아동이 낮은 자아상을 갖게 되는 것은 당연한 일이다(Kazdin, 2008; Kerr & Nelson, 2010 참조).

공격적인 자녀를 둔 부모가 자녀를 효과적으로 처벌하지 못한다는 Patterson의 주장은 그가 부모 훈육의 핵심을 처벌로 보았다는 의미는 아니다. 오히려 그의 연구는 부모가 자녀의 행동에 대한 명확한 한계를 설정하고, 온화하고 사랑 넘치는 가정환경을 조성하며, 적절한 행동에는 긍정적인 관심과 인정을 제공하고, 강압적인 행동에 대해서는 적대적이지도 신체적이지도 않은 벌을 일관성 있게 적용해야 함을 강조한다.

Patterson과 다른 연구자들은 반사회적 아동의 가족이 보이는 강압적 상호작용의 패턴이 조기에 판별 가능함을 보여주었다(예 : Walker et al., 2004). 또한, 여러 연구들은 품행장애 아동들이 어릴 때부터 문제를 보일 가능성이 큰데, 그 이유 중 하나는 이 아동들이 까다로운 기질의 영아였을 뿐 아니라 이에 대한 대처기술이 부족한 부모를 가졌기 때문이라고 설명한다(Nelson, Stage, Duppong-Hurley, Synhorst, & Epstein, 2007 참조). 일관적이지 않은 훈육과 가족 갈등은 행동 문제를 보이는 거의 모든 아동이 가지고 있는 문제다. 처벌을 많이 하는 부모가 자녀를 공격적이 되게 만든다는 결론에 대해 모든 연구자들이 한 목소리로 지지하는 것은 아니지만(이 관계는 그렇게 직접적인 것 같지는 않다), 연구자들은 부모 교육을 통해 아동의 공격성을 완화하는 경우도 있음을 관찰하였다(Kazdin, 2008; Serbin et al., 2002). 그러나 엉덩이 때리기나 또 다른 형태의 체벌은 아동이 공격성을 갖게 될 위험을 높일 수 있다(Taylor, Manganello, Lee, & Rice, 2010).

아동 학대

우리는 이제 공격적인 아동의 가정에서 강압적인 상호작용이 어떻게 시작되며 유지되는지, 그리고 부모들이 어떤 방식으로 효과가 없거나 역효과를 내는 훈육을 하는지에 대하여 어느 정도 알게 되었다. 그러나 우리는 '좋은 부모가 되는 방식에는 여러 가지가 있을 수 있으며 이러한 방식들은 부모와 자녀의 성격 그리고 환경의 영향에 따라 다를 수 있다'는 오랜 기간 거듭 입증된 지혜를 잊지 말아야 한다(Becker, 1964).

비효과적인 아동 관리가 학대나 방임이 되는 시점은 언제인가? 이 질문은 답하기가 쉽지 않다. 그 시점은 아동의 발달 수준, 구체적인 상황, 전문적이고 법적인 판단, 문화적 규범 등에 달려 있기 때문이다. 아동 학대(child abuse)의 정의에서 모두가 합의한 부분은, 아동의 일반적인 발달을 심각하게 위협하거나 지연시키는 부모의 행동이라는 점일 것이다.

학대를 정의하기가 쉽지 않음을 고려할 때 신뢰할 만한 아동 학대와 가족폭력 발생 건수를 추정하기가 어려운 것은 당연한 일이다. 하지만 추정치 파악에 관련된 쟁점을 장황하게 되풀이하지 않고도 가족폭력과 신체적, 심리적, 성적 아동 학대는 엄청난 규모로 발생하고 있음을 알 수 있는데, 미국만 해도 매년 100만 명 이상의 아동이 학대 문제에 연루된다. 모든 유형의 학대가 위험하며 심각한 후유증이 있지만, 여기서는 신체적 학대를 중심으로 논하고자 한다.

대부분의 사람들은 학대 관련 사례에서 부모와 자녀가 서로에게 미치는 상호작용적 효과에 대해 별로 생각하지 않는다. 아동 학대는 흔히 부모의 양육행동 탓으로 간주되며, 중재 역시 자녀에 대한 부모의 반응을 변화시키는 데 집중된다. **상호작용적 교류 모델**(interactional-transactional model)은 학대받는 자녀가 부모에게 미치는 영향도 고려하기 때문에 중재를 할 때 부모의 학대적인 반응뿐 아니라 학대받는 아동의 문제행동도 직접적으로 다루어야 한다고 제안한다. 자녀의 문제행동으로 인해 양육자의 학대가 시작된 것은 아니더라도 아동이 학대에 연루되면서 부적절한 행동을 보이기 시작했다면 이러한 관점이 고려되어야 한다. 중재는 가족 전체를 대상으로, 가족이 속한 사회적 맥락까지 고려하여 이루어져야 한다.

아동 학대 상황의 부모-자녀 간 상호작용에 대한 한 가지 가설은 부모의 벌에 대한 자녀의 반응이 부모로 하여금 본의 아니게 점점 더 처벌적이 되게 한다는 것이다(앞에서 가족 구성원들이 서로를 강압적이 되게 길들여 가는 방식에 대해 논의했던 내용을 떠올려보라). 예를 들면 부모가 싫어하는 행동(예 : 징징거리기)을 자녀가 보일 때 부모는 자녀에게 벌을 줄 것이다(예 : 한 대 때리기). 그 벌이 성공적으로 자녀의 문제행동을 멈추게 했다면 부모는 그 결과에 부적 강화를 받게 된다. 즉 자녀의 문제행동이 중지되었으므로 부모는 사실 자녀를 한 대 때린 행동에 대한 보상을 받은 것이다. 다음에 또 자녀가 징징거린다면 부모는 징징거림에서 벗어나려고 자녀를 한 대 때릴 가능성이 높다. 한편 처음에 한 대를 때렸을 때 자녀가 징징거림을 멈추지 않았다면, 부모는 더 세게 또는 더 많이 때려서 자녀가 조용해지게 할 것이다. 이런 식으로 자녀의 문제행동이 심해질수록 부모가 이를 다루기 위해 사용하는 수단으로서의 벌은 점점 강도가 높아진다. 이와 같이 학대하는 부모는 자녀를 벌하여 원하는 결과를 얻는 데 성공하지 못하면서도 벌을 점점 더 많이 사용한다. 그들은 좀 더 긍정적이거나 덜 가혹한 대안적 통제 방법을 이해하거나 적용할 줄 모르는 것 같다. 학대받는 아동들은 이 과정에서 고통을 당하면서도 부모와의 대결에서 고집을 꺾지 않고 버티곤 한다. 이 아동들은 부모의 압박에 굴복하기를 완강하게 거부한다. 부모와 자녀는 상호 피괴적이고 강압적인 악순환의 덫에 빠져 서로에게 신체적 또는 심리적 고통을 주고받는다(표 6.1과 그에 대한 논의를 떠올려보라).

부적 강화의 함정은 행동을 증폭시켜 학대에 이르게 한다. 이러한 강압적인 다툼은 품행장애의 특징이며, 아동의 발달에 심각한 영향을 미친다(Kazdin, 2008; Walker et al., 2004 참조). 게다가 품행장애 아동은 반사회적 행동과 빈약한 아동 관리 기술을 가진 부모가 될 가능성이 크기 때문에 동일한 과정을 통해 학대가 대물림될 가능성도 크다. Serbin과 그 동료들(2002)은 약 25년간의 종단연구를 실시한 후 엄마가 어릴 때 공격적인 아이였다면 그 엄마의 자녀도 공격적이었다고 보고하였다. 물론 이러한 결과는 유전적 성향을 입증하는 것일 수도 있다(Pinker, 2002 참조).

그러나 부모와의 학대적인 관계에서 아동의 행동이 항상 상호적 원인 요소라고 단정할 수는 없다. 학대가 어떤 행동으로 나타나는지, 학대받는 자-학대하는 자 간의 관계가 어떠한지의 측면에서 학대 관계는 매우 다양하다. 예를 들면 가정 내 성학대는 여러 형태로 발생할 수 있으며, 형제 간, 부모-자녀 간 또는 다른 가족 구성원(예 : 삼촌, 숙모, 계부나 계모, 또는 조부모)과 아동 간에 일어날 수 있다. 이러한 가족 내 성학대는 많은 금기에 둘러싸인 사회적 문제이기 때문에 불가능까지는 아니더라도 연구하기가 매우 어려운 주제다. 현재까지의 연구들은 아동 스스로 성학대의 피해자가 될 빌미를 제공한다는 증거를 찾지 못했으며, 학대받은 아동이 매우 어릴 경우에는 더욱 그러했다. 성학대의 경험이나 성행동을 목격한 경험을 가진 아동 중 일부는 성학대 상황을 유발할 만한 행동을 보일 가능성이 있기는 하나, 이것이 성학대의 직접적인 원인이 되지는 않는다.

학대하는 부모의 특징을 기술한 많은 글들이 출판되었고, 이들의 특징에 대한 고정관념도 넘쳐 난다. 그중 하나는 이 부모들이 사회적으로 고립되어 있다는 것이다. 또 다른 고정관념은 이들도 어릴 때 학대를 받은 아이였다는 것이다. 이 부모들이 정신적으로 문제가 있다는 고정관념도 있다. 이 세 가지 모두 사실인 경우도 있기는 하지만, 이 중 어느 것도 학대하는 부모의 특징에 대한 연구에 의해 지지된 적은 없다. 그러나 학대하는 부모에게 흔히 동반되는 몇 가지 심리적 특징을 제시하는 것은 가능하다. 예를 들면 학대하는 부모는 공감하기, 역할 감당하기, 충동 조절하기, 자아개념 면에서 결함을 보이며, 문제의 원인을 외부의 탓으로 돌리는 경향이 있다.

연구들은 부모에게 학대받는 아동들이 우울증과 같은 내면적인 문제나 품행장애와 같은 외현적인 문제를 포함하는 모든 유형의 정서행동장애를 갖게 될 위험이 있다고 밝히고 있다. 교사나 부모, 또래들은 신체적 학대를 받은 아동들이 일반 아동들보다 더 높은 수준의 행동 문제를 보인다고 지각하였다.

학대받은 아동과 청소년을 위한 중재 프로그램을 고안할 때는 이들의 행동이 가정폭력과 직접적으로 관련되어 있음을 이해해야 하며, 학교생활에서 이들의 행동을 수정하려는 시도 만으로는 충분하지 않음을 명심해야 한다. 아동의 복지를 책임지는 사람들과 교사들은 학 대로 의심되는 사항을 보고해야 하며 모든 학생의 요구에 부응하는 포괄적 서비스를 위해 노력해야 한다. 이들은 학대로 고통 받는 아동들이 회복탄력성을 갖게 하는 데 핵심적인 역 할을 할 수 있다(Doyle, 2003).

학교에서의 성공과 실패에 미치는 가족의 영향

아동의 학습에 대한 책임은 일반적으로 학교에 있다고 여겨지기 때문에 아동의 학교생활에 대한 가족의 역할은 2차적일 때가 많다. 그럼에도 불구하고 부모는 교육에 대한 의견 표명, 부모 자신의 학교 관련 경험, 적절한 학교 행동(예 : 성실한 출석, 숙제 완료, 읽기와 공부하 기)에 대한 부모의 태도 등 여러 측면에서 자녀의 성공적인 학교생활에 기여하기도 하고 이 를 방해하기도 한다. 교육관이 부재하거나 교육이 그리 중요하게 여겨지지 않는 가정환경 에 속한 아동은 학교에서 학습이나 행동의 문제를 보일 가능성이 크다. 또한, 아동이 가정에 서 받는 사회적 훈련은 학교에서의 성공을 결정하는 중요한 요소다. 학교에서 또래들과의 관계에 문제가 있는 아동, 특히 또래에게 거부를 당하는 아동은 학업 문제를 보일 가능성이 매우 크다(Walker et al., 2004).

부모의 훈육, 부모와 학교 간 관계, 부모와 자녀 간 관계는 학교에서의 성공과 실패에 중 요한 역할을 한다. 앞에서 설명한 바른 권위(반응과 요구를 적절하게 사용)가 학생의 성취를 지지한다는 사실은 오래전부터 알려져 왔다(Rutter, 1995 참조). 자녀의 교육에 긍정적으로 참여하는 부모의 자녀들은 학교에서 높은 학업 성취를 보이는 경향이 있다. 반대로 강압적 상호작용이 일어나는 가정의 자녀는 교사의 가르침에 따르거나 숙제를 하거나 친구들과 어 울리는 것에 잘 준비되지 못한 채 학교에 가게 될 가능성이 크다. 이 학생들은 학교에서 요 구되는 것에 제대로 준비가 되지 않았기 때문에 학업 수행과 사회적 상호작용 면에서 일반 적인 기대에 부응하지 못할 것이 분명하다(Reinke et al., 2014; Walker et al., 2004).

가족에게 영향을 미치는 가족 외부로부터의 압박

가족 상호작용은 부모와 자녀에게 스트레스를 주는 외부 조건의 영향을 받는다. 빈곤, 실직, 불완전 고용, 노숙, 지역사회 폭력 등의 조건들이 일상을 버텨내는 가족의 역량, 자녀를 돌보는 부모의 능력, 집과 학교에서 바르게 행동하는 아동의 능력에 영향을 미치는 것은 놀라운 일이 아니다(Walker et al., 2004). 노숙 상태는 가족 전체에게 영향을 미칠 뿐 아니라 어떤 경우에는 가족으로부터 분리된 청소년에게도 영향을 미치는데 이는 부모-자녀 간 유대를 단절시키는 외부적 영향 때문이다.

빈곤은 아마도 가족 관계를 손상시키는 가장 심각한 문제일 것이다(Fujiura & Yamaki, 2000; Poscoe et al., 2016 참조). 심각한 재정적 궁핍은 부모의 학대나 방임행동 및 자녀의 부적응행동과 상관관계가 있다고 알려져 있다. 빈곤은 흔히 약물중독과 폭력으로 가득한 동네에서 노숙까지는 아니더라도 매우 부적절하고 위험한 집에 사는 것을 의미한다. 이런 동네 환경은 부모와 자녀를 범죄의 피해자가 되게 할 뿐 아니라 불만, 우울, 절망을 느끼게 한다.

빈곤, 장애 위험, 학교생활의 어려움 간에는 명백한 연관성이 있다(Berliner, 2010; Fujiura & Yamaki, 2000; Pascoe et al., 2016). 저소득, 높은 실직률, 유동적인 인구, 많은 수의 한부모 가정, 높은 비율의 폭력과 약물중독 등을 특징으로 하는 지역에서는 가정의 기능이 와해되고 가족들이 해체될 위험이 높을 뿐 아니라 자녀들도 정신병리 문제를 보이거나 학교생활에 실패할 위험이 높다(Fitzgerald, Davies, & Zucker, 2002). 가족 또는 타인의 폭력에 희생된 아동과 청소년은 정서행동장애 및 다양한 학교 관련 문제를 보일 위험이 크다. 또한 범죄에 희생될 위험이 큰 지역에 산다면, 자녀에게 제한을 많이 두는 양육이 필요할 수도 있다.

빈곤 가정에 대한 가장 흔한 오해는 이 가정의 부모들이 실업자거나 일하는 데 관심이 없다는 것이다. 실업과 직업기술 부족이 빈곤 가정 부모들에게 좀 더 높은 비율로 나타나는 문제기는 하지만, 빈곤 가정 부모들 대부분은 일을 하고 있다. 부모의 실직은 엄청난 스트레스 요인이지만 적절한 임금을 받지 못하고 일하는 것 역시 그 못지않은 스트레스가 된다. 부모의 맞벌이 상태는 자녀를 적절하게 모니터링하고 돌보기 위해 부모의 엄청난 노력이 소요된다는 점에서 중산층 가정에 스트레스로 작용할 수 있지만, 맞벌이를 하는데도 가족이 빈곤에서 벗어날 수 없다면 그 스트레스는 몇 배로 증가한다. 가족 스트레스와 아동의 정신병리 문제를 감소시키려면 우리 사회는 빈곤 및 빈곤에서 파생되는 사회적·개인적 문제를 좀 더 효과적으로 다루어야 한다. 빈곤과 빈부격차가 심화될수록 가족 스트레스와 아동 정신병리 문제는 더욱 만연할 것이다(Norton & Ariely, 2011; Saez, 2010 참조).

교사를 위한 시사점

우선 각별히 유의해야 할 사항을 살펴보자. 가족 중 누군가가 정신건강 서비스를 받고 있는 가정에 속한 아동의 행동 문제 척도 점수가 높았다는 사실이 문제행동을 가진 모든 아동의 부모가 정신병을 가졌다거나 정신병을 가신 모든 부모의 자녀가 행동 문제를 보인다는 의미로 해석되면 안 된다. 문제행동에 영향을 미치는 가족 요인은 다면적, 복합적, 상호작용적이며, 직접적이고 단순명료하게 설명 가능한 경우는 거의 없다(Pascoe et al., 2016; Patterson & Fossee, 2015; Pinker, 2002; Scull, 2015 참조).

아동의 정서행동장애와 관련된 가족의 역할에 대하여 이미 알려진 바를 고려할 때 교사들이 아동의 학교 수행과 행동에 미치는 가정환경의 영향을 간과하는 것은 매우 어리석은 일이다. 그러나 문제를 일으키는 학생의 부모를 비난하는 것이 정당화될 수는 없다. 아주 좋은 부모의 자녀도 심각한 정서행동장애를 가질 수 있다. 교사는 정서행동장애 아동의 부모가 많은 실망과 좌절을 경험했다는 점과 이 부모들 역시 자녀가 학교와 가정에서 더 잘 행동하기를 염원한다는 사실을 인식해야 한다. 반사회적 행동에 가족 요인의 영향이 강력하게 작용한다는 것을 우리는 알고 있다. 그러나 품행장애와 비행의 경우에도 부모가 주요 원인일 거라고 미리 가정해서는 안 된다.

교사들은 반사회적 행동을 보이는 학생의 가정생활을 특징짓는 강압적 과정에 빠지지 않도록 유의해야 한다. 학교에서의 가혹하고 적대적인 언어 또는 신체적 벌은 부모가 벌을 줄 때 더 혐오적인 행동으로 맞서도록 길들여진 반사회적 학생들에게 새로운 도전으로 작용할 수 있다. 교직원들은 이러한 학생들과의 전투에서 승리하기 위해 부모에게 권장되는 전략을 동일하게 적용해야 한다. 즉 행동에 대한 기대를 분명하게 제시하고, 적절한 행동에 대해서는 긍정적 관심을 주며, 침착하고 단호하며 비적대적이고 이성적인 태도로 잘못된 행동을 변해야 한다(Kauffman & Brigham, 2009; Kauffman, Pullen et al., 2011; Kazdin, 2008; Pullen, 2004; Walker et al., 2004). 교사들은 반응과 요구를 적절히 사용해야 하고, 학생들의 불우한 가정생활을 자신이 제대로 학생을 지도하지 못한 것에 대한 핑계로 삼아서는 안 된다.

오랫동안 교사를 포함한 사회의 많은 이들이 아동의 정서행동장애를 부모의 탓으로 돌렸을 뿐 아니라 부모를 문제 아동을 지원할 자원으로 보기보다는 적대자로 여겼다. 자녀를 도울 수 있는 부모의 역할을 좀 더 긍정적으로 보게 된 것은 상당 부분 부모들의 효과적인 자기옹호 덕분이다. 1989년에 결성된 아동의 정신건강을 위한 가족협회(Federation of Families for Children's Mental Health)는 부모들을 규합하여 자녀들의 정신건강 및 특수교육 프로그램을 보다 효과적으로 옹호하게 하였다. 여러 주의 부모 협회들은 자녀가 적절한 교육과 정신건강 서비스를 받게 하는 데 좀 더 적극적으로 참여하려는 부모들에게 정보와 지침을 제공할 지원센터를 설립하였다. Hanson과 Carta(1996)는 교사들이 다른 전문가들의 도움과 지원을 받아 다음을 실천하도록 제안하였다.

- 학생과 긍정적인 상호작용을 하고 이를 부모에게 보여준다.
- 각 가족의 장점을 발견하고 지지한다.
- 가족이 친구, 이웃, 직장동료 또는 지역사회의 사람들로부터 받을 수 있는 비공식적인 자원을 찾고 활용하도록 돕는다.
- 각 가정의 문화적 차이를 이해하고 존중하는 역량을 기른다.
- 다양한 협력 서비스를 제공하여 각 가정이 그들의 요구에 맞는 종합적이고 유연하며 유용한 서비스를 제공받게 한다.

요약

많은 사람들이 아동이 보이는 일탈행동의 근원을 가족에게서 찾으려 하지만, 아동의 문제행동을 설명하는 요인들은 다면적이고 복합적이다. 갈등이나 강압적 과정 같은 가족 요소들은 아동이 정서행동장애를 갖게 할 위험을 증가시킨다고 알려져 있다. 어떤 아동들이 이러한 위험요인에 좀 더 취약하고 어떤 아동들이 좀 더 회복탄력성이 있는지에 대해서는 아직 정확히 알 수 없다.

가족은 가족의 기능에 의해 가장 잘 정의된다. 가족은 아동에게 보호, 조절, 지식, 애정, 자기이해를 제공한다. 가족 구조 그 자체로는 아동에게 미치는 영향이 크지 않다. 부모의 이혼이 아동에게 일시적으로 부정적 영향을 미칠 수는 있지만 만성적 장애를 갖게 하지는 않는다. 한부모 가정에 사는 아동이 행동 문제를 보일 위험이 있기는 하지만, 그 이유는 아직 정확히 알 수 없다. 친부모가 아닌 사람이 아동을 양육한 경우, 아동에게 부정적 영향을 미치는 것은 대리 양육 자체라기보다는 부모와 분리되기 전에 경험한 외상 또는 거듭되는 역기능적 양육이다.

가족의 영향을 설명하는 상호작용적 교류 모델에서는 부모와 자녀가 서로에게 영향을 미친다고 제안한다. 즉 부모가 자녀의 행동에 영향을 미치는 것 못지않게 자녀도 부모의 행동에 영향을 미친다는 것이다. 부모의 훈육은 아동의 행동 발달에 중요한 요소다. 충분한 반응과 요구를 특징으로 하는 바른 권위를 가진 훈육은 최상의 결과를 낳는다. 잘못된 훈육은 흔히 지나친 관대함, 지나친 엄격함, 또는 비일관성을 수반한다.

우리는 품행장애와 아동 학대를 부모와 자녀 간 상호작용적 교류의 관점에서 볼 수 있다. 품행장애와 아동 학대의 경우, 부모와 자녀는 부적 강화의 악순환에 빠져 상대방이 싫어하는 행동을 점점 더 심하게 보이는데, 이러한 강압적 과정을 통해 강화를 받는다. 초기의 어려움은 아동의 까다로운 기질과 부모의 대처기술 부족에서 비롯되지만, 강압적 과정은 점점 더 심해져서 부모의 잔소리, 자녀의 징징거림, 서로에게 소리치기 등이 점차 때리기와 같은 좀 더 심각하고 공격적인 행동으로 발전한다.

부모의 행동은 아동의 학업 성취와 행동에 영향을 미친다. 빈곤이나 실업 등의 외적 요인은 가족 기능에 상당한 영향을 미친다. 부모가 일을 하고 있음에도 불구하고 많은 아동이 빈곤 속에서 자라게 되는데, 이러한 생활환경은 아동을 정서행동장애의 위험에 처하게 한다.

교사들은 아동의 학교 행동에 영향을 미치는 가족 요인을 고려해야 한다. 그러나 아동의 문제행동을 부모 탓으로 돌려서는 안 된다. 교직원들은 가정에서 강압적 과정을 경험하고 있는 반사회적 아동을 지도할 때 이와 동일한 강압적 과정에 빠지지 않도록 유의해야 하며 부모에게 권했던 동일한 중재 전략을 실천해야 한다. 교사는 또한 다른 분야의 전문가들과 협력하여 가족을 위한 종합적 서비스를 확보해야 한다.

논의를 위한 사례

아시다시피 그 아이는 제 아들인걸요

괴짜 닉(Nick)

아침 일찍 나는 닉을 데리고 교장실로 갔다. 닉이 교실에 있는 컴퓨터의 암호를 복구해주지 않으려고 했기 때문이었다. 닉은 컴퓨터에 천재적인 소질이 있는데, 학교 컴퓨터의 암호를 알아내어 자신만 아는 암호로 바꾸는 일을 순식간에 해치운다. 그는 이러한 행동이 자신에게 주는 권력을 즐기고 있으며, 이 행동이 나를 화나게 한다는 것도 알고 있다. 닉은 폭탄테러 위협, 사람 찌르는 장면에 대한 상세한 그림, "사탄이 지배한다!"는 지속적인 선언 등의 기괴한 행동으로 나를 포함한 다른 사람을 기겁하게 만드는 것을 즐긴다.

닉은 교장실에 조용히 앉아 있었다. 바지, 셔츠, 신발이 모두 검은색이어서 닉은 마치 사탄숭배자처럼 보였다. 검은 곱슬머리가 그의 창백한 얼굴을 덮고 있다. 그의 손가락은 바쁘게 오각형을 그리고 있다. 이러한 모습은 단순히 자기회의에 빠진 중학생의 이미지 만들기일까 아니면 베일에 싸인 신념의 표현일까?

학교 건물을 무단이탈한 닉을 찾기 위해 지원인력들이 무전기를 손에 들고 돌아다니면, 닉이 이 상황을 매우 즐기는 것처럼 보였던 때가 생각난다. 닉은 자신이 학교를 벗어나면 교사들이 경찰에 신고를 해야 한다는 것을 알고 있었기 때문에 학교 부지의 가장자리를 따라 걷다가 성인이 너무 가까이 다가오는 것 같으면 학교 밖으로 뛰어 달아났다. 다른 아이들은 '괴짜 닉'이라고 부르며 닉을 무서워했다. 아이들은 키 크고 힘센 외톨이 닉에게서 항상 멀찍이 떨어져 있었다. 닉 스스로도 가족, 친구, 교사와 거리를 두었으며 누구와도 가깝게 지내지 않았다. 우리 교직원들은 미래의 어느 날 닉의 소식을 저녁 뉴스에서 듣게 되는 건 아닐까 하는 걱정을 했다.

지금 닉의 어머니는 나와 교장선생님과 함께 수업이 끝난 우리 교실에 앉아 있다. 그녀는 진눈깨비와 어둠이 내리는 모습을 창문너머로 바라보면서 마치 걸레를 빨아서 짜고 있는 것처럼 초조하게 자신의 장갑을 비틀고 있다. "저는 이 아이를 어떻게 해야 할지 모르겠어요. 저는 교회에 갈 때마다 닉을 데리고 가요. 아시다시피 저는 매일 교회에 가요. 그런데 이 아이는 저에게 왜 그러는 걸까요? 닉은 자신이 사탄에 빠져 있는 것이 우리에게 큰 상처가 된다는 것을 알고 있어요. 닉은 우리에게 상처를 주려는 걸까요? 그래도 닉은 제 아들이에요. 저는 어쩌면 좋을까요?"

사례에 관한 질문

1. 만약 당신이 닉을 가르치는 교사라면, 그의 어머니가 겪는 이 명백한 고통에 어떻게 반응하겠는가?
2. 닉의 행동 패턴을 고려할 때 당신은 닉을 위한 학교 프로그램의 초점을 어디에 두겠는가? 즉 당신이 닉에 대해 우선적으로 고려할 사항이나 지도할 내용은 무엇이며, 우선적으로 사용할 관리 전략은 무엇인가?
3. 닉의 담임교사와 교장에게 닉의 부모와 협력하여 특별한 노력을 시도해보라고 조언하고 싶은가? 그렇다면 왜 그런지, 아니라면 왜 아닌지 그 이유를 설명하라. 만약 조언을 하고 싶다고 답했다면 어떤 조언을 하겠는가?

7 학교 요인

Monkey Business Images/Shutterstock

학습 목표

7.1 교육자들, 특히 교사들이 학생의 문제행동에 미치는 학교의 영향을 고려해야 하는 이유를 설명할 수 있다.

7.2 정서행동장애 학생의 일반적인 지능, 학업 성취, 사회성 기술 수준을 설명할 수 있다.

7.3 지능, 학업 성취, 반사회적 행동과 학교생활의 성공 및 실패 간 관계를 설명할 수 있다.

7.4 학교가 본의 아니게 정서행동장애의 발생에 기여하게 되는 여러 경로를 설명할 수 있다.

7.5 정서행동장애 학생이 학교에서 보이는 복잡한 요구에 부응하기 위한 교사의 역할과 학생들이 자기통제 능력을 발전시키도록 도울 방법을 설명할 수 있다.

정서행동장애의 원인 요소로서 학교 요인이 갖는 호소력

가족뿐 아니라 학교 역시 아동과 청소년의 사회화에 매우 중요한 영향력을 행사한다. 우리 문화에서는 학교에서의 성공이나 실패가 한 개인의 성공이나 실패와 동등한 의미로 간주된다. 우리 사회에서 학교는 모든 아동과 청소년의 의무사항이며 어떤 아동과 청소년에게는 학교가 최우선의 가치이기 때문이다. 고부담 시험(high-stakes testing)과 보편적 표준(universal standards)이 연방 및 주 법으로 점점 더 많이 의무화됨에 따라 학교에서의 성취는 더욱 큰 관심사가 되었다. 학교가 일부 학생들을 매우 불안하게 만들고 있다는 사실은 별로 놀라운 일이 아니다.

학업에서의 성공은 학교 밖에서의 사회적 발전과 기회에 매우 중요하다. 학생과 교사 또는 부모라면 거의 예외 없이 학교에서 허용되지 않는 행동의 유형을 알고 있다. 그러나 다수의 교사를 포함한 많은 사람들이 교사와 부모 및 학생들이 부적절하게 여기는 행동들이 학교 환경 때문에 발생할 수도 있음을 잘 모르는 것 같다.

학교 환경은 여러 원인 요소 중 교사들과 학교장이 직접적으로 통제할 수 있는 유일한 원인 요소다. 어떤 학생들은 학교에 들어가기 전부터 행동 문제를 나타내고, 어떤 학생들은 학교 이외의 사건들 때문에 문제행동을 일으키기도 한다. 이러한 경우라 할지라도 교사들은 학교가 그 문제를 개선하고 있는지 또는 악화시키고 있는지 살펴보아야 한다. 또한 많은 아동들이 학교에 다니기 전에는 정서행동장애를 나타내지 않기 때문에 교사들은 학교 경험이 정서행동장애의 주요 원인 요소가 될 수도 있고 정서행동장애의 예방에 일익을 담당할 수도 있음을 인식해야 한다(Cannon, Gregory, & Waterstone 2013; Conduct Problems Prevention Research Group, 2011).

행동에 대한 생태학적 접근의 주요 가정 중 하나는 아동이 속한 환경의 모든 측면은 서로 연결되어 있다는 것이다. 즉 환경의 한 측면에서 발생한 변화는 다른 측면에 영향을 미친다. 학교 밖에서 일어난 일이 학교 안에서의 학생 행동에 영향을 미친다는 것은 명백하다. 그러나 학생이 학교에서 한 경험도 학교 밖에서 일어나는 일에 영향을 미친다. 요약하자면, 학교에서의 성공이나 실패는 가정과 지역사회에서의 행동에 영향을 미치며 학교생활의 영향력은 외부로 퍼져나간다. 따라서 아동의 가정 및 지역사회 환경이 매우 좋지 않을 때는 학교에서의 성공이 갖는 중요성이 더욱 커진다. 특수교육 평가에 학생을 의뢰하기 전에 일반학급에서 실시해야 하는 모든 조치는 학생이 현재 속한 교실 환경이 문제를 개선할 수도 있고 악화시킬 수도 있음을 의미한다. 대부분의 특수교사들은 학생에게 장애라는 표찰을 붙이기 전에 문제행동의 발생에 영향을 미치는 학교 요인의 제거가 중요함을 잘 알고 있다.

이 장에서는 먼저 학교의 주요 임무인 학업과 관련된 정서행동장애 학생들의 특성을 살펴본 후, 학교와 교실 상황에서의 사회적 행동과 대인관계를 논하고자 한다(Kauffman, 2010a, 2015a; Kauffman, Nelson et al., 2017 참조). 학생이 학교의 기대와 요구에 반응하는 방식에 가장 긴밀하게 연관된 두 가지 특성은 지능과 학업성취다.

지능

지능검사는 학업 성공에 중요한 영역들에서의 일반적인 학습 정도를 측정하는 가장 적절한 검사로 여겨진다. IQ란 지능검사에서의 성취를 말한다. IQ는 학생들이 학업을 얼마나 잘 수행할 것인지와 일상생활에서의 요구에 얼마나 잘 적응할지에 대한 상당히 좋은 예측 인자다. 검사에서의 수행이 지능의 유일한 지표는 아니며, 검사 시의 수행 정도가 일상생활에 중요한 특정 영역에서의 능력을 찾아내지 못할 수도 있지만, 표준화된 검사는 일반 지능을 측정할 수 있는 최선이자 유일한 수단이다(Hallahan et al., 2015 참조).

지능의 정의와 측정은 논란의 소지가 많은 쟁점이며, 특수교육을 필요로 하는 영재, 지적장애 및 기타 장애의 정의에 영향을 미친다(Hallahan et al., 2015; Kauffman, 2010c, 2011, 2015d 참조). 심리학자들은 지능이 언어와 비언어를 포함한 다양한 능력으로 구성되어 있다는 데 뜻을 같이 한다. 예를 들면 주의집중과 유지, 정보 처리, 논리적 사고, 사회적 상황에 대한 정확한 이해, 추상적 개념의 이해 등과 같은 능력은 어떤 사람이 똑똑하다는 것을 보여주는 명확한 요소들이다. 그러나 학자들은 일반 지능(general intelligence)과 다중 지능(multiple intelligence)의 개념이 갖는 장단점에 관한 논쟁을 계속하고 있다(예 : Chan, 2006). 어떤 학자들은 다중 지능 이론이 과학적으로 지지받기 어려운 이론이라고 하면서 이 이론에 근거한 교수적 실제에 의문을 제기하기도 했으나, 이에 대한 자세한 논의는 이 책의 범위를 벗어난다(Lloyd & Hallahan, 2007; Willingham, 2009 참조). 다중 지능 이론은 타당한 이론으로 널리 알려져 있지만, 이 이론을 교수에 응용하여 그 효과성이 입증된 적은 거의 없다. 지능이 단일 점수나 수행으로 결정되어야 한다는 것은 아니지만, 여러 종류의 지능(즉 다중 지능)이 있다는 주장도 아직 입증된 것은 아니다.

정서행동장애 학생의 지능

정서행동장애 분야의 권위자들은 일반적으로 이 장애를 가진 학생들의 지능이 평균 범주,

즉 평균 지능의 ±1~2 표준편차 범위에 속할 것이라고 생각해 왔다. 행동 문제가 주요 문제
인 학생이라 하더라도 IQ가 70 이하라면 이 학생은 지적장애를 가지고 있다고 간주된다. 그
러나 정서 또는 지각장애로 인해 학생이 검사에서 실제 능력을 발휘하지 못했다고 추정될
때는 지적장애의 범위에 해당하는 IQ를 가졌더라도 지적장애가 아닌 정서행동장애나 학습
장애를 가진 것으로 본다(Hallahan et al., 2005, 2015 참조).

정서행동장애 학생 대부분의 IQ 평균은 정규분포의 정상 범위 내에서 약간 낮은 쪽에 속
하는데, 점수의 범위는 최중도 지적장애에서부터 영재에 이르기까지 매우 넓게 퍼져 있다.
지난 수십 년간 수많은 연구들은 정서행동장애 학생들의 IQ 평균이 90 초반 정도라는 동일
한 결론에 이르렀다. 이 학생들의 지능을 다룬 많은 연구를 종합한 결과는 다음과 같이 요약
될 수 있다―정서행동장애 학생 대부분의 IQ는 평균보다 약간 낮은 정도이나, 지능의 정규
분포곡선과 비교하면 정규분포의 낮은 쪽 점수범위와 경도 지적장애에 해당되는 점수범위
에 속하는 IQ를 가진 학생이 좀 더 많고, 정규분포의 높은 점수범위에 속하는 IQ를 가진 학
생이 적은 편이다. 연구 결과들은 그림 7.1과 같은 분포를 제안하고 있다. 정서행동장애 학
생들의 가상곡선은 IQ 90~95 정도를 평균으로 하고 있으며, 정규분포곡선에 비해 낮은 IQ
수준에 속하는 학생이 좀 더 많고, 높은 IQ 수준에 속하는 학생이 좀 더 적은 형태를 보이고
있다. 이러한 가상 곡선이 타당한 것이라면, 정서행동장애 학생들이 학업 실패나 사회화 문
제를 가질 가능성이 매우 클 것이라고 예상할 수 있다.

그림 7.1 정규분포와 비교한 정서행동장애 학생 지능의 가상분포

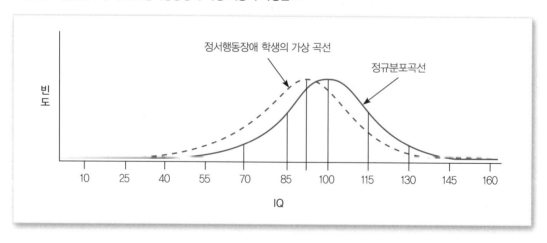

낮은 IQ가 갖는 시사점

연구들은 정서행동장애 학생들의 IQ가 평균 IQ보다 낮은 경향이 있으며 장애가 심할수록 IQ도 낮은 경향이 있음을(물론 반드시 그런 것은 아니지만) 명확하게 제안하고 있다. 그러나 지능과 장애 정도 간의 상관관계가 인과관계를 뜻하는 것은 아니다. IQ가 정서행동장애 학생의 성취와 미래의 사회 적응을 예측하는 정도는 IQ가 정규분포에 있는 학생들의 성취와 미래 적응을 예측하는 정도와 비슷하다. 즉 IQ는 상당히 유의한 예측요인이지만 절대 완벽하지는 않다.

학업 성취

학업 성취는 주로 표준화된 성취도 검사를 통해 측정하지만, 그러한 검사들은 학업 능력을 고도로 정확하게 측정하지는 못하며 개별 학생의 학업 성취에 대한 정밀한 측정 도구는 아니기 때문에 그 결과를 과신하는 것은 위험하다. 그러나 성취도 검사 점수는 규준집단과 비규준집단 간 수행의 비교를 통해 학생의 학교 성공 여부를 진단하고 예측하게 해준다.

정서행동장애 학생의 학업 성취

정서행동장애 학생들과 비행청소년들의 학업 성취는 오랜 기간 연구되어 왔다. 이러한 연구들을 종합하면, 같은 나이의 또래들보다 약간 낮은 편이 이 학생들의 정신연령을 감안하더라도 대부분의 정서행동장애 학생들은 학업 문제를 갖는다는 결론에 도달하게 된다. 일부 정서행동장애 학생들은 자신의 학년 수준을 따라갈 수 있고 소수의 학생들은 우수한 학업 성적을 거두기도 하지만, 대부분의 정서행동장애 학생들은 거의 모든 과목에서 한 학년 또는 그 이상의 지체를 보인다.

낮은 학업 성취가 갖는 시사점

낮은 학업 성취와 행동 문제는 함께 가는 것으로, 서로 밀접하게 관련된 위험요인들이다(Lane, 2004; Lane & Menzies, 2010). 대부분의 경우, 문제행동이 낮은 성취를 야기하는지 또는 그 반대인지는 명확하지 않다. 문제행동이 낮은 성취를 야기한다는 증거가 더 강력할 때도 있고, 그 반대라는 증거가 더 강력할 때도 있지만, 대부분의 경우 학업과 행동 간의 관계에 대한 명확한 본질을 파악하기는 어렵다. 앞으로 살펴보게 되겠지만, 낮은 성취와 문제행동이 상호 영향을 미친다고 볼 수 있는 근거가 있다. 문제행동은 명백하게 학업 성취를 방해하고, 낮은 성취에서 오는 사회적 결과는 부적절한 행동을 야기할 가능성이 크다. 어떤 경우든 학업 실패가 미래의 기회에 영향을 미친다는 사실은 정서행동장애 학생이 처하게 될 어려움에 대한 경고인 셈이다(Kauffman, 2010a; Kauffman & Brigham, 2009; Lane, 2004; Nelson et al., 2014; Walker et al., 2004).

사회성 기술

타인에게 매력적인 사람이 되게 하고 어려운 대인관계에 효과적으로 대처하게 하는 사회성 기술에 대한 관심은 수백 년까지는 아니더라도 수십 년간 지속되어 왔다. 정서행동장애를 가진 사람들이 중요한 사회성 기술에 결함이 있다는 것은 명백하다. 그러나 그러한 중요한 사회성 기술이 무엇인지는 명확하지 않으며, 정서행동장애인들에게 부족한 그 기술을 어떻게 지도해야 할지는 더더욱 불분명하다(Gresham & Elliott, 2014; McGrath, 2014 참조).

학교생활과 관련된 사회성 기술이란 학생이 긍정적인 대인관계를 형성하고 유지하게 하며, 또래에게 수용되게 하고, 더 큰 사회적 환경에 잘 어울리게 해주는 기술들을 뜻한다. 정서행동장애 학생들은 우정 관계를 만들고 유지하는 방법을 잘 모를 때가 많은데, 특히 문제행동을 보이지 않는 친구와의 관계 맺기를 어려워한다. 이 학생들은 종종 교사와 급우들을 화나게 하거나 실망시키는 행동을 한다. 이들은 하나의 사회적 환경에서 다른 사회적 환경으로 옮겨 가게 되었을 때 발생하는 기대의 변화에 적응하는 것을 몹시 어려워하거나 거의 불가능이라고 느끼기까지 한다.

가장 중요한 사회성 기술목록에는 학교에서의 학업 및 사회적 성공에 필요한 기술들이 포함되어 있다. 그러한 기술들로는 경청하기, 대화하기, 타인에게 인사하기, 진행 중인 활동에 참여하기, 칭찬하기, 사회적으로 적절하게 분노를 표현하기, 타인에게 도움 주기, 규칙 따르기, 계획성 있게 생활하기, 주어진 일을 잘 마치기 등이 있다. 이러한 기술들을 이해하는 것은 중요하며, 각 학생이 이 기술들을 어느 정도 습득했는지 진단하는 것은 반사회적 행동을 효과적으로 다루는 데 필수적이다.

언어를 능숙하게 사용하는 의사소통과 비언어적 의사소통 능력은 사회성 기술의 핵심이다. 실제로 상당수의 정서행동장애 학생들이 언어장애를 가지고 있다(Rogers-Adkinson, 1999, 2003). 이 학생들은 언어 능력의 모든 영역에 걸쳐 문제를 보일 수 있지만(예 : 발성, 단어의 형태, 문법 등), 특히 언어를 실제적이고 사회적으로 활용하는 것과 관계된 **화용론**

(pragmatics)에 어려움을 보이는 경향이 있다. 공격행동을 하는 학생들은 타인을 화나게 하거나 협박하거나 지배하기 위해 언어를 효과적으로 사용할 줄은 알지만, 긍정적이고 건설적인 사회적 목적을 위해 언어를 효과적으로 사용할 줄은 모른다. 이 학생들의 언어기술에 대한 기능분석 결과들은, 이들이 언어를 사용하여 사회적으로 용인되는 방식으로 원하는 바를 얻는 방법을 배워야 한다고 주장한다. 위축된 학생들은 타인을 대화에 끌어들이기 위해 또래들이 사용하는 정교한 언어기술이 부족하다. 우리는 학교 실패를 예측하게 하는 많은 행동 문제의 기저에 이러한 사회성 기술의 결핍 특히 화용론 기술의 부족이 있다는 결론을 내릴 수 있다. 정서행동장애 학생들은 다음과 같은 구체적인 언어기반(language-based)의 사회성 기술 교수를 필요로 한다.

- 요구, 바람, 감정을 인지하고 명명하고 표현하기
- 자신과 타인의 감정을 설명하고 해석하기
- 흥분이나 감정을 초기에 인식하고, 이를 잘 조절하며, 이를 적절한 사회적 행동으로 승화시키기

화용론 기술의 교수는 정서행동장애 학생의 언어기술을 향상시킬 수 있다(Hyter, Rogers-Adkinson, Self, & Jantz, 2002).

학교에서의 성공과 실패를 예측하게 하는 행동

교육학자들은 학업 성취와 관련된 교실에서의 행동을 찾아내는 데 관심을 기울여 왔는데 이는 교사들이 이러한 행동을 학생들에게 가르칠 수 있을 거라는 희망 때문이다. 일례로, 주의집중이 학업 성취와 정적 상관관계를 가진 행동일 경우 학생이 좀 더 주의를 집중하도록 교사가 지도한다면 학업 성취를 향상시킬 수 있을 것이다. 같은 원리로, 학업 성취와 타인에게 의존하는 행동 간에 부적 상관관계가 있다면, 의존적 행동을 감소시키는 것이 학업 성공에 도움이 될 것이다. 이러한 생각들은 행동 특성과 학업 성취 간에 상관관계 이상의 그 무엇이 존재할 수 있음을 암시한다. 즉 특정 외현적 행동과 학업 성취 간에는 인과관계가 있을 수 있다는 것이다.

교실 행동과 학업의 성패 간 인과관계는 완벽할 정도로 명백한 것은 아니다. 학업 성취 향상을 목적으로 교사와 교육학자들이 자주 사용한 전략은 주로 행동을 수정하는 것이었지만(예 : 과제에 집중하는 행동), 학업 실패를 예방하거나 학업 문제를 개선하는 가장 효과적인 방법으로 입증된 것은 학업기술의 직접적인 교정이다. 몇십 년 동안, 학업 성취에 대

한 직접 강화가 교실에서의 행동 문제를 소거했던 사례들이 있었다(Kauffman, Pullen et al., 2011). 학생의 학업 정반응을 증진시키면, 교실에서의 문제행동이 효과적으로 감소되는 경우도 많다(Lane & Menzies, 2010). 그럼에도 불구하고, 교실에서의 성공이나 실패를 결정하는 것이 학업 능력만은 아니다. 학업 과제를 해내는 것이 중요하기는 하지만, 그것이 전부는 아니다.

학교에서의 성공과 실패는 다양한 학업 및 사회적 특성과 상관관계를 가지고 있다. 학업 성취가 낮고 사회적으로 성공적이지 않은 학생들은 다음과 같은 특징을 보이는 경향이 있다.

- 타인을 놀리거나 화나게 하거나 방해하는 등의 행동으로 교사의 개입이나 통제를 필요로 함
- 교사의 지시에 의존함
- 주의를 집중하는 데 어려움이 있음
- 압박을 느끼면 어쩔 줄 모름
- 과제를 아무렇게나 충동적으로 함
- 자신감이 부족함

반면 성취도가 높고 인기가 많은 학생들은 다음과 같은 특징을 보이는 경향이 있다.

- 수업 전후에 교사와 친밀한 대화를 나누고 수업 중에도 교사에게 잘 반응하는 등 교사와 관계 형성을 잘함
- 적절한 구어적 의사소통, 적절한 질문하기, 자발적으로 하기, 수업 중 토의에 참여하기
- 요구되는 최소한의 과제보다 더 많은 것을 함, 지시를 이해하고 모든 세부사항을 습득하기 위해 주의를 기울임
- 독창성과 사고 능력, 민첩하게 새로운 개념을 파악하고 적용하는 능력
- 타인의 감정에 민감함

그러나 우리는 학생의 행동에 대한 교사의 기대와 반응도 고려해야 한다. 앞으로 좀 더 자세히 살펴보게 되겠지만, 때로는 교사와 학생의 기질 차이가 학업 실패의 주요 원인이 되기도 한다(Koegh, 2003).

학교 실패와 졸업 이후의 적응

낮은 IQ와 학업 실패는 학생이 겪을 어려움을 예고한다. 낮은 IQ와 낮은 성취를 보이는 학생들은 높은 IQ와 높은 성취를 보이는 학생들에 비해 성인이 되었을 때 훨씬 더 많은 저유

문제를 경험한다. 범죄를 저지른 사람들 중에는 낮은 IQ를 가진 사람들이 월등히 많다. 조현병을 가졌거나 반사회적 행동을 보이는 성인의 상당수가 아동기에 낮은 학업 성취를 보이는 것으로 알려져 있다.

그러나 어떤 사람이 낮은 IQ와 낮은 성취를 보인다고 해서 그 개인이 심각한 행동 문제를 보일 것이라는 의미는 아니다. 대부분의 경도 지적장애 학생들은 정신연령에 미치지 못하는 성취를 보이지만 성인이 되었을 때 사회 부적응행동을 보이거나 범죄를 저지르거나 시설에 수용되지 않는다. 이들의 장애는 학교에 다니는 동안에만 문제가 되는 것이다. 이는 학업 지체로 인해 학교 실패자로 간주되곤 하는 학습장애 학생들도 마찬가지다. 심지어 정서행동장애 학생들도 단지 IQ가 낮거나 학업적으로 실패했다고 해서 예후가 반드시 나쁜 것은 아니다.

심각하고 지속적인 반사회적 행동, 즉 품행장애가 학교 실패에 동반될 때, 성인기 정신건강 문제가 발생할 위험은 매우 커진다(Walker et al., 2004). 반사회적 행동이 시작되는 나이가 어리고 그 횟수가 많을수록 그 위험도 커진다. 품행장애가 낮은 지능과 낮은 성취를 모두 동반하는 경우라 해도 우리는 성급하게 인과관계를 추측하지 않아야 한다. 그러나 성취와 반사회적 행동 간에 실제로 인과관계가 존재한다면 이것이 교육에 주는 시사점은 크다.

다시 한 번 말하자면, 낮은 IQ, 학교 실패, 품행장애가 동시에 나타나는 경우와 비교할 때 낮은 IQ와 학교 실패만으로는 성인기의 정신병리 문제를 그리 잘 예측할 수 없다. 비교적 낮은 지능, 낮은 성취, 높은 공격성이나 심한 위축을 동시에 가지고 있는 아동의 예후는 특히 어둡다. 품행장애가 학교 실패도 인한 것이라면 학교 실패를 예방하기 위한 프로그램은 반사회적 행동의 예방에도 기여할 것이다(Lane, Kalberg, & Menzies, 2009; Lane, Menzies, Oakes, & Kalberg, 2012; Sutherland & Conroy, 2010 참조).

지능, 성취, 반사회적 행동

반사회적 행동(예 : 적대적인 공격행동, 절도, 교정이 불가능한 비행, 가출, 무단결석, 기물 파손, 부적절한 성행위), 낮은 지능, 낮은 성취가 서로 복잡하게 연결되어 있다면, 이 요소들 간의 명백한 상호관계를 정리해볼 필요가 있다. 그림 7.2는 이 세 특성 간의 가설적 관계를 보여주는데, 다양한 빗금으로 표시된 영역들은 세 가지 특성이 만드는 다양한 조합이 대략 어느 정도의 비중으로 발생하는지를 보여준다. 그림에서 보여주는 가설에 의하면, 높은 IQ와 높은 성취를 보이는 반사회적 아동의 수는 상대적으로 매우 적고(A영역), 많은 반사회적

그림 7.2 **평균 이하의 IQ, 평균 이하의 성취와 반사회적 행동 간의 가설적 관계**

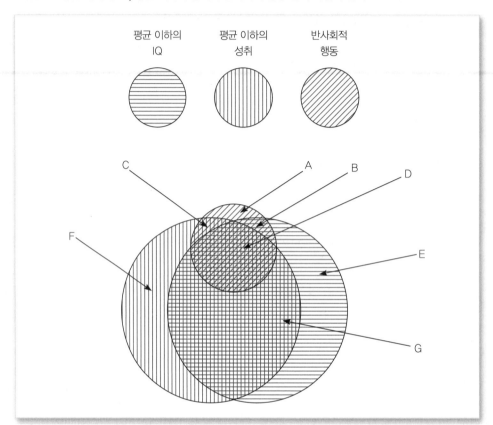

아동들이 IQ와 성취 모두에서 평균 이하이며(D영역), 일부 아동은 IQ만 평균 이하이거나(B 영역) 성취만 평균 이하(C영역)다. 성취가 낮은 아동의 대부분이 낮은 IQ를 가지고 있지만 (D와 G영역) 반사회적이지는 않다(G영역이 D영역보다 훨씬 넓음). 어떤 아동은 IQ는 낮아 도 성취가 낮지는 않으며(B와 E영역), 반대로 어떤 아동은 성취는 낮지만 IQ는 낮지 않다(C 와 F영역). 그러나 이들 중 매우 소수의 아동들만이 반사회적 행동을 보인다(E영역이 B영역 보다 훨씬 넓고, F영역이 C영역보다 훨씬 넓음).

위와 같은 특성들의 조합을 가진 아동과 청소년이 어떤 성인이 될지를 결정하는 데는 위 의 특성 외에 다른 요인들도 중요한 역할을 한다는 것을 명심하라. 반사회적 행동의 심각도, 부모의 행동 특성, 부모의 사회경제적 여건 등은 행동 문제가 성인기까지 지속될지 여부에 영향을 미친다. 학생이 여러 상황에서 높은 빈도로 반사회적 행동을 보일 때, 반사회적이거 나 학대하는 부모와 살고 있을 때, 사회적 지위가 낮은 가정에서 양육될 때, 성인기에 이르러 정신병으로 입원하거나 범죄자가 되어 투옥될 가능성이 크다. 그러나 한편으로 지능이 낮거나 성취가 낮거나 반사회적 행동을 보이거나 또는 이 중 둘 이상의 특성을 함께 보이는 아동과 청소년 중 상당수가 성인이 되었을 때 심각한 행동장애를 나타내지 않는다는 사실도 기억하라. 아동기의 행동 특성을 토대로 성인기 행동을 예측하는 것은 심각한 오류에 빠질 가능성이 크다.

성서행동상애를 유발하는 학교 요인

학교생활에서 요구되는 것과 학생의 사회적 · 학업적 능력은 서로 영향을 주고받는다. 지난 몇십 년 동안 우리는 교실의 사회적 맥락과 학생 간에 순환 반응(circular reaction)이 일어난다는 것을 알게 되었다. 건강하고 지능이 높으며 중상층 가정 출신으로 자아개념이 높고 대인관계에 능숙한(말을 잘 듣고 가르침을 잘 따르는 학생으로 교사에게 인식되는) 학생은 이미 명백한 우위를 선점하고 교실에 들어가는 셈이다. 이 학생들은 타인에게 긍정적으로 접근하여 타인도 자신에게 긍정적으로 반응하게 하며, 자신을 향한 타인의 반응에 민감하고, 자신이 가진 권력과 사회적 지위를 높이기 위해 지능을 최대한 활용한다. 지능과 성취는 사회적 수용, 자아개념, 정확한 사회적 지각, 사회적 지위를 향상시키며, 이러한 자질들의 향상은 다시 타인의 긍정적인 사회적 반응을 유도하고 성취를 촉진한다. 교실의 사회적 생태와 학생 사이의 호혜적 상호작용에 대한 이러한 관점은 연구를 통해 제시된 결과들과 전적으로 일치한다(Keogh, 2003; Wong & Donahue, 2002). 또한 반사회적 소년들의 가정에서 발견되는 동일한 강압적 과정은 학교에서도 너무나 자주 발생한다. 교사(부모에 해당)와 교실 내 또래(형제자매에 해당)들은 반사회적 아동과 점점 더 심한 혐오 자극을 교환하는 덫에 빠질 수 있으며, 결국 더 큰 고통을 야기한 사람이 승자가 됨으로써 그 승자는 부적 강화를 받는 동시에 또 다른 충돌을 시작하게 된다(Kauffman & Brigham, 2009; Kazdin, 2008; Walker et al., 2004 참조).

자녀의 기질과 부모의 양육방식 간에 존재하는 상호작용 형태가 학생의 기질과 학교의 사회적 · 학업적 요구 간에도 동일하게 존재하는 것으로 보인다. 기질적 특성이 어떠하든지 그 기질을 적절하게만 다루어주면 문제가 교정될 가능성이 크지만, 타인에게 잘 다가가지 못하고, 학습 습관이 제대로 잡혀 있지 못하며, 새로운 상황에 대한 적응이 느리고, 늘 기분이 좋지 않은 상태인 학생은 학교생활에 어려움을 겪을 위험이 크다(Keogh, 2003).

가족이나 생물학적 요인과 마찬가지로, 학교라는 요인이 단독으로 작동하지는 않는다.

그러나 우리는 행동 문제를 증가시킬 수도 있고 공격행동을 비롯한 정서행동 문제를 감소시킬 수도 있는 교실 내 조건과 학생 행동에 대한 교사의 반응을 판별할 수 있다. 학교는 다음 중 한 가지 이상의 방식으로 문제행동과 학업 실패에 기여할 수 있다.

1. 학생의 개별성에 민감하지 못함
2. 학생에 대한 기대가 부적절함
3. 행동 관리에 일관성이 없음
4. 비기능적이고 의미 없는 기술을 교수함
5. 중요한 기술을 효과적으로 교수하지 못함
6. 강화를 잘못 사용함
7. 학교에 바람직하지 못한 행동의 본을 보이는 모델들이 많음

이러한 요소에 더하여 복잡하고 열악한 학교와 교실 환경도 공격성이나 기타 문제와 관련이 있다. 학생이 공부하는 물리적 환경은 좋은 쪽으로든 나쁜 쪽으로든 학생의 행동에 확실히 영향을 미친다.

학생의 개별성에 민감하지 못함

특수교사라면 누구나 학생의 개별 요구를 충족시키는 것이 필수적임을 알고 있다. 사실 어떤 교사들은 학습장애나 행동장애로 판별된 많은 학생들의 존재는 개인차에 부응하지 못하는 교육 시스템의 실패를 반영하는 것이라고 생각한다. 개별 요구에 맞는 적절한 조정을 제공받지 못한 몇몇 학생들이 실패하거나 적응 문제를 보이는 것은 당연하지만, 교칙을 준수하라는 합리적인 의무사항을 요구했을 뿐인데도 실패나 일탈을 보이는 학생들이 많다는 사실은 설명하기 어렵다. 어떤 학생들에게는 완전히 반대의 사례도 존재한다. 이 학생들은 학업 성취와 예절의 기준에 부응하기 위해 지켜야 할 적절한 규칙과 기대를 명확하게 안내받지 못하여 학업적으로 실패하거나 반사회적으로 행동한다(Kauffman & Brigham, 2009; Kauffman, Pullen et al., 2011; Landrum & Kauffman, 2006 참조).

그러나 개인차를 허용하지 않는 엄격함에 대해 좀 더 살펴볼 필요가 있다. 학교는 모든 학생에게 동일한 학업 및 행동 수행을 요구함으로써, 다수의 학생들과 약간 다를 뿐인 학생들을 학업 실패나 사회적 일탈로 몰아갈 수 있다. 동일성(sameness)에 대한 융통성 없고 무익한 고집으로 인해 학교는 건전한 개성의 표현을 막거나 심지어 처벌하는 상황을 조성할 가능성이 있다. 통제와 억압의 분위기에서는 학생들이 분노, 적대감, 파괴행위, 또는 수동

적 저항 등의 방식으로 학교 '시스템'에 반응할 것이다.

어떤 교실에서는 학습 또는 행동 면에서 다른 학생들과 좀 더 많은 차이점을 가진 학생들에게 '너라는 녀석은 근본적으로 나쁜 아이고 제대로 할 줄 아는 것도 없어서 맘에 안 들어'라는 명백한 메시지가 전달된다. 이러한 현상은 학습 목표가 보편화될수록, 성취에 대한 기대가 모든 학생에게 동일해질수록 심화될 것이다. 이 학생들의 자기인식은 부정적이 되기 쉽고, 사회적 상황에 대한 인식은 왜곡되며, 이들의 지적 효율성과 동기는 약화될 것이다. 즉 감독과 부정적 영향이 자기영속적 주기(self-perpetuating cycle)에 갇히는 것이다.

물론, 추상적 개념으로서의 학교가 개별성에 민감하지 못한 것은 아니다. 개별성의 표현에 민감하거나 민감하지 못한 것은 정책 입안자, 학교 행정가, 교사, 또래 등의 사람들이다. 학교 행정가는 학생과 성인을 대할 때 상당히 관대할 수도 있고 억압적인 분위기를 조성할 수도 있다. 교사들은 주로 학급의 정서적 분위기를 관장하며, 학생을 얼마나 제한적으로 또는 수용적으로 대할지 그리고 학생의 학교생활을 개별성 위주로 할지 집단통제 위주로 할지를 결정한다. 또래들은, 특히 높은 학년일수록, 사회적으로 수용되려면 옷 입는 방식, 말투, 또는 태도 등을 똑같이 하라고 요구할 수도 있다. 반면에 어떤 또래들은 그리 까다롭지 않아서 전체 집단과는 꽤 다른 학생도 수용되고 있다는 느낌을 가질 수 있도록 집단을 개방한다.

교사와 학교 행정가들이 학생의 개별성에 민감하면서도 학업 성취에 대한 명백하고 적극적인 기대를 가지고 있을 때, 학생들의 적절한 행동이 증가하는 것 같다. 그러나 가족 문제나 정서 문제 또는 통합정책에 대해 학생들과 대화하는 것만으로 긍정적이고 생산적인 학교 분위기가 조성될 수 있다고 가정하면 안 된다. 교사들은 학생들과 좋은 관계를 맺기 위해 노력할 때 권위를 가진 성인으로서의 역할도 소홀히 하지 않아야 한다. 일반적으로 학생의 행동을 개선하는 데 가장 중요한 것은 교실 차원의 행동관리와 학교 차원의 훈육을 위한 명확하고 일관성 있는 계획이다(Kauffman, Pullen et al., 2011; Lewis et al., 2014; Martella et al., 2012).

널리 알려져 있는 Thomas와 Chess(1984), Thomas와 그의 동료들(1968)의 고전적인 발달 연구에 의하면, 정서행동장애는 성인이 각 아동의 기질적 개별성에 맞게 아동을 다루지 못할 때 더 심해질 수 있다고 한다(Keogh, 2003 참조). 개별성에 민감하지 못한 것이 정서행동장애를 야기하는 단일 원인임을 입증하는 실험적 증거는 거의 없다. 그러나 우리는 개별성에 대해 민감하지 못한 것이 많은 학생들이 학교에서 경험하는 특징임을 여러 사례에서 찾을 수 있다. 불행하게도 학교 환경이 개별성에 민감하지 못하고 완고한 것은 과거의 이야기가 아니다. 그것은 교육계의 지속적인 문제였고, 여전히 교육계의 고민거리다. 그러한 환경은 반사회적 행동이 자라나는 토양이 될 것이다.

　이러한 논의는 교실이나 학교에 존재하는 모든 규칙, 제한, 순응 요구가 잘못되었다고 말하기 위한 것이 아니다. 적절한 규칙은 모든 이의 안전과 복지를 위해 꼭 필요하다. 모든 사회적 조직은 어느 정도의 순응을 요구하기 마련이며, 개별성을 수용하라는 말이 **무조건 모든** 것을 수용하라는 뜻은 아니다. 그럼에도 불구하고, 학생 개개인에 대해 민감하지 못하고 학생의 고유한 특성을 불필요하게 억압하면 정서행동 문제가 발생할 수 있다. 학생들은 각자의 역할을 갖고 참여하기를 좋아하므로, 학생들이 교실에서의 생활을 자율적으로 결정하는 데 참여하게 하면 행동과 학업 성취가 향상되는 경우가 많다.

학생에 대한 기대가 부적절함

교사가 학생에게 '갖는' 기대와 교사가 학생에게 '가져야 하는' 기대는 미국 교육에서 오랫동안 지속되어 온 논쟁이다. 기대와 관련된 문제는 크게 두 가지 측면으로 나눌 수 있는데, 첫째는 교사가 학생이 이러이러하리라고 믿게 만드는 것(특히 진단명이나 행정적인 명명이 초래할 수 있는 편견)들이 미치는 영향에 대한 것이고, 둘째는 행동과 학업 성취에 대한 교사들의 학급 내 기대에 대한 것이다.

표찰의 영향

표찰(labels)에 대한 염려는 몇십 년 전부터 계속되어 온 것으로, 이 염려의 역사는 아마도 특수교육보다 오래되었을 것이다. 어떤 이들은 Kauffman이나 그 외 학자들이 논의한 바와 같이 장애 아동이 보이는 많은 문제가 우리가 장애 아동을 명명하기 위해 사용하는 표찰에서 시작되고 유지된다고 주장한다(예 : Kauffman, 2003a, 2005, 2011, 2012a, 2015c; Kauffman & Badar, 2013, 2014a). 또 다른 이들은 정서장애와 같은 표찰이 부적응행동이나 낮은 학업 성취에 대한 기대를 수반한다고 본다. 장애라는 표찰을 가진 학생에 대한 교사의 낮은 기대는 미묘한 방식으로 학생에게 전달되며, 학생들은 실제로 그 기대에 부응하게 행동할 것이다. 게다가 '장애'와 같이 뭔가가 예외적일 것임을 의미하는 표찰에 동반되는 낙인(stigma)에 대해서도 염려하지 않을 수 없다. 학생이 스스로에게 갖는 기대 역시 학생의 수행에 영향을 미친다.

　그러나 우리는 어느 정도의 표찰은 의사소통을 위해 필요하다는 사실을 직시할 수밖에 없다(Kauffman, 2012a; Kauffman & Konold, 2007; Kauffman, Mock, Tankersley, & Landrum, 2008). 우리가 학생의 문제를 논의하려면 표찰은 불가피하다. 따라서 주요 쟁점은 우리가 표찰을 이해하고 사용하는 방식, 그리고 표찰의 사용이 그 표찰을 가진 사람들에 대한 우리의 인식에 미치는 영향에 대한 것이어야 한다(Kauffman, 2011, 2012a).

　널리 알려진 가설 중 하나는 어떤 표찰로 특수교육대상자가 되었는지에 관계없이 특수교육 서비스를 받는다는 사실 자체만으로 학생의 자아개념과 사회적 지위가 낮아진다는 것이다. 연구에 의하면 이러한 가설은 학습장애와 정서행동장애를 가진 아동에게는 적용되지 않는다고 한다. 즉 연구들은 학습장애나 행동장애의 표찰을 가지고 특수교육을 받는 학생들이 학습이나 행동 면에서 어려움이 없는 학생들에 비해서는 자아개념이나 사회적 지위가 낮을 수 있지만, 학업이나 행동에 어려움이 있지만 아직 표찰은 갖고 있지 않은 학생들과 비교했을 때는 자아인식이나 지위가 크게 다르지 않음을 지적하고 있다. 학생들은 자신이 가진 학습과 행동 문제의 결과로 자아개념이나 사회적 지위에 손상을 입는 것이지, 표찰이 되었다는 사실로 인해 어려움을 겪는 것 같지는 않다. 즉 문제가 표찰보다 우선이고, 그 역은 성립하지 않는다. 사실 학생이 갖는 어려움에 대한 표찰은 많은 장애인들에게 안도감을 주는 면이 있으며 타인들이 그들의 다름(표찰이 없을 때는 사회적 거부를 초래했던 특성들)을 이해할 수 있는 근거를 제공하는 면이 있다. 또한 높은 자아개념이 더 나은 학업 수행, 대인관계에서의 성공, 행복 등을 보장하는가에 대해서는 아직 입증된 바가 없다.

교실 규칙의 영향

21세기 초반의 미국 공립학교 특징은 더 높은 학업 및 사회적 표준(standards)에 대한 강조라 할 수 있다. 이렇게 높여진 기대수준이 모든 학생에게 요구되는 보편적 표준이라고 간주될 때 장애 학생과 심각한 학업 및 사회적 문제를 가진 학생들에게 대대적인 지원이 제공되지 않는 한 이들이 실패할 가능성은 매우 높으며, 가장 효과적이라고 알려진 중재를 제공했을 때조차도 실패할 위험이 크다(Hallahan et al., 2015; Kauffman, 2010c, 2011). 특히 정서행동장애 학생을 위한 교육이 적절하게 이루어지기 위해서는 학생들의 선수 학습 정도와 능력에 맞게 기대 수준을 조정한 대안을 마련하는 것이 필수적이다.

　교사의 편견이 미치는 영향에 관한 연구와 고찰들은 적절한 행동을 보일 거라는 기대만으로는 정서행동장애 학생들의 행동이 개선되지 않는다고 말한다. 지능 지수, 학업 성취, 그리고 사회 적응에서 정서행동장애 학생들이 평균적인 학생들에게 뒤떨어질 것은 명백하다. 이들 중 다수는 여러 발달영역에서 자신의 또래들보다 매우 뒤처져 있으므로 이들에게 평균적인 수행을 기대하는 것은 비현실적이다.

　오랫동안 우리가 아동의 능력과 성인의 기대 간에 큰 차이가 존재할 경우 이것이 문제행동 발생의 직접적 원인일 거라고 의심했던 데는 그럴 만한 이유가 있었다. 기대가 너무 높거나 낮을 때, 학생들은 무관심해지고 낙심하며 파괴적이 될 수도 있다. 우리는 정서행동장애 학생들이 종종 **부적 강화**(negative reinforcement, 즉 성취에 대한 기대를 회피하게 해주는 방향으로 행동하는 것)에 의해 동기화된다는 것을 알고 있다.

너무 낮은 기대는 그 기대 이상은 할 수 없을 거라는 자성 예언(self-fulfilling prophecies)을 유발하고, 너무 높은 기대는 좌절과 우울 그리고 그러한 기대를 회피하려는 시도를 야기한다. 그렇다면 어느 정도의 기대수준을 가져야 문제행동을 일으킬 위험을 피할 수 있을까? 교사들이 학생의 학업 성취 또는 사회적 행동이 현재 어떤 수준인지 알고, 측정 가능한 방식으로 적절한 진보의 단계를 구체화할 수만 있다면, 교사들이 학생의 향상을 기대하는 것은 당연한 일이다. 만약 학생과 교사가 적절한 진보의 단계를 함께 정한다면, 기대수준은 너무 높아서도 안 되고 너무 낮아서도 안 된다.

연구들에 의하면 교사들의 기대와 요구가 학생의 능력과 특성에 맞지 않는 것으로 나타났다. 학생이 특수학급에 있든 일반학급에 있든, 초등학생이든 중·고등학생이든 관계없이, 교사의 기대는 정서행동장애 학생에게 심각한 문제가 될 수 있다.

교사들은 학생들에게 무엇을 기대하거나 요구하는가? 대부분의 교사들이 권장하거나 금지한 행동 특성은 대략 다음과 같은 것들이다.

1. 정해진 교실 규칙을 따른다.
2. 교사의 수업을 경청하고 교사의 지시를 따른다.
3. 주어진 과제를 열심히 한다.
4. 남의 물건을 훔치거나 부적절하고 외설적인 행동을 하지 않는다.
5. 잘못을 지적받을 때 부정적으로 반응하지 않는다.
6. 기물을 파손하지 않는다.

이와 같은 교사들의 기준이나 기대를 고려할 때, 정서행동장애 학생들과 교사들이 빈번하게 서로를 실망시키고, 이것이 결국 갈등과 강압(coercion)으로 이어지는 것은 그리 놀라운 일이 아니다. 그러나 이를 모든 교사에게 일반화해서는 안 되며, 문제행동을 용납하지 않으면서도 학생에게 높은 기대를 갖는 것이 잘못이라고 가정해서도 안 된다. 어떤 교사들은 학생에게 크게 요구하지 않으면서 일탈에 대한 수용도가 매우 높은 반면, 어떤 교사들은 그 반대다. 일반교사에 비해 특수교사들은 문제행동에 대해 다소 수용도가 높은 편이며, 학생의 행동을 이상하다고 판단하는 정도가 비교적 덜한 편이다. 문제행동에 대해 교사들이 표

유튜브 비디오 사례

비디오 연결 7.1

이 영상은 교사가 기대나 기준을 수립하지도 않고 부적응행동에 적절하게 반응하지도 않는 교실 장면을 보여준다. 이러한 상황에서 학생이 어떤 반응을 보이는지 주목하라.(https://www.youtube.com/watch?v=XMhlUo2a1iE)

출하는 인내의 정도는 자신의 유능함에 대한 교사의 인식, 기술 지원이 제공되는지 여부와 기술 지원의 우수성, 교사가 지도하고 있는 특정 학생집단이 가진 문제 등을 포함한 여러 요소에 따라 다르다. 문제행동을 절대 용납하지 않고 높은 기대를 가진 교사들도 효과적인 교수를 제공할 수 있다. 아동과의 상호작용에서 나타나는 교사의 기질도 정서행동장애 학생이 보이는 여러 학교 관련 문제의 주요 요인이 되는 것 같다.

행동관리에 일관성이 없음

정서행동장애 학생의 교육에서 구조화된 접근이 중시되는 주요 근거는 이 학생들의 문제가 일상생활의 구조나 질서 부족에서 비롯된다는 가정이다. 자신의 행동에 대한 성인의 반응을 예측할 수 없을 때, 아동들은 불안해하고 혼란스러워하며 적절한 대안적 행동을 선택하지 못한다. 어떤 때는 특정 문제행동을 했는데 벌을 받지 않고 잘 넘어가고, 다른 어떤 때는 같은 행동을 했는데도 벌을 받았다면, 행동의 결과에 대한 예측 불가능성은 이들이 계속하여 부적절한 행동을 하도록 부추길 것이다. 적절한 행동을 하면 좋은 결과가 있다는 것을 믿을 수 없을 때, 학생들은 바르게 행동할 동기를 잃는다.

아동 발달에 관한 문헌들은, 일관성 없는 행동 관리가 문제행동을 촉진한다는 주장을 강력히 지지한다. 일관성 없는 부모의 훈육이 아동의 행동 발달에 부정적인 영향을 미친다는 연구 결과를 고려하면, 학교에서 발생한 일관성 없는 행동 관리 역시 부정적인 영향을 미칠 가능성이 크다. 변덕스럽고 일관성 없는 교실 내 훈육은 학생들이 적절한 행동을 배우는 데 아무 도움이 되지 못한다. 기물파손 같은 반사회적 행동에 대한 학교기반 연구들 역시 처벌 중심의 일관성 없는 훈육과 문제행동 간의 연관성에 대해 지적하고 있다. 일관성 없는 행동 관리가 모든 정서행동장애의 원인이라고 할 수는 없지만, 행동 문제의 만성화에 일조하는 것은 분명하다(Kauffman & Brigham, 2009; Kauffman, Pullen et al., 2011; Kerr & Nelson, 2010; Landrum & Kauffman, 2006; Walker et al., 2004; 또한 Walker & Gresham, 2014 참조).

비기능적이고 의미 없는 기술을 교수함

학교가 학생들에게 실제로 소용이 없거나 소용이 없을 것으로 짐작되는 것을 가르칠 때, 학생들의 부적응행동이나 결석의 가능성이 커질 수 있다. 이러한 교육은 학생들의 참여를 끌어내지 못할 뿐 아니라 보람 있는 활동을 하는 데 도움이 되는 지식 대신 사소하고 하찮은 정보만 전달하며, 이로 인해 학생들의 시간 낭비를 야기하고 학업 중단의 가능성을 높여 학생들의 사회 적응을 방해하기까지 한다(Garner, 2014; Hirsch et al., 2014; Nicholson, 2014; Witt, VanDerHayden, & Gilbertson, 2004).

학생들의 삶과 관련 있는 교육을 하는 것은 교사들의 오랜 고민거리다. 문제의 핵심은, 교사나 성인이 자신이 지금 하고 있는 교수가 학생의 미래에 중요한지 여부를 인식하는 것 이상이다. 더 중요한 것은 학생들이 자신에게 요구되는 학습이 현재 또는 미래에 요긴하게 쓰일 거라고 확신하게 만드는 것이다. 교사들은 이 수업이 어떤 면에서 가치가 있는지 학생에게 납득시킬 수 있어야 한다. 그렇게 하지 못하면 교실은 학생들이 도망가고 싶어 하거나 난동을 일으키는 장소가 될 것이다. 학교와 관련된 문제를 오래 겪어본 학생들을 납득시키기 위해서는, 적절한 행동과 수행에 대한 외적 보상과 같은 인위적인 동기를 제공해야 할 수도 있다.

중요한 기술을 효과적으로 교수하지 못함

사회적 수용과 긍정적 자아인식은 학업 능력이라든지 또래나 성인과의 상호작용기술 등에 의해 크게 향상된다. 따라서 교실은 모든 학급 구성원들이 중요한 학업기술과 일반교육에서 성공하는 데 필요한 사회성 기술을 배우는 장소가 되어야 한다. 학업 또는 사회성 학습의 어느 한 영역에서라도 효과적인 교수가 이루어지지 않을 때 많은 학생들은 두 영역 중 어느 하나 또는 두 영역 모두에서 실패할 운명에 처한다. 그럼에도 불구하고, 많은 교실은 학생들이 효과적으로 가르침을 받는 곳이 아니라 혼자 힘으로 어떻게든 노력하면서 우연히 또는 자기발견에 의해 기술을 배우도록 내던져진 곳이다(Hirsch et al., 2014; Kauffman, 2010a, 2010c, 2011; Kauffman, Conroy et al., 2008).

정서적 안정과 행동 발달에 학업이 얼마나 중요한지에 대해서는 아무리 강조해도 지나치지 않다. 일상에서 요구되는 기대에 부응할 수 있는지는 모든 학생의 정신건강에 매우 중요하다. 거듭된 실패와 또래와의 비교에서 오는 열등감에 직면했을 때 거의 모든 사람은 좌절감, 무가치함, 과민, 분노 등에 빠지게 된다(Willingham, 2009 참조). 자신의 일을 유능하게 해내는 것은 만병통치약이 되는 반면, 동료에 비해 무능하다는 느낌은 정서나 행동에 독이 된다. 학생의 직업은 바로 학습이므로, 학생들이 학업적 유능함을 성취할 수 있게 돕는 데 효과적이지 못한 교사는 학생들의 정서행동 문제에 원인을 제공하는 셈이다.

불행하게도 대부분의 공교육은 효과적이지 못한 교수적 실제를 채택하고 있으며, 경제적으로 부유한 가정의 학생들이라면 학교 밖에서 습득했을 기술을 제대로 배우지 못한 채 학교에 오는 학생들에게는 그러한 교수적 실제들이 더욱 비효과적이다(Heward, 2003; Silvestri & Heward, 2016; Kauffman, 2010c, 2011). 예를 들면 아동 주도적 접근, '전인적(holistic)' 접근, '발견학습(discovery learning)' 접근, 이질 집단 편성(heterogeneous grouping)은 실패 위험이 높은 학생들에게는 사실상 성공하지 못할 것이 분명한 교수적 실제다. 특수학급에서도 효과적인 학업 교수가 제공되지 못하는 경우가 매우 자주 발생한다. 장애 학생들이 학업 기술을 배우게 돕는 데는 직접교수가 효과적이며, 그러한 교수는 일반교육과 특수교육 모두에서 학생의 학습을 향상시킬 수 있다(Engelmann & Carnine, 2011; Hirsch et al., 2014; Kauffman, 2010b, 2010c).

사회성 기술을 가르치고 적절한 행동에 보상을 제공하는 명백한 프로그램을 대부분의 공교육기관이 실행하지 않고 있는 것은 또 다른 걱정거리다. 학생들이 타인과 긍정적인 상호작용을 하는 데 필요한 기초적 기술을 배우기 위해서는 구체적인 사회성 기술을 진단한 후, 이를 개별 및 집단 차원에서 명백하고 체계적으로 지도해야 한다(Kavale, Mathur, & Mostert, 2004; Walker et al., 2004). 그러나 그러한 진단이나 교수를 제공하는 학교는 거의 없다. 또한 교실은 적절한 행동이 명확하게, 자주, 효과적으로 보상을 받는 곳이어야 한다. 그러나 대부분의 교실에서는 적절한 행동에 대해 긍정적인 후속결과를 제공하는 비율이 매우 낮다. 보상이 내적 동기를 손상시킨다거나 정적 강화가 뇌물에 다름없다는 생각(예 : Kohn, 1993)의 유행은 행동 관리를 위한 교실 내 긍정적 행동 전략의 사용을 더욱 주저하게 만들었다(Kauffman, 2010c, 2011; Maag, 2001). 그러나 압도적으로 많은 실험적 증거들은 보상이 내적 동기를 손상시키지 않을 뿐 아니라 효과적이고 긍정적인 교실 관리를 위해, 특별히 다루기 어려운 학생들의 학급을 위해 필수적임을 말하고 있다(Alberto & Troutman, 2012; Frey, Lingo, & Nelson, 2008; Kauffman, Pullen et al., 2011; Kazdin, 2008; Kerr & Nelson, 2010; Lewis, Lewis-Palmer, Stichter, & Newcomer, 2004; Walker et al., 2004 참조).

강화를 잘못 사용함

행동심리학의 관점에서 보면, 학교는 다음과 같은 명백한 형태로 정서행동장애를 야기할 수 있다.

- 부적절한 행동에 정적 강화를 제공함으로써
- 바람직한 행동에 정적 강화를 제공하지 않음으로써
- 학생들이 과제를 회피할 수 있게 하는 행동에 부적 강화를 제공함으로써

여기서는 정적 강화와 부적 강화를 정의하고, 이것이 교실 환경에서 작동하는 예시를 살펴보도록 하자. 행동분석 연구자들 사이에서 정적 강화와 부적 강화의 구별에 대한 논란이 있다는 것은 알고 있지만, 교실 내 교수학습적 상호작용 중 어떤 일이 발생하는지 고찰하는 데 이러한 논란도 도움이 될 것이다.

정적 강화와 부적 강화 : 역동적인 이중주

강화, 특히 부적 강화는 잘못 이해되는 경우가 많다. 상당수의 교사들이 정적 강화와 부적 강화가 일반적으로 함께 작용하여 바람직한 행동이나 문제행동을 유지하는 데 관여한다는 것을 이해하지 못한다. 많은 상호작용에서 정서행동장애 학생들은 2배의 강화(하나는 정적 강화, 다른 하나는 부적 강화)를 받는데, 특히 잘못된 행동을 했을 때 더욱 그러하다.

정적이든 부적이든 간에 **강화**(reinforcement)란 뒤따르는 행동이 다시 일어날 가능성을 높이는 보상이나 결과를 말한다. '보상(reward)'이란 개인이 얻는 것일 수도 있고(정적 강화) 제거되거나 피하게 되는 것일 수도(부적 강화) 있다. 구직자들이 자신의 바람을 적어둔 표어들을 생각해보면 강화를 이해하는 데 도움이 될 것이다. 어떤 표어는 "나는 ___을 얻기 위해 일한다"일 것이고 다른 표어는 "나는 ___에서 벗어나기 위해 일한다"일 것이다. 또는 "나는 ___을 얻고 ___을 피하기 위해 일한다"라는 표어도 있을 것이다. 이때 사람들이 일을 통해 얻으려는 것이 정적 강화, 일을 통해 벗어나거나 피하려는 것이 부적 강화다. 우리들 대부분은 돈을 모으려고 일하고, 부채에서 벗어나거나 실직을 피하려고 일한다. 또한 우리는 학점을 받으려고 공부하고, 동시에 창피함이나 낮은 점수를 피하려고 공부한다. 대부분의 경우 우리의 행동은 우리가 얻게 되는 것과 우리가 피하게 되는 것(일시적으로라도)이라는 두 가지 결과에 동시에 영향을 받는다. 우리는 돈을 모으려고 일하는 동시에 일에서 벗어나려고 일한다(일에서 벗어나는 것, 즉 휴가가 부적 강화인 셈이다).

우리는 모두 일상생활에서 정적 강화와 부적 강화를 경험하고 있으며, 두 강화 모두 우리의 적응행동을 동기화하는 데 중요한 역할을 한다. 그러나 정적 강화와 부적 강화가 교실에서 잘못 사용되거나 제대로 사용되지 못할 경우, 도움이 되기보다는 문제가 되어버린다. 강화의 오용이나 잘못된 사용은 다음의 두 가지 주요 오류 중 하나에서 비롯된다.

- **잘못된 판별**(misidentification) : 교사가 꾸중이나 비판을 학생이 피하려고 애쓰는 부적 강화라고 믿고 있는데, 사실은 그것이 정적 강화일 때가 있다. 꾸중 덕분에 받게 되는 교사와 급우들의 관심 때문에 어떤 학생은 꾸중을 들으려고 특정 행동을 하기도 한다(많은 사람들이 비판의 형태로든 칭찬의 형태로든 관심을 갈망하며, 무관심의 대상이 되지 않으

려고 열심히 노력한다). 교사는 또한 교실에서 방해행동을 보이는 학생에게 학업 과제로부터의 해방이 부적 강화가 될 수 있음을 인식하지 못할 수 있다. 즉 학업 과제는 학생들이 그것으로부터 벗어나려고 문제행동을 하게 만드는 어떤 것인 셈이다. 학생이 과제를 회피하게 해주거나 미룰 수 있게 해주는 모든 행동은 강화를 받는다. 학생은 과제를 하지 않기 위해 문제행동을 할 것이다.

- **잘못된 후속결과**(malcontingency) : 교실에서 사용되는 후속결과는 바람직하지 않은 행동에 대한 정적 강화가 될 수도 있고 부적 강화가 될 수도 있다. 학생들은 다음과 같은 깨달음을 얻을 것이다 — '내가 문제를 일으켜야 관심을 얻을 수 있어'(비록 이때의 관심은 꾸중과 같이 벌의 목적을 가진 것이더라도 정적 강화가 됨), '게다가 이 행동을 하면 학업 과제에서도 벗어날 수 있어'(부적 강화).

정적 강화와 부적 강화의 역동적인 이중주는 바람직한 행동을 2배로 격려하는 데 사용될 수도 있다. 정적 강화와 부적 강화를 포함하는 교실 내 후속결과가 건설적일 때, 학생들은 좋은 것을 2배로 누리게 되는데, 즉 바람직한 행동에 대한 관심(정적 강화)과 신속하게 잘 마친 과제에 대한 보상으로 받게 되는 짧은 휴식시간(부적 강화)이 그것이다.

강화가 종종 잘못 사용되는 방식

일반학급과 특수학급 모두에서 건설적이기보다는 파괴적인 후속결과가 실행되고 있다. 문제행동에 대한 정적 강화나 부적 강화는 자주 주어지는 데 반해, 적절한 행동은 보상받지 못한 채 간과된다. 학생이 심각한 행동상애를 가졌더라도 생산적인 후속결과를 마련하여 적절한 행동을 지도할 수 있음을 제시하는 많은 증거들이 있다. 지난 몇십 년간 거듭되어 온 실험 연구들은 적절한 행동에 교사의 관심을 제공하고 부적절한 행동에는 관심을 주지 않을 때 행동이 개선됨을 보여주었다(Alberto & Troutman, 2012; Kauffman, Pullen et al., 2011; Kerr & Nelson, 2010; 또한 Walker & Gresham, 2014 참조).

많은 교실에서 후속결과로 적용되고 있는 강화들이 교사의 의도와는 달리 교사가 부적절하다고 여기는 행동을 장려하는 방향으로 사용되고 있다. 적절한 행동에 대한 생산적인 후속결과의 적용은 교사와 학생의 반응이 서로 영향을 끼친다고 가정하는 개념 모델과도 상통한다. 상호작용 또는 상호교류 모델에 의하면 아동과 성인은 서로 영향을 주고받는다. 교사와 문제 학생이 서로 주고받는 격려와 비판은 행동의 유지에 중요한 요인으로 작용하며, 서로에 대한 적대감의 완화는 교사나 학생 어느 쪽에서든 시작 가능하다. 발달장애와 문제행동을 가진 아동에게 적절한 행동을 지도하여 아동이 교사의 정적 강화를 받을 수 있게 지원한 사례들이 있다. 학급 또래들의 경우 너무나 자주 문제행동에 대한 추가의 강화를 제공하기도 한다.

또래교수는 전통적인 교실 상황에서 적절한 행동에 더 많은 정적 강화를 제공하도록 고안된 또 하나의 전략이다(Tournaki & Criscitiello, 2003). 특정 학생들만 짝을 이루는 형태이든(둘 중 한 명이 나머지 학생을 가르침) 학급 차원이든(학급의 모든 학생이 서로에게 또래교수를 함) 간에, 또래교수 전략은 문제행동을 보이는 많은 학생의 학업 참여와 또래와의 긍정적 상호작용을 증진시킨다는 점에서 이들에게 유용한 것으로 알려져 있다. 게다가 성공적으로 실행된 또래교수 프로그램은 모든 학생에게 사회성 기술이나 타인에게 따뜻하게 반응하는 방법 등을 지도하는 핵심 전략이 될 수 있으며, 우리가 몸담은 학교와 사회가 친절하고 평화로운 곳이 되게 하는 데 기여할 것이다. 많은 경우, 학생들은 다른 학생들이나 교사들을 돕거나 따뜻하게 대하는 대신, 못살게 군다.

학생의 교실 내 행동은 후속결과를 조정함으로써 변화시킬 수 있으며, 이러한 강화가 교사와 또래의 관심과 같이 학급의 일부로 자연스럽게 존재하는 것에 불과하다 해도 행동의 변화가 가능하다는 점에 대해서는 수없이 많은 실험적 증거가 있다(Alberto & Troutman, 2012; Kauffman, Pullen et al., 2011; Kerr & Nelson, 2010). 학교가 정서행동장애의 발생에 기여하는 방식을 보면 이러한 증거들의 함의를 쉽게 알 수 있다. 문제행동을 가진 학생은 문제행동을 한 것에 대해 풍족한 관심을 받는 데 반해, 적절한 행동을 했을 때는 거의 또는 전혀 관심을 받지 못한다. 문제행동을 하여 받게 된 관심이 비난이나 벌의 형태라 하더라도 그것은 어쨌거나 '관심'이며 그 관심을 받게 만든 당시의 행동은 강화를 받을 가능성이 크다. 문제행동에 대한 관심의 영향과 적절한 행동에 대한 무관심은 교사나 다른 성인의 의도와는 관계없이 문제학생의 행동을 지속시킬 것이다.

유튜브 비디오 사례

비디오 연결 7.2
이 애니메이션 영상은 학급 차원의 또래교수 실행과 관련된 기본 개념과 절차를 일목요연하게 보여준다. (https://www.youtube.com/watch?v=V9i5yWzz79s)

바람직하지 못한 학교 행동의 모델들

아동과 청소년은 모방에 능하다. 이들 학습의 대부분은 타인을 관찰하고 그 행동을 모방한 결과다. 아동들은 특히 사회적 또는 신체적으로 강하고 매력적이며 중요한 강화제에 대한 통제권을 가진 사람의 행동을 모방할 가능성이 크다. 모델링 과정이 주의 깊게 통제되지 않는 한, 교실에서 공격행동과 방해행동을 보이는 학생들은 문제행동을 보이는 다른 급우에게 끌리게 된다. 교사들은 사회적 지위가 높은 학생의 적절한 행동에 학생들이 관심을 집중시키고 그 행동에 보상을 줄 방법을 찾아내야 한다.

교사가 하는 행동은 그 자체가 본보기가 되어 학생들 간에 비슷한 행동을 하게 만든다. 교사가 학급의 어느 한 학생에게라도 적절한 대우를 하지 못하면, 학생들도 서로를 적대적으로 대하거나 무시한다. 자신의 일을 대충 하거나 정리를 잘 못하는 교사는 학생들에게도 부주의함과 무질서함을 조장할 수 있다. 일부 학교와 교실에서 아직도 사용되고 있는 체벌은 성인의 공격적인 문제행동을 보여주는 매우 나쁜 예시로, 학생들도 타인과의 관계에서 이를 모방하게 될 수 있다. 교사의 자아감 부족은 학생의 자아감 부족을 야기할 수 있다 (Richardson & Shupe, 2003).

또래는 학생이 학교에서 하는 행동에 상당한 사회적 압력을 행사하며, 특히 고등학교 수준에서는 더욱 그러하다. 사회적 지위가 높은 학생이 별다른 제재를 받지 않고 학업 과제 수행을 거부하거나 심각한 문제행동을 하고 있는 학교에서는 학업 실패와 사회적 문제행동이 점차 확산될 가능성이 크다.

교사를 위한 시사점

정서행동장애 학생을 가르칠 교사는 사회적 행동에 문제가 있을 뿐 아니라 지적·학업적으로 평균 이하인 학생들을 지도할 준비가 되어 있어야 한다. 지적·학업적으로 매우 뛰어난 학생들이 가끔 있기는 하지만, 대부분은 그렇지 않다. 이런 학생들을 가르치려면 다양한 지적·학업적 수준을 가진 학생들을 지도할 수 있는 능력과 학업적 성공을 이끌어낼 사회적 행동 및 학업 이외의 행동(예 : 좋은 학업 습관, 주의집중 전략, 자립성)을 지도할 수 있는 능력이 요구된다. 문제의 예방을 위해 교사에게 요구되는 가장 중요한 과제는 학생의 학업 성공을 촉진하고 반사회적 행동을 감소시키는 것이다. 학업 실패와 반사회적 행동은 미래의 기회를 제한하고 학령기 이후의 적응 문제를 야기한다.

교사의 주요 과제는 적응기술, 친사회적 행동, 학업 신장에 도움이 되는 방향으로 학교 환경을 조성하는 것이다. 정서행동장애 학생을 위한 적절한 교육에 필요한 우선 과제는 학업기술을 효과적으로 교수하는 것이다(Hirsch et al., 2014). 또한 모든 특수학급의 교사는 훈육 문제를 예방하고 자기통제를 증진시키는 데 효과적이어야 한다. 표 7.1에는 이러한 교사들이 사용하는 전략들이 제시되어 있다.

안타깝게도 정서행동장애 학생들을 지도하는 많은 교사들은 이러한 과제에 대해 제대로 준비되어 있지 않다. 게다가 행정가와 부모들의 지지가 부족한 탓에 많은 특수교육 프로그

표 7.1 학생들이 자기통제를 배우도록 돕기 위한 교사들의 전략

√ 자기통제의 모범을 보인다.

√ 학생의 가족과 애완동물, 그리고 학생이 좋아하는 것에 대해 알고 있음을 표현한다.

√ 교실을 즐겁고 우호적인 동시에 질서 있고 예측 가능하여 공부하기에 정말 좋은 장소로 만든다.

√ 학급 친구들끼리 서로 존중해야 함을 강조하고 또래 간 우정을 장려한다.

√ 허용되는 행동에 대한 보상을 강조하고, 벌의 사용을 최소화한다.

√ 학생에게 수치심을 느끼게 하는 벌이나 지나치게 가혹한 벌은 피한다.

√ 학급 규칙을 간단명료하게 만들고 이를 잘 따르는 학생에게 보상을 제공한다.

램의 효과성이 약화되고 있다. 우리가 직면해야 할 도전은 더 많은 교사를 더 잘 준비시키는 것뿐 아니라 교사들의 성공을 촉진하고 우수한 교사들이 현장에 오래 남을 수 있도록 지원하는 것이다.

생물학적 요인, 문화적 요인, 가족 요인, 학교 요인 : 얽히고설킨 관계

유전과 환경은 행동뿐 아니라 문화의 형성에 큰 영향을 미친다. 따라서 가족, 학교, 기타 사회적 조직 등을 포함하는 문화는 사회적 학습의 결과이자 생물학적 운명의 결과다.

문화적 요인이라고 하면 우리는 국가, 민족, 종교집단, 학교, 가족과 같은 사회적 조직을 떠올린다. 이러한 여러 유형의 사회적 조직들은 서로 긴밀하게 얽혀 있기 때문에 아동 행동의 원인이 되는 요소를 단순하게 설명하기는 어렵다. 우리는 가능한 사회적 조직들 간의 조합에 대해 서로 어떻게 영향을 미치는지 자문해보아야 한다. 국가는 학교에 어느 정도의 영향을 미치며 학교는 국가에 어느 정도로 기여하는가? 가족의 지원 없이 학교는 어느 정도까지 성공할 수 있으며, 아동이 배워야 할 것을 가르치는 학교의 도움 없이 가족은 어느 정도까지 성공할 수 있는가? 가족과 학교 외에 아동의 행동을 형성하는 문화적 요인에는 어떤 것이 있으며, 가족과 학교는 이러한 요인들을 어떻게 조성하거나 강화하거나 또는 약화시키는가? 이러한 질문들에 대한 답은 간단하지도 명확하지도 않지만, 우리 사회에서 학교와 교사의 역할을 이해하는 데 매우 중요하다.

미국 문화에서 학교의 역할(즉 학교가 국가의 특성을 반영하는 정도와 학교가 국가의 특성을 조성하는 데 기여하는 정도)은 자주 논란거리가 된다. 총기 사용의 증가는 특히 미국적인 현상이다. 총기 사용이 미국 문화의 일부라면, 이것이 학교까지 침범하는 것은 놀라운 일이 아니다.

그러나 우리는 학교와 교사가 가족과 지역사회(즉 학교와 교사를 통해 반영되는 우리 문화의 다른 영역들)에 특별한 책임이 있음을 유념해야 한다. 학교가 성공적으로 운영되려면 교사의 노력에 더하여 부모의 참여와 지지가 있어야 한다. 또한 학교가 가족과 지역사회의 관심사를 반영하는 교육을 할 때 비로소 의미 있는 가족과 지역사회의 참여가 가능해진다. 백인 중산층 학생들의 학습 요구에 맞춘 '진보적인' 교수방법에 치중한 교육은 많은 빈곤층 소수집단 아동들이 능력 발휘 기회를 박탈한다. 그러나 '진보적인' 교수방법에 대한 대중과 교사들의 열광은 여전히 많은 학생, 특히 소수민족, 장애 아동 또는 기타 소외계층 학생들의 진보를 방해하고 있다(Heward, 2003; Kauffman, 2010c; Silvestri & Heward, 2016; Snider, 2006 참조). 소위 문화적으로 민감한 교육을 옹호하는 많은 사람들이 주류 사회와는 다른 문화와 언어를 가진 학생들의 성공을 저해하는 구성주의적 시각을 취하고 있다는 사실은 상당히 큰 모순이다. 점점 심각해지는 학생들의 행동, 태도, 사회적 요구로 인해 미국 문화에서 차지하는 학교의 역할이 크게 변화되었음을 많은 이들이 목격하고 있다. 미국 문화는 미국 시민들 간 부의 분배방식에 많은 영향을 받으면서 형성되므로, 경제 불평등의 심화는 미국 문화의 골칫거리 중 하나다. 빈곤은 우리가 그간 효과적으로 다루지 못한 미국 문화의 일부다(Pascoe et al., 2016). 21세기 미국 공립학교의 문화적 상황에는 극심한 부의 불평등, 아동들에게 만연한 빈곤, 학교에 많은 지원을 제공해 주었던 가족과 기타 사회적 조직들의 침체가 깔려 있다. 이런 상황에서 정서행동장애 아동과 청소년을 위한 특수교육의 역할은 갈수록 격렬한 논쟁거리가 될 가능성이 큰데, 이는 특수교육이 우리 사회가 해결하려는 여러 문제를 적절하게 다루어 오지 못했음이 명백하기 때문이다.

정서행동장애의 원인에 대해 생각할 때, 과도하게 단순화하거나 과잉일반화를 하려는 유혹에 빠지게 된다. 우리는 매우 심각한 문제행동이 단순히 부적절한 양육이나 교육, 생리적 문제, 또는 문화적 영향에 기인한 것이라고 믿고 싶어 한다. 우리는 또한 원인 요소가 생물학적인 것이든, 문화적인 것이든, 또는 그 외의 어떤 것이든 간에 그것이 운명이라고 믿고 싶은 유혹도 종종 느낀다. Keogh(2003)는 우리의 예상과는 달리 생물학적 요인이 인간관계에 늘 부정적 영향을 끼치는 것은 아니라는 점을 강조했다. 그녀는 유아들이 또래 및 교사와 사회적 상호작용을 하는 모습을 관찰하고 이를 기록하였는데, 그녀의 요점은 기질이 운명은 아니라는 것이다. 다만, 기질이 아동 발달에서 차지하는 복잡한 역할 때문에 기질(아동의 기질뿐 아니라 부모와 교사의 기질까지)이 반드시 고려되어야 한다고 하였다.

우리는 당신이 제2부에 속한 4개의 장을 읽으면서 생리학적 특징, 문화, 양육, 교수가 중요한 원인 요소일 수 있음을 이해하게 되었기를 바란다. 그러나 개별 사례에 대한 결론을 내릴 때는 매우 주의해야 한다. 학생의 바람직하지 못한 교실 행동이 교사의 언행 때문이라거나 아동의 장애가 부적절한 양육 때문이라는 결론을 내리기 전에, 교사-학생 간 또는 아동-부모 간 상호작용에 무슨 일이 있었는지를 주의 깊게 살펴봐야 한다. 이러한 상호작용을 관찰한 결과, 아동을 대하는 성인의 태도가 적절하지 못했음이 명확히 밝혀졌다 해도, 문제의 근원을 찾아냈다는 결론을 성급하게 내리지 않도록 주의해야 한다. 심각한 정서행동장애를 가진 아동과는 누구라도 함께 지내기가 어렵다. 이 아동은 다른 사람들을 좌절시키고 최악의 상황에 빠뜨리는 데 능하다.

원인 요소들의 영향이 언뜻 보기와는 달리 그리 단순하거나 일방적이지 않음을 깨닫고 나면, 아동 및 청소년과 함께하는 우리의 과업을 평가할 때 적절한 수준의 겸손함을 유지하게 되고, 이들과 일하는 다른 이들을 비난하기가 조심스러워진다.

정서행동장애의 원인에 대해 25년 전에 알던 것에 비하면(심지어 10년 전에 알던 것에 비해서도) 오늘날 훨씬 더 많은 것을 알게 되었지만, 연구자들은 인과관계의 메커니즘이 이전에 생각했던 것보다 훨씬 더 복잡하다는 것도 인식하게 되었다. 연구들은 여러 원인 요소의 엄청난 복잡성과 상호연결성을 밝혀내는 동시에 새로운 중재의 가능성도 열어놓기 시작했다. 대부분의 장애에 대한 희망적인 입장들이 등장한 덕분에, 정신병리 문제가 생의 초기 경험이나 생물학적 요인에서 비롯된 것이어서 중재의 여지가 없다는 기존 관념이 무너지고 있다. 또한 많은 행동 패턴이 유전과 기타 생물물리학적 과정에서 비롯되므로 아동의 문제와 관련하여 교사와 부모를 비난하거나 교사와 부모에게 관계중심의 중재를 통해 문제를 해결하라는 책임을 부과하면 안 된다는 인식이 생겨난 덕분에 치료적 환경의 긍정적 영향에 치중하는 최근의 주장들이 완화되고 있다.

사람들이 왜 그렇게 행동하는지 알아내려 할 때는 회의적 태도(skepticism)가 필요하다. 과학적인 사고의 틀은 매우 중요하다(Kauffman, 2011, 2014c). 어떤 것을 생각하거나 믿는다고 해서 그것이 진실이 되지는 않는다(Polsgrove, 2003). '당신이 생각하는 것을 다 믿지는 말라'는 자동차 범퍼에 붙은 메시지를 기억하라.

요약

정서행동장애의 발생에 학교가 일조할 수 있다는 사실은 특히 교사들이 중요하게 고려해야 할 사항이다. 우리 사회는 학교에서의 실패를 개인의 실패와 동일시한다. 학교 환경은 사회성 발달에 매우 중요하며, 교사들이 직접 통제할 수 있는 요인이기도 하다.

정서행동장애 학생들을 집단으로 살펴보면 전반적으로 지능검사에서 평균 이하의 점수를 받으며 낮은 학업 성취를 보인다. 이들 중 다수는 특정 사회성 기술이 부족하다. 이들이 보이는 행동은 학교에서의 성공에 불리하다. 문제행동과 낮은 성취도는 서로 영향을 미치는 것 같다. 개별 학생의 사례를 살펴볼 때는 문제행동과 낮은 성취도 중 어느 편이 원인이고 어느 편이 결과인지를 알아내는 것보다 이 두 가지가 서로 관련되어 있음을 인식하는 것이 훨씬 중요하다. 학업 실패와 낮은 지능이 반사회적 행동이나 품행장애와 결합되면 성인기의 사회적응 문제가 예상된다. 학교는 다음과 같은 몇 가지 방식으로 정서행동장애의 발생에 기여할 수 있다.

- 학교 행정가, 교사, 또래들이 장애 학생의 개별성에 민감하지 못함
- 교사들이 부적절한 기대를 가짐
- 교사들이 학생의 행동 관리에 일관적이지 못함
- 학생들이 자신과 관련이 없다고 느끼는 비기능적 기술을 가르침
- 학교에서의 성공에 필수적인 기술들이 효과적으로 교수되지 못함
- 교직원들이 잘못된 후속결과를 적용함
- 또래와 교사가 바람직하지 못한 행동의 시범을 보임

정서행동장애 학생의 교사는 성취도가 낮고 지도하기가 어려운 학생들을 가르칠 준비가 되어 있어야 하며, 학업과 사회성 기술 모두에서 교수가 제공되어야 한다.

논의를 위한 사례

학생들 기선을 제압하는 게 나을 걸요

밥 윈터스

밥 윈터스(Bob Winters)는 유아특수교육을 전공했지만, 중학교에 설치된 특수학급에서 경도 지적장애 학생들을 가르치는 자리에 취업을 하게 되었다. 두들리(Dudley) 교장선생님은 밥의 고용이 확정되었을 때 다음과 같이 말했다. "당신은 전문가예요. 가르치기 어려운 이 학생들을 가르치도록 훈련을 받은 분이니 이 학생들에 관해 어떤 것을 결정할 때 선생님에게 많은 재량권을 드리겠습니다. 작년에 이 반을 맡았던 아터(Arter) 선생님은 이 학생들 다루는 걸 정말 힘들어했어요. 선생님은 이 학생들을 엄하게 다루어야 합니다."

밥은 학생들을 위한 적절한 교수 프로그램을 개발하기 위해 고군분투했다. 다른 교사들이 조언을 구하기 위해 그를 찾아왔지만, 그는 알려줄 것이 거의 없었다. 결국 그는 학생들에게 기초 기술을 다루는 많은 학습지를 풀게 하였다. 그는 학생들이 늘 바쁘게 뭔가 하고 있게 하려고 노력했지만, 날이 갈수록 그의 교실은 소란스러워졌고 교실은 점점 통제를 벗어났다. 학생들은 과제를 빨리 해치운 후 삼삼오오 모여 웃고 농담을 하며

교실을 돌아다니거나 서로 욕을 하기도 했다. 낮은 점수를 주어도 학생들은 개의치 않았다. 심지어는 그 반에서 가장 낮은 점수를 받았다고 자랑하기 위해 제발 더 낮은 점수를 달라고 사정을 하기까지 했다.

밥의 교실이 너무나 무질서하고 시끄러워서 결국 두들리 교장선생님이 교실로 와서 문을 열고 학생들을 노려보거나 호통을 치기에 이르렀다. 학생들은 교장선생님이 떠나고 나면 웃으며 교장선생님에 대한 농담을 했다. 학생 한 명이 "자기(교장선생님)가 무서운 줄 아나봐"하고 말하면 다른 학생들이 공감의 의미로 고개를 끄덕이곤 했다. 밥은 좀 더 무서운 선생님이 되기로 결심했다. 일단 이 학급의 기강을 바로잡고 볼 일이었다. 그래서 두들리 교장선생님처럼 소리를 지르며 지시를 하기 시작했다. 말을 듣지 않는 학생에 대한 벌로는 학생들이 끔찍해 할 것이라 생각되는 사전 베껴 쓰기를 시키기 시작했다. 그러던 어느 목요일의 일이었다. 화장실에 다녀오면서 학급을 소란스럽게 한 로니(Ronnie)에게 이 벌을 적용했다. 로니는 장난스럽게 웃으며 말했다. "좋아요. 나는 사전 베껴 쓰기를 정말 좋아해요." 로니는 밥이 시킨 것보다 더 많은 페이지를 베껴 썼다. 그러나 그다음 날 로니는 사전 베껴 쓰기를 단호하게 거부하였고 밥은 결국 그를 훈육실로 보냈다.

결국 밥은 학생들이 벽을 바라보고 앉도록 책상을 배열하기로 했다. 그렇게 하면 지금처럼 서로를 방해할 수 없으니 주어진 과제를 할 것이라고 생각했다. 그러나 학생들은 허락도 받지 않고

책상을 옮기기 시작했다. 선생님의 꾸중에 대해서는 "오, 정말 훌륭하신 분이야!", "뭔가 대단한 걸 하고 있다고 생각하시는 것 같네"와 같은 건방진 말로 대꾸했다. 제럴드가 자리에서 뛰어나와 마이크의 등과 머리를 장난스럽게 마구 때리자, 밥은 고함을 쳤다. "이 나쁜 자식아! 당장 자리에 앉지 못해!" 제럴드는 그 자리에 얼어붙었고, 다른 학생들은 침묵한 채 밥을 쳐다보았다. 밥은 계속했다. "젠장, 너희가 원하는 대로 절대 안 해줄 거야. 시키면 시킨 대로 해!" 캐시가 옆에 앉은 로니를 팔꿈치로 슬쩍 찔렀고, 둘은 킥킥 웃기 시작했다. 밥은 당장 캐시에게 다가가 소리쳤다. "훈육실로 가!" 캐시는 분노에 찬 눈빛으로 성큼성큼 걸어가 교실 문을 쾅 소리 나게 닫았다. 다른 학생들은 고개를 가로저으며 표정으로 신호를 주고받았다.

10분 후, 교장선생님이 교실로 왔다. "윈터스 선생님, 잠시 이야기 좀 할까요?" 출입문을 향하여 걸어가는 동안 밥은 앰버가 이렇게 말하는 소리를 들었다. "선생님은 이제 큰일났어." 밥은 앰버의 말이 옳다고 생각했다.

사례에 관한 질문

1. 밥 선생님의 교수 전략과 관리 전략은 이 장에 제시된 개념들을 어떻게 보여주고 있는가? 교장선생님은 이 학급의 문제 발생에 어떤 역할을 하였는가?

2. 당신이 밥의 친구나 동료라면, 그의 교수 수행을 개선하기 위해 어떤 충고를 해주겠는가?

3. 이 사례에 제시된 상황을 예방하는 책임은 누구에게 있는가?

제3부 정서행동장애의 유형

개요

제1부와 제2부에서는 정서행동장애(EBD)의 일반적인 유형을 주로 다루었고 정서행동장애의 특정 유형에 대해서는 간략히 살펴보았다. 제3부에서는 앞서 정서행동장애의 일반적인 사례에서 다룬 질문들을 다시 살펴보고 정서행동장애의 특정 유형에 대해 보다 상세히 다룬다. 정서행동장애의 각 유형과 관련하여 다음과 같은 질문에 명료한 답을 찾고자 한다.

- 정서행동장애는 어떻게 정의되는가? 출현율은 어느 정도인가?
- 정서행동장애의 원인과 가능한 예방책은 어떤 것이 있는가?
- 정서행동장애를 위한 중재와 교육의 주요 접근은 무엇인가?

대부분의 장애 유형에서 이러한 질문에 대해 잠정적이고 간단한 답을 할 수는 있지만, 모든 장애 또는 하위 유형들에 대한 모든 질문에 답을 할 수는 없다.

제3부에서 '정서행동장애의 유형'이라는 제목하에 다루고자 하는 유형은 단지 정서행동장애의 다른 측면일 뿐이다. 정서행동장애로 알려진 장애의 분류는 복잡하며 불가피하게 장애의 모호한 하위 유형이 나타나기도 한다. 모든 장애 유형은 상호 연관되어 있기에, 한 유형을 살펴볼 때 반드시 몇 가지 다른 장애 유형도 고려해야 한다. 예를 들면 과잉행동, 품행장애, 청소년 비행은 상호 관련되어 있다. 과잉행동을 보이는 청소년이 품행장애로 간주되지 않고 **청소년 비행**(delinquent)으로 분류되지 않을 수도 있다. 때로 한 청소년의 문제가 특성상 한 가지 장애 유형에 꼭 들어맞는 전형적인 사례를 발견할 수도 있지만 흔하지는 않다. 대부분의 경우에는 여러 가지 문제를 동반하는 복잡한 사례이며, 우리가 정서행동장애라고 부르는 다양한 특성들을 함께 나타내는 것이 일반적이다.

그렇다면 장애 유형을 구별하는 특징적인 행동 형태나 양상을 어떻게 결정할 수 있는가? 이 질문에 대한 각 사람들의 답변은 어느 정도 주관적일 것이다. 우리는 제3부를 6개의 장으로 나누었다. 이는 부분적으로는 경험적인 증거에 따라 문제행동을 유사한 유형으로 묶었으며, 각 유형을 가장 효과적으로 논의할 수 있도록 나누었다. 가장 먼저 살펴볼 유형은 가장 많이 출현하는 장애로서 흔히 주의력결핍 과잉행동장애(ADHD)라고 불리는 주의집중과 행동의 장애이다. 그다음으로 외현화 공격행동과 내재화 반사회적 행동을 보이는 품행장애를 소개하였다. 다음으로는 불안장애와 더불어 다양한 관련 장애(공포증, 강박충동장애, 그리고 말하기, 먹기, 배설하기, 움직이기, 성적 행동과 관련된 장애)를 살펴보았다. 이어서 아동과 청소년들 사이에서 점점 더 심각한 문제로 대두되고 있는 우울장애와 자살을 다루었다. 다음으로 정신질환 또는 자폐성 장애[1]로 알려진 다양한 장애를 살펴보고, 마지막으로, 청소년 비행과 약물남용, 조기 성행위, 그리고 품행장애와 주의력 문제와 밀접한 관련이 있는 다른 문제들을 포함하여 청소년 시기의 특별한 문제들을 살펴보았다.

제3부는 정서행동장애 아동과 청소년이 나타내는 구체적인 행동 특성들을 더 잘 이해할 수 있도록 구성하였다. 제3부의 내용을 읽으면서 구체적인 장애 유형들이 어떻게 상호 연관되어 있는지 그리고 어떻게 서로 구별할 수 있는지에 대하여 스스로에게 질문해보기 바란다. 이와 관련된 질문 중에서 몇 가지 예를 살펴보면 다음과 같다.

- 품행장애와 우울장애를 어떻게 구별하는가?
- 한 청소년이 품행장애를 보이면서 우울 증상도 보일 수 있는가?(즉 품행장애와 우울장애가 공존장애로 함께 나타날 수 있는가?) 동일한 환경 조건이 품행장애와 우울장애를 모두 유발할 수 있는가?
- 품행장애에 효과적인 중재가 우울장애를 나타내는 청소년에게 어느 정도 적절하거나 또는 부적절한 중재인가?
- 우울장애와 심각한 두려움의 공존에 대해서 무엇을 알고 있는가?
- 어떠한 상황에서 동일한 학생이 전반적 발달장애와 주의력결핍 과잉행동장애를 함께 보일 수 있는가? 만약 그렇다면, 교수를 위한 함의는 무엇인가?
- 십대의 성적 문제행동과 십대에 부모가 되는 것이 청소년 비행, 약물남용이나 다른 장애 유형들과 어떻게 연관되어 있는가?

이와 같은 질문에 쉽게 답할 수 없으며, 구체적인 장애 유형에 대하여 우리가 앞으로 살펴볼 간략한 내용만으로는 각 장애 유형과 관련된 복잡한 문제 간의 상호 연관성을 정확하

---

1 역자 주 : 원문에서 사용한 용어인 '전반적 발달장애(pervasive developmental disorders)'는 2019년 현재 공인 분류체계인 DSM-5와 ICD-11에서 'autism spectrum disorders'로 공식적으로 변경되었다. 이에 대해 국내에서 '자폐성 장애', '자폐성 장애', '자폐 범주성 장애'로 번역 사용되고 있다. 이 책에서는 [장애인 등에 대한 특수교육법]에 명시된 용어인 '자폐성 장애'를 사용한다.

게 파악할 수 없다.

정서행동장애에 대한 많은 연구들은 부분적으로 부정확한 설명을 담고 있다는 오래된 생각을 염두에 두어야 함을 시사한다. 우리가 최대한 정확하게 알려고 노력하지만, 모든 부정확성과 과잉일반화를 없애기는 불가능하다. 그러나 앞으로 살펴볼 6개 장을 읽음으로써 정서행동장애의 복잡성에 대한 새로운 이해를 얻게 되기를 바란다.

8 주의력결핍 과잉행동장애

Anthony Magnacca/Pearson Education, Inc.

학습 목표

8.1 과잉행동에 대해 단순히 지나치게 활동적이라는 정의보다 더 복잡한 정의를 제시할 수 있다.

8.2 주의력결핍 과잉행동장애(ADHD)와 가장 밀접하게 연관된 행동 유형을 나열할 수 있다.

8.3 주의력결핍 과잉행동장애 학생이 또래들에게 인기가 없는 이유를 설명할 수 있다.

8.4 과잉행동 관련 문제를 다루는 데 자주 사용되는 행동 중재를 설명할 수 있다.

8.5 과제 비참여 행동을 관리하고 학업 수행을 향상시키기 위해 자기점검을 사용하는 것에 대한 일반적인 결론을 요약할 수 있다.

정의와 출현율

우리는 제2장에서 정서행동장애 청소년들은 일반적으로 다른 사람들의 부정적 감정이나 행동을 야기한다고 언급한 바 있다. 다른 사람들을 힘들게 하거나 화나게 하거나 부정적인 반응을 하게 만드는 많은 특징들 중에서 가장 대표적인 것은 주의집중과 활동 관련 장애이다. 지난 수십 년 동안 이러한 장애를 가진 사람들의 행동 특성은 **과잉행동**(hyperactive)이나 **과잉운동증**(hyperkinetic) 등과 같은 다양한 용어로 묘사되었다. 주의력과 활동을 조절하는 데 심각하고 만성적인 문제는 **주의력결핍 과잉행동장애**(attention deficit-hyperactivity disorder, ADHD)로 보편적으로 인식되고 있다. 자신의 주의력을 조절하지 못하는 것이 과잉행동보다 이 장애와 관련된 핵심적인 문제로 여겨지고 있다. 이는 이 장애에서 과잉행동은 항상 나타나지는 않지만 일반적으로 주의력결핍을 동반하기 때문이다. ADHD는 여전히 불확실한 측면이 많이 있으며 논란이 있는 용어다(Hallahan et al., 2015; Hallahan, Lloyd, Kauffman, Weiss, & Martinez, 2005; Nigg & Barkley, 2014; Rooney, 2017 참조).

이 장에서 우리는 주의력결핍과 과잉행동을 모두 보이는 아동과 청소년들에게 관심이 있고 무엇보다도 이들이 심각한 문제를 보이기 때문에 ADHD라는 용어를 사용하고자 한다. 심각한 주의력결핍과 과잉행동을 보이는 아동과 청소년들은 동반장애로 정서행동장애(EBD) 또는 학습장애(Learning Disabilities, LD)를 보이기도 한다. 주의력결핍과 더불어 과잉행동과 **충동성**을 함께 보이는 아동과 청소년들은 과잉행동 없이 주의력결핍만을 보이는 아동과 청소년들보다는 품행장애를 더 많이 보이는 경향이 있다. 이 장에서 우리의 주된 관심은 ADHD 아동과 청소년들이 보이는 심각한 사회 및 정서적 문제가 과잉행동 또는 주의력결핍과 관련이 있는지와 이와 연계된 학업 참여 문제에 있다. ADHD 아동은 많은 사회적 문제를 가지고 있다(예 : Nigg & Barkley, 2014; Whalen & Henker, 1991).

ADHD는 가장 논쟁이 되는 장애 중 하나이며 이는 새로운 장애도 아니다. 학습장애와 마찬가지로, 어떤 사람들은 ADHD를 실제로 존재하는 심각한 장애로 여기는 반면에 어떤 사람들은 교사나 학부모의 부족한 점을 정당화하려는 시도라고 보거나 과분하고 특별한 관심을 받는 것에 대한 수단이나 변명으로 여기기도 한다. 회의적인 시각을 가지고 있는 일부 사람들은 가정과 학교에서의 좋은 가르침과 훈육이 ADHD의 모든 문제를 해결하더라도 이는 아주 극소수의 사례에 불과하다고 본다. 일부 다른 사람들은 ADHD를 완치가 되지 않는 발달장애

유튜브 비디오 사례

비디오 연결 8.1

예일대학교의 Thomas Brown 박사는 이 짧은 비디오 클립에서 ADHD의 기본 특성을 설명하고 있다.(https://www.youtube.com/watch?v=vVZ2qbMgMPs)

로 본다. ADHD에 대한 전문가들 간 의견의 불일치와 대중의 혼란이 연구와 실제의 모든 영역에서 나타난다.

우리는 ADHD가 실제로 존재하며 그 특징과 중재에 대해 전문가들 간에 점차 의견 일치가 이루어져 가고 있다고 믿는다. 많은 대중의 생각과는 반대로, 지난 수십 년간의 관련 연구에 따르면 ADHD는 사소한 문제가 아니며 전형적인 발달이 이루어지지 못하여 나타나는 아동기의 일시적인 특징도 아니라는 의견의 일치가 나타나고 있다. ADHD는 일련의 독특한 문제이며 실제로 존재하는 장애이다(Barkley, 2003; Hallahan et al., 2005; Hallahan et al., 2015; Nigg & Barkley, 2014; Rooney, 2017). ADHD에 대한 여러 정의를 살펴보면 일반적으로 ADHD는 주의력과 행동에 관련된 발달장애이며, 비교적 생애 초기(7세나 8세 이전)에 나타나서 전 생애에 걸쳐 지속되고, 주로 학업 및 사회성 기술에 영향을 미치고, 흔히 다른 장애들과 함께 나타나는 경우가 많다는 것이다.

ADHD의 두드러진 특성인 선택적 주의집중과 지속적 주의집중의 어려움, 충동행동 조절의 어려움, 적절한 동기화의 어려움으로 인해, 연령에 상관없이 ADHD 아동과 청소년은 부모, 형제, 교사, 또래, 동료에게 골칫거리가 될 수 있다. 과잉행동, 산만함, 충동성을 보이는 아동들은 가정생활에서 어려움을 일으키므로 부모와 형제들을 힘들게 하고, 학교에서는 교사들을 매우 곤혹스럽게 한다. 그들은 친구들과 어울리지 못하고, 도움이 되거나 좋은 친구들을 만들지 못한다. ADHD 학생은 끊임없이 움직이고, 충동적이며, 소란스럽고, 성마르며, 파괴적이고, 예측 불가능하며, 싸우기 잘하는 등의 특성으로 인해 부모나 형제, 교사나 또래 등과 같은 다른 사람들로부터 호감을 얻지 못한다. Whalen(1983)은 ADHD 학생이 주변 사람들을 얼마나 힘들게 하는지를 보여주는 전형적인 예를 제시하였다. 예를 들어 ADHD 아동은 엄마가 방금 닦아 놓은 벽을 더러운 손으로 만지거나, 형제 또는 친구와 게임을 하면서 규칙 바꾸기를 고집하거나, 교사가 학급 전체 학생들에게 해야 할 과제를 설명한 후에 바로 자신이 무엇을 해야 하는지를 교사에게 묻거나, 주변 사람들을 방해하거나 짜증나게 하는 이상한 소리를 내거나, 학급 또래들이 힘들게 만들어 놓은 것을 개의치 않고 망가뜨리거나, 주스나 음식을 부주의하게 흘리거나, 같은 지역을 걷고 있는 사람들에게는 문제가 되지 않는 것에 쉽게 걸려 넘어지거나 다른 사람들이 매우 재미있게 보고 있는 프로그램 중간에 TV를 끄거나 실수로 TV 선을 밟아 뺀다. 그리고 ADHD 아동은 어떻게 그리고 왜 자신이 인기가 없는지 또는 다른 사람들을 좌절시키고 화나게 하는지를 자주 이해하지 못하는 것처럼 보인다. 이들은 실제로 악의가 있는 것이 아니라 단지 사회적으로 서툴고 모르는 것뿐이다.

교사들은 주의집중에 관한 발달 양상에 대해 잘 알아야 하며, 주의산만과 충동성을 정상적으로 보이는 아동과 ADHD 아동을 구분할 수 있어야 한다. 정상 발달하고 있는 어린 아동들도 산만한 행동, 짧은 주의집중, 충동적인 행동들을 흔히 보일 수 있다. 그러나 연령이 증가함에 따라 아동은 사회적으로 수용될 만한 형태로 행동하고, 보다 더 오랜 시간 효과적으로 주의집중을 하고, 반응을 하기 전에 먼저 대안들을 생각해본다. 그래서 주의집중기술이나 충동 통제, 움직임 활동 수준이 특정 연령에서 기대되는 것과 현저한 차이가 있을 경우에만 아동의 행동에 중재가 필요한 것으로 고려한다. ADHD 아동은 어릴 때부터 또래들보다는 눈에 띄게 드러난다. 게다가 ADHD의 특징들은 대체로 모호하지 않으며, 이들은 '자기 마음대로' 행동하는 경향이 있다. 이러한 행동으로 인해 대부분의 또래나 어른들은 아동을 환경에서 제외시키거나 노골적인 앙갚음을 하고 싶은 마음이 들 수 있다. 사실 ADHD는 흔히 다른 장애의 하나의 요소가 된다는 것이 점점 더 명백해지고 있다(Nigg & Barkley, 2014 참조).

다른 장애와의 관련성

주의력결핍과 행동에서의 장애는 다른 다양한 장애를 가진 아동과 청소년에게서 매우 빈번하게 나타난다. 거의 모든 교사, 부모, 임상가들은 정서행동장애의 다른 형태(예 : 품행장애, 자폐성 장애, 우울, 또는 불안)를 가진 많은 청소년들은 학습과 사회성 과제에 주의집중하는 데 어려움을 보이고 심각한 방해를 한다는 데 의견이 일치한다.

그림 8.1은 주의집중 문제와 방해행동이 ADHD뿐 아니라 다른 정서행동장애에서도 핵심 특징임을 보여준다. 따라서 주의집중 문제와 파괴적 행동의 주요 증상이 관찰될 경우에, 이러한 행동들이 ADHD에 의한 것인지 신중히 살펴볼 필요가 있다. 이와 유사한 행동이 품행장애(외현 또는 내재 반사회적 행동), 우울 및 짜증과 같은 정동장애(affective disorders), 불안장애(예 : 강박, 충동), 조현병 또는 사고장애, 자폐성 장애 또는 뇌손상과 같은 장애를 특징짓기도 한다.

주의집중을 하지 못하는 것과 방해행동은 많은 진단 범주에서 핵심적인 요소이다. 아동이 중복장애를 보이는 경우에는 진단이 더욱 복잡해진다. 이러한 경우의 주의력결핍은 개별 아동이 가진 복잡하고 다양한 문제들의 한 부분이 될 것이다. 그래서 그림 8.1에서 보는 바와 같이, 정서행동장애의 많은 유형들이 중복이 되며 주의집중의 문제, 충동 통제의 문제, 방해행동은 정서행동장애의 거의 대부분 또는 모든 유형에서 나타난다. 즉 사실상 어떠한 장애도 어떤 다른 장애나 다양한 다른 장애와 함께 나타날 수 있으며 ADHD는 대부분

그림 8.1 ADHD와 다른 정서행동장애 유형 간의 가설적 중복(Hypothetical Overlap)

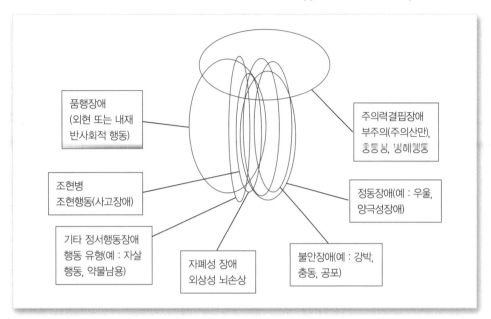

장애의 구성요소이다. 또한 그림 8.1은 ADHD와 다른 정서행동장애 유형 간의 진단과 표찰의 혼란, 개인이 보일 수 있는 정서행동장애의 여러 유형을 구분하는 데 따른 어려움, 주의집중 문제에 대해 장애 유형 간의 공통된 관계 외에도 장애 유형 간에 중복 관련이 있음을 보여준다.

ADHD가 품행장애나 청소년 비행과 같은 다른 발달적인 문제들과 함께 나타나는 경우, 학교생활에서의 실패 위험성과 증상의 심각성이 높아질 가능성이 크다. 이는 특히 남자아동들에게 더욱 그러하다(Hallahan et al., 2015; Nigg & Barkley, 2014; Rooney, 2017 참조). 사실 과잉행동, 주의산만, 충동성은 적어도 남자아동들의 반사회적인 행동 발달에 핵심적인 역할을 할 수 있다.

주의력결핍과 행동의 장애를 다루는 거의 모든 연구자들은 ADHD가 그 자체로 별개의 구분이 되는 장애지만 ADHD와 다른 진단 범주 간에 중복되는 점이 많다고 한다(Barkley, 2003; Gershon, 2002; Nigg & Barkley, 2014; Rooney, 2017; Satterfield et al., 2007). ADHD가 연방법과 규정에서 별개의 범주가 되어야 하는지 여부는 뜨거운 논쟁거리가 되고 있다.

ADHD의 독특한 특성이 있는지 여부와 만약 있다면 ADHD와 다른 장애 간에 경계가 무엇인가 하는 것은 상당한 논쟁의 여지가 있다. 대부분의 전문가들은 ADHD 아동들의 상당수(약 30%)가 어떤 형태의 특수교육도 받지 못하고 있으며, 특정 학습장애(이하 LD)와 정서

그림 8.2 ADHD, 정서행동장애, LD 간의 가설적 관계

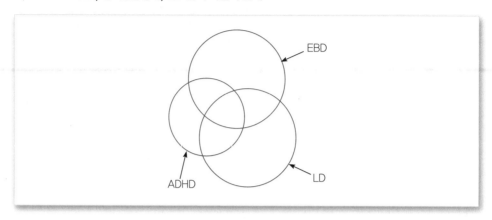

행동장애 아동들의 다수(약 50~70%)가 ADHD를 가지고 있다고 한다. 정신건강 서비스센 터에 의뢰되는 아동들이 과잉행동의 유무에 관계없이 심각한 주의집중의 문제를 보인다는 사실을 보면, ADHD의 특징과 다른 장애들과의 관련성에 대한 이러한 혼란은 더욱 커진다. 정서행동장애 아동과 청소년들은 자신의 부적절한 사회적 행동으로 인해 일반 또래들과의 관계에 어려움을 보이며 흔히 심하게 거부당한다. 주의력결핍을 보이는 많은 아동들은 또 래들과의 관계에 어려움은 없지만, 일부 아동들은 또래들로부터 거부당하기도 한다. 아동 이 심한 주의력결핍을 보인다면, 그들의 또래 문제를 이해할 수 있을 것이다. 즉 아동과 성 인 모두 극도로 주의산만한 사람을 동료로서 선호하지 않는다는 것이다. 우리는 다음과 같 은 결론을 내릴 수 있다.

- 많은 ADHD 아동과 청소년들이 정서행동장애를 보이지 않을 수 있다.
- 매우 심한 ADHD 아동과 청소년들의 상당수가 정서행동장애로 판별될 수 있다.
- 정서행동장애의 다른 유형으로 인해 특수교육을 받고 있는 많은 아동과 청소년들이 ADHD를 가지고 있을 수 있다.
- LD는 다른 장애와 함께 나타날 수 있다.

ADHD, 정서행동장애, 또는 LD를 가진 사람들 간의 관계를 살펴보면 그림 8.2와 같다고 볼 수 있다. 정서행동장애와 LD는 단독 또는 서로 결합하여 ADHD와 함께 나타날 수 있다.

출현율

제2장에서 살펴본 바의 같이 정의에 대한 논란은 출현율을 예측하기 어렵게 만든다. 대부

분의 전문가들은 ADHD의 출현율이 학령기 인구의 3∼5% 정도가 되기 때문에 아동과 청소년에게서 나타나는 가장 일반적인 장애 유형 중 하나라고 한다. 이는 학교에서 학생을 정밀 진단 및 평가에 의뢰하는 가장 일반적인 이유 중 하나이다(Hallahan et al., 2015). 게다가 ADHD는 단지 미국에서만 나타나는 현상이 아니며 많은 나라에서 연구되고 있다. ADHD와 관련 장애로 의뢰된 아동과 청소년들 중에서 남자가 여자보다 훨씬 많다. 성별에 대한 편견이 부분적으로 이러한 차이에 대한 설명이 될 수도 있지만, 이러한 차이는 ADHD에 영향을 미치는 생물학적 성별의 차이일 수 있음을 시사한다(Nigg & Barkley, 2014; Gershon, 2002 참조).

원인과 예방

역사적으로 뇌기능의 이상을 ADHD의 원인으로 추정하였다(Hallahan et al., 2015; Rooney, 2017). 오늘날의 연구자들은 뇌로 가는 혈액의 흐름이나 신경전달물질 등과 관련된 보다 정교한 해부학 및 생리학적 검사(예 : 두뇌 조직에서의 전위차, 자기공명영상)를 통해 생물학적인 원인을 연구하고 있다. 많은 연구자들은 대부분의 경우 생물학적 원인으로 추정하고 있지만, 아직까지는 어떤 신경학적 문제가 ADHD의 원인인지를 정확하게 밝혀주는 신뢰할 만한 증거가 없다(Nigg & Barkley, 2014).

다양한 식품 물질(예 : 색소, 설탕, 방부제 등), 환경 독성물질(예 : 납), 알레르기 유발 물질들이 과잉행동과 그와 관련된 장애의 원인이 될 수 있다고 주장되었다. 단지 소수의 ADHD 사례에서 그러한 것이 원인이 될 수 있음을 시사하고 있으나 이 중에 어떤 것도 많은 또는 대부분의 ADHD 사례를 일으키는 원인으로 입증되지는 못하였다. 식품, 독성물질, 알레르기 유발 물질들이 ADHD를 유발하는 주요 원인이라는 주장은 신뢰할 만한 연구에 의해 입증되지 못했다.

유전적 요인이 ADHD의 위험을 증가시키는 것처럼 보이지만, ADHD에 대한 유전학은 밝혀진 것이 거의 없다. ADHD 아동의 생물학적인 친척 중에서 이 장애를 가진 사람들이 일반 사람들보다 더 많은 것을 보면, ADHD가 어떠한 방식으로든 유전적 요인을 가지고 있음을 시사한다. 유전적 요인이 일부 개인에게 주의집중과 충동조절 문제에 대한 소인이 될 수 있고 유전적 요인이 생물학적 요인, 환경적 요인과 함께 ADHD를 유발할 수 있다는 설명은 설득력이 있다(Rooney, 2017 참조).

다루기 어려운 기질(즉 성마름, 과잉활동 수준, 짧은 주의집중 주기, 산만함 등으로 특징지어지는 타고난 행동 유형)은 ADHD를 어디에서부터 접근할지에 대한 시사점을 제공한다. ADHD 아동들은 대체로 유아 또는 유치원생과 같다고 인식될 수 있다(Barkley, 2003). 기질적인 측면에서 볼 때 ADHD 아동들은 '다루기 힘든 아이'라는 말에 딱 들어맞는다. 이들은 유치원과 초등 저학년 때부터 주의집중 문제, 충동조절 문제, 불순응, 공격성과 더불어 다양한 문제를 보인다. 그러나 기질 하나만 가지고 이 아동들의 모든 문제를 다 설명할 수는 없다. 간단히 말하면, 어떤 특정한 생물학적 요인이 ADHD와 연관되어 있음을 명확하고 일관되게 입증하지 못하고 있다. 생물학적 요인이 대부분의 경우에 연관되어 있지만, 정확히 어떤 생물학적 요인인지 그리고 어떻게 작용하는지에 대해서는 알려져 있지 않다.

ADHD의 심리학적 요인에 대한 가설로는 정신분석학적 설명에서부터 사회학습 이론에 이르기까지 다양하다. 예를 들면 모델링과 모방에 관한 많은 연구들은 지나치게 활동적인 부모나 형제들을 관찰함으로써 아동이 어떻게 문제행동을 습득할 수 있는지를 설명한다. 관련 문헌들에서는 아동들의 부적절한 행동이 사회적 관심에 의해서 어떻게 조정될 수 있는지에 대한 많은 예들을 보여주는데, 이는 부모와 교사들이 자녀와 학생들에게 ADHD로 특징지어지는 방식으로 행동하도록 무심코 의도치 않게 가르칠 수 있음을 시사한다. 그러나 ADHD가 일차적으로 바람직하지 못한 사회적 학습의 결과임이 연구를 통해 입증되지 않았기에 ADHD 발생의 책임을 부모나 교사들에게 돌리는 것은 바람직하지 않다.

ADHD의 원인에 대해 알고 있는 것을 요약해보자면, 우리는 아동이 ADHD를 갖게 되는 이유를 정확하게 알지 못한다는 것이다. 대부분의 사례를 살펴보면 신경학적이거나 유전적 요인들이 ADHD를 일으키고, 이러한 요인들이 아동의 물리적·사회적 환경에 있는 다른 요인들과 함께 작용하여 주의력결핍과 과잉행동을 유발한다고 추정할 뿐이다(Nigg & Barkley, 2014).

우리는 ADHD의 원인에 대해 아는 것보다는 그 장애와 관련된 문제를 다루는 방법에 관해 더 많이 알고 있다. 그렇기에 다루기 어려운 아동과 청소년들의 가정과 학급에서 조기개입 및 중재를 하는 것이 곧 예방이라 할 수 있다. 효과적인 일차적 예방(아동이 자라는 동안 ADHD가 나타나지 않도록 하는 것)을 위해서는 현재 밝혀지지 않은 신경학과 유전학에 대한 지식을 요구할 뿐 아니라 ADHD를 유발할 수 있는 환경적 위험요인을 제거하기 위해 아동 보호와 관리에 대한 훈련을 필요로 할 것이다. 이차적 예방(발생한 문제를 감소시키고 관리하는 것)이 아마도 실행이 가장 가능한 접근 방법일 것이다.

이차적 예방의 많은 책임은 대체로 교사들에게 있다. 교사들은 학교에서 아동의 행동을 관리해야 하고 학업 성취와 사회 적응을 향상시킬 수 있는 교수 프로그램을 제공해야 한다.

ADHD는 아동기를 지나 청소년기나 성인기에게도 지속되는 일련의 문제를 보인다. 또한 그것은 학업 성취와 또래관계를 어렵게 한다. 낮은 성취, 실패감, 사회적 고립이나 거부, 낮은 동기는 사회적으로 많은 부적절한 행동을 유발한다. ADHD 학생은 자기 자신을 끊임없이 부정적으로 인식하는 패턴에 빠지고 부적절한 행동과 타인과의 부정적 상호작용을 지속적으로 보이게 된다. 이후에 나타날 수 있는 더욱 심각한 문제에 대한 예방은 이러한 악순환의 고리를 끊는 것에 달려 있다.

사정

ADHD의 사정(assessment)에는 일반적으로 의학적 검사, 심리학자나 정신과 의사와의 임상면담, 부모와 교사에 의한 행동평정척도가 포함된다(Nigg & Barkley, 2014; Rooney, 2017). ADHD에 대해 심리학자나 정신과 의사가 실시하는 임상적 사정과 교사나 학교 내 관련 전문가가 실시하는 교육적 사정에는 상당한 차이가 있다. 임상가들은 일반적으로 아동이 보이는 행동이 어떤 진단 기준을 충족시키는지에 많은 관심을 가지는 반면에, 교사들은 학급에서 행동을 관리하고 교수를 제공하는 데 필요한 교육계획 수립에 더 초점을 맞춘다. 부모들은 자녀들이 왜 그런 행동을 하며 자신들이 어떻게 반응해야 하는지를 알기 원한다.

아동이 학교에 입학하기 전에 부모나 다른 사람들에 의해 ADHD의 특징이 발견되더라도 학급에서 주어지는 요구에 직면하게 될 때까지는 문제의 심각성을 인식하지 못한다. 학교 맥락에서는 ADHD가 받아들여지기 힘들고, 아동의 행동은 위기를 유발하는 것으로 인식된다. ADHD 아동들이 보이는 사회적 행동은 교사들을 매우 당황시킨다. 교사들은 이 아동들의 학업 수행을 염려하여 이들의 특수교육 배치를 의뢰한다. 많은 ADHD 학생들은 행동 문제와 학업 문제를 모두 보인다.

학교 환경에서 사용하기에 유용한 ADHD 사정의 주된 방법으로는 교사나 또래의 평정척도, 직접 관찰, 면담이다. 다양한 평정척도가 사용되며 그중 일부는 ADHD만을 위한 것인 반면에 다른 것들은 보다 광범위하고 통합적인 형태의 평정척도이다. 이 척도들을 통해 대상 학생의 학업 및 사회적 행동에 대한 교사와 또래들의 인식을 파악하고 수량화할 수 있다. 이러한 인식은 매우 중요하지만, 해당 학생의 행동을 직접 관찰한 결과와 일치하지 않을 수도 있다. ADHD를 사정하는 데 있어서 한 가지 문제는 대상 아동이 주의력결핍이나 공격성 또는 그 두 가지 모두와 관련이 있는 행동 문제를 보이는지를 판별하는 것이다. ADHD는 교실 수업을 방해하거나, 매일의 학업 수행에서 문제를 보이거나, 수업 준비가 되어 있지 않거나, 수업 준비물을 가져오지 않는 것과는 구별될 수 있다. 이러한 문제들은 공격행동이나 정서행동장애의 다른 특징과 함께 나타날 수도 있고 그렇지 않을 수도 있다. 이러한 차이를 구별하는 것은 아동의 행동 문제의 심각성을 판단하고 중재계획을 세우는 데 매우 중요하다.

학교의 다양한 환경(예 : 교실, 운동장, 급식실, 복도 등)에서 아동과 청소년의 행동을 직접 관찰하고 학업 수행을 매일 자세하게 기록하는 것은 사정에 매우 중요하다. 이것은 ADHD의 문제에 있어서 행동적 측면을 정확하게 알 수 있게 하며, 중재의 효과에 대한 객관적인 측정을 가능하게 한다. 행동과 수행에 대한 객관적인 기록과 더불어 아동의 행동 및 수행의 특징과 수용 가능성에 대한 주관적인 판단은 ADHD를 다루는 데 모두 중요하다.

중재와 교육

대부분의 경우 ADHD는 주의집중, 동기, 과잉행동, 사회적으로 부적절한 반응 등을 포함한 일련의 관련 행동 특징을 가지고 있다. 그래서 많은 다양한 중재 기법이 가정과 교실에서 사용되어 왔다. 가장 많이 쓰이면서도 성공적인 두 가지 접근은 약물치료와 부모와 교사 훈련이다. 부모와 교사는 학생의 행동을 다루는 방법(심리사회적 중재)을 훈련받는다. 대부분의 사례에서 부모와 교사 모두 복합 중재 방법을 사용한다(Barkley, 2003; Hallahan et al., 2015; Kazdin, 2008; Rooney, 2017).

약물치료

ADHD를 다루는 데 있어서 약물치료처럼 논쟁이 끊이지 않는 방법은 없을 것이다(Hallahan et al., 2015; Rooney 2017). 약물치료에는 주로 리탈린, 덱세드린, 사일러트, 애더럴과 같은 신경각성제(psychostimulant)가 사용되거나 또는 스트라테라와 같은 비신경각성제(nonstimulant)가 사용된다. 약물치료를 반대하는 사람들은 약물을 사용함으로써 나타날 수 있는 부작용, 성장이나 건강과 관련하여 아직 알려지지 않은 장기적인 영향, 개인의 책임감이나 자기조절에의 부정적인 영향, 약물남용 유발 가능성 등을 언급한다. 약물치료에 반대하는 일부 주장은 아직 이렇다 할 근거도 없고 히스테리적인 반응에 불과하다. 그러나 각성제 약물은 만병통치약이 아니며 다른 약물치료와 마찬가지로 효과뿐 아니라 위험성도 가지고 있다는 일부 주장은 신중하고 신뢰할 만한 증거에 근거하고 있다.

최근의 연구는 적절한 약물을 바르게 사용한다면 ADHD 아동과 청소년의 약 90% 정도에서 행동 개선과 학업 촉진(학생을 학습에 참여할 수 있도록 만든다)이 나타난다고 보고하고 있다(Hallahan et al., 2015; Rooney, 2017). 약물치료에서 주의할 점은 약물을 처방된 것보다 과다하게 복용하는 것은 학습을 개선시키기보다는 저해하며, 약물치료가 모든 문제행동에 효과가 있는 것은 아니고(예 : 약물치료는 과잉행동에는 효과가 있을 수 있으나, 공격성에는 효과가 매우 적거나 없다), 약물치료의 효과는 환경마다 다르게 나타날 수 있다(예 : 가정에서보다 학교에서 효과가 더 좋을 수 있다)는 것이다. ADHD와 함께 불안이나 우울 등과 같은 다른 장애를 가진 아동들은 신경흥분제와 같은 약물에 반응을 잘 보이지 않을 수 있다.

약물치료가 ADHD를 중재하는 데 가장 효과적인 한 가지 방법이라고 주장하는 연구도 있다(Forness, Freeman, & Papparella, 2006 참조). 그러나 약물치료와 다른 중재 중에서 한 가지만을 선택해야 하는 것이 아니다. 다른 정서행동장애와 마찬가지로, 약물치료와 다른 처치가 함께 적용될 때 최상의 효과를 이끌 수 있다. 약물치료와 행동 중재를 함께 ADHD 아동에게 적용하는 것은 약물치료 한 가지만 사용하는 것보다 더욱 효과적이다(Gully et al., 2003). 실제로 약물치료는 행동 중재 전략의 효과를 향상시킬 수 있고, 좋은 행동 중재는 약물치료의 효과를 향상시킬 수 있다.

약물 사용과 복용에 신중을 기하고 그 효과를 주의 깊게 점검한다면, 약물치료는 부모와 교사가 ADHD를 관리하기 위해 사용하는 다른 전략들을 보완하는 안전하고 바른 방법이 된다(Hallahan et al., 2015). 정신약리학에서는 약물치료의 효과에 대하여 주의 깊게 점검하기를 요구한다. 교사는 학급에서 약물을 복용하고 있는 아동의 행동 및 학습에 대한 약물치료의 효과(또는 효과가 없는 것도 해당됨)와 부작용에 대해 면밀히 관찰하여 부모나 의사에게 알려주어야 한다(Mattison, 2014).

부모와 교사가 참여하는 심리사회 훈련

약물치료만이 ADHD 아동의 행동을 다루는 데 있어서 가장 효과적인 방법은 아니다. 부모들은 집에서 ADHD 자녀를 다루는 데 많은 어려움을 겪으며, 교사들도 학교에서 이 학생들을 가르치는 데 어려움을 겪는다. 그래서 ADHD 아동과 그 가족들을 위해 일하는 심리학자들은 행동관리기술에 대해 부모와 교사를 대상으로 체계적인 훈련을 가장 자주 사용한다(Alberto & Troutman, 2012; Barkley, 2003; Kazdin, 2008). 훈련의 목표는 ADHD를 치료하거나 없애는 것이 아니라 부모와 교사들이 아동의 행동을 보다 효과적으로 관리할 수 있는 방법을 습득하는 것이다. 훈련은 행동주의 심리학의 원리에 근거한다. 이는 공격적이고 과

유튜브 비디오 사례

비디오 연결 8.2

이 최근의 뉴스 기사는 칭찬과 같은 잘 확립된 행동 절차를 '새로운' 접근이라고 잘못 언급하고 있지만, ADHD를 위한 약물치료와 행동 중재를 결합하는 것의 이점에 대한 좋은 사례를 제시하고 있다. (https://www.youtube.com/watch?v=02b_ftlesoA)

잉행동을 보이는 아동과 청소년의 가족들이 흔히 보이는 강압적인 상호작용을 피하고, 부모와 교사들이 일상의 활동에서 대상 아동과 보다 긍정적인 상호작용을 할 수 있도록 돕는다. 부모와 교사들에게 가르치는 기법들에는 적절한 행동을 증진시키는 토큰강화와 부적절한 행동을 감소시키는 반응대가(획득한 보상의 일부분을 철회하는 것)나 타임아웃(강화제를 획득할 수 있는 기회로부터 짧은 시간 동안 고립시키는 것) 등이 있다.

궁극적으로 부모들은 공공장소에서 아동의 행동을 관리하는 기법과 새로운 문제행동이나 상황에서 훈련받은 기법을 일반화할 수 있는 기법을 배운다. 이러한 유형의 훈련은 모든 부모에게 가능한 것은 아니며, 또한 부모들이 이러한 훈련을 받는다고 해서 모두 성공하는 것도 아니다. 그러나 많은 부모들에게 이 훈련은 성공적이었다. 부모들을 위해 일하는 심리학자들은 대체로 행동관리계획에 교사들도 포함시키는데, 그 이유는 교실에서 유사한 행동관리 기법이 사용되지 않으면 학교에서 아동의 행동 변화를 거의 기대할 수 없기 때문이다. 부모들은 가족들을 위하여 일상의 일들(예 : 자녀가 자동차 운전을 배우는 것)을 다루는 방법에 대해서도 조언이 필요할 것이다.

ADHD 학생들의 문제는 지시를 잘 따르고 과제에 집중하는 것이 매우 중요한 교실 상황에서 가장 확실하게 드러난다. 교사들은 ADHD의 특징과 교실 상황에서 일어날 수 있는 관련 행동 문제들에 대해 잘 이해하고 신중한 행동평가를 통해 이를 잘 판별할 수 있어야 한다.

중재반응과 다층 교육

중재반응(response to intervention, RTI 또는 RtI)과 다층 체계 지원(multi-tiered system of supports, MTSS)이라고도 불리는 다수준 또는 다층 교육(tiered education)은 LD와 관련하여 보다 자주 언급된다. 마찬가지로, 다층 체계는 긍정적 행동 중재와 지원(positive behavior interventions and support, PBIS)이라고도 불린다. 그러나, 이러한 접근들은 모든 유형의 문제행동의 쟁점이다(Kauffman & Brigham, 2009; Kauffman et al., 2012). 확실히, RtI, MTSS, PBIS 또는 다른 다층 체계 접근은 많은 면에서 좋은 접근이다. 그러나 ADHD 학생 또는 다른 유형의 정서행동장애 학생에 대한 이들 접근의 성공은 해당 구성요소를 실행하는 기술에 달려 있다. RtI와 다른 다층 교육의 구성요소에 대해서는 잘 알려져 있지만, 학교가 이 접근을 적용하고 있다고 할 때 제대로 실행이 되고 있지 않은 경우가 종종 있다(Johns et al., 2016).

행동 중재와 인지 전략 훈련은 ADHD의 문제를 다루는 데 있어 가장 폭넓게 제안되는 접근이며 다층 교육의 구성요소이기도 하다. 교사들은 ADHD에 관한 문제를 성공적으로 다루기 위해서는 이러한 접근에 대한 훈련을 받아야 한다. 이 접근은 직관적인 방법이 아니고 모든 교사가 알고 있는 방법도 아니다.

행동 중재

가장 기본적인 행동주의 원리는 행동은 선행사건과 후속결과에 의하여 영향을 받는다는 것이다(Alberto & Troutman, 2012; Kauffman, Pullen et al., 2011; Landrum, 2017; Landrum & Kauffman, 2006 참조). 행동 중재는 이를 사용하려는 사람이 중재와 관련된 원리를 이해하고 학생의 개인적인 특성과 선호도에 맞추지 않는다면 성공하기 어렵다. 즉 행동 중재는 이에 대한 인식과 민감성을 갖춘 교사에게는 강력한 좋은 도구이다. 행동 중재를 바르게 사용하면 교사와 학생 간에 따뜻하고 우호적인 관계가 형성된다(Kauffman, Pullen et al., 2011; Kerr & Nelson, 2010; Landrum, 2017; Walker, Ramsey, & Gresham, 2004).

행동 중재는 바람직한 행동에 대해서는 보상적인 후속결과를 주고 부적절한 행동에 대해서는 후속결과를 주지 않거나 또는 처벌적인 후속결과를 주는 방법을 사용한다. 부모들이 아동의 바람직한 행동에 대해서는 지지하고 바람직하지 않은 행동에 대해서는 지지하지 않도록 후속결과를 조절하는 것은 관심을 부적절한 행동에서부터 적절한 행동으로 옮기는 것처럼 간단한 것일 수도 있다. **토큰강화, 반응대가, 타임아웃**과 같이 강력한 후속결과가 필요할 수도 있다.

대부분의 경우에 유관계약(contingency contract)을 사용하여 강화와 처벌의 유관성을 보다 명확히 하는 것이 도움이 된다. 교실에서 사용되는 절차와 더불어 부모들이 가정-학교 행동수정 프로그램에 참여할 수 있다. 이를 통해 학교에서 보상을 받는 행동에 대하여 집에서도 부모로부터 보상을 받을 수 있게 된다(Hallahan et al., 2005 참조). 적절한 행동에는 긍정적인 후속결과가 주어지고, 부적절한 행동에는 부정적인 후속결과가 주어지는 것이 매우 중요하다.

또 다른 행동 중재 절차는 교실 환경이나 교수 프로그램이 보다 학생들에게 매력적인 것이 될 수 있도록 조정하는 것이다. 이러한 절차에서는 후속결과의 사용이 그렇게 중요하지 않다. 이 절차는 ADHD 학생이 보다 적절하게 행동하고 더 많이 학습하는 데 도움이 되는 행동 원리를 추가하는 것이다.

무엇이 부적절한 행동을 유지시키는지를 이해하는 것이 매우 중요하다. 다른 사람의 관심을 획득하기 위해서 또는 힘든 과제를 회피하기 위한 것이 그 예가 될 수 있다. 과제를 회피하기 위해 문제행동을 한다면 학생에게 과제를 선택할 수 있게 하는 것이 도움이 될 수 있다. 그러나 다른 사람들의 관심을 얻기 위하여 문제행동을 하는 경우에는 학생에게 선택의 기회를 제공하는 것은 효과적이지 않을 수 있다(Kauffman, Pullen et al., 2011 참조).

　　행동 중재가 ADHD나 다른 정서행동장애에서 나타나는 문제를 다루는 데 항상 효과적인 것은 아니지만, 많은 연구들은 일반적으로 강화의 유관성을 제대로 통제하고 적용할 경우 주의산만행동, 방해행동, 부주의, 소란 피우는 행동 등의 변화에 효과적이라고 한다. 약물치료나 다른 중재 방법과 마찬가지로 행동 중재도 남용되거나 오용될 수 있다. 행동 중재 기법을 바르게 사용했는데도 예기치 않은 결과나 바람직하지 않은 결과가 나타날 수도 있으며, ADHD 학생을 반드시 정상으로 보이게 하지는 않을 것이다. 그럼에도 불구하고, 행동 중재는 부모와 교사들이 사용할 수 있는 가장 효과적인 방법이 될 수 있다. 그림 8.3은 많은 연구에서 입증되고 있는 바람직하지 않은 행동의 변화, 즉 중재와 행동 간의 기능적 관계를 보여준다. 중재는 학생에게 해야 할 과제를 선택하게 하고 학생의 바람직하지 않은 행동 대신에 바람직한 행동에 대해 교사가 관심을 제공하는 것이다. 중요한 점은 많은 행동 중재 연구들이 바람직한 행동에 대해 보다 긍정적인 후속결과를 제공하는 것이 실질적으로 행동 개

그림 8.3   행동과 중재 간의 기능적 관계를 보여주는 그래프

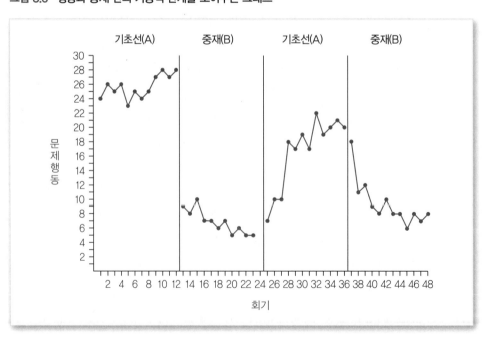

선에 효과적임을 입증하고 있다는 것이다.

인지 전략 훈련

인지 훈련이나 인지 전략 훈련의 범주에 들어가는 중재 기법으로는 자기교수, 자기점검, 자기강화, 인지적 대인 간 문제해결 등이 있다(Reid, Trout, & Schartz, 2005 참조). 인지 전략 훈련의 목적은 학생이 학업과제와 사회적 문제에 대한 자신의 반응을 더 잘 인식하고, 자신의 반응을 더 잘 조절할 수 있도록 돕는 것이다. 수학과 같은 일부 교과 영역에서 인지 전략 훈련이 사용되고 있으나 아직 체계적인 연구에 의한 증거는 부족하다. 그럼에도 불구하고 인지 전략 훈련의 일부 유형은 효과를 뒷받침하는 연구 증거가 있다.

우리는 이 절에서 학교에서 가장 많이 사용되는 세 가지 인지 훈련 전략[기억술(mnemonics), 자기교수, 자기점검]에 대해서 살펴보고자 한다. 하지만 목표 설정하기와 같은 자기관리 전략을 학생이 적극적으로 사용할 수 있게 하는 것도 ADHD 학생을 지도하는 데 있어 매우 중요하다.

기억술 전략(mnemonic strategies)은 학생이 기억을 잘 하도록 돕는 방법이다. 기억에 어려움을 보이는 학생을 위한 기억술 전략으로는 두문자 전략(first-letter strategies), 핵심어 전략(key words), 말뚝어 전략(peg words) 등이 있다. 예를 들면 교사는 학생이 북아메리카 대륙의 오대호 이름을 기억하게 하기 위하여 5개 호수(Huron, Ontario, Michigan, Erie, Superior)의 첫 글자로 만든 HOMES라는 두문자어(acronym)를 사용할 수 있다. 핵심어 전략은 그림을 선택하여 음성학적으로 비슷한 단어의 뜻을 떠올리게 하는 방법이다. 예를 들면 교사는 학생에게 법률가와 같이 행동하는 곰을 그리게 할 수 있는데, 이는 법정변호사(barrister)라는 단어의 의미를 기억하도록 하기 위해서이다. 말뚝어 전략은 운율(압운, rhyming)을 사용한다. 예를 들면 미국의 초대 대통령인 워싱턴(Washington)은 닦여지고 있는 총을 생각함으로써(또는 그림으로써) 기억할 수 있는데, 이는 닦다(wash)와 총(gun)의 운율적인 요소를 사용하여 미국의 초대 대통령 이름을 더 잘 기억하게 한다는 것이다. 기억술 전략은 다양한 유형의 장애 학생들이 중요한 정보를 잘 기억할 수 있도록 돕는 데 효과적이다(Scruggs, Mastropieri, Brigham, & Milman, 2017 참조).

자기교수(self-instruction)는 학생이 지금 하고 있는 것과 해야 할 것을 자신에게 말하도록 지도하는 것이다. 해야 할 과제에 세부적인 명칭을 붙이고 그 과제를 시연하도록 가르치는 것은 대부분의 경우에 유용한 교수 전략이다. 학생이 수학 문제를 풀면서 각각의 수학 계산 과제나 수식을 입으로 말하게 하거나, 글을 쓰면서 단어의 철자를 소리 내어 말하게 하거나,

교사 앞에서 소리 내어 읽기 전에 먼저 시연을 하게 하는 것 등이 그 예가 될 수 있다.

일반적으로 자기교수 훈련은 일련의 단계로 구성되는데, 먼저 성인이 행동을 언어로 어떻게 통제하는지를 시범 보이고, 이어서 학생이 그것을 모방하고, 마지막으로 학생이 독립적으로 이를 수행하는 단계로 이루어진다. 주어진 과제나 사회적 상황에 대하여 성인이 먼저 과제 또는 적절한 반응의 수행을 언어로 표현하면서 시범을 보인다. 이때 성인은 관련 자극이나 단서, 반응의 단계, 기대에 부응하는 수행, 감정에 대한 대처, 수행에 대한 평가 등에 대하여 말을 한다. 이어서 성인과 학생이 함께 과제를 수행하는데, 이때 학생은 성인의 말과 행동을 따라서 한다. 그런 다음 학생은 큰 소리로 말하면서 혼자서 과제를 수행하고, 마지막에는 속으로 말하면서 과제를 수행한다. 학생이 행동을 조절하기 위하여 자신의 언어를 사용하도록 가르치는 것은 학업 또는 사회적 상황에서 문제를 보이는 충동적인 학생들에게는 매우 성공적인 접근이다. 충동적인 학생에게 행동하기 전에 먼저 진정하고 신중하게 반응하라고 말하는 것은 별 효과가 없다. 그러나 이들에게 자기교수 방법을 통하여 반응하기 전에 스스로 먼저 멈추고 생각하도록 가르칠 수 있으며 이를 통하여 행동을 상당히 개선할 수 있다.

자기점검(self-monitoring)은 교실에서 과제를 수행하는 데 어려움을 보이는 학생, 특히 혼자서 독립적으로 과제 수행을 하는 데 어려움을 보이는 학생에게 도움이 되는 방법으로 널리 사용된다. 녹음기, 휴대전화, 또는 다른 전자 장치를 사용하여 신호음(10~90초 사이의 임의의 간격으로 미리 녹음된 소리, 평균적으로 약 45초 간격으로 제시)을 단서로 제시하여 학생이 "내가 무엇을 하지?(주의집중하고 있나)"라고 자신에게 묻고 이어서 자신이 하고 있던 행동을 주어진 양식에 직접 기록한다. 이와 같은 간단한 절차는 ADHD나 다른 장애를 가진 만 5세의 아동에서부터 청소년에 이르기까지 많은 학생들의 과제 참여 행동을 향상시키는 데 효과적인 것으로 나타났다. 이 절차는 학업 성취, 과제 정확도, 사회적 행동을 개선하기 위하여 다양한 형태로 적용되고 있다.

그림 8.4는 수업시간에 과제에 주의집중하기 위하여 자기점검을 하는 학생이 이용할 수 있는 간단한 기록양식의 예다. 그림 8.5는 학생이 교실수업에서 성공적인 수행을 하는 데 필요한 다양한 학업 관련 기술을 기억하는 것을 돕는 자기점검 활동의 한 가지 예다. 자기점검은 다양한 환경과 다양한 형태의 행동에 적용될 수 있다. 예를 들면 ADHD와 여러 관련 문제를 심하게 보이는 학생들의 방해행동을 감소시키기 위하여 토큰강화, 규칙 준수에 관한 분명한 피드백, 행동에 대한 자기평가와 교사평가의 연계, 자기평가만을 사용하는 것을 결합하여 적용하였다. 그 결과 학생들은 교사가 주는 외부적인 보상으로부터 점차 자기관

그림 8.4 자기점검 양식의 예

나는 주의집중하고 있나?					
	예	아니요		예	아니요
1			11		
2			12		
3			13		
4			14		
5			15		
6			16		
7			17		
8			18		
9			19		
10			20		

그림 8.5 자기점검 활동을 위한 기록지의 예

매일의 과제 수행을 위한 기록지		
이름 :	학급 :	날짜 :
나는 아래 사항을 기억하는가?	예	아니요
1. 수업에 필요한 모든 재료를 다 가지고 온다(공책, 교과서, 펜이나 연필).		
2. 숙제를 하고 다 한 것을 숙제폴더에 넣는다.		
3. 내 알림장에 오늘의 숙제를 적는다.		
4. 질문을 하거나 질문에 답할 때에는 먼저 손을 든다.		
5. 다른 사람이 말을 할 때에는 조용히 듣는다.		

리를 하는 것으로 바뀌어 갔다. 자기점검에 대한 관련 연구들은 다음과 같은 일반적인 결론을 제시하고 있다.

1. 자기점검 절차는 단순하고 직접적인 방법이지만, 학생을 준비시키지 않고는 사용할 수 없다. 따라서 간단한 훈련이 필요하다. 교사는 학생에게 과제이탈행동과 적절한 행동의 특징을 이야기해주고, 자기점검 절차를 설명하고, 그 절차에 대해 역할놀이를 하고, 학생에게 연습하게 한다.
2. 과제 참여 행동을 위한 자기점검은 대부분의 경우 과제 참여 시간을 증진시킨다.
3. 과제 참여 행동을 위한 자기점검은 일반적으로 과제 성취를 향상시킨다.
4. 과제 참여 행동과 수행에서의 향상 효과는 일반적으로 이 절차가 중단되어도 몇 달간 유지된다.
5. 자기점검의 유익한 효과는 대개 교환 강화제를 사용하지 않고도 가능하기 때문에, 향상된 행동에 대한 토큰과 같은 외부적인 보상은 거의 필요하지 않게 된다.
6. 자기점검 훈련 초기에는 녹음된 소리 단서를 주는 것이 필요하지만, 자기점검이 일정 기간 동안 성공적으로 수행된 뒤에는 사용하지 않는다.
7. 자기점검 훈련 초기에는 학생이 자신의 질문에 대한 자신의 답을 기록하는 자기기록(self-recording)이 필수적인 요소지만, 성공적인 자기점검을 하게 된 후에는 사용하지 않을 수 있다.
8. 자기점검에서 정확도는 매우 중요한 것은 아니다. 어떤 학생의 경우 과제 참여 행동에 대한 자신의 점검 결과와 교사의 평가가 거의 일치하지만, 그렇지 않은 학생도 있다.
9. 자기점검 절차의 단서가 되는 신호음과 일부 양상들은 교실에 있는 다른 학생들에게는 일반적으로 최소한으로 방해가 될 수 있다.

인지 전략의 발전과 다양한 문제를 다루는 데 있어서 인지 전략 훈련의 성공에 대한 여러 연구 결과가 있음에도 불구하고, 인지 전략 훈련은 많은 연구자들이 기대하는 것처럼 ADHD에 있어서 행동과 인지 변화의 일반화를 제시하지는 못하고 있다. 다양한 형태로 적용되는 인지 전략 훈련은 주의력결핍과 행동장애로 인해 나타나는 문제들에 대한 만병통치약은 아니다. 게다가 인지 훈련은 처음 등장했을 때처럼 그렇게 단순하지도 않다. 인지 전략 훈련을 효과적으로 사용하려면 교사는 그것에 대한 이론적인 기초를 분명하게 이해하고, 개별 사례에 적합한 절차를 신중하게 구성해야 한다(Hallahan et al., 2005).

중재에 대한 앞으로의 관점

다양한 문제행동에 적용되고 있는 거의 모든 형태의 중재 방법이 ADHD 아동과 청소년들에게도 적용되었다. 이 자체만으로도 이 문제를 얼마나 심각하게 접근해 왔는지 알 수 있다. 적절한 수준의 감각자극을 제공하는 심리치료, 바이오피드백, 이완 훈련, 식이요법 등 어떤 이름이 붙든 간에 여러 중재 방법들은 시험적이든 혁신적이든 직접적인 치료법으로든 여러 가지 형태로 실험되어 왔다.

일반적으로 보이면서도 아주 다루기 복잡한 ADHD를 '고치는(fix)' 방법을 찾고자 하는 우리의 생각은 막연하지만 거부할 수 없는 강력한 것이다. 지난 수십 년 동안 여러 뛰어난 학자와 연구자들은 지금 우리가 ADHD라 부르는 문제를 위하여 여러 가지 다양한 중재 전략을 개발하였다. 이러한 전략 및 방법들은 점차 널리 사용되면서 많은 사람들에 의해 지지를 받곤 하였지만, 그 어떤 방법도 ADHD를 완전히 치료할 수는 없는 것으로 드러났다. 어떤 전략이든지 처음에는 그러한 장애를 마치 없애 버릴 수 있을 것 같이 아주 열광적으로 사용되지만 후에는 실망하게 되었다. 이는 지적장애, 자폐성 장애, 뇌병변장애 등 모든 다른 발달장애에 대한 접근의 역사에서도 동일하게 나타난다. 현재 이 분야를 이끌고 있는 연구자들은 ADHD는 완치될 수 없는 발달장애이며 가까운 미래에도 어떤 완전한 치료책을 찾을 수는 없을 것임을 시사한다(Hallahan et al., 2005).

ADHD를 완치할 수 없다는 것이 사실이지만, 가장 효과적인 중재를 찾아 적용하는 것을 그만둘 수는 없다. 이러한 중요한 목적을 달성하는 데 도움이 될 수 있는 중재와 절차들이 있다. 약물치료가 매우 도움이 되며, 특히 심리적인 중재와 함께 사용되면 더욱 도움이 된다. 약물치료는 학생의 상태를 학습에 참여할 수 있도록 만들어주지만, 좋은 행동 관리의 병행 없이 약물치료만을 적용할 경우 그 효과를 극대화할 수 없다. 글상자 8.1은 학생의 주의 집중에 주안점을 두고 학습을 향상시키는 데 도움이 되는 구조화된 중재 적용의 사례이다. 교사에게 가장 효과적인 방법으로, (1) 학생이 분명하게 주의집중하고 주의를 유지하는 데 도움이 되도록 매우 **구조화된 교실**(highly structured classroom)을 만드는 것, (2) **행동 중재**를 일관성 있고 명확하게 실행하는 것, (3) **자기관리**를 체계적으로 가르치는 것을 들 수 있다.

지금까지 우리가 이해하고 있는 바를 토대로 생각해볼 때, 우리의 목적은 ADHD로 알려진 장애를 없애는 비현실적인 기대가 아니라, 그것이 만성적인 장애라는 것을 인식하고 이를 가장 효과적으로 다루는 것에 있다.

글상자 8.1

ADHD 학생을 위한 사회성 기술 교수

ADHD 학생의 어떤 사회성 기술의 문제가 가장 중요하게 다루어져야 하는가?

ADHD 학생은 어떤 학습에서든 교사들에게 엄청난 도전이 될 수 있음을 앞서 상세히 설명하였다. 이 학생은 몸이 바쁜 학생, 항상 움직이고 있거나 빠른 모터를 달고 있다고 묘사되기도 한다. 이러한 특징은 주의산만, 충동성, 부주의와 종종 결합되어, ADHD 학생, 특히 심각한 문제를 보이는 학생은 학급에서 학업 및 사회적 생존 기술(예 : 자기 자리에 앉아 있기, 선생님이 이름을 부를 때까지 손을 들고 있기, 학업 및 사회적 맥락에서 차례 주고받기, 교사나 다른 사람의 말을 경청하기, 교사나 다른 사람이 말을 할 때 주의 집중하기 등)을 거의 보이지 못한다. 반대로 이들은 교사와 또래가 이해할 수 없거나 참을 수 없는 많은 사회적 행동(예 : 끊임없이 말을 하거나 다른 사람이 말하는 것을 방해하기, 상황에 맞지 않는 행동을 빈번하게 하기, 다른 사람의 일에 간섭하기)을 자주 보일 수 있다.

중재를 위한 적절한 목표는 무엇인가?

앞서 언급된 행동들이 개별화된 중재에서 표적이 될 수 있다. 그러나 우리는 종종 이러한 유형의 행동들을 '자기통제(self-control)'라는 큰 우산에 속하는 것으로 생각한다. 이런 행동들의 특성을 고려하면, 자기통제라는 용어는 교사가 학습에서 학생이 성공적으로 수행하는 데 필요한 가장 중요하거나 바람직한 특성이라고 기술할 때 사용하기에 바람직한 용어다. 게다가 이 행동들 중 많은 것이 함께 나타나면 학생의 학업 수행에 매우 부정적인 영향을 미칠 수 있다. 그래서 중재를 계획할 때 주의산만하고 과제에 참여하지 않는 행동의 발생을 제한하고 적절한 학업 과제에 보다 많이 참여시킬 수 있도록 폭넓게 생각하는 것이 중요할 것이다.

효과가 입증된 중재는 무엇인가?

우리는 강화, 반응대가, 자기관리체계를 포함하여 많은 인지행동적 접근 또는 심리사회적 중재 접근에 대해 앞서 살펴보았다. 그러나 학업 수행에 초점을 맞추어볼 때, 구조화, 일관성, 빈번한 긍정적 후속결과 제공, 교정적 피드백의 요소를 결합한 효과가 입증된 접근의 대표적인 예로 학급 차원 또래교수를 들 수 있다.

학급 차원 또래교수의 예

학급 차원 또래교수(classwide peer tutoring, CWPT)는 ADHD 학생(또한 다른 장애를 가

진 학생을 포함하여 일반 학생에게도 효과적임)의 행동과 학업 수행을 향상시키는 데 효과적인 중재이다. 간단히 말하면, 교사는 또래교수를 할 수 있도록 두 명씩 짝을 만들고 집단 보상을 위해 경쟁을 하는 두 팀 중 한 팀에 배정을 한다. 또래교수를 시행하기 전에 교사는 학생들에게 먼저 또래교수 방법을 명확하게 지도한다. CWPT의 절차는 다음과 같다—(1) 또래교수자 역할을 맡은 학생이 짝이 된 또래 학습자에게 질문(예 : 단어를 불러주고 철자를 쓰게 하거나 단어의 의미를 쓰게 하거나 뜻하는 단어를 찾게 하는 질무)을 한다. (2) 또래교수자는 정반응에 대해서는 칭찬을 제공하고 오반응에 대해서는 즉각적인 교정적 피드백(정확한 반응을 제공하고 또래 학습자가 이를 반복하거나 연습할 수 있게 한다)을 제공한다. (3) 또래교수자는 점수를 기록한다. 해당 짝은 정반응에 대해서는 2점을 획득하고 교정적 피드백 이후 보인 정반응에 대해서는 1점을 획득한다. 점수는 공개되고 매주 우승팀이 선정되어 사회적 보상을 받게 된다. 또래교수는 일반적으로 일주일 중 4일간 구조화된 일과에 따라 시행된다. 매주 하루는 학습한 내용에 대한 사후검사와 학습할 내용에 대한 사전검사가 이루어진다. 교사는 또래교수 시간마다 타이머를 설정한다. 10분간 한 명이 교수자가 되어 또래교수를 시행하고 타이머가 울리면 역할을 바꾸어 또래교수를 시행한다. 많은 연구를 통해 CWPT는 학생들의 학업 수행뿐 아니라 과제 관련 사회적 행동에도 긍정적인 효과가 있는 것으로 밝혀졌다. CWPT와 결합한 구조화, 일과, 학업 참여 강조, 긍정적 후속결과 제공의 모든 것이 ADHD 학생의 학습과 행동 특성에 잘 부합한다.

학급 차원 또래교수에 관련된 정보를 찾을 수 있는 문헌

Bowman-Perrott, L. (2009). Classwide peer tutoring: An effective strategy for students with emotional and behavioral disorders. *Intervention in School and Clinic, 44*(5), 259-267.

Maheady, L., & Gard, J. (2010). Classwide peer tutoring: Practice, theory, research, and personal narrative. *Intervention in School and Clinic, 46*(2), 71-78.

Maheady, L., Harper, G., & Mallette, B. (2003). Class-wide peer tutoring. *Current Practice Alerts, 8*, 1-4. Retrieved from http://TeachingLD.org/alerts

요약

주의력결핍 과잉행동장애(ADHD)는 주의집중과 과잉행동 관련 장애에 대해 현재 광범위하게 사용되는 용어이다. 용어와 정의에 대해서는 여전히 상당한 논란과 혼란이 있다. 그러나 ADHD에 대한 대부분의 정의에서 보면 ADHD는 일반적으로 주의집중과 과잉행동 관련 신경발달장애이며, 비교적 어린 나이인 7~8세 이전에 나타나서 전 생애에 걸쳐 지속되고, 학업 및 사회성 기술과 관련된 문제를 보이며, 흔히 다른 장애와 함께 나타나는 경우가 많다. 가장 문제가 되는 것은 주의집중 조절, 인지, 동기, 사회적 행동 등이다. ADHD, LD, 정서행동장애는 상호 중복되고 서로 연관되어 나타난다. 학령기 아동의 3~5%가 ADHD로 진단되며, 여자보다 남자에게서 훨씬 많이 나타난다.

오랫동안 뇌손상과 뇌기능 이상이 ADHD의 원인이라고 추정되어 왔다. 식품 물질, 환경 독성 물질, 유전적 요인, 기질 등과 같은 여러 가지 생물학적 원인에 대해 많은 연구가 이루어져 왔다. 다양한 심리학적 원인도 연구되어 왔지만, 아직까지 특정한 생물학적 또는 환경적 원인을 명확하게 밝혀낸 신뢰성 있는 연구는 없다. 이 분야에서 뛰어난 연구자들에 의하면 아직 잘 알려지지 않은 어떤 신경학적 요인이 문제를 야기하며, 그 문제는 물리적, 사회적 환경의 다양한 요인에 의해 더욱 악화된다고 한다. ADHD와 관련 장애에 대한 예방은 확실히 드러난 문제를 다루는 데 주로 초점을 두고 있다.

교육에서의 평가와 임상적인 평가는 상당히 다르다. 교직원과 부모들은 중재 프로그램을 고안하는 데 도움이 되는 평가에 주로 관심을 둔다. 교사와 또래의 평정척도, 학교의 다양한 상황에서 실시하는 문제행동에 대한 직접 관찰은 교사들에게 가장 유용한 평가이다.

ADHD를 위한 중재와 교육에 있어서 가장 널리 유용하게 사용되며 성공적인 접근은 약물치료, 부모 훈련, 교사 훈련이다. 약물치료는 아직도 논쟁의 여지가 많다. 그러나 약물치료가 적절하게 사용되면 약물치료를 행동 중재와 함께 사용하는 것만큼 성공적인 방법도 찾기 힘들다. 약물치료를 통해 어떤 기술을 가르치거나 모든 문제를 해결할 수는 없지만, 학생의 몸상태를 학습에 참여할 수 있는 적합한 상태로 만들 수는 있다. 부모와 교사 훈련은 일반적으로 행동관리기술에 대한 교육으로 이루어진다. 교사 훈련은 주로 행동 중재(예 : 토큰강화, 반응대가, 유관행동계약)나 인지 훈련 전략(예 : 자기교수, 자기점검) 등을 포함한다. 그리고 교실에서 이루어지는 행동 중재를 학교와 가정이 연계되는 프로그램으로 연결시켜 부모가 행동관리에 참여할 수 있도록 하는 것도 매우 중요하다.

지금까지 알려진 거의 모든 중재 방법이 ADHD 관련 장애를 다루기 위해서 시도되었다. 그러나 그 어떤 것도 완전한 치료 방법이 되지는 못하였다. 따라서 ADHD를 완전히 치료한다는 것은 불가능함을 인정하고 부모와 교사들이 이 만성적인 장애 조건을 다루는 대처 전략을 갖추는 것이 매우 중요함을 알고 ADHD 아동과 청소년의 문제를 최대한도로 성공저으로 다루는 것에 중재의 목적을 두어야 할 것이다.

개인적 고찰

주의집중과 활동 장애

Tina Radford는 미국 켄터키주 루이빌에 있는 Fern Creek 초등학교에서 정서행동장애학생들을 지도하고 있으며 현재 장애 아동 교육부의 팀 리더를 맡고 있다. 티나는 16년 동안 초등학교에서 정서행동장애를 포함하여 다양한 정서 문제, 행동 문제, 자폐성 장애, 경도 지적장애를 가진 학생들을 지도하고 있다.

선생님이 지도하셨던 학생 중에서 주의력집중과 활동 장애, 즉 주의력결핍 과잉행동장애(ADHD)라고 하면 생각나는 학생에 대해 말씀해주세요. ADHD 학생에 대한 선생님의 관심은 어떠했나요(학생의 행동과 학업 수행은 어떠했나요)?

칼(Cal)은 현재 고등학생입니다. 칼을 처음 만난 것은 칼이 유치원생일 때입니다. 칼은 16~18주간 일반학교 일반학급에 있다가 제가 담당하고 있는 정서행동장애 학생을 위한 특수학급에 배치되어 관심을 갖게 되었습니다. 칼은 과제에 집중하는 것을 어려워하였고, 자리에 앉아 있기, 숙제 마치기, 과제 영역에서 과제를 수행하기, 전환하기, 지시 따르기 등을 어려워하였습니다. 칼은 또래관계가 좋지 않았고 친구를 만들지 못했습니다. 칼의 행동은 통제하기 어렵고, 완고하고 부정적이며, 반항적이고 고집이 센 것으로 여겨졌습니다. 칼은 상황을 통제하기 위해 때리고, 침을 뱉고, 물건을 던지고, 욕설을 사용하였습니다. 당시 일반학급 교사는 어찌할 바를 몰라서 칼이 무엇을 원하는지 전혀 알아차릴 수 없었습니다. 칼은 교사를 위해 어떠한 것도 하지 않으려 했습니다. 교사는 칼이 과제를 하도록 동기화할 수도 없었고 칼의 잘못된 행동을 통제할 수도 없었습니다. 여러 중재를 시도하였으나 효과를 보지 못하여 회의를 통해 칼을 제가 담당하고 있는 특수학급에 배치하기로 결정하였습니다. 저는 이 조치를 제가 환영하는 도전으로 보았습니다. 칼은 어렸습니다. 칼은 자신을 진정시키기 위해 사용할 수 있는 기술뿐 아니라 상황을 통제하기 위해 사용한 일부 문제행동에 대한 대체행동을 학습할 수 있다고 제가 믿고 있는 연령이었습니다. 칼은 감정을 발산하는 긍정적인 방법과 친구를 사귀는 방법을 알아야 했습니다.

칼은 매우 영리한 5세 아동이었습니다. 칼은 220개의 Dolch sight words을 모두 알고 있었고 초등 3학년 수준의 독서를 하고 있었습니다. 실제로 칼은 과제가 너무 쉽다고 생각했기 때문에 과제를 중단하곤 했습니다. 이러한 순응의 문제는 일상생활 수행과 성적에 부정적인 영향을 미쳤습니다. 칼은 모든 교과 영역에서 평균 이상을 보였지만, 과제 또는 숙제를 완수할 수 없었기 때문에 과목 통과를 하지 못하였습니다. 우리가 가지고 있는 칼의 모든 자료를 검토한 후에, 제가 직접 사정을 하였습니다. 칼의 아버지와 회의를 하고 칼이 도전해야 할 필요가 있음을 판단하고 칼의 행동지원계획에 필요한 수정과 보완을 하였습니다. 저는 칼에게 활동 중간중간에 짧은 휴식을 제공하고 과제 내에서 다양한 선택의 기회를 제공하였습니다. 칼은 처음에는 꺼렸지만 제가 칼에게 다른 것은 원하지 않고 칼의 완수만을 원한다는 것과 칼이 완수하는 데 필요한 것을 기꺼이 수정해준다는 것을 곧바로 학습하였습니다. 칼에게 숙제도 선택할 수 있게 하였습니다. 저는 칼에 대해 조사를 하여 칼이 좋아하는 것과 관심 있어 하는 것(예 : 색칠하는 종이, 장난감, 스낵, 사탕)을 파악하고 있었습니다. 일과와 시간표가 변동이 될 경우, 칼에게 미리 알려주었습니다. 칼은 자신의 다양한 행동 선택에 대해 분명한 후속결과, 보상, 인센티브를 받았습니다. 저는 칼에게 학급의 리더를 맡겼습니다. 칼은 또래교수자 역할을 하고 또래들에게 학습지를 나누어 주고 책을 읽어주기도 하였습니다.

이 학생의 주의집중과 행동 문제가 학생의 교육 성과와 전반적인 학교생활에 어떠한 영향을 미쳤나요?

칼의 주의집중과 행동 문제는 만약 필요한 조정이 이루어지지 않았다면 칼의 교육 성과와 학교생활 성공에 심각한 영향을 줄 수 있었습니다. 사실, 칼의 유치원 생활은 다소 성공적이지 못했습니다. 불순응과 일탈행동으로 인해 칼은 지도하기 어려운 학생 중 한 명이었습니다. 칼은 자주 수업을 방해하였고, 학업 수행이 좋지 않았으며, 학습에 대한 관심이나 동기가 거의 없는 것처럼 보였습니다. 칼은 1학년이 될 때까지 행동적으로나 학업적으로 변화를 보이지 않았습니다. 칼의 문제행동에 대한 어떠한 마법 같은 전략이나 치료법은 없었지만, 저는 최상의 성과를 이루어냈습니다. 저는 침착하게 대하고 중재 전략을 일관되게 적용하며 칼과 어떠한 논쟁이나 힘겨루기도

하지 않았습니다. 또한 저는 칼과 상호 존중과 신뢰를 바탕으로 긍정적 관계를 맺어야 한다는 것을 알고 있었습니다. 저는 칼에 대한 높은 기대와 신뢰를 품고 이를 키워 갔습니다. 칼은 제가 자신을 신뢰하며 최선만을 원한다는 것을 알고 있었습니다. 칼이 많은 관심을 갖는 활동에 참여시키는 것 또한 중요하였습니다. 이러한 활동은 칼의 활동 참여 및 유지에 도움이 되었고 자신이 학습하고 있는 것에 관심을 갖도록 이끌었습니다. 저는 또한 배우는 것이 중요함을 칼이 알 수 있도록 보다 칼의 관심을 끌 수 있고 실생활과 밀접한 수업을 하였습니다. 칼은 우리의 지원을 받아 이러한 기대와 일과에 적응할 수 있었습니다. 그래서 4학년부터는 하루 중 절반의 수업을 일반학급에서 받았습니다. 칼은 지속적인 진보를 보였고, 중학교에 입학하면서부터는 정서행동장애를 위한 특수교육를 받지 않게 되었습니다.

선생님과 다른 교직원들이 이 학생을 지도하면서 매우 성공적이었다고 볼 수 있는 것이 무엇인가요?

칼을 지도할 때 보상을 많이 사용하였습니다. 칼은 저와 수업을 하는 매년 성장을 하였고 사실 시간이 지나면서 놀랍게 성장하였습니다. 칼이 제게서 배웠을 뿐 아니라 저 또한 칼에게 배웠습니다. 칼은 배우는 것을 좋아했고 예술적 감각이 뛰어났습니다. 매일이 배움의 모험이었습니다. 칼은 자신을 돌보아줄 누군가가 필요했고 이를 원했습니다. 칼은 과제에 참여하는 것이 어려운 자신을 도와줄 행동적 지원과 전략을 필요로 했습니다. 그러면서도 교실에서 돌아다닐 수 있는 어느 정도의 자유를 필요로 했습니다. 또한 자신을

적절하게 표현하는 방법을 학습해야 했습니다. 시간이 흐르면서 칼은 이 모든 것과 더불어 더 많은 것을 학습하였습니다. 칼은 모든 학업 과제를 매우 높은 수준으로 수행할 수 있었습니다. 그는 모든 교과목에서 평균 이상의 수행을 보였습니다. 칼이 보다 많은 기술과 행동적인 자기통제 능력을 습득하면서, 성공에 대해 보다 더 동기부여되었습니다. 고등학생이 되었을 때 칼은 모든 사람에게 자신이 얼마나 많이 성장하였는지, 그리고 성공했다는 것을 보여주고 싶어 했습니다.

이 학생의 장기적인 예후에 대한 선생님의 의견은 어떠한가요? 미래에 이 학생에게 가장 큰 어려움은 무엇일까요?

ADHD가 일반적으로 일생 동안 지속되는 장애라고 하지만, 대부분의 ADHD 아동과 청소년들은 연령이 증가하면서 이에 대처할 수 있는 준비를 하게 됩니다. 이는 칼의 사례를 보면 분명합니다. 우리가 칼에게 가르쳐준 전략과 사회성 기술은 칼이 이 길을 가는 데 확실히 도움이 되었습니다. 제 생각으로, 칼의 미래는 밝습니다! 현재 칼은 고등학교 3년으로 우등 졸업이 예정되어 있습니다. 칼은 두 가지 일을 하고 있고 청소년 공연팀에서 바이올린 연주를 하고 있습니다. 저는 칼과 계속 연락을 하고 있습니다. 칼이 필요로 하는

지원을 하거나 칼의 이야기를 귀 기울여 들어 주거나 등을 두드려 주며 지속적으로 지원하고 있습니다. 칼은 계속 성장해 나가고 있습니다. 칼은 자신의 ADHD 특성과 충동조절 관련 문제에 성공적으로 대처하는 많은 방법을 개발해 왔고 잘 알고 있습니다. 칼에 대한 저의 유일한 염려는 또래로부터의 외부 영향입니다. 또래집단의 압력은 모든 학생에게 어렵지만, 특히 ADHD와 같은 장애를 가진 학생들에게는 더욱 어렵습니다. 칼은 항상 고집이 세서 자신이 하고자 선택한 것만을 하려 할 수 있지만 그렇지 않은 경우에는 계속해서 좋은 선택을 하리라 믿습니다.

토론 질문

1. 매우 활동적이거나 부주의한 아동과 ADHD 아동의 차이를 부모에게 어떻게 설명할 것인가?
2. 부주의, 충동 또는 과잉행동을 보이는 아동을 어느 시점에서 정서행동장애에 대한 진단평가에 의뢰해야 하는가?
3. 특정 학생의 ADHD(이미 ADHD로 진단받은 학생)가 단지 ADHD만 아니라 다른 문제 또는 장애의 표시라는 것에 대해 학교 심리학자나 다른 학교 직원, 또는 부모들과 논쟁하기 전에 필요한 증거는 무엇인가?

9 품행장애

공격행동과 반사회적 행동

Mandy Godhehear/123RF

학습 목표

9.1 공격적인 반사회적 행동과 정상 발달에서 나타나는 행동 문제의 차이를 설명할 수 있다.

9.2 가시적인 반사회적 행동과 비가시적인 반사회적 행동의 차이는 무엇이며, 각각에 속하는 행동들은 어떤 유형인지 설명할 수 있다.

9.3 공격행동을 정의하고 중재하는 데 왜 사회적 요인을 고려해야 하는지 설명할 수 있다.

9.4 어떤 환경적인 조건들이 품행장애와 밀접하게 관련된 위험요인인지 설명할 수 있다.

9.5 반사회적 행동을 측정하는 전략을 기술하고, 특히 비가시적인 반사회적 행동을 측정하는 데 있어서의 어려움에 대해 논할 수 있다.

9.6 비가시적인 반사회적 행동을 나타내는 아동을 위한 예방 프로그램의 유형을 설명할 수 있다.

9.7 폭발행동주기의 단계를 기술하고, 어떤 단계에서의 중재가 가장 효과적인지 설명할 수 있다.

정의, 출현율 및 분류

정의

정상적으로 발달하는 아동과 청소년들도 가끔 다양한 반사회적 행동을 나타낸다. 그들은 때로 심술을 부리기도 하고, 형제자매나 또래들과 싸우기도 하며, 거짓말을 하거나 속이고, 동물이나 다른 사람에게 신체적으로 해를 입히기도 하며, 부모에게 순종하지 않거나, 자신 또는 다른 사람의 소유물을 파괴하기도 한다. 그러나, 성장하면서 부모와 주변 성인들과 다른 아동들을 통해 사회화되면서 그러한 행동이 사회적으로 수용될 수 없다는 것을 학습하게 된다. 일부 아동은 이러한 행동을 한두 번 시도한 후에 사회적으로 수용될 수 없다는 것을 즉시 깨닫는다. 정상적으로 발달하는 아동이나 청소년은 대부분의 사회적 상황에서 반사회적 행동을 보이지 않을 뿐만 아니라, 또래들로부터 따돌림을 받거나 부모와 교사가 문제로 삼을 정도의 빈도로 오랜 기간 반사회적 행동을 나타내지는 않는다.

이 장에서는 대부분의 아동들이 사회적 규범을 받아들이는 연령을 지나서도 가정, 학교, 지역사회의 다양한 환경에서 반복적으로 반사회적 행동을 나타내는 아동들에 대해 이야기한다. **품행장애**(conduct disorder, CD)로 진단된 아동이나 청소년은 가정이나 학교에서의 일상생활기능을 심각하게 저해하는 반사회적 행동을 지속적으로 나타내므로 주변 사람들이 다루기 힘든 아동으로 인식한다. 이들 중 많은 아이들이 폭력의 가해자가 된다. 이들이 나타내는 반사회적 행동은 절도, 기물파괴, 방화, 거짓말, 무단결석, 가출 등을 포함한다. 이러한 행동들은 다양한 양상을 나타내지만, 공통적인 특징은 중요한 사회적 규칙과 기대를 위반하는 것이다. 품행장애라는 용어는 아동이나 청소년이 반사회적 행동을 보임으로써 가정과 학교에서의 일상생활기능을 심각하게 저해하고, 많은 사람들이 이 아동을 다룰 수 없다고 간주하는 경우에 적용된다.

품행장애는 관찰할 수 있는 가시적인 유형과 관찰하기 어려운 비가시적인 유형으로 구분된다. 관찰할 수 있는 품행장애는 가시적인 **공격행동** 유형이며, 언어적 · 신체적으로 다른 사람들을 가해하는 것이다. 부모, 교사 및 또래가 가시적인 공격행동을 관찰할 수 있으며, 자주 공격행동의 대상이 되곤 한다. 비가시적인 반사회적 행동은 기물파괴와 방화처럼 비밀스러운 반사회적 행동이므로 행동이 발생할 당시에 관찰하기 어렵고, 행동이 발생한 후에 행동의 부정적인 영향을 알 수 있게 된다. 부모, 교사 및 권위 있는 사람의 눈을 피해서 비가시적인 반사

유튜브 비디오 시례

비디오 연결 9.1
이 비디오는 품행장애의 징후에 대해 간략하게 소개하고 있다. (https://www.youtube.com/watch?v=g58qUHEq6fU)

회적 행동을 하는 사람과 또래의 그러한 행동을 보기만 하는 사람은 똑같이 일탈적이다. 품행장애의 하위 유형을 분류하는 다른 용어들이 있다. 가시적인 공격행동을 **사회화가 미흡한 품행장애**(undersocialized conduct disorder) 하위 유형으로 분류하고, 비가시적인 반사회적 행동을 **사회화된 품행장애**(socialized conduct disorder) 하위 유형으로 분류한다. 지난 수십 년간 연구자들은 품행장애의 하위 유형을 인식하고 있었으며 대규모 연구를 통해서 하위 유형에 대한 신뢰할 만한 임상 증거를 얻기 시작한 것은 1980년대부터이다. 이러한 연구들은 통계적인 확률에 기초한다. 이러한 확률에 따르면, 일부 품행장애 아동은 가시적인 공격행동 유형과 비가시적인 반사회적 행동 유형을 모두 나타낸다. 품행장애는 대부분의 아동들이 부정적이며, 적대적이고, 반항하는 행동을 멈추는 발달연령을 초과해서도 반항행동을 지속적으로 나타내는 **반항성 장애**(oppositional-defiant disorder, ODD)와 밀접한 관련이 있다. 품행장애는 아동기에 나타날 수도 있고, 청소년기에 처음 나타날 수도 있다(Kimonis, Frick, & McMahon, 2014 참조).

한 가지 유형의 품행장애를 나타내는 아동들에 비해서 두 가지 유형의 품행장애를 모두 나타내는 아동들은 점차 심한 문제를 초래하므로 예후가 좋지 않다. 두 가지 유형의 품행장애를 어느 정도 변덕스럽게 나타내느냐가 문제이다. 일부 아동은 두 가지 유형의 품행장애를 변덕스럽게 나타내는 정도가 심하기도 하고, 다른 아동들은 한 가지 유형의 품행장애를 주로 나타내기도 한다.

품행장애의 두 가지 유형 모두 청소년 비행과 같은 다른 장애들과 구분하기가 쉽지 않다. 비가시적인 품행장애 유형은 행동 분세가 친구들이나 비행십난과 연관되기도 하고 알코올과 약물남용과 연관되기도 한다. 비행이라는 용어는 법적 용어이며, 이 책의 제13장 주제이다.

품행장애의 두 가지 유형인 가시적인 반사회적 행동과 비가시적인 반사회적 행동의 진단과 관리는 교사에게 각기 다른 문제를 제기한다. 가시적인 반사회적 행동은 쉽게 관찰할 수 있지만, 비가시적인 반사회적 행동은 관찰하거나 진단하기 어렵다. 비가시적인 반사회적 행동을 하는 아동이나 청소년을 신뢰하기 어려우며, 그들은 또래나 성인을 교묘하게 조정하고, 자신들의 행동을 권위가 있는 사람들한테 숨기는 데 능숙하다. 가시적인 반사회적 행동과 비가시적인 반사회적 행동은 하나의 행동 차원의 양극단을 의미하며, 양극단의 공통적이며 중요한 특징은 건방지고 부정적이며 지속적으로 불순종하는 **불순응**(noncompliance)이다.

가시적인 반사회적 행동을 나타내는 아동들은 정상적으로 발달하는 아동들에 비해 높은 출현율의 문제행동을 성장을 하면서 지속적으로 나타낸다. 공격적인 품행장애를 나타내는 아동은 정상 발달을 하는 아동에 비해 2배 이상의 문제행동을 나타낸다.

대표적인 연구로 간주되는 Patterson 외(1975)의 연구자들은 정상 발달을 하는 아동과 공격적인 아동을 그들의 가정에서 관찰하였다. 연구자들은 문제행동을 정의하고, 정상 발달을 하는 아동과 품행장애에 부합하는 공격적인 행동을 하는 아동의 문제행동을 측정하였다. 연구 결과에 따르면, 공격적인 아동은 10분마다 불순응하였고, 30분마다 다른 사람을 괴롭히거나 때렸다. 반면에, 정상 발달을 하는 아동은 20분마다 불순응하였고, 50분마다 다른 사람을 괴롭혔으며, 2시간마다 때렸다. Patterson은 가정과 학교에서 공격행동을 보이는 던(Don)의 사례를 제시하였다. 던과 그의 가족은 강압적인 상호작용을 하기 때문에, 효과적인 중재를 적용하여 가정과 학교에서 발생하는 강압적인 상호작용의 악순환 체계를 끊지 않으면, 던은 학교에서 실패를 경험할 수밖에 없고 지역사회에서도 계속 갈등을 일으키게 될 것이다.

아동이 품행장애가 있는지 여부를 결정할 때는 그 아동의 생활연령을 고려하여야 한다. 일반적으로 아동은 성장하면서 공격행동을 덜 보이는 경향이 있다. 공격적이지 않은 아동에 비해서 품행장애 아동과 청소년은 어려서부터 연령에 적합하지 않은 공격성을 보이며, 공격행동의 유형이 많아지고, 다양한 사회적 상황에서 공격행동을 보이며, 공격행동을 오랫동안 지속한다(Patterson et al., 1992; Walker et al., 2004). 예를 들어 자녀의 짜증이 부모에게는 전혀 즐겁지 않지만, 3세 아동이 짜증을 부리는 것은 12세 아동이 짜증을 부리는 것보다는 분명히 쉽게 수용될 수 있고 다루기도 쉬울 것이다. 마찬가지로, 영아가 급식 시간에 양육자의 손을 밀어내거나 그릇에 있는 음식을 바닥에 던져 버리는 행동을 한다면 이것은 영아가 불만이 있거나 피곤하거나 더이상 음식을 먹고 싶지 않다는 신호를 보내는 것이다. 반면에, 8~9세의 아동이 양육자의 손을 밀어내거나 음식을 바닥에 던지면 부모는 매우 걱정을 하게 될 것이며, 그런 행동이 반복적으로 발생한다면 상황은 더욱 심각해질 것이다. 품행장애 아동이나 청소년 중 상당수가 적대적 반항장애의 특성들을 나타낸다. 즉 그들은 정상적으로 발달하는 또래들에게는 나타나지 않는 부정적이고, 적대적이며, 반항적인 행동 유형을 나타낸다. 대표적인 특성들은 자주 짜증을 내고, 성인과 말다툼을 하며, 성인에게 순종하기를 거부하고, 의도적으로 다른 사람들을 괴롭히며, 화를 내고 분개하는 것이다(Eddy, Reid, & Curry, 2002; Hinshaw & Lee, 2003; Kazdin, 2008; Kimonis et al., 2014).

많은 경우에 품행장애는 **주의력결핍 과잉행동장애**(ADHD) 등의 다른 장애들과 공존하여 나타난다. 품행장애, 적대적 반항장애, 그리고 ADHD가 밀접하게 연관되어 있기는 하지만, 그중 한 가지 장애를 가지고 있다고 해서 반드시 나머지 다른 장애들도 가지고 있는 것은 아니다. 현재 품행장애의 하위 유형은 잘 정립되어 있는데, 품행장애의 모든 하위 유형은 ADHD, 우울장애, 불안장애, 비행, 약물남용, 성적인 문제 등과 공존하여 나타날 수 있다(Kessler, Berglund, Demler, Jin, & Walters, 2005; Kessler, Chiu, Demler, & Walters, 2005; Kimonis et al., 2014 참조).

출현율

18세 이하의 품행장애 출현율은 남자의 경우 6~16%이고, 여자의 경우 2~9%로 추정된다. 전국적으로 대표적인 표본을 추출하여 연구한 Nock, Kazdin, Hiripi, 그리고 Kessler(2006)에 따르면, 품행장애의 전체 출현율은 9.5%이며, 남자가 12.0%인 반면에 여자가 7.1%이다(제2장에서 언급하였듯이 정서행동장애의 출현율은 지속적으로 1%로 나타난다. 품행장애라는 용어는 특수교육이 필요한지 여부를 결정하기 위해 학교에서 사용하는 용어가 아니라, 정신의학적인 진단명이므로 제15장의 정신의학적 분류에서 자세히 다룬다). 품행장애의 출현율이 남자에게서 높게 나타나는 것은 남자가 생물학적으로 취약할 뿐만 아니라 사회적 역할, 역할 모델, 기대행동, 강화 등과 관련된 사회화 과정(socialization process)의 복합성을 반영하는 것이다(Costello et al., 2005, 2006 참조). 이러한 성별 간 차이는 학교 차원에서 실시되는 정서행동장애의 선별검사에서도 나타난다. Young, Sabbah, Young, Reiser, 그리고 Richardson(2010)이 3년간 6~9학년 15,000명을 대상으로 정서행동장애의 선별검사를 실시한 결과, 남학생 대 여학생의 정서행동장애의 출현율은 3:1로 나타났다. 하위 유형별 출현율을 살펴보면, 남학생 대 여학생의 외현화 장애 출현율은 5:1인 반면에, 남학생 대 여학생의 내면화 장애 출현율은 2:1이었다.

품행장애의 각 하위 유형별 출현율이 정확하게 측정되지는 않았으나, 성별 간 차이에 대한 증거는 제시되고 있다(Talbott, Celinska, Simpson, & Coe, 2002). 예를 들어 품행장애 남학생은 싸우고, 훔치고, 기물을 파괴하는 등의 가시적인 공격행동을 주로 나타내는 반면에, 품행장애 여학생은 거짓말, 무단결석, 가출, 약물남용, 매춘 등 덜 가시적인 공격행동을 나타내었다.

여학생의 반사회적 행동을 연구하는 데 있어서의 중요한 논제는 행동의 측정, 예측, 다른 장애와의 공존성 등이다. 성별 차이가 뚜렷하게 드러나는 측면이 다른 장애와의 공존성 여부이다. 남학생은 여학생에 비해 반사회적인 행동이 높은 비율로 나타내는 반면에, 여학생은 품행장애를 나타낼 경우에 약물남용이나 정신건강 문제 등의 증상들도 함께 나타내는 비율이 높게 나타난다는 측면에서 '성의 역설(gender paradox)'이 존재한다고 할 수 있다

(Kimonis et al., 2014; Kroneman, Loeber, Hipwell, & Koot, 2009; Zahn-Waxler, Shirtcliff, & Marceau, 2008). 여학생의 공격행동은 발달 단계에 따라 남학생과 유사하게 나타나기도 하고, 다르게 나타나기도 한다. 반사회적 행동에 있어서의 성별 간 차이에 대해서는 더 많은 연구가 수행되어야 한다. 특히 남학생과 여학생의 반사회적 행동의 발달 과정에 생물학적 요인과 사회적 요인이 어떻게 영향을 미치는지가 밝혀져야 한다.

요약하면, 연구자들은 품행장애와 연관이 있는 문제들이 품행장애 아동과 청소년의 공식적인 출현율 추정치에 영향을 미치며, 전반적으로 출현율은 증가하고 있다는 데 동의한다. 또한, 품행장애의 정도가 심해지고 있으며, 품행장애가 진단된 후에 몇 년이 지나서야 중재를 시작하는 것이 일반적이다(Hinshaw & Lee, 2003; Kimonis et al., 2014; Wang et al., 2005).

분류

품행장애를 분류하는 한 가지 방법은 증상이 나타나는 시기이다. 일반적으로 10~12세 이전에 품행장애와 비행을 나타내는 아동들은 증상이 늦게 발현되는 아동들에 비해 품행장애가 더 심하며 예후도 좋지 않다. 품행장애는 경도(상대방에게 사소한 해를 끼침), 중등도, 중도(상대방에게 심각한 해를 끼침)로 분류되기도 한다.

사회화가 미흡한 품행장애의 특징은 과잉행동, 충동성, 초조함, 고집, 부당한 요구, 논쟁, 괴롭힘, 미숙한 또래관계, 소란스러움, 위협, 공격성, 잔인함, 싸움, 과시, 허풍, 욕설, 비난, 거만, 불순종 등을 포함한다. 이러한 특징들은 가시적이므로 교사, 부모, 또래들이 쉽게 관찰할 수 있다. 사회화가 미흡한 품행장애는 폭력적 행동과 밀접한 관계가 있으며, 이러한 폭력적 행동은 광범위하게 나타나고 장기간 지속되므로 교사와 아동발달에 관심이 있는 사람들에게 큰 걱정거리이다. 사회화된 품행장애는 반항, 거짓말, 파괴, 절도, 방화, 불량한 친구들과 어울리기, 범죄 조직 가입, 가출, 무단결석, 알코올 남용, 약물남용 등과 같은 비가시적인 반사회적 행동을 포함한다. 이러한 비가시적인 반사회적 행동은 교사와 부모가 일시적으로 알아채지 못할 수도 있다는 것을 명심하여야 한다. 모든 유형의 반사회적 행동은 비행과 약물남용과 밀접한 관계가 있다.

사회적 상황에서의 공격행동과 폭력

공격행동은 오랫동안 미국 생활의 주요 특징이 되어 왔다(Goldstein, Carr, Davidson, &

Wehr, 1981). 이러한 특징은 21세기에 들어서 더욱 두드러지게 나타나고 있다. 미국의 아동과 청소년(Children and Youth in America)(Bremner, 1970, 1971)과 Scull(2015) 등의 다른 문헌들을 대충 살펴만 보아도 미국이 건국된 이래 아동과 청소년에 의한, 그리고 아동과 청소년에 대한 강압, 폭력, 잔인한 행동이 계속 있어 왔다는 것을 알 수 있다.

역사적으로 폭력이 존재했다는 것을 인식한다고 해서 현재 미국에서 벌어지고 있는 아동에 대한 수용할 수 없는 공격행동이 감소되는 것은 아니다. 현재 아동들은 대중매체를 통해 역사 이래 저례가 없는 공격행동에 노출되어 있다(Huesmann, Moise-Titus, Podolski & Eron, 2003). 한때는 이러한 염려가 영화와 TV에 국한된 적도 있었으나, 21세기에 들어 폭력적인 메시지와 이미지를 전달하는 대중매체는 음악, 비디오 게임, 규제받지 않는 인터넷 콘텐츠 등으로 광범위하게 확장되고 있다(예 : Ybarra, Diener-West, Markow, Leaf, Hamburger, & Boxer, 2008). 이러한 대중매체의 콘텐츠는 아동과 청소년이 쉽게 접근할 수 있으며, 스마트폰 등과 같은 휴대용 기기를 통해 사용될 수도 있게 되었다. 기술의 발전은 부작용을 낳고 있다. 학생들은 학교에서 일어나는 싸움과 비행을 소셜미디어나 인터넷을 통해 공유하기도 하지만, 21세기 들어서 '전통적인' 학교폭력보다 부정적인 효과가 결코 적지 않은 사이버 폭력이 나타나기 시작하였다(예 : Smith, Mahdavi, Carvalho, Fisher, Russell, & Tippett, 2008). 사이버 폭력은 문자 메시지, 음성 메시지, 사진, 비디오 등을 폭력 피해자에게 보내는 것과 공개적인 곳에 올리는 것을 모두 포함한다.

최근 학교에서 공격행동, 파괴적 행동, 기물파괴는 흔하게 발생하며, 폭력과 무기 사용은 작은 노시선 큰 노시선, 작은 학교선 큰 학교선, 가난한 학교선 부사 학교선 상관없이 심각한 문제가 되었다. 학교 폭력의 발생률을 품행장애 아동과 청소년의 출현율로 오해해서는 안 된다. 대중매체가 학교폭력의 극단적인 형태인 총기난사, 성폭력, 왕따 등을 주로 묘사하고 있어서 학교가 위험한 곳이라는 잘못된 결론을 내리게 할 수도 있다. 그러나, 통계에 따르면, 극단적인 학교폭력은 21세기 들어서 점차 감소하고 있다(Mayer & Furlong, 2010). 우리가 더 염려하는 것은 만성적으로 나타나는 무례한 행동, 방해행동, 다른 사람과 사물에 대한 가시적 및 비가시적 반사회적 행동이며, 이러한 행동들이 모든 학교에서 보편적으로 나타나고 있다.

유튜브 비디오 사례

비디오 연결 9.2

이 비디오는 부모에게 아동들이 얼마나 많은 대중매체의 폭력에 노출되어 있는지와 대중매체의 폭력의 잠재적인 영향에 대한 정보를 제공하고 있다. (https://www.youtube.com/watch?v=7CXqZWW9yRQ)

다문화 쟁점으로서의 공격성

공격과 폭력은 미국의 모든 하위 문화집단에 영향을 미치고 있으나, 특정 문화적 소수집단에 대한 편견이 보편화되어 있으므로 다문화 쟁점이 되었다. 흑인과 라틴계 문화는 폭력을 수용하는 문화로 잘못 간주되고 있고, 북미 원주민과 아시아-태평양의 섬에 사는 청소년 집단의 폭력에 대해서는 알려진 바가 많지 않다. 특히 장애 아동 등 폭력의 피해자가 되기 쉬운 집단은 논의에서 제외되기 일쑤다(Kimonis et al., 2014; Patterson & Fosse, 2015 참조).

특정 집단의 취약성과 요구를 무시하지 않는 것도 중요하지만, 피부색이나 인종에 상관없이 모든 아동과 청소년을 양육하는 데 있어서 공통적인 사회문화적 조건과 필요를 인식하는 것도 중요하다. 사회화 과정의 위험요인들은 모든 인종집단의 청소년에게 영향을 미친다.

일부 연구자들은 흑인 남자 청소년 또는 라틴계 학생 등 특정 집단에 맞는 공격행동 중재 프로그램을 구성할 것을 제안한다(Patterson & Fosse, 2015 참조). 물론 문화적 민감성과 다문화적 능력도 중요하지만, 인종적 정체감과 성적 정체감을 초월하여 긍정적인 성과를 도출할 수 있는 효과적인 보편적 중재를 개발하는 것이 더 필수적이다(Kauffman, Conroy, Gardner, & Oswald, 2008; Kimonis et al., 2014; National Research Council, 2002).

피부색, 인종, 성별 등 개인적 특성에 상관없이 모든 아동과 청소년을 위험에 빠뜨리는 공통적인 요인은 가난, 가족 해체, 학대, 방임, 인종 차별, 가난한 학교, 고용기회의 박탈 및 기타 사회적 실패 등이다. 마찬가지로, 이러한 위험요인들에 대한 효과적인 개선책과 아동의 회복탄력성을 향상시킬 수 있는 보호요인들은 모든 문화집단에 동일하게 적용될 수 있다(위험요인과 보호요인은 Kimonis et al., 2014 참조).

정신병리의 정의는 문화권마다 다르므로 정신병리를 진단하고 치료할 때 특별한 주의를 기울여야 한다. 문화적인 요인은 인종적 정체성, 민족적 정체성, 또는 사회 계층처럼 단순한 문제가 아니라, 이러한 요인들이 복합적으로 어우러진 것이다(Anastasiou, Kauffman, & Michail, 2016).

병리적인 행동과 문화적 전통을 표현한 행동 간 차이를 구분하는 것은 쉽지 않다. 예를 들어 미국 대통령 선거에서 수많은 유권자들이 외국인을 혐오하고, 공격행동을 좋아하며, 품행장애의 특성을 드러낸 백인 도널드 트럼프를 대통령으로 선택하였다. 단순히 문화적인 행동과 병리적인 공격행동 간 차이에 대해 확정적인 결론을 내리기 위해서는 더 많은 연구가 필요하다.

학교 환경에서의 공격행동

일반교사들도 학생들의 공격행동에 대처할 준비를 해야 한다. 왜냐하면 일반학급에도 최소한 1명 이상의 학생이 다른 학생이나 교사에게 방해행동, 파괴적 행동, 공격행동을 보일 가능성이 있기 때문이다. 정서행동장애 학생을 가르치는 교사는 학생들의 심한 공격행동을 다룰 준비를 해야 한다. 왜냐하면 품행장애가 학생을 특수교육에 의뢰하게 만드는 가장 흔한 도전적인 지표이기 때문이다.

대부분의 정서행동장애에 학생들이 사회적으로 위축되어 있고, 품행장애 학생들이 공손한 사회적 태도로 상호작용하는 것을 쉽게 학습할 거라고 믿는 예비 특수교사들은 충격을 받게 될 것이다. 공격행동을 통제할 효과적인 전략이 없으면 정서행동장애 학생을 가르치는 교사는 불쾌한 대인관계를 초인적으로 견뎌야 할 것이다.

학교에서 학생들의 행동을 관찰해보거나 학교 기록을 분석해보면, 대부분의 학급에서 공격적인 학생들이 매우 심각한 파괴행동을 보인다는 것을 알 수 있다. 공격행동들이 보편적으로 나타난다고 해서 우리가 이러한 행동들을 받아들일 수는 없다. 학급에서 중요한 역할을 감당해야 하는 교사는 이러한 현실을 고려하여 적절한 사고방식과 현실적인 기대를 해야 할 뿐만 아니라, 다양하게 나타나는 불쾌한 공격행동을 다룰 다수의 전략들을 준비하여야 한다. 공격행동을 나타내는 학생들은 학업도 실패한다. 또한 그들은 또래로부터 자주 거부당하는데, 거부당하는 이유를 또래가 자신에게 적대적이기 때문이라고 인식한다. 어린 나이에 공격적인 반사회적 행동을 나타내고 학업 실패를 하는 경우, 효과적인 중재가 도입되지 않는 한 예후가 좋지 않다(Garner, Kauffman & Elliott, 2014; Lane et al., 2012; Walker & Gresham, 2014 참조).

사회화가 미흡한 공격적 품행장애를 나타내는 학생이 반사회적 행동을 높은 비율로 나타내고 일상생활기능에 심각한 결함을 보인다면 그들의 미래는 밝지 않다. 이러한 학생들은 시간이 지나도 공격행동을 지속적으로 나타내는 경향이 있으며, 특히 아동기 초기부터 공격행동을 나타내고 여러 가지 문제행동이 복합적으로 나타나는 경우에는 그들의 문제가 성인기까지 지속되는 경향이 있다. 왜냐하면 공격적인 반사회적 행동을 지속적으로 보이는 경우에 정신건강 시스템과 사법제도 시스템과 관련된 문제를 야기할 가능성이 클 뿐만 아니라, 그들의 공격행동은 희생자들에게 엄청난 신체적 및 정신적 피해를 주고, 재산 손실을 초래하며, 사회가 치러야 하는 비용도 매우 크기 때문이다.

15세 이전에 심각한 반사회적 행동을 나타낸 경력이 있는 남학생은 성인기에 외현화된 정신병리(예 : 공격행동, 범죄행동, 알코올과 약물남용)를 나타낼 확률이 높다. 반면에, 그러한 경력이 있는 여학생은 성인기에 외현화 장애와 내면화 장애(예 : 우울장애, 공포증) 둘 다 나타낼 확률이 높다. 아동기 품행장애는 성인기의 역기능에 대한 매우 중요한 위험요소 이다. 따라서, 품행장애에 대한 효과적인 중재를 찾는 것이 사회과학자와 교육자들에게 우선순위이다.

원인적 요인

우리는 앞 절에서 가시적인 반사회적 행동 유형과 비가시적인 반사회적 행동 유형 간 중요한 차이점에 관하여 살펴보았는데, 두 유형의 기저에서 원인이 되는 요인들은 같으며, 성별의 차이 없이 남자와 여자에게 영향을 미치는 것으로 보인다(Eddy et al., 2002 참조). Patterson과 그의 동료들이 반사회적인 행동이 형성되는 과정을 설명하기 위하여 제안하는 강압적인 모델(coersive model)의 기본적인 요인들을 표 9.1에 제시하였다. 이 모델은 아동이 발달하고 적응하는 데 필요한 상황을 제공하는 환경요인들을 포함하고 있다(예 : 가족의

표 9.1 아동 적응에 대한 환경의 영향

아동 적응에 영향을 미칠 가능성이 있는 환경적 또는 상황적 변인
1. 가족의 사회경제적 수준 2. 유아의 기질 3. 부모의 행동 특성 4. 부모의 부부관계 5. 이웃의 특성 6. 가족에게 영향을 미치는 스트레스 7. 확대가족의 능력
아동 적응에 직접 영향을 미치는 가족관리 능력
1. 아동을 감독하는 부모 또는 가족의 능력 2. 아동의 행동을 관리하는 부모의 기술 3. 아동에게 제공되는 칭찬 강화의 빈도 4. 건설적으로 문제해결을 하는 가족의 능력
부정적인 환경요인과 미숙한 가족관리 능력의 영향을 받을 경우의 결과
1. 아동의 반사회적 행동 2. 아동의 사회적 무능력

사회경제적 수준, 유아 기질, 가족에게 스트레스를 주는 기타 요인들). 이러한 개인적, 가정적, 사회적 상황들은 부모 또는 양육자의 감독, 행동관리, 상호작용 등을 통해 아동 발달에 직접적인 영향을 미친다. 만약 가족의 사회경제적 수준이 낮고, 유아가 난기질을 가지고 있으며, 부모나 양육자가 이혼 때문에 스트레스를 받는 등의 부정적인 상황 요인들이 있는 경우에 부모는 자녀의 행동을 감독하고 훈육하고, 정적 강화를 제공하며, 가족 간 상호작용에서 문제를 해결하는 데 있어서 실패할 가능성이 높다. 결국 이러한 가정에서 성장하는 아동은 사회적으로 무능력하게 되고, 반사회적 행동을 보일 위험이 높다. 부모의 미숙한 양육기술이 자녀의 반사회적 행동의 원인이라는 의미는 아니지만, 부모의 미숙한 양육기술은 반사회적 행동을 보이는 대다수의 아동과 청소년의 환경적 특성 중 하나이다.

가시적인 반사회적 행동을 보이는 아동집단과 비가시적인 반사회적 행동을 보이는 아동집단을 비교한 일부 연구 결과에 따르면, 비가시적인 반사회적 행동을 보이는 아동집단의 경우에 부모와 자녀 간 혐오적이고 강압적인 행동을 덜 보이며, 부모의 감독과 관리가 더 적다. 반면에, 다른 연구들은 가족과정변인(예 : 부모의 자녀 거부)에 있어서 두 집단 간 차이가 없다고 보고하였다. 비교적 일관성 있는 연구 결과는 두 가지 유형의 반사회적 행동을 모두 보이는 아동의 경우 부모의 양육기술이 가장 부적절하고, 가장 불우한 가정 출신이라는 것이다.

공격행동이 가시적인 반사회적 행동의 가장 공통적인 특성이므로 다양한 분야의 과학자들이 오랫동안 연구를 해 오고 있으며, 다양한 대안적 설명을 제시하고 있다. 심리분석 이론, 충동 이론, 단순 조건화 이론들은 효과적인 중재 전략들을 도출하지 못하였고, 과학적인 연구에 기반한 대안적 이론들에 비해 평가절하되었다. 반면에 생물학적 이론과 사회학습 이론이 신뢰할 만한 증거에 의해 지지되고 있다(Dodge & Pettit, 2003; Grigorenko, 2014; Kimonis et al., 2014). 공격행동이 ADHD와 관련이 있는 일부 사례에 있어서는 약물치료가 효과적이기도 하다(Konopasek & Forness, 2014 참조).

심한 품행장애의 경우에는 유전적 요인과 다른 생물학적 요인이 영향을 미치지만, 경도 품행장애의 경우에는 유전적 요인과 생물학적 요인의 영향이 명확하지 않다. 반면에 사회적 환경은 모든 유형의 품행장애에 확실하게 영향을 미친다. 품행장애 및 관련된 문제들은 단일 원인에 의해 조래되는 것이 아니다.

사회생물학은 흥미롭고 논쟁의 여지가 있는 주제이기는 하지만(Pinker, 2002), 공격행동의 직접적인 원인을 찾고 있는 발달심리학자들에게 중요한 정보를 제공하지는 못한다. 지난 수십 년 동안의 연구에 기반하여, 많은 연구자들은 한 개인의 사회적 환경이 신경생물학적 과정과 행동의 강력한 조절자이며, 사회학습이 공격행동과 친사회적 행동의 가장 중요한 결정자라고 강력히 주장하고 있다(Eddy et al., 2002; Walker et al., 2004). 아동이 품행장애를 나타내는 과정에 영향을 미치는 위험요인들은 아동 요인, 부모와 가족 요인 및 학교 관련 요인이다. 아동 요인은 유아의 기질, 언어 사용과 관련된 신경심리학적 기능의 결핍, 다양한 상황에서 다양한 형태로 나타나는 문제행동의 전조, 학업 실패, 낮은 지능 등을 포함한다. 부모와 가족 요인은 저체중아와 조숙아 등 출산 전과 출산 시 합병증, 부모나 형제자매의 반사회적 행동 또는 범죄행동, 심하고 일관성 없는 벌, 가족불화, 대가족, 가난 등을 포함한다. 학교 관련 요인은 학업 성취를 강조하지 않고 학생에 대한 기대가 낮으며, 학업에 대한 강화가 부족한 것을 포함한다. 이러한 위험요인들 중 몇 가지라도 경험하고 있는 아동은 품행장애의 고위험군이 될 수밖에 없으며, 더 많은 위험요인들에 노출될수록 품행장애를 유발할 위험은 더 커진다.

공격행동을 설명하는 다양한 심리학적 이론들 중에서 주의 깊고 체계적이며 과학적인 연구에 의해 가장 지지를 받는 것이 사회학습 이론이다. 따라서 이 장에서는 사회학습 이론에 초점을 맞추어 공격행동과 예방에 대해 설명하였다. 먼저 사회학습 이론에 기반한 연구들이 밝혀낸 일반적인 연구 결과들을 요약하여 제시한 후에, 개인 요인, 가족 요인, 학교 요인, 또래 요인, 기타 문화 요인을 살펴보고, 공격행동을 야기하고 유지하게 하는 Patterson의 강압적 과정(coercive process) 모델을 소개하였다.

사회학습 이론에 근거한 연구의 일반적 결론

공격행동의 사회학습 또는 사회인지 분석은 세 가지 주요 요인을 포함한다 — (1) 행동을 유발하거나 강화하거나 벌을 주는 환경조건, (2) 행동, (3) 개인의 인지정서 변인(Bandura, 1986; Bandura & Locke, 2003). 즉 한 개인이 공격행동을 나타낼지 여부는 이 세 가지 주요 요인 간의 상호작용과 개인의 사회성 발달사에 달려 있다. 사회학습 이론에 따르면, 공격행동은 공격적 행동과 비공격적 행동에 뒤따라오는 후속결과를 직접 경험하거나 관찰함으로써 학습된다. 공격행동이 어떻게 학습되고 유지되는지에 대한 사회학습 이론에 근거한 연구의 일반적인 결론은 다음과 같다.

- 아동은 역할모델이나 사례들을 관찰함으로써 공격적인 반응을 학습한다. 역할모델은 가족 구성원일 수도 있고, 아동의 하위 문화권 구성원(지역사회의 친구, 친지, 또래, 성인)일 수도 있으며, 대중매체에 소개된 인물(실제 인물, 가상의 인물, 사람, 사람이 아닌 존

유튜브 비디오 사례

비디오 연결 9.3
이 비디오는 아동의 행동에 영향
을 미치는 모델의 공격행동과 아동
의 행동 발달에 있어서 사회학습 이
론의 중요성을 강조하는 앨버트 반두
라 박사의 유명한 연구를 소개하고 있
다. (https://www.youtube.com/
watch?v=zerCK0lRjp8)

재)일 수도 있다.

- 역할 모델의 사회적 지위가 높은 경우, 공격행동을 보인 역할 모델이 긍정적인 후속결과나 강화를 받는 것을 관찰한 경우, 또는 공격행동을 보였는데도 벌을 받지 않는 경우에 아동이 모방할 가능성이 높다.
- 공격행동을 연습할 기회가 주어졌을 때 아동이 공격행동을 해도 혐오적인 후속결과가 제시되지 않거나, 공격행동을 통해 상대방에게 해를 입히고 제압함으로써 강화를 얻게 되면 아동은 공격행동을 학습하게 된다.

- 아동이 혐오적인 상황(예 : 신체적 공격, 언어적 위협, 조소, 모욕)을 경험하거나, 정적 강화가 감소하거나 제거된 경우에 아동이 공격행동을 학습할 가능성이 높다. 아동은 자신의 경험이나 관찰을 통해서 공격행동이 긍정적인 후속결과를 얻을 수 있다는 것을 학습한다. 아동이 강화를 얻을 수 있는 대안적인 수단이 없거나, 강화를 얻을 수 있는 대안적 수단에 대해 학습한 적이 없거나, 부모나 교사 등 사회적 권위자에 의해 공격행동이 금지된 경우에 아동이 공격행동을 나타낼 가능성이 높아진다.
- 공격행동을 유지하는 세 가지 강화 유형이 있다―**외부적 강화**(물질적 강화, 사회적 지위 강화, 혐오적인 조건 제거, 피해자의 상해나 고통의 표현), **대리 강화**(다른 사람이 공격행동을 통해 강화를 얻는 것을 관찰함으로써 대리 만족), 그리고 **자기강화**(성공적인 공격행동을 보인 후 높아진 자아개념과 자축).
- 적대적 행동을 합리화하는 인지 과정 때문에 공격행동이 지속된다―아동은 자신의 행동을 다른 사람의 더 잔인한 행동에 비교하기도 하고, 자신이나 다른 사람을 보호하기 위하여 공격행동을 했을 뿐이라고 고차원적인 행동규범에 호소하기도 하며, 다른 사람에게 책임을 돌리기도 하고(예 : "내가 먼저 시작하지 않았어." 또는 "상대방이 나로 하여금 공격행동을 하게 한 거야."), 공격행동의 피해자의 인간성을 말살하기도 한다(예 : 바보, 얼간이, 쓰레기, 돼지, 실없는 놈 등의 부정적인 명칭을 사용하여 피해자를 비하한다).
- 벌이 고통을 초래하는 경우, 벌을 받는 행동에 대한 긍정적인 대안행동이 없는 경우, 벌이 지연되거나 일관성이 없는 경우, 벌 자체가 공격행동의 모델을 제공하는 경우에 벌은 공격행동을 강화하거나 유지하게 한다. 또한 벌을 주는 사람에게 반격을 가하는 것이 성공할 경우에 벌은 공격행동을 유지시킨다. 아동을 구타하는 성인은 아동에게 공격행동의 발생 가능성을 증가시키는 고통을 줄 뿐만 아니라, 공격행동의 모델을 제공하게 된다.

사회학습 이론에 기초한 공격행동의 분석은 공격행동을 촉진하는 환경조건에 대해 검증이 가능한 예측을 도출하였다. 공격행동의 발생에 대한 지난 수십 년 동안의 연구에 근거한 임상적으로 확증된 예측은 다음과 같다.

- TV를 통해 공격적인 장면을 시청하는 것이 공격행동을 증가시킬 수 있으며, 이러한 현상은 공격성을 보였던 아동과 남성의 경우에 두드러지게 나타난다. 또한 폭력적인 비디오 게임을 하거나 시청한 경우에도 동일한 연구 결과가 발표되기 시작하였다.
- 일딜된 또래집단이나 조직폭력집단 등 비행성 하위문화집단은 서로의 공격행동을 강화하고, 서로에게 공격행동의 모델을 제공함으로써 구성원들의 공격행동을 유지한다.
- 공격적인 아동의 가족 특성을 살펴보면, 모든 가족 구성원의 공격행동 발생률이 높고, 아동과 가족 구성원 간에 강압적인 상호작용을 하며, 부모는 일관성이 없는 벌을 통해 자녀를 통제하려고 하고, 자녀에 대한 감독이 미흡하다.
- 공격행동이 공격행동을 낳는다. 한 사람이 다른 사람에게 혐오적인 행동(예 : 때리기, 소리 지르기, 불평하기)을 하면 모욕을 당한 사람은 부정적인 반응을 하게 되고, 결국 강압적인 상호작용을 초래하게 된다. 이러한 강압적인 상호작용은 둘 중 한 명이 패자가 되어 승자에게 혐오적인 자극을 회피할 수 있는 부적 강화를 제공해야만 중단된다.

사회학습에 관련된 가족, 학교, 문화 요인은 이 책의 제5, 6, 7장에서 다루었다. 이러한 요인들은 공격적 품행장애의 형성에 확실히 중요한 역할을 한다. 가족, 학교, 사회는 의도하지 않는다 할지라도 공격행동의 모델을 제공하고 공격행동을 강화함으로써 아동과 청소년에게 공격적으로 행동하는 것을 교수한다. 이러한 교수 과정은 생물학적(예 : 유전적) 요인이 있거나 공격행동의 사회학습 경험이 있어서 공격성향이 잠재되어 있는 아동으로부터 공격행동을 유발하는 데 가장 효과적이다. 또한, 이 과정은 행동, 사회적 환경 및 아동의 인지와 정서 특성 간 상호성에 의해 유지된다. 공격행동의 교수-학습 과정은 다음과 같은 상호적인 효과를 포함한다.

- 사회적 환경은 사회적으로 불리한 상황, 학업 실패, 또래 거부, 부모를 포함한 성인의 기부 등 혐오적인 조건, 즉 유해한 자극을 제공한다.
- 아동은 이러한 사회적 환경을 위협적이면서도 공격행동을 강화하는 것으로 인식한다.
- 아동의 공격행동은 위협과 벌로 아동의 행동을 통제하려는 사람들에게 해를 끼치게 된다.
- 아동은 낮은 자아개념을 가지게 되며, 자기 자신을 부정적인 용어들로 묘사하게 된다.
- 강압적인 한판 승부에서는 더 혐오적이고 집요한 아동이 상대방을 제압하는 데 성공하게

표 9.2 비행과 반사회적 행동의 유발과 관련된 요인들

일탈적인 또래와의 관계
자아존중감 문제
사회화의 문제
또래집단의 거부
부모의 자녀를 위한 문제행동관리의 실패
부모의 자녀를 위한 적절한 감독의 실패
부모의 신체적 체벌 사용
부모의 자녀 거부
학업 실패

되고, 공격행동에 대한 강화를 얻게 되며, 위협적인 사회적 환경을 공격행동으로 통제할 수 있다는 자신의 생각에 확신을 가지게 된다.

이러한 모든 요인이 반사회적 행동의 형성에 기여하며, 시간이 지남에 따라서 변화를 거부하는 유형으로 고착화된다. Patterson과 그의 동료들(1992)이 제안하는 반사회적 행동의 주요 요인들을 표 9.2에 제시하였다. 다음 절에서는 반사회적 행동에 영향을 미치는 주요 요인들이 어떻게 강압적인 과정에 연관되는지 살펴보겠다.

개인 요인

제4장에서 논의한 바와 같이, 개인은 성향과 기질을 타고나는데, 이러한 성향과 기질은 교정이 가능하기는 하지만 시간이 지나도 비교적 일관성 있게 유지된다. 자극에 민감한 난기질을 가진 아동이 반사회적 행동을 나타낼 가능성이 높은 위험군이다(Center & Kemp, 2003). 초기 아동기에는 유아의 난기질이 주양육자와의 상호작용에 있어서 불순응과 반항 행동으로 나타난다. 또한 아동은 낮은 자아개념과 우울정서를 형성할 가능성이 높을 뿐만 아니라, 또래관계와 학업 성취 등에도 주요 문제를 나타낼 가능성이 높다. 요약하면, 이러한 아동의 개인 요인이 사회적 거부를 초래하게 되면, 양육자, 또래 및 교사와의 부정적인 상호작용의 악순환에 의해 악화된다. 남자 아동의 경우, 가족의 사회경제적 수준이나 부모의 약물남용 등의 가족 요인도 중요하지만, 주의집중과 같은 개인 요인, 특히 호전성이 품행장애의 중요한 예견자이다.

또래집단 요인

정상적으로 발달하는 아동들은 놀이와 학교활동을 방해하는 공격적인 또래들을 거부하는

경향이 있다. 반사회적인 학생은 특정 하위 또래집단에서는 높은 지위를 확보할 수 있으나, 대부분의 반사회적이지 않은 또래들로부터는 거부당하기 쉽다. 아동기에 또래로부터 거부를 당하는 경우에 성인기까지 공격행동을 지속할 가능성이 높다(Rabiner, Coie, Miller-Johnson, Boykin, & Lochman, 2005). 반사회적인 아동과 청소년은 일종의 능력과 소속감을 충족시켜 주는 일탈된 또래집단에 강하게 끌리게 된다(Gest, Farmer, Cairns, & Xie, 2003; Parker, Rubin, Erath, Wojslawowicz, & Buskirk, 2006; Rubin, Coplan, & Bowker, 2009). 특히 부모의 미흡한 감독과 다른 가족의 위험요인을 경험하며, 학업 실패까지 하는 청소년들은 일탈된 또래들과 일체감을 느끼며, 비행, 약물남용, 반사회적 행동에 빠지게 된다. 이러한 일탈행동들은 청소년의 교육과 고용의 기회뿐만 아니라, 긍정적이고 안정적인 사회적 관계를 발전시킬 기회를 박탈한다.

가족 요인

반사회적인 아동의 부모와 형제자매는 반사회적 행동이나 범죄행동을 나타내는 경향이 있다. 가족관계는 무질서하고 정상적인 사회적 발달을 지원하지 못하며, 신체적 학대나 성적 학대가 일어나기도 한다. 반사회적 아동의 가정에는 자녀가 많은 경향이 있으며, 이혼이나 아동 유기에 의해 가족해체가 일어나고 가족 간 갈등 수준도 높다. 또한 아동 행동에 대한 부모의 훈육이 해이하고 부재하거나, 징계가 가혹하면서도 예측할 수 없어서 자녀를 적절하게 사회화된 아동으로 양육하기 위한 실제와는 거리가 멀다(Kazdin, 2008). 여러 세대가 거주하는 경우, 함께 사는 조부모나 다른 친척이 아동 양육에 있어서 미숙한 것도 전형적인 특징이다. 또한, 제5장에서 언급했듯이, 아동과 부모가 강압적인 상호작용에 반복적으로 빠져들어서 둘 중 한 편이 이길 때까지 서로에게 고통을 가중시킨다. 물론 반사회적 아동의 모든 가족의 특성이 동일하다고 가정해서는 안 되지만, 반사회적인 아동의 전형적인 가족 특성이 있다. 가족폭력, 빈곤, 미흡한 부모 교육, 가족 구성원의 범죄 및 기타 유해한 상황이 아동의 공격성과 우울장애 등 정서행동장애의 위험을 증가시킨다.

반사회적 행동이 발달하고 유지되는 단계를 표 9.3에 제시하였다. Patterson 등(1992)은 반사회적 행동이 발달하는 것을 유해한 잡초가 자라는 것에 비교하여 설명하였다. 연구자들이 제안하는 강압적인 모델은 반사회적인 부모, 약물을 남용하는 부모, 스트레스를 유발하는 상황, 난기질 등의 배경 요인으로 시작하는데, 사회적 상황과 가족 상황 등 배경 요인은 나중에 발생하는 다른 문제의 기초가 된다. 1단계에서 이러한 상황변인들은 자아개념이 낮은 반사회적 아동을 만드는 데 기여한다. 2단계에서 학업 실패, 부모의 거부, 또래의 거

표 9.3 품행장애를 설명하는 강압적 모델의 단계

배경 요인 : 반사회적이거나 약물남용을 하는 부모, 양육기술이 미흡하거나 일탈된 조부모나 다른 양육자, 스트레스 많은 상황, 난기질

1단계(초기 아동기) : 반사회적 행동에 대한 양육자의 미숙한 훈육과 감독, 낮은 자아개념

2단계(중기 아동기) : 낮은 학업 수행, 부모의 거부, 또래의 거부, 우울 정서

3단계(청소년기) : 약물남용, 일탈된 또래집단, 비행

4단계(성인기) : 고용 실패, 결혼 실패, 시설 수용

부, 우울정서 등이 상호 영향을 미치면서 아동의 반사회적 경향을 더욱 강화하게 된다. 3단계에서 반사회적 청소년은 반사회적 또래와 연관되면서 비행과 약물남용에 가담하게 된다. 이러한 3단계의 사회적 관계와 행동 유형은 4단계를 초래하게 된다. 4단계에서 반사회적 청소년은 반사회적 성인이 되는데, 직장을 유지할 수 없고 투옥되거나 시설에 거주할 위험이 높으며, 가정도 파괴되기 쉽다. 이 모델의 4단계에 해당하는 성인의 자녀는 부모의 어린 시절과 유사한 사회적 상황에 처하게 되고, 같은 단계를 거치며 성장하게 된다. 따라서 반사회적 행동은 부분적으로 유전적인 영향도 있지만, 가정과 지역사회의 환경을 통하여 세대를 거듭하여 전수된다. Eddy 등(2002)도 이와 유사한 강압적 상호작용과 상황들을 반사회적 행동으로 설명하였다.

학교 요인

대부분 반사회적인 학생은 학업 실패, 또래의 거부, 학교 내 성인으로부터의 거부를 경험한다. 많은 경우에 반사회적인 학생은 낡고 재학생이 많은 학교에 다닌다. 그들이 학교에서 경험하는 훈육은 그들이 가정에서 경험하는 것과 유사하다—학생의 비공격적인 행동이나 노력에는 주의를 기울이지 않고, 가혹하게 처벌적이고 일관성이 없으며, 처벌은 점점 심해진다. 학생에게 주어지는 과제는 그들의 성취 수준이나 진로와 상관이 없으므로, 그들은 매일 학교에서 실패와 지루함을 경험할 수밖에 없다. 물론 가족 요인에서도 언급한 바와 같이, 반사회적인 학생들을 잘 가르치지 못하고 관리하지 못한다고 모든 교사들과 학교 관리자들을 비난해서는 안 된다. 그러나, 제7장에서 논의한 바와 같이, 학교에서 반사회적인 학생의 경험은 매우 부정적이며, 이러한 부정적인 학교 경험으로 인해 후에 더 심한 부적응을 초래한다.

진단평가

품행장애의 주요 특성인 반사회적 행동은 거의 모든 행동 체크리스트와 행동 평정척도에 포함된다. 일반적으로 아동과 청소년의 반사회적 행동을 측정하기 위하여 개발된 측정 도구들은 학생의 자기보고, 부모용 평정척도, 또래용 평정척도, 교사용 평정척도를 이용하여 자료를 수집한다. 물론 학생의 자기보고와 평정척도들을 이용하여 수집된 자료도 도움이 되지만, 문제에 대한 정확한 정보를 얻기 위해서는 아동과 청소년을 다양한 환경에서 직접 관찰하여야 한다(Freeman & Hogansen, 2006).

제15장에 기술한 정서행동장애 학생에게 적절한 진단평가 도구들과 평가의 실제와 지침이 품행장애의 진단평가에도 적용된다. 품행장애의 진단을 위하여 고려해야 하는 추가적인 제안은 다음과 같다(Kazdin, 2008 참조).

1. 품행장애 아동은 여러 가지 문제를 나타낼 수 있으므로 다양한 차원으로 구성된 평정척도를 사용하여야 한다.
2. 품행장애의 특성뿐만 아니라 친사회적 기술(행동의 강점 또는 적절한 행동)도 진단해야 한다.
3. 아동의 행동을 동일한 성별과 연령의 규준집단과 비교하여야 한다.
4. 가족, 학교, 지역사회의 사회적 상황도 진단하여야 한다.
5. 중재 프로그램의 효과를 측정하기 위하여 정기적으로 품행장애를 재진단하여야 한다.

학생의 사회성 기술과 또래집단 내에서의 위치를 아는 것이 중요하다. 또한 품행장애 진단평가의 중요한 측면 중 하나가 행동의 기능평가 또는 기능분석인데, 이는 학생 행동의 목적과 행동에 뒤따라오는 후속결과를 밝히는 것이다(Lane, Menzies, Bruhn, & Crnobori, 2011). 행동의 기능분석에 기초하여 문제행동을 예방하거나 감소시킬 수 있는 환경수정 (예 : 과제, 지시, 강화)을 제안할 수 있다. 불행하게도 품행장애 학생들은 학습 요구를 회피하기 위한 부적 강화 때문에 문제행동을 보인다(Kauffman, Pullen et al., 2011; Kerr & Nelson, 2010 참조).

일반적으로 품행장애와 ADHD를 포함하여 정서행동장애 학생은 많은 노력을 기울여야 하는 과제를 회피한다. 학생들이 문제행동을 많이 나타내는 전형적인 학급의 경우, 교사는 학생에게 주로 중립적이거나 부정적인 지시를 한다. 교사는 학생들에게 성공할 수 있는 과제를 거의 제공하지 않으며, 학생이 교사의 기대에 부응하여 행동을 해도 즉각적인 정적 강화를 거의 제공하지 않는다. 교사가 교수 유형을 바꾸는 것은 쉽지 않다. 그러나, 교사는 자기 자신의 교수와 그에 대한 학생들의 반응과 학생들에 대한 교사 자신의 반응과 관련하여 스스로 질문을 해야 한다(Kauffman, Pullen et al., 2011 참조).

예방에서 언급하였듯이, 사전교정(precorrection) 전략은 반사회적 행동이 일어날 가능성이 높은 상황을 진단평가하는 것이 교사가 학생의 충동적인 문제행동과 강압적인 행동을 다루는 데 도움이 된다는 전제에 기반한다. 행동의 진단평가가 반사회적 행동을 변화시킬 수 있는 변인들과 관련된 중재들을 제안하지 못한다면 진단평가 자체는 쓸모가 없다(Kauffman, Pullen et al., 2011; Walker et al., 2004).

중재와 교육

예방

폭력적 행동을 예방하고 사회적으로 통제하는 것은 미국 청소년들과 관련된 가장 중요한 쟁점 중 하나이다. 예상할 수 없는 것을 예방할 수는 없으므로 반사회적 행동을 예측하는 것은 예방에 있어서 필수적이다(Kauffman, 2010c, 2012a, 2014a; Landrum, Scott, & Lingo, 2011). 아동과 청소년으로 하여금 반사회적 행동 유형을 선택하도록 영향을 미치는 지역사회, 가족, 학교, 또래, 개인의 위험요인들에 대한 증거가 지난 20년 동안 수행된 연구들에 의해 성공적으로 밝혀졌다. 그럼에도 불구하고, 대부분의 사람들은 미래에 발생할 수 있는 문제를 예방하기 위하여 조기에 중재하는 것을 우선순위에 두지 않는다(Kauffman, 1999c, 2003a, 2004, 2005, 2010c, 2012a, 2012b, 2014a). 그러나 현실을 고려할 때 조기중재를 하지 않는 것은 매우 비생산적이다.

공격행동의 예방에 관해서는 상당히 자신감 있는 제안들이 제시되고 있다. 반사회적 행동의 예방은 다양한 수준에서 실시되어야 한다—일차 예방은 심각한 반사회적 행동이 발생하지 못하도록 예방하는 것이다—이차 예방은 이미 발생한 반사회적 행동을 교정하고 개선하는 것이다. 삼차 예방은 교정되지 않은 반사회적 행동의 부정적인 영향을 통제하고 감소시키는 것이다.

반사회적 행동을 예방하고 감소시킬 필요성이 있음에도 불구하고, 교육 전문가, 정치인, 정책 수립자를 포함한 사회 구성원들은 아무런 조치를 취하지 않는다. 우리 사회는 반사회적 행동과 폭력을 허용할 수 없다는 데는 동의하면서도, 이러한 문제를 효과적으로 일관성 있게 중재하기 위해서 비싼 프로그램을 정부가 지원하는 것에 대해서는 많은 사람들이 반대한다.

공격행동의 예방을 위한 대책을 요약하면 다음과 같다.

1. **공격행동을 근절하기 위하여 효과적인 후속결과를 제공하라.** 반사회적 행동은 즉각적이고 분명한 비폭력적인 후속결과가 제공되면 덜 재발한다. 공격행동을 통제하려고 폭력을 사용하면 또 다른 반격적인 공격행동을 유발하여 강압적인 상호작용이 반복된다. 아동의 공격행동에 대해 가혹한 후속결과나 신체적 고통을 주는 대신에 아동이 선호하는 것을 제한하는 경우에 공격행동이 장기적으로 감소된다. 일반적으로 반사회적인 아동과 청소년은 일관성이 없는 심한 벌을 받는다. 그들의 행동에 뒤따라오는 후속결과는 예측 불가능하며, 가혹하고 불공평하기 때문에 그들은 공격행동으로 반격한다. 벌이 심할수록 효과적일 것이라고 믿는 것은 사람들에게 깊이 뿌리박힌 미신이다. 만약 교사와 부모가 아동과 청소년의 반사회적 행동을 효과적이고 비폭력적인 후속결과를 사용하여 다룬다면, 우리 사회의 폭력 수준은 낮아질 것이다.

2. **문제에 대해 비공격적으로 반응하도록 가르쳐라.** 공격행동은 비공격적인 행동과 마찬가지로 상당 부분이 학습된 것이다. 청소년에게 개인적 갈등과 다른 문제들을 비공격적으로 해결하도록 가르치는 것은 쉽지 않다. 비공격적인 반응을 가르친다고 해도 그들의 모든 문제가 해결되는 것도 아니다. 학교 교육과정에 비폭력적 갈등해결기술과 문제해결기술을 포함시켜서 교수하면 폭력 수준이 감소할 수 있다. 대중매체, 지역사회 리더들, 사람들의 이목을 끄는 역할 모델들이 교육자들과 함께 학생들에게 비폭력적인 대안을 가르친다면 폭력 수준은 훨씬 더 감소할 것이다.

3. **공격행동이 뿌리를 내리기 전에 근절시켜라.** 공격행동은 공격행동을 낳는다. 특히 공격행동을 통해 자신이 원하는 것을 얻는 데 성공하면 공격행동은 지속된다. 공격행동은 비교적 경도의 불순응과 호전성으로 시작하지만, 점차 끔찍한 폭력행동으로 정도가 심해진다. 공격행동의 발생 초기에 비폭력적인 후속결과가 사용되면 더 효과적이다. 두 가지 측면의 조기중재가 필요하다. 첫 번째 조기중재는 아동이 어릴 때 중재를 한다는 의미에서의 조기중재이다. 두 번째 조기중재는 공격적 상호작용의 연쇄 고리가 발생하기 시작하는 초기에 반사회적 행동에 대해 중재를 한다는 의미에서의 조기중재이다.

4. **공격행동에 사용될 수 있는 도구에 대한 접근을 금지하라.** 공격자는 그들의 목표물에게

상해를 입히는 데 가장 효율적인 도구를 사용한다. 물론 일부 공격자는 사용 가능한 모든 도구를 이용하여 공격행동을 보일 수도 있다. 중요한 사실은 공격자가 효율적인 무기(예 : 권총)를 사용할수록 자신에게 즉각적인 위험이 적은 상태에서 폭력행동을 할 수 있으므로 폭력의 정도가 쉽게 심해진다는 것이다. 공격행동에 사용되는 가장 효율적인 도구들을 생산하고, 분배하고, 소유하는 것을 효과적으로 제한해야만 폭력의 증가를 막을 수 있다.

5. **공격행동의 공개적인 노출을 규제하고 개선하라.** 사람의 생각과 행동은 자신이 관찰하는 행동에 의해 영향을 받는다. 공격행동이 많이 나오는 예능 영상물을 볼수록 시청자들은 공격행동과 후속결과에 대해 무뎌지고, 공격행동을 억제하지 않게 된다. 유명한 운동선수와 유명 인사들이 방송에 출연하여 상대 선수나 자신의 대항 세력을 어떻게 위협하고 괴롭히고 싸웠는지에 대해 허풍을 떤다. 그들이 자신을 우쭐대는 승자로 묘사하든지, 또는 슬픔에 잠긴 패자로 묘사하든지 둘 다 나쁜 역할 모델이다. 예능 영상물에 포함되는 반사회적 행동의 양과 유형을 감소시키고, 공격행동에 뒤따라오는 현실적인 후속결과를 제시하면 덜 폭력적인 사회를 건설하는 데 도움이 될 것이다. 운동선수와 정치인과 예술인들이 폭력에 관련하여 허풍을 떨지 않는다면 폭력 감소에 엄청난 효과가 있을 것이다.

6. **공격행동을 조장하는 일상생활 조건을 개선하라.** 사람들은 자신에게 꼭 필요한 기본 생활필수품이 없거나, 혐오스러운 상황에 처하거나, 폭력 외에는 다른 방법이 없다고 인식할 때 공격적이 되는 경향이 있다. 그런데 상당수의 미국 아동과 청소년이 빈곤과 그에 따르는 박탈감과 혐오스러운 생활 환경을 경험하고 있으므로, 이러한 일상생활 조건들이 공격행동을 양산하는 기름진 토양이 되는 셈이다. 따라서 빈곤, 실업, 사회적 불공평 등을 해결하기 위한 사회 프로그램들이 공격행동을 초래하는 생활조건을 개선할 수 있다. 예를 들어 학생으로 하여금 여가활동에 참여하도록 지원하는 것이 반사회적 행동의 대안을 제공할 수 있다. 빈곤과 생활의 모든 위험을 완전히 제거할 수는 없지만, 합리적인 사회는 많은 아동이 두려움과 고통과 절망감에 빠져 비참하게 살지 않도록 지원을 제공하여야 한다. 정부, 개인 기업, 지역사회, 종교단체, 공격적인 학생들과 그들의 가족을 참여시켜서 효과적인 사회 프로그램을 개발하여야 한다.

7. **학교는 더 효과적인 교수와 더 매력적인 교육 프로그램을 제공하라.** 만약 청소년들이 학업적으로 성취하는 것이 재미있고 자신의 삶에 유용하다고 여긴다면, 공격적으로 행

동할 가능성은 감소한다. 학교는 신뢰할 만한 과학적 증거에 기반한 효과적인 교수방법을 사용하여 학생들로 하여금 기초 학업기술을 학습하여 교육적 선택권을 가지도록 할 수 있다. 학교가 다양한 교육과정을 제공한다면, 더 많은 학생들이 고등학교 졸업 후의 성인생활을 준비하는 데 필요한 교과목을 선택할 수 있을 것이다.

비가시적인 반사회적 행동의 예방은 가시적인 공격행동의 예방과 유사하다. 인성교육과 도덕교육은 절도, 거짓말, 파괴행동 등을 예방하는 데 효과적인 것처럼 보인다. 그러나 일반적으로 도덕교육과 인성교육은 효과가 없거나 매우 효과가 적다. 도덕적 행동은 도덕적 판단과 일치하지 않는다. 아동과 청소년과 성인 모두 무엇이 옳은지 알면서도 옳지 않은 행동을 한다. 도덕적 행동은 도덕적 인성뿐만 아니라, 상황변인에 의하여 영향을 받는 경향이 있다. 청소년들은 어떤 상황에서는 솔직하고 이타적이다가도 다른 상황에서는 그렇지 않다. 교사가 학급 규칙, 징계, 절차, 도덕 문제에 대해 말하는 것이 학생의 도덕적 추론에 거의 영향을 미치지 못한다. 학교가 친사회적 가치관을 가르치려면 우선 일관성이 있고 보편적인 인성교육 프로그램을 개발하여야 한다. 또한 개발된 프로그램을 토론, 역할놀이, 사회성 기술 훈련 등을 통해 적용함으로써 학생들로 하여금 도덕적으로 심각한 문제를 인식하고, 도덕적 가치관을 수용하여 도덕적 행동을 선택하도록 지원하여야 한다.

예방적인 노력은 하나의 사회적 상황(예 : 학교 또는 가정)에서 실시될 경우에 효과가 크지 않지만, 문제와 관련된 다양한 상황에서 일관성 있게 중재 패키지가 적용되면 효과를 극대화할 수 있다(Conduct Problems Prevention Research Group, 1999, 2011; Strain & Timm, 2001 참조). 교사는 자신이 일차적인 책임이 없거나 직접적인 영향을 미칠 수 있는 사회적 상황이 아니라 할지라도 문제가 발생하면 즉각적으로 예방적 중재를 적용하여야 한다.

교사는 교육을 통하여 예방하는 것이 가장 중요하다는 것을 깨달아야 한다. 학생이 매일 학업적인 과제와 사회적 과제를 수행하면서 실패를 경험한다면, 학생이 반사회적 행동을 나타낼 경향은 증가하게 된다. 많은 반사회적인 학생들은 학업적 과제를 어떻게 해야 하는지 모르고, 전형적인 학급 내에서 성공하기 위해 필요한 사회적 대처기술도 가지고 있지 않다. 따라서, 학생이 매번 실패를 할 때마다 미래에 반사회적 행동을 나타낼 가능성은 증가하는 것이다.

반사회적 행동에 대한 가장 효과적인 학교중심의 예방은 사전대책을 강구하고 교육하는 것이다. 즉 학업 실패와 사회적 행동의 실패와 강압적인 갈등을 피할 방법들을 계획하고, 학생들에게 더 적응적이고 능숙하게 행동하는 방법을 적극적으로 가르쳐야 한다. 교사는 학생들의 공격행동을 대체하기 위한 친사회적 기술을 파악하고, 친사회적 기술을 가르치기 위해 필요한 교수 전략을 개발하여야 한다.

사회학습 중재의 주요 특징

여러 개념적 모델에 근거하여 심리역동치료, 생물학적 치료, 행동 중재 등 품행장애의 중재 방법들이 제안되어 왔다. 체계 이론(systems theory)과 행동주의에 기초한 부모의 자녀관리 훈련, 문제해결 훈련, 가족치료뿐만 아니라, 개인과 다양한 사회체계(예 : 가족, 학교, 지역사회)에 초점을 맞춘 중재 방법들이 가장 유망한 접근 방법이다. 일반적으로 사회학습 원리에 근거한 중재가 다른 개념적 모델에 근거한 중재 방법들보다 더 성공적인 것으로 간주된다(예 : Dean, Duke, George, & Scott, 2007; Kauffman, Pullen et al., 2011; Kazdin, 2008; Walker & Sprague, 2007; Walker et al., 2004). 사회학습 중재가 교사들에게 가장 직접적이고 실제적이며, 신뢰할 만한 교육적 시사점을 제공하므로, 이 책에서는 사회학습 개념에 기초한 중재방법들을 중심으로 소개하였다.

공격행동을 통제하기 위한 **사회학습 접근 방법**은 세 가지 중요한 구성요소를 포함한다 — 특정 목표행동, 사회적 환경을 변화시켜서 행동을 수정하기 위한 중재 전략들, 행동 변화의 정확한 측정. 이러한 구성요소들이 중재로 인한 목표행동의 질적 변화와 양적 변화의 평가를 가능하게 한다.

사회학습 중재가 때로는 매우 단순해 보이지만, 중재 전략을 세심하게 조정할 필요가 있으므로 보이는 것처럼 단순하지는 않다. 행동 원리를 효과적이고 인도적으로 적용하는 데 있어서 의사소통의 정교한 감수성이 필요하다. 한 사례에 적용할 수 있는 중재 전략은 광범위하므로, 효과적이고 윤리적인 중재계획을 세우는 데 있어서 고도의 창의성이 요구된다.

공격행동을 감소시키기 위하여 개발된 학교중심의 사회학습 중재는 다양한 전략과 절차를 포함한다(Kauffman, Pullen et al., 2011; Landrum & Kauffman, 2006). Walker(1995)는 품행장애 학생을 위한 12가지 중재 전략을 개발하고, 정확한 사용지침, 특별한 논제들, 각 중재 전략의 장단점을 제시하였다. 이 중재 전략들은 지난 수십 년 동안 실행된 행동관리 관련 연구들을 명료하게 정리해 놓은 것이고, 최근 연구들에 의해서도 효과적인 중재 전략이라고 인정받고 있다(Lane et al., 2011; Walker & Gresham, 2014 참조). 이러한 중재 전략들은 개별적으로 사용될 수도 있고, 복합적으로 사용될 수도 있다. 각 중재 전략이 품행장애를 효과적으로 중재하기 위하여 어떻게 사용되는지 간략하게 설명하면 다음과 같다.

1. **규칙** — 학급에서의 학생 행동에 대한 교사의 기대를 분명하고 명료하게 진술. 학생

에게 기대되는 행동을 명확하게 제시하는 것이 품행장애 학생을 위한 교정적 또는 치료적 환경에 있어서 가장 중요하다. 분명한 규칙은 학생들로 하여금 어떻게 행동해야 하고, 무엇이 금지되는지에 대해 알게 해준다. 이러한 규칙들은 학급에서 기대되는 학생 행동과 교사 행동의 중요한 지침들이다. 대부분 긍정적으로 진술된 규칙들은 교사가 실행해야 하는 칭찬, 인정 및 다른 유형의 긍정적 강화에 대한 지침이다. 부정적으로 진술되는 규칙들을 최소화해야 하며, 교사의 벌 사용에 대한 지침도 포함되어야 한다.

2. **교사의 칭찬** — 긍정적 언어, 동작 및 인정을 나타내는 기타 정서적 표현(예 : 친절한 말, 미소, 몸짓). 교사가 학생의 바람직하고 비공격적인 행동을 칭찬하는 것이 성공적인 행동관리의 주요 요소 중 하나이다. 칭찬에 관련된 연구에 따르면, 칭찬은 학생이 바람직한 행동을 하도록 촉진하는 효과적인 도구인데도 불구하고 교사는 칭찬을 많이 사용하지 않으며, 특히 칭찬이 가장 필요한 학생들에게 칭찬을 가장 인색하게 사용한다(예 : Bayat, 2011 참조). 기술적으로 적절하게 사용하는 칭찬은 정적 강화를 적용하는 프로그램의 가장 중요한 요소이다. 또한, 규칙만으로는 충분히 효과적이지 못하므로 학생이 규칙을 준수할 때마다 교사는 능숙하게 칭찬을 자주 해야 한다.

3. **정적 강화** — 행동의 미래 발생률 또는 강도를 증가시키기 위하여 강화적 후속결과를 제시. Rhode, Jenson, 그리고 Reavis(2010)는 칭찬을 포함한 정적 강화가 가장 효과적이기 위해서는 다음 조건들을 충족해야 한다고 강조하였다 — (a) 정적 강화는 바람직한 행동이 발생한 직후 즉시 제공되어야 한다. (b) 정적 강화는 자주 제공되어야 한다. (c) 정적 강화는 적극적으로 제공되어야 한다. (d) 교사는 정적 강화를 제공할 때 학생과 눈 맞춤을 해야 한다. (e) 교사는 학생에게 정적 강화를 제공할 때 어떤 행동에 대해 정적 강화가 제공되는지를 설명해야 한다. (f) 학생으로 하여금 정적 강화를 얻는 것을 기대하며 분발하도록 격려해야 한다. (g) 다양한 정적 강화가 제공되어야 한다. 때로는 토큰강화를 제공한 후 나중에 원하는 물건이나 특권과 교환해 갈 수 있게 한다(다른 유형의 경제적 교환이나 화폐 제도와 유사). 정적 강화를 효과적으로 사용하기 위해서는 학생 행동에 대해 차별적으로 반응해야 한다(**차별강화**). 즉 바람직한 행동은 강화하고, 바람직하지 않은 행동은 강화하지 않는 것이다. 정적 강화의 기본 취지는 매우 단순하다. 반사회적 학생에게 정적 강화를 효과적으로 제공하는 것이 특별히 어렵기는 않다.

4. **언어적 피드백** — 학업적 또는 사회적 행동의 적절성 또는 부적절성에 대한 정보 제공. 학생의 학업적 수행이나 행동에 대한 교사의 반응은 학생이 행동을 학습하는 데 있어서 중요한 요인이다. 즉 학생의 행동에 대해 교사가 언제 말을 하고 어떤 행동을 하는지, 어떤 내용을 전달하는지, 어떤 감정적 어조를 사용하는지 등이 중요하다. 다시 말해 교사가 긍정적인 피드백을 명료하게 제공하고, 논쟁의 방향을 잘 조정하며, 가장 효과적인 시점에 적절한 속도로 언어적 피드백을 제공하는 것이 중요하다. 교사가 언어적 피드백을 제공해본 경험이 풍부하고, 행동 중재에 대한 훈련을 받고, 자기성찰을 해야 학생에게 언어적 피드백을 효과적으로 사용할 수 있다.

5. **선행사건 수정** — 행동을 유발하는 선행사건이나 조건 변경. 때로는 선행사건을 쉽게 수정하여 문제행동을 급격히 감소시키기도 한다. 예를 들어 교수나 과제를 더 짧고 명확하게 제시함으로써 학생들의 순응 수준을 크게 향상시킬 수 있다. 또는 교사가 과제를 수정된 방법으로 제시하거나 지시하는 방법을 수정함으로써 학생들의 거부반응을 감소시키기도 한다. 최근 공격행동이 발생하는 상황의 영향에 대해 점차 주의를 기울이고 있는데, 교사가 공격행동이 발생하는 상황을 수정하여 학생의 공격행동을 효과적으로 감소시킬 수 있다.

6. **행동계약** — 특정 역할, 기대, 그에 따른 후속결과에 대한 교사와 학생 간, 또는 부모와 학생 간, 또는 교사와 부모 간 작성되는 수행 동의서. 행동계약서는 학생의 연령과 지능을 고려하여 단순하고 직접적으로 표현하여 작성하여야 한다. 행동계약서는 명료하게 작성되어야 하며, 바람직한 행동에 대한 정적인 후속결과를 강조하여 계약자 모두 동의하는 공평한 후속결과를 명시하여야 하고, 계약서에 서명한 성인에 의해 엄격하게 지켜져야 한다. 일반적으로 행동계약이 유일한 중재 전략이거나 일차적인 중재전략인 경우에 성공하지 못한다. 행동계약에 포함시키는 문제행동의 범위를 명료하게 정하는 경우에 유용한 전략이 될 수 있다.

7. **모델링과 모방 강화** — 바람직한 시범을 보여준 후에 일치하는 행동을 보이면 정적 강화 제공. 기본적인 사회학습 과정인 관찰 학습은 모델을 관찰함으로써 학습하고 모방하는 것이다. 모델은 성인일 수도 있고 또래일 수도 있다. 중요한 것은 바람직한 행동을 학습하여야 하는 학생에게 누구의 어떤 행동을 관찰하여야 하는지와 행동의 어떤 측면이 일치하여야 하는지 등에 대하여 가르쳐야 한다는 점이다. 모방해야 하는 행동에 대해 가르치지 않고 모델만 보여주는 것은 학업적 문제나 사회

적 문제를 감소시키는 데 효과적이지 못하다(Kauffman, Pullen et al., 2011 참조).
효과적인 모델링과 강화는 교사와 일대일 교수 상황에서 제공되어야 하며, 학생으로 하여금 관찰학습을 통해 학습한 바람직한 행동을 일상생활에 적용하도록 돕는 절차가 있어야 한다.

8. **행동 형성** — 학생이 이미 어느 정도 나타내고 있는 행동이 점차 목표행동에 가까워지는 것을 강화하여 새로운 반응을 형성하는 과정. 행동 형성의 핵심 요소는 목표행동에 점진적으로 가까워지는 행동들을 정하고, 학생이 목표행동에 가까워진 행동을 수행할 경우에 교사가 강화하는 것이다. 행동 형성법을 적용하려면 목표행동과 관련하여 학생이 현재 수행할 수 있는 행동에 주의를 기울일 필요가 있다. 정적 강화와 마찬가지로 행동 형성의 기본 원리는 단순하지만, 능숙하게 적용하는 것은 쉽지 않다.

9. **체계적인 사회성 기술 훈련** — 학생들로 하여금 (a) 긍정적인 사회적 상호작용을 개시하고 유지하며, (b) 교우관계와 사회적 지원망을 형성하고, (c) 사회적 환경에서 적절하게 대처하도록 돕는 기술들을 교수하는 교육과정. 사회성 기술은 교사와 부모와 같은 권위 있는 인물들과의 관계 형성을 잘하고, 또래와 다양한 활동에 참여하며 관계를 형성하고 사회적 문제를 건설적이고 비공격적인 방법으로 해결하는 것을 포함한다. 학생이 사회성 기술을 습득하지 못하였으면 기술 결함(skill deficits)이라고 하고, 사회성 기술을 습득하였으나 적절하게 사용하지 못하면 수행 결함(performance deficits)이라고 한다. 효과적인 사회성 기술 프로그램은 강도가 높고 체계적이어야 하며, 학생이 강압적인 관계와 공격행동을 피하기 위하여 일상적인 자연 환경에서 사회성 기술을 연습하고 적용하는 것을 목표로 해야 한다.

10. **자기점검과 자기통제 훈련** — 자신의 행동을 변화시킬 목적으로 특정 행동을 일관성 있게 점검하고 기록하고 평가. 이러한 행동은 자신의 행동을 점검하며 촉진하고, 목표를 성취하였을 때 자신에게 강화를 제공하는 것을 포함한다. 자기점검법이나 자기통제를 적용하기 위해서는 학생의 내적 동기가 요구되며, 전략 사용에 익숙해지기까지 훈련과 연습이 필요하다. 제8장에서 언급한 바와 같이, 자기점검법은 ADHD 학생에게 자주 사용되는 전략이다. 그러나 자기점검법은 심각한 공격행동을 나타내는 학생이나 자기점검을 수행할 수 있는 인지적 능력이나 사회적 능력이 부족한 학생에게는 부적절한 전략이다.

11. **타임아웃** — 특정 문제행동이 후속결과로서 일정 기간 동안 정적 강화를 얻을 기회

제거. 타임아웃은 학생을 집단이나 학급으로부터 고립시키는 것, 교사가 학생으로 부터 돌아서서 반응을 안 하는 것, 일정 시간 동안 점수나 강화를 받을 수 없게 하는 것 등을 포함한다. 타임아웃은 심각한 문제행동에만 적용되어야 한다. 다른 벌의 유형과 마찬가지로 타임아웃(특히 배제적 타임아웃)도 쉽게 오해되고, 오용되거나 남용될 수 있다. 타임아웃을 충분히 이해하고 다른 정적 강화 절차들과 연합하여 능숙하게 사용하면, 타임아웃은 공격행동을 감소시키는 중요한 비폭력적인 도구가 될 수 있다. 정서행동장애 학생을 가르치는 교사는 배제적 타임아웃의 잠재적인 위험요소와 비배제적 타임아웃의 장점에 대해 잘 알고 있어야 한다(Ryan, Sanders, Katsiyannis, & Yell, 2007 참조).

12. 반응대가—특정 문제행동의 후속결과로서 사전에 습득한 강화나 강화물의 전부 또는 일부를 박탈. 반응대가는 부적절한 행동이 발생할 때마다 쉬는 시간이나 자유 시간을 박탈하거나, 선호하는 활동을 할 기회를 박탈하거나, 강화물이나 강화활동을 할 기회를 얻기 위해 누적된 점수를 박탈하는 것 등을 포함한다. 벌의 다른 유형과 마찬가지로 반응대가도 오해되고 남용될 수 있다. 또한 강력한 정적 강화 프로그램과 연합하여 사용하지 않으면 비효과적이다. 예를 들어 학생이 강화물을 얻을 기회가 많아서 강화물을 충분히 가지고 있어야 그중 일부 강화물을 빼앗길 수 있다. 반응대가는 모든 유형의 처벌 절차 중에서 심한 정서적 부작용이나 거부감을 일으킬 가능성이 가장 적은 중재 방법일 것이다.

벌의 사용과 남용

미국인들은 아동에게 체벌하는 것과 심한 징계를 사용하는 것을 당연히 받아들이는 것 같다(예 : Gershoff, 2002). 제7장에서 논의하였듯이, 연구에 따르면 전형적인 미국 학급의 경우에 교사가 학생의 바람직한 행동에 대한 정적 강화를 제공하는 비율은 낮고, 부적절한 행동에 대해 혐오적인 후속결과를 제공하는 비율은 높다. 비효과적인 벌을 과다하게 사용하는 것에 반감을 가지고 있는 사람들은 모든 유형의 벌이 비윤리적이며, 정적 강화만으로 학생의 행동을 관리하는 것이 충분하므로 모든 유형의 벌을 금지해야 한다고 주장한다. 그러나 연구에 따르면, 벌의 절차를 주의 깊게 적용하여야 하지만, 학생의 행동관리에 있어서 모든 유형의 벌을 사용해서는 안 된다는 주장을 지지하지는 않는다(Arnold-Saritepe, Mudford, & Cullen, 2016; Foxx, 2016a; Kauffman, Pullen et al., 2011; Mulick & Butter, 2016; Newsom & Kroeger, 2016 참조).

사회학습 중재에 있어서 바람직한 행동을 교수하는 것이 매우 중요하지만, 견디기 어려운 과도한 행동이나 위험한 행동이나 대안적인 정적 중재에 반응을 보이지 않는 행동에 대해서는 벌의 사용이 필요할 수도 있다. 학습 문제와 행동 문제를 나타내는 학생들을 다룰 때, 바람직한 행동에 대해서는 정적 강화를 하고 부적절한 행동에 대해서는 부정적인 후속결과를 사용하지 않고는 학급을 적절하게 통제하기 어렵거나 불가능하다. 부적절한 행동에 대해 부정적인 후속결과를 일관성 있게 체계적으로 사용하면 긍정적인 후속결과의 효과도 향상시킬 수 있다(Lerman & Vorndran, 2002).

하지만 벌을 사용할 경우에는 신중을 기해야 한다. 바람직한 행동에 대해 강화를 제공하지 않는 상황에서 벌의 사용 시간이 적절하지 않거나, 복수심 때문에 벌을 사용하거나, 일관성 없게 벌을 사용할 경우 나쁜 사례를 제공하게 되어 학생은 문제행동을 더 많이 나타낼 수 있다. 심한 벌은 역공격 행동과 강압을 유발한다. 벌은 행동을 통제하기 위해 자주 남용되며 매력적으로 보이는 접근 방법이다. 심한 벌은 즉각적인 효과가 있다. 왜냐하면 벌은 짜증나게 하는 행동이나 부적절한 행동을 즉각적으로 멈추게 하고, 체벌하는 사람에게 강력한 부적 강화를 제공하기 때문이다(예 : 교사는 소리를 지르거나 야단을 쳐서 아동으로 하여금 일시적으로나마 문제행동을 멈추게 함으로써 부적으로 강화된다). 이것이 혐오적인 대회에서 우승하여 의미도 없는 명예를 얻기 위하여 벌을 주는 사람과 벌을 받는 사람이 경쟁하는 상호작용의 시작점이 되곤 한다. 사람들은 벌이 벌을 받는 사람을 고통스럽게 만든다고 잘못 생각하여 가벼운 유형의 벌보다 심한 벌이 효과적이라고 간주한다. 공격적이고 반사회적 행동을 나타내는 아동 가정의 특징인 강압적인 관계의 저변에 벌에 대한 이런 위험과 오해와 남용이 자리를 잡고 있다(Patterson et al., 1992 참조). 따라서 교육 환경에서 벌을 사용하고자 할 때는 학교가 혐오적인 통제를 위한 또 하나의 전쟁터가 되는 것을 막기 위하여 신중을 기해야 한다.

사회학습에 관련된 문헌들에 따르면, 벌을 주의 깊고 적절하게 사용하면 심각한 문제행동을 나타내는 아동에게 고통을 주지 않으면서도 효과적으로 행동을 통제하는 중재 전략이 될 수 있다(Kauffman, Pullen et al., 2011; Lerman & Vorndran, 2002; Newsom & Kroeger, 2016; Walker et al., 2004). 효과적인 벌은 공격적이지 않고 사회화가 잘 된 아동을 양육하는 데도 필요하다. 그러나 교사와 부모가 벌의 절차를 서투르게 적용하거나, 복수심이나 악의를 가지고 벌을 사용하는 경우에는 실패한다. 또한 부적절한 행동에 대한 벌을 사용할 때는 반드시 바람직한 행동에 대해 정적 강화를 제공하여야 한다(Kazdin, 2008; Maag, 2001; Newsom & Kroeger, 2016). 공격행동이 신가성 정도에 걸맞지 않게 심한 벌을 주는 것은 인격적인 처치가 아니다. 벌의 절차를 사용하기 전에 교사는 학생에게 바람직한 행동을 가르치는 프로그램과 정적 강화가 제대로 작동하고 있는지 점검하고, 벌이 가해질 문제행동의 유형을 신중하게 고려하여야 한다. 교사는 학급에서 벌의 절차를 사용하기 전에 벌에 대해 신중하게 검토하여야 한다. 학생의 인격에 손상을 주지 않으며 벌을 효과적으로 사용하는 지침은 다음과 같다.

- 벌은 문제행동을 긍정적인 중재 전략으로 통제할 수 없는 경우와 문제행동이 아동의 사회적 관계에 심각한 손상을 초래하는 경우에만 사용하여야 한다.
- 벌은 바람직한 행동과 성취에 대해 정적인 후속결과를 제공하는 행동관리와 교수 프로그램이 지속되는 상황에서만 사용되어야 한다. 벌은 혐오적인 자극을 제시하는 유형보다는 부적절한 행동을 나타낼 경우에 특권이나 강화를 박탈하는 반응대가 유형을 사용하는 것이 바람직하다.
- 가능하면 벌은 문제행동과 연관되어야 한다. 예를 들어 아동의 문제행동이 야기한 상황을 아동으로 하여금 회복시키게 하거나(상황회복 과다교정), 문제행동과 연관된 더 적응적인 대안행동을 연습(정적 연습 과다교정)하는 것이다.
- 벌의 효과가 즉시 나타나지 않으면 벌을 중지해야 한다. 행동에 대해 즉각적인 효과가 나타나지 않을 수도 있는 정적 강화와는 달리, 효과적인 벌은 문제행동을 즉각적으로 감소시킨다. 벌을 비효과적으로 사용할 바에는 차라리 벌을 사용하지 않는 것이 좋다. 왜냐하면 비효과적으로 사용되는 벌은 혐오적인 후속결과에 대한 아동의 내성만 증가시키기 때문이다. 벌이 심하다고 반드시 효과적인 것이 아니다. 다른 유형의 벌을 적용하거나, 벌을 더 즉각적이고 더 일관성 있게 사용하는 것이 벌의 효과를 향상시킬 수 있다.
- 특정 벌의 절차를 적용할 때는 사용 지침서가 있어야 한다. 학생, 부모, 교사, 학교 관리자 등 관련된 모든 사람이 어떤 벌의 절차를 적용할 것인지에 대해 사전에 알아야 한다. 교사는 타임아웃이나 다른 유형의 혐오적 후속결과를 사용하기 전에 학교 관리자로부터 승인을 받아야 한다.

앞서 논의한 바와 같이, 일반적으로 품행장애 아동은 일반적으로 소홀한 관리감독과 일관성이 없는 심한 벌과 바람직한 행동에 대한 정적 강화의 부재를 경험하며 산다. 벌을 사용한 것이 아동의 품행장애에 부정적인 영향을 미친 게 아니라, 아동의 바람직한 행동에 대해 정적 강화를 제공하지 않고 벌을 부적절하게 사용한 것이 아동의 품행장애에 부정적인 영향을 미친 것이다. 품행장애의 효과적인 중재에 적절하게 적용되는 효과적인 벌이 자주 포함된다.

폭발적 행동의 주기와 사전교정

사회학습 중재는 공격행동의 상승과 폭발을 초기에 예방하는 데 초점을 맞추고 있다. Colvin(1992)이 제안한 것에 기초하여 Kauffman, Pullen, 그리고 동료들(2011)은 아동과 청소년이 경험하는 폭발적 행동의 주기와 관련하여 교사가 중재에 사용할 수 있는 개념적인 틀을 제시하였다.

폭발행동주기의 매우 중요한 특징은 학생이 교사의 기대에 따라 바람직하게 행동하는 평온 단계(calm phase)에서 시작한다는 것이다. 이 단계에서 학생은 협력적이고 순응적이며 과제에 집중한다. 품행장애 학생 대부분은 일정 시간 동안 바람직한 행동을 보이다. 그러나 교사는 품행장애 학생의 바람직한 행동을 무시하곤 한다. 정서행동장애 학생을 가르치는 많은 교사들은 학생이 평온 단계에 있었던 적이 한 번도 없었다고 말하지만, 이 책의 저자들이 학생 행동을 관찰한 결과에 따르면 가장 공격적인 학생도 학교 일과 중 잠깐 동안이지만 순응적이고 규칙을 준수하는 순간들이 있다. 따라서 평온 단계에 머물고 있는 학생을 인정해주고 칭찬해주는 것이 매우 중요하다. 교사는 학생이 평온 단계에 최대한 오래 머물 수 있도록 지원해야 한다.

학교 안팎의 해결되지 않은 문제(예 : 또래의 괴롭힘)가 폭발행동주기의 촉발 단계(trigger phase)를 초래할 수 있다. 촉발 또는 계기는 학생으로 하여금 폭발행동에 접어들게 만든 첫 번째 사건이나 상황이다. 이 시점에서 교사가 학생의 폭발행동을 유발하는 사건이나 상황을 즉각적으로 인식하고, 학생으로 하여금 문제를 해결하도록 신속하게 돕는 것이 중요하다.

만약 폭발행동을 유발할 수 있는 문제가 해결되지 않는다면 학생은 흥분 단계(agitation phase)에 접어들게 되고, 학생의 모든 행동은 초점을 잃고 과제에서 벗어나게 된다. 교사는 학생의 흥분 상태를 인식하여 공격행동이 더 심해지지 않도록 학생에게 다가가거나 또는 멀리 떨어지거나, 학생으로 하여금 대안적인 활동을 하게 하거나, 자기통제기술을 적용하게 하거나, 학생이 폭발행동을 피할 수 있도록 고안된 전략을 적용하여 학생의 공격행동의 상승을 예방해야 한다.

학생에게 적절하게 반응하지 못할 경우에 학생의 흥분 단계는 가속 단계(acceleration phase)를 초래하게 된다. 이 단계에서 학생은 교사와 논쟁을 하거나, 불순응하거나, 극도로 파괴적인 행동을 보임으로써 교사의 주의를 끌면서 강압적인 투쟁을 하게 된다. 이 시점에서 교사는 논쟁에 끌려 들어가는 것을 피해야 하고, 위기 예방 전략을 사용하여 강압적인 싸움으로부터 빠져나와야 한다. 교사가 이 단계에 있는 학생을 진정시키기는 매우 어렵기 때문에, 교사는 학생의 문제행동을 멈출 수 없다는 것을 인식하게 된다. 교사의 목표는 학생의 문제행동에 의한 피해를 최소화하는 것과 가능하면 학생의 문제행동이 더 심해지지 않도록 하는 것이다. 따라서 사전에 폭발행동을 보일 경우에 어떠한 후속결과가 뒤따라오는지 학생과 명확하게 의사소통을 할 필요가 있다. 폭발행동의 후속결과를 사전에 학생과 정한 경우에 교사는 가속 단계의 폭발행동을 보이는 학생에게 필요한 정보를 사실 그대로 제공하고, 학생에게 결정할 수 있는 시간을 몇 초 준다(예 : "로저야, 물건을 집어던지는 행동을 당장 멈추지 않으면 교장선생님을 오시라고 할 거야. 잠시 생각하고 빨리 결정하렴."). 이때 후속결과를 신속하고 확실하게 적용하는 것이 매우 중요하다.

폭발행동주기의 절정 단계(peak phase)에 있는 학생의 행동은 통제가 어려우므로 관련된 모든 사람의 안전이 가장 중요하다. 경찰에 신고하거나, 학생의 부모를 호출하거나, 학생을 교실이나 학교 밖으로 데리고 나와야 할 수도 있다. 학교 차원에서 통제가 어려운 이러한 행동이 발생했을 경우에 대한 준비가 되어 있어야 하며, 교사는 침착하고 체계적이며 효과적으로 대처하여 상해나 피해를 최대한 예방하고, 학생이 가능한 한 빨리 진정할 수 있도록 도와야 한다. 학생이 이러한 폭발행동을 자주 보이는 경우에 교사는 수업 환경과 과제를 수정할 필요가 있는지 검토해야 한다.

절정 단계 다음에 뒤따라오는 진정 단계(de-escalation phase)에서 학생은 강압적인 투쟁에서 빠져나와서 진정이 되기 시작하지만, 매우 혼란스러워한다. 이 단계에서 학생은 위축되기도 하고, 발생한 일을 부정하거나 다른 사람을 비난하기도 한다. 또한 학생은 환경을 정리하고 싶어 하거나, 교사의 지시에 순응하고 과제를 하려고 하기도 한다. 이 시점에서 교사는 학생이 평온을 되찾도록 돕고, 가능한 한 학생의 폭발행동으로 인해 초래된 환경을 학생으로 하여금 원상 복귀해 놓고(예 : 책상과 의자를 제자리에 놓기, 쓰레기 치우기), 일상 활동을 하도록 지원하는 것이 중요하다. 이때 학생과 폭발행동에 대해 이야기하는 것은 바람직하지 않다. 행동주기로 볼 때 이 시점에서 학생을 심문하는 것은 역효과를 초래한다. 학생이 말하기를 꺼릴 수도 있고, 폭발행동이 왜 일어났고 앞으로 유사한 문제를 어떻게 피할 수 있는지에 대해 학생이 명료하게 생각하기 어려울 수도 있다.

행동주기의 마지막 단계인 회복 단계(recovery phase)에서 학생은 시간을 때우기 위한 과제나 일상적인 과제를 하려고 하며, 어떤 일이 일어났는지에 대해서는 말하기를 꺼린다. 교사는 학생이 정상적인 일과를 수행하는 것에 대해서 효과적인 강화를 제공해야 하지만, 학생이 보인 폭발행동에 뒤따라올 부정적인 후속결과에 대해서는 타협을 하지 않는 것이 중요하다. 이 시점에서 학생과 무엇 때문에 폭발행동이 일어났고, 어떤 대안적인 행동을 선택할 수 있었는지에 대해 검토하고 정리하는 것이 중요하다. 교사는 학생이 문제를 해결하도록 노력하면 칭찬해주고, 학생으로 하여금 폭발행동이 반복하여 발생하는 것을 피하기 위한 단계적인 계획을 세우도록 돕는다. 교사는 학생이 도움을 받으면 통제불능의 상황을 피할 수 있고 성공할 수 있다는 확신을 줄 필요가 있다.

일반적으로 교사는 폭발행동주기의 1~3단계는 무시하고, 극적인 사건이 발생하는 4~5단계에만 초점을 맞추기 때문에 역효과를 초래한다. 지난 수십 년 동안 수행된 연구들에 따르면, 교사는 폭발행동주기의 초기에 주의를 기울여야 하고, 학생의 순응적인 행동을 강화하며, 폭발행동의 유발요인들을 제거하거나 개선해야 하고, 학생이 흥분한 징조가 보이면 초기에 위협적이지 않은 방법으로 중재해야 한다. 바람직한 행동에 강력한 강화를 제공하는 것도 중요하지만, Colvin, Sugai, Patching(1993)이 제안하는 사전교정(precorrection)은 어떤 상황에서 문제행동이 일어날 수 있는지, 어떤 환경 조건들을 수정해야 하는지, 문제행동을 예방하기 위한 교수적 절차는 무엇인지, 폭발행동의 촉발 단계와 흥분 단계를 어떻게 피할 수 있는지 등을 검토하는 것에서 시작한다. 그림 9.1은 6학년 티미를 위해 교사가 개발한 사전교정 점검표와 계획이다.

폭발행동과 관련된 대부분의 문제들은 처음에는 중요하게 보이지 않는 것들이다. 통찰력이 예리한 교사들은 폭발행동주기의 초기 단계들을 적절하게 다룰 뿐만 아니라, 폭발행동의 촉발과 흥분 단계의 가능성을 감지하자마자 신속하게 학생에게 다가가서 학생으로 하여금 그러한 상황을 피할 수 있도록 적극적으로 도와주어야 한다. 가장 효과적인 중재는 겉보기에 일상적인 사건들을 능숙하게 다루는 것을 포함한다.

학교폭력과 학교 차원의 규율

학교에서의 일탈행동을 연구하는 사람들은 지난 20년 동안 학생의 문제행동의 심각성과 보편성이 심각하게 증가하였음에 동의한다. 이러한 추세는 학교 차원의 일관성 있는 행동관리계획과 개인 및 학급 차원의 중재 전략 없이는 긍정적으로 변화되기 어렵다(Algozzine & Algozzine, 2014; Lewis, Mitchell, Johnson, & Richter, 2014 참조)

최근 많은 학교에서, 특히 중학교에서 학생들은 또래들의 폭력행동에 대해 걱정을 많이 한다. 그동안 학생들에게 화평과 갈등해결기술 등을 가르치는 것이 폭력을 감소시키는 데 효과적인 전략이라고 제안되어 왔으며, 실제로 그러한 전략들이 좀 더 안전하고 덜 폭력적인 학교를 만드는 데 기여를 했을 것이다. 그러나, 학교폭력을 감소시키기 위한 가장 효과적인 접근 방법은 교실을 포함한 학교 환경에서 일상적으로 일어나는 상호작용에 일차적으

그림 9.1 티미를 위한 사전교정계획

사전교정계획의 사례

교사 : 리디아 해시   학생 : 티미 린들(6학년)   날짜 : 2016년 10월 11일

---

1. 상황적 맥락(시간과 장소, 예측 가능한 행동이 발생하는 상황, 환경, 또는 조건)

    과학 시간 또는 사회 시간, 특히 집단 활동에 참여해야 할 때

    예측 가능한 행동(주어진 상황에서 발생할 것으로 예측되는 실수나 문제행동)

    티미는 과제에 대해 큰 소리로 불평을 하거나(예 : 이 쓰레기 같은 것을 왜 해야 해요?) 또래에게 부적절한 말(예 : 바보, 저능아)을 한다. 다른 학생들이 교사의 질문에 대답을 할 경우에 학생들을 놀린다.

---

2. 기대되는 행동(교사가 학생의 예측 가능한 행동 대신 나타나길 기대하는 행동)

    티미는 집단 내에서 협력적으로 공부하며, 과제와 관련된 이야기만 하고, 또래들에게 긍정적인 말만 한다.

---

3. 상황적 맥락 수정(예측 가능한 행동이 덜 발생하고, 기대되는 행동이 더 발생하게 하기 위해 수정해야 하는 상황, 환경, 조건 등)

    학급 활동을 위해 집단이 구성될 때, 티미에게 어떤 역할을 맡고 싶은지 묻는다. 집단 활동이 시작될 때 티미에게 집단 내 맡은 역할이 무엇이며 무엇을 해야 하는지 묻는다.

---

4. 행동 리허설(연습, 예행 연습, 시도, 훈련)

    당일 오후에 집단 활동이 예정되어 있는 경우에 교사가 티미와 함께 오전에 집단 구성원들의 역할에 대해 검토한 후에, 각 집단 구성원의 이름과 역할에 대해 질문한다. 집단 활동에 대해 간단히 역할놀이를 한 후, 티미에게 과제와 관련된 질문을 하고 과제에 대해 설명을 해보도록 한다.

---

5. 강력한 강화(기대되는 행동이 발생한 경우 주어지는 특별한 강화)

    티미가 집단 활동 시 바람직하게 말하는 것에 대해 하루 3번 이상 인정하고 칭찬한다. 티미가 집단 활동 시 다른 학생들을 괴롭히지 않고, 별명도 부르지 않고, 부적절한 말을 하지 않으면, 집단 활동이 끝난 후 매일 10분 동안 컴퓨터를 사용하도록 허용한다.

---

6. 촉진("기억해!, 지금 해!" 등의 의미를 전달하는 동작적 촉진이나 다른 신호들)

    교사는 수신호를 이용해서 티미에게 집단 활동 시 협력적으로 참여해야 하고 바람직한 말을 해야 한다는 것을 상기시키고, 적절하게 수행할 경우에 엄지손가락을 치켜든다.)

---

7. 점검계획(수행 기록, 다른 사람에게 보여줄 수 있는 성공 지표)

    각 집단 활동이 종료된 후에 교사와 티미가 함께 집단 활동의 참여와 활동 중 티미의 말이 적절했는지에 대해 평가하고 기록한다.

로 초점을 맞추는 것이다. 또한, 학교폭력을 감소시키기 위한 특별 프로그램을 적용하기보다는 일상적이고 기본적인 교육 실제를 자연스럽게 확대하고 정교화하여 적용하는 것이다. 실제로는 학교 차원의 규율이 심각한 장애를 예방하는 보편적 중재이다.

품행장애의 특징인 공격행동과 같은 폭력적 행동은 일반적으로 갈등을 악화시키는 일련의 단계를 따른다는 것을 아는 것이 폭력 예방에 있어서 중요하다. 따라서 학교폭력을 통제하기 위한 가장 효과적인 전략은 낮은 단계의 공격행동이 일어날 가능성이 있는 조건들을 수정하고, 공격행동이 악화될 징조가 보이면 초기에 비폭력적으로 즉시 개입하며, 학교 교직원 모두가 학교 차원의 징계 절차를 일관성 있게 적용하는 것이다. 학교 차원의 행동 중재 계획과 더불어, 교직원 전체가 팀이 되어 (1) 기대행동을 명확하게 제시하고, (2) 바람직한 행동을 자주 인정하고 강화하는 긍정적인 학교 분위기를 만들고, (3) 학생 행동을 지속적으로 점검하며, (4) 바람직하지 못한 행동에 대해서는 사전에 계획된 후속결과를 일관성 있게 제시하고, (5) 구성원이 합의한 지원을 제공하며, (6) 기대되는 행동과 문제가 되는 사건에 대해 학생과 의사소통을 명료하게 해야 한다(Lane et al., 2009; Lewis et al., 2014 참조).

학교에서의 반사회적 행동 문제는 강압, 협박, 위협 등을 포함하는 괴롭힘(bullying)인데, 가해자가 처음에 약한 사람을 단순히 심술궂게 괴롭히다가 점차 금품을 강요하거나 신체적 공격을 하게 된다. 최근 세계적으로 많은 국가에서 약자를 괴롭히는 행동이 학교의 심각한 문제로 인식되고 있다. 약자를 괴롭히는 행동은 학교폭력의 전조가 되므로 심각한 문제이다. 반사회적 행동을 나타내는 학생들이 가끔은 희생자가 되기도 하지만, 일반적으로는 희생자가 아니라 가해자이다. 괴롭힘을 당하는 잠재적 희생자는 수동적이거나, 순응적이거나, 도발적인 특성을 가지고 있다. 대부분의 괴롭힘은 성인이 없을 때 발생하므로, 괴롭힘에 대한 효과적인 중재는 지역사회 차원은 아니라 할지라도 학교 차원의 중재와 개인 차원의 중재를 포함하여야 한다. 괴롭힘 방지를 위한 효과적인 중재의 일반적인 특징은 다음과 같다(더 많은 논의를 위해서는 Gregory, Cornell, Fan, Sheras, Shih, & Huang, 2010; Walker et al., 2004 참조).

- 학교 분위기는 따뜻하고 긍정적이며 시원적이고, 교직원은 수용될 수 없는 학생의 행동에 대해 분명하고 확고한 한계를 정해준다.
- 행동 기대를 위반할 경우, 적대적이지 않고 신체적 체벌이 아닌 제재를 일관성 있게 즉각적으로 적용하여야 한다.
- 학교 안에서와 학교 주변에서의 학생 행동을 지속적으로 점검하고 감독한다.
- 괴롭힘 발생 시 학생들의 상호작용에 성인이 개입하고 통제권을 장악하여 괴롭힘을 멈추

도록 한다.

- 학교의 가치관, 행동 기대, 절차 및 후속결과를 명확하게 의사소통하기 위해서 가해자, 피해자, 부모, 괴롭힘에 가담하지 않은 중립적 입장의 학생들이 괴롭힘에 대해 논의하도록 한다.

학교는 모든 학생에 대해 책임이 있으며, 장애가 있다고 해서 학생을 배제해서는 안 된다. 그러나 일부 심한 품행장애 학생은 윤리적인 이유 때문에 일반학급이나 지역에 있는 학교에 통합될 수 없는 경우가 있다(Kauffman, Anastasiou, Badar, Travers, & Wiley, 2017; Kauffman, Ward, & Badar, 2016). 비폭력적인 학생들과 교사들이 바람직한 사회적 환경과 교수적 환경을 유지하기 원한다면 학교에서의 폭력행동은 묵인할 수도 없고 묵인해서도 안 된다.

비가시적인 반사회적 행동의 중재

품행장애의 가시적인 유형과 비가시적인 유형은 특성이나 원인이 유사하기 때문에 중재와 교육에 있어서 많은 특징을 공유하지만, 중요한 차이점도 있다(Eddy et al., 2002; Walker et al., 2004 참조). 비가시적인 반사회적 행동의 특정 유형마다 독특한 문제와 중재 접근이 있다. 자주 절도를 하는 아동의 가족은 절도를 하지 않는 공격적인 아동의 가족에 비해 중재하기 어렵다. 많은 경우에 가족치료나 부모 훈련을 실시할 수도 없고, 실시해도 효과가 없다. 기물 파괴는 학교 안에서 일어날 때가 많으므로 중재 프로그램도 일차적으로 학교가 중심이 된다. 방화가 학교와 거의 관련이 없을 것처럼 보이지만, 학업 문제를 가진 학생의 방화 목표물이 학교가 될 수도 있다. 무단결석이 정의상 교육 문제로 간주되기 쉬우나 비행과 연관되어 있으므로, 학생들의 학교 출석률을 높이기 위해 학교가 지역사회기관과 함께 프로그램을 실시하여야 한다.

절도

아동을 양육하는 부모들의 보고에 따르면, 어린 아동은 다른 사람의 소유물에 대한 권리를 인식하거나 존중하지 않으므로, 누구의 소유든 상관없이 자신이 원하는 것을 가져간다. 다시 말해서 그들은 다른 사람의 소유물을 훔친다. 만약 이러한 행동이 만 5~6세 이후에도 지속되면 아동은 절도범으로 알려지게 되어 또래나 성인과의 문제가 발생하게 된다. 절도의 기원과 관리에 관련하여 가장 유용한 분석은 행동의 학습이나 사회학습 관점에서 실시될 수 있다(Eddy et al., 2002).

절도를 하는 공격적인 아동의 특성을 체계적으로 연구한 자료(Eddy et al., 2002 참조)에 따르면, 다음과 같이 일반화를 할 수 있다.

- 절도하는 아동은 절도하지 않는 공격적인 아동에 비해 관찰 가능한 부정적이고 강압적인 행동과 반사회적 행동을 덜 나타낸다.
- 절도하는 아동의 가족은 절도하지 않는 공격적인 아동의 가족에 비해 긍정적이고 친근한 행동과 부정적이고 강압적인 행동 둘 다 덜 나타낸다.
- 아동이 나타내는 긍정적이고 친근한 행동과 부정적이고 강압적인 행동 둘 다 어머니의 행동에 영향을 받는다.

대부분의 절도하는 아동은 가정 이외 장소에서나 가정에서 보는 사람이 없을 때만 반사회적 행동을 나타내므로, 그들의 부모는 자녀의 문제를 해결하고자 하는 내적 동기가 거의 없다. 절도하는 아동의 부모는 자녀의 절도를 다른 사람의 탓으로 돌리고, 문제를 인정하지 않으며, 중재계획을 실천하는 데 실패하는 경향이 있다.

절도하는 아동의 가족은 구조화가 잘 되어 있지 않고, 부모의 감독과 자녀에 대한 정서적인 애착이 결여되어 있는 것이 특징이다. 따라서 절도하는 아동은 다른 사람의 소유물을 훔치는 것이 수용될 수 있는 행동이고, 자신이 무엇을 훔치든 아무도 상관을 안 하며, 절도에 뒤따르는 부정적인 후속결과가 없다는 것을 학습하게 된다. 또한 절도하는 아동은 가족의 범주 밖에서 자극과 강화를 찾으려는 동기가 있는 것 같다.

절도를 중재하는 것은 당연히 어렵다. 절도는 권위 있는 인물이 안 볼 때 발생하므로 즉각적인 후속결과를 제공하거나 교정하기 어렵다. 행동주의 관점에서 분석해보면, 절도는 훔친 물건에 의해 즉각적인 강화가 제공되므로 훔치는 행동이 강화된다. 절도의 즉각적이고 강력한 강화를 극복하는 것은 정말 힘들다. 이러한 어려움과 절도하는 아동의 파괴적인 가족 상호작용 유형에도 불구하고, 비교적 성공적인 행동 중재 프로그램이 보고되어 왔다. 효과적인 절도 방지 프로그램의 필수 요소로서, 중재를 적용하기 전에 실시하여야 하는 가장 기본적인 문제는 절도에 대한 부모의 인식을 점검하는 것이다. 절도하는 아동의 부모는 절도 때문에 아동을 비난하는 것을 망설이며, 처벌하는 것도 꺼린다. 부모는 자녀가 물건을 훔치는 것을 보지 못했기 때문에 자녀의 변명을 수용하곤 한다. 많은 부모들이 자녀가 훔친 물건에 대해 자녀가 주웠다, 빌렸다, 바꿨다, 당첨되었다, 보상으로 받았다고 주장하는 것을 맹목적으로 믿는다. 절도하는 아동의 부모는 자녀가 교사, 또래, 경찰에 의해 고발되면 자녀가 부당하게 공격을 받는 것이라고 주장한다. 절도하는 아동의 부모는 문제가 다른 사람에게 있는 것처럼 다른 사람들을 비난하며, 자녀의 문제를 다루려 하지 않는다. 심지어 가정에서 절도가 발생해도 부모는 자녀의 **절도**를 적절하게 정의하지 않는다. 일부 부모는 허락을 받지 않고 냉장고에서 음식물을 꺼내는 것도 절도로 간주하는 반면에, 다른 부모들은 모든 가족의 소유물을 공동 재산으로 간주하기도 한다. 훔친 물건의 값어치도 문제가 된다. 왜냐하면 절도하는 아동의 부모는 훔친 물건이 비싸지 않을 경우에 절도에 대한 처벌을 할 필요가 없다고 생각하기 때문이다.

절도를 다루는 첫 단계는 아동이 같은 연령의 다른 아이들보다 많이 훔치고, 비싼 물건을 훔치며 다른 사람들로부터 도둑이라고 낙인이 찍혀 있어서 어려움에 처해 있다는 것을 인식하는 것이다. 절도 방지 전략은 아동이 더 이상 도둑으로 고발당하거나 의심을 받지 않도록 돕는 단계를 포함하여야 한다. 아동이 의심을 받을 만한 일을 절대 하지 않는 것을 학습할 때까지 도둑이라는 낙인으로부터 벗어나기는 어렵다. 다음은 부모를 위해 제안된 전략들이다.

1. 아동이 자기의 소유가 아닌 것을 가지고 있는 것을 **절도**로 정의하라.
2. 부모만이 절도가 발생했는지를 결정할 수 있다. 부모는 자신이 직접 목격하거나, 신뢰할 만한 정보 제공자의 보고에 근거해서 절도의 발생 여부를 결정해야 한다.
3. 아동이 절도한 것이 확인되면, 부모는 아동에게 절도에 대해 규칙에 따른 후속결과가 적용될 것이라고 말해야 한다. 부모는 절도 발생 시 또는 후속결과를 적용할 때 아동에게 망신을 주거나 충고를 줘서는 안 된다. 절도 발생 시점이 아닌 다른 시간에 아동과 절도에 대해 논의하는 것이 필요하다.
4. 절도가 발생할 때마다 후속결과를 일관성 있게 적용하여야 한다.
5. 부모는 아동의 방이나 옷을 수색하는 탐지 전략을 사용하기보다는 아동이 가지고 있는 새로운 물건이 있는지 눈여겨보고 아동에게 직접 질문해야 한다.
6. 절도에 대한 후속결과의 예는 아동으로 하여금 일정 기간 유익한 일을 하게 하거나, 일정 기간 외출을 금지하는 등 특정 권리를 제한하는 것이다. 비싼 물건을 훔쳤을 경우에는 더 심한 후속결과를 적용해야 한다. 그러나 창피를 주거나 때리는 등의 가혹한 후속결과를 사용해서는 안 된다.
7. 일정 기간 절도가 발생하지 않았다고 해서 정적 강화를 제공해서는 안 된다. 왜냐하면 아동이 드러나지 않게 절도를 했을 가능성이 있기 때문이다.
8. 절도 방지 프로그램은 마지막 절도가 발생한 후 최소 6개월 동안 지속되어야 한다.

만약 아동의 절도가 학교와 가정에서 모두 발생한다면, 교사와 부모는 두 환경에서 절도

방지 프로그램을 일관성 있게 실시하여야 한다(Williams, 1985). 절도는 발생하기 시작한 초기에 효과적으로 중재하는 것이 매우 중요하다. 아동이 어린 나이에 절도를 시작하고 오래 지속할수록, 상습 절도범이 될 가능성이 높고 범죄자가 될 가능성도 높다. 일반적으로 심한 품행장애일수록 중재가 성공할 가능성이 적다. 또한 고학년 학생들의 경우, 학교에서 절도에 대처하려다가 법적인 문제를 야기할 수도 있다. 따라서 학교는 불법적인 수색과 압수를 해서는 안 된다.

거짓말

부모와 교사는 거짓말을 아동기의 심각한 문제행동으로 일관성 있게 간주하고 있음에도 불구하고, 거짓말에 대한 연구는 많지 않다(Mash & Barkley, 2003; Shinn, Walker, & Stoner, 2002 참조). 아동의 거짓말 특성과 발달 경위에 대한 연구(예 : Ahern, Lyon, & Quas, 2011)가 지속되고 있기는 하지만, 아직도 거짓말에 대한 효과가 입증된 중재 방법은 없다. 절도와 마찬가지로 거짓말을 중재하는 것도 쉽지 않다. 많은 경우에 아동이 거짓말을 하는 순간에 거짓말이라는 것이 드러나지 않으므로, 교사와 부모는 아동이 의도적으로 속이려고 했다는 것을 나중에 알게 된다. 따라서, 거짓말을 신속하게 교정을 하거나 후속결과를 제공하거나 벌을 주기 어렵다.

거짓말과 거짓말쟁이를 이해하는 데 있어서 긍정적인 변화가 있었지만, 병리적인 거짓말에 대해서는 아직도 이해가 부족하다. 분명한 것은 아동들은 벌을 피하기 위해 거짓말을 한다는 것이다. 부모와 교사가 아동의 거짓말을 심각하게 간주하는 이유는 거짓말이 은폐를 시도하는 것이고, 절도와 무단결석과 같은 유형의 반사회적 행동들과도 연관이 있기 때문이다. 학급 내에서의 거짓말과 속임수는 기능적으로 유사한 행동이다.

절도의 경우와 마찬가지로, 거짓말도 부모의 미숙한 자녀 관리와 감독 부재 등 가족의 과정변인(family process variables)과 관련이 있다. 거짓말이 다른 유형의 품행장애로 발전할 수 있는 심각한 문제인데도 불구하고, 중재에 대한 연구는 거의 없다. 아동의 거짓말에 대해 지속적으로 점검을 하면서, 정직한 행동에 대해 강화를 제공하고, 거짓말과 속임수에 대해서는 벌을 주는 것이 필요하다. 학생이 진실과 거짓을 변별할 수 있는지 진단하고, 학생이 거짓말을 하는 이유가 무엇인지(예 : 벌이나 과제를 회피하기 위해) 파악하며, 학생이 하는 말의 진실성에 관한 논쟁에 휘말리지 않는 것이 중요하다.

방화

아동의 방화는 상해, 생명 상실, 재산 피해 등을 초래한다. 모든 화재의 절반 이상이 어린 방화범들에 의해 발생한다. 방화의 평생 유병률은 일반 대중의 경우 1.0%로 추정되며, 방화는 아동의 반사회적 행동, 반사회적 행동의 가족력, 약물남용, 알코올 남용, 강박충동장애 등 기타 정신장애 등의 위험요인들과 깊은 연관성이 있다(Vaughn et al., 2010). 방화에 대해서 150년 넘게 과학적 관심을 기울여 왔으나, 우리는 아직도 아동 방화의 원인과 중재 방법을 이해하지 못한다(Kolko, 2002). 최근 들어 방화와 성적 흥분을 연관시키는 가상적인 심리역동적 설명이 신뢰할 만한 임상 증거에 기초하여 개념화되기 시작하였다. 그러나 사회학습 모델에 따르면 방화의 위험요인들이 있다. 첫 번째 위험요인은 아동의 경험이다. 아동은 부모와 형제가 불을 가지고 일하거나 장난하는 것을 보는 등 어린 시절의 경험으로부터 불에 대한 태도와 행동을 학습한다. 예를 들어 소방관, 용광로 화부, 흡연자 및 불을 다루는 기타 행동 모델이 되는 사람들의 자녀가 방화할 가능성이 높다는 것이다.

많은 어린 아동이 불에 관심이 많고, 불을 가지고 노는 것을 좋아한다. 불에 관심이 많고, 불을 다루는 역할 모델을 관찰해 온 아동에게 불을 붙이는 데 적당한 물질이 주어진다면 방화를 할 가능성이 높다(Henderson & Mackay, 2010 참조). 두 번째 위험요인은 개인 변인이다. 다음과 같은 아동의 경우에 방화할 가능성이 높다.

- 아동이 불의 위험성과 화재 안전의 중요성을 이해하지 못한다.
- 아동이 적절한 방법으로 욕구를 충족하는 데 필요한 사회성 기술을 가지고 있지 않다.
- 아동이 다른 반사회적 행동을 나타낸다.
- 아동이 분노와 복수심에 차 있다.

아동 방화의 가능성을 높이는 세 번째 위험요인은 스트레스가 높은 생활사건, 부모의 정신병리, 부모의 미숙한 자녀 감독, 관리 및 참여 등이다(Kolko, 2002 참조). 방화의 여러 유형이 연구에 의해 검증되지는 않았으나, 모든 방화가 같은 이유와 같은 조건에서 발생하지 않는다는 것은 분명하다. 방화의 여러 가지 유형의 예는 다음과 같다. 성냥이나 라이터를 가지고 놀던 아동이 실수하여 불을 내는 경우, 화가 난 아동이 방화의 끔찍한 결과를 인식하지 못한 채 복수를 하려고 방화하는 경우, 방화의 결과를 인식한 범죄자가 자신이 저지른 다른 범죄를 은폐하기 위하여 방화하는 경우, 일탈된 또래의 압력 때문에 방화하는 경우, 자기 자신에게 상해를 입히려고 방화하는 경우, 불안, 강박, 충동 때문에 방화하는 경우 등이다.

방화를 하는 학령기 아동의 대부분은 학업 실패와 많은 행동 문제를 가지고 있다. 방화의 목표물이 학교가 될 수도 있기 때문에, 교사는 잠재적인 방화범을 색출하고 중재하는 데 관심을 가져야 한다. 화재 안전교육과 인지행동 중재가 방화범과 그들의 가족을 위해 가장 많이 사용되고 있는 중재지만, 중재의 효과를 보고하는 연구는 많지 않다(Kolko, Herschell, & Scharf, 2006). 방화의 예방과 중재를 위한 증거기반의 실제가 필요하다. 방화의 예방과 중재는 절도, 기물파괴, 무단결석과 같은 비가시적인 반사회적 행동의 예방 및 중재와 유사하다. 교사는 방화범의 내적 동기를 알아내고, 행동을 간파하고, 중재를 찾는 데 있어서 중요한 역할을 감당한다(Pinsonneault, Richardson, & Pinsonneault, 2002).

기물 파괴

학교 기물을 고의적으로 파괴하여 초래되는 비용이 연간 수억 달러이며, 지역사회 내 기물 파괴의 비용은 그보다 더 높다. 기물 파괴와 사람에 대한 폭력은 연관되어 있으며, 둘 다 증가 추세이다(Mayer & Sulzer-Azaroff, 2002; Walker et al., 2004). 만 7세 이후의 반사회적 남자 아동에 의한 기물 파괴가 급격히 증가하고, 중학생 시기에 최고조에 달한다고 보고되고 있다. 그러나 van Lier, Vitaro, Barker, Koot, 그리고 Tremblay(2009)의 연구 결과에 따르면, 기물 파괴는 만 14세에 최고조에 달하며 신체적 공격, 약물남용, 알코올 남용 등과 매우 밀접하게 연관되어 있다. 폭력과 기물 파괴에 대해 학교 관리자와 사법 관계자의 전형적인 반응은 안전장치를 강화하고 엄격한 벌을 적용하는 것이다. 그러나, 불행하게도 처벌적인 방법은 문제를 악화시킬 뿐이다.

학교의 기물 파괴가 부분적으로는 학교의 혐오적인 환경에 대한 반응으로 보인다. 학교의 규칙이 모호한 경우, 벌로 징계하는 경우, 학생의 개인차에 상관없이 벌을 엄격하게 적용하는 경우, 학생과 교직원 간의 관계가 비인간적인 경우, 학교 교육과정이 학생의 관심이나 능력과 부합하지 않는 경우, 또는 학생이 바람직한 행동과 학업 성취에 대해 인정받지 못하는 경우에 학생은 일탈하고 파괴적인 행동을 하는 경향이 있다. 기물 파괴를 예방하는 데 있어서 안전장치를 강화하고 엄격한 벌을 적용하는 것보다 더 효과적인 방법은 학교의 규칙을 명료하게 제시하고, 교사의 학생 행동에 대한 기대를 합리적으로 수정하며, 바람직한 행동과 문제행동에 대한 후속결과를 효과적으로 조정하여 학교 환경의 혐오성을 줄이는 것이다(Mayer & Sulzer-Azaroff, 2002; Walker et al., 2004).

무단결석

미국에서 의무교육이 시작된 이래 무단결석이 문제가 되어 왔으며(예 : Leyba & Massat,

2009), 아직도 학업 실패와 비행의 주요 요인이다. 학교에 출석하는 것이 성공적인 학업을 보장하지는 않지만, 정당한 이유 없이 만성적으로 결석하는 것은 학업 실패의 지름길이다. 무단결석이 심각한 이유는 학업 실패를 초래하기 때문일 뿐만 아니라, 만성적인 무단결석은 실업, 취업 실패, 범죄, 약물남용 등 많은 문제에 대한 위험요인이기 때문이다. 학생이 학교 프로그램에 대해 만족하지 못하고 무단결석을 하는 것은 학생이 학교를 그만둘 징조이다(Walker et al., 2004).

무단결석은 새로 부각된 문제가 아니며, 무단결석을 감소시키기 위한 가장 효과적인 중재 방법들도 새롭게 제시된 것이 아니다. 사회학습 원리에 기초한 중재 방법들이 다른 접근 방법들에 비해 효과적이라고 보고되고 있다(Kerr & Nelson, 2010; Walker et al., 2004 참조). 사회학습 원리에 기초한 중재들은 (a) 학생이 출석한 것을 인정하고 칭찬해주고, (b) 출석을 하면 특별한 강화나 특권을 받을 수 있도록 시스템을 구축하며, (c) 학생이 성취감을 느낄 수 있는 수준의 재미있는 과제를 부여하고, (d) 학교 공부를 상급 학교의 진학이나 미래 직업과 연관시키며, (e) 학교에서 또래의 괴롭힘과 사회적 벌을 제거하고, (f) 학생이 무단결석을 하며 학교 밖에서 누리는 만족감과 재미를 가능한 한 감소시키는 등 학교를 학생에게 더욱 매력적으로 만들기 위한 방법들을 포함한다. 학교를 더 매력적으로 만들고, 학생이 무단결석 시 학교 밖에서 누리는 대안들을 덜 매력적으로 만들기 위해서는 교사와 부모가 협력을 할 필요가 있다. Sutphen, Ford, 그리고 Flaherty(2010)가 무단결석의 중재에 대한 연구들을 검토한 후, 중재 효과가 높다고 보고된 중재 방법들을 다음과 같이 제시하였다.

- 학생과 가족중심의 중재 : 강화 또는 벌에 기초한 중재 등
- 학교중심의 중재 : 매력적이고 적절한 진로교육을 제공하기 위한 학교의 재구조화, 학업 문제가 있는 학생들을 위한 교수적 지원, 방과 후 프로그램 등
- 지역사회중심의 중재 : 부모에게 통지하는 징계 처분, 학생과 가족을 사회복지기관, 정신건강기관, 또는 사법기관에 의뢰 등

학생이 어떤 유형의 품행장애를 가지고 있든 교사가 능숙하게 대처할 수 있는 기술을 가지고 있어야 한다. 품행장애 학생들이 가장 필요로 하는 사회성 기술과 교사가 시도해볼 수 있는 전략들을 글상자 9.1에 제시하였다.

글상자 9.1

품행장애 학생을 위한 사회성 기술 교수

품행장애 학생에게 어떤 학업기술과 사회성 기술을 가르치는 것이 교사에게 가장 도전적인가?

품행장애 학생은 또래와 교사와 환경(예 : 기물 파괴)에 대해 자주 파괴적 행동과 공격 행동을 나타내기 때문에 다루기 어렵다. 품행장애 학생들은 불순응하며, 교사의 지시를 자주 따르지 않고, 학교와 학급 규칙에 상관없이 지정된 공간을 벗어난다(예 : 단순한 '자리 이탈'부터 교사의 허락 없이 학급이나 학교를 이탈하는 것에 이르기까지 범위가 넓다). 품행장애 학생들의 지능과 학업 성취의 잠재력이 정상 범위에 속하더라도 학업의 어려움과 학업 결손을 경험할 수밖에 없다. 학업 실패와 문제행동 중 어느 것이 먼저 시작된 건지는 알 수 없으나, 서로 부정적인 영향을 주고받는 것은 확실하다. 품행장애 학생에게 가장 필요한 사회성 기술은 지시를 따르는 것, 즉 교사의 합리적인 교수와 요구에 순응하는 것이다.

중재의 적절한 목표는 무엇인가?

교사에게 학생의 어떤 문제행동을 바람직한 대체행동으로 바꾸고 싶냐고 질문하거나, 학생의 어떤 문제행동을 가장 덜 보고 싶냐고 질문하면, 교사가 선택할 문제행동은 무궁무진할 것이다. 학생이 적극적으로 의미 있는 학급 활동에 참여하기 위해서는 다른 사람들에 나타내는 파괴적 행동이나 공격행동의 빈도와 강도를 줄이는 것이 가장 시급할 것이다. 교사는 학생이 적절한 장소나 자리에 앉고, 과제를 끝내고, 다양한 상황(예 : 학급, 식당, 운동장에서 또래와의 상호작용, 교수 상황에서 교사와의 상호작용)에서 다른 사람들과 상호작용할 때 친사회적인 사회성 기술을 발휘하는 행동을 증가시키고 싶어 한다. 품행장애 학생들은 다루기 어렵기 때문에 중재의 중요한 목표는 '순응행동 또는 규칙 준수 행동'을 증가시키는 것이다. 규칙 준수 행동은 교사의 지시(예 : "수학 책 꺼내세요.", "식당을 가야 하니 줄을 서세요.")와 학생의 잠재적인 문제행동과 관련된 교사의 요구(예 : "자리에 돌아가서 앉으세요.", "휴대전화를 가방에 넣으세요.")에 순응하는 행동 등을 포함한다. 순응행동의 중재는 품행장애 학생이 나타내는 많은 과잉 행동과 결핍행동과 관련되며, 학생의 순응행동이 증가하면 모든 교사가 환영할 것이다.

어떤 유형의 중재가 효과적인가?

교사가 학급에서 적용하기에 가장 효과적인 중재 방법은 응용행동분석 원리에 기초한 중재 방법들이다. 유망한 중재 방법은 교사의 칭찬과 같은 단순한 정적 강화 또는 토큰경제와 점수 체계와 같은 체계적이고 명백한 중재 전략을 포함하며, 정밀성 요구(precision requests)와 행동 모멘텀(behavioral momentum) 같은 중재 절차가 유용하다.

행동 모멘텀의 예

행동 모멘텀은 교사가 학생에게 어려운 요구를 하기 전에 일련의 쉬운 요구들을 함으로써 학생이 순응행동을 보일 수 있는 모멘텀을 만드는 것이다. 연구에 따르면, 학생에게 어려운 요구(반응할 확률이 낮은 요구)를 하기 전에 학생으로 하여금 일련의 쉬운 요구(반응할 확률이 높은 요구)에 성공적으로 순응하게 하면, 어려운 요구에 순응할 확률이 높아진다. 행동 모멘텀을 적용하기 전에 교사는 학생이 순응하기 쉬운 요구나 과제가 무엇인지와 학생에게 문제를 일으키는 어려운 요구와 과제가 무엇인지 등 학생의 순응 유형에 대한 분석을 해야 한다. 학생이 쉬운 요구에 계속 반응하고, 교사가 학생의 순응행동에 대해 강화를 제공할 때 모멘텀이 형성된다. 품행장애 학생은 바람직한 행동에 대한 강화를 제공받은 경험이 거의 없다. 다음 사례는 5학년 통합학급을 담당하고 있는 존스 선생님이 품행장애로 진단받은 세드릭에게 행동 모멘텀을 적용한 것이다. 세드릭은 자주 불순응하며 교사의 지시를 따르지 않아서 종종 교사와 학생 간 문제를 일으키곤 했다. 존스 선생님은 세드릭의 순응행동을 증가시키기 위하여 행동 모멘텀을 적용하기로 결정했다. 행동 모멘텀을 적용한다고 해서 어려운 요구(예 : 집단 활동에 참여하는 것, 책을 펴는 것)에 대한 순응행동이 보장되지는 않는다. 하지만, 반응할 확률이 높은 쉬운 요구를 여러 가지 제시해서 학생이 순응행동에 성공한 후 어려운 요구를 할 경우, 어려운 요구에 반응할 확률이 높아진다.

> 존스 선생님 : "세드릭, 나한테 서류 좀 건네줄래?"
>
> (세드릭이 교사의 지시에 순응한다.)
>
> 존스 선생님 : "서류를 조용히 빠르게 가져다 줘서 고마워, 세드릭. 선반에 있는 매직펜을 각 집단에 한 통씩 나눠줄래?"
>
> (세드릭이 교사의 지시에 순응한다.)
>
> 존스 선생님 : "날 도와줘서 정말 고마워, 세드릭. 이제 세드릭이 속한 집단으로 가서 책 147쪽을 펴도록 해."

행동 모멘텀에 관련된 정보를 찾을 수 있는 문헌

Belfiore, P. J., Lee, D. L., Scheeler, C., & Klein, D. (2002). Implications of behavioral momentum and the academic achievement for students with behavior disorders:

(계속)

Theory, application, and practice. *Psychology in the Schools, 39*, 171-179.

Landrum, T. J. & Sweigart, C. A. (2015). Simple, evidence-based interventions for classic problems of emotional and behavioral disorders. *Beyond Behavior, 23*(3), 3-9.

Lee, D. L., Belfiore, P. J., & Budin, S. G. (2008). Riding the wave: Creating a momentum of school success. *Teaching Exceptional Children, 40*(3), 65-70.

http://www.interventioncentral.org/student_motivation_high_probability_requests

요약

품행장애는 다른 사람의 권리를 침해하고 연령에 적합한 사회적 규범을 위반하는 반사회적 행동을 지속적으로 나타내는 것이 특징이다. 품행장애는 사람이나 동물에 대한 공격행동, 기물 파괴, 거짓말, 절도, 심각한 규칙 위반 등을 포함한다. 대부분의 아동들이 공격행동을 덜 나타내는 연령이 지났는데도 공격행동을 지속적으로 나타내는지 여부와 문제행동의 발생률에 따라 품행장애 학생과 정상 발달 학생을 구분한다. 품행장애는 다른 장애들과 자주 공존한다. 품행장애는 아동기와 청소년기에서 가장 출현율이 높은 정신병리장애 중 하나이며, 만 18세 이하 남자의 6~16%와 여자의 2~9%가 품행장애를 나타내는 것으로 추정되고 있다. 품행장애는 증상 발현이 언제 되었느냐에 따라 분류하기도 한다. 일반적으로 증상 발현의 시작 시기가 이를수록 더 심한 장애가 되고, 예후도 좋지 않다. 품행장애의 하위 유형을 가시적이고 사회화가 미흡한 공격행동 유형과 절도, 거짓말, 방화 등과 같이 비가시적이고 사회화된 반사회적 행동 유형으로 분류하는데, 두 유형을

모두 나타내는 혼합형도 있다.

미국 문화에서 공격행동은 오랫동안 잘 알려진 현상이지만, 특히 지난 20년 동안 학교에서의 공격행동과 폭력이 큰 문제가 되고 있다. 공격행동과 폭력의 위험요인과 중재가 모든 하위문화집단에 동일하게 적용될 수 있는 것처럼 보이지만, 공격행동과 폭력은 다문화적 쟁점이다. 특수교사와 일반교사는 공격행동을 보이는 학생을 다룰 준비가 되어 있어야 한다.

공격행동의 많은 원인적 요인이 밝혀졌으나, 사회학습 이론이 교사에게 가장 지원적이고 유용한 개념들을 제공한다. 공격행동은 모델링, 공격행동에 대한 강화, 비효과적인 벌을 통해 학습된다. 공격행동의 위험은 개인 요인, 가족 요인, 학교 요인 및 문화적 요인들로 인해 증가할 수 있다. 이러한 요인들이 부모와 자녀 간 강압적 상호작용과 연합되어 공격행동을 유발하는데, 공격행동은 한 세대에서 다음 세대로 계승된다.

품행장애를 예방하는 데 효과적인 전략들은 공격행동을 방지하는 후속결과를 적용하고, 문제

에 대해 비공격적인 반응을 하도록 교수하며, 문제 발생 시 조기에 중재하고, 공격행동에 사용될 가능성이 있는 도구에 대해 접근을 제한하며, 공격행동을 묘사하는 대중매체를 제한하고, 일상생활 조건을 수정하며, 효과적이고 매력적인 학교를 만드는 것을 포함한다. 교사가 품행장애를 예방하기 위해 사전 대책을 강구하여 필요한 기술을 교수하는 것이 중요하다.

다양한 평정척도를 사용하여 품행장애를 진단하는 것도 중요하지만, 다양한 환경에서 아동의 행동을 직접 관찰하는 것이 보완적인 자료를 제공하므로 중요하다. 진단평가는 학업 영역, 사회성 영역, 가정과 학교에서의 행동 영역 등 다양한 영역에서 실시되어야 한다. 또한 진단평가는 사회적 결함뿐만 아니라 친사회적 기술도 포함하여야 한다. 행동의 향상 정도를 평가하기 위하여 지속적으로 점검하는 것이 필요하다. 품행장애 학생이 필요로 하는 사회성 기술을 가르치기 위한 교수를 계획하고 실시해야 한다. 학생이 특정 행동을 한 후에 얻게 되는 후속결과, 획득물, 또는 혜택을 결정하는 행동의 기능평가는 중재에 중요한 자료를 제공한다.

사회학습 원리에 기초한 중재가 가장 신뢰할 만하며 교사들에게 유용하다. 이러한 중재는 규칙, 교사의 칭찬, 정적 강화, 언어적 피드백, 자극 변화, 행동계약, 모델링, 모방 강화, 행동 형성, 사회성 기술의 체계적 교수, 자기점검, 자기통제 훈련, 타임아웃, 반응대가 등의 전략을 포함한다. 벌은 즉각적인 효과를 나타낸다는 점에서 매력적이라 쉽게 남용될 수 있으므로 주의를 기울여야 하며, 되도록 긍정적인 전략의 사용에 초점을 맞추어야 한다. 폭발행동주기와 사전교정의 개념에 기초하여 주기의 초기 단계에 긍정적인 전략들을 적용해야 한다. 폭발행동주기는 **평온 단계, 촉발 단계, 흥분 단계, 가속 단계, 절정 단계, 진정 단계 및 회복 단계**를 포함한다. 중재는 폭발행동주기의 첫 세 단계에서 집중적으로 적용되어야 한다. 사전교정계획은 교사로 하여금 폭발행동 주기의 초기에 초점을 맞추도록 돕는다. 학교 차원의 규율 계획을 통해 바람직한 행동에 긍정적으로 주의를 기울이고, 학생에게 기대되는 행동을 명료하게 제시하고 점검하며, 교사가 학생과 의사소통을 자주 하고 지원을 제공하며, 학교에서 수용될 수 없는 문제행동에 대해서는 후속결과를 일관성 있게 제공함으로써 학교폭력의 수준을 감소시켜야 한다.

비가시적인 반사회적 행동은 절도, 거짓말, 방화, 기물파괴, 무단결석 등의 행동을 포함한다. 사회학습 원리에 기초한 중재들이 이러한 행동들을 감소시키고, 문제를 해결하는 데 가장 효과적이다.

개인적 고찰

공격적인 품행장애

Lisa Funk Njoroge는 오하이오주에서 출생하여 오하이오주 클리블랜드주립대학교를 졸업하였고, 롱비치에 있는 캘리포니아주립대학교에서 특수교육학을 공부하여 석사 학위를 받았다. 그녀는 지난 14년 동안 여러 중·고등학교에서 정서행동장애 학생들을 가르쳤다. 그녀는 자신이 가르쳤던 18세 고등학생 마르코에 대하여 개인적 고찰을 작성했다.

품행장애를 나타내었던 특정 학생의 특성들을 말해주세요.

마르코는 18세 라틴아메리카계 남학생이었고, 캘리포니아에서 홈스쿨이나 병원학교 다음으로 제한적 환경으로 간주되는 비공립 학교에서 교육을 받고 있었습니다. 마르코는 초등학교 4학년 때 또래와의 갈등이 시작되었고, 그 후 또래를 대상으로 하는 일상적인 폭력으로 심화되었습니다. 마르코의 품행장애는 주로 폭력적인 행동과 싸움으로 나타나지만 그게 전부는 아니었습니다.

마르코의 품행장애는 엄마와의 관계, 권위에 대한 태도, 법에 대한 반응에서도 나타났습니다. 마르코는 지난 2년 동안 엄마와 싸우다 경찰에 여러번 체포되었습니다. 결과적으로 모자 관계는 악화되었고, 현재 마르코의 엄마는 마르코와 계속 살며 돌볼 수 있을지에 대해 고민하고 있습니다. 마르코는 폭력배와 싸워 심하게 다쳐서 입원하여 입과 눈과 턱을 꿰매고 두피를 스테이플러로 고정시키기도 했습니다. 입원 경험이 마르코의 싸움에 대한 경향을 감소시키지 못했고, 퇴원하자마자 자신을 폭행한 사람들을 찾아 나섰습니다. 마르코는 무면허 운전을 하는 등 일상적으로 법을 위반했습니다. 학급에서 마르코는 "안 돼"라는 말을 들으면 문제행동을 나타냈습니다.

이 학생에게 가장 유용한 중재 절차는 무엇이었나요?

지난 2년 동안 마르코에게 가장 효과적이었던 방법은 일대일로 정서적인 과정을 거치는 것(emotional processing)이었습니다. 마르코가 화가 나서 교실에 들어오면, 나는 마르코를 한쪽으로 데려가서 그의 태도가 평상시와 다르다는 것을 직접적으로 반드시 말해 줬습니다. 그리고 마르코에게 무슨 일이 있었는지에 대해 나에게 말할 기회를 줬습니다. 마르코가 내 학급에 오자마자 이러한 중재 절차를 적용할 수 있었던 것은 아닙니다. 이러한 중재 절차를 적용하기 위해서는 신뢰를 형성하는 것이 필요한데, 마르코의 경우에 수개월이 걸렸습니다. 나는 처음부터 마르코에게 매일 자신의 생각과 감정에 대하여 일지를 써서 제출하도록 했습니다.

마르코에게 효과적이었던 또 다른 방법은 지속적으로 칭찬하는 것이다. 칭찬의 중요성은 다 알고 있지만, 정기적으로 칭찬하기가 쉽지는 않습니다. 부정적인 행동에 대해 정기적으로 관심을 끌어 왔던 학생은 전형적으로 향상된 행동에 대해 더 많은 칭찬을 필요로 합니다. 마르코는 충동 조절과 의사결정이 향상된 것에 대하여 칭찬을 받으면 언제나 고맙다는 반응을 합니다. 또한 교사인 내가 마르코의 엄마와 관계를 형성하는 것은 어려웠지만 중요한 일이었습니다. 마르코가 집에서 엄마에게 순응하고 엄마를 존중하여 대하면 학급에서 마르코가 중요하게 생각하는 특권을 누릴 수 있도록 우리는 가정과 학교 간 행동계약 방법을 사용했습니다. 이 방법으로 인하여 가정과 학교 간 의사소통이 향상되었고, 이는 마르코의 행동이 안정되는 데 기여했습니다. 마르코에게 효과적이었던 또 다른 방법은 마르코로 하여금 각 수업 후와 방과 후에 자신의 행동을 평가하는 것이었습니다. 자기 행동을 평가하면서 마르코는 일과 중에 자신의 행동을 정직하게 볼 수 있게 되었고, 칭찬을 받기 위하여 바람직한 행동을 하고 자신의 바람직하지 못한 행동에 대해 책임을 지기 시작했습니다.

이 학생이 직면하게 될 가장 큰 장기적 문제는 무엇인가요?

마르코는 고등학교를 졸업했습니다. 마르코는 음악 기술과 제작 분야에서의 자신의 기술을 향상시키기 위하여 직업학교나 지역 전문대학에 진학할 계획입니다. 만약 마르코가 강의를 성공적으로 수강하고 마르코를 지도해줄 교수님이 있다

면, 마르코는 자신의 역량을 향상시켜서 자신의 목표를 이룰 수 있을 것으로 나는 확신합니다. 나는 마르코가 성공할 수 있는 잠재력을 지니고 있다는 것을 믿지만, 그의 성공을 방해할 많은 요인들이 있습니다. 한 가지 방해요인은 마르코의 엄마가 마르코에게 재정 지원을 중단할 가능성이고, 또 다른 염려는 마르코가 범죄에 연루되어 교도소에 수감되는 것입니다. 마르코의 가장 큰 장점 중 하나는 자신이 신뢰하는 성인의 조언을 듣고 최선을 다해 따르려고 노력하는 것입니다. 만약 마르코가 치료를 계속 받거나 안정적인 성인의 보호 아래 있게 된다면, 마르코는 자신이 추구하는 긍정적인 목표를 성취할 거라 확신합니다.

토론 질문

1. 품행장애는 정서적인 문제가 아니라 사회적 부적응이므로 특수교육 대상에서 제외해야 한다고 주장하는 사람에게 무엇이라 답하겠는가?
2. 공격행동이나 폭력이 어느 정도 심할 경우에 학생을 지역사회의 학교나 일반학급에서 배제하는 것이 정당화될 수 있다고 생각하는가?
3. 당신의 학급에서 공격행동을 최소화하기 위하여 교사로서 무엇을 할 수 있는가? 이는 문화적 다양성과 어떤 관련이 있는가?

10 불안장애 및 관련 장애

Gem Photo/Shutterstock

학습 목표

10.1 불안장애가 다양한 정서행동장애와 어떻게 관련되
느지 설명할 수 있다

10.2 교사와 주변인들이 염려해야 할 정도로 불안이 표
출되는 상황과 이에 대한 가능한 중재를 구체적으
로 말할 수 있다.

10.3 불안장애를 위한 가장 효과적인 중재 전략을 설명
할 수 있다.

10.4 섭식장애와 배설장애의 주요 특징을 이해하고 이러
한 장애를 다룰 때 교사가 담당해야 할 역할을 논의
할 수 있다.

10.5 사회적으로 고립된 아동을 위한 효과적 중재에서
또래집단의 역할을 설명할 수 있다.

제8장과 제9장에서는 외현화 장애(externalizing disorders)의 일반적 범주에 속하는 문제들을 다루었다. 이 장에서는 내재화(internalizing)에 속하는 문제들을 다루려 한다. 앞에서 이미 설명했듯이 외현화 장애와 내재화 장애라는 광대역 분류(broadband classification)는 연구를 통해 이미 정립된 개념이다. 그러나 내재화 장애의 특정 범주와 장애 유형 대부분은 아직 제대로 정립되지 못한 상태다. 즉 외현화 문제에 비해 내재화 문제는 용어와 분류에 대한 훨씬 더 많은 혼란과 논쟁이 존재하며, 이는 내재화 장애에 대한 논의를 매우 어렵게 만든다.

논의를 위해 내재화 문제를 어떻게 분류할 것인지와 관계없이, 서로 다른 내재화 장애가 동시에 발생할 수 있으며 심지어 내재화 문제와 외현화 문제가 동시에 발생할 수도 있음을 인식하는 것은 중요하다. 외현화 장애와 내재화 장애를 동시에 보이는 아동은 상당히 위험한 상태라 할 수 있다. 항상 그렇다고는 할 수 없지만 불안, 사회적 위축 및 기타 내재적 행동 문제는 종종 함께 발생하며(Bagwell, Molina, Kashdan, Pelham, & Hoza, 2006; Higa-McMillan et al., 2014), 때로는 외현화 행동 문제와 동시에 발생하기도 한다(Albano, Chorpita, & Barlow, 2003; Gresham & Kern, 2004; Higa-McMillan, Francis, & Chorpita, 2014; Kazdin, 2001). 섭식장애와 대화 기피는 특정 공포나 불안과 관련이 있고, 상동증적 운동장애는 강박이나 충동 중 어느 하나 또는 이 두 가지 모두와 관련이 있다. 불안은 종종 다른 장애를 구성하는 한 요소가 되며, 모든 유형의 불안장애는 다양한 다른 장애와 공존할 수 있다. 정서행동장애 학생에게 여러 장애가 공존하는 것은 예외적인 일이 아니라 보편적인 일이다.

불안 및 기타 내재적 문제를 포함한 다양한 문제들 간의 관계는 복잡하고 혼란스럽다. 각 장애들이 워낙 다양한 데다 조금씩은 연관되어 있기 때문에 이 장에서는 일반적인 사례에 대해 그리고 각 하위 장애 유형에 대해 정의, 출현율, 원인 요소, 예방, 진단, 중재, 교육을 별도로 요약하여 제시하지 않았다. 이 장에서 논의된 문제들은 문헌에서 가장 빈번하게 등장하는 대표적인 것들이다. 먼저 가장 광범위한 범주인 불안장애에 대해 알아보도록 하자. 불안은 그 외의 모든 장애를 구성하는 주요 요소인 듯하다.

불안장애

불안은 스트레스에 대한 정상적인 반응이다. 공포와 근심을 동반하는 고뇌, 긴장, 불안 역시 정상적인 아동 발달의 일부다(Albano et al., 2003; Dadds, 2002; Hintze, 2002; Woodruff-Borden & Leyfer, 2006). 예를 들어 신생아는 태어날 때부터 추락이나 큰 소리를 무서워하며, 다른 자극(낯선 사람, 사물, 상황)에 대한 공포는 보통 생후 첫 몇 달 안에 나타난다. 이러한 공포는 생존을 위한 것으로 짐작되며, 이상한 것이 아니라 정상적이고 적응적인 것으로 간주된다. 아동이 아동기 중반으로 성장함에 따라 더 많은 공포를 갖게 되는데, 특히 상상으로 만들어낸 대상이나 사건에 대해 그러하다(예 : Beesdo, Knappe, & Pine, 2009). 그러나 이러한 공포가 너무 과도하거나 아동을 쇠약하게 만들어 불안이 장애라고 부를 지경에 이르렀을 때 또는 불안이 너무 심하여 아동이 정상적인 사회적 상호작용, 수면, 등교, 또는 합격 탐색을 할 수 없게 만들 때 불안은 부호를 목적으로 한 보편적 인간 특성이 아닌 심각한 문제가 된다. 사실 공포가 전혀 없는 아동이 있다면, 상당히 특이한 경우일 뿐 아니라 부적절한 무모함과 위험을 무릅쓰는 행동 때문에 스스로를 위태롭게 할 가능성이 크다.

아동의 불안이나 공포는 사회적 성장에 방해가 되지 않을 만큼 단기간에 가볍게 지나갈 수도 있다. 사실, 아동기 불안의 출현율 연구는 학교 공포나 등교 거부 또는 임상적 수준에 미치지 못하는 불안에 초점을 맞추어 왔다. 문헌연구들에 의하면 5~8%의 아동과 청소년이 아동과 청소년기의 한 시점에 심각한 불안을 보이며(Curry, Marsh, & Hervey, 2004), 15~20%의 아동과 청소년이 한 번씩은 어떤 형태로든 불안장애를 경험한다고 한다(Beesdo et al., 2009). 모든 불안이 중재를 필요로 하는 것은 아니다(Woodruff-Borden & Leyfer, 2006). 앞에서 설명했듯이 정말 불안할 만한 상황에서의 불안과 공포는 정상적일 뿐 아니라 생존에 도움이 된다. 그러나 공포가 불필요할 만큼 아동의 활동을 방해할 때는 중재가 필요하다. 아동과 청소년은 광범위한 대상에 대한 만성적인 불안상태에 있을 수 있는데 이를 범불안장애(generalized anxiety disorder)라 한다. 반면, 아동이 좀 더 구체적인 불안을 가질 수도 있다. 현실에 맞지 않는 심각하고 불합리한 공포로 인해 아동이 그 공포 상황을 자동으로 회피하게 될 때 이를 공포증(phobia)이라고 부른다(Higa-McMillan et al., 2014). 과거에는 극심한 불안과 사회적 위축을 보이는 아동이 적대적이고 공격적인 외현화 장애를 가진 아동보다 더 정서가 불안하고 성인기 적응을 잘 못할 것이라고 예측되었지만, 이러한 예측은 아직 연구에 의해 입증되지 않았다.

불안 및 위축과 관련된 특징은 일반적으로 품행장애와 관련된 특징에 비해 일시적이고 중재에 잘 반응하는 편이며, 불안을 보이는 아동이 성인기에 이르러 조현병이나 다른 주요 정신과 문제를 가질 위험은 별로 없다. 공격성과 방해행동을 보이는 아동에 대한 또래 인식과 비교했을 때, 불안과 위축을 보이는 아동에 대한 또래 인식은 별로 예민하지 않으며 그리 일찍 시작되지 않는다. 일반 아동 중에서도 불안 수준이 높은 아동은 불안 수준이 낮은 아동에 비해 자신을 부정적으로 보는 경향이 있다. 그러나 심각한 불안장애가 이후에 물질남용 문제의 전조가 된다는 연구가 점점 증가하고 있다(Beesdo et al., 2009; Higa-McMillan et al., 2014).

정서행동장애를 가진 아동과 청소년을 다루는 숙달된 전문가들에게는 전형적인 형태의 불안-위축이 가장 큰 고민거리는 아니다. 전문가들은 폭력적이거나 공격적인 아동에 대해 더 많이 염려하기 때문에 위축된 아동을 간과하거나 이 아동들이 그저 순종적이고 얌전하다고 생각할 수도 있다. 그러나 심각한 형태의 불안 및 관련 장애들은 심각한 기능장애를 초래한다. 예를 들면 심한 사회적 고립, 극심하고 지속적인 불안 또는 공포 등은 사회적, 개인적 발달을 심각하게 저해하며 효과적 중재를 필요로 한다. 어떤 아동과 청소년들은 10분 이내의 시간 동안 강력하게 경험하는 불쾌함과 스트레스, 불합리한 공포와 관찰 가능한 신체적 증상의 동반으로 정의되는 심한 공황발작(panic attack)을 경험한다. 이때의 신체적 증상에는 심장 두근거림, 발한, 떨림, 호흡 곤란, 메스꺼움, 현기증, 마비 등이 있다. 공황발작을 경험하는 사람들은 자신이 통제를 잃고 미쳐버리거나 죽을까 봐 두려워한다. 진정한 공황발작은 상당히 드물지만, 공황발작을 반복적으로 경험하는 사람은 사회생활을 영위하기가 매우 힘들어서 고통 받을 것임에 분명하다. 공황발작을 가끔씩 경험하는 사람들은 외출을 하거나 특정 상황에 처하면 공황발작이 일어날까 봐 두려워 점점 사회적으로 고립될 것이다.

불안장애의 문제는 이 장애가 우울, 품행장애, 학습장애, 그리고 그 외의 다른 장애와 동시에 발생하는 일이 빈번하기 때문에 더욱 복잡하다. 불안-위축행동의 출현율은 품행장애의 출현율과 거의 비슷하므로, 아동기 정서행동장애 중 가장 흔한 범주에 속한다고 할 수 있다(Higa-McMillan et al., 2014; Woodruff-Borden & Leyfer, 2006). 외현화 장애와 극명한 대조가 되는 부분은 불안장애의 경우 여학생이 남학생보다 그 수가 많다는 점이다. 이러한 성별 차이는 아동기 초기부터 나타나기 시작하여 청소년기에 이르면 2:1 또는 3:1까지 이른다(Beesdo et al., 2009).

불안은 학습되는 것인 동시에 생물학적 요인에 의한 것이기도 하지만, 불안의 원인은 아직 명백하지 않다. 인간은 다양한 방식으로 공포를 학습한다. 영·유아는 고전적 조건화 또는 반응 조건화를 통해 공포를 학습한다. 공포를 일으키는 자극이 다른 물체나 사건과 연합하여 제시되면, 아동은 그 물체나 사건도 무서워하게 된다. 특정 물체, 활동, 장소, 사람, 또는 상황에 대해 부모(특히 엄마)나 다른 성인들이 하는 말이나 질책, 그 외의 대화들은 언어기술을 습득한 아동에게 공포를 심어줄 수 있다(Turner, Beidel, Roberson-Nay, & Tervo, 2003). 성인과 다른 아이들의 비구어적 행동 역시 아동이 공포를 학습하는 데 강력한 영향을 미친다. 즉 아동은 대리 경험을 통해서도 공포를 학습할 수 있다. 예를 들어 어떤 아동이 개를 과도하게 무서워한다면 그 아동은 다음 중 어느 하나 이상의 이유로 개에 대한 공포를 갖게 되었을 것이다. 첫째, 개가 짖거나 으르렁거리거나 뛰어오르거나 아동을 넘어뜨리거나 무는 등의 행동을 하여 아동을 놀라게 한 적이 있다. 둘째, 부모나 다른 사람이 아동에게 개의 위험에 대해 감정을 실어가며 경고를 한 적이 있다. 셋째, 사람들이 개의 비열함이나 위험성에 대해 말하는 것을 아동이 들은 적이 있다. 넷째, 부모, 형제자매, 또는 다른 아동(또는 영화나 텔레비전에 나오는 어떤 사람)이 개 때문에 놀라거나 개의 공격을 받는 것을 아동이 본 적이 있다.

불안은 사회적 학습뿐 아니라 생리적 요인의 영향을 받기도 한다. 다양한 유형의 불안장애는 가계(家系)를 따라 나타나는 경향이 있으며, 이는 이러한 장애들의 발생에 사회적 학습뿐 아니라 유전적이거나 기타 생리학적 요인이 관여하기 때문인 것으로 추측된다. 정서행동장애의 다른 하위 유형이 발생할 가능성을 높이는 위험요인들은 불안장애의 발생 가능성도 높인다. 불안장애는 경제적으로 어려운 가정, 교육 성취도가 낮은 사람들, 학대받는 아동들, 여성들에게서 더 많이 발생하는 경향이 있다. 기질 역시 불안장애의 발생에 영향을 미치는 것으로 추측되나, 이러한 여러 요인 중 어느 한 변인이나 위험요인의 영향을 분리해내기는 어렵다. 불안한 기질을 가진 여자아이가 가난한 가정에 태어났는데 부모나 형제자매 역시 불안장애를 가지고 있으며 부모가 과잉보호를 하거나 아동 학대를 하는 경우, 그 여자아이가 불안장애를 가질 위험이 매우 높으리라는 점은 명백하다(Beesdo et al., 2009; Rapee, Schniering, & Hudson, 2009).

어떤 아동들은 분리(separation)에 대한 공포를 보이는데, 이들에게는 잠깐 집이나 부모를 떠나는 것도 심한 정신적 고통이 된다. 어떤 아이들은 학교에 가는 것을 매우 무서워한다. 학교 공포(school phobia)를 경험하는 아동 중, 학교 출석에 수반되는 사회적 상호작용을 무서워하는 경우에는 이를 사회적 공포(social phobia)라고 부르는 것이 더 적절할 수 있다(Beidel & Turner, 1998; Higa-McMillan et al., 2014). 물론, 집이나 부모로부터의 분리와 학교에서의 상호작용 모두를 불안해하는 학생도 있을 수 있다.

사회적 학습 원리(social learning principles)는 아동과 성인의 과도하고 불합리한 불안과 공포를 해결하는 데 도움이 된다. Rapee 등(2009)은 이러한 불안과 공포에 대한 처치를 크게 두 가지로 설명하였는데, 그중 하나는 기술중심(skill-based) 중재이고 다른 하나는 인지행동치료(cognitive-behavioral treatment, CBT)다. 대부분의 중재에서 강조하는 핵심은 아동이 자신의 불안과 불안유발요인을 알아내고 이해하도록 돕는 동시에, 공포를 일으키는 사건이나 상황을 회피하지 않고 직면하게 해줄 기술을 가르치는 것이다. 모델링, 둔감화(desensitization), 자기조절 훈련(self-control training)의 세 가지 접근이 가장 성공적인데, 이 세 가지는 서로 연합하여 사용되기도 한다. 이러한 기법들을 이용하여 임상가들은 아동과 청소년들이 다양한 공포를 극복하도록 지원해 왔다(Dadds, 2002; King, Heyne, & Ollendick, 2005). 이러한 절차를 학교 상황에서 실행할 경우, 교사들은 협조를 요청받을 수도 있다. 불안을 감소시키는 약물도 도움이 될 수 있다(Garland, 2002; Konopasek & Forness, 2014).

　무서움이 많은 아동으로 하여금 다른 아동이 (파티나 게임을 하면서) 주저 없이 무서운 대상에게 접근하여 재미있게 노는 모습을 담은 영화를 보게 하면(예 : 영화 속 아동이 개나 뱀을 잘 다루면서 노는 모습), 이를 시청한 아동의 무서움을 감소시키고 무서워하는 대상에 좀더 기꺼이 접근하게 만들 수 있다. 공포증을 가진 아동에게 여러 명의 또래 모델이 아동이 무서워하는 몇 가지 대상에게 편안하게 접근하는 모습을 보게 하는 것과, 무서워하는 대상(모조품이 아니라 실제 대상)을 영상으로 보여주는 것도 공포를 감소시키는 기법의 효과를 높인다. 무서워하는 대상에게 접근하는 사람이 정적 강화를 받는 모습을 시청하게 하는 것도 공포를 감소시키는 데 효과적이다. 영상을 이용한 모델링 절차는 병원이나 치과 진료를 이미 두려워하게 된 아동에게도 도움이 되지만, 아동이 진료 절차를 두려워하지 않도록 미리 예방하는 데도 매우 효과적이었다.

　체계적 둔감화(systematic desensitization), 상호 억제(reciprocal inhibition), 역조건화(counterconditioning) 등으로 다양하게 불리는 절차들도 아동과 성인의 공포를 낮추는 데 효과적인 것으로 나타났다. 이러한 절차들의 핵심적 특징은 공포증을 가진 개인이 불안하지 않은 상태에서, 불안을 억제하거나 불안과 공존할 수 없는 활동을 하는 중에(예를 들어 좋아하는 간식을 먹거나 의자에 편안하게 앉아 쉬면서) 공포를 일으키는 자극(그것이 실재하는 것이든 개인이 환상 속에서 만들어낸 것이든)에 점진적, 반복적으로 노출되게 하는 것이다.

공포의 대상에 대한 점진적 접근과 편안한 상태에서의 반복적 노출은 두려움의 대상과 그것이 야기하는 공포 간에 존재하는 조건화된 결속이나 학습된 결속을 약화시키는 것으로 생각된다.

　자기조절 훈련에서는 공포를 가진 개인이 다양한 방법을 통해 불안을 다스리기 위한 말하기를 배운다. 이들은 또한 이완(relaxation), 자기강화(self-reinforcement), 자기 벌(self-punishment), 자기 교수(self-instruction), 시각적 심상 떠올리기나 문제해결 전략을 배우기도 한다. 훈련자는 공포를 가진 개인이 불안과 공존할 수 없는 편안

유튜브 비디오 사례

비디오 연결 10.1

이 영상은 약물치료와 인지행동 중재를 포함하여 아동기 불안을 다루는 일반적 접근들을 간단히 설명하고 있다.(https://www.youtube.com/watch?v=ayTUqqkM708)

하고 즐거운 느낌을 상징하는 심상을 떠올리게 하여 불안을 일으키는 환경에 처했을 때 이 심상을 떠올리게 돕는다.

행동주의 원리에 기초한 중재는 학교 공포와 기타 사회적 공포증 문제를 치료하는 데 상당히 성공적이었다. 사례에 따라 구체적 방법은 다를 수 있지만, 일반적 절차는 다음 중 한 가지 이상을 포함한다.

● 하루 종일 학교에서 지내는 것처럼 역할놀이를 하거나 실제 학교생활과 거의 유사한 상황에서 지내게 하여 아동의 공포를 눈감화시키기
● 짧은 시간이라도 학교에 출석한 것을 강화하고, 학교에 머무르는 시간을 점차적으로 늘려가기
● 장황하거나 감정적인 논쟁 대신 학생은 학교에 가야 하는 거라고 부모가 침착하게 말하기
● 집에 머물면서 얻게 되는 강화(예 : 텔레비전 시청, 좋아하는 게임, 엄마와의 친밀한 시간, 즐거움을 주는 그 외의 활동들)를 제거하기

학교와 관련된 많은 부적응적인 공포는 예방 가능하다(Albano et al., 2003; Kearney & Albano, 2008 참조). 아동이 만날 선생님, 학교 일과, 놀이 활동 등을 아동에게 소개하여 학교에 대한 아동의 예민함을 줄여 나가는 것도 예방의 한 방편이 될 수 있다. 학생들을 미리 새로운 환경과 기대에 대비시키면 중학교나 고등학교로의 전환이 주는 불안을 줄일 수 있다. 많은 학교들이 오리엔테이션을 제공하지만, 그러한 오리엔테이션이 주의 깊게 계획되지 않는 경우가 많다.

개별 학생들은 모델링, 시연(rehearsal), 피드백, 강화 등을 통해 불합리한 사고를 다룰 대처기술과 적응행동(교사나 또래에게 도움 청하기 같은)을 배울 필요가 있다. 어떤 유형의 불안장애든 원인, 출현율, 특정 처치에 대한 반응성 등이 매우 복잡하다는 점은 명백하다(Higa-McMillan et al., 2014).

강박장애

강박관념(obsession)이란 실제 생활의 문제에 대한 염려가 아닌 어떤 것에 대한 반복적이고 지속적이며 침습적인(intrusive) 충동, 심상, 생각을 말한다. **강박행동**(compulsion)이란 염려되는 사건을 피하기 위해 개인이 반드시 해야 한다고 느끼는 반복적이고 정형화된 행동을 말하는데, 실제로 그런 행동(예 : 전등 스위치를 세 번 껐다 켜는 것)이 염려되는 사건을 막을 수 있는 것은 아니다. 자신이 어떤 사람이나 어떤 사물로 변할 수 있다거나(예 : '트랜스

포머'로 변신) 원치 않는 특징을 갖게 될 거라는 생각에 빠져 있는 아동의 예에서처럼 강박관념과 강박행동은 종종 이상해 보일 수 있다(Piacentini, Chang, Snorrason, & Woods, 2014; Volz & Heyman, 2007).

강박관념과 강박행동은 불안을 줄이기 위해 시도하는 의례적 행동(ritualistic behavior)의 일부일 수 있다. 이러한 문제는 연속선 또는 스펙트럼의 형태로 나타난다(Piacentini et al., 2014). 이러한 행동이 심각한 스트레스를 야기하고 지나치게 시간을 소모하게 만들거나 가정, 학교, 또는 직장에서의 일상적 기능을 방해할 때, 이를 강박장애(obsessive-compulsive disorder, OCD)라 한다. OCD를 가진 성인들은 자신의 행동이 과도하거나 불합리하다는 것을 아는 데 반해, OCD를 가진 아동들은 그렇지 않은 경우가 많다.

OCD는 아동과 청소년 200명 중 1명꼴로 나타나므로 비교적 드문 장애다(Albano et al., 2003 참조). 이 장애는 다음과 같은 다양한 형태의 의례적 사고나 행동을 포함한다.

- 손 씻기, 점검하기, 기타 반복적인 움직임
- 단어, 구(phrases), 기도문, 숫자 배열, 기타 수 세기 방식 등과 같은 인지적 강박
- 강박적으로 천천히 하기, 일상적인 일을 할 때 지나치게 많은 시간을 들이기
- 불안을 높이는 의심과 질문들

이 장애를 가진 많은 아동과 청소년은 진단을 받지 않는 경우가 많은데 그 이유 중 하나는 이들이 종종 자신의 강박적 사고나 의례적 행동을 숨기거나 그러한 의례적 행동이 대부분의 일상 활동을 심각하게 방해하지는 않기 때문이다. 그러나 심각한 형태의 OCD는 사회적, 학업적 성취에 상당한 장애를 야기할 수 있다.

OCD와 관련된 학생의 문제가 매우 심각할 때의 우선적인 처치는 처방된 약을 복용하고 내과 또는 정신과 의사가 이를 점검하는 것이다. 그러나 교사들이 주로 접하게 되는 OCD의 경우, 가장 효과적인 중재는 사회적 학습 원리에 근거한 것으로, 특히 불안 감소를 위해 사용되는 전략들이다. 불안을 감소시키는 약물도 도움이 되며, 많은 경우 약물과 행동 또는 인지행동 중재를 병행하는 것이 최선의 결과를 가져온다(Beer, Karitani, Leonard, March, & Sweda, 2002; Garland, 2002). 교사들은 OCD의 발견에 중요한 역할을 할 수 있는데, 특히 학생이 자신의 생각이나 의례적 행동을 숨기고 있을 때 그러하다. 학생이 사회화나 학업에 어려움을 보이는 이유를 발견하기 위해서는 주의 깊은 관찰과 질문이 필

유튜브 비디오 사례

비디오 연결 10.2

이 영상은 아동에게서 나타나는 강박장애를 개괄적으로 보여주고 있으며, 강박이 일상적 활동을 방해할 장애가 될 수 있음을 강조한다.(https://www.youtube.com/watch?v=oO5Agg3zAbc)

요하다. 특수교사는 교실에서 불안 감소 절차를 실행함으로써 OCD 학생의 중재를 돕게 될 수도 있고, 약물치료의 효과를 점검하려는 의사를 도와 자료(행동 체크리스트 또는 평정척도)를 제공해 달라는 부탁을 받을 수도 있다.

외상후 스트레스장애

외상후 스트레스장애(posttraumatic stress disorder, PTSD)란 자신 또는 타인의 사망 또는 심각한 상해를 초래할 수 있었던 극심한 외상적 사건(또는 사건들)에 노출된 후 오랫동안 반복되는 정서적이고 행동적인 반응(reactions)을 말한다. 이 장애를 가진 사람은 그 사건(들)을 경험한 시점에 심한 두려움, 무기력, 또는 공포와 같은 반응을 보였어야 한다(아동의 경우 혼란스러운 행동 또는 흥분된 행동을 보이기도 한다). 모든 아동이 그렇지는 않더라도 상당히 많은 아동이 20세 이전에 외상을 주는 사건을 한 번 이상 경험하지만, 이들 대부분은 PTSD를 보이지 않는다(Copeland, Keeler, Angold, & Costello, 2007). PTSD 아동들은 불안이나 우울과 관련된 다른 장애를 가지고 있을 가능성이 높기 때문에 PTSD 아동의 수를 정확히 말하기는 어렵다. 일부 학자들은 PTSD를 가진 아동과 청소년의 비율이 전체의 1~10% 정도라고 추산하고 있으며 여학생이 남학생보다 약간 더 많은 것으로 본다(Hawkins & Radcliffe, 2006 참조). PTSD는 또한 아동이 노출되었던 외상적 사건의 횟수와 강도에 직접적으로 영향을 받는다고 추측된다. PTSD를 유발한 그 사건(들)은 아동기 초기에 일어날 수도 있고 그 이후에 일어날 수도 있다(Lyons-Ruth, Zeanah, Benoit, Madigan, & Mills-Koonce, 2014; Nader & Fletcher, 2014 참조).

PTSD는 외상적 사건과 관련된 지속적인 인지적, 감각적, 정서적, 행동적 문제를 특징으로 한다. 예를 들어 PTSD를 가진 사람들은 반복적이고 침습적인 생각, 심상, 꿈과 같은 다양한 방식으로 외상적 사건을 재경험하기도 한다. 이들은 그 사건과 관련된 자극을 회피하기도 하고, 정서적인 무감각이나 무반응을 경험하기도 한다. 이들의 증상에는 과도한 각성도 포함될 수 있다(예 : 잠을 자거나 집중하기가 어려움; Fletcher, 2003; Mindell & Owens, 2003 참조).

비교적 최근까지도, 극심한 스트레스에 대한 아동의 정서 및 행동 반응이 뒤늦게 나타날 수 있다는 점이 간과되어 왔다. PTSD에 대해서는 외상성 스트레스가 성인기에 발생한 경우 외에는 관련 연구가 거의 없다. 그러나 1980년대 중반부터는 정신건강 전문가들이 성인뿐 아니라 아동도 심한 외상적 사건을 경험하고 일정 시간

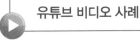

유튜브 비디오 사례

비디오 연결 10.3
이 영상에서는 한 소아의학 교수가 폭력에 노출되었거나 폭력을 목격한 아동이 외상후 스트레스장애를 갖게 될 위험에 대해 설명한다. (https://www.youtube.com/watch?v=J3cbyoXgobl)

이 지난 후 정서행동장애를 보일 수 있음을 인식하게 되었다(Copeland et al., 2007; Fletcher, 2003; Nader & Fletcher, 2014). 1990년대 중반에 이르러서는 극심한 스트레스나 생명을 위협받은 경험이 아동에게 우울, 불안, 공포, 기타 반응을 일으킬 뿐 아니라 PTSD도 초래할 수 있음이 널리 알려지게 되었다. 심한 아동기 외상의 몇 가지 공통점은 다음과 같다.

- 외상을 시각화하거나 반복적으로 외상의 기억을 떠올림
- 강박관념이나 강박행동과 유사한 반복적 행동
- 외상적 사건에 구체적으로 관련된 공포
- 자신의 취약성을 표현하며 사람, 삶, 미래에 대해 이전과 다른 태도를 보임

각 사람은 끔찍한 사건에 대해 매우 다르게 반응한다. 그러나 연구자들은 사고, 전쟁, 테러, 지진이나 태풍 같은 자연재해, 가정이나 지역사회의 폭력 등이 아동과 청소년의 PTSD를 초래할 수 있음을 지속적으로 발견하고 있다.

이 장애에 대한 중재는 집단토론, 지지 활동, 위기 상담, 불안을 감소시키고 대처기술을 증진하기 위한 개별 중재 등 다양한 접근을 포함한다. 이 장애의 예방을 위해서는 사고와 폭력을 감소시키기 위한 노력뿐 아니라 발생 가능성이 상당히 높은 외상에 대해 미리 계획하는 것도 중요하다.

PTSD를 유발하는 사건은 학교나 지역사회에서도 발생할 수 있다. 예를 들면 성학대, 신체적 학대, 학교에서의 총기난사도 PTSD를 일으킬 수 있다. 전쟁 때문에 황폐해진 나라에서 미국으로 이주하여 학교를 다니게 된 아동이 많아짐에 따라, 미국의 학령기 아동 중 PTSD를 보이는 아동의 수가 증가할 것임은 분명하다. Meese(2005)는 1993년부터 2002년까지의 10년간 미국인들이 입양한 외국 아동의 80%가 1년 이상 시설에 거주한 경험이 있다고 보고하였다. 외국 아동을 위한 여러 고아원에서 제공하는 돌봄의 특징과 우수성은 매우 다르겠지만, Meese는 아동이 처음에 고아원에 위탁된 이유를 포함한 많은 요인이 아동의 인지적 지체, 행동 문제 및 PTSD의 위험을 높일 수 있다고 지적하였다. 외상적 사건이 일어난 장소가 어디였든 간에 PTSD 학생은 학교에서 심각한 문제를 보일 가능성이 높다. 불안 및 외상 관련 반응들은 학생이 학업에 집중하거나 사회적 활동에 참여하는 데 어려움을 갖게 할 수 있다. 그러므로 교사들은 PTSD의 징후들을 파악하고 필요한 경우 학생에 대한 평가를 의뢰할 수 있어야 하며, 학생의 불안을 적정 수준으로 낮추기 위한 노력에 참여해야 한다.

역사적으로 보면, 전쟁에서 부상당한 군인들이 돌아옴에 따라 장애의 발견과 치료에 대한 대중의 관심이 높아진 면이 있다. 외국에서 일어난 전쟁에서 돌아온 군인들의 주요 문제

중 하나가 PTSD였기 때문에 대중들은 PTSD를 더 잘 이해하게 될 것이고, 이 장애를 가진 아동에 대한 더 나은 중재를 요구할 것이다.

상동증적 운동장애

상동증적 운동이란 반복적으로 지속되는 비자발적이고 비기능적인 움직임을 말하는데, 이러한 문제를 가진 사람들은 어떤 상황에서는 최소한의 자발적 통제를 행사할 수 있으나 모든 상황에서 모든 움직임을 통제하지는 못한다. 상동증적 운동장애에는 자기자극(self-stimulation)과 자해(self-injury)가 포함된다. 그러나 이 장애는 또한 불안과 관련된 반복적 움직임도 포함한다(Albano et al., 2003; Piacentini et al., 2014; Himle, Flessner, Bonow, & Woods, 2006).

자기자극이나 자해로 분류되지 않는 대부분의 상동증적 운동을 **틱**(tic)이라고 부른다. 안면 근육에만 관련된 단기간의 틱은 매우 흔한데, 모든 아동의 4분의 1 정도가 발달 중 어느 시점에 이러한 틱을 보이며, 이러한 틱은 무시하는 것이 최선이다. 그러나 머리, 목, 어깨 전체를 움직이는 틱은 중재를 필요로 한다. 틱은 운동뿐 아니라 음성으로도 나타날 수 있으며, 음성 틱을 가진 사람은 다양한 소음을 내거나 단어 또는 소리를 반복하는데, 운동 틱을 동반할 수도 있고 동반하지 않을 수도 있다.

1년 이상 지속되고 최소한 셋 이상의 근육군(muscle groups)을 동시에 움직이는 만성적인 운동 틱은 그보다 적은 근육군만을 움직이거나 그보다 지속기간이 짧은 틱에 비해 훨씬 심각하다. 틱장애는 매우 다양하게 나타나지만, 장애 정도가 가장 심하고 가장 많이 연구된 것은 투렛장애 또는 **투렛 증후군**(Tourette's syndrome, TS)이다. TS는 18세 이전에 발생하고, 다발성 운동 틱과 한 가지 이상의 음성 틱이 하루에도 여러 번 발생하며(주로 한꺼번에), 1년 이상의 기간 동안 거의 매일 또는 간헐적으로 나타난다. TS의 출현율은 1%나 되는 것으로 추산되어 왔다(Kurlan, 2010). TS는 다양한 인종과 민족에게 나타나며, 여자보다는 남자에게서 더 많이 발생한다. TS 사례 중 3분의 1 정도는 틱이 저절로 없어지고 또 다른 3분의 1은 13세에 이르면 틱이 상당히 감소한다. 나머지 3분의 1은 증상이 줄어들지 않고 평생 틱이 지속된다.

TS는 1990년대 강박장애와 불안장애에 관한 연구의 핵심이었다. TS는 최근까지도 낳은 오해를 받고 있어서 심한 사회적 낙인을 동반해 왔다. 매우 가벼운 증상의 TS는 언뜻 보아서는 알아채기 어려울 수도 있다. 그러나 심한 증상을 가진 사람은 특이한 행동(예 : 신체 일부를 씰룩거리기, 끙끙 소리내기, 상황에 맞지 않는 말이나 음란한 말을 큰 소리로 하기)

을 보이기 때문에 다른 사람들이 공포, 조롱, 또는 적대감으로 자신을 대하는 경험을 하게
된다. 두 명의 유명한 운동선수[야구선수인 짐 아이젠라이히, 전 NBA 스타였던 마무드 압
둘-라우프(이슬람 개종 전 이름은 크리스 잭슨)]가 TS 진단을 받은 사실, 작고한 신경학자
Oliver Sacks의 탁월한 책(1995년 펴낸 *A Surgeon's Life*라는 책으로, TS를 가진 외과 의사이
자 비행사의 이야기), 투렛증후군협회(Tourette Syndrome Association)의 노력 등은 TS를 가
진 아동과 성인이 받아 온 무시, 차별, 학대를 없애는 데 큰 공헌을 하였다.

　TS의 원인이나 TS를 일으키는 신경학적 문제가 무엇인지 아직 정확히 밝혀지지는 않았
지만, 이제 우리는 TS가 신경학적 장애라는 것은 알고 있다. TS는 신경학적 특징뿐 아니라
사회적 · 정서적 문제와도 관련된 다면적인 장애다. TS에는 유전적인 요소도 있을 수 있다.
TS는 장애 정도, 증상 등이 매우 다양하고 다른 여러 장애와 동시에 발생하는 경우도 많은
데, 특히 주의력결핍 과잉행동장애(ADHD)나 강박장애(OCD)와 함께 나타나는 경우가 많
다. 사실, 어떤 학자들은 TS가 주의집중장애나 강박장애의 한 유형이며, TS 아동에게 나타
나는 강박장애는 나이가 들어 감에 따라 더욱 심해진다고 주장하고 있다(Bloch et al., 2006;
Kurlan, 2010). TS의 증상 중에는 틱과 비슷한 의례적 행동(예 : 상동증적 접촉이나 물건 나
열하기, 단어나 구를 반복하기)이 포함된다. 또 어떤 경우에는 TS를 가진 사람이 공격성을
억제하지 못하여 품행장애로 오인되거나 품행장애와 TS를 동시에 가지고 있다고 오인되기
도 한다. TS의 증상은 불안, 외상, 사회적 스트레스와 같은 특정 조건에서 더 심해지기도 하
지만 늘 그런 것은 아니며, 시간적인 예측이 불가능할 정도로 아무 때나 증상이 생겼다가 없
어지기도 하고, 완화되었다가 심해지기도 하므로 중재하기도 어렵고 교사와 또래들에게 이
해받기도 어렵다(Kurlan, 2010; Piacentini et al., 2014 참조).

　진단이 갈수록 정확해지고 연구에 의해 특성과 치료에 관한 더 많은 것들이 밝혀지면서
TS는 이전보다 훨씬 잘 이해되고 있다. 가장 효과적인 중재는 인지행동치료나 약물치료 또
는 이 두 가지의 병행이다(Piacentini et al., 2014; Walkup, 2002). TS를 가진 많은 사람들은
자신의 증상을 완화하기 위해 처방되는 신경이완제와 다른 약물들의 부작용을 좋아하지 않
는다. 이들은 다른 방법으로 틱을 조절하는 것을 더 선호하는데, 그중 하나는 다양한 상황에
서 틱이 발생하게 하고 타인들이 이를 이해하고 수용하도록 교육하는 것이다.

　TS는 종종 다른 장애와 동시에 발생하고 TS에 대한 이해의 부족은 낙인, 사회적 거부, 고
립으로 이어질 수 있기 때문에 특수교사가 TS를 가진 학생들을 만나게 될 가능성은 적지 않
다. 효과적인 중재를 위해서는 TS를 가진 학생뿐 아니라 가족과 학교의 참여가 필요하다
(Albano et al., 2003 참조). 가장 중요한 교사의 역할은 TS의 특성에 대해 이해하고 타인에

게 알리는 것, 통제할 수 없는 틱은 무시하는 것, 학생의 능력에 중점을 두는 것이다.

유튜브 비디오 사례

비디오 연결 10.4

이 영상에 등장하는 강사가 '광범위한 불안 및 사회적 위축과 관련된 선택적 함묵증'과 '타인과 상호작용은 하는데 말만 하지 않는 선택적 함묵증'을 어떻게 구분하고 있는지 주목하라. (https://www.youtube.com/watch?v=J3cbyoXgobl)

선택적 함묵증

어떤 상황에서는 정상적이거나 정상에 가까운 언어 능력을 보이는 반면, 말을 해야 하는 또 다른 상황(예 : 학교)에서는 말을 하지 않는 아동을 **선택적 함묵증**(selective mutism, SM)을 가졌다고 일컫는다. 가장 흔한 예는 학교에서 교사나 친구들과는 말을 하지 않고 집에서 부모나 형제자매와 대화를 하는 아동이다. 이 장애에 대한 다른 용어로는 **선별적 함묵증**(elective mutism), **발화 억제**(speech inhibition), **발화 회피**(speech avoidance), **발화 공포증**(speech phobia), **기능적 함묵증**(functional mutism) 등이 있다. SM은 드문 장애로, 1%

보다 훨씬 낮은 비율의 아동에게서만 나타난다. 일반 아동들도 사교성과 언어 사용 능력이 워낙 다양하기 때문에 SM은 진단하기가 어렵다. 예를 들면 임상가들은 불안, 수줍음, 위축을 경험하는 것이 당연하고 자연스러운 시기인 학교 입학 직후의 몇 주 동안에 SM을 진단하는 것이 현명한 처사가 아니라는 데 뜻을 같이 한다. 또한, 어떤 아동이 SM으로 진단받으려면 말을 하지 않는 데서 비롯되는 사회적·학업적 문제를 경험해야 한다. 이 아동들은 영문을 알 수 없는 행동 문제를 교사들에게 보이기도 한다(Brigham & Cole, 1999; O'Connell, 2015). Brigham과 Cole(1999)은 SM을 가진 대부분의 아동들이 학교에 입학한 후 교사에 의해 처음 판별되기는 하지만, 대부분의 교사들은 이렇게 드문 장애를 가진 아동을 만난 적이 없기 때문에 좌절감을 경험한다.

대부분의 경우 SM은 특정인이나 특정 집단에게 말 걸기를 두려워하는 사회적 불안에서 비롯된 것으로 보인다(Bergman, Piacentini, & McCracken, 2002). 그러나 선택적 함묵증의 원인은 매우 다양하며, 유전적·환경적 요인을 모두 포함한다(Viana, Beidel, & Rabian, 2009; Higa-McMillan et al., 2014). 예를 들면 SM 아동의 가족 구성원들도 불안장애나 사회공포증을 보이는 경우가 많고, 이 아동들의 부모는 과잉보호를 하거나 상충되는 양육 스타일을 가지고 있을 가능성이 크다.

SM 아동은 말을 새로 습득해야 하는 것이 아니라 일상적 환경에서 말을 사용하는 것만 배우면 되기 때문에 말을 아예 하지 못하는(즉 함묵증) 아동이나 다른 말이나 언어장애(예 : 반향어)를 가진 아동에 비해 치료가 쉬울 것으로 생각되어 왔다. 그러나 SM을 위한 효과적인 중재에 대한 문헌은 매우 제한적이다. 행동 중재 또는 인지행동 중재와 약물 접근, 또는 이들의 병행이 가장 전망이 밝은 치료로 알려져 있다. 다른 공포증과 마찬가지로, 사회적 학습 원리는 SM을 다루는 가장 성공적인 접근의 기초가 되어 왔다. 중재 전략으로는 아동의 발화에 대한 요구나 발화가 기대되는 상황을 변화시키는 것, 말하는 것에 대한 공포를 체계적으로 둔감화하는 것, 아동이 말을 하지 않으려던 상대에게 자유롭게 말을 거는 행동에 점진적으로 근접해 갈 때 강화를 제공하는 것 등이 있다(Cohan, Chavira, & Stein, 2006).

SM은 제대로 이해받지 못하고 있는(심지어 신비로운 것으로 여겨지기도 함) 매우 드문 장애인 동시에 교사들에게는 상당히 다루기 힘든 문제일 수 있다. 어떤 경우에는 특별한 중재 없이도 아동이 말을 제대로 하기 시작한다. 따라서 아동을 염려하는 성인이 결정해야 할 첫 번째 사항은 중재를 적용할 것인지 여부, 즉 아동의 행동이 매우 심각해서 중재를 시도해야 하는지 여부다. 일반적으로 SM이 저절로 해결되기를 기다리기보다는 중재를 하는 것이 바람직하다(Bergman et al., 2002; Higa-McMillan et al., 2014; Pionek, Stone, Kratochwill, Sladezcek, & Serlin, 2002). 일단 중재가 시작되면 교사는 언어치료사를 포함한 여러 전문가, 학생의 가족과 관련된 전문가 등과 협력해야 한다. 교사들은 또한 말하기를 장려하는 비처벌적이고 행동적인 접근을 교실에서 실행하는 동시에, 성공적인 중재를 위해서는 장기간의 중재가 필요함을 인식해야 한다.

섭식장애

섭식장애(eating disorders)는 매체를 통해 많은 주목을 받고 있는데 이는 국가적인 풍요함이 음식의 대량 소비로 이어진 동시에, 많은 사람들(특히 높은 사회적 지위를 가진 사람들)이 날씬함에 대해 가지고 있는 강박 때문이기도 하다. 여러 섭식장애 중 가장 관심을 많이 받는 것은 신경성 식욕부진[줄여서 식욕부진 또는 **거식증**(anorexia), 신경성 폭식증[또는 **폭식증**(bulimia)], 폭식(binge eating), 비만이다(Macera & Mizes, 2006; Von Ranson & Wallace, 2014; Wilson, Becker, & Heffernan, 2003). 신경성 폭식증과 신경성 식욕부진은 반드시 그런 것은 아니지만 주로 여성, 특히 청소년기 여성들에게 많이 나타나며, 흑인보다는 백인에게서 더 많이 나타난다(Robb & Dadson, 2002; Striegel-Moore et al., 2003). 약물은 이 장애의 치료법 중 하나다.

신경성 식욕부진은 체중 증가를 두려워하면서 체중을 줄이려는 강박이다. 신경성 식욕부진을 가진 사람들은 체중 감소에 강박적으로 집착하며 살이 찔까 봐 극도로 불안해한다. 이들은 비성상적으로 낮은 체중에 이를 때까지 스스로 굶으며, 칼로리 섭취를 극도로 제한하면서 강박적으로 운동을 한다. 이들은 스스로의 건강을 위험에 처하게 하여 때로는 굶다가 사망에 이른다. 신경성 식욕부진은 남자보다 여자에게서 3배 정도 더 많이 발생하는데, 이 비율은 이 장애가 전적으로 여성에게만 나타난다고 믿었던 과거의 신념보다는 훨씬 낮은 것이다(Treasure, Claudino, & Zucker, 2010). 신경성 식욕부진은 청소년과 성인기 초기에 가장 많이 발생한다.

폭식증은 폭식을 한 후 스스로 유도하는 구토, 하제나 관장약 사용, 과도한 운동 등과 같이 음식 섭취를 상쇄하기 위한 행동을 하는 것이다. 폭식증을 가진 사람들은 자신의 폭식 및 폭식 관련 행동을 비밀로 하려고 한다. 이들은 우울감을 느끼는 경우가 많으며 자신의 식습관을 조절하지 못한다.

거식증과 폭식증에 대해 대중의 관심이 높고 이 장애가 미국 내 여고생이나 여대생들에게 만연해 있다는 추측에도 불구하고, 이 장애의 원인이나 효과적 처치에 대해서는 별로 알려진 것이 없으며 특히 이 장애가 아동기 중 어느 시기에 시작되는지에 대해서는 더욱 알려진 바가 없다. 한 가지 문제는 섭식장애를 가진 사람들이 섭식장애를 숨기고 심지어 중재 제공자들에게도 보고하지 않는다는 것이다. 2007년 Hudson, Hiripi, Pope와 Kessler는 미국 내 진단받은 섭식장애 출현율을 다음과 같이 보고하였다.

- 신경성 식욕부진 : 여성의 0.9%, 남성의 0.3%
- 신경성 폭식증 : 여성의 1.5%, 남성의 0.5%
- 폭식증 : 여성의 3.5%, 남성의 2%

이제 연구자들은 이것이 다면적인 문제여서 여러 측면의 처치와 접근을 필요로 함을 인식하게 되었다. 날씬함에 대한 문화적 관념도 일부 섭식장애의 촉진요인이 될 수 있다. 섭식에 대한 가족 내 갈등, 가족 구성원들과의 의사소통 문제 등도 청소년이 음식과 섭식에 대해 부적응적 태도를 보이는 것과 관련이 있다고 알려져 있다. 그러나 섭식 문제에 대한 유전적 소인이 학자들에 의해 점점 더 많이 발견되고 있는 추세이며(Von Ranson & Wallace, 2014; Wilson et al., 2003), 다른 정신과적 장애(자폐성 장애, ADHD, 강박장애, 불안장애 등)와의 동시 발생도 흔한 일이다(Treasure et al., 2010). 원인에 대한 행동 분석이나 행동 중재 및 인지행동 중재가 단기적으로는 고무적인 성과를 내고 있지만, 장기적인 추후 평가들은 더욱 포괄적인 진단과 중재 접근이 필요함을 시사한다. 효과적인 중재는 섭식장애 자체에 대한 고려뿐 아니라 거식증 및 폭식증과 연관된 사고나 감정, 그리고 그러한 섭식 패턴이 발전되고 유지되어 온 사회적 환경에 대한 이해를 필요로 한다.

좀 더 심한 장애와 함께 나타나는 기타 섭식장애로는 **이식증**(pica, 페인트, 머리카락, 천, 또는 흙과 같이 먹을 수 없는 물질을 먹는 것), **반추장애**(rumination, 스스로 유도하는 구토로 주로 영아기에 시작됨), 과도한 편식, 대식, 비만 등이 있다(Von Ranson & Wallace, 2014). 이러한 문제들은 아동의 사회적 수용도를 심각하게 위협하고 건강을 해친다.

아동과 청소년 비만은 대부분의 서구 문화권, 특히 미국에서 증가하고 있는 문제로 심각한 건강상의 위험을 동반하며, 부정적인 자아상을 초래하고 빈약한 대인관계를 갖게 한다. 이러한 대인관계 문제로 인해 비만이 악화되기도 하며, 비만은 성인기까지 지속되는 경향이 있다(Christakis & Fowler, 2007; Peterson, Reach, & Grabe, 2003; Wilson et al., 2003). 비만 아동은 종종 사회적 거부나 무시를 당한다. 비만의 원인으로는 유전적, 생리적, 환경적 요소가 포함되지만, 기본적인 문제는 활동을 통해 소비할 수 있는 것보다 더 많이 먹는다는 것이다. 그러므로 비만을 효과적으로 관리하려면 섭식 습관을 바꾸어야 할 뿐 아니라 신체활동을 더 많이 해야 한다. 비만은 개인이 잘못된 식사 패턴과 영양 섭취 습관을 학습한 탓으로 인식되지만, 비만을 수용하는 사회적 분위기도 매우 중요한 역할을 한다(Christakis & Fowler, 2007). 비만을 피하기 위해서는 적절한 식사와 운동(이 두 가지는 어떤 사람에게는 좀 더 어렵고 어떤 사람들에게는 좀 더 수월할 수 있지만, 거의 모든 사람이 할 수 있는 것이다) 두 가지가 모두 필요함을 명심해야 한다.

특수교사는 섭식장애를 가진 학생을 자주 만나게 된다. 이 장애는 특수교사 혼자서 다룰 일이 아니며, 교사들은 혼자 섭식장애를 해결해보려 해서는 안 된다. 섭식장애를 가진 학생들은 교실 내에서 심한 불안이나 강박행동을 보일 가능성이 높다. 이러한 장애와 관련하여 특수교사의 역할은, 필요에 따라 적절한 영양 섭취와 운동에 대한 교수와 지원을 제공하고 다른 분야의 전문가들과 협력하여 학생의 음식 섭취를 관리하는 것이다.

배설장애

배설에 대한 태도는 문화에 따라 다르고 같은 사회집단 내에서도 다양하다. 서구 문화에서는 배변 훈련이 매우 중요한 것으로 간주되며 일반적으로 어린 나이에 시작된다. 생후 몇 주이내에 배변 훈련을 시작한다는 식의 극단적 실행은 별로 권장되고 있지 않지만, 행동 연구들은 대부분의 아동이 16~18개월 정도가 되면 배변 훈련을 받을 수 있음을 보여준다. 미국에서는 아동의 학교(어린이집 포함) 입학이 이미 배변 훈련을 거의 마쳤다는 뜻이다. 아동이 5세나 6세가 지난 후에도 대소변 실수를 계속한다면 중재를 필요로 하는 문제를 가졌다고 간주된다. **유뇨증**(enuresis)은 주간형(깨어 있는 동안 소변을 가리지 못함) 또는 야간형(자는 동안 소변을 봄)으로 나타날 수 있다. 유뇨증은 여아보다 남아에게서 2배 정도 많이 나타나며 모든 아동의 2~3%는 14세 이전에 유뇨증을 보인다. 초등학교 1학년을 시작하는 시점에서는 모든 아동의 13~20%가 유뇨증을 보인다. **유분증**(encopresis)은 주로 낮에 나타나며 유뇨증만큼 많이 발생하지는 않는다.

일반적으로 배변 훈련은 점진적으로 이루어지는 과정이며, 스트레스와 질병은 장과 방광의 통제에 영향을 미친다. 따라서 아동이 어릴수록, 환경적 스트레스가 클수록 대소변 실수가 많이 일어난다. 유뇨증과 유분증은 가끔 대소변 실수를 하는 문제가 아니다. 이 문제를 가진 아동들은 대소변을 조절할 수 있으리라고 기대되는 나이가 지난 후에도 소변이나 대변을 참았다가 화장실에서만 배변하는 데 만성적인 어려움을 보인다(Peterson et al., 2003).

심리역동 이론에서는 유뇨증과 유분증이 내재된 정서적 갈등(주로 가족과 관련된 갈등) 때문이라고 본다. 이러한 심리역동적 주장을 지지하는 믿을 만한 증거는 없지만, 가족이 일관적이고 적절한 배변 훈련을 하지 못했을 경우, 가족 요인은 배설장애(elimination disorders)의 발생에 중요한 역할을 한다. 아동이 대소변을 가리지 못할 때 그 문제의 원인이 무엇이든 부모-자녀 관계가 나빠질 수 있다. 완벽한 평정심으로 이 문제를 다룰 수 있는 부모는 그리 많지 않으며, 배변 문제에 대한 성인의 반응에 전혀 영향을 받지 않는 아동도 드물다. 따라서 우리는 배설장애를 가진 아동의 가족 내에 배설 문제에 대한 부정적 정서가 팽배해 있음을 인식해야 한다. 부모의 분노와 아동에 대한 학대를 방지하기 위한 중재가 계획되어야 한다.

유뇨증이 아동의 유일한 문제인 경우는 거의 없다. 유뇨증을 가진 아동은 도벽, 과식, 또는 저성취 등과 같은 다른 어려움도 함께 보인다(Ramakrishnan, 2008). 6개월 이상 소변을 잘 가리다가 주간 또는 야간에 다시 유뇨증을 보이는 **이차성 유뇨증**(secondary enuresis) 아동들이 특히 그렇다. 열 살 이후까지 지속적으로 밤에 소변 실수를 하는 일차성 야뇨증(primary nocturnal enuresis) 아동은 다른 행동 문제가 동시에 나타나는 일이 거의 없다(Ramakrishnan, 2008). 유분증을 가진 거의 모든 아동은 다른 여러 문제도 함께 가지고 있으며, 그러한 문제들 역시 그 정도가 심각하다. 학교에서 발생하는 주간형 유뇨증과 유분증은 교사에게는 매우 힘든 문제이며 또래의 거부를 야기한다. 배설장애를 가진 대부분의 아동이 낮은 자아개념을 가지고 있다는 점은 이해할 만한 일이다.

일부 사례에서는 배설장애가 수술이나 약으로 치료할 수 있는 생리적 이유를 가지고 있지만, 대부분의 경우에는 배설장애의 해부학적 원인을 알 수 없기 때문에 약이 크게 도움이 되지 않는다. 많은 경우 이 장애는 방광이나 장의 조절을 배우지 못한 데서 오는 문제이므로, 이 장애를 다루는 효과적인 중재에는 배변 훈련이나 연습이 포함된다. 소변을 참은 채 빨리 잠에서 깨어 화장실에 가게 하는 훈련, 적절한 배변에 대한 보상이나 소변 실수에 대한 가벼운 벌 등이 중재로 사용될 수 있다. 침대나 팬티 안에 부착하는 소변 알람기(urine alarm system)는 많은 아동들의 유뇨증을 없애는 데 성공적이었다.

유뇨증을 위한 많은 접근이 시도되어 왔고 많은 행동 기법이 상당히 성공적이었지만, 모든 아동에게 효과적인 단일한 접근은 존재하지 않으며 여러 기법이 함께 사용되는 경우가 많다. 유분증의 중재 중 하나는 아동에게 바이오피드백을 훈련하여 자신의 괄약근을 좀 더 자유로이 조절하게 하는 것이다. 대변 실수를 했을 때, 주변의 걱정 어린 관심을 받고 성인이 이를 치워주는 대신, 아동 스스로 자신의 변을 치우게 해야 할 수도 있다. 유뇨증이나 유분증에 대한 성공적인 기법을 선택하려면, 개별 사례를 주의 깊게 진단해야 한다.

중도장애를 가진 학생과 함께 일하는 특수교사는 배설장애를 가진 학생을 만날 가능성이 크다. 이 장애는 학교에서 상당히 골치 아픈 문제이며, 학생이 성인과 또래 모두에게 환영받지 못하게 되기도 하고 행동 관리의 핵심 문제가 되기도 한다. 특수교사는 배설장애로 인해 교실 내에서 야기되는 문제를 다루기 위해 심리학, 사회복지학 등 타 분야 전문가들과 협력해야 한다.

성 문제

문란한 성행위는 종종 한 개인이 윤리적으로 문제가 있음을 암시하고 있으며, 범죄와도 자주 연관된다. 제13장에서 살펴볼 조기 성행위와 십대 임신은 십대와 그들이 낳은 아기들에게 심각한 문제가 된다. 데이트와 성관계는 십대와 이들의 보호자들에게 큰 관심사다. 성관계와 성행동은 아동과 십대들에게 무수한 불안과 강박적 행동의 원인이 될 수 있다. 노출증, 가학 피학증, 근친상간, 성매매, 페티시즘, 소아성애 등은 타인에게 너그럽게 수용되기 어려우며, 이러한 행동들은 보통 중한 사회적 처벌을 동반한다. 모든 성적 행동이 미국의 사회적 관습에서 수용되는 것은 아니다. 어떤 성적 행동은 명백히 금기시되며, 근친상간은 거의 모든 사회에서 금기다. 그러나 이제 대부분의 사람들은 개인적 선호의 문제거나 생물학적으로 결정되는 매우 다양한 범위의 정상적 성적 표현이 있음을 인식하게 되었다.

일부 종교집단에서는 자위행위를 바람직하지 않은 것으로 여기거나 금지하지만, 자위행위가 본질적으로 부적응적인 것은 아니다. 그러나 과도하게 행하거나 공공장소에서 행하는 성적 자기자극은 거의 모든 이가 문제행동이라고 여긴다. 대부분의 교사가 공공장소에서 학생들이 자위행위 하는 것을 보는데도 이에 대한 연구가 거의 없는 것은, 아마도 자위행위가 오랫동안 나쁜 것으로 간주되어 왔고(Hare, 1962; Stribling, 1842), 동성애와 함께 여전히 일부 종교에 의해 비난을 받고 있기 때문인 것 같다.

젠더와 관련된 어떤 행동을 장애로 분류하면, 문화적 편견과 차별이라는 심각한 문제가 제기된다. 근친상간, 성적 가학이나 피학, 소아성애, 공공장소에서의 자위 등과 같은 성적 표현은 일탈이며 금지되어야 한다는 데 동의가 이루어진다. 그러나 오늘날 많은 사람들은 옷 입는 방식, 정형화된 남성적 또는 여성적인 언행, 동성애 등의 성 관련 행동에서는 옳고 그름이 없다고 느낀다. 1970년대 이후, 옷 입는 방식이나 수용 가능한 성역할은 극적으로 변화되어 왔다. 양성성(androgyny, 남녀의 특성을 모두 갖는 것)은 많은 패션과 역할 모델에서 명백하다. 성적 기호와 관련된 문제는 기본적으로 문화적 또는 개인적으로 용인되느냐 아니냐의 문제이므로(이는 종교적 신념이나 정치적 성향에 의해 정당화된다), 인종과 민족적 정체성에 대한 개인적 편견에 주의하는 것 못지않게, 성 관련 행동을 판단할 때 문화적, 개인적 편견이 개입될 가능성에 민감해야 한다. 자신을 생물학적으로 타고난 성이 아닌 다른 성으로 여기는 사람들은 **성 불편증**(gender dysphoria)을 갖게 될 가능성이 있는데, 이 용어는 최근의 DSM 개정에 따라 이전의 **성 정체성 장애**(gender identity disorder)를 대신하여 사용하게 된 것이다. DSM의 이번 개정은 타고난 성에 대한 부적응(gender nonconformity)이 사회적으로 좀 더 이해받고 수용되는 현상을 반영한 것으로, 진단 기준에서도 자신의 성을 불편해하는 것만으로는 정신장애가 아니라는 점을 명확히 하고 있다. 이러한 상황에 동반되는 스트레스 요인이 너무나 심해서 사회적 기능이나 기타 기능에 손상을 초래하는 경우에만 장애 진단이 내려질 수 있다. 아동의 경우, 타고난 성에 대한 부적응은 반대 성이 되려는 집요한 열망, 다른 성으로 보이도록 옷 입는 것에 대한 강한 선호와 집착, 반대 성의 역할 선택, 놀이 친구로 이성만 선호하는 경향, 반대 성의 신체적 특징을 가지려는 지속적인 바람 등의 특징으로 나타난다. 지금까지 논의한 다른 많은 장애와 관련된 행동들과 마찬가지로, 이러한 특성들이 심각한 스트레스나 사회적 기능의 손상을 야기할 경우에만 장애로 간주된다. 성 정체성이 무엇이든 관계없이 정서행동장애가 발생할 수 있지만, LGBT(레즈비언, 게이, 양성애자, 트랜스젠더)인 사람들은 더 이상 자신의 성 정체성 때문에 장애로 간주되지는 않는다. 이들에 대한 차별은 종교적 신념에 의한 것이든 정치적 동기에 의한 것이든 또는 이 둘 모두에 의한 것이든 관계없이 모든 이의 삶에 주요 스트레스 요인이 되는데, 특히 이성애자가 아닌 사람들에게 더욱 그러하다. 동성애에 대한 태도는 문화에 따라 매우 다양하다

(Goldstein, 2014; Sacks, 2015; Scull, 2015 참조).

이 책의 앞 장들에서 말했듯이 위협, 괴롭힘, 그리고 그 외의 공격행동을 포함하는 성행동은 품행장애 및 비행과 밀접한 관계가 있다. 그러나 성적 공격성을 보이는 많은 사람들은 심각한 수준의 불안장애를 동시에 경험하기도 한다.

특수교사, 특히 청소년들을 담당하는 특수교사는 매우 우려되는 학생의 성적 행동이나 성적 지식(또는 성적 지식의 부족)에 직면하게 된다. 성적 기호와 성적 표현의 대안적 형태에 대해 열린 마음을 갖는 것이 중요하며, 동시에 병리적인 행동과 이를 다루어야 할 필요성에 대한 이해 역시 중요하다. 교사들은 일탈적인 성행동을 판별하고 관리하기 위해 심리학자, 정신과 의사, 사회복지사 및 기타 전문가들과 협력할 준비가 되어 있어야 한다.

사회적 고립

이 장과 이전 장들에서 논의한 많은 행동들은 정서행동장애 아동을 또래들로부터 사회적으로 고립시킬 수 있다. 정서행동장애 학생은 의도적으로 또래들을 피할 수도 있고, 또래와 적절하게 상호작용하는 데 필요한 기술을 익히지 못했을 수도 있으며, 이상하거나 골칫거리 행동들로 인해 본의 아니게 스스로를 또래들에게서 멀어지게 할 수도 있다(Farmer, 2000; McClelland, & Scalzo, 2006; Rubin, Burgess, Kennedy, & Stewart, 2003). 때로 사회적 어려움을 야기하는 특이한 행동은 자폐성 장애의 신호일 때도 있지만, 그리 자주 있는 일은 아니다. 어떤 고립 아동들은 쳐다보기, 대화 시작하기, 함께 놀기를 요청하기, 또래나 성인과 적절하게 신체 접촉하기 등과 같은 기본적인 사회적 접근 기술이 부족하다. 일반적으로 이들은 타인이 사회적 접촉을 시작했을 때 그에 대한 반응성도 부족하다. 한편, 이해할 수 없는 이유로 또래들로부터 무시당하는 아이들도 있다. 거부당하고 사회적으로 고립된 아동은 정상적인 사회성 발달의 특징인 **사회적 상호성**(social reciprocity, 두 사람 간에 상호적이고 동등한 강화를 교환하는 것)을 경험하지 못하게 된다.

사회적 고립은 절대적인 것이 아니다. 모든 아동과 청소년은 때때로 위축된 행동을 보이거나 사회적으로 부적절해 보일 때가 있는데, 이는 맥락에 따라 다르다. 많은 비장애 아동들, 심지어 어른들도, 새로운 환경이나 낯선 환경에서는 사회적으로 서툴러 보인다. 고립 행동은 새로운 환경에서 나타날 수 있는 정상적인 과묵함에서부터 정신병적인 심각한 고립에 이르기까지 그 심각성의 정도가 매우 다양하다. 그러나 유아기부터 성인이 될 때까지 거치는 거의 모든 교실에서는 사회적 상호작용의 부족 때문에 눈에 띄는 이들이 있기 마련이다. 흔히 이들의 사회적 고립은 이들이 조롱이나 괴롭힘의 대상이 되게 할 미성숙하고 부적절한 행동과 함께 나타난다. 이는 ASD를 가진 아동과 청소년의 경우에도 마찬가지다. 이들은 친구가 없는 외톨이로 지내며 사회적 상호성이 주는 기쁨과 만족을 누릴 줄 모른다. 이들과 그 또래들의 행동이 변하지 않는 한, 이들은 친밀하고 일상적인 인간관계에서 고립된 채 사회적 상호작용을 통해 얻을 수 있는 발달적 유익을 누리지 못할 가능성이 크다. 강력한 중재가 개입되지 않는 한, 이들의 예후는 그리 좋지 않다.

원인 요소와 예방

사회학습 이론에서는 어릴 때 적절한 사회적 상호작용기술을 배우지 못했거나 사회적 상호작용을 시도했다가 나쁜 경험을 한 아동들이 사회적으로 위축된 행동을 보이게 될 거라고 여긴다. 가벼운 정도 또는 중간 정도의 위축을 보이는 아동들이 불안해하거나 낮은 자아개념을 가질 가능성이 크기는 하지만, 불안과 낮은 자아개념이 위축과 사회적 고립을 야기한다는 주장은 정당화되기 어렵다. 불안과 낮은 자아개념이 아동의 사회적 유능함 부족으로 야기된다는 설명이 좀 더 설득력 있다. 사실, 위축과 사회적 고립이 사회성 기술과 우정의 발달 기회를 제한하고, 이것이 다시 더 심한 사회적 고립을 야기하는 악순환이 발생할 수 있다.

생물학적 요인도 일부 아동의 사회적 고립에 어느 정도 원인을 제공한다는 점에는 의심의 여지가 없다. 유전적 요인이 관여되어 있음이 거의 확실하다. 특히 아동이 자폐성 장애의 한 유형으로 진단받은 경우, 뇌기능의 문제는 아동이 보이는 사회적 어려움의 원인 중 하나일 수 있다.

부모의 과도한 통제나 부모의 사회성 부족, 사회적 학습의 기회 부족, 또래와의 사회적 상호작용이 좌절되었던 어릴 때의 경험 등은 아동이 타인과 떨어져 혼자 놀고 사회적 접촉을 회피하는 법을 학습하게 만든다. 사회적으로 서툰 부모의 경우, 그 자녀도 사회성 기술이 그리 좋지 않은 편인데, 이는 아마도 사회성 기술이 부족한 부모가 바람직하지 못한 행동을 시범 보였거나 사회적 호감을 얻는 데 도움이 되는 기술을 알려주지 못해서일 것이다 (Dadds, 2002; Higa-McMillan et al., 2014). 부모나 형제자매의 학대와 같은 혐오스러운 사회적 경험 역시 자신감이 없고 스스로를 부정적으로 평가하는 불안한 아동을 만든다. 불안과 자기비하는 사회적 상황에서 아동을 침묵하게 만들고 이는 사회적 무능력을 심화시킨다. 그러나 초기 사회화 경험 및 현재 처한 사회적 환경의 특성뿐 아니라 아동의 기질적 특성도 사회적 고립의 이유가 될 수 있다(Keogh, 2003). 강화, 벌, 모방 등의 요소를 중심으로 고립행동을 바라보는 사회적 학습 이론은 중재를 위한 직접적 시사점을 가지고 있으며, 적극적인 사회성 기술 훈련을 통해 사회적 고립을 개선할 방법을 제안한다. 그러나 사회적 고립을 효과적으로 예방하기 위해서는 타인에게 접근하고 반응하는 방법을 아동에게 지도하는 것뿐 아니라 긍정적인 상호작용에 도움이 되는 사회적 환경이 조성될 필요가 있다.

진단

사회적 고립의 정의에는 또래의 적극적인 거부나 무시가 포함된다. 거부와 수용을 측정할 때는 아동들에게 다양한 역할에 해당하는 친구를 선택 또는 추천하라고 요구하는 질문지나 소시오미트릭 검사를 이용한다. 학생들은 가장 많이 같이 놀고 싶은 친구, 함께 앉고 싶은 친구, 함께 과제를 하고 싶은 친구, 파티에 초대하고 싶은 친구, 가장 놀기 싫은 친구 등을 알려달라는 질문을 받는다. 이러한 절차의 결과를 분석하면 그 집단에서 누가 가장 높은 사회적 지위를 가졌는지(누가 또래들에게 가장 인기 있는지), 누가 가장 고립되었는지(누구에게도 놀이 친구나 과제를 함께할 친구로 선택받지 않음), 누가 거부되고 있는지(또래들이 사회적 접촉을 피하고 싶어 함)를 알게 된다. Farmer(2000)는 이 장의 초점이 되는 아동들, 즉 또래들에게 인기를 얻는 것은 고사하고 긍정적인 관계 형성조차 하지 못하는 아동들을 대상으로 소시오미트릭 연구를 실시한 결과, 거부와 무시의 차이점이 갖는 중요성을 지적하였다. 그는 거부와 무시 모두 고립으로 보이지만 이 두 가지는 매우 다른 상태라고 하였다. 아동들은 무례하거나 공격적이거나 잔인하거나 귀찮게 하는 친구의 이름을 떠올리는 데는 아무 어려움을 보이지 않았다. 즉 함께 뭔가를 하고 싶지 않거나 옆에 앉고 싶지 않은 친구를 떠올리는 것은 아동들에게 매우 쉬운 일이었다. 그러나 소시오미트릭 연구에 의하면 또래들에게 무시되는 아동들의 경우 또래들이 그 아동의 존재 자체를 인식하지 못하는 것으로 나타났다. 이들은 나쁜 아이라고 평가되지도 않았지만 긍정적으로 인식되는 것도 아니었다. 또래들에게 긍정적인 추천도 받지 않고 부정적인 추천도 받지 않는 학생은 사회적 고립이 더 심해질 위험에 처하게 된다. 교사들은 소시오미트릭에 더하여 일상에 대한 직접 관찰과 행동 기록을 통해 사회적 상호작용을 좀 더 정확하게 측정해야 한다. 이를 기반으로 또래들에 비해 사회적 상호작용이 현저히 낮은 **사회적 고립아동**(social isolates)을 정의할 수 있을 것이다.

소시오미트릭 측정과 상호작용에 대한 직접 관찰 모두 중요한 진단 방법이지만, 이런 방법들을 통해 아동이 경험하는 사회적 고립의 원인을 완벽하게 밝힐 수 있는 것은 아니다. 예를 들면 긍정적인 사회적 상호작용을 비교적 많이 하는데도 여전히 사회적으로 고립되고 극소수의 또래와만 상호작용을 하며 피상적이고 어색한 상호작용을 보이는 학생이 있을 수 있다(Walker et al., 2004). 이 경우 교사의 평정과 자기보고도 진단에 포함되어야 한다. 사회성 기술이나 사회적 고립을 제대로 측정하려면, 상호작용행동의 비율, 사회적 상호작용의 질적인 측면, 사회적 지위에 대한 아동의 인식 등에 주목해야 한다.

사회성 기술에 관한 연구들이 갈수록 정교해짐에 따라, 적절한 사회적 상호작용이 어떤 것인지를 포착하기는 더욱 어려워졌다. 아동기 사회성 기술의 본질에 관한 우리의 지식 대부분은 피상적이다. 아동의 사회적 의도('무엇을 하는가'와 '왜 하는가'의 문제)는 중요한 연구 영역이다. 사회적 고립과 사회적 수용을 제대로 이해하려면 아동들이 특정 방식으로 또래들과 상호작용하는 실제적인 이유를 알아볼 필요가 있다.

중재와 교육

위축 문제에 대한 접근 중 하나는 아동의 자아개념을 증진하는 것인데, 이는 자아개념이 증진되면 아동이 좀 더 자주 사회적 상호작용에 참여하게 될 거라는 가정에 기초한 것이다. 우리는 놀이치료나 온화하고 수용적인 성인과의 치료적 대화 장면에서 자신의 행동과 사회적 관계에 대한 감정을 표현하도록 아동을 격려할 수 있다. 아동이 수용되고 있음을 느끼고 자유롭게 자신의 감정을 표현하게 되면, 이들의 자아개념은 더욱 긍정적이 될 것이며, 이에 따라 긍정적인 사회적 상호작용의 횟수도 함께 증가할 것이다. 아쉽게도, 위축 문제를 위해 자아개념에 초점을 둔 중재는 아직 연구를 통한 지지를 받지 못하고 있다.

아동에게 필요한 특정 사회성 기술을 가르치지 않거나 적절한 사회적 환경을 조정하지 않은 채 사회적 고립을 개선하려는 시도는 대개 효과를 거둘 수 없다. 행동 개선이 이루어지지 않았는데 자아개념이 개선될 수 있음을 지지하는 연구는 거의 없다. 아동이 자신의 행동에 대해 내리는 평가가 비현실적이라면, 아동의 자아개념을 현실적이 되게 하는 것은 가치 있는 목표임에 분명하다. 아동이 정말 사회적으로 고립되어 있을 경우, 사회적 상호성을 위한 기술을 가르쳐주지 않은 상태에서 아동이 사회적으로 문제없다는 점만 확신시키려 하는 것은 옳지 않다. 그러나 아동의 행동이 개선되고 나면 자아상 개선의 토대가 마련되었다고 할 수 있다.

적절한 환경 조성도 사회적 고립아동이 또래와 긍정적 행동을 주고받도록 지도하는 데 유익하다(Swan, Cummings, Caporino, & Kendall, 2014). 사회적 놀이를 촉진하고, 사회적 상호작용에 능숙한 또래나 사회적 상호작용을 요청하는 또래와 가까워지게 할 장난감이나 기구가 배치된 환경은 사회적 상호작용에 도움이 된다. 사회적 학습 원리에 근거한 몇 가지 중재 전략은 다음과 같다.

- 사회적 상호작용에 대한 강화(칭찬, 포인트나 토큰)
- 사회적 상호작용을 하는 또래 모델 제공
- 특정 사회성 기술에 대한 훈련(모델, 교수, 시연, 피드백) 제공
- 고립아동에게 사회적 상호작용을 시도하고 이에 대한 적절한 반응을 강화해줄 또래 모집

　물론 이 네 가지 전략은 함께 사용할 수도 있으며, 실험 연구들은 이러한 절차들이 특정 행동의 수정에 효과적임을 보여주었다. 아동의 일탈적인 사회적 행동을 정의하고 측정하고 변화시키기 위한 사회적 학습 전략들은 무척 전망이 밝다. 그러나 현재의 사회성 기술 훈련 방법들은 학생이 좀 더 사회적으로 수용되게 하고 다양한 사회적 상황에 일반화되며 중재 종료 후에도 유지되는 행동 변화를 이끌어내지 못하고 있다. Strain, Odom, McConnell(1984)이 몇십 년 전에 말했듯이, 사회성 기술은 상호성(reciprocity, 두 사람 간의 행동 교환)을 포함한다. 고립된 개인의 행동 변화에만 중점을 두는 중재는 사회적 상호작용이라는 사회 적응의 핵심적 측면을 간과한 것이다. 중재의 목표는 사회적으로 고립된 개인이 긍정적, 상호적, 자기영속적(self-perpetuating)인 사회적 교환에 참여하게 하는 것이어야 하며, 이는 목표기술이 주의 깊게 선택되었을 때만 가능하다. 목표기술을 선택할 때는 다음과 같은 질문을 염두에 두어야 한다.

- 중재가 종료된 후에도 이 사회적 행동이 유지될 수 있는가?
- 이 기술이 다른 상황(학교의 다른 장소나 다른 형태의 활동)에 일반화될 수 있는가?
- 또래들이 목표기술을 촉진하고 강화할 수 있도록 또래들의 사회적 행동과도 연관되는 목표기술인가?(즉 목표기술이 자연스럽게 발생하는 긍정적 상호작용의 일부인가?)

　이 질문들에 '예'라고 답할 수 있다면, 사회성 기술 훈련의 효과가 오래 지속될 가능성이 높다.

　어떤 아동과 청소년들은 사회적으로 고립된 것이 아닌데도 또래와 잘 어울리지 않고 미묘한 사회적 상황에서 사회적 감각의 부족이나 서투름 때문에 힘들어한다. 보통의 또래들과는 매우 다른 사회적 경험을 해본 아동, 이성에게 처음으로 다가가보려는 청소년, 처음으로 취업을 위한 면접을 보는 청년들은 사회적으로 용인되는 예의범절에 서투른 경우가 많다. 어떤 사람들은 사회 적응에 방해가 될 정도로 타인을 짜증나게 하는 개인적 습관을 가지고 있다. 이러한 사회 부적응의 결과는 부정적인 자아상, 불안, 위축 등이다.

　중요한 사회적 단서와 적절한 반응을 지도하면 서투른 사회적 행동을 없애거나 피할 수 있다. 집단 상담과 개별 상담 제공하기, 아동에게 자신의 행동을 담은 동영상 보여주기, 적

절한 행동 시범 보이기, 안내된 연습(guided practice) 제공하기(또는 이 전략 중 일부를 함께 사용하기) 등이 사회성 기술 지도에 사용되어 왔다(Wheeler & Mayton, 2014). 사회학습 이론에서 대인관계 문제의 원인과 치료를 보는 관점은 특수교사에게는 명확하게 기능적인 관점이라고 할 수 있는데, 이는 이 이론이 직접교수를 가장 효과적인 것이라고 보기 때문이다.

중재 전략의 설계는 학생의 연령과 학생과 또래들 간 관계의 특성에 따라 어느 정도 달라진다. 오랫동안 사회화에 어려움을 경험해 왔고 또래들에게 괴롭힘을 당해 온 상급 학년 학생들은 특수학교나 특수학급과 같이 새로운 기술을 배울 수 있는 안전한 피난처를 필요로 할 수도 있다. 분노폭발이나 파괴적 행동장애를 보이는 학생들을 가르치는 것보다는 불안하거나 위축된 학생을 가르치는 것이 좀 더 쉬울 거라고 생각하는 사람들도 있지만, 교사에게는 이 두 가지가 모두 어려우며, 두 유형의 학생들 모두 장기적 성공을 위한 중재를 필요로 한다. 글상자 10.1은 사회성 기술이 부족한 학생에게 사회성 기술을 지도한 예시다.

글상자 10.1

불안을 보이거나 사회적으로 위축된 학생을 위한 사회성 기술 교수

교사들이 가장 우려하는 사회성 기술 문제에는 어떤 것이 있는가?

앞에서 설명했듯이, 불안장애나 불안 관련 장애를 가진 학생들은 외현적인 행동을 보이는 것이 아니기 때문에 교사들의 눈에 띄지 않을 때도 있다. 불안을 느끼는 학생들은 사회적으로 위축되어 또래나 교사들과 상호작용하지 않으려 하거나 상호작용을 할 수 없는 상태일 수 있다. 이들은 조용히 있을 때가 많고, 수업 중에 발표를 하는 일이 거의 없으며, 운동장이나 식당 같은 사회적 환경에서조차 또래에게 먼저 말을 걸지 않는 수줍음이 많고 위축된 학생들이다. 앞에서도 말했듯이 불안장애를 가진 어떤 학생들은 반복적인 움직임이나 틱, 기타 강박행동과 같은 특이한 행동을 할 수도 있다. 이 중 어느 편이든 간에, 또래와 잘 지내는 데 필요한 긍정적인 사회성 기술의 부족 및 또래에게 불쾌감을 줄 수 있는 기괴한 행동은 이들을 더 심한 사회적 고립에 처하게 만들 수 있다.

적절한 중재 목표는 무엇인가?

또래로부터 고립되어 있거나 또래에게 거부당하는 학생은 사회적 부적응이 악화될 가능성이 크고 다른 장애를 갖게 될 가능성도 있다. 따라서 긍정적인 또래 상호작용을 촉진하기 위한 중재가 매우 중요하다. 구체적인 중재 목표는 일반적으로 단순한 행동들로서, 이 행동들은 모든 아동이 학교나 사회적 상황에서 또래집단과 잘 어울리는 데 필요

(계속)

한 '생존' 기술로 여겨지는 것들이다. 이러한 행동의 예로는 사교적 대화와 인사를 먼저 건네기, 타인의 대화와 인사에 적절하게 반응하기, 게임이나 활동에 잘 끼어들기(예 : "나도 같이 해도 될까?"), 공부, 놀이, 또는 사회적 상황에서 물건 함께 쓰기(예 : "크레용 좀 써도 될까?", "내 마커 빌려줄까?") 등이 있다. 이러한 시작 단계의 상호작용기술에 추가되어야 할 좀 더 정교한 사회성 기술도 필요할 수 있는데 특히 학년이 높아질수록 그러하다. 이러한 기술로는 괴상하고 부정적인 행동을 줄이거나 중지하기, 높은 수준의 대화기술 발전시키기[예 : 유머, 풍자, 이중 의미(double meanings)를 이해하고 사용하기] 등이 있다.

전망이 밝은 중재에는 어떤 것들이 있는가?

사회성 기술은 오랫동안 정서행동장애와 기타 경도장애 학생의 문제로 인식되어 왔으며, 선택 가능한 사회성 기술 교육과정, 교재, 중재 패키지는 매우 많다. 그러나 1990년대에 발표된 사회성 기술 중재에 관한 몇 편의 문헌연구들은 사회성 기술 훈련이 효과적이지 않다는 지나치게 단순한 결론을 제시하였다. 이러한 결론의 배경에는 다음과 같은 두 가지 생각이 있다. 첫째, 패키지로 구성된 많은 사회성 기술 교육과정은 아동의 사회성 기술 향상에 거의 영향을 미치지 못했다. 둘째, 중재를 통해 사회적 행동이 변화한 경우에도, 이 변화가 유지되지 못했다(즉 다른 상황, 시간, 장소에 행동 변화가 전이되지 못했다). 이에 대해 대부분의 학자들은 '사회성 기술 중재는 효과가 없다'고 단순하게 결론짓는 것은 성급하다고 생각한다. 확실히 말할 수 있는 것은, 매우 특별한 강점과 요구를 가지고 있는 것이 분명한 학생들의 행동이 단순히 매주 사회성 기술 하나씩을 중점적으로 가르치는 형태의 초기 사회성 기술 교육과정 패키지를 통해 변화하리라고 기대해서는 안 된다는 점이다. 사회성 기술 중재는 문제 상황에 대한 주의 깊고 개별적인 분석을 바탕으로 설계되어야 함을 우리는 이미 알고 있다. 이러한 분석은 교사에게 특정 아동의 사회적 문제를 유발하는 맥락이 무엇인지, 문제를 유발하는 학생의 행동(또는 특정 행동의 부재)이 무엇인지, 학생이 성공적이려면 어떤 기술이 필요한지를 알려준다. 우리는 또한 행동 변화가 유지되려면 다른 상황으로의 유지와 일반화 계획이 중재에 포함되어야 함을 알고 있다(예 : 조니가 이번에 배운 긍정적인 사회성 기술을 다음 주에 운동장에서도 보일 가능성을 높이기 위해 취해야 할 조치는 무엇인가?).

사회성 기술 교수의 예

랭턴(Lankton) 선생님은 정서행동장애로 판별된 8학년 학생 러스티(Rusty)가 사회적으로 고립된 이유는 사회성 기술이 부족해서라고 판단하였다. 즉 러스티는 또래들이 싫어할 공격적 행동이나 괴상한 행동을 보이는 것이 아니라 단순히 또래들과 대화를 하거나 게임을 하는 데 필요한 사회성 기술이 부족한 것이었다. 랭턴은 러스티에게 운동장에서 농구 게임을 같이 하자고 요청하는 기술을 가르치기로 했다. 그는 이를 위해 몇 가지 교수 전략을 사용하였다. 우선, 러스티에게 기술을 지도하기 위해 모델링-안내된 연습-독립 연습의 순서로 직접교수를 실시하였다. 랭턴은 먼저 러스티에게 기술의 시범을 보였다("선생님을 잘 봐."). 교사가 한 번 시범을 보인 후에는 러스티에게 농구 게임을 같이 하자고 요청하는 행동을 실제로 해보라고 하고 러스티와 함께 이를 연습했다[안내된 연습(guided practice)을 말함. "우리 같이 해 보자."]. 러스티가 이 기술에 어느 정도 익숙해졌다고 생각되자 랭턴은 러스티에게 혼자 이 기술을 반복해보라고 하였다[독립 연습 (independent practice)을 말함. "게임에 끼고 싶을 때 어떻게 하면 되는지 한 번 해 봐."]. 이제 러스티가 이 기술을 이해했다고 생각되었으므로 랭턴은 러스티가 몇 명의 또래와 함께 교실에서 역할놀이를 하면서 이 기술을 연습하게 했다. 역할극을 통한 며칠간의 연습을 마친 후, 러스티가 운동장에서 새롭게 배운 기술을 발휘할 실제 상황을 만들기 위해 랭턴은 다른 선생님들과 의논하여 다음 주에 있을 운동장 놀이 시간을 파악하였다. 이 모든 훈련 과정에서 랭턴은 러스티가 새로운 기술을 습득함에 따라 많은 칭찬과 긍정적 피드백을 주었다(필요한 경우 구체물이나 포인트 등도 주었다). 운동장에서의 농구 게임이라는 자연스러운 환경에 놓이게 되자 러스티가 받는 강화제도 자연스러운 성격을 띠게 되었다. 즉 새로운 사회성 기술을 적절하게 수행한 러스티는 농구 게임에 참여하게 됨으로써 강화를 받았다.

사회성 기술 교수와 관련된 정보를 찾을 수 있는 문헌

Bremer, C. D., & Smith, J. (2004). *Teaching social skills*. Information Brief, National Center on Secondary Education and Transition. Minneapolis, MN: University of Minnesota. Available at http://www.ncset.org/publications/info/NCSETInfoBrief_3.5.pdf

Gresham, F. M., Van, M. B., & Cook, C. R. (2006). Social skills training for teaching replacement behaviors: Remediating acquisition deficits in at-risk students. *Behavioral Disorders, 31*, 363-377.

McIntosh, K., & McKay, L. D. (2008). Enhancing generalization of social skills: Making social skills curricula effective after the lesson. *Beyond Behavior, 18*, 18-25.

Wheeler, J. J., & Mayton, M. R. (2014). The integrity of interventions in social emotional skill development for students with emotional and behavioral disorders. In P. Garner, J. M. Kauffman, & J. G. Elliott (Eds.), *The Sage handbook of emotional and behavioral difficulties* (2nd ed.) (pp. 385-398). London, U.K.: Sage.

요약

불안장애 및 불안 관련 장애들은 서로 긴밀하게 연관되어 있는 것은 아니기 때문에 이 장애들을 묶어서 논의하기는 어렵다. 불안장애의 하위 범주들은 명확하게 정의되어 있지 않으며, 불안장애는 다양한 다른 장애들과 동시에 발생하는 경우가 많다.

불안정, 공포, 근심 등과 같은 불안은 정상 발달의 일부다. 그러나 극심한 불안과 두려움(공포증)은 사람을 매우 약하게 만든다. 일반적으로 불안장애는 외현화 장애에 비해 그 기간이 짧고 성인기의 정신장애로 발전할 위험이 적다. 아동과 청소년의 15~20%가 어느 한 시기 또는 다른 시기에 일종의 불안장애를 경험한다. 불안은 행동 문제로 클리닉에 의뢰된 아동의 20~30%가 보이는 문제 중 일부다. 아동기에는 여자아이들이 남자아이들보다 불안장애의 영향을 약간 더 많이 받는 정도지만, 이 차이는 나이가 들어 감에 따라 점점 커져서 청소년기가 되면 불안장애 여학생이 불안장애 남학생의 2~3배가 된다. 불안장애는 사회학적 원인과 생물학적 원인 모두에서 비롯될 수 있으며, 사회학습 이론에 근거한 중재 접근이 가장 효과적인 것으로 보이는데, 때로는 약물치료도 함께 사용된다.

불안은 다양한 편견 장애들에서도 중요한 역할을 하는 듯하다. 강박장애는 두려워하는 사건을 피하려는 의례적 사고나 행동을 포함한다. 이 장애는 여러 가지 형태로 나타나며, 학교 출석과 학교에서의 수행에 심각한 손상을 줄 수 있다. 외상후 스트레스장애(PTSD)는 이제 성인뿐 아니라 아동과 청소년에게도 발생하는 장애로 인식되고 있다. PTSD에 수반되는 불안 및 기타 문제들은 학교에서의 학생 발전에 심각한 방해가 될 수 있다. 상동증적 운동장애에는 여러 가지 운동 틱과 음성 틱을 특징으로 하는 투렛장애(TS)가 포함되는데, 최근 투렛장애는 신경학적 문제로 인식되고 있다. TS는 흔히 다른 장애와 동시에 발생하며, 특히 불안장애, 주의집중장애, 강박장애와 밀접하게 관련된 것으로 보인다. 선택적 함묵증은 특정 상황이나 특정인 앞에서 말하는 것에 대해 지속적이고 극심한 불안을 보이는 장애다. 일반적으로 이에 대한 중재는 말하기가 요구되는 상황에서의 불안을 감소시키는 방향으로 고안된다.

섭식장애는 신경성 식욕부진, 신경성 폭식증, 충동적 과식 등을 포함하는데 이러한 장애들은 음식, 식사, 체중에 대한 불안을 포함한다. 배설장애에는 유뇨증과 유분증이 있다. 이러한 장애들은 학교에서 심각한 문제가 되며, 아동이 적절한 또래관계를 발전시켜 나가려면 반드시 해결되어야 한다. 성 문제는 성행동에 대한 사회적 태도 때문에 정의하기가 쉽지 않다. 그러나 공공장소에서의 자위, 근친상간, 피학증 등과 같은 일부 성행동은 명백하게 금기시된다.

사회적으로 고립된 아동과 청소년은 호혜적이고 지지적인 관계를 맺는 데 필요한 사회적 접근 기술과 반응기술을 갖추지 못하고 있다. 이러한 사회성 기술이 부족한 이유로는 가정 내 적절한 사회적 행동 모델의 부재, 부적절한 사회성 기술 교수, 사회성 기술을 연습할 기회 무속, 사회적 발달을 저해하는 기타 환경 등이 있다. 중재와 예방을 위해서는 사회적 발달에 중요하다고 생각되는 사회성 기술을 지도해야 하는데, 사회적으로 가장 적절한 기술과 이를 가르칠 가장 효과적인 교수 방법이 무엇인지에 대해서는 상당한 논란이 있다. 일반적으로, 사회성 기술 훈련은 개별

학생 또는 집단을 대상으로 모델링, 시연, 안내된 연습, 피드백 등을 포함한다. 자연스럽게 발생하는 상호작용 속에서 사회적으로 고립된 아동과 그 또래들의 행동을 변화시키는 또래매개 중재(peer-mediated intervention)는 매우 효과적인 전략이 될 수 있다.

개인적 고찰

불안장애 및 관련 장애

Chris Sweigart는 켄터키주에 위치한 한 지역의 특수교사이자 행동자문가로, 정서행동장애 중학생들을 가르쳤다. 그는 루이빌대학교에서 교수법 전공으로 석사 학위를, 교육과정 및 교수설계 전공으로 박사 학위를 취득하였는데, 이 시기에 그는 정서행동장애 학생을 위한 교육뿐 아니라 정서행동장애 학생과 함께 일하는 사람들을 지원하고 교육하는 일에 큰 관심을 갖게 되었다. 다음은 그가 이전에 가르쳤던 켄드릭(Kendrick)에 대한 회고담으로, 그 당시 켄드릭은 13세의 중학생이었다.

가르쳤던 학생 중에 심한 불안장애를 보인 학생이 있었나요? 어떤 행동들 때문에 그 학생이 불안장애를 갖고 있다고 생각하셨나요?

심각한 불안장애에 대해 생각하면, 정서행동장애 중학생들을 가르쳤던 첫해에 맡았던 7학년 학생 하나가 떠오릅니다. 켄드릭은 정말 힘든 상황에서도 저를 웃게 만드는 한한 미소를 가진 매력적인 아이였어요. 그 아이는 어렸을 때 엄청난 혼란, 변화, 난관을 경험했는데, 어른도 감당하기 힘들 정도의 일이었으니 아이에게는 말할 것도 없지요. 그 아이는 잦은 이사로 인해 전학을 자주

했는데 7학년 때 저희 반에 오게 된 것도 그런 전학 과정 중 하나였습니다.

켄드릭의 불안은 곧 명백하게 나타났습니다. 계속 엄마를 걱정하고 엄마가 어디 있는지 물으며, 필사적으로 엄마에게 전화하고 싶어 하고 보고 싶어 하면서 엄마가 와서 자신을 집으로 데려가 주기를 바랐습니다. 이런 문제가 경미한 행동 문제에 그칠 때도 있었습니다. 이때는 하루에 열두 번씩 집에 전화를 해 달라고 요청하거나, 열이 나서 귀가할 수 있기를 바라는 마음으로 보건실에 몰래 들어가 체온을 재는 정도의 행동이 나타났습니다. 사실 한번은 켄드릭이 체온을 급히 올리려고 화장실에서 뜨거운 물을 틀어놓고 흐르는 물에 입을 갖다 대고 있는 것을 본 적도 있습니다.

그의 불안은 너무나 자주 더욱 극단적이고 우려되는 행동으로 나타났습니다. 집으로 전화를 하거나 집에 가는 것을 허락받지 못한 날이 있었는데, 그날 수학시간에 켄드릭은 느리지만 정교한 동작으로 자신의 입안에서 치아 교정기를 벗겨내기 시작했습니다. 윗니에서 치아 교정기를 완전히 제거한 다음, 아랫니 교정기도 빼내려고

애쓰며, 입 밖으로 나온 일부 철사를 꼬아 입가에 스마일 모양을 만들어 교사의 주의를 끌었습니다. 이 행동은 엄마를 학교로 오게 하는 데 상당히 효과적이었지요. 웃지 않을 수 없었지만 위험하기도 했던 또 다른 사건도 있었습니다. 켄드릭이 마치 영화의 한 장면처럼 화장실 천장 타일을 타고 올라가서 통풍구를 통해 학교를 빠져나가려고 했던 일인데요, 이 사건은 켄드릭이 기대한 성과를 가져오지는 못했습니다. 켄드릭이 학교에서 성공하도록 돕기 위해 우리는 좀 더 포괄적인 개별화 행동 중재계획을 개발했는데 그 내용에는 집으로 전화하는 횟수를 제한하고 최대한 학교에 머무르게 하려는 전략이 포함되어 있었습니다. 이 계획이 실행되자 켄드릭은 일부 행동의 강도를 더욱 높여서 교실의 기물을 부수거나 저를 살해할 상세한 계획을 교장선생님에게 이메일로 보내기도 했습니다. 사실 저는 켄드릭에게 위협을 느껴본 적은 없어요. 협박을 포함한 켄드릭의 모든 행동은 학교를 떠나 엄마에게 가려는 기능을 가진 것이 명백했으니까요. 많은 경우 켄드릭은 가까스로 엄마와 통화를 했고 엄마는 아이를 데리러 학교로 왔습니다. 게다가 교장선생님은 이 많은 심각한 문제행동 때문에 꽤 자주 정학처분을 내렸습니다.

켄드릭이 자신의 불안에 대처하도록 돕는 데 가장 성공적이거나 유용했던 전략은 무엇이었나요?

우리는 개별화된 행동 중재 및 지원계획 수립을 위해 팀과 함께 일했습니다. 그 팀에는 저와 보조교사, 학교 관리자들, 상담가, 사회복지사, 켄드릭, 케드릭 엄마, 그리고 켄드릭의 주부모님이 포함되었습니다. 켄드릭을 위한 지원의 개발과 실행에 이 모든 사람이 각자의 역할을 담당했습니다. 우리는 켄드릭이 학교에서 좀 더 성공적이 될 수 있는 긍정적이고 지지적인 계획을 개발하고 싶었지요.

우리는 켄드릭이 심한 불안을 가지고 있으며 켄드릭이 보이는 문제행동의 주요 기능은 학교를 떠나 엄마에게 가는 것이라고 판단했습니다. 학교 문제와 관련하여, 우리는 이러한 기능을 바탕으로 중재계획을 개발했는데, 예를 들어 고열과 정당한 응급상황이 아닌 한, 켄드릭을 포함하여 그 누구도 켄드릭의 집에 전화를 하지 않기로 했습니다. 어머니 또한 학교가 끝나기 전에 아이를 데리러 오는 일이 없게 하겠다고 약속하였고, 학교 역시 문제행동을 강화하기만 하는 정학이나 조기 하교 조치를 하지 않기로 하였습니다. 우리는 또한 켄드릭이 적절한 행동을 할 때 제공할 강화 요소를 추가하였는데, 그것은 바로 학교 일과가 끝날 스음 엄마에게 전화를 하는 것입니다. 또한, 켄드릭이 학교활동을 적절하게 회피할 수 있도록 켄드릭이 사용할 수 있는 10분의 휴식 시간 타이머를 도입하여 켄드릭이 학교에 머무는 동안 스스로 휴식 시간을 가질 수 있게 했습니다. 마지막으로 우리는 조정 가능한 행동계약서를 도입하여 켄드릭이 자신이 선택한 다른 강화제도 받을 수 있게 했습니다.

우리는 또한 켄드릭에게 '자신의 불안을 적절하게 표현하기' 또는 '휴식시간용 타이머를 사용하게 해 달라고 요청하기' 등과 같은 적절한 교체행동을 지도할 계획도 세웠습니다. 이러한 학교 기반의 계획에 더하여 사회복지사는 이 가정에

랩어라운드 지원을 제공하기 위해 방과 후에 켄드릭과 켄드릭 어머니를 만나 협의를 시작했습니다. 사회복지사는 정신건강 전문가가 학교로 와서 치료를 제공하고 켄드릭과 지원팀에게 불안을 다스릴 방법을 알려주는 프로그램에 켄드릭을 등록해주었습니다. 우리는 치료사가 알려준 방법을 한 해 동안 열심히 따랐습니다. 예를 들면 우리는 켄드릭이 휴식을 취할 조용한 공간을 마련하였고, 켄드릭이 쓸 일지를 제공하였으며, 마음을 안정시키는 여러 물건이 담긴 상자를 준비하여 켄드릭이 휴식 시간에 만질 수 있게 해주었습니다. 우리는 또한 켄드릭이 원할 경우 켄드릭과 대화를 할 수 있도록 휴식 시간에 그의 곁에 머물렀습니다.

앞에서 말했던 것처럼, 우리가 이 계획을 실행하기 시작하자 켄드릭의 문제행동 강도가 폭발적으로 증가했습니다. 교실 기물을 파손하고 저를 죽이겠다고 협박했지요. 저는 그때 학교 관리자들에게 제가 켄드릭의 말에 위협을 느끼지 않으니 걱정하지 않아도 되며, 엄마에게 가기 위한 목적으로 나타나는 문제행동을 막으려면 팀이 세운 계획대로 어머니에게 전화를 하지 않고 학교에 켄드릭을 머물게 하는 것이 매우 중요하다고 설득해야 했습니다. 학교 관리자들은 저의 생각에 동의해주었고 시간이 지나면서 우리는 켄드릭에게서 의미 있는 행동 개선(물론 아직 완벽한 정도까지는 아니있지만)과 학교 성취를 관찰할 수 있었습니다. 켄드릭은 여전히 심한 불안을 가지고 있었지만 그것이 문제행동으로 표출되는 빈도

가 줄었고 우리가 제시한 적절한 지원을 이용하는 일이 많아졌습니다.

켄드릭의 미래에 대해 가장 큰 걱정은 무엇인가요?

켄드릭의 불안은 상당히 심각한 편이고 그의 문제행동도 꽤 심한 편입니다. 지금은 성인이 된 켄드릭이 여전히 그런 문제행동을 보인다면 그 결과는 엄청나겠지요. 미취업, 중등이후 교육과 훈련의 부족, 무주택 상태, 사법체계 연루 등 정서행동장애 아동의 예후는 매우 좋지 않습니다. 저는 켄드릭이 그런 나쁜 미래를 맞이하여 힘들게 살아갈까봐 걱정이 됩니다. 특히 이전에 하던 그 심각한 행동을 지속할 경우, 범법 행위를 하게 될 가능성이 크고 교도소에 수감될 수도 있을 거라서 걱정입니다. 이러한 어려움에도 불구하고, 켄드릭은 이 세상에 나눠줄 재능이 많은 멋지고 카리스마 넘치는 아이였어요. 저는 켄드릭이 자신의 불안을 다루는 기술을 계속 발전시켜서 인생에서 성공하기를 간절히 바랍니다.

토론 질문

1. 학생이 정서행동장애를 가졌다고 판단할 만한 불안의 지표는 무엇인가?
2. 지금까지 제시된 정보에 의하면, 불안 관련 장애로 약물을 복용하던 학생이 약 복용을 중단했을 때 예상 가능한 행동의 변화는 무엇인가?
3. 당신의 학생 중 하나가 사회적 부적응을 보일 때 당신은 이 학생에게 어떻게 접근하겠는가?(당신은 무엇을 시도할 것인가? 학생에게는 무엇이라고 말할 것인가?)

11 우울장애와 자살행동

Anne Vega/Pearson Education, Inc.

학습 목표

11.1 미국 연방정부의 *정서장애*의 정의에 내면화 장애와 우울장애가 어떻게 포함되어 있는지 설명할 수 있다.

11.2 기분장애의 삽화적 특성과 다른 장애와의 공존이 우울장애의 진단을 어떻게 어렵게 만드는지 설명할 수 있다.

11.3 자살률과 연령, 성별, 인종 간에 어떤 관계가 있는지 논의할 수 있다.

11.4 교사가 학생들의 자살 위험을 어떻게 감소시킬 수 있으며, 자살위협과 자살시도를 했던 학생들을 어떻게 관리하고 중재해야 하는지 설명할 수 있다.

미국 연방정부의 정의에 기술된 정서장애의 다섯 가지 특성 중 하나가 '일반적이고 전반적인 불행감 또는 우울감'이다. 그러나 이 특성이 어떤 학생을 의미하는지 명확하지 않다. 일반적이고 전반적인 불행감 또는 우울감이라는 특성이 내면화 장애의 포괄적인 행동 차원에 비해 협소하고 제한적이지만 불안이나 사회적 위축만큼 제한된 의미도 아니다. 그러나, 불행감이라는 용어는 주요우울장애의 임상적인 진단 기준과 일치하지 않으며, 임상가들이 기분부전장애로 명명한 덜 심한 상태에 가깝다. 그럼에도 불구하고 우울한 기분은 내면화 장애의 원형으로 간주된다(Reynolds, 2006). 따라서 연방정부의 정서장애 정의는 불안-위축과 임상적 우울장애 같은 내면화 장애를 모두 포함하는 광범위한 용어로 해석되어야 한다.

우울장애가 다양한 다른 장애와 상관관계가 높고, 학업적 문제뿐만 아니라 사회적 문제와도 밀접하게 관계가 있는 것으로 밝혀졌음에도 불구하고, 우울장애는 특수교육 분야의 연구에서 상대적으로 무시되어 왔다. 우울장애가 출현율도 증가하고 있고, 다른 장애와 공존하여 나타나며, 장기적으로는 정신질환 및 자살과도 관계가 있으므로 아동기와 청소년기의 주요 장애로 간주되고 있다(Geller & DelBello, 2003; Hammen, Rudolph, & Abaied, 2014). 모든 교육자가 우울장애와 자살행동의 관계에 대해 주의를 기울이고 있으며, 특히 정서행동장애 학생들을 가르치는 사람들에게는 중요한 관심사이다.

우울장애

정의와 출현율

지난 수십 년 동안 아동기 우울장애에 대해 많은 논쟁이 있었다. 전통적인 심리분석적 이론에 따르면, 아동기에는 심리적 자기표상(self-representation)이 충분히 발달하지 않기 때문에 우울장애가 발생할 수 없다고 간주되어 왔다. 예를 들어 아동은 성인이 이해하는 것처럼 절망이라는 개념을 이해할 수 없다는 것이다. 일부 학자들은 아동기 우울장애가 유뇨증, 성질 부리기, 과잉행동, 학습장애, 무단결석 등의 증상으로 위장되어 간접적으로 표현된다고 주장한다. 그러나 대부분의 학자들은 행동 양상이 발달연령에 따라 다르게 나타날 수 있지만, 아동기 우울장애와 성인기 우울장애는 유사한 측면이 많다는 데 오랫동안 동의해 왔다. 즉 아동기 우울장애와 성인기 우울장애 모두 우울한 기분을 가지고 생산적인 활동에 흥미를 잃는 것은

유튜브 비디오 사례

비디오 연결 11.1
이 영상은 아동기 우울장애의 징후와 증상들에 대해 소개하고 있다. (https://www.youtube.com/watch?v=BVpsXJD_iSY)

공통적으로 나타나지만, 성인은 결혼생활과 직장에 관련된 문제를 나타내는 반면에 아동은 학업 문제, 공격행동, 절도, 사회적 위축 등 부적절한 행동 문제를 다양하게 나타낸다.

우울장애는 유아기, 아동기, 또는 청소년기에 처음으로 진단되는 장애에 속하지는 않는다. 그럼에도 불구하고, 소아정신과 의사들은 우울장애가 정서행동장애 아동들에게서 발견된다고 주장한다(Mattison, 2014). 주요 우울장애의 삽화(episode)는 다이어트를 하지 않는데도 체중이 큰 폭으로 감소하거나 체중이 증가하는 것으로 드러나게 된다. 아동의 경우 연령에 적합하게 체중이 증가하지 않거나 과체중으로 나타날 수 있다. 아동기 우울장애와 성인기 우울장애를 같은 현상으로 가정함으로써 오해를 불러일으킬 수도 있다. 왜냐하면 아동은 성인의 축소판이 아닐 뿐만 아니라, 아동기 우울장애는 ADHD, 품행장애, 불안장애, 학습장애, 학업 실패 등 다른 장애들을 수반할 수도 있기 때문이다. 또한 아동은 경험과 인지 능력이 제한되어 있으므로 성인과는 다른 느낌과 경험으로 우울장애를 지각할 것이다.

아동기 우울장애를 정상적인 인간 발달의 한 부분으로 잘못 간주한 적도 있었다. 반면에, 일부 학자들은 아동기 우울장애가 모든 아동기 장애의 근본 문제라고 주장하기도 하였다. 만약 공격행동, 과잉행동, 불순응, 학습장애, 학업 실패 등 모든 문제가 우울장애에서 비롯된다 할지라도 아동이 우울한 기분과 일상적인 활동에 흥미를 잃는 우울장애의 주요 증상을 나타내지 않는다면 우울장애는 진단 범주나 개념으로서 의미가 없어지게 된다. 현재 가장 타당하다고 간주되는 견해는 아동기 우울장애 그 자체가 심각한 장애이며, 다른 부적응행동들이 수반될 수도 있고 수반되지 않을 수도 있다는 것이다(Hammen et al., 2014; Mattison, 2014; Seeley, Rohde, Lewinsohn, & Clarke, 2002; Seeley, Severson, & Fixsen, 2014; Waslick, Kandel, & Kakouros, 2002).

우울장애는 **기분장애**(mood disorder)라는 큰 범주의 일부분이다. 사람의 기분은 고조될 수도 있도 우울할 수도 있으므로 기분장애는 **양극성 장애**(bipolar disorder)에 해당하는 증세들을 모두 포함한다. 우울한 기분은 상황에 맞지 않는 불행감이나 불편함을 느끼는 **불쾌감**(dysphoria)으로 특징지어지며, 아동기와 청소년기에는 불쾌감이 초조함이나 불행감으로 나타날 수 있다. 반면에, 고조된 기분은 과도하게 비현실적인 행복감과 건강함을 느끼는 극도의 **행복감**(euphoria)으로 특징지어진다. 불쾌감이나 초조감이 오래(아동기와 청소년기의 경우 1년 이상) 지속되지만, 정도가 심하지 않은 경우를 **기분부전장애**(dysthymia)라고 한다. 상황에 맞지 않는 극도의 행복감과 광적인 활동을 **조증**(mania)이라고 한다.

기분이 극도의 불쾌감인 우울감이나 극도의 행복감인 조증 중 한 가지만 나타나면 단극성 장애(unipolar)라고 한다. 반면에 기분이 극도의 불쾌감과 극도의 행복감을 오갈 경우에는 양극성 장애(bipolar)라고 한다. 양극성 장애라는 용어가 이전에 사용되었던 **조증-우울증**이라는 용어를 대체하였다. 양극성 장애 아동이 적절하게 진단되고 있는지에 대해서는 아직도 논쟁이 되고 있지만, 아동기에 나타나는 양극성 장애의 특성이 점차 인식되고 있다 (Groopman, 2007; Youngstrom & Algorta, 2014).

다양한 성인기 기분장애의 임상적 진단 기준들에 대해서는 자세하게 기술하는 반면에 아동기와 청소년기의 기분장애에 대해서는 설명을 충분하게 제시하지 못하고 있기 때문에 기분장애의 진단 기준을 어떻게 아동기와 청소년기에 적용할 것인가에 대해서는 아직도 상당히 불명확하다. 기분장애의 일반적인 특성들이 성인기와 아동기에 공통적으로 적용되고 있지만, 아동기 기분장애의 정확한 특성들에 대해서는 더 많은 연구가 수행되어야 한다. 일반적으로 아동기와 청소년기 우울장애는 다음과 같은 증상을 나타낸다.

- 거의 모든 활동에 대한 관심과 흥미가 급격하게 감소
- 우울한 기분 또는 전반적인 초조감
- 식욕 문제와 급격한 체중 변화
- 수면장애(불면증 또는 과다수면)
- 심리운동적 흥분 또는 지체
- 에너지 상실과 피곤감
- 무가치함, 자기비난, 부적절하거나 과도한 죄책감, 또는 절망감
- 사고력과 집중력 감소, 의사결정력 상실
- 자살에 대한 사고, 자살위협과 자살시도, 죽음에 대한 반복적인 사고

이러한 여러 가지 증상이 장기간 나타나는 경우에 우울장애로 간주한다. 만약 연인과 결별을 했거나 가족이나 애완동물이 사망한 경우 등의 생활사건에 대해 슬퍼하는 기간 동안 일시적이고 합리적인 우울반응을 보이는 것은 우울장애로 간주하지 않는다.

우울장애 등의 기분장애는 가끔씩 삽화적(episodic)으로 발생하며 오래 지속되는 경향이 있다. 일반적으로 삽화적으로 발생하므로 우울장애를 한바탕 치렀다고 표현하기도 하는데, 이러한 삽화가 반복되거나 삽화의 강도나 지속 시간이 심각할 경우에 더욱 위험하다. 우울장애를 2년 이상 장기간 나타내는 아동과 청소년은 더 심각한 손상, 불안장애, 낮은 자아개념, 행동 문제 등을 더 많이 나타낸다. 우울한 행동은 또래 거부를 초래할 수도 있는데, 특히 스트레스나 뚜렷한 이유가 없는 상황에서 우울한 행동을 보일 때 또래 거부는 더 심해질 수 있다. 상당히 많은 아동이나 청소년이 우울장애를 가지고 있는데도 불구하고 치료를 받

고 있지 않다(Seeley, Rohde, Lewinsohn, & Clarke, 2002; Hammen et al., 2014). 아동과 청소년의 15%가 우울 증상을 보이는 것으로 추정되지만, 아동기와 청소년기의 주요우울장애 출현율은 약 3~5%로 보고되고 있다. 우울장애 출현율은 사춘기 이후에 급격히 증가하는데, 이 시기에 여자 청소년의 출현율이 남자 청소년의 출현율보다 많아지기 시작하며, 14세에 우울장애로 진단되는 여자 청소년이 남자 청소년의 2배가 되어 이후 2:1의 비율은 35~40년 동안 지속된다(Bhatia & Bhatia, 2007; Hammen et al., 2014; Seeley et al., 2002). 우울장애로 진단되는 청소년의 비율이 우울장애로 진단되는 성인에 비해 2~4배 많다. 기분장애의 정의와 진단에 대해 아직도 불분명한 부분이 있기는 하지만, 양극성 장애로 진단되는 청소년이 증가함으로써 양극성 장애가 심각한 정신건강 문제로 부각되고 있으므로 양극성 장애에 대한 연구가 시급하다. 우울장애가 품행장애와 ADHD 등 다른 장애와 공존하여 나타나는 경우도 증가하고 있다(Papolos, 2003; Seeley et al., 2002; Seeley, Severson, & Fixsen, 2014). 또한 더 많은 연구가 필요하지만 우울장애는 전반적 발달장애로 진단받은 아동들에게도 나타난다(DeJong & Frazier, 2003; Hammen et al., 2014 참조).

진단평가

아동기와 청소년기의 우울장애와 다른 기분장애의 공식적인 진단은 심리학자와 정신과 의사가 하지만, 교사가 기분장애의 진단을 돕는 데 중요한 역할을 한다(Mattison, 2014). 신뢰할 만한 진단은 다중적인(multimodal) 접근을 필요로 하므로 자기보고, 부모 보고, 또래 지명, 관찰, 임상적 면접 등 다양한 출처로부터 정보를 수집하여야 한다. 평정척도와 구조화된 면접 등 다양한 진단 도구들을 사용할 수 있지만(Reynolds, 2006), 가장 중요한 정보는 우울장애를 반영하는 학생의 행동에 대한 교사의 주의 깊은 관찰에서 얻을 수 있다.

우울장애와 관련하여 정서적, 인지적, 동기적 및 생리적 범주에서 문제가 나타날 수 있다. 우울장애 학생은 우울한 정서를 나타내는데, 비정상적으로 슬퍼하거나 외로워하거나 감정이 없어 보이기도 한다. 우울장애의 인지적 특성은 낮은 자아개념, 과다한 죄책감, 비관주의 등을 반영하여 자기 자신에 대해 부정적인 언급을 하는 것을 포함한다. 우울장애의 동기적 특성은 힘든 과제나 사회적 경험을 회피하며, 일상적인 활동에 흥미가 없고 자연적인 후속결과나 특별한 후속결과를 제시해도 동기화되지 않는 것으로 나타난다. 우울장애의 생리적 특성은 피로, 질병, 수면장애, 섭식장애 등과 관련된 신체적인 증상이다. 만약에 학생이 앞서 언급한 특성들을 몇 주 동안 자주 나타내면 이 학생은 기분장애로 고통을 받고 있을 가능성이 크므로 교사는 진단평가에 의뢰하여야 한다. 그러나, 아동기와 청소년기 우울장애의 경우에 초조함이나 과잉행동으로 표출될 수도 있으므로 다양한 유형의 행동 문제에 주의를 기울일 필요가 있다. 분노를 적절하게 표현하지 못하는 것이 우울장애와 관련된 특성일 가능성도 있으므로 학생의 과잉행동을 외현화 장애로 간주하는 실수를 해서는 안 된다. 우울장애 청소년의 경우에 자신의 우울장애를 자가치료 하는 방법으로서 약물남용을 할 수도 있다(Bhatia & Bhatia, 2007).

우울장애와 다른 장애들이 공존하고, 기분장애가 가끔 삽화적으로 발생할 뿐만 아니라, 한 명이 두 가지 이상의 기분장애를 가지고 있을 수 있으므로 우울장애의 진단은 어렵다. 예를 들어 품행장애나 ADHD 특성을 가지고 있는 학생이 나타내는 우울장애의 특성은 간과되기 쉽다. 또한 우울장애의 증상을 보였다가 정상적인 기분으로 회복 중인 사람의 경우에 우울장애가 심각하게 간주되지 않거나 우울장애 증상이 재발할 가능성이 무시되기도 한다. 학생이 주요우울장애로 진행되고 있는 기분부전장애를 가지고 있는 경우에 우울장애가 약하게 나타나기 때문에 정상으로 간주되기도 한다.

원인, 다른 장애와의 관계 및 예방

다른 장애와 마찬가지로 대부분의 경우에 우울장애의 원인을 정확히 알지 못한다. 우울장애가 발생하는 데 기여하는 위험요인을 밝혀낼 수 있을 뿐이다. 어떤 경우는 분명히 유전적, 생화학적, 또는 생물학적 요인에 의한 내인성(endogenous)이고, 다른 경우는 사랑하는 사람의 사망이나 학업 실패 등 환경적 생활사건에 대해 반응적(reactive)으로 나타나는 것이 분명하다. 아동 학대, 부모의 정신병리, 가정불화, 가정해체 등의 문제들이 아동기 우울장애와 관련이 있는 것으로 추정된다(위험요인은 Hammen et al., 2014 참조).

부모, 특히 어머니의 우울장애와 자녀의 다양한 문제(우울장애 포함) 간 강한 상관관계를 뒷받침하는 증거가 연구에 의해 누적되고 있다(Beardslee, Versage, Van de Velde, Swatling, & Hoke, 2002; Ohannessian et al., 2005; Seeley et al., 2002, 2014). 그러나, 이러한 연구에 근거한 증거에도 불구하고, 우울장애를 가지고 있는 어머니의 모든 자녀가 심각한 정신병리를 나타낸다고 결론 내려서는 안 된다. 우울장애나 양극성 장애를 가지고 있는 어머니들의 자녀에 대한 심리사회적 영향을 분석한 연구에 따르면, 이러한 자녀들이 성장하여 정신의학적 진단을 받거나 정신건강 서비스를 제공받는 경향이 있기는 하지만, 성인이 되어 경험하는 심리사회적 결과는 다양하다(Mowbray & Mowbray, 2006). 우울장애에 유전적 영향이 있다는 것을 의심할 여지는 없지만, 생물학적 또는 유전적 영향을 가족 또는 행동적 영향과 분리하는 것은 매우 어렵다. 우울장애가 있는 부모는 자녀가 모방할 수 있는 우울한 행동의 모델을 제공하거나, 자녀의 우울한 행동을 강화한다. 또한, 우울장애가 있는 부모는 자녀에 대해 비현실적인 기대를 하고, 자녀의 성취에 대해서 강화를 제공하지 않는 반면에 벌을 강조하고 일관성 없이 강화와 벌을 제공함으로써 우울장애를 유발하는 가정환경을 만든다. 우울장애가 있는 어머니는 양육기술이 부족하여 자녀의 행동 및 정서 문제를 초래할 수 있다. 요약하면, 우울장애가 있는 부모에게 태어나서 양육을 받는 아동은 생물학적으로뿐만 아니라 환경적으로도 우울장애를 유발할 수 있는 위험이 커진다.

교사는 학생이 우울장애를 인지할 좋은 위치에 있으므로 우울장애가 학업 성취에 영향을 줄 수도 있고 학업 성취가 우울장애에 영향을 줄 수도 있다는 것에 주의를 기울여야 한다(Seeley et al., 2002, 2014). 우울장애 아동은 비장애 아동에 비해 놀이 활동을 덜 하고, 목표가 불분명한 행동을 많이 나타낸다(Lous, de Wit, De Bruyn, & Riksen-Walraven, 2002). 우울장애는 낮은 인지적 수행, 낮은 자아개념, 낮은 사회적 능력, 자기통제력 결함, 우울한 경향의 귀인 양상과 상관이 있는 것으로 나타난다. 우울한 경향의 귀인 양상을 가지고 있는 학생은 자신의 바꿀 수 없는 전반적인 불완전함 때문에 나쁜 일이 일어난다고 믿는 경향이 있다. 또한 우울장애는 부정적인 학업적 자화상과 상관이 있다(Hammen et al., 2014; Masi et al., 2000). 우울 증상과 문제해결력 간에 반비례 관계가 있으므로, 문제해결력이 뛰어난 사람들은 우울 증상을 덜 나타낸다.

학업 실패와 우울장애는 상호 원인적 요인이다. 우울장애는 학생의 능력을 저하시키고, 학업적 자신감과 사회적 자신감을 낮춘다. 학업 실패와 사회적 관계의 실패는 학생을 더욱 우울하게 만들고, 학생은 더욱더 실패를 자신의 변화시킬 수 없는 개인적 특성으로 간주하게 된다. 우울장애와 학업 실패는 악순환을 거듭하게 되고, 이러한 악순환은 깨기 어렵다. 이러한 악순환은 품행장애에 자주 나타나며, 간혹 학습장애에 나타나기도 한다. 그러나 일반적으로 교사는 학생의 우울장애의 징후를 인지하는 데 매우 느리며, 중재를 제공하는 데는 더 느리다.

만성적이고 심한 아동기 우울장애는 성인기 부적응 및 자살행동과 상관관계가 있기 때문에 우울장애를 예방하는 것이 중요한데도 불구하고 우울장애의 예방에 관련된 연구는 많지 않다. 스트레스가 많은 주요 생활사건이 누적되면 아동과 청소년의 우울장애와 자살에 영향을 미칠 수 있다. 그러나 전형적인 일상의 어려움도 아동기 후기와 청소년기 초기의 학생들을 우울장애의 위험에 처하게 할 수 있다. 우울장애의 일차적인 예방은 모든 아동을 위해서 스트레스가 많은 생활사건을 감소시키는 것이다. 그러나, 이러한 광범위하고 목적이 불분명한 예방 노력은 정치적 지원과 재정적 지원을 받지 못한다. 이미 학대를 받았거나 방치된 아동들이나 극심하고도 뚜렷한 스트레스에 처한 아동들의 스트레스를 경감시키는 것에 초점을 맞춘다면 재정적 지원을 받고 성공할 가능성도 높다. 일차적 예방으로서 실현 가능한 접근 방법 중 하나는 우울장애 부모를 위한 자녀 양육 훈련이다(Beardslee et al., 2002; Swan et al., 2014). 이차적 예방과 삼차적 예방은 우울장애 학생들로 하여금 행동 또는 인지행동 훈련을 받아서 자신의 어려움을 극복하도록 돕는 것으로서 실현 가능성이 있다. 이러한 중재들은 아동의 상황이 악화되지 않도록 하고, 장기적인 부정적 결과가 초래되지 않도록 조치를 취하며, 우울장애가 재발하는 것을 미연에 방지한다는 측면에서 예방적이라고 할 수 있다.

중재와 교육

아동기 우울장애의 치료는 인지행동 중재 또는 상담을 독립적으로 적용하기도 하지만, 항우울 약물과 통합하여 적용하기도 한다(Bhatia & Bhatia, 2007; Swan et al., 2014). 아동기 우울장애의 약물치료에 대해 적절한 연구가 충분히 실시되기 전에는 약물치료의 여부에 대해 관심이 있었지만, 아동기 우울장애의 약물치료에 대한 연구가 누적된 지금은 약물치료의 효과와 부작용에 대해 관심을 기울이고 있다(Hammen et al., 2014; Konopasek & Forness, 2014; Kusumakar, Lazier, MacMaster, & Santor, 2002; Ryan, 2002; Warner, 2010). 특정 항우울제의 부작용으로서 청소년들의 자살행동을 증가시킬 수 있다는 중요한 문제가 제기되었다. 이러한 문제는 아동기 우울장애를 전공한 정신과 의사만이 청소년에게 항우울제를 처방해야 하고, 우울장애의 약물 처방은 철저하게 관리감독해야 한다는 필요성을 부각시켰다. 우울장애의 행동 중재와 심리약물치료의 효과를 비교한 연구들은 행동 중재와 약물치료를 통합한 접근이 가장 효과적이라고 주장한다(Forness, Freeman, & Paparella, 2006). 약물치료를 할 경우에, 교사는 약물이 학생의 행동과 학습에 어떠한 영향을 미치는지에 대해 주의 깊게 점검하여야 한다. 다른 장애의 경우와 마찬가지로, 우울장애의 성공적인 중재도 다양한 분야의 전문가들이 협력적으로 다각적인 접근을 하는 것이다.

성인기 우울장애의 치료 방법 중 가장 논란이 되고 있는 것은 전기충격요법(electro-convulsive treatment, ECT)이다(Wang, 2007). 한때 ECT가 우울장애를 치료하는 데 자주 사용된 적도 있었지만, 남용 사례가 보고됨에 따라 최근에는 거의 사용하지 않는다. 최근에는 우울장애가 매우 심하고 약물치료에 대해 아무런 반응을 보이지 않는 경우에만 ECT를 사용하고 있으며, 청소년을 대상으로는 사용되지 않는다.

교사가 직접 관여하는 중재는 행동 중재와 인지행동 중재이다. 이러한 중재들은 우울장애에 있어서 사회성 기술, 생산적이고 즐거운 활동, 인과적 귀인, 인지적 자기주장, 자기통제 등의 역할을 강조한다(Maag & Swearer, 2005; Seeley et al., 2002; Swan et al., 2014 참조).

중재가 필요한 우울장애의 일반적인 증상은 다음과 같다(Kaslow, Morris, & Rehm, 1998).

1. 낮은 활동 수준
2. 사회성 기술 결함
3. 자기통제력 결함
4. 우울한 귀인 양상
5. 낮은 자아개념과 절망감
6. 결핍된 자기인식과 대인 간 인식

교사는 주된 중재자가 아니라 할지라도 우울장애를 극복하기 위한 중재 전략을 적용하는 데 매우 중요한 역할을 담당할 수 있다.

자살행동

정의와 출현율

자기 자신을 의도적으로 사망에 이르게 하는 **완성된 자살**(completed suicide)의 정의는 명료하기 때문에 논란의 여지가 없다. 그러나, 사망한 자의 의도가 명확하지 않은 상황에서 자살 여부를 결정하는 것은 쉽지 않다. 또한 **자살**은 사회적 낙인이므로 자살로 인한 사망도 사고사로 처리되기도 한다. 15~24세 청소년의 주요 사망원인이 사고라고 보고되고 있는데, 많은 연구자들은 자살이 사고사로 위장되거나 잘못 보고되었을 것으로 추정한다.

준자살(parasuicide)이라는 용어는 성공하지 못하였거나 완료되지 못한 자살행동을 지칭한다. 그러나 **자살시도**(attempted suicide)라는 용어는 정의하기 어려운데, 그 이유는 심각하지 않다고 간주되는 자살 동작(suicidal gestures), 자살과 자해에 대한 생각, 자살위협 및 의료적 처치를 필요로 하는 자상 행위(self-inflicted injury) 간 구분이 연구마다 다르기 때문이다(Cha & Nock, 2014; Spirito & Overholser, 2003 참조).

우리가 어떠한 정의를 내리든지 상관없이, (청소년기 이전의 아동에게서는 조금 적게 나타나기는 하지만) 청소년의 자살, 자살시도, 자해행동은 미국 정신건강의 주요 관심사이다. 15~24세 청소년의 주요 사망 원인은 사고와 살인이다(Cha & Nock, 2014). 지난 40년간의 자살률을 분석해보면 추세가 다양하게 나타나는데, 연령과 성별과 인종에 따라 분석해보면 더 복잡한 양상이 나타난다. 미국 질병관리 및 예방센터(Centers for Disease Control and Prevention)에 따르면, 1991년부터 2006년까지 10~24세 남자의 자살률은 점차적으로 감소하였으나, 2006년을 기점으로 자살률이 증가하기 시작하였고, 2014년을 기준으로 모든 연령집단에서 여자와 남자의 자살률은 1999년보다 높게 나타났다(https://www.cdc.gov). 이 센터의 통계에 따르면, 남자 청소년의 자살률이 여자 청소년의 자살률보다 현저하게 높게 나타나는데, 이러한 성별에 따른 경향은 연령이 증가하면서 뚜렷해진다. 미국의 경우 남자 청소년의 자살률이 여자 청소년에 비해 약 4배 높다. 그러나, 청소년기 후기와 청년기 초기의 자살시도의 경우에는 남자보다 여자에게서 더 많이 나타난다. 반면에 아동기 자살시도는 여아보다 남아에게서 더 많이 나타난다.

미국에서는 여성과 남성 모두 인디언 청년의 자살률이 가장 높은데, 다른 인종에 비해 2배에 달한다. 전통적으로 흑인 남자의 자살률이 백인 남자의 자살률보다 낮게 보고되어 왔으나, 이러한 차이가 점차 감소하여 이제는 더 이상 흑인 남자의 자살률이 백인 남자의 자살률보다 낮다고 말할 수 없게 되었다. 또한 라틴 아메리카계 여성의 자살 위험이 증가하고 있는 추세다. 자살의 경향이 달라지는 원인에 대해서는 알려진 바가 거의 없으므로, 연구를 통해 위험 요인을 밝혀내어 자살 위험을 감소시키고자 노력하고는 있으나, 앞으로 인종별, 연령별, 성별 하위집단의 자살률과 준자살률이 어떻게 변할 것인지를 예견하는 것은 불가능하다.

10세 이하 아동의 자살은 거의 보고되지 않고 있으며, 상대적으로 청소년기 이전의 아동의 자살률은 매우 낮은 것으로 간주되고, 어린 아동의 자살시도나 자살은 가끔 보고될 뿐이다. 그러나 아동과 청소년의 자살행동이 증가하고, 자살시도율과 자살률이 높아지고 있으므로 주의를 기울여야 한다. 자살의 원인을 이해하고 효과적인 예방 프로그램을 개발하는 것이 시급하다. 또한 자살시도 후 자살충동을 느끼는 사람들과 자살을 목격하고 생존한 사람들을 위한 중재도 필요하다.

원인적 요인들과 예방

대부분의 전문가들은 생물학적 요인과 비생물학적 요인이 복잡한 양식으로 상호작용하여 자살과 우울장애가 발생한다는 것에 동의한다. 우울행동에 영향을 미치는 유전적 요인과 다른 생리적 요인들이 자살행동뿐만 아니라, 비자살적 자해(nonsuicidal self-injury, NSSI)의 위험도 증가시킨다(Cha & Nock, 2014 참조). 아동기와 청소년기의 사실 행동에 영향을 미치는 복합요인은 주요 정신의학적 문제, 절망감, 충동성, 죽음에 대한 비현실적 생각, 약물남용, 사회적 고립, 부모에 의한 학대와 방임, 가정불화와 가족해체, 자살과 준자살의 가족력 및 문화적 요인(예 : 교육체계에 의한 스트레스, 대중매체에서 묘사되는 자살) 등을 포함한다. 정서행동장애 청소년, 특히 음주와 약물 복용을 하는 청소년은 자살행동의 고위험군이다(Carr, 2002; Cha & Nock, 2014; Spirito & Overholser, 2003).

자살하는 사람들의 원인적 요인 중 공통적인 요인은 자신이 주변 세상에 아무런 영향을 미치지 못한다고 믿는 것이다. 자살하는 사람은 문제를 해결하기 위하여 자신이 도움을 받을 수 있다는 것을 모르고, 아무도 자신에게 관심이 없으므로 자신의 문제를 홀로 감당해야 한다고 믿는다. Culp, Clyman, Culp(1995)가 초등학교 6학년부터 고등학교 3학년 학생 220명을 대상으로 연구한 결과, 우울정서를 보고한 학생들의 거의 절반은 도움을 요청하지 않았다. 학생들은 자신이 이용할 수 있는 학교 서비스가 있다는 것을 몰랐고, 심지어 학교에서 도움을 받을 수 있다는 것을 아는 학생들도 자신의 문제는 자신이 혼자 해결해야 한다고 믿고 있었다. 특히 외로움과 절망감이 자살생각과 자살의도의 가장 중요한 예견요인이다(Spirito & Overholser, 2003).

절망감은 자살할 경향이 있는 사람들의 가장 중요한 사고 특성으로 간주되어 왔다(Cha & Nock, 2014; Esposito, Johnson, Wolfsdorf, & Spirito, 2003). 절망감과 자살의도 간 상관관계는 우울장애와 자살의도 간 상관관계보다 높다. 절망감을 느끼는 모든 사람이 우울하지만, 우울한 모든 사람이 절망감을 느끼지는 않는다. 절망감을 느끼는 사람들은 상황이 좋아지지 않을 것이며, 좋아질 수도 없기 때문에 희망을 포기할 수밖에 없다고 믿는다. 절망은 우울장애의 마지막 단계이며, 자살시도보다 앞서 나타난다. 이 단계가 되면 절망하는 사람은 자살을 합리화하는 결론을 내리게 된다.

자살과 준자살을 실행하는 아동과 청소년은 대부분 정서행동장애와 학업 실패의 전력을 가지고 있다. 실제로 자살행동을 하는 청소년의 학업 성취는 대부분 저조하다. 미국의 경우에 십대의 자살과 준자살은 성적, 졸업, 대학 입학과 관련된 학교 문제들이 두드러지게 부각되는 계절인 봄에 주로 나타난다.

대부분의 자살시도에 공통적으로 나타나는 기분장애 외에도 자살시도를 증가시키는 다른 요인들도 있다. West, Swahn, McCarty(2010)의 연구에 따르면, 기분장애의 일부인 슬픔, 약물남용, 폭력의 피해가 고등학교 남녀 학생의 자살시도와 연관되어 있다. Hills, Afifi, Cox, Bienvenu, Sareen(2009)은 내면화 장애뿐만 아니라 외현화 장애가 자살시도의 예견자이며, 특히 충동성이 자살에 대한 생각을 행동으로 옮기는 데 있어서 중요한 요인이라고 주장하였다. 모든 위험요인 중에서 가장 중요한 예견자는 이전에 자살을 시도한 전력이 있는지 여부이다.

일부 연구자들이 동성애와 성적 학대 등과 관련된 사회적 스트레스가 자살의 위험요인이라고 추정하였으나, 이에 대한 연구 결과는 일관성이 없다(Cha & Nock, 2014 참조). Haas와 동료들(2010)이 광범위한 연구들을 검토하고 분석한 결과, 일부 연구의 연구 방법에 문제가 있기는 하지만, 성적 성향과 자살 간 신뢰할 만한 상관관계는 없다. 그러나 이 연구 결과에 따르면, 자신을 동성애자 또는 양성애자라고 밝힌 청소년의 자살시도율은 이성애자에 비해 2~7배에 달한다. Haas와 동료들은 동성애자 또는 양성애자 집단이 주요우울장애, 불안장애, 품행장애, 약물남용 등 다른 장애의 출현율이 높기는 하지만, 이러한 장애들이 이 집단의 증가된 자살시도의 위험을 모두 설명할 수 없으며, 낙인, 편견, 차별 및 그와 관련된 스트레스가 자살시도의 위험을 증가시켰다고 결론지었다.

사회학습 관점에서 보면, 사회적 맥락 안에서 가족 구성원의 행동을 관찰하고 자살행동을 학습할 수 있다는 것은 놀랍지 않다. 자살시도가 집단거주시설이나 정신병원에서 많이 발생하며 고등학교 또는 지역사회에서도 발생하는데, 이는 다른 사람들의 자살행동을 모방하거나 사람들의 관심을 끌려는 의도가 있기 때문인 것으로 추정된다(예 : Cha & Nock, 2014; Insel & Gould, 2008).

일차적인 자살 예방을 위해 누가 위험군에 속하는지 파악하는 데 있어서 어려움이 많다. 왜냐하면 실제적으로는 자살의 위험군이 아닌데 위험군으로 분류되는 '위양(false positive)'의 사례가 많을 뿐만 아니라, 실제적으로는 자살의 위험군인데 위험군으로 분류되지 않는 '위음(false negative)'의 경우에 결과가 치명적이기 때문이다. 실제로 소수의 사람만 자살을 하거나 자살을 시도하고, 자살하는 사람들과 자살하지 않는 사람들이 많은 공통적 특성들을 공유하므로, 일반적인 선별 절차를 통해서 '위양'에 속하는 사람들에게 자살 예방 프로그램을 제공할 가능성이 높다. 반면에 실제로 자살을 하거나 자살을 시도할 '위음'의 사람들을 자살의 위험군이 아니라고 판정하면 결과는 치명적이다. 따라서 대부분의 일차적인 자살 예방 프로그램은 학교 전체 학생 모집단을 대상으로 실시된다.

진단평가

자살행동과 관련하여 교사와 다른 성인들이 주의를 기울여야 하는 자살행동과 관련된 위험 신호들이 있기는 하지만, 자살행동에 앞서 언제나 눈에 띄는 위험 신호가 나타나는 것은 아니다. 교사와 또래가 아동이나 청소년의 자살행동과 관련된 위험 징후를 인식하는 것이 매우 중요하다(Carr, 2002; Cha & Nock, 2014; Spirito & Overholser, 2003). 다음은 학생들에게서 관찰될 수 있는 자살행동의 위험 징후들이다.

- 행동이나 정서의 갑작스러운 변화
- 학교에서의 심각한 학업적, 사회적, 또는 징벌 문제
- 부모의 별거 또는 이혼, 아동 학대, 가출을 포함한 가족 문제
- 또래 거부, 이성 친구와의 이별, 사회적 고립 등의 또래관계 문제
- 불면증, 식욕 부진, 갑작스러운 체중 변화 등의 신상 문제
- 약물남용
- 자신의 소지품을 나눠주거나 미래에 자신이 존재하지 않을 거라는 언급
- 자살이나 자살계획에 대한 언급
- 가족이나 친한 친구의 죽음, 임신 또는 유산, 법적 구속, 자신이나 가족의 실직 등의 위기 상황

다른 사람에 비해 자살 위험이 높은 사람을 진단평가하는 경우에 그 사람의 특성에 대한 체계적인 평가를 포함하여야 한다. 대부분의 자살, 준자살, 자살생각들과 관련된 개인적 특성이 우울장애이므로, 자살 위험이 높은 사람의 우울장애를 진단하는 것이 중요하다. 그러나, 우울장애가 공격행동, 품행장애 및 기타 다양한 문제를 수반할 수도 있다는 것을 명심하여야 한다.

중재와 교육

성인들은 아동과 청소년의 자살을 예방하기 위해 다음에 제안된 것들을 실행해야 한다.

- 모든 자살위협과 자살시도를 심각한 것으로 간주해야 한다.
- 의사소통을 회복하려고 노력해야 한다.
- 고립감을 완화해줄 정서적 지원을 제공해야 한다.

자살행동에 적절하게 대처하는 것은 복잡하고도 다각적인 노력이 필요하지만, 가장 일반적인 대처는 부모와 또래를 포함한 주요 주변 사람들이 최대한 접촉을 시도하고 유지함으로써 자살을 시도하려는 사람을 돕는 것이다. 자살행동을 하는 사람에게 자기파괴적인 방법이 아닌 다른 방법으로 문제를 해결하고, 다른 사람들의 관심을 끌 수 있다는 것을 알려주어야 한다. 교사는 자살 위험 학생을 찾아냄으로써 자살을 예방할 수 있다. 학교는 자살 위험

학생에게 정상적인 신체적 발달과 사회적 발달을 숙지할 수 있도록 교육과정을 제공함으로써 자살 예방에 있어서 중요한 역할을 담당할 수 있다.

자살을 예방하고 중재하는 데 있어서 교사의 역할은 자살에 대한 정보를 제공하고, 자살 위험 학생을 전문가에게 의뢰하는 것이다. 포괄적인 자살인식과 예방 프로그램은 다음과 같은 요소들을 포함해야 한다 — 연수를 통해 학교 정책을 반영하는 관리 지침, 자살 위험 학생을 다루는 데 필요한 기본적인 정보와 기술을 교직원에게 제공, 학생을 위한 교육과정 프로그램, 응급전화, 또래상담, 스트레스 관리 프로그램.

유튜브 비디오 사례

비디오 연결 11.2

이 비디오는 메이요클리닉에서 제작된 것으로서 자살을 생각하는 청소년이 나타내는 징후들과 10대 자녀와 어떻게 대화를 할지에 대해 부모에게 유용한 정보를 제공한다. (https://www.youtube.com/watch?v=3BByqa7bhto)

자살시도나 자살위협을 했던 아동이나 청소년을 관리하는 것은 상담사, 정신건강 전문가 및 교사의 공동 책임이다. 교사 자신이 직접 상담이나 치료를 제공하려고 시도해서는 안 되며, 교사는 자살 위험 학생과 가족으로 하여금 자격을 갖춘 상담사와 치료사로부터 도움을 얻도록 독려함으로써 중요한 지원을 제공할 수 있다. 또한 교사는 학생이 받는 불필요한 스트레스를 줄여주고, 학생의 말에 공감하는 자발적인 청취자가 됨으로써 자살 위험 학생을 도울 수 있다. 교사가 우울장애 학생에게 사회성 기술을 교수하는 사례를 글상자 11.1에 제시하였다.

글상자 11.1

우울장애 학생을 위한 사회성 기술 교수

우울장애를 다루는 상황에서 가장 중요한 사회성 기술의 문제는 무엇인가?

우울한 학생들이 자기 자신에 대해 부정적으로 생각하거나 말하는 것은 흔히 있는 일이며, 이것을 부정적이거나 우울한 귀인 양식이라고 부른다. 그들은 자신이 바보 같다고 말하거나, 자기는 시도하는 모든 것에 실패한다고 말하거나, 친구가 없다고 말한다. 진단을 위해 실시하는 모든 과제나 활동에 절망감의 징후가 나타난다(예 ; "꼭 시도해야 해요? 분명히 실패할 걸 저는 알아요."). 학생이 일관성 있게 부정적인 말을 하는 것이 교사를 좌절시키기도 하지만, 극단적으로 부정적인 말을 하는 학생이 현실에서는 매우 일관성이 없는 말을 하면 더 어렵다. 부정적인 귀인은 학생으로 하여금 자기 자신에 대해 최악의 것을 일관성이 있게 추정하게 한다(예 : "나는 어리석고 무능하고 운동신경도 안 좋아서 이 과제에 실패할거야."). 학생이 어떤 과제나 시험에 성공한 경우에도 학생은 자신이 노력하고 기여한 부분에 대해 인정하지 않는다(예 : "선생님이 일부러 시험 문제를 쉽게 출제해서 내가 높은 점수를 받은거야."). 교사는 학생이 부정적인 자기평가를 감소시키고, 긍정적인 자기진술과 정확한 자기평가를 향상시키기 원한다.

중재의 적절한 목표는 무엇인가?

중재 목표는 학생으로 하여금 자기인식을 향상시켜서 주변에서 발생하는 생활사건을 정확하게 평가하고 해석하도록 돕는 것이다. Beck(1976)은 우울장애를 가지고 있는 사람들이 세상을 바라보는 것을 이해하기 위해 중요한 틀을 제안하였다 ― (a) 우울장애를 가지고 있는 사람들은 대부분의 경험을 부정적으로 해석한다, (b) 그들은 자기 자신을 부정적으로 일관성 있게 바라본다, (c) 그들은 미래에 부정적인 결과만 있을 거라고 인지한다. 따라서, 중재는 이러한 왜곡되어 인지된 것 중 일부 또는 전체를 대상으로 한다. 중재를 통해 학생으로 하여금 생활사건에 대해 부정적으로 인지하는 대신 정확하게 평가하도록 돕고, 자기 자신의 강약점에 대해서도 현실적으로 평가를 하여 정확한 자기인식을 형성하도록 돕는다. 또한 중재를 통해 학생이 미래의 후속결과도 어느 정도는 자기 자신의 통제하에 있으며, 미래에 긍정적인 성과가 나타날 수도 있다는 것을 이해하도록 도와야 한다.

어떤 유형의 중재가 효과가 있을 것인가?

우울장애의 가장 보편적인 중재 접근은 인지행동 중재이며, 학교 현장에서 인지행동중재는 학교심리학자나 임상심리학자에 의해 실시된다. 심한 우울장애의 경우에 약물이 처방되기도 하는데, 약물은 정신과 의사가 처방하여야 하며 약물의 효과와 부작용에 대해서 면밀하게 감독하여야 한다. 이러한 중재 접근에서 교사의 역할은 학생들이 필요한 기술을 연습할 기회를 제공하고, 학생이 긍정적인 자기대화 등 바람직한 행동을 보일 경우에 강화를 제공하는 것이다.

인지적 재구조화의 예

인지행동 중재의 구성요소 중 하나인 인지적 재구조화는 학생으로 하여금 자신의 부정적인 사고에 대해 생각해보고 긍정적으로 재구조화하도록 돕는 것이다. 부정적 사고는 학생의 부정적인 귀인 양상의 일부로서 학생의 사고에 깊이 배어 있어서, 학생은 다양한 상황에서 깊이 생각해보지도 않고 자동적으로 부정적인 말을 한다(예 : 어려운 과제를 시작할 경우, 받아쓰기 시험을 볼 경우, 새로운 짝꿍과 과학실험을 할 경우에 자신은 바보라서 실패하게 될 거라고 추정함). 인지적 재구조화를 적용할 경우에, 임상가는 학생으로 하여금 자동적으로 부정적 자기대화을 촉진하는 경향이 있는 특정 상황을 분석

(계속)

하고, 생활사건을 재구조화하도록 돕는다. 예를 들어 받아쓰기 시험에서 낮은 점수를 받은 학생이 "보세요. 제가 바보라고 말했죠?"라고 말했다고 가정하자. 임상가는 학생에게 실패한 시험의 준비를 얼마나 했는지, 다음 시험의 범위는 알고 있는지, 다음 시험을 준비하기 위한 계획은 무엇인지 등에 대해 질문을 하며 대화를 한다. 단기목표는 학생이 시험을 준비하지 않아서 성적이 낮게 나왔다는 것을 받아들이도록 돕는 것이다. 장기목표는 교사가 일차적인 책임을 떠맡아 학생으로 하여금 도전적인 과제를 위해 준비를 더 잘 하고 성적을 더 잘 받도록 돕는 것이다. 학생은 성적을 잘 받은 경우에도 부정적인 귀인에 근거하여 반응(예 : "선생님이 도와주셔서 잘한 거예요." 또는 "선생님께서 과제를 쉽게 내주셔서 잘 한 거예요.")을 하게 되므로 인지적 재구조화를 다시 시도해야 할 수도 있다. 이런 경우에 임상가는 학생으로 하여금 자신이 열심히 공부를 했기 때문에 좋은 성적을 받을 수 있었다고 생각하도록 도와야 한다. 이러한 단순한 중재를 통해서 학생은 자신의 부정적인 자기평가(예 : 나는 바보야)가 부정확할 뿐만 아니라, 미래에 일어날 생활사건에 대해 자신이 어느 정도는 통제력을 가지고 있다는 것을 깨닫도록 도울 수 있다. 어떠한 중재 방법을 사용하든 중재 효과의 열쇠는 중재의 일관성과 반복된 연습, 성공에 대한 강화이다.

인지행동 중재에 관련된 정보를 찾을 수 있는 문헌

Cha, C. B. & Nock, M. K. (2014). Suicidal and nonsuicidal self-injurious thoughts and behaviors. In E. J. Mash & R. A. Barkley (Eds.), *Child psychopathology*(2nd ed., pp. 317-342). New York: Guilford.

Maag, J. W. & Swearer, S. M. (2005). Cognitive-behavioral interventions for depression: Review and implications for school personnel. *Behavioral Disorders, 30*, 250-276.

Shirk, S. R., Kaplinski, H., & Gudmundsen, G. (2009). School-based cognitive-behavioral therapy for adolescent depression. *Journal of Emotional and Behavioral Disorders, 17*, 106 -117.

요약

연방정부의 정서장애의 정의가 우울장애와 그와 관련된 장애를 애매모호하게 기술하고 있기는 하지만, 우울장애를 포함한 내면화 문제를 가지고 있는 학생이 특수교육 대상자로 적격하다고 제안한다. 아동기 우울장애에 대한 연구는 최근에 관심을 받기 시작하였다. 우울장애는 아동기의 주요 장애이며 성인기 우울장애와 여러 측면에서 유사하지만, 우울한 정서를 반영하여 나타나는 행동양상은 연령에 따라 발달적으로 다르게 나타난다는 것이 대다수의 의견이다. 우울장애를 가지고 있는 아동이나 청소년 모두 우울한 기분을 느끼고 생산적인 활동에 흥미를 잃는다는 것은 공통적이다. 우울장애 아동은 부적절한 행동을 다양한 양상으로 나타내며, 우울장애는 다른 장애와 중복하여 나타나기도 한다.

우울장애는 더 큰 범주인 기분장애에 속하는데, 기분장애는 고조된 기분과 우울한 기분을 포함하며 단극성 장애로 나타날 수도 있고 양극성 장애로 나타날 수도 있다. 우울장애의 징후는 무쾌감증, 우울한 기분, 초조감, 수면장애, 식욕 감퇴, 심리운동적 흥분 또는 지체, 에너지 상실, 피곤, 자기경멸감, 절망감, 사고나 집중의 어려움, 자살 관념화 또는 자살시도 등이다. 이러한 증상들은 특정 생활사건에 대한 적절한 반응이 아니며, 오래 지속된다. 우울장애의 출현율은 어린 아동에 비해 청소년에게서 높게 나타나며, 연령이 증가하면서 여자의 출현율이 남자의 출현율보다 높아진다. 아동과 청소년 집단의 우울장애 출현율은 3~5%로 보고되고 있지만, 보고되지 않은 사례가 많을 것으로 추정된다.

우울장애의 진단평가는 자기평가, 부모평가, 또래지명, 관찰, 임상적 면접 등을 포함하여 다양한 측면에서 실시되어야 한다. 교사의 판단도 간과되어서는 안 된다. 교사는 우울장애의 네 가지 범주인 정서적, 인지적, 동기적 및 생리적 문제들을 주의 깊게 살펴보아야 한다.

어떤 경우에는 우울장애가 생물학적 원인에 의

해 비롯된 것이 명확하지만, 대부분의 경우에는 우울장애의 원인을 알 수 없다. 우울장애가 스트레스가 많거나 충격적인 생활사건에 대한 반응으로 나타나는 경우도 있다. 부모의 우울장애는 우울장애를 포함하여 자녀가 나타내는 다양한 문제들과 중요한 상관관계가 있다. 교사는 학생의 우울장애와 학업 실패가 서로 어떠한 원인적 영향을 미치는지에 주의를 기울여야 한다. 심한 만성적 우울장애는 성인기의 부적응 및 자살행동과 관련이 있기 때문에 예방하는 것이 중요하다. 예방 프로그램은 스트레스 감소, 부모의 양육기술 훈련, 인지기술 훈련, 행동 중재 등을 포함한다.

항우울제가 효과적인 경우도 있지만 항우울제의 효과와 부작용은 아동기 우울장애를 전공한 정신과 의사에 의해 주의 깊게 평가되어야 한다. 행동 중재와 인지행동 중재는 우울장애가 부적절한 사회성 기술, 부적응적인 사고 양상 및 미흡한 자기조절기술에 기인한다는 이론에 기초한다. 교사는 우울장애 학생에게 사회성 기술을 가르칠 수 있고, 학생을 더 높은 수준의 생산적인 일에 참여시킬 수 있으며, 다른 중재 접근 방법들도 지원할 수 있다.

아동과 청소년의 자살과 자살행동은 미국 공중보건의 주요 관심사이다. 자살행동의 위험요인들은 생물학적 요인과 환경적 요인들을 모두 포함하는데, 특히 학업 실패, 역기능적인 가족과 관련된 스트레스와 아동 학대, 약물 중독, 가족과 지인의 자살, 우울장애, 절망감, 공격행동 등이 주요 위험요인들이다.

자살 예방은 '위양(false positive)', '위음(false negative)'과 관련된 문제들 때문에 매우 어렵다.

따라서 자살 예방 프로그램은 일반적으로 전교생을 대상으로 하며, 교수 지침, 교사연수 프로그램, 학생을 위한 중재 프로그램, 부모교육 프로그램 등으로 구성된다. 자살 위험의 진단평가는 자살의 위험 신호를 인식하는 것과 절망감을 평가하는 것을 포함한다. 자살시도가 위급한지를 결정하기 위해서는 통계에 근거한 자살 위험요인들을 평가하고, 특정 과제에 대한 학생의 대처 능력을 평가해야 한다.

교사를 포함하여 학생 주변의 성인들은 모든 자살위협과 자살시도를 심각하게 받아들여야 한다. 소외감을 느끼는 학생들과 대화를 해야 하며, 자살 위험 학생과 가능한 한 접촉을 많이 하고, 정서적 교류를 지속하며 지원을 해야 한다. 학교는 자살이 발생할 경우에 내비하여 후속 중재계획을 가지고 있어야 한다.

개인적 고찰

우울장애와 자살행동

Adam Brown은 재교육 프로그램(Re-Education Program, Re-ED)과 버지니아주 버지니아비치에 있는 남동부 협력적 교육 프로그램(Southeastern Cooperative Educational programs, SECEP)에 속해 있는 해안지대 대안교육 프로그램(Tidewater Regional Alternative Educational Program, TRAEP)의 교장이며, 교육 분야의 이학석사를 취득하였다. 이 프로그램들은 유치원부터 고등학교 3학년까지의 다양한 정서행동장애 학생을 위해 제공되고 있다. 학교 관리자가 되기 전에 그는 재교육 프로그램에서 교사로서 4년 동안 일했다.

당신이 현재 일하고 있는 학교와 당신의 역할을 설명해 주세요.

현재 나는 별개의 두 학교 건물을 관리하고 있습니다. 이 학교에 재학 중인 대부분의 학생들은 재교육 프로그램에 배치되어 있습니다. 재교육 프로그램은 심리학자인 니콜라스 홉스(Nicholas Hobbs)가 개발한 재교육의 12가지 원리(Twelve Principles of Re-Education)에 기초하고 있습니다. 이 원리들의 교육철학은 모든 학생이 안전한 학습 환경에서 질 높은 교사로부터 질 높은 교육을 받아 교실 밖에서도 일반화될 수 있는 행동 관리를 학습할 수 있다는 것을 전제로 합니다.

일반적으로 재교육 프로그램을 실시하는 학급에는 평균 8~12명의 학생과 2명의 교사가 있습니다. 한 명의 특수교사와 한 명의 일반교사가 주요 교과들뿐만 아니라 사회성 기술과 행동 통제 등에 대해서도 가르칩니다. 우리는 효과적인 교수 실제와 학생들의 정서적인 웰빙을 동시에 강조하기 때문에 특수교사는 매일 다양한 기술들을 가르치기 위하여 다양한 중재를 제공합니다.

대안교육 프로그램인 TRAEP 프로그램은 전형적인 학급에서 학업적으로 성공할 수 없는 장애학생과 비장애 학생들을 위해 제공됩니다. 이 프로그램의 학급은 10~15명의 학생으로 구성되며, 중·고등학생들에게 개별화된 프로그램을 제공하여 학생들이 학점도 취득하고 고졸 학력 인증

서를 취득하기 위하여 학습하며, 자신의 행동을 관리할 수 있도록 돕습니다. 재교육 프로그램처럼 대안교육 프로그램도 사회성 기술 훈련과 행동 관리에 초점을 둡니다. 또한 프로그램이 진행되는 동안 학생들의 정서적 웰빙을 강조합니다.

교장으로서 나는 교육 리더의 역할을 합니다. 나는 개별화교육 프로그램, 교수 내용, 모든 학생의 필요를 충족하여 성공적인 교육성과를 도출할 수 있는 프로그램이 제공되는 것을 보장해야 합니다. 교사에게 다양한 자기계발의 기회를 제공하여 교사가 이해 관계자들을 위해 따뜻한 환경을 구성하는 데 필요한 기술을 습득하도록 지원해야 합니다.

교장으로서의 나의 또 다른 역할은 교직원과 학생들이 안전한 교육 환경을 유지하고, 학생들에게 학급에서 학습한 기술을 다른 환경에 일반화할 기회를 제공하는 것입니다. 이러한 기회는 1박 캠프를 포함한 다양한 현장학습, 진로직업 교육에 참여한 학생들이 기른 식물 판매, 졸업을 앞두고 취업 준비기술을 갖춘 학생들을 위한 지역의 직업 박람회 등을 포함합니다.

우울장애나 자살사고 또는 자살행위를 나타냈던 학생에 대해서 선생님이 관찰했던 것은 무엇인가요?

이와 같은 학생군을 가르치면서 관찰한 것은 각 학생이 과거의 경험과 욕구와 관련된 기능을 가지는 다양한 행동을 다양하게 표출한다는 것입니다. 이러한 행동들은 신체적 공격행동(예 : 때리기, 차기, 물기), 언어적 공격(예 : 저주, 특정 위협적인 말, 부적절한 언급), 가출, 자해행동 등을 포함합니다. 이러한 행동들은 관찰 가능한 반면

에, 우울과 자살 관념을 가지고 있는 학생들은 위축되고 내면화된 정서적 문제를 나타냅니다. 따라서 교직원은 내면화 문제를 가지고 있는 학생들을 간과하기 쉬운 반면에, 공격행동을 보이는 학생들에게는 학교안전을 위해서 즉각적으로 반응하게 됩니다.

앞서 언급한 문제들을 가지고 있었던 조니 (Johnnie)는 처음에 눈에 띄는 선행사건이나 계기가 있을 때만 문제행동을 보였습니다. 예를 들어 조니는 자신이 감당하기 어려운 과제를 요구받으면 책상을 뒤엎고 교실 밖으로 뛰쳐나가려 했습니다. 조니는 내성적이라서 또래나 교사와 관계를 유지하는 데 어려움을 나타냈습니다. 조니는 거의 대화를 하지 않았고, 소수의 교직원들만 조니와 관계를 형성하고 있었습니다.

조니는 문제행동을 드물게 나타냈고 얌전한 태도를 보였기 때문에, 교사들은 일상에서 제공되는 일반적인 구조와 일과로 조니의 필요를 채울 수 있다고 생각했습니다. 그러나, 조니의 내성적인 행동이 내면의 혼란을 가리고 있었다는 것이 점차 드러났습니다. 시간이 지나면서 조니는 눈에 띄는 선행사건이나 계기가 없는데도 불구하고 문제행동을 나타내기 시작했습니다. 이러한 행동들은 갑자기 울음 발작을 일으켜서 20분 이상을 운다거나, 아무한테나 무작위로 신체적 공격행동을 한다거나, 자신의 목에 신발 끈과 허리띠를 묶는 자해행동을 하는 등입니다. 따라서 조니의 안전을 위해서 이러한 행동들에 대한 강력한 안전계획을 수립할 필요성이 제기되었습니다. 부모, 교사, 심리학자, 멘토 등을 포함하는 지원체계가 구성되어 다양한 방법으로 돌봐주려고 했지만,

조니 내부의 갈등이 매우 심한 장애물이 되었습니다.

이 학생의 정서행동 문제가 교육적 수행과 전반적인 학교생활에 어떠한 영향을 미쳤나요?

조니는 SECEP에 오기 전에 장기간의 문제행동 이력 때문에 교장실, 상담실, 학습 도움실 등 학급 밖에서 많은 시간을 보내야 했고, 교내 정학과 교외 정학도 받았습니다. 그 결과 조니는 학습시간을 잃게 되고 심한 학업 문제가 발생하여 더 제한적인 환경에 보내지게 되었습니다. 조니의 문해능력과 산술능력의 결함은 모든 교과의 수행에 부정적인 영향을 미쳤습니다. 학업적 결함은 조니를 자주 좌절에 빠지게 했고, 조니는 요구되는 과제로부터 회피하기 위하여 문제행동을 나타냈습니다. 이러한 양상은 조니가 속한 학생군의 대다수 학생들에게서 공통적으로 나타납니다.

이러한 문제행동 외에도 조니의 우울장애가 학업을 방해했습니다. 조니는 학업적 수행을 향상시키기 위하여 학년 수준의 교육과정과 더불어 자주 보충수업을 받았습니다. 조니는 자기에 대한 또래의 인식에 대해 예민하게 의식하였기 때문에, 자기가 쉬운 과제를 하고 있는 것을 또래들이 보는 경우에는 문제행동을 나타냈습니다. 조니가 한 차례씩 우울 증상을 나타내는 것도 학업을 방해했기 때문에 지원이 필요했습니다. 조니는 자신의 감정을 다스리는 데 어려움이 있어서 때로는 교실 밖으로 나와서 다른 교실에 가거나 걷는 등 휴식을 취했습니다. 조니는 자기를 감독하는 교사에게 전혀 말을 하지 않았으며, 유일하게 했던 말은 교실로 돌아갈 준비가 되었다는 것

입니다. 교사는 안전한 학습 환경을 유지하기 위해서 조니가 자신의 감정을 조절할 수 있도록 충분히 시간을 주었습니다. 그럼에도 불구하고 조니의 학업결손은 누적되었습니다.

이 학생에게 가장 성공적이었던 중재는 무엇이었나요?

조니는 자신을 몇 년 동안 가르친 교사와 강한 유대 관계를 형성할 수 있게 되었습니다. 조니가 이 교사와 대화를 하고 함께 활동하는 데 흥미를 보였습니다. 교사, 부모, 심리학자가 자주 의사소통을 한 결과, 이 교사와의 관계를 기반으로 조니가 자신감을 향상시키고 다른 교직원이나 학생들과 상호작용을 하는 능력을 기르는 것이 좋겠다는 결정을 했습니다. 조니는 다양한 강화를 얻기 시작했고, 다른 학생들과의 활동에도 참여하기 시작했습니다. 조니는 야구하는 것을 좋아했고, 조니가 교사와 약속한 기준에 도달하면 조니가 함께 놀 또래를 선택했습니다.

이러한 학생군이 학년 수준의 수행을 할 수 있도록 돕기 위해서는 교사가 학생의 현재 학업적 수준에서 교수를 시작하는 것이 중요하다. 정서장애 학생을 지원하기 위해서는 교사가 학생의 현재 정서적 수준에서 시작해야 합니다. 일과는 개별화되어야 하며, 각 학생의 정서적 필요를 충족하기 위해 필요한 지원이 제공되어야 합니다. 우울장애가 학생이 필요로 하는 지원을 파악하는 데 방해가 될 수도 있습니다. 우울장애를 가지고 있는 학생을 지원하는 데 있어서 중요한 것은 어느 교사가 학생과 가장 강한 유대관계를 형성할 수 있는지를 파악하여 거기서부터 시작하는 것이다.

이 학생의 장기적인 예후에 대해 선생님은 어떻게 생각하시나요? 이 학생의 미래에 있어서 무엇이 가장 큰 걱정인가요?

조니는 십대에 접어들면서 자신의 행동관리와 관계형성에 진보를 나타냈으며, 더 향상될 여지가 있습니다. 조니는 학업과 우울장애로 인해 어려움을 겪고 있습니다. 조니는 고등학교 졸업장을 위해 노력하고 있으며, 자신의 미래도 설계하고 있습니다. 나는 조니가 독립적으로 자신의 우울장애를 효과적으로 관리할 수 있는 방법을 찾지 못하게 될까봐 염려됩니다. 또한 조니가 우울장애가 몰려올 때 지역사회의 폭력집단, 약물남용, 폭력 등 부정적인 방법을 통해 자신이 필요로 하는 지원을 얻게 될까봐 걱정됩니다.

조니에게 긍정적인 교육 성과를 얻기 위한 길을 제시하는 데 필요한 프로그램을 제공하는 것은 교육자의 책임입니다. 우리는 프로그램에서 제공되는 지원을 통해 조니의 정서적 웰빙을 촉진하기 위한 다양한 방법을 모색해야 합니다. 조니는 교육을 다 받고 나면 지역사회의 성공적인 구성원이 될 수 있을 것입니다. 그러나, 조니가 그렇게 되기 위해서는 지역사회의 지원이 필요합니다,

토론 질문

1. 당신이 가르치고 있는 학생들이 겪고 있는 문제들과 우울장애의 차이는 무엇인가?

2. 당신의 학생들로 하여금 우울한 기분을 경험할 수밖에 없게 만드는 생활사건들은 어떠한 것들이 있는가?

3. 학생들의 우울장애와 자살시도를 예방하기 위하여 교사로서 당신이 할 수 있는 가장 효과적인 방법은 무엇인가?

12 사고, 의사소통, 상동행동의 중도장애

학습 목표

12.1 *정신장애* 용어를 정의하고 조현병이 이 정의에 어떻게 부합하는지 또는 부합하지 않는지를 살펴볼 수 있다.

12.2 조현병 관련 특정한 증후나 증상을 알아보고 그러한 증상이 어떻게 아동기 다른 장애로 오인될 수 있

는지를 설명할 수 있다.

12.3 의사소통장애의 특성과 최선의 결과와 관련된 중재의 특징을 기술할 수 있다.

12.4 수용되지 않는 상동행동에 대한 주요 원인과 중재에 대해 논의할 수 있다.

이 장에서는 사고하기와 의사소통하기를 포함한 문제를 보이는 **조현병**(schizophrenia)과 다른 중도장애(severe disorders)의 특성과 원인에 대해 간략히 살펴보고 비정상적 반복행동이라고도 불리는 수용되지 않는 상동행동에 대해 알아본다. 조현병은 연방정부의 정서장애 범주에 포함된다. 사고, 의사소통, 상동행동의 중도장애는 정서행동장애(EBD) 외에도 다른 장애와 함께 나타나기도 한다. 일부 중도장애 관련 책들은 조현병과 관련 장애들을 다루지 않는다. 그러나 연구자들과 임상자들은 조현병과 관련 장애를 포함한 정신병리가 모든 지적 능력의 범위에서 발생하며 지적장애와 함께 나타날 수도 있다는 것을 점차 인정하고 있다.

조현병은 정신장애(psychotic disorder)로 간주되어 왔으며, 많은 자폐성 장애[1]도 자주 정신장애로 간주되곤 했다. **정신장애**(psychotic)의 정의가 많지만, 모두가 보편적으로 받아들이는 정의는 없다. 대체로 정신장애라는 용어는 현실과의 단절을 의미한다. 정신장애는 망상(delusions, 현실에 맞지 않는 생각)과 환각(hallucinations, 존재하지 않는 소리나 소음을 듣고 상상의 사물이나 사건을 보는 등의 상상적 감각경험)을 한 가지 이상 보여야 한다.

조현병은 일반적으로 정신과 전문의가 진단을 한다(Kuniyoshi & McClellan, 2014; Mattison, 2014 참조). 조현병의 하위 유형은 편집형, 미분화형, 긴장형 등으로 명명된다. 때로는 조현양상장애(schizophreniform disorder, 조현병과 유사하나 조현병에 비해 지속시간이 1~6개월로 짧고 상대적으로 조현병의 짧은 에피소드를 보이는 유형)와 조현정동장애(schizoaffective disorder, 양극성 장애나 우울장애 등을 수반하는 조현병) 등과 같은 독특한 조현병의 유형으로 진단되기도 한다.

정신장애라는 범주 안에는 조현병뿐 아니라 망상장애와 약물유발 정신장애 등의 다양한 장애가 포함된다. 이러한 정신장애의 주요 특징은 현실과 비현실을 구분하지 못한다는 것이다.

자폐성 장애(ASD)는 아동 발달의 여러 측면에 영향을 미친다. 정서행동장애를 나타내는 것으로 간주되는 일부 심각한 문제행동(예 : 지속적이고 광범위한 함묵증, 극단적인 자기자극행동, 자해행동)은 ASD아동에게서 자주 나타난다. 제4장에서 언급된 바와 같이 조현병과 관련 장애의 정서와 행동 문제에 관한 중요한 점은 이러

유튜브 비디오 사례

비디오 연결 12.1

이 비디오는 아동기 조현병을 포함하여 정신장애의 다양한 유형을 가진 아동들의 사례를 보여준다. 이 비디오에 나오는 정신과 의사는 이 정도로 심각한 장애는 드물다고 지적한다.(https://www.youtube.com/watch?v=DVLINGZOOmx0)

---

1 역자 주 : 원문에서 사용한 용어인 '전반적 발달장애(pervasive developmental disorders)'는 2019년 현재 공인 분류체계인 DSM-5와 ICD-11에서 'autism spectrum disorders'로 공식적으로 변경되었다. 이에 대해 국내에서 '자폐성 장애', '자폐성 장애', '자폐 범주성 장애'로 번역 사용되고 있다. 이 책에서는 「장애인 등에 대한 특수교육법」에 명시된 용어인 '자폐성 장애'를 사용한다.

한 문제가 일차적으로 생물학적 원인에 기인한다는 점이다. 연구자들이 점차 다양한 유형의 정서행동장애의 생물학적 원인들을 밝혀내고 있으며 장애 정도가 심할수록 생물학적 원인의 영향이 크다는 과학적 증거들이 제시되고 있다.

이 장에서는 조현병을 먼저 살펴보고, 진단명에 상관없이 중도장애 학생들이 많이 보이는 사회성 문제, 의사소통장애, 상동행동(특히 자기자극행동, 자해행동)을 살펴보고자 한다. 이러한 행동들은 조현병, 또는 다른 유형의 중도장애 아동과 청소년들을 교육하고 돌보는 사람들을 지치게 하면서도 더불어 이들에게 지속적이고 의미 있는 도전과제이다.

조현병

정의, 출현율 및 특성

조현병은 다음에 제시된 증상 중 일반적으로 두 가지 이상을 보이는 장애이다.

- 망상
- 환각
- 와해된 말(예 : 자주 주제에서 벗어나고 일관성이 없는 말)
- 극도로 와해된 긴장성 행동
- 음성 증상(negative symptoms, 예 : 정서적 결핍, 논리적 사고 또는 의사결정능력 결여)에서의 비정상성(Asarnow & Asarnow, 2003; Kuniyoshi & McClellan, 2014 참조).

조현병의 정의는 간단하지 않다. 조현병은 복잡하고 광범위한 장애 또는 장애군으로서 거의 100년을 연구하였는데도 정확한 정의를 내리지 못하고 있다(Cepeda, 2007). 아동은 자신에 대해 잘 설명하지 못하기 때문에 아동기 조현병을 정의하는 것은 성인기 조현병(발병연령 18~40세)을 정의하는 것보다 더 어렵다. 그럼에도 불구하고 성인기 조현병의 진단기준을 적용하여 아동기 조현병을 신뢰성 있게 진단할 수 있다는 것에는 의심의 여지가 없다. 또한 아동들은 조현병과 지적장애 등의 다른 장애를 동시에 보이기도 한다(Kuniyoshi & McClellan, 2014; Matson & Laud, 2007).

성인의 경우 조현병의 출현율은 약 100명 중 1명이며 18세 이전의 아동 및 청소년기에는 드물게 나타난다. 앞서 언급한 바와 같이, 일반적으로 조현병은 18~40세에 처음 진단된다. 아동기에는 망상적 사고가 드물게 나타나지만, 때로 어린 아동들은 자신의 공상이나 다른 사람의 망상을 현실이라고 믿기도 한다. 일반 아동, 특히 어린 아동들은 놀이를 하다가 공상에 빠지기도 한다. 공상은 어떤 맥락에서는 정상적으로 받아들여지지만, 또 다른 맥락에서는 그렇지 않다. 수용 가능한 '가장 놀이'를 벗어나서 공상이 지속되면, 특히 연령이 높은 아동이 공상과 실제를 구별하는 데 어려움이 있는 경우 그 아동은 사회화 또는 학업에서 어려움을 겪을 수 있다.

조현병에서 빈번히 나타나는 환각과 망상의 정신장애 예가 표 12.1에 제시되어 있다. 환각과 망상은 다양한 유형으로 나타난다. 이러한 예 이외에도 아동기와 청소녀기 망상은 주로 성적인 내용이나 종교적 내용을 담고 있다. 망상과 환각을 보이는 모든 아동이 조현병으로 진단되는 것은 아니다(Polanczyk et al., 2010). 그들은 양극성 장애로 진단되기도 하고, 조현병과 함께 품행장애, ADHD, 우울장애, 양극성 장애와 중복하여 진단되기도 한다(Asarnow & Asarnow, 2003; Kuniyoshi & McClellan, 2014).

많은 경우에 아동기 조현병을 진단하기 어려운 이유는 발현 시기를 정확히 추적하기 어렵고 처음에는 품행장애, 불안장애, ADHD 증상과 함께 나타날 수도 있기 때문이다. 조현병 증상이 경도일 경우에는 증상이 제대로 인식되지 못하거나 다른 장애와 혼란을 초래하기

표 12.1 정신장애 증상들의 예

환각 증상 : 존재하지 않거나 다른 사람이 인식할 수 없는 것을 오감 중 하나를 통해 경험하는 것

1. *시각적* : 존재하지 않는 것을 보는 것
2. *청각적* : 실재하지 않는 것(대부분의 경우 음성)을 듣는 것
3. *촉각적* : 없는 것(예 : 피부에 닿는 것)을 느끼는 것
4. *후각적* : 다른 사람이 맡을 수 없는 냄새를 맡는 것(또는 다른 사람들이 맡는 냄새를 맡지 못하는 것)
5. *미각적* : 음식이 없을 때 맛을 느끼는 것

망상 증상 : 사실이라는 증거도 없이, 심지어 명백히 모순된 증거에도 불구하고, 자신에 대한 강한 믿음을 유지하는 것

1. *편집증적 망상*(paranoid delusions) *또는 피해 망상*(delusions of persecution) : 가장 흔한 것으로, 다른 사람이 자신을 잡으려고 한다고 믿는 것, 나쁜 일(그것이 있든 없든)이 자신에게 일어나고 있다고 믿고 그것을 실제 또는 상상의 적들의 악의적인 의도 탓으로 돌리는 것
2. *관계 망상*(delusions of reference) : 환경 내에 없는 사물과 자신 간에 어떤 관련이 있다고 믿는 것, 어떤 경우에는 사실일 수 없는 것을 믿는 것(예 : TV 뉴스 기자가 자신에게 말하고 있다고 잘못 믿는 것, 외계인이 자신의 전화 통화를 듣고 있다고 믿는 것)
3. *신체적 망상*(somatic delusions) : 자신의 신체에 대한 틀린 믿음(예 : 자신이 어떤 치명적인 질병을 가지고 있다고 믿음, 자신의 몸에 이물질이 있다고 믿음)
4. *과대망상*(delusions of grandeur) : 자신이 특별한 힘 또는 능력을 가지고 있다고 믿는 것(예 : 자신이 영화배우, 유명한 운동선수, 연예인이라고 믿는 것)

도 한다. 때로는 폭력적인 공격행동을 보이거나 심각한 학교 문제를 야기하는 아동들이 조현병을 가지고 있는 것으로 나중에 밝혀지기도 한다.

자폐성 장애로 진단된 아동이 나중에 조현병으로 진단되기도 하지만 이는 일반적이지 않다. 대부분의 조현병 아동들의 경우에 증상이 없어진 것처럼 보이지만 조현병 증상은 완전히 없어지지는 않는다(Asarnow & Asarnow, 2003; Kuniyoshi & McClellan, 2014).

원인과 예방

제4장에서 살펴본 바와 같이, 조현병의 원인은 대체적으로 생물학적이라고 알려져 있지만 조현병을 유발하는 정확한 생물학적 기제는 알려져 있지 않다. 조현병의 증상 발현에 있어서 유전적 요인이 중요한 역할을 하는 것으로 알려져 있지만, 어떤 유전자들이 어떻게 작용하는지는 아직 모른다. 암이 단일 질병이 아니듯이 조현병도 단일 질병이 아니라 매우 유사한 장애들의 집합체(cluster)인 것으로 추정된다.

아동기에 처음 진단을 받았건 성인기에 처음 진단을 받았건 조현병의 발현에는 똑같은 원인적 요인들이 작용하는 것으로 보인다. 그러나 아동기 또는 청소년기에 조현병이 발현된 경우 성인기 발현보다 예후가 좋지 않으며, 증상이 심한 경우일수록 예후가 좋지 않다(Eggers, Bunk, & Drause, 2000; Kuniyoshi & McClellan, 2014; Lay, Blanz, Hartmann, & Schmidt, 2000).

대부분의 경우에 생물학적 요인과 환경적 요인이 상호작용하여 조현병을 일으키는 것으로 알려져 있다. 부모의 일탈된 행동은 조현병의 발현에 영향을 미친다. 일차적 예방은 약물남용이나 극도의 스트레스에 노출된 사람들의 유전적 위험을 진단평가하고 조현병을 유발할 수 있는 행동들을 피하도록 하는 것이다. 이차적 예방은 조현병이 발현된 사람들에게 정신약물치료와 함께 증상을 가장 효과적으로 관리할 수 있도록 구조화된 환경을 제공하는 것이다(Konopasek & Forness, 2014; Mattison, 2014).

교육 관련 중재

조현병이 발현된 아동과 청소년들의 증상과 교육적 요구가 매우 다양하기 때문에 모든 사례에 적용되는 구체적인 교육적 중재를 제안하는 것은 불가능하다. 조현병에 있어서 약물치료와 가족기반의 치료적 중재도 매우 중요하므로 교육은 여러 중재 가운데 하나일 뿐이다(Konopasek & Forness, 2014). 특수교육의 역할은 조현병 학생에게 고도로 구조화된 개별화 프로그램을 통해 안전감을 제공하고 학생으로 하여금 자신의 증상을 최대한 자주 점검하도록 지도하는 것이다.

대부분의 조현병의 경우, 조현병의 증상들을 완화하기 위해 신경이완제(neuroleptics)로 알려진 항정신병 약물을 처방한다. 즉 신경이완제는 방해가 되는 사고, 환각, 망상을 줄이기 위해 처방된다. 많은 약물이 성인에게만큼 모든 아동과 청소년에게 효과적으로 작용하지는 않고 심각한 부작용을 일으키기도 한다. 성인 의약품의 효과와 부작용에 대한 연구가 진행 중이고 아동기 조현병 치료를 위한 새로운 약품의 개발이 진행 중이다. 약리학적 중재는 아마도 아동과 성인 모두에게 효과적인 치료의 필수 요소일 것이라는 합의가 요구된다.

아동기와 청소년기 조현병의 예후는 매우 다양하다. 앞서 언급한 바와 같이, 아동기에 조현병 진단을 받은 경우 일반적으로 성인기에 처음 진단을 받은 경우에 비해 그 예후가 좋지 않다. 이들 학생들의 대부분이 실질적으로 성인이 되어도 적응을 잘하지 못한다. 하지만 일부는 성인이 되면서 호전되기도 한다.

요약하면, 아동기 조현병은 흔하지는 않지만 손상이 심한 장애이다. 조현병은 모르는 사이에 진행되기도 하고 다른 장애들과 혼동되기도 한다. 중재에는 정신약물치료가 거의 대부분의 경우 포함되며 사회적 중재와 교육적 중재가 병행된다. 구조화된 개별화교육 프로그램이 필요한 경우가 많으며 적절한 중재가 제공될 경우 일부 아동과 청소년의 조현병 증세가 호전되기도 한다.

사회화 문제

사회화는 대체로 유능한 의사소통에 의존한다. 안타깝게도 언어와 의사소통의 결함은 아동기 조현병의 전형적인 증상이다. 언어뿐 아니라 광범위한 사회성 기술 문제 또한 일반적으로 나타난다. 조현병 아동의 이상하고 민감하지 못하며 거부적인 행동 양상은 다른 사람들과 놀며 친구가 되는 것을 학습하는 데 심각한 방해가 된다. 하위 유형에 상관없이 정서행동장애 학생에게 자기조절, 사회성 기술, 적절한 대안행동을 가르치는 것은 매우 어렵다. 정서행동장애 학생이 지적장애를 동반하는 경우에는 지도가 더욱 어렵다.

자폐성 장애 아동의 대부분이 거의 모든 유형의 심각한 사회성 기술 문제를 가지고 있다. 많은 중요한 사회성 기술은 성인이 일대일로 가르치거나 사회성 기술이 결여된 또래집단을 통해 교수될 수 없으므로 대부분의 사회성 기술 중재 프로그램은 일반 또래와의 상호작용을 포함한다. 중도장애 학생이 가정, 학급, 지역사회 상황에서 상호작용을 개시하고 적절하게 반응하는 데 있어서 일반 또래는 역할 모델로서 훈련을 통해 활용될 수 있다.

조현병과 자폐성 장애 학생은 광범위한 정서와 행동 문제들을 보이고 중복장애를 보이기도 한다. 따라서 이 책의 다른 장에 기술된 주의력결핍 과잉행동장애(ADHD), 품행장애, 우울장애 등을 중재하기 위한 다양한 중재 프로그램이 이 학생들에게도 적용될 필요가 있다.

의사소통장애

자폐성 장애 아동에게 의사소통을 효과적으로 교수하는 것은 매우 어려운 일이다. 구어를 습득하지 못한 아동을 위한 언어 지도는 주로 행동주의 원리에 근거해 왔다. 지시를 따르거나 비슷한 발성을 하려는 아동의 시도에 대해 보상이 주어진다. 일반적으로 교사가 기대한 행동이나 근접 행동을 아동이 보일 경우에 교사는 아동의 행동에 수반하여 즉각적으로 칭찬, 안아주기, 음식 등의 보상을 제공한다. 예를 들어 첫 단계에서는 아동이 교사와 눈 맞춤만 해도 강화제를 제공한다. 두 번째 단계에서는 아동이 교사를 쳐다보며 발성만 해도 강화제를 제공하며, 세 번째 단계에서는 아동이 교사가 시범을 보인 소리와 유사한 소리를 내야 강화제를 제공한다. 네 번째 단계에서는 아동이 교사가 시범을 보인 단어와 유사한 단어를 모방해야 강화제를 제공하며, 마지막 단계는 교사의 질문에 대답을 하는 경우에만 강화제를 제공한다. 물론 실제적으로 적용되는 절차는 앞서 제시한 단계들보다 훨씬 더 복잡하다. 그러나 구어를 습득하지 못한 아동들은 이러한 방법을 통해 기초적인 구어기술을 습득하곤 한다.

언어 훈련에 관한 초기 연구에서는 언어 훈련을 집중적으로 오래 받았던 아동들 중 유용한 기능적 언어를 습득한 경우가 거의 없다는 실망스러운 연구 결과가 나타났다. 그들의 말소리는 기계적이었으며, 언어를 사회적 상호작용에 기능적으로 사용하는 것을 배우지 못했다. 언어 중재의 최근 동향은 화용론(사회적 상호작용에 언어를 기능적으로 사용하는 것)을 강조하고, 아동의 의사소통을 하고자 하는 내적 동기를 부여하는 것이다. 아동이 단어를 하나씩 모방하거나 문법적으로 정확한 형태를 사용하도록 훈련시키기보다는, 언어를 사용하여 원하는 것을 얻도록 가르치는 것에 주안점을 두고 있다. 예를 들어 주스를 마시고 싶을 때 "나는 주스를 원해요"(또는 "주스" 또는 "주스 주세요"라는 축약형 사용)라고 말하도록 가르친다. 제한된 의사소통기술을 가진 아동을 위한 언어 중재는 점차 자연적 환경에서 언어를 사용할 기회를 제공하도록 환경을 구조화하는 것을 중요시한다. 예를 들어 교사는 빠진 물건 전략(예 : 크레용 없이 색칠하기 그림책을 줘서 크레용을 요구하게 한다), 행동고리 끊기(예 : 놀러 나가는 아동을 막아 서서 비켜 달라는 요청을 하게 한다), 지연된 지원 제공

표 12.2 의사소통기술 교수를 위한 제언

1. 조기중재가 중요하므로, 의사소통기술에 문제가 있다고 판별된 즉시 중재를 적용해야 한다.
2. 부모를 포함한 가족을 중재에 참여시키고 최대한 자연적이고 정상적인 환경에서 의사소통기술을 교수한다.
3. 의사소통에 있어서 가장 중요한 정보가 분명히 전달될 수 있도록 강조한다.
4. 의사소통기술의 교수는 고도로 구조화되어야 하며, 많이 반복되어야 한다. 부족하게 반복하는 것보다 지나치게 반복하는 것이 낫다.

(예 : 아동이 코트를 입을 때 도와 달라고 할 때까지 기다린다) 등을 이용해 아동이 요청할 수 있는 기회를 제공한다.

　기능적 의사소통기술의 교수는 주의 깊게 고안된 실용적 연구들에 의해 서서히 발전해 왔다. 그동안 획기적이라고 주장되었던 중재들은 대부분 속임수거나 중재 결과가 실망스러 웠다. 자연적 언어 상황에 적용된 조작적 조건화에 기초한 언어 훈련은 획기적인 발전을 이루지 못했다. 그러나 지난 수십 년 동안 누적된 연구들은 이러한 방법을 지지하고 있다. 표 12.2는 장애 특성에 상관없이 의사소통의 어려움을 가진 학생들을 위한 의사소통기술 교수의 제언을 요약한 것이다(Gerenser & Forman, 2007 참조). 이러한 교수 실제를 적용하기 전에 말과 언어기술에 대한 철저한 평가가 선행되어야 한다(Conroy, Stichter, & Gage, 2017; Gerenser & Forman, 2007; Justice, 2006; Lonke, 2017). 조현병 아동과 청소년들을 위한 의사소통 관련 사회성 기술 지도에 대한 광범위한 논의가 이 장 후반부 글상자 12.1에 제시되어 있다.

상동증(비정상적 반복행동)

심한 정서, 행동, 인지장애를 가지고 있는 아동과 성인은 지속적이고, 반복적이며, 의미가 없어 보이는 행동을 한다. 그들의 상동증 또는 상동행동은 심한 자해행동을 초래할 수도 있고 초래하지 않을 수도 있다. **상동증**(stereotypy)이라는 용어는 반복, 경직, 불변, 부적절, 부적응의 특징을 공유하는 광범위하고 이질적인 행동군을 지칭하는 포괄적 용어이다. 이러한 반복행동은 생물학적 요인 또는 환경적 요인에 의해 발생하거나, 두 가지 요인이 모두 원인으로 작용할 수도 있다.

　반복행동은 감각적 피드백을 얻는 것이 일차적 목적이거나 유일한 목적인 경우가 많으므로 자기자극행동이라고도 불린다. 이러한 심각한 반복행동은 신체적 상해를 초래하기도 한

유튜브 비디오 사례

비디오 연결 12.2
이 비디오는 아동기 상동증의 예와 중재의 기본을 설명한 임상가들을 위한 짧은 영상이다.(https://www.youtube.com/watch?v=_3_FAt8WpA)

다. 이 절에서는 자기자극행동과 자해행동을 중심으로 살펴보고자 한다.

자기자극행동

자기자극(self-stimulation)행동은 멍하니 허공을 반복적으로 응시하기, 몸 흔들기, 손바닥 파닥거리기, 눈 문지르기, 입술 빨기, 똑같은 소리 계속 반복하기 등과 같은 매우 다양한 형태로 나타날 수 있다. 자기자극을 하는 신체 부위, 행동의 비율 또는 강도에 따라 신체적 상해가 초래될 수도 있다. 예를 들어 강한 압력으로 눈 문지르는 행동이 높은 비율로 발생하면 신체적 상해가 초래될 가능성이 높다.

자기자극은 분명히 자기강화적이고 멈추지 않고 지속될 수 있는 감각적 피드백을 얻는 방법이다. 자기자극행동과 동시에 발생할 수 없는 반응이 요구되거나 강하게 억제되지 않는 한 자기자극행동은 오랫동안 지속된다. 이러한 특성의 자기자극행동(예 : 손톱 물어뜯기)은 일반 아동과 청소년(또는 성인)에게서도 나타난다. 거의 모든 사람들이 정교함, 사회적 적절성, 발생 비율에 차이가 있을 뿐이지 자기자극적인 행동을 한다. 자기자극행동은 일반 유아에게도 보편적으로 나타나며, 거의 모든 사람이 지루하거나 피곤할 때 높은 비율의 자기자극행동(예 : 다리 떨기, 머리카락 꼬기)을 한다. 따라서 다른 행동들과 마찬가지로 자기자극행동도 특정 사회적 맥락 또는 행동의 강도와 비율에 따라 정상으로 간주될 수도 있고 또는 병리적으로 간주될 수도 있다.

아동이 높은 비율의 자기자극행동을 할 경우에 학업적 과제나 사회적 과제를 학습할 수 없기 때문에 때로는 고도로 개입적이고 지시적인 중재 절차를 적용해야 한다. 자기자극행동을 위한 중재 절차는 적절한 행동에 대해 자기자극이나 대안적 감각자극을 강화제로 사용하거나, 약물 중재를 하거나, 환경을 수정하는 것을 포함한다(Bodfish, 2007 참조). 자기자극행동의 특성을 살펴보면, 행동이 발생하는 상황(예 : 고도로 구조화된 과제, 상대적으로 비구조화된 여가 활동)이 중재 절차의 성공과 관련이 있다는 것을 알 수 있다.

자기자극행동을 통제할 수 있는 단일한 최상의 방법은 없다. 자기자극행동에 대한 효과적인 중재는 개인에 따라 다르다. 사실상 중재가 언제나 정당화될 수 있는 것은 아니다. 어떤 경우에는 자기자극행동을 감소시키는 것이 치료적인 목적과 상관이 없다. 자기자극행동이 신체적 상해나 장애를 초래하지도 않고, 학습을 방해하지 않거나 정상적인 활동 참여를 저해하지도 않을 경우에, 자기자극행동을 제거하려는 중재는 정당화되기 어렵다. 중재 실시 여부는 자기자극행동이 행해지는 신체 부위, 비율, 지속시간, 전형적인 사회적 후속결과에 따라 결정되어야 한다. 중재를 실시할 때는 반복행동의 기능(즉 자기자극행동을 하는 이유)을 분석하고 적절한 행동에 대한 긍정적 지원을 제공할 필요가 있다.

자해행동

자기자극행동과 마찬가지로 자해행동은 일반 사람들에게서도 나타난다(Cha & Nock, 2014 참조). 예를 들어 신체에 구멍을 뚫거나 문신을 하는 경우 제3자가 시행하기는 하지만, 본인의 요구에 따라 하므로 고의적인 자해행동으로 간주된다. 수용될 수 있는 행동과 수용될 수 없는 행동을 구분하는 기준은 사회적 맥락과 행동의 비율과 발생 수준이다. 대부분의 행동은 지나치게 높은 수준으로 발생하면 부적응적이며 사회적으로 부적절하다고 간주된다. 반면에 낮은 수준으로 발생하면 정상적이고 수용될 수 있다고 간주되며 특정 조건하에서만 정상으로 간주되는 행동도 있다. 팔이나 어깨에 한 작은 문신과 얼굴 전체 문신의 차이를 고려해보거나, 극도의 피어싱과 비교적 수수한 피어싱의 차이를 고려해볼 수 있다.

일부 청소년들은 잔인하고 사회적으로 수용될 수 없는 자해행동을 의도적으로 반복한다. 이러한 **자해행동**(self-injurious behavior, SIB)은 심한 지적장애인에게서도 나타나며, 지적장애와 조현병과 같은 다양한 장애가 공존하는 중복장애인의 경우에 전형적으로 나타난다. 자해행동을 보이는 대부분의 사람들은 구어 발달이 제대로 이루어지지 않은 경우가 많다. 자해행동을 하는 사람들 대부분은 말을 못하거나 제한된 언어 능력을 보인다. 자해행동에 대한 중재 접근 방법 중 하나는 자해행동의 기능, 의사소통적 목적, 비상해적인 후속결과(예 : 주의 끌기, 요구 회피하기, 감각적 자극)를 파악하는 것이다(Bodfish, 2007; Cha & Nock, 2014 참조).

정상 지능과 언어기술을 가지고 있는 아동과 청소년들도 자살의도가 없으면서 자신을 의도적으로 자해하는 경우가 있다. **자살의도 없는 자해행동**(nonsuicidal self-injury, NSSI)이라고도 하는 이러한 행동의 출현율은 1990년대 이래로 극적으로 증가하였다. 일부 추정치는 청소년의 6~7%가 특정한 해에 이런 식으로 자해를 하고 그들의 일생 중 어느 때에 12~37%가 NSSI를 보일 수 있음을 시사한다(Cha & Nock, 2014; Whitlock, 2010). 문신이나 피어싱이 더 문화적인 것으로 받아들여지는 것과는 달리, NSSI 범주에 해당하는 행동으로 초기에는 칼로 상처내기가 포함되었으나 현재는 화상을 입거나 긁거나 자기를 때리거나 자신의 몸에 칼로 무엇인가를 새기거나 피부를 물어 뜯거나 찢는 것 등도 포함된다. NSSI는 다른 장애로 진단된 청소년들과는 달리 공존장애가 없이 나타나는 경우가 대부분이다. 얼굴, 눈,

목, 가슴 또는 성기에 입은 부상은 다른 곳에 입은 부상보다 더 큰 병리 현상을 나타낼 수 있다. NSSI는 자살에 대한 우울증이나 생각과 밀접한 관련이 있다고 추정되었지만, 현재 일부 연구자들은 NSSI가 사실 청소년들이 스트레스를 해소하고 본질적으로 자살을 피하는 방법일 수 있다고 제안하고 있다. 그러나 NSSI의 실제는 미국 십대들 사이에서 비교적 새로운 현상이며, 이 주제에 대한 연구는 이제 시작에 불과하기 때문에 NSSI의 특성, 원인 및 치료나 장기적인 결과에 대해서는 거의 알려져 있지 않다.

원인과 기능에 상관없이 자해행동이라고 불리는 원초적인 행동은 다양한 형태로 나타나며 방치할 경우에 신체 상해를 초래한다. 신체 구속, 보호장비, 효과적 중재가 도입되지 않을 경우에 영구적으로 신체가 손상되거나, 능력이 상실되거나, 자살할 위험이 있다.

자해행동의 일탈적인 양상은 비율, 강도, 지속성 때문이다. 5세 이하 일반 아동의 약 10%는 자해행동을 한다. 예를 들어 어린 아동이 심통을 내며 머리를 벽에 박거나 자신을 때리는 것은 정상으로 간주된다. 그러나 일탈적 자해행동이 자주 발생하고 강도와 지속기간이 길어질 경우에 아동은 정상적인 사회적 관계를 발달시킬 수 없으며, 신변처리기술을 학습할 수 없고, 더 심한 장애를 초래할 위험에 처하게 된다.

자해행동의 원인으로 정상적인 뇌기능에 필요한 생화학물질의 결핍, 중추신경계의 부적절한 발달, 발달 초기의 고통과 고립 경험, 감각 문제, 고통에 대한 무감각, 고통과 상해로 인한 신체의 마취제 같은 물질 생산 등이 연구 결과에 근거하여 제안되고 있다. 그러나 하나의 특정 생물학적 설명이 모든 연구자에 의해 지지되지는 않는다(Bodfish, 2007; Cha & Nock, 2014). 생물학적 요인들이 자해행동을 유발하는 사회적 요인들과 별개로 작용하지는 않는다. 많은 경우에 생물학적 요인에 의해 자해행동이 시작되지만 사회학습요인이 자해행동을 악화시키거나 유지시킨다. 다른 유형의 행동과 마찬가지로 자해행동은 사회적 관심에 의해 강화된다. 이러한 현상은 자해행동의 중재로서 대체행동을 교수해야 한다는 것을 시사한다.

일부 아동들은 자신이 원하지 않는 성인의 요구를 회피하는 수단으로 자해행동을 사용하기도 한다. 아동에게 주의집중과 수행을 요구하는 과제가 제시될 때 아동이 자해행동을 하면 요구가 철회되기 때문이다. 일부 아동에게는 교수와 학습에 관련된 사회적 상호작용과 관심이 강화의 역할을 하므로 자해행동이 발생할 경우에 관심을 철회하는 것이 효과적인 소거나 벌의 절차가 될 수 있다. 반면에 다른 아동에게는 교사와의 상호작용과 관심이 혐오스러울 수 있는데, 이러한 경우에 자해행동의 발생에 수반하여 교사가 관심을 철회하면 아동의 자해행동은 부적 강화되어 더 많이 발생하게 된다.

자해행동에 대한 사정(assessment)은 간단하면서도 복잡하다. 자해행동을 직접 관찰하고 측정한다는 측면에서 보면 자해행동의 사정은 간단하다. 이 경우에 자해행동이 조작적으로 정의되고 자해행동이 발생하는 다양한 환경에서 매일 관찰·기록되어야 한다. 반면에, 자해행동의 원인이 분명하지 않은 경우 자해행동의 사정은 복잡해진다. 따라서 가능성이 있는 모든 생물학적 원인과 환경적 원인을 사정해야 한다(Bodfish, 2007; Cha & Nock, 2014 참조). 가능성이 있는 생물학적 원인은 유전적 이상과 중이염이나 감각손상 등의 요인들이 포함된다. 자해행동은 특정 환경에서 더 많이 발생하며, 과제 수행 요구 같은 환경 조건을 변화시키면 자해행동의 발생률도 급격히 변화될 수 있다. 따라서 자해행동 자체뿐 아니라 아동의 주변 상황, 사회적 환경의 질, 그리고 자해행동 후에 제공되는 사회적 후속결과를 사정하는 것이 중요하다.

자해행동을 감소시키기 위해 다양한 중재 방법이 시도되었다. 일부 중재 방법이 다른 중재 방법들에 비해 효과가 더 있다고 검증되기도 하였으나 완전히 성공적인 중재 방법은 없었다. 가장 효과가 없었던 중재 방법들은 비혐오적인(예 : 벌을 사용하지 않음) '감각통합치료'와 '온화한 교수' 등의 심리치료 유형들인데, 자해행동을 감소시켰다는 과학적 증거가 거의 없다(Foxx & Mulick, 2016 참조). 가장 효과적인 비혐오적 중재 방법은 문제행동의 기능평가(자해행동의 목적을 찾는 것)를 하고 대체행동을 교수하고 자해행동이 덜 발생하도록 환경을 수정하는 것이다(Bodfish, 2007; Foxx & Mulick, 2016 참조). 21세기 초 자해행동 관련 연구와 임상 실제는 기능평가, 비혐오적 중재, 약물치료를 강조한다.

글상자 12.1

조현병 또는 중도장애 학생을 위한 사회성 기술 교수

조현병 또는 중도장애 학생들의 어떤 사회성 기술 문제가 가장 중요하게 다루어져야 하는가?

이전 장에서 다룬 정서행동장애 관련 다른 장애들과 달리, 조현병과 다른 중도장애는 어디서부터 시작해야 할지 알 수 없는 많은 심각한 사회적 문제들을 야기한다. 사실 극단적인 사회화 문제가 반드시 나타난다는 것은 조현병의 근본적인 특성이다(극히 적은 비율의 경우에는 예외도 있다). 이러한 사회성 기술 문제는 관계의 완전한 결여로부터 환경과의 상호작용 또는 환경 내 다른 사람과의 상호작용 결여에 이르기까지 폭넓게 나타날 수 있다. 본질적으로 사회적 능력의 완전한 결여라고 하면, 사실상 아동이 이상하고 부적절하고 예측 불가능한 일련의 행동들이 보여서 또래든 성인이든 누구든 아동과 함께 있는 것이 힘들다고 생각하게 하는 상태라 할 수 있다. 이 장에서 언급한 바와 같이 조현병의 *의사소통* 문제는 긍정적인 사회성 기술의 부족, 일련의 이상한 행동들, 다른 사람과의 연계 부재로 요약될 수 있다. 즉 학생은 의사소통이나 상호작용에 필요한 기술이 부족하거나 의사소통의 노력과 긍정적으로 상호작용하려는 시도를 좌절시키는 많은 이상한 행동들을 일상적으로 보인다.

중재를 위한 적절한 목표는 무엇인가?

조현병 아동이 보이는 일부 문제행동에 대해 단순히 아동의 의사소통 시도를 밝혀내고 아동에게 자신의 요구(바람)를 보다 적절하게 표현하는 방법을 지도하고자 하는 관점에서 아동의 문제행동을 분석할 수 있다. 보다 폭넓게 이해하면, 의사소통은 많은 다양한 형태를 취할 수 있으며 의사소통을 구성하거나 효과적인 의사소통의 기초가 되는 사회성 기술은 많다. 조현병 아동과 청소년들을 위한 중재는 다음을 목표로 할 수 있다―(a) 사회적 지각(다른 사람의 정서를 읽기), (b) 주고받는 기술(의도하는 메시지를 효과적으로 전달하기 위해 언어 및 비언어적 의사소통하기), (c) 상호작용기술(대화를 시작하거나 지속하거나 끝내기), (d) 소속기술(맥락적으로 적절한 방식으로 가족 또는 친구들에게 감정을 표현하기). 조현병 아동과 함께 일하는 교사는 매우 좋은 사회성 기술을 가지고 있어야 한다는 점을 명심해야 한다.

효과가 입증된 중재는 어떤 유형인가?

앞서 언급한 바와 같이, 보편적으로 효과적인 치료는 없으며 일반화의 문제가 지속적으로 대두된다. 즉 구조화된 교수 접근은 학급 또는 치료실 상황에서는 학습된 기술이 나타나기도 하지만 훈련 상황이 아닌 해당 기술을 가장 많이 필요로 하는 자연적 맥락에서 아동과 청소년이 학습한 기술을 사용하기는 매우 어렵다. 이러한 우려에도 불구하고, 조현병 또는 중도장애 아동과 청소년의 사회성 기술과 의사소통기술을 효과적으로 증진시키기 위해서는 다음의 몇 가지 요소가 필요하다―(a) 사회화와 의사소통 영역에서 학생의 현재 기술에 대한 포괄적인 사정(강점과 요구 파악), (b) 표적이 되는 구체적인 의사소통 또는 사회성 기술에 대한 직접 교수(즉 시범-안내된 연습-독립된 연습), (c) 개별적인 표적 기술에 대한 광범위한 연습, 반복, 강화, (d) 다양한 자연적 맥락에서 훈련(학교, 지역사회, 가정 전반에 걸친 다양한 장소에서 훈련), 다양한 사람이 참여하는 훈련(예 : 학교 내 다른 교사 또는 직원, 운동장 또는 급식실에서 만나는 또래, 가정 또는 지역사회 상황에서 친구 또는 가족 구성원). 마지막으로, 표적기술과 우선순위가 정해지면, 제10장에서 언급된 바와 같이 될 수 있으면 언제든지 습득된 기술을 유지할 수 있는 기회를 활용해야 한다. 예를 들어 학교 급식실에서 교직원과 효과적으로 의사소통하

(계속)

는 것을 학습하는 아동은 자신이 원하는 아이스크림 가게에서 아이스크림을 성공적으로 살 수 있을 것이다. 또한 적절한 주제에 대해 일반적인 어조로 의사소통하는 것을 학습하는 학생은 학업 과제 수행, 심지어는 게임을 할 때 보다 쉽게 또래집단에 참여할 수 있을 것이다.

조현병 청소년을 위한 사회성 기술 훈련의 예

조현병 아동과 청소년을 위한 사회성 기술 교수가 특별한 도전이 되는 두 가지 핵심적인 이유가 있다. 첫째로, 아동기 조현병의 초기 발현은 일반 아동이 아동기에 쉽게 자연적으로 습득하는 많은 기본적인 사회적 상호작용기술을 자주 놓쳤음을 의미한다. 그래서 눈 맞춤과 같은 그러한 기본 기술은 이들에게 새로운 기술일 수 있다. 두 번째로, 조현병 아동과 청소년들은 종종 인지적 기능 수행에서 결함이 있기에 이들을 가르치려는 시도는 훨씬 더 어려울 수 있다. 이러한 이유에서 연구자들은 조현병 청소년을 위한 사회성 기술 훈련에 관한 원리를 다음과 같이 제시하고 있다.

1. 단순하고 기본적인 기술(예 : 눈 맞춤, 미소 짓기, 적절한 음성 크기로 말하기)로 시작한다.
2. 구성요소로 기술을 세분화한다(즉 : 과제분석을 한다).
3. 보고 싶은 행동의 모델을 제공한다(치료사 또는 또래 모델을 활용한다).
4. 역할놀이를 광범위하게 사용한다.
5. 즉각적이고 빈번하며 긍정적인 피드백을 제공한다(필요한 경우 교정적 피드백도 제공한다). 보다 지적 수준과 연령이 높은 아동을 위해, 사회성 기술을 집단으로 지도할 수도 있고 긍정적 피드백을 제공할 수 있도록 또래를 훈련시킬 수 있다.
6. 사회성 기술 관련 숙제를 내준다(또는 자연적인 상황에서 연습할 수 있는 과제를 제공한다).

조현병을 위한 사회성 기술 훈련에 대한 보다 많은 정보는 다음에서 찾아볼 수 있다.

Bellack, A. S., Mueser, K. T., Gingerich, S., & Agresta, J. (2004). *Social skills training for schizophrenia: A step-by-step guide*. New York, NY: Guilford.

Kopelowicz, A., Liberman, R. P., & Zarate, R. (2006). Recent advances in social skills training for schizophrenia. *Schizophrenia Bulletin, 32* (suppl 1), S12–S23.

Mattai, A. K., Hill, J. L., & Lenroot, R. K. (2010). Treatment of early onset schizophrenia. *Current Opinion in Psychiatry, 23*, 304–310.

요약

미국 연방법에 근거하면 조현병은 '정서장애' 범주에 분명히 포함된다. 조현병과 자폐성 장애는 드물기는 하지만 정서행동장애가 공존하는 아동기와 청소년기 중도장애이다.

조현병은 정신장애의 일반적 범주에 포함되는 주요 정신장애이다. 조현병의 증상은 환각, 망상, 비정상적인 행동과 사고이다. 조현병은 18세 이하, 특히 10대 이전에는 잘 나타나지 않는다. 조현병은 모르는 사이에 진행되는 잠행성의 경우가 많으며 초기에 다른 장애들과 많이 혼동된다. 그러나 아동기 조현병과 성인기 조현병은 본질적으로 같다고 간주된다. 일차적인 원인은 아직 충분히 밝혀지지 않았지만 생물학적인 요인에 의한 것으로 추정된다. 고도로 구조화되고 개별화된 교육이 효과적이다. 정신약리적 치료는 필수적이다. 많은 경우에 주요 증상이 호전되지 않고 성인기까지 지속되기는 하지만 일부 아동은 조현병으로부터 회복되기도 한다.

조현병과 자폐성 장애를 가지고 있는 아동과 청소년들이 보이는 사회화 문제는 매우 다양하다. 조현병은 품행장애, ADHD, 우울장애, 지적장애와 같은 다양한 장애와 공존하여 나타나기도 한다.

이러한 아동과 청소년의 사회화 문제를 해결하기 위해 다양한 중재 전략이 필요하다. 많은 중도장애의 주요 특징 중 하나는 의사소통장애이다. 현재 가장 효과적인 언어 중재는 조작적 조건화 원리를 자연적 상황에서 적용하여 교수하는 것이다.

상동행동은 감각적 피드백을 강화하는 것으로 간주되며 틀에 박힌 행동을 반복하는 것이다. 상동행동은 단순히 자기자극적일 수도 있고 자해적일 수도 있다. 자기자극행동은 학습을 방해한다. 자기자극행동이 신체의 어느 부위에서 일어나는지와 어떤 기능이 있는지를 분석한 후 중재를 실시해야 한다. 자해행동은 생물학적 원인과 사회적 원인 등 다양한 원인에 의해 발생하는 것으로 간주된다. 아동은 자해행동을 이용해 다른 사람의 주의를 끌기도 하고, 주어진 요구로부터 회피하기도 한다. 최근 연구와 중재의 동향은 기능평가, 비혐오적 중재 및 정신약리적 치료를 강조한다.

개인적 고찰

사고, 의사소통, 상동행동의 중도장애

Jeanmarie Badar는 켄트주립대학교에서 특수교육학으로 석사학위, 버지니아대학교에서 특수교육학으로 박사학위를 취득하였다. 그녀는 오하이오, 버지니아, 싱가포르에서 정서행동장애(EBD) 초등 학생들에게 특수교육을 하였고 25년간 다양한 장애 학생들을 지도하였다. 현재는 개인 교사로 활동 중이다.

선생님이 지도하셨던 학생 중에서 자폐성 장애 학생에 대해 말씀해주세요.

오랜 기간 초등 특수교사로 근무하면서 자폐성 장애(ASD)로 진단된 학생들을 자주 만났습니다.

경험상, 조현병과 관련된 이상한 사고와 같은 단지 하나의 문제만을 보이는 아동을 본 적이 거의 없습니다. 중도장애와 자폐성 장애를 가진 대부분의 아동들은 괴성 지르기, 몸 전체를 흔들기, 물건 던지기 또는 공격행동이나 자해행동과 같은 매우 문제가 심한 다양한 상동행동과 함께 사고와 의사소통에서 결함을 포함한 다양한 문제를 보입니다. 교직 생활의 대부분은 공립학교 내 상대적으로 분리된 환경인 특수학급 상황에서 교육을 하였습니다. ASD 학생들은 그러한 환경에의 배치가 지정된 IEP를 가지고 있을 가능성이 있음을 알게 되었습니다. 이 학생들이 일반학급에 배치되었다면 명확한 이유가 없이 도움을 제공하지는 않았을 것입니다.

중도장애를 가진 특정한 학생을 떠올려 그 학생의 장애의 독특성 또는 장애 양상 중에서 가장 다루기 힘들었던 것이 무엇이었는지 말씀해주세요.

제 기억에 특히 한 학생이 떠오릅니다. 그 학생은 제게 큰 도전이 되었고 매일 그 학생을 만나는 것이 매우 힘든 일이었습니다. 제시(Jesse)를 처음 만난 것은 제시가 초등학교 1학년인 7세 때였습니다. 그 당시 저는 새로운 학교에서 새로운 직책을 맡게 되었습니다. 그러나 여전히 20년 동안 해 왔던 유사한 상황에서 가르치고 있었습니다. 제시는 하루 종일 개별적인 지원을 받도록 보조원이 배치되어 있었으며 제시의 IEP에도 모든 교과 교육을 '특수학급'에서 받도록 명시되어 있었습니다. 그러나 제시는 음악, 미술, 체육 교과, 점심식사, 쉬는 시간, 현장학습은 일반학급에서 참여하였습니다. 제시는 평균 이하의 인지적 수준을 가

지고 있었고 구어 발달이 전무하였습니다. 제시는 문제행동으로 소리지르기, 때리기, 물기, 물건 던지기, 과제 완수 거부하기 등을 보였습니다. 제시는 용변처리 훈련이 되어 있지 않아서 기저귀를 차고 있었습니다. 또한 제시는 식사하기, 옷 입기, 위생 등 자조 관련 모든 과제에서 도움을 필요로 하였습니다. 신체적으로 제시는 '약함'으로 묘사되었고, 생육사를 보면 체중 미달과 영양 부족, 매우 창백하고 자주 아프고 근육량이 적으며 다리에 교정기를 착용했던 것으로 나타났습니다.

흔히 그렇듯이, 제가 인수인계를 통해 받은 제시의 IEP는 제시와의 작업을 준비하는 데 도움이 되지 않았습니다. 또한 제가 담당하는 특수학급에 배치된 초등 저학년의 학생들이 제시 이외에도 9명이 있었습니다. 그들의 대부분 교과 교육을 제가 담당하고 있었습니다. 저의 특수학급에는 제시의 보조원과 같은 학급 보조원이 한 명 있었습니다. 보조원은 수업 시작 전 준비 시간에 참여할 경우에는 수당이 지급되지 않기에 등교 전 또는 하교 후와 같은 학생이 학교에 없을 때에는 보조 업무를 하지 않았습니다. 두 보조원 모두 30분의 점심식사 휴식과 하루 2회 15분의 휴식 시간을 갖도록 되어 있습니다.

제가 볼 때 제시의 IEP에 기록된 교과 목표 5개 모두 도달할 가능성이 거의 없는 것 같았습니다. 간단히 말해서, 제시의 IEP에는 다음과 같이 기록되어 있었습니다 — 제시는 1부터 5까지의 수 세기와 수개념을 학습하였다, 다섯 가지 기본 색과 네 가지 기본 도형을 판별하는 것을 학습하였다, 자신의 이름과 철자를 알고 쓰는 것을 학습하였다, 알파벳의 대문자와 소문자를 짝짓는 것을 학

습하였다, 10개의 기본적인 일견 단어를 알아보는 것을 학습하였다. 행동 목표는 훨씬 더 도움이 되지 못했습니다—제시는 하루에 문제행동 발생에 대해 1회 이하로 감소를 보일 것이다. 제시가 보이는 각 문제행동(예 : 소리지르기, 때리기, 물기, 물건 던지기) 내용은 빈칸으로 남겨져 있었습니다. 어떠한 교수 및 행동 전략도 제시되어 있지 않았고 현재 학업 수준 또는 행동 빈도도 기록되어 있지 않았습니다. 거의 나중에 채워 넣은 것처럼, 유치부 과정을 마칠 때까지 학교에서 그림을 활용한 시각적 일과표를 사용하기 시작하였다고 IEP에 기술되어 있습니다.

새로운 학년을 시작하기 전에, 저는 제시를 위해 가능한 준비를 하려 하였습니다. 제시의 현재 수준을 평가하고 IEP에 기록된 '읽기' 기술을 가르치는 것을 목표로 한 일련의 '과제'를 고안하였습니다. 저는 튼튼한 식당 쟁반, 다양한 플라스틱과 나무 조각, 글자, 숫자 등, 그리고 비교적 쉽게 망가지지 않고 조작 가능한 교수 자료를 만들기 위해 벨크로(Velcro)를 사용했습니다. 또한 교실 한쪽 구석에 제시가 작업을 할 수 있는 공간을 마련하고 그 옆에 제시의 놀이 영역으로 활용할 공간을 계획하였습니다. 제시가 과업을 성공적으로 완수하면 놀이 시간과 즐거운 활동을 할 수 있는 시간을 제공하는 프리맥 원리(Premack Principle)를 병합한 그림 일과표를 만들었습니다. 제시의 보조원이 될 사람을 만났습니다. 보조원은 아직 제시를 만나지 못했고 제시와 같은 특성을 가진 학생들과 작업을 해본 경험도 없었고 훈련도 받지 않았습니다. 제시 어머니의 연락처는 기록되어 있지 않았고 학교 수업 시간 전에 이루어지는

학부모 설명회에도 어머니는 참석하지 않았습니다. 또한 가정을 방문하거나 편한 장소에서 만났으면 좋겠다며 제가 보낸 어떠한 우편 연락에도 답변을 하지 않았습니다. (학교가 있는 곳은 광활한 시골 지역으로 많은 가정들이 학교에서 꽤 멀리 떨어져 살고 있었습니다.)

제시뿐 아니라 제시와 또 다른 매우 다양한 요구를 가지고 있는 9명의 학생이 제게 배정되었습니다. 이 학생들은 만 6~8세이며 평균 이하의 학업기술을 보였습니다. 그러나 이들 모두 구어로 의사소통이 가능하고 옷 입기, 밥 먹기, 화장실 사용하기 등의 자조 활동을 스스로 할 수 있었습니다. 이들은 산만함, 불순응, 낮은 또래관계, 빈번한 분노 발작과 같은 많은 문제행동들을 가지고 있었습니다. 그러나 모두 최소한의 읽기와 쓰기 수행을 보였고 기초 수학기술의 숙달을 보였습니다.

제 직관은 정확했습니다. 제가 저의 모든 학생들을 알게 되고 이들에게 적절한 학업 교수와 행동 프로그램을 계획하기 시작했을 때, 제시는 제가 제공할 수 있는 것과 상당히 다른, 솔직히 훨씬 더 집중적인 중재를 필요로 하는 학생이었습니다. 제시는 제가 제시를 위해 만든 어떠한 과제에도 관심을 보이지 않았습니다. 대신에 교구 조각을 입에 넣거나 교실 바닥에 던졌습니다. 제시는 지속적으로 매우 크게 소리를 질러서 다른 학생들이 수업을 할 수가 없기에, 다른 학생들이 조용히 수업에 참여할 수 있도록 이들을 다른 교실로 이동시킬 때도 있었습니다. 관련 책을 읽고 계획하고 다른 사람에게 자문을 구하고 다른 학급을 참관하고 제시 엄마와 함께 상의하고 제시와

같은 학생과의 작업에 관해 많은 것을 배우기 위해 워크숍에 참석하는 데 많은 시간을 쏟았습니다. 결국, 저는 단기적이지만 어느 정도 성공적이었던 몇 가지 중재를 확인하였습니다.

첫째, 저는 그림 일과표에 관해 많이 배웠고 발달적으로 제시는 그림과 그 그림이 상징하는 것과의 관계를 이해하지 못한다는 것을 알게 되었습니다. 그래서 우리는 일과 활동과 직접적으로 관련이 있는 일련의 사물을 사용하여 사물 일과표(object schedule)를 활용해보았습니다. 예를 들면 화장실 가는 시간을 나타내기 위해 깨끗한 기저귀를, 책상에서 하는 활동이나 과제 하는 시간을 나타내기 위해 우리가 제시의 의자에 썼던 작은 쿠션을, 간식시간을 나타내기 위해 빨대컵을 사용하였습니다. 시간이 지나면서, 우리는 제시가 곧 간식 먹을 시간이 다가오고 있다는 것을 이해하도록 도울 수 있었습니다. 하지만 이를 위해 제시는 먼저 자신의 책상에서 과제를 끝마쳐야 했습니다.

둘째, 제시의 과제 수행에 대한 계획을 재고해야 했습니다. 제시가 해야 하는 활동을 과감하게 줄였습니다. 10~12번의 시행과는 반대로 2~3번 시행하게 하였습니다. 제시가 모든 사물을 입으로 가져가는 것을 막기 위해 훨씬 더 큰 사물을 사용하였습니다. 제시의 과제 수행 교구는 쟁반 대신에 큰 세탁 바구니에 넣어 제공하였습니다.

셋째, 저는 가장 심각하지는 않지만 가장 방해가 되는 제시의 문제행동인 소리지르기 행동을 감소시키기 위해 제시의 보조원과 함께 노력하였습니다. 우리는 제시의 일과 중에 5분간의 '조용히 훈련하기'를 실제로 계획하였습니다. 이 시간에는 조용한 행동을 지도하고 시범을 보이고 보상하였습니다. 제시가 10초 간격 동안에 소리를 지르지 않고 조용히 행동을 하면 제시에게 음식 보상을 주었습니다. 제시가 음식 강화제에만 동기화가 되었기에 스키틀즈를 작게 조각내어 강화제로 활용하였습니다. 물론 우리는 매일 제시가 여러 차례 양치질을 하는 데도 많은 시간을 보냈습니다.

이러한 중재들은 우리가 한 해 동안 시도했던 중재와 기법의 몇 가지 예에 불과합니다. 어떤 것은 효과적이었던 반면에 많은 중재들이 효과적이지 못했습니다. 제시의 보조원은 학년 중간에 다른 곳으로의 전근을 요청하였습니다. 이렇게 어려운 일을 위해 완전히 새로운 사람을 훈련시켜야 한다는 좌절감에도 불구하고, 제 생각에 새로운 보조원은 교육과 행동에 대한 보다 나은 직관을 가지고 있어서 문제를 해결하기 위해 기꺼이 보수를 받지 않은 추가의 시간을 들여 저와 상의를 하고 자문을 구하였습니다.

결국(2년 후), 제시는 재평가를 받았고 중복장애를 가지고 있는 것으로 밝혀졌습니다. 제시는 전체 교직원들이 ABA기법에 대해 고도로 훈련되고 교사 1인당 담당 학생 수가 적은 특수학교에 배치되었습니다. 그러나 이 모든 변화는 제시의 IEP 적절성에 대한 재평가를 위한 저와 다른 교직원들의 수차례 요청이 있은 후에야 일어났습니다. 제시의 어머니는 다른 자녀가 다녔던 같은 초등학교에 제시가 다니기를 원했기 때문에 제시를 위한 보다 적절한 서비스를 찾으려는 어떠한 시도도 항상 차단을 하였습니다. 마침내, 이 반에 있는 다른 학생들의 일부 학부모들이 그들의 시녀 교육이 한 개인에 의해 부정적인 영향을 받고 있다고 불평하기 시작하자, 학교 관리자들은 제시의 엄마에게 재고하라고 압력을 가하기 시작했습니다. 인정하건대, 다루기 어렵고 중복장애를 가진 학생을 위해 무상의 적절한 공교육(Free Appropriate Public Education, FAPE)을 제공하는 우리의 무능함으로 인해 제시뿐 아니라 다른 학생들의 삶에서 얼마나 많은 시간을 잃어버리는지를 저는 종종 생각합니다.

토론 질문

1. 제시와 같은 학생들이 일반교육에 통합되어야 한다고 믿는 사람에게 어떻게 반응할 것인가?

2. 제시와 같은 학생들을 위한 합리적인 장기목표는 무엇이라고 생각하는가?

3. 제시를 일반학교 특수학급에 배치하기보다는 특수학교에 배치하는 것의 장점과 단점은 무엇이라고 생각하는가?

13 청소년기 문제행동

비행, 물질남용, 조기 성행위

George Dodson/Pearson Education, Inc.

학습 목표

13.1 품행장애와 비행 간의 유사점과 차이점을 설명할 수 있다.

13.2 기관에 감금된 대부분의 학생이 장애를 가졌거나 특수교육이 필요하다는 관점에 대해 논의할 수 있다.

13.3 물질남용의 주요 원인과 예방 전략에 대해 기술할 수 있다.

13.4 아동과 청소년이 가장 일반적으로 남용하는 물질은 무엇이며, 이들이 관심의 대상이 되지 못하는 이유에 대해 기술할 수 있다.

13.5 조기 성행위가 관심의 대상이 되는 이유를 설명할 수 있다.

이 장에서는 비행, 물질남용, 조기 성행위를 함께 다루게 되는데, 이러한 문제행동들이 흔히 함께 발생하고(Siegel & Welsh, 2011 참조), 청소년의 성격장애는 일반적으로 다원적, 복합적 문제를 포함하기 때문이다(Shiner & Tackett, 2014). 청소년의 개념이 서서히 변화하고 있고, 청소년기 문제행동의 정의 또한 그러하다는 것에 유념하면서 이 주제에 대해 살펴보기로 한다.

청소년기와 초기 성인기의 문제행동

비행청소년이 한 가지 문제행동을 나타내는 일은 거의 없다. 그들은 흔히 비행, 조기 성행위, 물질남용 등과 같은 상호 관련된 여러 가지 문제 행동에 얽혀 있다(Jessor, 1998; Jessor, Van Den Bos, Vanderryn, Costa, & Turbin, 1995; Siegel & Welsh, 2011). 앞으로 논의하겠지만, 이러한 행동들은 흔히 서로가 서로에게 기여하면서 동반되어 나타나고, 위험요인이 존재하는 상황으로 발전하게 된다. 더욱이 비행, 약물남용, 조기 성적 행동을 일삼는 젊은이들은 다른 반사회적 행동에도 쉽게 가담하게 된다(Ensminger & Juon, 1998).

많은 청소년들이 일부 위험한 행동에 가담하지만, 대부분은 깊숙이 가담하지 않고 그만두며, 위험의 강도를 줄이거나 성인기까지는 완전히 그만두게 된다(Donovan & Jessor, 1985; Siegel & Welsh, 2011). 예를 들어 많은 청소년들이 약물을 경험하겠지만 정기적으로 사용하거나 중독자가 되는 일은 드물다. ADHD, 죄의식 부족, 부모와의 의사소통 부재, 낮은 성취, 불안 등은 모두 성인기까지 지속되기 쉬우며 문제행동의 수위가 점점 높아지는 청소년기 특성이다(Chang, Chen, & Brownson, 2003; Chassin, Ritter, Trim, & King, 2003; Siegel & Welsh, 2011; Silbereisen, 1998). 이러한 특성을 가진 청소년은 높은 수준의 문제행동을 가질 것으로 예측되며, 청소년기에 문제행동을 나타내는 것은 성인기 문제에 대한 가장 강력한 예측요인이다(Brigham, Weiss, & Jones, 1998; 또한 Jolivette & Nelson, 2010a; Shiner & Tackett, 2014 참조).

Loeber, Farrington, Stouthamer-Loeber, Van Kammen(1998a, 1998b)은 여덟 가지 유형의 문제행동, 즉 비행, 물질남용, ADHD, 품행문제, 신체적 공격성, 거짓말이나 조작과 같은 외현화 행동, 우울, 부끄러움이나 위축 등이 모두 서로 높은 상관관계로 관련되어 있다고 밝혔다. 다시 말해 이러한 문제행동 중 한 가지에서 높은 점수를 받으면 나머지 일곱 가지 영역에서도 높은 점수가 동반되기 쉽다는 것이다. 외현화 행동은 내재화 행동과의 상관보다는 자체의 하위 영역들 간 상관이 더 높기 때문에 신체적 공격성은 물질남용과 높은 상관을 나타냈지만 부끄러움과 위축과는 높은 상관을 나타내지 않았다. 문제행동 수준이 높은 남아는 비행, 성적 조숙, 물질남용의 수준이 높다는 특성을 나타냈다. 이러한 행동들은 보다 복잡한 정신의학적 장애나 복합적인 서비스가 요구되는 사회적 역기능의 증상이다(Gagnon, 2010; Nelson, Jolivette, Leone, & Mathur, 2010; Shiner & Tackett, 2014). 비록 이러한 많은 장애가 겉으로 드러나는 문제에 대한 일련의 처벌적 중재가 이루어진 후에야 발견되지만 연구자들은 이러한 복합적인 장애의 발전을 신뢰할 만하게 예측할 수 있는 변인군을 규명하였다(Jolivette & Nelson, 2010b; Nelson et al., 2010; Leech, Day, Richardson, & Goldschmidt, 2003).

이러한 장애에 대한 조기확인의 중요성과 가능성이 연구에 의해 밝혀지고 있다. 이 장에서는 문제행동이 서로 다른 범주로 나뉘어 설명되고 있지만, 이러한 문제행동이 한 가지 단일 요소로 나타날 가능성은 높지 않다는 것을 기억해야 한다. 문제행동 이론(Jessor & Jessor, 1977; Shiner & Tackett, 2014; Siegel & Welsh, 2011)과 복잡한 정신의학적 장애를 동반하는 문제행동에 대한 관찰에 따르면 이 장에 기술된 문제행동의 한 가지 혹은 일부 측면만 다루는 것은 한계에 부딪히게 될 것이다. 그보다는 교육, 정신건강, 가족, 정신약학적 중재를 연합한 보다 복합적인 중재만이 이러한 문제에 대해 효과를 나타낼 것으로 보인다(Forness et al., 1999; Garfinkel, 2010; Nelson et al., 2010).

비행청소년

정의

법적으로 성인이 안 된(즉 소년, 소녀) 사람이 경찰 체포로 이어질 수 있는 어떤 행위를 했을 때 **비행**(delinquent)을 저질렀다고 말한다. 대부분의 비행이 구속으로 이어지는 것은 아니기 때문에 **청소년 비행**(juvenile delinquency)이 어느 정도로 이루어지고 있는지를 정확히 알아보기는 어렵다. 일부 법에서 애매모호한 단어를 사용하고 있기 때문에 비행을 명확하게 정의할 수 없다. 어떤 행위는 청소년이 저지르면 불법이지만 성인이 저지르면 불법이 아니다(술을 사거나 마시는 행위와 같은). 또 다른 어떤 비행은 명백히 범죄행위여서, 윤리적으로도 옳지 않고 그 행위를 저지른 사람의 나이에 상관없이 법적으로 처벌될 수 있다(폭행이나 살인 같은). 많은 공격적 아동의 행동은 법적 비행 범위를 비껴간다. 그들의 대부분 행동이 자극적이고 위협적이며 파괴적인 것들이지만 법적 측면에서는 비행이 아니다. 진짜 비행

행동은 청소년으로 하여금 법적 집행에 직면하게 하는 행동들이다.

비행 행동과 비행을 구분하는 것이 중요하다. 법적 구속으로 이어지는 모든 행위를 비행 행동이라고 볼 수 있다. 청소년은 나이에 상관없이 경범죄부터 1급 살인까지 범죄의 모든 범주를 포함하는 **중대범죄**(index crimes)를 저지를 수도 있다. 청소년들이 저지르는 일반적인 중대범죄에는 기물파손, 절도, 자동차 절도, 무장 강도, 폭력성 강간 등을 포함하는 다양한 유형의 강도 및 절도 행위가 포함된다. 미성년자가 저질렀을 때에만 불법으로 간주되는 행위를 **청소년 우범행동**(status offenses)이라고 하며, 여기에는 무단결석, 가출, 주류 구입 및 소유, 성적 문란 등이 포함된다. 또한 **상습적인, 통제할 수 없는, 부모의 통제를 벗어난** 등의 용어로 설명되는 다양한 병적 행동도 여기에 포함된다. 우범행동은 아동이 청소년 비행을 나타내는지 여부를 결정하는 데 남용될 수 있는 폭넓은 범주이다. 즉 이 범주는 심각한 비행뿐만 아니라 의심이 가는 정도의 가벼운 행동이나 품행상의 문제까지 포함한다(Blackburn, 1993; 또한 Sims & Preston, 2006; Jolivette & Nelson, 2010b 참조).

비행 행동과 비행 간 차이점을 인식하는 것이 중요하다. 아동과 청소년을 대상으로 특정 비행 행동에 가담한 적이 있는지를 조사한 연구에서는 대상자 대부분(80~90%)이 그런 적이 있다고 보고했음을 밝혔다. 비행 행동을 정확하게 알아볼 수 있는 가장 좋은 방법은 자기보고이다(Siegel & Welsh, 2011, 2012). 자기보고로 수집된 비행 행동에 대한 연구에 따르면 비행 행동은 우울한 기분과는 정적 상관을 가지며(Beyers & Loeber, 2003), 비행 행동에 대해 부모가 알고 있는지 여부와는 부적 상관을 가진다(Laird, Pettit, Bates, & Dodge, 2003). 모든 미성년자의 약 20% 만이 비행에 가담하며 한 해 약 200만 명의 청소년이 구속된다(Siegel & Welsh, 2011). 비행은 사회경제적 수준이 낮은 집단과 소수민족 사이에서 불균형적으로 발견된다(Laub & Lauritsen, 1998; Loeber, Farrington, Stouthamer-Loeber, & Van Kammen, 1998a; Penn, Greene, & Gabbidon, 2006; Siegel & Welsh, 2011).

비행 행동과 품행장애 그리고 비행은 중복되는 현상이다. 모든 통계 자료가 품행장애와 비행 행동 간의 정적 상관을 지지하고 있지만(Vermeiren, Schwab-Stone, Ruchkin, De Clippele, & Deboutte, 2002), 모든 품행장애 청소년이 비행 행동에 가담하거나 비행이 되는 것은 아니다.

강력범죄와 같은 극한의 행동으로 범죄 행위가 시작되는 경우는 많지 않다. 오히려 일련의 가벼운 범죄로 비행에 쉽게 발을 들여놓게 된다. 일련의 행동이 더 일찍 시작될수록 더 심각한 문제행동과 폭력에 가담하게 될 확률이 높다. 따라서 교육자들은 잘못된 행동을 하는 어린 청소년들이 자라면서 자신의 행동 패턴에서 자연스럽게 벗어나게 될 것이라는 잘못된 믿음을 버려야 한다. 이는 연구에서도 뒷받침되고 있는데, 어린 나이에 문제행동을 나타낸 아동이 더 심각한 문제행동을 발전시키게 된다.

비행청소년의 유형

연구자들은 비행청소년들의 행동 특성과 범죄 유형 그리고 하위문화권 특성 등에 근거하여 이들이 동질적 집단임을 밝히고자 노력해 왔다(예 : Achenbach, 1982; Quay, 1986a; 또한 Siegel & Welsh, 2011; Sims & Preston, 2006 참조). 그러나 단 한 번 혹은 몇 번 정도의 비행 행위를 저지르는 사람과 반복적으로 심각한 범죄, 특히 사람들을 대상으로 강력범죄를 저지르는 사람과는 구분을 하는 것이 좋다. 일부 사람들은 청소년의 대부분이 비행행동을 하기 때문에 피해자와 피의자 간의 차이는 경찰이나 법정의 편견에 따라 크게 달라질 수 있다고 주장한다. 그러나 이러한 주장은 지지를 받지 못했다. 공식적인 체포 기록과 비행 및 범죄에 대한 자기보고 간의 일치점 그리고 미래의 유죄 판결을 예측할 수 있는 자기보고 능력을 고려했을 때 자기보고와 유죄 판결 둘 다가 최악의 범죄를 구분해주는 타당한 측정이 될 수 있다는 주장이 있다. 이러한 관점은 청소년의 강력범죄 가능성에 대한 최고의 예측요인이 강력범죄 전과와 가족의 범죄 역사(예 : 갱 가담 혹은 알코올 및 약물 복용)라는 것이 밝혀짐으로써 지지되었다(Farrington, 2007; Lattimore, Visher, & Linster, 1995; 또한 Siegel & Welsh, 2011 참조).

청소년 비행의 유형을 구분하는 또 다른 방법은 첫 번째 범죄를 저지르는 연령에 주목하는 것이다. 선행연구에 의하면 남아의 경우 여아보다 시작 연령에 의한 예측력이 더 약하게 나타나긴 했지만(Bryant et al., 1995; Kratzer & Hodgins, 1999 참조), 12세 이전에 비행 행동 패턴을 시작하는 청소년은 더 늦은 나이에 시작하는 청소년보다 예후가 더 나쁘다고 보고되었다(Dinitz, Scarpitti, & Reckless, 1962; 또한 Sayre-McCord, 2007; Shiner & Tackett, 2014 참조). 이른 나이부터 반사회적 행동에 대해 강압적으로 아동을 양육하는 가정과 보다 심각한 비행 행동은 서로 연관성이 있다는 관찰 결과와 통계 자료가 일치하는 것으로 나타났다(Patterson, Reid, & Dishion, 1992). 그밖에도 연구에서는 부모의 역기능과 관찰학습으로 설명되지 않는 아동의 비행 간 상관성도 지적하고 있다(Tapscott, Frick, Wootton, & Kruh, 1996).

출현율

많은 아동과 청소년이 최소한 1회의 비행을 저지른다고 알려져 있다. 그러나 당국에서 불법

행위를 모두 찾아내지는 못하기 때문에 숨겨진 비행이 주요 문제로 남아 있다. 미국에서 해마다 청소년의 3~4%가 비행으로 판결되는데, 보고되지 않는 비행이 많이 있다는 것을 감안하면 비행 행동에 가담하는 청소년의 비율은 더 높을 것이라는 것은 의심의 여지가 없다. 비행 관련 청소년의 약 50%가 성인이 되기 전에 단 한 번의 범죄를 저지른다. 그러나 공식적인 비행으로 보고되는 수는 반복적으로 범죄를 저지르는[**재범자**(recidivists)] 청소년이다. 재범자들은 보다 심각한 범죄를 저지르고 보다 어린 나이에 비행 행동을 시작하며(보통 12세 이전) 성인기까지 반사회적 행동을 지속하는 경향이 있다(Tolan, 1987; Tolan & Thomas, 1995).

남성은 지속적으로 많은 청소년 범죄를 저지르는데, 특히 사람이나 재산에 대한 심각한 범죄이며, 여성은 모든 유형의 범죄에 가담하는 비율이 증가하고 있는 추세이다(Schaffner, 2006; Siegel & Welsh, 2011, 2012). 여성은 1985년에 전체 비행의 19%를 차지했으나 2007년에는 27%로 증가하였다(Knoll & Sickmund, 2010). 인종, 약물 사용, 학업 성취 저조, 무단결석, 위험 추구, 부모와의 갈등, 성별 등 모든 요인이 상습적 비행과 연관이 있다(Chang, Chen, & Brownson, 2003). 공식적인 비행 비율은 오르내리고 있다. 예를 들어 비행 총수는 1985년부터 1997년까지 꾸준히 올라, 170만 사례 이상인 62%까지 증가하였고, 1997년부터 2013년까지 42% 수준으로 감소하였다. 2013년에 미 법무부 발표에 따르면 110만 사례가 미성년 재판소에서 다루어지고 있는데 이것은 1985년에 비해 9%가 감소한 것이다. 비행청소년 관련 최근 자료는 청소년사법 및 비행방지국(Office of Juvenile Justice and Delinquency Prevention; ojjdp.gov/)에서 확인할 수 있다.

청소년 비행의 절정 시기는 15~17세이며 이후부터 비행률은 감소한다. 약물 및 약물 관련 비행, 특히 알코올 남용은 부모와 교육자들 모두의 관심사이다.

원인과 예방

비행은 단순히 법을 위반하는 행동이 아니라 그 행동에 대한 성인의 반응을 포함하는 것이다(Farrington, 2007). 감금이나 기타 다른 형태의 벌은 비행을 통제하는 데 실패해 왔다. 총기 사용을 통제하는 데 실패한 것과 같은 많은 사회문화적 요인이 비행에 기여한다. 문제는 청소년들의 범죄행동이 아니라 비행을 감소시키기보다는 악화시키는 성인의 반응이다(Nelson et al, 2010; St. George, 2011). 비행 문제는 법적, 윤리적, 심리적, 사회구조적인 복잡한 의미를 가지는 매우 광범위한 문제이다. 범죄학자들은 사회-환경적, 생물학적, 가족적, 개인적 요인들을 원인으로 꼽아 왔다(Siegel & Welsh, 2011, 2012 참조). 여기에서는 교육자들에게 가장 유용한 정보가 될 비행의 원인에 대해 살펴보고자 한다.

　미국뿐만 아니라 잉글랜드와 뉴질랜드에서의 종단연구는 비행의 위험요인과 예방에 대해 놀랄 만큼 일치하는 결과를 보고하였다. 연구자들은 장차 비행청소년의 문제로 발전할 위험성이 큰 청소년기 초기 문제로 다음의 특성을 꼽았다.

- 아동 학대의 경험
- 과잉행동, 충동성, 주의력 문제
- 낮은 지능, 낮은 학업 성취, 학교 이탈 패턴
- 부모의 방종적 감독, 가혹한 권위주의
- 가족의 범죄 경력과 형제자매 간 공격성을 포함한 가족 갈등
- 빈곤, 대가족 문제, 밀집된 이웃, 열악한 거주환경
- 반사회적 행동 혹은 품행장애(특히 공격적 행동과 절도를 포함하는)

　연구자들은 이러한 요인과 관련 요인들이 어떻게 비행 발생에 작용하는지에 대한 여러 가지 가설을 세웠다. 비행 관련 문헌에는 다음과 같은 일반적인 세 가지 원인론이 제시되어 있다—(a) 비행 행동은 개인이 가진 안정적인 반사회적 성격 특질의 결과라는 관점, (b) 비행 행동은 대개 외적 환경요인과 상황의 산물이라는 관점, (c) 비행 행동은 일차적으로 개인의 성격 특성(예 : 과잉행동, 능력)과 환경 간의 상호작용 결과라는 관점. 대부분의 연구자들은 세 번째 관점에 동의하는 경향이며, 단일 요인으로 비행 행동을 설명할 수는 없다고 제안하였다(Siegel & Welsh, 2011).

　비행 행동의 위험성이 있는 청소년은 흔히 학교에서 이탈하고, 학교 이탈은 다른 문제행동에 가담하는 것으로 이어진다(Fosse, 2015; Patterson & Rivers, 2015 참조). 학교 참여는 학교 이탈이 위험요인으로 작용하는 것보다 더 중요하게 작용하는 보호요인이다. 따라서 학교 참여는 비행 예방에 중요하다. 교육자, 특히 특수교육 관련 교육자는 비행청소년이 학교에 재참여하는 것에 관심을 가져야 한다(Nelson et al., 2010).

　품행장애 청소년의 부모는 일반적으로 자녀의 행동을 잘 점검하지 않는다. Fridrich와 Flannery(1995)는 반사회적 또래 영향에 대한 부모의 점검과 민감성이 민족에 관계없이 조기 청소년 비행을 특징짓는다는 것을 밝혔다. 오래전에, Patterson과 동료들(1992)은 비행으로 연결되는 행위의 연쇄성 혹은 연계성(범죄로 발전되는 물결 같은 패턴의 몇몇 단계로 이끄는 일련의 상호연관적, 상호의존적 사건과 조건)을 설명하였다. Patterson 등은 아동과 아동의 삶에 속한 다른 사람 간의 앞뒤로 상호 순환되는 다섯 가지 단계를 설명하였다. 예컨

대 1단계는 반사회적 행동의 초기 증후(예 : 불순응, 강압; 아동의 반응)를 포함하며 결과적으로는 2단계에서의 다른 사람의 반응을 초래하는데(예 : 또래 거부, 부모 거부), 이것은 다시 아동의 추가적 반응을 불러일으킨다(예 : 우울, 일탈된 또래집단으로 끌림). 이러한 '내차례, 네 차례' 연속성은 학교에서 볼 수 있는 외향적 순환의 일부이다. Patterson 등(1992)은 이것을 반사회적 행동으로 이끌어 결국은 범죄에 직면하게 하는 강압적 과정의 핵심 내용으로 보았다. 이 모델은 비행 행동이 부모 모델링을 통하여 단순히 학습되는 것이 아니라는 것을 제안하고 있음에 주목해야 한다. 이러한 설명이 비난적인 자녀 양육 성향을 가진 부모들에게 설득력을 갖지만, 연구 자료는 반드시 이것을 지지하는 것은 아니다(Frick & Loney, 2002).

비행, 장애 조건, 특수교육 요구

공립학교 및 교정기관에서의 비행청소년 교육은 장애 조건에 대한 불분명한 정의 때문에 어려운 문제가 있다(Nelson et al., 2010; Nelson, Leone, & Rutherford, 2004 참조). 비행청소년은 장애로 간주되어 장애인교육법(Individuals with Disabilities Education Act, IDEA)의 보호를 받는가? 대부분 혹은 모든 수감된 비행청소년들이 IDEA의 '정서장애' 범주에 속하는가의 문제는 논쟁의 여지가 있다. 불행히도 결론은 명확하지 않다. 현재의 연방법은 '사회적 부적응이지만 정서장애가 아닌' 청소년들을 배제하고 있다. 따라서 비행 행동이 정서장애보다는 사회적 부적응에 기여한다고 보게 되면 학생은 지적장애, 학습장애, 신체 혹은 감각장애, 혹은 기타 장애 조건을 갖지 않는 한 IDEA하에서 보호와 서비스를 받지 못한다(Leone, Rutherford, & Nelson, 1991; Nelson et al., 2004 참조).

연구자들은 비행청소년들 사이에서 장애는 사실 일반적인 것이고 학습장애가 가장 많은 장애 조건임을 일관적으로 지적해 왔다(Gagnon, 2010; Nelson et al., 2004; Preston, 2006; Siegel & Welsh, 2012). 그럼에도 불구하고 현 법의 애매한 문구 때문에 정서행동장애로 선정되어 교정기관에 배정되는 것에서 배제되고 있다. 그러나 많은 수감된 청소년이 정서행동장애를 가지고 있지 않기 때문에 법적으로 특수교육 대상이 아니라는 논리는 의심하지 않을 수 없다. 만일 행동장애가 외현 및 내현의 반사회적 행동을 모두 포함하는 것이라면 수감된 청소년 중 행동장애를 갖지 않은 청소년을 찾는 것은 논리적으로 불가능하다(물론 오진에 의한 청소년은 제외).

일반적으로 정신장애를 가진 청소년들이 흔히 수감된다고 인식되어 있고, 품행장애 진단은 흔히 청소년에게 정신장애 서비스를 제공하기 위한 근거보다는 수감하기 위한 합리적 근거로 사용된다(Jolivette & Nelson, 2010b; Preston, 2006 참조). 또한 품행장애는 자주 다른 유형의 정서행동장애에 동반되는 것으로 알려져 있다. 만일 비행 수준이 높을수록 정신병리적 수준이 높은 것이라면, 그리고 보다 빈번하게 심각한 비행 행동을 저지르는 청소년이 수감될 가능성이 더 많다면, 모든 수감된 청소년이 장애라는 논점은 지지된다. 마지막으로 만일 행동장애가 법적으로 장애 조건이 아니라면, 논리적으로 정서장애와 사회적 부적응 간 구분을 할 수 없게 된다.

비행청소년의 교육적 요구 사정

비행청소년의 파괴적 행동, 허세, 협력 부족 등은 그들을 구제불능으로 만들고, 학업적 결함이 잘 드러나지 않게 작용할지도 모른다. 그러나 그들의 교육적 요구에 대한 사정은 다른 학생들의 교육적 사정과 다르지 않다. 즉 평가는 교수가 제공되는 기술 자체에 초점을 맞추어야 한다(Nelson et al., 2010; Overton, 2009 참조). 많은 비행청소년이 사회 및 직업적 기술 결함뿐만 아니라 인지 및 학업적 결함도 가지기 때문에 그들에 대한 사정은 다각도로 이루어져야 한다. 이러한 여러 가지 결함은 그들의 사정, 처치, 그리고 수감 이후 지역사회로의 전환을 모두 더 어렵게 만든다(Clark & Unruh, 2010; Sprague, Jolivette, & Nelson, 2014; Unruh & Bullis, 2005). 사정은 빠르게 그리고 관련 배경 정보 없이 이루어져야 한다. 왜냐하면 비행청소년은 흔히 일시적으로 머물고 교육 관련 기록이 없으며 다른 기관과의 의사소통이 어려운 유치장이나 특별 시설에 있기 때문이다. 마지막으로 비행청소년에게 가장 중요한 기술이 사회, 학업, 직업기술 중에서 어떤 것인지에 대한 동의가 이루어져 있지 않기 때문에 어디에 초점을 두어 사정을 해야 할지는 과제로 남아 있다.

비행청소년을 위한 중재

비행 문제에 대한 쉽고 확실한 해결책은 없으며 비행청소년을 다루는 문제는 다른 무엇보다도 복잡하다(Jolivette & Nelson, 2010a, 2010b; Nelson et al., 2010; Sims & Preston, 2006; Sprague et al., 2014). 미성년자의 비행을 포함한 범죄 문제를 다루기 위한 중재 및 법적 체제 정립의 실패는 미성년자의 비행에 대한 연구에 근거하지 않고 실패할 가능성이 많은 일시적인 해결책에 의존하기 때문으로 분석할 수 있다. 사람들이 청소년 법정이라는 개념을 더 이상 갖지 않게 될 것이라는 점은 놀랄 만한 일이 아니다(Caeti & Fritsch, 2006 참조).

우리는 정부의 사회 프로그램에 대해 비관적이고 가혹한 벌에 대해 열광하는 시대에 살고 있는 것 같다. 가혹한 벌에 대한 전면적인 신뢰는 어리석은 것이라는 명백한 과학적 근거가 있으며(Alberto & Troutman, 2012; Jolivette & Nelson, 2010b; Kern, 2017), 일부 사람들은 지속적으로 발생하는 반사회적 행동을 다루는 데 있어서 기대 수준을 조금 낮출 필요가 있다고 제안한다.

예방과 같은 효과적인 중재는 위험요인뿐만 아니라 보호요인도 중점적으로 다루어야 하고, 빈틈없고 지속적이어야 하며, 개인과 기관의 다각적 노력을 포함하는 것이어야 한다(Arthur, Hawkins, Pollard, Catalano, & Baglioni, 2002; Gavazzi, Wasserman, Partridge, & Sheridan, 2000; Nelson et al., 2010). 즉 우리의 노력은 아동을 위험요인에 노출되지 않게 하는 것뿐 아니라 보호요인을 강화하는 방향으로 나아갈 때 긍정적 효과를 가질 가능성이 크다.

가족

자녀를 사랑하고 양육기술을 갖춘 부모의 자녀도 비행을 저지를 수 있다. 여전히, 원칙적 기술이 부족하고 무시하는 태도를 보이는 부모의 자녀가 비행을 저지를 가능성이 더 많다. 사실 부모-아동 관계는 아동이 성인이 되어 발휘하는 사회적 상호작용의 질과 연계되어 있고, 부모는 처치 프로그램에 참여할 필요가 있다(Eber et al., 2014; Ford, 2006; Garfinkel, 2010; Sayre-McCord, 2007; Shiner & Tackett, 2014).

상습적으로 비행을 나타내는 청소년의 부모는 보통 자녀를 점검하지 않고 폐쇄적으로 양육한다. 그들은 자녀의 공격적이고 비행적인 행동에 대해 효과적이지도 않고 예측할 수도 없는 가혹한 벌을 준다. 그들은 자녀가 집밖의 지역사회에서 싸움을 하거나 절도 행위를 하는 등 범죄를 저질러도 거의 관심을 보이지 않는다. 부모가 자녀의 잘못된 행동에 관심을 가지지 않는 한, 부모는 자녀가 심각한 문제를 가진 것으로 인식하지 못한다. 가정 내에서도 부모는 자녀와의 상호작용에서 강압과 폭력을 줄이기 위해 자신의 행동을 변화시키려는 의지가 거의 없어 보인다. 부모들은 그들이 자녀의 삶을 변화시킬 능력을 가지고 있다고 믿지 않을지도 모른다.

상습적으로 범법행위를 하는 청소년의 가족에 대한 중재는 매우 어렵다. 부모가 동기화되지 않고 인지적·사회성 기술이 제한된 경우, 오래도록 쌓여 온 강압 패턴을 변화시키는 것은 불가능할지도 모른다. Patterson과 동료들(1992)은 공격적인 아동의 가정에서 공격적 행동과 절도를 유의미하게 감소시키는 데 성공했다고 보고했지만, 절도와 상습적으로 비행을 나타내는 청소년에 대한 장기적 결과는 보고되지 않았다. 가족의 사회적 체제가 실패했을 때 이에 대한 효과적인 대안은 없다(효과에 대한 기준이 최소한 '치료' 혹은 더 이상의 처치가 요구되지 않는 영구적인 행동 변화일 때). 연구자들은 심각한 반사회적 행동과 비행은 여러 기관이 참여하여 장기적으로 처치가 필요한 사회적 장애로 고려되어야 한다고 주장하였다(Eber et al., 2014; Garfinkel, 2010; Shiner & Tackett, 2014; Walker, Ramsey, & Gresham, 2004).

미성년 법정과 교정 교육

미성년 법정은 19세기에 미성년 범죄자들에게 제공되었던 교정 교육보다 좀 더 인권을 존중하는 처치를 제공하기 위해 1900년경에 미국에서 설립되었다. 판사들에게는 아동의 잘못된 품행에 대한 결과를 결정하는 결정권이 강화되었다. 비록 의도는 좋았지만, 이 기관은 밀려드는 사례들로 곤경에 처하게 되었고, 아동의 권리(만일 아동이 다른 모든 시민과 똑같은 헌법상의 권리를 가지고 있다고 생각되었다면)는 노골적으로 짓밟혔다. 결과적으로, 미성년 법정 체제와 아동 권리에 대한 질문은 검토의 대상이 되었다(Siegel & Welsh, 2011, 2012; Sims & Preston, 2006; Sprague et al., 2014; St. George, 2011 참조).

과감한 개혁에 대한 제안을 흔하게 접하긴 하지만, 미성년 법정 체제는 오래도록 그대로 남아 있을 가능성이 있다. 꽤 많은 수의 아동과 청소년이 학령기 동안에 미성년 법정에 등장하게 될 것이고, 교사는 법정 업무와 친숙하게 될 것이다. 가족이나 학교의 사회적 체제상의 실패가 무엇이든, 이 기관과 재판 과정에서 변호사나 판사가 만들어내는 오류는 재앙 수준이라고 할 수 있다.

미성년 법정 체제하에서, 판사는 사례에 대한 광범위한 결정권을 가지고 있다. 그들은 미성년들을 가족의 품으로 돌려보낼 수도 있고, 사회적 서비스 기관으로 보낼 수도 있으며, 지역사회 감독하의 구치소에서부터 주의 보호감호소 혹은 사적이고 가혹한 경험을 하게 되는 사설기관까지 다양한 교정 프로그램에 배정할 수도 있다. 다양한 미성년 법정과 교정 프로그램의 효과는 다양하게 나타나고 있으며 뜨거운 논쟁거리이고(Caeti & Fritsch, 2006; Siegel & Welsh, 2012), 빈번히 학대로 나타나는 것으로 보인다. 많은 연구자들은 정책적 의견과는 반대로 매우 많은 사례에서 가혹한 벌이 역효과를 내고 있다고 결론지었다.

회복적 재판 모델(restorative justice model)은 불법적 행동과 재범을 예방하는 능력 강화를 위한 책무성에 초점을 맞춘 범죄 및 비행에 대한 하나의 해법이다(Umbreit, Greenwood, & Coates, 2000; White, 2006 참조). 이 모델에서 범죄는 개별적 사례에 기초하여 처벌이 아닌 피해자 보상에 초점을 맞추어 판결된다.

학교 역할

모든 청소년 범죄의 상당한 정도가 학교 건물이나 운동장에서 발생한다. 매달 미국 학교 내에서 수천 명의 교사와 수백만 명의 아동이 습격당하거나 희생된다. 절도, 습격, 약물 및 알코올 남용, 강탈, 성적 문란, 문화, 기물파손 등이 열악한 도시 내 학교뿐만 아니라 외곽의 변두리 지역에서도 매우 빈번하게 발생하고 있다.

비행 행동에 대한 학교의 대처는 처벌과 안전 확보이다. 일반적인 처벌(방과후 과제)이나 배제(기관 의뢰, 정학, 징계위원회 회부, 퇴학)는 문제행동을 감소시키고 학업 진진을 개선하는 데 효과가 없다. 다시 말해 파괴적 행동에 대한 학교의 대처는 심히 부적절하고 표면상의 질서와 전통적인 프로그램을 유지하는 것 이상의 도움이 되지 못한다(Jolivette & Nelson 2010b; Sprague et al., 2014; Walker et al., 2004).

앞서 학교에서의 반사회적 행동을 감소시키기 위해 고안된 학교 수준의 원칙적이고 긍정적이며 비처벌적인 절차에 대해 논의한 바 있다. 게다가 효과적인 교수, 문해능력 발달, 전환 프로그램뿐만 아니라 이러한 긍정적인 행동 관리 절차는 일반 공교육에서 중요한 것만큼 청소년 교정기관에서도 중요하다(Clark & Mathur, 2010; Clark & Unruh, 2010; Houchins, Shippen, & Lambert, 2010; Mathur & Schoenfeld, 2010; Sprague et al., 2014 참조). 이 장의 마지막에 있는 글상자 13.1은 비행과 관련된 사회성 기술 문제를 다룬 학교기반의 중재에 대한 논의이다.

방과후 프로그램에서 장애 아동 및 청소년에 대한 교육은 공립학교에서 청소년 교육에 적용되는 동일한 연방법에 의해 운영된다(Nelson et al., 2004; Sprague et al., 2014). 방과후 프로그램 처분을 받은 청소년은 비편견적인 개별화된 사정을 위한 요구사항과 절차적 보호, 개별화교육 프로그램(IEP), IDEA와 관련 법령하에서 제공되는 모든 것을 보장받는다. 그러므로 교내 정학된 학생의 사정은 적절한 교육과정과 기능적으로 관련되어 있어 학생의 교육은 자료에 근거하여 주요 생활기술을 준비하도록 이루어진다. 그럼에도 불구하고 정학을 받은 아동과 청소년이 흔히 사정과 교육을 받지 못하고 있다. 많은 비행청소년의 요구가 충족되지 못하고 있는 것은 다음과 같은 어려움 때문이다.

- 교정행정관이나 일반 시민들은 비행 및 범죄 청소년은 법적 시민으로서 동일한 교육적 기회를 가질 자격이 없다는 태도를 취한다.
- 일부 심리학자, 정신의학자, 교육자들은 정학을 받은 청소년이 장애가 아니라는 견해를 가진다.

- 교정기관 내에 특수교육 프로그램을 운영할 자격을 갖춘 전문가가 많지 않다.
- 교정기관에서 최소제한환경, 교육 계획 시 부모 참여 등과 같은 IDEA 규정을 실행하기가 너무 어렵다.
- 교정기관 내의 학생집단은 일시적으로 머무르는 것이어서 교육적 사정과 계획이 매우 어렵다.
- 정부기관의 협력과 이해가 제한적이어서 학생 기록 자료를 구하기 어렵고 특별한 서비스에 대한 책임을 지정하기 어려우며, 지역사회로의 전환 업무가 어렵다.
- 교정기관 내 행정관은 교육보다 안전과 규칙을 더 중요하게 생각한다.
- 교정기관 내의 교육 프로그램을 위한 기금이 제한적이다.

거리 불량집단

비행과 관련하여 더 커지고 있는 문제는 불량집단 활동이다. 불량집단은 전 세계적으로 급격히 늘고 있고, 대부분의 도시와 지방의 작은 도시까지도 불량집단과 그들의 폭력으로 골치를 앓고 있다. 불량집단 활동은 또한 많은 학교에서 유행하고 있다. 고급 주택지에 살고 있는 부유한 중상류층의 십대 사춘기 청소년들이 주를 이루는 소위 '프레피 불량집단'도 여기에 포함된다(Crews, Purvis, & Hjelm, 2006; Logan, 2009 참조).

불량집단과 이들의 활동에 관한 인식이 상당 부분 잘못되어 있다. 흔히 왜곡된 매체와 잘못 알고 있는 전문가들에 의해 불량집단에 관한 오해가 생성되고 이것이 오래도록 변하지 않고 지속되기 때문에 불량집단에 관한 연구는 어려운 일이다(Klein, 1995, 2006; Sims & Preston, 2006). 가장 터무니없는 잘못된 인식 중 하나는 많은 거리 불량집단의 청소년이 약물을 조직적으로 퍼뜨린다는 것이다. 거리 불량집단의 약물 관련 활동은 증가해 왔고 일부 불량집단은 약물 거래를 자신들의 가장 중요한 활동으로 하고 있다는 것이 사실이지만, 거의 모든 거리 불량집단이 그렇다는 것은 사실과 다르다. 연구자들은 약물을 주요 비즈니스로 다루어 중개자적 역할을 하는 불량집단과 문화에 초점을 맞추는 일반적인 불량집단 간에 분명한 선을 긋고 있다(Capuzzi & Gross, 2014 참조). 미국 내 및 해외로 약물 운송을 하는 등의 심각한 범죄와 관련되어 조직화된 불량집단도 물론 있지만, 이러한 불량집단은 좀 더 느슨하게 조직되고 널리 보급된 '거리 불량집단'이나 '청소년 불량집단'과는 다르다. 예를 들어 어떤 불량집단에 합류한 사람은 일생 동안 그 불량집단에 소속된다는 잘못된 인식이 수백만 달러를 다루는 좀 더 구조화되고 세분화된 불량집단에도 적용될 수 있지만, 실제로는 거리 불량집단에 가담하는 대부분의 청소년은 13~15세 정도로, 이들이 집단에 소속되는 기간은 평균 1년 미만의 상대적으로 짧은 기간이다(Maxson, 2011). 거리 불량집단은 교사들에게도 큰 관심사이다.

수십 년 동안 불량집단에 관한 연구가 진행되어 왔는데 여기에서는 불량집단에 관한 복잡한 문헌 중에서 교육자와 가장 관련이 많은 일부에 대해서만 요약하고자 한다. **불량집단을** 정의하는 일은 어려운 일이고 논쟁적인 일이다. 서로 다른 목적을 가지는 여러 부류의 불량집단이 있지만, 여기에서 우리가 일차로 관심을 갖는 집단은 거리 **불량집단**(street gangs)으로서, Klein(1995)은 이 집단을 스스로를 집단으로 인식하고 비행 행위를 쫓는 청소년 집합체라고 정의하였다. 일부 불량집단 구성원은 비행청소년이 아니라는 것과 많은 비행청소년이 불량집단 구성원이 아니라는 것을 인식하는 것이 중요하다.

불량집단의 구성원이 된다는 것은 동맹, 보호, 흥분, 돈, 물건, 물질을 얻는다는 것을 의미한다. 청소년을 불량집단으로 규합하는 두 가지 특징은 (a) 범죄 지향적인 행위에 대한 서약, (b) 특별한 어휘, 의상, 신호, 색깔, 영역표시 등에 의한 불량집단으로서의 자기인식이다. 불량집단은 남성이 압도적으로 많으며 대부분이 청소년이고, 동질적 소수민족집단으로 구성된다. 소수민족집단은 불량집단 활동에 있어서 본질과 초점이 다르다(Logan, 2009; Rosenblatt et al., 2015). 그러나 더 어리거나 나이 든 구성원, 여성 구성원이 증가하고 있고, 1990년대에는 백인 지상주의 불량집단도 있었다(Delaney, 2006; Short & Hughes, 2006a, 2006b 참조). 이와 관련된 초기 연구에서는 불량집단 구성원의 출신 가정이 가족 간 사회화를 중요하게 여기지 않고 자녀 감독이 소홀하며 애정을 표현하지 않는 가정인 경향이 있다고 밝혔다. 전형적인 불량집단 구성원은 다음 특성 중 한 가지 이상을 나타내는 것으로 알려져 있다.

- 두드러진 인성적 결함—학교생활의 어려움, 낮은 자아존중감, 낮은 충동 통제력, 부적절한 사회성 기술, 성인과의 상호작용기술 부족
- 일탈, 공격, 싸움, 신체적 용맹에 대한 자부심 등이 두드러진 경향
- 지위나 신분에 대한 열망, 그리고 불량집단 같은 특별한 집단에 단지 합류하는 것으로 만족할 수 있는 동료의식에 대한 열망이 정상 이상으로 큰 경향
- 지루하고 소속이 없는 생활스타일을 가지며 때때로 불량집단의 공적에 흥분하여 환대의 기간을 가지게 됨(Klein, 1995, p. 76)

거리 불량집단은 대부분의 시간을 단지 함께 어울려 다니면서 보낸다. 일반적인 생각과는 다르게, 거리 불량집단을 수십 년 동안 연구한 연구자들은 그들이 활동성 없이 게으르게

대부분의 시간을 보낸다고 설명하였다. 불량집단과 관련된 살인자와 불량집단과 관련되지 않은 살인자 모두 열악하고 인종적으로 고립된 이웃에 집중되어 있다. 이러한 열악한 환경은 불량집단에 가담하는 것보다 더 강력한 폭력의 예측 지표가 될 수 있다. 명확한 자료를 얻기는 힘들지만, 불량집단 살인자는 작은 지역사회보다는 대도시의 오랜 경력을 가진 불량집단에서 나타날 가능성이 더 크다.

불량집단 조직의 시작은 열악한 사회경제적 조건에서 강하게 일어나지만 그 조건이 불량집단 조직을 위한 필요조건은 아니다(Crews et al., 2006; Short & Hughes, 2006b). 불량집단 행동은 범죄와 소수자 차별, 기타 부정적인 지역사회 조건을 악화시키지만, 구성원을 위협하는 것, 불량집단의 필요성을 인정하는 것 등이 불량집단을 유지시키고 집단의 응집력을 높인다. 이러한 유지요인에는 불량집단을 반대하는 기관(예 : 경찰), 개인의 안전과 재산 지위를 위협하는 불량집단의 경쟁, 불량집단 동료의식과 활동에 대한 장애물, 불량집단의 단결을 강화하는 부주의한 중재 프로그램(예 : 구성원을 비범죄 활동에 참여시키려 불량집단 구조를 사용하는 것) 등이 포함된다.

불량집단 동료의식이나 불량집단 관련 비행 행동을 감소시키기 위한 중재는 논쟁이 많은 문제이다(Nelson et al., 2004; Short & Hughes, 2006b). 유망한 접근법이 출현하기 시작했지만 역사적으로 보면 성공적인 사례는 매우 제한적이다. 불량집단 활동을 감소시키는 데 효과적이기 위해서는 지역사회가 노력하여 예방, 중재, 진압에 대한 필수요소를 갖추어야 한다(예 : Spergel, Wa, & Sosa, 2006). 예방은 위험 청소년이 불량집단에 가담하기 전에, 첫 번째 장소에 합류하는 것을 막는 것을 목표로 하는 것이다. 중재는 불량집단에 합류한 청소년이 불량집단으로부터 나오도록 고무시키는 노력이다. 마지막으로 진압은 조직화된 불량집단 구성원을 그만두게 하거나 범죄를 줄이기 위한 법적 강제 노력이다. 물론 불량집단 구성원들이 마음이 맞는 비슷한 행동, 교육, 사회경제적 배경을 가진 개인들과 폭넓게 접촉한다는 어려움이 있다(Hagedorn, 2007 참조). 이러한 패턴의 연합은 불량집단 동료의식과 연관된 문제(예 : 폭력에 노출)를 악화시켜, 불량집단 구성원이 보다 나은 환경을 만들어주기 위한 중재로부터 고립되게 만든다. 일반적으로 중재 프로그램은 강도와 포괄성이 부족하고 징벌적 방책(예 : 법적 강제 집행)이나 문제를 악화시키는 기타 접근에 일차적으로 의존하였다. 불량집단과 그 폭력을 막기 위한 진짜 효과적인 프로그램은 현재의 정책적 기류와는 상반되는 시나리오를 필요로 한다. 이러한 프로그램은 다음의 내용을 성취하기 위하여 거대하고도

유튜브 비디오 사례

비디오 연결 13.1

이 동영상은 방과 후 활동과 여가스포츠 프로그램 등의 불량집단 예방노력을 잘 보여주고 있다. (https://www.youtube.com/watch?v=1WjnHlhJvlQ)

지속적인 노력을 필요로 한다 — (a) 빈곤 감소, (b) 청소년을 위한 직업 훈련과 좋은 급여의 일자리, (c) 도시 내 나쁘지 않은 거주지 제공, (d) 학교와 교내 프로그램의 재편, (e) 인종주의 및 기타 사회적 병인의 감소.

과잉반응과 처벌적 대응의 문제점

비행, 폭력, 불량집단에 관한 대중의 편견, 특히 과잉반응과 처벌적 대응이 주요 문제를 이끌어왔다. 대부분의 학교들이 위협적인 방법, 안전강화, 처벌적 방책, 그리고 때로는 법의 강제적 도움을 받아 문제에 대처하였다(Jolivette & Nelson, 2010b; Sprague et al., 2014; St. George, 2011). 미성년 범죄 조짐이 있다거나 미성년들이 극도의 폭력을 쓰게 된다는 편견을 가진 대중의 과잉반응이 주요 문제이고, 가혹한 처벌이 문제를 더 나쁘게 만든다.

비록 학교 안전이 중요하고도 정당한 관심사지만, 학교는 학교 수준의 긍정적 훈육계획과 학생의 사회 및 교육적 요구를 좀 더 충족시켜주기 위한 프로그램 재구성에 가장 신경 써야 한다(Kauffman, Nelson et al., 2017; Liaupsin, Jolivette, & Scott, 2004; Martella et al., 2012; Nelson et al., 2010; Sprague et al., 2014). 대학 진학에 집착하는 학교는 학생들 취직을 위한 고등학교 프로그램 제공을 등한시하고 있다(Clark & Unruh, 2010; Spergel, 2007). 학교는 긍정적인 훈육과 효과적인 교수 및 처치, 대학에 진학하지 않는 학생을 위한 일자리 연계 교육과정, 지역사회의 다른 기관과의 협력, 모든 학생의 관심을 끌 수 있는 교육과정 외 활동 등에 초점을 맞춤으로써 비행과 불량집단 동료의식을 감소시키는 일에 적극적인 역할을 할 수 있다.

물질남용

약물남용(drug abuse)이라는 용어보다는 물질남용(substance abuse)이라는 용어가 더 많이 사용되는데, 그 이유는 모든 남용되는 화학물질이 약물은 아니기 때문이다. 남용되는 물질은 약물 외에도 기솔린, 세척 용액, 풀, 기타 심리적 영향을 일으킬 수 있는 화학물질들이 있다. 여기에서 논의될 물질은 치료 목적 이외에 신체적 혹은 심리적(혹은 둘 다) 영향을 일으키기 위하여 의도적으로 사용되는 것들이다. 보통 남용(abuse)은 건강 위험, 심리적 기능 파괴, 불리한 사회적 결과, 혹은 이들의 어떤 조합 등에 기여하는 사용이라고 정의된다.

물질남용장애는 물질 자체와 사용자 없이는 존재할 수 없다. 많은 물질들이 쉽게 구할 수 있는 것들이고 많은 사람들이 기꺼이 하고자 하거나 사용을 열망하거나 남용한다. 이러한 사실은 물질남용에 대한 윤리적 측면의 논의를 불러일으키고 공급의 금지가 사용과 남용을 감소시키는 데 효과적일 것이라는 가정을 가능하게 한다.

정의와 출현율

최근 알코올과 약물의 불법 사용이 감소하긴 했지만, 출현율은 상대적으로 높게 나타난다 [Donohue, Karmely, & Strada, 2006; 또한 National Institute on Drug Abuse(https://www. drugabuse.gov) 참조]. 출현율 연구는 많은 청소년의 경우 신경흥분물질을 실험적 혹은 일시적으로 사용한다고 제안하였다. 대부분의 십대들이 술을 마실 것이고 실험적으로라도 최소한 한 번은 약물을 사용할 것이다. 그렇다면 실험과 남용의 차이는 무엇인가? 아동이나 청소년이 단 한 번 사용한 것이 남용을 만들어내는가? 청소년이 물질남용장애를 가진 것으로 간주되려면 어느 정도의 사용이 있어야 하는가? 대부분의 청소년이 물질을 소지하거나 사용하는 것은 명백하지만 그들 중 소수만이(아마도 6~10%) 상습적인 남용자가 된다.

청소년 물질남용은 성인기 물질남용과 여러 가지로 유사하지만 핵심적인 차이점이 있다. 물질을 사용하거나 남용하는 많은 청소년은 물질남용장애가 있는 성인으로 되지 않는다. 물질남용의 정의는 특정 기준에 관한 논쟁과 사회적 태도 변화 그리고 문제를 정책적으로 이용하는 것 등으로 모호해졌다(Donohue et al., 2006).

약물 사용이라는 주제는 특별히 사실을 왜곡하기 쉽다. 왜냐하면 청소년 물질남용(adolescent substance abuse)의 정의는 문화적 전통, 사회적 유행, 정책적 국면, 과학적 증거 등에 터하고 있기 때문이다. 게다가 정의에 관한 논쟁은 출현율을 의심스럽게 만든다. 그럼에도 불구하고 이 분야의 거의 모든 전문가는 물질 사용과 남용이 미국 아동 및 청소년 사이에서 위험할 만큼 높이 나타나고 있어 물질 사용과 남용을 줄이기 위한 효과적인 방책이 필요하다는 데 의견을 같이하고 있다.

일반적으로 가지고 있는 잘못된 인식은 물질남용이 코카인, 마리화나, 헤로인 등이나 바르비튜레이트 같은 처방약을 불법적으로 사용하는 것이라고 보는 것이다. 그러나 알코올과 담배는 아동과 청소년에게 가장 큰 문제이며 지금까지도 그래 왔다. 그것은 쉽게 접할 수 있고 늘 광고로 볼 수 있으며 대부분의 사람들은 성인이 그것을 사용하는 것은 허락된 일이라고 보기 때문이며, 아동이 보통 처음으로 술과 담배에 노출되고 처음 경험하게 되는 장소가 가정이기 때문이다. 아동의 술과 담배에 대한 첫 경험이 빠를수록 상습적인 사용자가 될 가능성이 더 크다. 다른 물질뿐만 아니라 술과 담배를 어린 나이에 사용하는 것은 가족 문제, 낮은 사회경제적 수준, 학교 실패, 정신병리적 장애, 특히 품행장애와 상관이 있다

(Upadhyaya, Brady, Wharton, & Liao, 2003).

술과 담배가 건강에 끼치는 영향이 나쁘기 때문에 아동과 청소년을 담배와 술로부터 보호하는 것이 현명한 일이다. 미국 보건복지부에 따르면 미국 내 십대들의 가장 많은 사망 원인은 술과 담배와 관련된 자동차 사고이다(Heron, 2016). 성인 중에서 담배 관련 사망률(암과 심장병 포함)은 다른 원인보다 높다[Centers for Disease Control and Prevention(https://www.cdc.gov); Roll, 2005 참조]. 그러므로 '마약과의 전쟁'은 첫 번째 표적이 되어야 할 중요한 것에 초점을 맞추지 못하고 있다.

또 다른 잘못된 인식은 물질남용이 소수인종에 쏠려 있는 문제라고 보는 시각이다. 인종에 대한 고정관념과는 다르게 일부 약물은 백인 청소년 사이에서 더 높은 비율로 남용되고 있다(Yacoubian, 2003). 인종에 따른 편견에도 불구하고, 연구자들은 약물 범죄(예 : 약물 엑스터시 소지)로 체포된 사람들 중 백인이 나머지 다른 인종보다 20배 더 많다고 보고하였다(Urbach, Reynolds, & Yacoubian, 2002).

일부 젊은이들, 특히 15세 이상의 청소년들은 알코올과 담배 외에 기타 물질을 남용한다. 다음은 주요 약물 남용 유형이다. 이 약물들 중 일부는 치료 목적으로 처방되는 것이어서 합법적으로 사용될 수 있지만 남용될 가능성이 있다. 목록에는 일반적인 효과와 심각한 중독 및 금단 증상이 제시되어 있다.

- 진정제 : 알코올, 페노바르비탈, 바리움, 쿼일루드
  중독증상 : 이지러움, 민감, 억제불능, 극도의 이완 혹은 진정
  금단증상 : 전율, 발열, 불안, 환각
- 흥분제 : 니코틴, 카페인, 코카인, 암페타민, 메스암페타민
  중독증상 : 동공 확장, 흥분 상태, 식욕 상실, 편집증, 환각
  금단증상 : 피로감, 정신 및 신체적 느린 반응 혹은 우울
- 흥분성 환각제 : 펜시클리딘(PCP), MDMA(엑스터시), 케타민
  중독증상 : 흥분, 민감, 과장, 동공 확장, 미세 떨림, 발한, 빠른 언어 및 움직임, 환각, 입과 목미름, 턱 움직임 통제불능, 빈복직 움직임
  금단증상 : 불안, 흥분, 우울, 피로감, 불면, 공포, 공격성, 식욕 증대, 정신병리적 증상, 자살충동
- 마취제 : 모르핀, 메타돈, 코데인, 다르본
  중독증상 : 어지러움, 부정확하고 어눌한 말투, 동공 축소, 신체적 협응 빈약, 무통증상(통증에 대한 무감각)

　　금단증상 : 구토, 복통, 고열, 오한, '소름'
- 흡입제 : 접착제, 방향제, 페인트 용화제, 액체세제, 연료

　　중독증상 : 혼란, 환각, 흥분 혹은 우울, 균형감 빈약

　　금단증상 : 일관적이지 않음
- 마리화나 : 담배, 구강흡입 형태 물질

　　중독증상 : 졸음, 집중력 빈약, 혼란, 불안, 편집증, 왜곡된 지각

　　금단증상 : 심리적 고통
- 환각제 : 메스칼린, 사일러사이빈, LSD

　　중독증상 : 동공 확장, 환각, 신체와 시간에 대한 변형된 지각, 주의집중 문제, 정서적 불안정성

　　금단증상 : 알려지 있지 않음

　　앞서 언급한 바와 같이, 어느 시기에 유행이 되거나 매체의 집중적인 관심을 받는 물질은 다양하며 일시적인 유행이나 기타 사회적 현상에 영향을 받는다. 예를 들어 1990년대 중반에 리탈린은 보편적으로 남용된 약물이 되었고 전국적인 매체의 관심이 그 약의 처방과 통제에 쏠렸다. 1990년대 후반부에는 매체의 관심이 광란적 청소년의 엑스터시 남용으로 바뀌었다. 이 약물의 영향에 대해 알려진 것의 대부분은 일화적 증거에 기초하고 있다. 임상연구자는 연구 참여자의 뇌손상 위험성이라는 윤리적인 문제로 어려움을 겪어 왔다(Ricaurte, Yuan, Hatzidimitriou, Cord, & McCann, 2003). 매체의 관심이 이처럼 다양함에도 불구하고 마리화나는 서구사회 청소년들 사이에서 가장 폭넓게 사용되는 불법적 약물이다. 예를 들어 2013년에 미국 12~17세 청소년의 8.8%가 금지된 약물을 사용하는 것으로 나타났고, 이들 중 80%(모든 청소년의 7.1%)가 마리화나를 사용하였다[SAMHSA(Substance Abuse and Mental Health Services Administration; https://findtreatment.samhsa.gov)]. 금지된 약물 사용이 2002년부터 2013년까지 전반적으로 조금씩 감소하는 반면(12~17세 청소년의 11.6%에서 8.8%로), 마리화나 사용은 같은 기간 동안에 12~17세 청소년의 6.7%에서 8.2%로 완만한 형태를 이루었다. 주요 사회적인 변화는 2010년대에 시작되었다. 몇몇 주에서 오락 목적의 마리화나 판매를 합법화하였고(성인에게), 4개 주는 2016년에 마리화나 사용의 합법화를 위한 투표를 실시하여, 마리화나의 사용이 허락된 주는 총 8개 주가 되었고 컬럼비아특별구도 추가되었다(연방법은 여전히 마리화나 사용을 금지하고 있음에도)(예 : Lindsay, 2016). 성인에 대한 마리화나 합법화의 증가가 마리화나 사용이 금지된 아동과 청소년에게 어떤 영향을 미칠지는 알려져 있지 않다. SAMHSA 조사에 따르면, 다음으로 가장 빈번하게

남용되는 물질은 처방약으로, 2013년에 청소년의 2.2%가 사용하였다(2002년부터 상당한 감소세임). 앞서 목록화한 물질들 외에, **조제 약물**(designer drugs, 불법으로 실험실에서 조제하는 새로운 약물로서 도취감을 줌) 같은 많은 기타 조제약을 남용한다. 여러 가지 약물 명칭에 대한 은어가 넘쳐나고 있으며, 새로운 명칭의 약물이 끊임없이 만들어지고 있다.

물질남용의 두 가지 유형이 오래도록 지속되고 있다. 첫째는 청소년기에 알코올과 기타 물질의 실험적 사용이 시작되어 초기 성인기로 넘어가면서 상당한 정도로 감소하는 유형이다. 결혼이나 취직과 관련한 친사회적 과정이 초기 성인기의 물질사용 감소와 관련 있다. 그러나 두 번째 유형은 청소년기 행동에 기초하여 성인 적응에 위험을 가지는 유형이다. 물질남용 성인이 되는 청소년 물질남용자는 일반적으로 남용하는 물질이 복합적이다. 게다가 청소년기 문제행동과 사회규범에 대한 거부 패턴은 성인기 물질남용에 대한 예측변인인데, 이것은 물질사용 수준보다 더 잘 예측하는 것으로 나타났다.

물질남용과 관련된 정서행동 문제에는 물질사용으로 인한 영향과 사용 기간 이후의 금주에 의한 영향(즉 금단) 모두가 포함된다. 다음은 물질사용과 관련하여 일반적으로 사용되는 용어이다.

- **도취**(intoxication)란 독성 물질이 혈관에 침투하여 나타나는 증상(충분한 정도의 신체적, 심리적 영향을 가지는)을 의미한다.
- **내성**(tolerance)은 신체가 물질에 적응함으로써 동일한 효과를 얻기 위해 더 많은 양이 필요한 상태를 의미한다. 일반적으로 내성은 반복된 사용으로 증가하고 일정한 절세 이후에 감소한다.
- **중독**(addiction)은 물질의 충동적 사용을 의미하는 것으로, 물질의 획득과 사용이 주요 관심사가 되고 행동 패턴이 된다.
- **의존성**(dependence)은 신체적 혹은 정서적 불쾌감을 피하기 위해 물질사용이 지속적으로 필요한 상태를 의미한다.
- **금단증상**(withdrawal)은 물질을 중단함과 관련하여 신체적 혹은 정서적 불쾌감이 나타나는 것을 의미한다.

만성적 물질남용의 주요 특성은 자신도 모르게 발병하여 다양한 단계로 진행하는 것이다. 물질남용자가 즉각적으로 상습적 사용자가 되는 경우는 드물다. 그보다는 또래 압박에 의해 실험적으로 사용하다가 사회적 혹은 오락적으로 사용하게 되고 이후에는 어떤 상황이나 환경에서 사용하게 된다(아마도 스트레스 사건 이후에 긴장을 풀기 위해, 업무 수행은 위해 깨어 있기 위해, 혹은 수면을 위해). 상황적 사용은 일상의 일부로 확장될 수 있다. 결과적으로 물질은 개인의 가장 중요한 관심사가 될 수 있다. 분명히, 물질 사용과 남용이 반드시 강박-의존적 중독 단계로 진행하는 것은 아니다. 그러나 교사 및 기타 성인들은 실험적 단계에서 사회-오락 및 상황-환경적 사용으로 전이되는 위험 신호를 알고 있어야 한다. 교사들은 사회적 행동과 학업 수행에서 처음으로 상황적 사용으로의 전이 변화를 관찰한다(Severson & James, 2002).

1980년대 이래로 물질남용에 관한 관심이 문란한 성행위와 감염된 주삿바늘 사용에 의한 후천성 면역결핍바이러스(human immunodeficiency virus, HIV)로 쏠렸다. 알코올과 기타 물질의 사용으로 기분과 인지적 통제력에 변화가 옴으로써 콘돔을 사용하지 않은 성행위가 상당한 정도로 증가하였다. 주거 불명 혹은 물질남용 청소년들이 성적 문란과 HIV 혹은 성매개감염(sexually transmitted infections, STIs)의 고위험군이다.

아동과 청소년의 물질남용 정도를 파악하기는 어렵다. 정서행동장애 학생은 일반 학생 집단보다 위험성이 더 높다. 청소년의 특정 물질사용 수준과 남용은 성인 패턴을 반영하고 유행, 사회적 태도, 금지 등에 의해 영향을 받는다. 환각적 물질사용은 지난 20년보다 1980년대에 더 낮았지만, 1980년대는 코카인이 주요 관심사였고, 지난 10년 동안 경고 수준의 법적 처벌 대상이었던 마리화나 사용은 비교적 안전하였다. 1980년대 중반을 시작으로 금지 약물의 사용이 꾸준히 감소하였고 1992년경에 증가 추세가 시작되었다(Johnston, O'Malley, Bachman, & Schulenberg, 2009). 2002년부터 2011년까지 청소년들 사이의 물질남용 비율은 10% 정도의 안정적 경향으로 나타났고 2013년에는 11년 동안 가장 낮은 수준으로 떨어졌다[8.8%로; SAMHSA(https://findtreatment.samhsa.gov) 참조]. 많은 학자들이 이러한 경향의 원인에 대해 연구하고 있지만 청소년 물질남용이라는 복잡한 문제에 기여하는 한 가지 원인 혹은 일련의 요인들을 짚어주는 설명은 없는 것 같다. 미래에 청소년들 사이에서 유행하게 될 물질과 약물 사용 비율에 대한 경향을 예측하는 것은 불가능하다.

원인적 요인과 예방

청소년 물질남용을 설명하기 위한 다양한 이론이 제기되었다. 거기에는 질병으로 보는 모델(신진대사 혹은 유전적 이상성), 윤리적 문제로 보는 모델(의지력 부족), 정신적 문제로 보는 모델(도움이나 더 강한 힘이 필요함), 심리적 장애로 보는 모델(학습된 부적응행동 혹은 정신 내부의 갈등) 등이 있다. 대부분의 연구자들은 단일적 요인으로 물질남용을 갖게 되는 것이 아니고 물질남용은 복합적인 원인을 가진다고 결론 내렸다. 중요한 것은 위험성을 심각하게 만드는 요인이나 위험을 보호하는 요인을 사정하는 것이다(Severson & James, 2002).

위험을 증가시키는 것으로 알려진 가족 요인은 빈약하고 비일관적인 부모 훈육, 가족 갈등, 가족 구성원 간 정서적 유대감 부족 등이다. 가족 구성원은 물질남용의 모델을 제공할 수도 있고 아동에게 물질사용을 소개할 수도 있다. 의심할 여지없이, 유전적 요인은 개인이 약물에 의하여 신체 및 심리에 민감하게 영향을 받도록 작용함으로써 물질남용의 위험성에 기여한다. 일탈된 또래집단에 의한 사회화도 물질남용에 주요 역할을 하고, 물질사용과 남용에 대한 매체에의 노출도 기여할 수 있다. 청소년들이 속해 있는 문화의 모든 측면이 물질사용 시작에 영향력을 가진다(Shiner & Tackett, 2014 참조).

지역사회 내 실직과 열악한 주거 환경 또한 위험요인이다. 물론 물질남용은 중류층과 고소득 지역사회에서 낯설지 않다. 여전히 가난한 외곽 지역의 특성으로 볼 수 있는 사회경제적 기회의 부족, 절망적인 상황, 밀집, 폭력 등이 매우 중요한 위험요인이다.

물질사용의 시작 연령은 위험요인으로 알려져 있다. 물질사용의 첫 경험을 어린 나이에 가질수록 이후의 남용 위험성은 더 커진다. 4주 내에 한 가지 이상의 물질을 사용하는 **다종약물**(polydrug) 사용의 위험성은 청소년기 동안에 연령에 따라 증가하는 것으로 보인다(Smit, Monshouwer, & Verdurmen, 2002).

물질남용 장애는 다양한 다른 장애나 정신의학적 질환과 함께 발생한다. 외현화 행동 문제(공격과 품행장애의 다른 특성)는 특별히 위험성을 높이기 쉽다. 다중물질 남용자는 전형적으로 복합장애를 가지는데, 그 모두가 뒤얽혀 있고 처치를 필요로 한다. 물질사용과 다른 장애의 상호 영향을 주목하는 것이 중요하다. 조현병, 우울, 성격장애 같은 어떤 장애들은 물질사용에 의해 촉진되거나 악화될 수 있다(발병되거나 더 나빠지는). 다양한 장애가 물질남용에 기여하고 그것을 악화시킬 수 있다(Severson & James, 2002).

다른 요인들이 주사 및 음주 수준과 관련될지도 모른다. 수많은 연구 결과에 따르면, 음주 수준은 또래집단에 더 밀접하게 관련이 있고, 주사는 가족 및 심리적 문제와 관련이 있다. 주사가 있는 사람은 음주 수준이 같아도 주사가 없는 사람과 비교하여 어려움을 경험한다.

보호요인에는 고위험과 관련된 가족 특성에 반하는 요소뿐만 아니라 성격 특성, 즉 낮은 분노와 공격성과 같은 초기 기질과 학교 성취, 순종, 책임감 등도 포함된다(Shiner & Tackett, 2014). 연구자들은 또한 탄력성과 HIV/AIDS 관련 지식 같은 안전한 성적 태도, 자아개념, 희망적인 성향 등의 요인들이 청소년의 약물 및 알코올과 부적 상관을 가진다고 밝혔다(Chang, Bendel, Koopman, McGarvey, & Canterbury, 2003). 그러므로 이러한 요인들이 갑급과 HIV/AIDS, 물질남용 등을 예방하는 데도 작용할 것이리고 예측할 수 있다.

또래 지원이나 사회적 반대의견 같은 사회·문화적 영향은 아동과 청소년이 물질사용을 하지 않도록 도움을 줄 수 있으며, 최소한 물질남용 첫 경험의 연령을 지연시키는 데 도움을 줄 수 있다. 지역사회 내 물질남용의 대체 활동과 일자리 또한 보호요인이 될 수 있다.

사용 및 남용의 예방(특히 사용의 조기 시작), 사용에 대한 후속결과, 사용 및 남용과 관련된 위험요인 등과 같은 예방을 위한 다양한 표적이 제안되었다. 위험을 낮추는 보호요인을 증가시키는 것도 예방이 될 수 있다. 우리가 고안할 수 있는 가장 효과적인 예방 노력은 이러한 관심사를 모두 고려하는 것이다. 예방 전략은 또래 관련 요인, 개인적 요인(예 : 빈약한 학업 및 사회기술, 품행장애), 가족 요인(예 : 부모 훈육), 생물학적 요인(예 : 약 복용), 지역사회 요인(예 : 사회경제적 조건) 등 모든 위험요인을 포함해야 하며 그것과 일대일로 맞추어져야 한다. 중재는 표적을 개인으로 하느냐 더 큰 환경으로 하느냐에 따라 달라질 수 있다. 알코올과 약물의 실험적 사용이 청소년 발달에서 정상적인 행동으로 간주되기 때문에 아동에게 '싫다고 말하기'를 가르치는 단순한 예방 프로그램은 사라졌다. '싫다고 말하기'를 하지 않았는데 즉각적인 부정적 결과를 받지 않는 청소년은 이후의 모든 물질남용 경고를 무시할지도 모른다. 분명히 좀 더 집중적이고 합리적인 예방법이 필요하다. 예방 전략을 위한 일반적인 권고사항은 발달적으로 적절해야 하며, 고위험 집단에 초점이 맞추어져야 하고, 포괄적이어야 하며(복합적인 위험요인을 다루는), 지역사회의 사회적 정책 변화와 협력적이어야 하고, 장기적이어야 한다는 것이다.

여기에서 논의하기에 가장 적절한 내용은 청소년 물질남용을 예방하기 위한 교육적 측면에서의 노력이 강조된 기술중심 중재로서, 이 중재는 학생들에게 물질사용 및 남용의 영향과 결과를 이해시키는 것을 목적으로 한다. 학생들을 위한 교육과정은 다양한 기술을 학습하도록 설계되어야 하고 다음의 내용도 포함하는 것이 좋다(Rosenblatt et al., 2015).

- 또래 압박에 저항하기
- 물질남용과 관련된 태도, 가치, 행동적 기준을 변경하기
- 물질사용에 대한 성인의 영향을 인정하고 저항하기
- 자기조절, 스트레스 관리, 적절한 주장 등과 같은 문제해결 전략 사용하기
- 목표를 선정하고 자아개념 향상시키기
- 좀 더 효과적으로 의사소통하기

물질남용이 현실이 된 후에 중재를 하는 것보다 예방이 더 나은 것이다. 그러나 예방이 효과를 가지려면 집중적이고 포괄적이며 지속적이어야 하고 이웃에 고위험성이 있는 청소

년과 지역사회의 사회적·경제적 조건을 개선하는 데 초점이 맞추어져야 한다. 불행히도 미국 내 대중적 정서와 사회적 정책은 효과적인 예방 프로그램을 지지하는 데 적극적으로 나서지 않고 있다.

중재와 교육

물질남용 예방 프로그램은 매우 바람직한 일이지만 이미 약물을 사용하고 있는 사람들에게는 거의 도움이 되지 못한다. 청소년 물질남용 중재를 위하여 약물치료(Mirza, 2002 참조)와 행동주의 접근법(Roll, 2005; Martella et al., 2012 참조) 등의 광범위하고 포괄적인 방법들이 적용되고 있다. 알코올 및 약물중독자협회(Alcoholics Anonymous and Narcotics Anonymous)가 제안한 12단계 프로그램 같은 전통적인 방법도 그중 하나이다. 집단치료, 가족치료(가족 개별 혹은 집단), 인지행동수정, 심리약학적 치료 등이 흔히 적용되는 치료법들이다. 문화적 전통을 잘 반영하는 가족 참여 및 프로그램은 예방과 중재에서 중요한 부분이다(Eber et al., 2014; Severson & James, 2002 참조). 연구가 제한적이기는 하지만, 가족치료와 인지행동수정은 약물에 의존하는 청소년에게 유망한 처치가 되고 있다는 증거가 쌓여 가고 있다(Liddle, Dakof, Turner, Henderson, & Greenbaum, 2008). 일부 프로그램은 중재가 필요한 전역, 즉 학교, 또래집단, 가족, 매체, 지역사회, 법 측면, 비즈니스 영역에 걸쳐 예방과 중재를 위한 종합적인 접근을 제공하고 있다(Eber et al., 2014 참조). 중요한 것은 처치가 개별적 사례별로 설계되어야 한다는 점과 입원 환자 및 외래 환자에 대한 처치가 신중히 고려되어야 한다는 점이다.

우리의 첫 번째 관심사는 교육적 중재이다. 성공적인 물질남용 교육 프로그램의 중요한 특징은 교사와 부모, 그리고 학생이 정확하고 유용한 정보를 축약된 형태로 접할 수 있게 하는 것이다. 표 13.1과 13.2는 정보 유형의 예다. 약물남용 예방은 아동과 청소년이 불법적 물질을 사용하지 않도록 하는 노력은 물론, 표 13.2에 제시된 것과 같은 처방약 남용에 관한 관심사까지 확장되어 있다.

정보는 중요하지만, 단지 불법 및 처방약물에 대한 정보를 제공하는 것이 행동 변화를 가져올 수는 없을 것이므로, 보다 특별하고 목적적인 활동이 필요하다. 이를 위해 학교에서 할 수 있는 활동으로는 (a) 교사와 학생을 위한 명확하고 구체적으로 정의된 약물 사용 및 소지에 대한 정책, (b) 모든 학년에서의 기초적이고 간단한 약물 교육, (c) 지역의 약물 문제와 지역사회 서비스 기관에 대한 교사의 정보 확충, (d) 청소년 발달과 약물 사용 같은 주제에 대한 집단 토론, (e) 지역사회 상담센터와 교내 센터 같은 지역사회 지원을 활용한 집단 상담

표 13.1 일반적인 남용약물 정보

약물 종류와 명칭	상품명 혹은 통상적 명칭	급성 효과	건강 위험 증상
마취제			
마리화나	도프, 그래스, 허브, 조인트, 팟, 리퍼, 그린	황홀감, 사고 및 반응시간 지연, 혼란, 균형감각 및 협응력 장애, 심장박동수 증가, 불안, 공황발작, 내성	기침, 호흡장애, 기억 및 학업 손상, 중독
하시시	붐, 해시, 해시오일, 햄프		
합성 마취제			
헤로인	디아세틸모르핀 : 브라운 슈거, 도프, H, 호스, 정크, 스캐그, 스컹크, 스맥, 화이트 호스, 차이나 화이트, 치즈	황홀감, 어지러움, 협응력 손상, 현기증, 혼란, 메스꺼움, 진정, 몸이 무거운 느낌, 느리고 답답한 숨 쉬기	변비, 심장내막염, 간염, HIV, 중독, 치명적 과다복용
오피움	로더넘, 패러고릭 : 빅 O, 블랙 스터프, 블록, 검, 홉		
흥분제			
코카인	코카인하이드로클로라이드, 블로우, 범프, C, 캔디, 찰리, 코크, 크랙, 플레이크, 록, 스노우, 투트	심장박동수, 혈압, 체온 및 신진대사 상승, 기분 고조, 에너지 충만, 각성상태 상승, 전율, 식욕부진, 민감, 불안, 공황, 편집증, 폭력적 행동, 정신병적 행동	체중 감소, 불면증, 심장 혹은 심장혈관계 합병증, 뇌졸중, 발작, 중독 **코카인 적용 증상** – 거센 콧바람에 의한 코 손상 **메스암페타민 적용 증상** – 심각한 치아 문제
암페타민	바이페타민, 덱세드린 : 베니, 블랙 뷰티, 크로시스, 하트, LA 턴어라운드, 스피드, 트럭 드라이버, 어퍼스		
메스암페타민	데속신 : 초크, 크랭크, 크리스털, 파이어, 글래스, 고패스트, 아이스, 메스, 스피드		
클럽약물			
MDMA(메틸린다이옥시메스암페타민)	엑스터시, 애덤, 클래리티, 이브, 러버스 스피드, 피스, 어퍼스	경미한 환각상태, 촉각적 민감성 상승, 공감 느낌, 억제 감소, 불안, 한기, 발한, 치아 악물기, 근육 경련	수면장애, 우울, 기억 손상, 고열, 중독
플루니트라제팜(성폭력과 관련)	로히프놀 : 포겟미필, 멕시칸 바리움, 로체, 루피, 루피놀, 로프, 로치, R2	진정, 근육이완, 혼란, 기억 상실, 현기증, 협응력 손상	중독

(계속)

표 13.1 일반적인 남용약물 정보(계속)

약물 종류와 명칭	상품명 혹은 통상적 명칭	급성 효과	건강 위험 증상
GHB(성폭력과 관련)	감마하이드록시뷰티레이트 : G, 조지아홈보이, 그리버스 바딜리함, 리퀴드엑스터시, 숍, 구프, 스쿠프, 리퀴드 X	어지러움, 메스꺼움, 두통, 방향감각 상실, 협응력 손실, 기억상실	발작, 의식불명
해리성 약물			
케타민	케탈라 SV : 캣 바리움, K, 스페셜 K, 비타민 K	모든 해리성 약물 적용 ─ 신체가 환경으로부터 분리되는 느낌, 운동기능 손상	불안, 전율, 마비, 기억상실, 메스꺼움
PCP 및 유사물질	펜시클리딘 : 엔젤더스트, 보트, 호그, 러브보트, 피스 필	**케타민 적용 증상** ─ 무통각, 기억손상, 헛소리, 호흡억제 및 정지, 사망	
샐비아 디비노룸	샐비아, 세페르데스 허브, 마리아 파스토라, 매직민트, 샐리-D	**PCP 및 유사물질 적용 증상** ─ 무통각, 정신병적 증상, 공격성, 폭력성, 어눌한 말, 협응력 손실, 환각	
덱스트로메톨판(DXM)	기침 및 감기약 성분에서 발견됨 : 로보트리핑, 로보, 트리플 C	**DXM 적용 증상** ─ 도취증, 불분명한 말, 혼란, 현기증, 왜곡된 시각적 지각	
환각제			
LSD	리서직 애시드 디에틸아미드 : 애시드, 블로티, 큐브, 마이크로닷, 옐로 선샤인, 블루헤븐	모든 환각제 적용 ─ 심하게 변형된 지각 및 느낌, 환각, 메스꺼움	LSD 적용 증상 ─ 환각 재현, 지속적인 지각장애
메스칼린	버튼, 캑터스, 메스크, 페이요트	**LSD 및 메스칼린 적용 증상** ─ 체온 상승, 심장박동수 및 혈압 상승, 식욕감퇴, 불면증, 마비, 허약, 충동적 행동, 감정의 빠른 변화	
사일러사이빈	매직머쉬룸, 퍼플 패션, 쉬룸스, 리틀 스모크	**사일러사이빈 적용 증상** ─ 신경쇠약, 편집증, 공황	
기타 화공약품			
아나볼릭스테로이드	아나드롤, 옥산드린, 듀라볼린, 디포-테스토스테론, 에퀴포이즈, 로이드, 주스, 짐 캔디, 펌퍼스	중독효과 없음	과잉긴장, 혈액응고 및 콜레스테롤수치 변화, 간 낭종, 신장암, 잔혹성 및 공격성, 여드름 증가, 청소년기 성장발육 정지, 남성의 경우 전립선암, 정자 생산능력 감소, 주름진 고환, 가슴 확대, 여성의 경우 생리불순, 체모니 다른 남성적 특징 발달

표 13.1 일반적인 남용약물 정보(계속)

약물 종류와 명칭	상품명 혹은 통상적 명칭	급성 효과	건강 위험 증상
흡입제	솔벤트(페인트 시너, 가솔린, 글루), 가스(부탄, 프로판, 에어로졸, 추진제, 아산화질소, 산화물), 아질산염(이소아밀, 이소부틸, 사이클로헥실) : 웃음 가스, 포퍼스, 스냅퍼스, 휘펫	(화학제에 따라 다양함) 흥분, 억제 상실, 두통, 메스꺼움, 구토, 어눌한 말투, 운동협응력 상실, 천식성 가래 끓는 소리	경련, 체중 감소, 근육빈약, 우울, 기억력 결함, 심장혈관 및 신경계 손상, 의식불명, 돌연사

표 13.2 남용된 처방 약물

약물 종류와 명칭	상품명 혹은 통상적 명칭	중독 효과	가능한 건강 결과
우울제			
바르비튜레이트	아미탈, 넴뷰탈, 세코날, 페노바르비탈, 바브, 레드, 레드버드, 페니, 투이, 옐로, 옐로 재킷	통증 및 불안 감소, 편안한 느낌, 억제력 감소, 맥박 및 호흡 수 감소, 집중력 감퇴, 진정, 어지러움	혼란, 피로, 협응력, 기억 및 판단력 손상, 우울증상, 중독, 현기증 **바르비튜레이트 적용 증상**－우울, 비정상적 흥분, 열, 민감, 판단력 감소, 어눌한 말
벤조디아제핀(플루니트라제팜과 다름)	아티반, 할시온, 리브륨, 바리움, 자낙스, 캔디, 다우너, 슬리핑 필, 트랭크		
오피오이드 및 모르핀 유도물질			
코데인	엠피린위드코데인, 피오리날위드코데인, 로비투신 A-C, 타이레놀 위드 코데인, 캡틴 코디, 코디, 스쿨보이, 도어앤드포즈, 로드, 팬케이크앤드시럽	통증 완화, 도취증, 어지러움	호흡기 압박 및 정지, 메스꺼움, 혼란, 변비, 진정, 의식불명, 혼수, 내성, 중독 **코데인 적용 증상**－모르핀보다 무통각, 진정, 호흡기 압박 등이 덜함
펜타닐	액티크, 듀라제식, 서브리메이즈, 아파치, 차이나걸, 차이나화이트, 댄스피버, 프렌드, 굿펠라, 잭팟, 머더 8, TNT, 탱고앤드캐시		
모르핀	록사놀, 듀라모프, M, 미스엠마, 몽키, 화이트스터프		

(계속)

표 13.2 남용된 처방 약물(계속)

약물 종류와 명칭	상품명 혹은 통상적 명칭	중독 효과	가능한 건강 결과
기타 오피오이드 통증 완화제(옥시코돈, 메페리딘, 하이드로모르폰, 하이드로코돈, 프로포시펜)	타이록스, 옥시콘틴, 퍼코댄, 퍼코셋, 옥시 80, 옥시코튼, 옥시셋, 힐빌리 헤로인, 퍼크스데메롤, 메페리딘, 하이드로클로라이드, 데미스, 페인 킬러, 딜라우디드, 주스, 딜리스, 바이코딘, 다르본, 다르보셋		
흥분제			
메틸페니데이트	리탈린, JIF, MPH, R-볼, 스키피, 스마트 드럭, 비타민 R	심장박동, 혈압, 신진대사 증가, 흥분감, 에너지, 각성상태 증가, 혈압 증가 혹은 감소, 정신증적 에피소드	심장박동이 빠르거나 불규칙, 식욕부진, 체중감소, 심장쇠약, 소화불량

National Institute on Drug Abuse, https://www.drugabuse.gov/drugs-abuse/commonly-abused-drugs-charts, retrieved February 16, 2016 참조.

과 개인 상담, (f) 집단 혹은 개인 지원을 위한 긍정적 역할 모델의 또래집단 접근법 등이 있다.

많은 물질남용 문제를 가진 학생이 물질남용의 위험을 증가시키거나 중재에 대한 반응능력을 감소시키는 신념체계를 가진다. 초기에 물질남용 문제의 위험성이 큰 개인은 물질사용을 피할 수 없다거나 또래 압박에 저항할 수 없다는 믿음을 가지기 쉽다. 그들은 약물사용에 가담하게 된 이후에는 약물 사용을 조절할 수 없다거나 약물 사용의 문제점을 최소화할 수 없다는 믿음을 더 강하게 갖게 된다. 이러한 개인들에게는 약물을 끊게 하기 위하여 더 많은 정보와 권고가 필요하다. 어려운 일이지만, 개인이 환경적 단서를 잘 해석하고 보다 긍정적인 신념체계를 발전시켜 나갈 수 있게 하기 위한 환경적 지원이 절실히 필요하다. 이러한 지원 없이는, 물질남용 관리에 대하여 부적응적 신념을 가진 개인은 자신의 불리한 조건과 어려움을 이유로 자신의 삶을 변화시키는 것은 불가능하다고 생각할 가능성이 크다. 결과적으로 그들은 물질사용과 그로 인한 부정적 효과를 통제할 노력을 포기하게 될 것이다. 학교와 기타 공공기관에서 신념에 영향을 미치는 처치는 드물다. 그러나 물질남용 중재와 관련하여 재발 비율이 높다는 것은 이러한 요소가 현재의 중재법에 보완되어야 힘을 시사하고 있다.

교사는 학교에서 일어나는 물질남용이나 중독, 금단현상 등이 의심되는 일을 관리할 줄 알아야 한다. 교사의 역할은 조사관이나 상담가가 되는 것이 아니라 학생을 관리하고 적절하게 의뢰하는 것이다. 교육자는 물질남용의 징후를 알아야 하지만, 어떤 신체적 혹은 심리적 증상을 의심 없이 자동적으로 중독이나 금단의 결과라고 단정지어서는 안 된다. 상담가나 의료진에게 의뢰하여 원인을 판단하는 것이 적절한 조치이다. 학교 경찰은 교사와 행정가가 의심스러운 남용 및 위기 상황에서 적절히 반응하도록 돕는 역할을 한다. 정서행동적 위기 사건에서 교사는 평정심을 유지해야 하고 대항적 태도를 취해서는 안 된다. 안전이 훈육보다 더 중요하다는 것을 우리는 알고 있다.

조기 성행위와 십대 부모

비행, 물질남용, 성행위 등은 흔히 서로 연계된다. 성행위는 청소년 범죄로 간주될 수 있지만 어떤 청소년은 강간이나 치한 같은 중대 성적 범죄를 범하기도 한다(Dwyer & Laufersweiler-Dwyer, 2006 참조). 그러나 대부분의 조기 성관계는 십대 임신과 미성숙한 부모 책임, STI 접촉, 다양한 심리 및 건강 위험이 높기 때문에 주요 관심사이다(Kotchick, Shaffer, Miller, & Forehand, 2001; Schofield, Bierman, Heinrichs, Nix, & Conduct Problems Prevention Research Group, 2008). 예전에는 성적활동이 논의의 대상이 아니었고 성인 생활의 일부로만 간주되었다. 그러나 이제 성적활동은 성인의 문제일 뿐만 아니라 청소년 행동의 일부가 되었다. 성관계 문제가 13세 청소년보다 18세 청소년을 대상으로 일어날 때 관심이 훨씬 덜 가는 것도 사실이다. 즉 관심의 수준은 아동이나 청소년의 나이에 반비례한다.

심리적 문제를 가진 청소년은 성관계를 통해서 HIV와 기타 STIs에 걸릴 위험이 매우 높고, 이것은 흔히 물질남용과 연계된다. 십대들의 성적활동도 사회적 · 정서적 부적응 및 부적절한 아동양육기술과 관련이 있다. 많은 청소년들이 자신의 고위험 행동에 대해 왜곡된 인식을 가지고 있다. 그들은 성행위가 높은 수준의 쾌락을 주지만 상대적으로 위험성이 낮다고 알고 있다. 정서행동장애 학생은 HIV의 위험성이 높은 성적 행동에 대해 왜곡된 생각을 가지는 경향이 있다. 십대 임신과 부모 역할은 청소년들에게 어마어마한 문제를 안겨주고, 이러한 문제는 빈곤, 반사회적 행동, 물질남용 등의 다른 위험요인이 동반되면 악화된다. 임신과 부모 역할은 이미 위험성을 가지고 있는 십대들을 압도할 수 있다는 것은 거의 당연한 일이다.

십대들의 성적 행동은 신체적 충동 외에도 다양한 요인에 의해 동기화될 수 있다. 조기 성행위를 일으키는 사회 및 심리적 조건은 많고 복합적이다. 여기에는 앞서 논의한 가족 및 문화적 요인도 포함된다. 나이 든 사람에 의한 성적 학대는 일부 십대들에게 성적 활동을 활성화하는 요인으로 작용할 수 있고, 십대들은 결과적으로 장기적인 심리적 스트레스와 역기능으로 고통 받게 된다. 성적활동 문제를 가진 많은 십대들이 소속감, 정서적 친밀감, 그리고 다른 방법으로 성취할 수 없는 존중감 등을 갈구하고 있는 것으로 나타났다. 그들은 다른 사람으로부터 받을 수 없었던 사랑을 자신의 아기가 줄 것이라고 믿으면서 부모가 되는 것을 낭만적으로 생각한다. 일부는 성과 사랑에 중독된 것으로 나타났다. Donenberg, Bryant, Emerson, Wilson, Pasch(2003)는 12~19세 청소년 200명을 대상으로 한 연구에서, 여아가 14세 이전에 성적 활동을 시작하는 것을 예측할 수 있는 세 가지 요인으로 적개심을 가진 부모 통제, 또래 영향, 외현화된 정신병리적 특성을 꼽았다. 이러한 십대들에겐 심리 및 신체적 위험은 무덤이나 다를 바 없다. 십대 부모의 경제적 문제는 십대 부모에게나 그 아이에게나 현실적 장벽이 되고 있다.

청소년이 성관계를 가지는 이유는 그들이 속한 문화 외에도 차이가 있는 것으로 나타났다. Eyre와 Millstein(1999)은 16~20세 청소년 83명에게 성적 파트너를 결정하는 질적 요인들과 성관계를 하는 이유나 그만두는 이유에 대해 기록하게 하였다. 연구에 참여한 집단 모두가 나타낸 성관계를 하는 이유는 믿음에 관한 것으로 상대방과의 친밀도, 상대방의 성적 역사, 상대방의 지적 수준, 의사소통이 되는 것 등이 긍정적 요인이었고, 이러한 요인을 갖추지 못한 것은 상대방과 성관계를 그만두는 이유로 나타났다. 이 연구는 또한 여성과 남성 간, 아프리카계 미국인과 백인 청소년 간의 성적 행동과 태도상의 차이를 조사하였다. 두 인종의 남성들은 성관계를 가지는 이유로 성적 각성을 들었고, 여성은 개인적 관심과 미래에 대한 개인적 견지를 성관계를 가지는 이유로 꼽았다. 성적으로 활동적이었던 아프리카계 미국 청소년은 성관계를 사랑, 결혼, 부모와 좀 더 연계해 보고하였고, 백인 청소년은 (특히 남성에서) 성관계를 음주와 더 많이 관련하여 보고하였다.

십대 성적 활동과 부모 역할에 대한 현실은 성행위, 가족의 삶, 부모 역할하기에 대한 교육의 필요성을 시사해준다. 그러나 미국에서 이 주제는 현실적 증거에 기초하여 논의되기보다는 정책적, 윤리적, 종교적 관점에서 논의된다. 아마도 이러한 논의 때문에 믿을만한 확실한 자료를 찾기가 어렵다. 미국이 다른 대부분의 공업화된 나라보다 STIs와 십대 임신 비율이 더 높다는 것은 아이러니하다. 21세기에 이러한 논의에서 중심적 논제가 되는 것은 학교에서의 성교육 내용과 정말로 성을 배워야 하는지 여부이다. 많은 종교적 집단에서는 절제 접근법(청소년들에게 결혼 전이나 혼외로는 성적 활동을 하지 말아

유튜브 비디오 사례

비디오 연결 13.2

질병통제센터에서 제작한 이 비디오는 건강관리 종사자들을 위한 것이나, 십대 성 문제와 임신 예방에 관한 주요 내용도 제공하고 있다. (https://www.youtube.com/watch?v=Vjdd41VbNvk)

한다고 가르치는 것)을 장려하고 있고, 다른 집단에서는 청소년들이 피임이나 '안전한 성' 등과 같은 성에 관한 모든 정보를 필요로 하고 있다고 주장한다. 절제 접근법은 교육 제공과 피임이 조기 성행위를 조장할 뿐이라고 주장한다. 더 많은 연구가 필요하겠지만, 종합적인 성교육 프로그램이 성교육을 전혀 하지 않는 것보다 더 좋은 결과를 가져와 십대 임신이 감소하고 십대 성행위와 STIs 비율이 더 이상 증가하는 결과는 없을 것이라는 의견으로 모아지고 있다(예 : Kohler, Manhart, & Lafferty, 2008; Lindberg & Maddow-Zimet, 2012). 이와 비슷하게, Trenholm과 동료들(2007)이 절제 프로그램을 평가한 연구에서, 성을 절제하는 프로그램 시작 후 42개월과 78개월 조사에서 절제집단과 통제집단 간에 성 절제, 첫 성행위 연령, 상대방 수, 콘돔 사용에서 차이가 없었다고 밝혔다. 교육자들이 성교육 문제를 어떻게 접근할 것인가의 문제가 남아 있다. 그러나 조기의 보호되지 못한 성행위의 영향이 십대들을 황폐화시키고 있고, 일반적으로 정서행동장애를 동반하는 위험요인의 경우 십대들이 더 큰 영향을 받을 것이라는 점은 의심의 여지가 없다.

글상자 13.1

비행청소년을 위한 사회성 기술 교수

비행청소년의 사회성 기술 문제가 교사에게 주는 가장 큰 도전은 무엇인가?

교사들에게 비행청소년 학생, 특히 청소년기 후기에 있는 학생은 결석이나 제적 등의 대명사로 알려져 있다는 것은 불행하지만 사실이다. 청소년기 초기에서(아직은 정규 학교나 수업에 출석할 가능성이 많은) 교사가 부딪히는 가장 도전적인 문제는, 비행청소년이나 그 위험을 가진 청소년의 특성들일 것이다. 이러한 학생은 적대적이고 공격적이며 파괴적이어서 골칫거리로 여겨진다. 최소한 그들은 빗나가기 쉽고 부주의하며 학습활동에 참여하기를 어려워한다. 간단히 말해서 그들은 품행장애 학생과 매우 비슷한데, 실제로 많은 학생이 품행장애로 진단받는다. 사실, 품행장애는 많은 사례에 있어서 청소년 비행의 전조증상이다.

중재는 무엇을 표적으로 삼는 것이 좋은가?

품행장애처럼, 중재를 결정할 때 교사가 선택할 수 있는 문제행동이 너무 많다. 그러나 많은 사례에서 볼 때 비행을 정의할 수 있는 특성으로 볼 수 있는 것은 학교와의 현저한 단절과 이탈이다. (지역사회뿐 아니라 가족으로부터의 이탈도 많은 청소년 비행의 특성이다. 하지만 여기에서는 학교중심으로 살펴볼 것이다.) 비행 학생은 그들이 가진 혼란

(계속)

함과 충동성 문제 때문에 학업상의 어려움을 겪고 있다. 따라서 교육자들의 관심은 어떻게 하면 학교에 흥미가 없는 학생들을 학교에 참여시킬 수 있는가, 부족한 기본 기술을 어떻게 성공적으로 이끌 수 있는가에 있다.

유망한 중재 유형은 어떤 것인가?

비행의 발전 과정을 연구해 온 연구자들은 비행과 반사회적 행동목록을 전체적으로 모두 가진 학생을(특히 '적대적이고' 반사회적 행동을 나타내는 학생) 예측하기가 더 어렵고 그들을 위한 효과적인 처치가 무엇인지도 사실상 알기 어렵다. 따라서 연구자들은 아직 비행이 전반적으로 발달하지 않은 위험의 징후만을 가진 어린 아동에 대한 예방에 더 초점을 맞추어야 한다고 한목소리로 말하고 있다. Loeber, Farrington, Petechuk(2003)는 비행 예방에 초점을 둔 중재는 다음의 내용을 포함해야 하다고 제안하였다.

- 학급 및 행동관리 프로그램
- 학급중심의 복합요소 프로그램
- 사회적 능력 향상 교육과정
- 갈등 해결 및 폭력 예방 교육과정
- 괴롭힘 예방
- 방과 후 여가 프로그램
- 멘토링 프로그램
- 학교 조직화 프로그램
- 종합적 지역사회 중재

위에 언급된 마지막 네 가지는 학생의 참여를 강화하기 위하여 제공되는 프로그램이다. 이 목록 외에 우리가 생각해보아야 할 것은 학생들은 학업 실패 때문에 학교에 참여하지 않는다는 점이다. 따라서 예방 프로그램은 학령기 초기에 학생이 기본적인 학업 기술(읽기, 쓰기, 셈하기)에 대한 최선의 교수를 받을 수 있도록 구성되어야 한다.

중다요소 공격예방 중재의 예

메트로폴리탄 아동연구그룹(2002)은 초등학생을 대상으로 중재의 수준을 증가시키는 것이 학업 성취를 강화하고 공격성을 감소시키는지를 알아보기 위해 중다요소 공격예방 중재의 효과를 평가하였다. 세 가지 요소로 구성된 중재가 서로 다른 집단에게 각각 한 가지, 두 가지, 세 가지 요소로 적용되었다. '교실 일반 강화'라고 명명된 중재의 첫 번째 수준은 2주마다 2년 동안 교실 관리와 문화적 다양성, 친사회적 행동 강화, 갈등 관리 등의 내용으로 구성된다. 여기에는 훈련된 보조교사가 교사를 지원하고 모든 교사들은 예스아이캔 교육과정을 수료해야 한다. 이 교육과정은 교사들이 자신과 다른 사람의 감정을 이해하는 것을 학생들에게 가르치고 문제 해결 방안과 대처 방안을 개발하는 것에 초점을 맞춘다. 중재의 두 번째 수준은 소그룹으로 매주 진행되며, 공격에 대한 학생들의 신념을 변화시키는 것에 초점을 맞추고, 그룹 내 친사회적 '규준'을 설정한다. 이 단계에서 다루는 주제는 사회적 상호작용 주도하기, 사회적 상호작용 유지하기, 대인 간 갈등 해결하기, 모호한 표현 이해하기, 괴롭힘 다루기, 교우관계 발전시키기 등이다. 마지막으로 중재의 세 번째 수준은 가족 참여를 포함한다. 이 수준은 가족 간 의사소통 및 부모 역할 기술의 개선과 다른 가족과의 연결망을 구축하는 것을 목표로 삼는다. 기술을 가르치고 강화하기 위해 다양한 가족과의 큰 집단 미팅, 개별 가족 미팅, 가족 간 매주 전화통화, 가족 숙제 등의 전략이 모두 사용된다.

이러한 종합적인 중재의 결과는 두 가지 흥미로운 제한점과 함께 초등학생의 공격성을 예방하고 학업 성취를 높이는 데 모두 긍정적인 효과를 나타냈다. 첫 번째 중재는 (a) 초등학교 시기에 일찍 적용될 때, (b) 적절한 자원을 갖춘 지역사회(도시 빈민지역과 비교하여)에서 적용될 때 최상의 효과를 나타내는 것으로 밝혀졌다. 연구자들은 이 연구의 결과가 '이를수록 좋다'를 지지하는 것으로 해석되지만 비행의 위험이 높은, 특히 빈민 지역의 학교나 지역사회의 나이 든 아동에 대한 중재는 여전히 도전으로 남아 있다고 결론지었다.

비행에 관련된 정보를 찾을 수 있는 문헌

Burns, B. J., Howell, J. C., Wiig, J. K., Augimeri, L. K., Welsh, B. C., Loeber, R., & Petechuk, D. (2003). *Treatment, services, and intrvention programs for child delinquents*. Bulletin. Washington, D.C.: U.S. Department of Justice, Office of Justice Programs, Office of Juvenile Justice and Delinquency Prevention.

Henggeler, S. W., & Schoenwald, S. K. (2011). Evdence-based interventions for juvenile offenders and juvenile justice policies that support them. Social Policy Report, Volume 25, Number 1, *Society for Research in Child Development*.

Loeber, R., Farrington, D. P., & Petechuk, D. (2003). *Child Delinquency: Early intervention and prevention*. Bulletin. Washington, D.C.: U.S. Department of Justice, Office of Justice Programs, Office of Juvenile Justice and Delinquency Prevention.

Tolan, P., Henry, D., Schoeny, M., Bass, A., Lovegrove, P., & Nichols, E. (2013). Mentoring interventions to affect juvenile delinquency and associated problems: A systematic review. *Campbell Systematic Reviews, 9*(10).

요약

정서행동장애 아동과 청소년은 흔히 비행, 물질 남용, 조기 성행위에 가담한다. 이러한 행동은 독립적으로 발생하는 경우가 드물다. 오히려 문제를 가진 청소년이 서로 관련된 행동적 어려움을 더 많이 나타낸다. 이 장에서는 성인기까지 지속되고 악화되는 문제를 다루었다.

청소년 비행은 아직 성인이 아닌 개인이 법을 위반하는 것을 지칭하는 법적 용어이다. 미성년이 저지른 불법 행위는 우범행동이다. 중대범죄는 나이에 상관없이 불법이다. 대단히 많은 젊은이들이 비행을 저지르며 소수만이 체포된다. 비행 아동과 청소년은 흔히 다른 정서 혹은 행동장애, 특히 품행장애를 가진다. 그러나 모든 비행청소년이 품행장애를 가지는 것은 아니며, 모든 품행장애 청소년이 비행청소년은 아니다. 중요하게 구분지어야 할 집단은 약간의 비행을 저지르는 청소년과 상습적으로 범죄를 저지르는, 특히 사람을 대상으로 폭력적 범죄를 반복해서 저지르는 청소년 집단이다.

모든 아동 및 청소년의 약 20%가 어느 시기에 비행청소년이었으며, 약 3%가 매년 판결을 받는다. 모든 공식적인 비행청소년의 약 반이 성인기가 되기 전에 단 한 번의 범죄를 저지른다. 상습범은 대부분 공식적인 비행으로 간주한다. 비행청소년의 절정 연령은 15~17세이며 대부분의 비행청소년은 남성이다.

비행의 원인적 요인은 광범위하며 반사회적 행동, 과잉행동, 충동성, 낮은 지능 및 학업 성취, 가족 갈등, 범죄성, 빈곤, 빈약한 부모 훈육 등이 포함된다. 비행은 환경적 열악성, 빈약한 사회적 유대(가족, 학교, 직장), 지역사회 내 청소년과 기관 간 파괴적 사회적 관계 등의 조건으로부터 발전되는 것으로 나타났다. 효과적인 예방은 비행의 위험성을 높이는 모든 조건을 다루어야 한다.

감금된 비행청소년들은 거의 모두 특수교육이 요구되는 정서행동장애를 가지고 있다. 비행청소년의 교육적 요구에 대한 사정은 그들의 행동적 특성과 그들에게 서비스를 제공하는 사회적 기관 때문에 극도로 어려운 일이 되고 있다.

비행에 대한 중재가 성공적이기 위해서는 가족, 미성년 재판, 학교, 지역사회 등이 모두 함께 참여해야 한다. 부모에게는 자녀를 보다 효과적으로 훈육하고 점검할 수 있는 훈련이 필요하다. 미성년 재판은 전환부터 감금까지 다양한 전략을 포함한다. 중재와 관련하여 연구자들이 일반적으로 제시하는 권고사항은 폭력적 범죄를 제외한 모든 것을 지역사회 내에서 수행하는 것이다. 학교는 파괴적인 비행 행동에 대해 주로 안전에 초점을 맞춘 처벌적 대응을 하고 있지만, 적절한 행동을 강조하는 학교 수준의 훈육이 더 성공적이다. 교정 체계에서의 교육은 학생의 요구에 대한 기능적 사정, 중요한 생활기술을 교육하는 교육과정, 지역사회로의 전환 지원, 기관과의 협력을 통한 전반적인 교육 및 관련 서비스 등을 포함해야 한다.

거리 불량집단은 많은 도시에서 점점 문제가 되고 있는데, 이 집단에 대한 인식이 일반적으로 잘못 되어 있다. 거리 불량집단은 스스로를 집단으로 정의하고 범죄 성향의 일에 가담하는 젊은이 집합체이다. 대부분이 약물을 가장 중요시하지 않으며, 많은 불량집단 구성원들이 범죄를 저지르지 않고 비폭력적인 상태로 시간을 보낸다. 불량집단 구성원은 전형적으로 주목할 만한 개인적인 결함을 가지며, 반사회적이고, 사회적인 지위와 교우관계를 희망하며 대부분 지루한 생활을 하고 있다. 불량집단의 원인과 예방적 접근 방법은 비행에 대한 것과 동일하며, 빈곤과 실직의 문제에 중점을 둔 많은 동일한 중재 전략이 적용되고 있다. 그러나 불량집단은 그들의 응집력을 강화하는 중재와 외적인 위협에 의해 없어지지 않고 있다. 많은 학교가 비생산적인 방법으로 불량집단에 대처하고 있다. 대학진학을 포기한 젊은이들을 위한 차별화된 교육과정이 이들의 특별한 교육적 요구이다.

물질남용은 정의하기가 쉽지 않다. 그러나 물질이 치료적 목적보다는 신체 및 심리적 효과를 줄이기 위해 계획적으로 사용될 때 그리고 건강 위험, 심리적 기능 손상, 역기능적인 사회적 결과 등에 기여할 때 남용되는 것이라고 볼 수 있다. 가장 광범위한 물질남용 문제는 알코올과 담배이다. 물질남용은 일반적으로 몇 가지 단계로 진행된다. 실험적 단계, 사회-오락적 사용 단계, 그리고 환경-상황적 사용 단계인데, 단계가 진행될수록 점점 강렬하게 되고 강박적으로 의존하게 된다. 교사는 실험 단계에서 사회-오락 단계 혹은 환경-상황 단계로 넘어가는 첫 번째 징후를 관찰할 가능성이 가장 크다. 물질남용의 원인은 다양하며 가족, 또래, 지역사회, 생물학적 요인 등을 포함한다. 물질남용은 흔히 다른 장애에 동반된다. 효과적인 예방 프로그램은 경비가 많이 들고, 다각도로 이루어져야 하며, 논란이 많다. 물질남용에 대한 중재는 개인적 사례별로 설계되어야 한다. 학교기반 중재는 약물, 정보 제공 및 다른 기관으로의 의뢰를 위한 체계적인 노력, 가족 및 또래의 참여 등에 관한 명확한 학교 정책을 필요로 한다. 더욱이 물질남용과 관련된 중재는 스스로가 물질사용을 변화시킬 수 있다는 개인의 신념을 목표로 삼아야 한다.

조기 성행위는 임신, 성적 질병, 심리 및 건강 문제 등의 위험 때문에 중요한 관심사가 되고 있다. 미성년자의 성적활동은 다양한 요인으로 동기화되는데, 부정적인 결과를 가질 위험성이 높다. 교사는 교육 프로그램에 참여할 수 있지만, 현재의 학교기반 중재 프로그램은 비효과적이다.

개인적 고찰

청소년의 문제행동

교육학 석사인 Michele Brigham은 30년 이상 교사로 일해 왔다. 그녀는 음악교사로서 고등학교 특수학급을 맡아 왔고 일반교사와 함께 일했디. 그녀는 또한 학교 합창단의 지휘자였고 뮤지컬 감독 일도 했다. 그녀는 버지니아대학교의 겸임교수로서 버지니아주 폴스 처치에서 특수교육을 가르쳤다.

선생님이 가르치는 고등학교 학생들의 학업적 요구는 무엇인가요?

학생들은 대부분 학업적 요구에 대한 세 가지 문제에 직면합니다. 첫째, 그들은 기초 기술에 심각한 결함이 있습니다. 학교에서는 기초 기술에 대한 교정 교육 실행을 꺼립니다. 왜냐하면 학생이 기초 기술 결함이 있다는 것은 학생을 통합 환경, 즉 기본 교육과정이 있는 어떤 표준으로부터 끌어내 특수교육 처치를 할 수 있는 환경을 별도로 만들어야 한다는 것을 의미하기 때문입니다. 둘째, 학생들이 수업을 따라오지 못하기 때문에 학생들은 교정 교육 대신에 개별교육을 받습니다. 개별교육으로도 많은 학생들이 여전히 수업을 따라오지 못하고 시험을 통과하지 못합니다. 궁극적으로, 많은 학생들이 졸업장을 받지 못하게 될 것입니다. 셋째, 개정된 표준기반의 교육과정에서는 직업교육을 과감히 축소시켰습니다. 그래서 학생들은 졸업장을 받지 못하는 것 말고도 졸업 전에 어떤 기술을 익히는 것조차 쉽지 않습니다.

학생들은 읽기와 쓰기 기술에서 또래보다 많이 뒤처져 있습니다. 나의 영어 수업에 있는 많은 상급자들이 3~8학년의 읽기 수준입니다. 학생들은 유창한 읽기에 필요한 해독 기술이 부족하고 따라서 이해력도 부족합니다. 그들은 읽기 기술이 매우 부족하여, 읽기를 즐거움으로 생각하거나 어떤 정보를 얻기 위한 합리적인 방법으로 생각하지 않습니다. 학생들은 큰소리로 읽는 것을 싫어하는데, 큰소리로 읽기는 정확성을 습득하는 최고의 방법입니다. 학생들이 고등학생이 되기 오래전부터 교사들은 학생들에게 소리 내어 크게 읽도록 시키는 것을 포기해 왔습니다. 그렇기 때문에 학생들은 유창성과 이해력에 있어 많은 진전을 보이지 못했고, 따라서 일반 교육과정에 접근하는 것이 어려워졌습니다.

예측되듯이, 나의 학생들은 쓰기에도 결함을 보입니다. 그들은 문법, 구문, 화용 언어에도 어려움을 보입니다. 학생들이 갖는 쓰기에서의 어려움에는 철자법, 구두법 등의 기본적인 기법이 포함됩니다. 학생들은 문장 완성하기와 생각을 복잡한 문장이나 문단으로 조직화하는 것을 배울 필요가 있습니다. 그들의 작문은 정교함이 부족하고 불완전한 정보만을 제공합니다. 쓰기는 그들에게 느리고 힘든 일이며, 수기와 키보드 입력 기술도 부족합니다. 따라서 또래들에게는 대부분 자동으로 습득되는, 작문에 요구되는 인지 기술이 이들에게는 매우 어려운 기술이라는 점을 쉽게 짐작할 수 있습니다.

이와 같은 기술 결함과 일반적인 구어 능력 간에는 복잡한 상호작용이 존재합니다. 나의 학생들은 다른 사람을 이해하고 스스로를 표현하는 자신의 능력에 대해 자신감이 결여되어 있습니다. 한마디로, 그들은 자신의 당황스러움을 감추기 위해 냉담해지거나 공격적인 모습을 보입니다. 학생들 중 일부는 파괴적이기도 하지만, 많은 학생들이 또래들과의 관계에 있어 자신의 불안이나 무능력을 감추기 위해 이러한 행동을 합니다. 일반교육에서는 그들에게 필요한 기술을 전혀 가르치지 않고 있습니다. 결국, 고등학생이 되기 전에 습득해야 하는 기술을 제대로 습득하지 못한 학생들은 대체로 일반 교육과정에서 얻을 것이 없습니다.

이러한 기술 결함들 간의 상호작용으로 나의 학생들은 더 큰 문제에 직면하게 되는데, 말하자면 배경지식이 부족한 기계와 같은 것입니다. 학생들은 배경지식이 부족해서 일반교육 수업에 의미 있게 참여하는 것이 어렵게 됩니다. 간단히 말해, 그들은 교사나 또래들이 말하는 것을 이해하지 못합니다. 결국, 많은 학생들이 '바보같거나' 관계없는 사람으로서 일반교육 교육과정을 떠나게 됩니다.

나는 국어 수업을 맡고 있지만 나의 학생들이 수학, 과학, 사회 과목에서도 또래들을 따라가기 어려워한다는 것을 알고 있다. 그들의 읽기와 쓰기 기술 결함이 다른 영역에서도 비슷한 문제를 야기한다는 사실을 쉽게 짐작할 수 있다.

이 젊은이들을 위한 사회기술 훈련은 어느 정도까지 이루어져야 할까요?

학생들 대부분은 사회성 문제를 갖습니다. 그러나 직접적인 사회성 기술 훈련으로 부족한 부분이 충분히 채워지는지는 다소 의심스럽습니다. 많은 경우에 있어, 사회성 기술 훈련은 눈맞춤하기, 악수하기, 공손히 대화하기 등과 같은 특정 상호작용 기술에 대한 교육입니다. 고등학교 수준에서 지적장애를 가지지 않은 학생들을 위한 사회성 기술 중재는 아마도 바람직한 행동이 더 노력할 가치가 있는 것이라는 어떤 신념에 관한 것이어야 할 것입니다. 기술을 아는 것과 사용하는 것은 다릅니다. 나의 학생들 대부분은 필요한 사회성 기술을 알고, 또 그 기술을 가지고 있기도 하지만 그들은 사회성 기술 대신에 부적응행동을 사용합니다. 왜냐하면 목적을 즉각적으로 성취하기에는 부적응행동이 더 효과적이고 효율적이라는 것을 알아냈기 때문입니다. 학생들이 이전에 했던 상호작용은 자신들이 결코 우수한 학업기술

능력을 성취하지 못할 것이라는 믿음을 갖게 했고 따라서 그들은 도피와 회피를 선택했습니다.

많은 심리학자와 전문가들은 학생들이 화가 났을 때 교실을 나가도 되는 분노관리 계획을 개발했습니다. 이 계획은 학생들이 어려운 요구에 어떻게 대처해야 하는지를 가르치지 않습니다. 나는 이 방법이 나의 학생들이 장기 목적을 달성하기 위한 최선책인지 확신이 들지 않습니다. 왜냐하면, 그 계획은 a) 학생들에게 필요한 학업 기회를 박탈하고, b) 독립과 고용에 필요한 기술을 배울 수 없게 만들기 때문입니다.

다음의 예를 봅시다. 내 학생 중 한 명은 그와 같은 잘못된 분노관리 계획에 참여했는데, 상급학년 동안에 일과 공부 모두에서 성공적이지 못했고 졸업 후에도 직업을 가질 수 없었습니다. 지배인으로부터 부정적인 피드백을 받을 때마다 그 학생은 학교에서 배운 전략(일터에서 나가는 것)을 사용했습니다. 직장에서의 요구를 충족시키지 못하는 이러한 학생의 무능력을 보니 학생들이 결혼이나 양육, 기타 사회적 관계 등과 같은 삶의 질을 높여 줄 요인들을 갖추고 있는 것인지에 대해 의문이 들었습니다. 이 젊은이들에게 필요한 사회성 기술 훈련은 어느 정도까지일까?

전형적인 고등학교 교사에게 선생님은 어떤 충고를 하겠니까?

흥미로운 것은 많은 교사들이 이미 나의 학생들에게 가장 성공적인 기법이 무엇인지 알고 있다는 것입니다. 즉 학생들과 적극적으로 교수 활동에 참여하고, 적절한 속도로 수업이 운영될 수 있도록 콘텐츠를 개발하고, 훌륭한 우선적인 목표

를 설정하고, 목표를 반영한 정보를 구조화하여 전달하고, 중요한 부분을 반복적으로 검토하고, 연습 기회를 충분히 제공하고, 교육과정중심의 측정 기법을 사용하여 빈번하고도 명확한 피드백을 제공하는 것 등을 교사들은 이미 알고 있다는 것입니다. 교사들은 경험적 연구로 확인된 좋은 교수법을 사용해야 합니다. 내가 가르치는 아이들과 같은 학생들이 피드백을 자주 많이 받는 것은 중요한 일입니다. 그럼으로써 그들은 진전해 나가는 스스로를 볼 수 있기 때문입니다. 구조화와 일관성은 나의 학생들에게 매우 중요한데, 그들은 어려운 어떤 것을 학습하고자 할 때 과제가 구조화되고 일관적으로 주어지면 안정감을 느낄 수 있습니다.

교사가 물질남용을 하는 학생을 돕고자 할 때 가장 중요한 것은 무엇일까요?

물질남용을 다루는 것은 대부분의 교사가 자신의 주업무보다 훨씬 더 큰 부담을 느끼는 문제입니다. 왜냐하면 교사는 학교에서의 수업관련 행동문제를 다루는 것에 대해 훈련받았기 때문입니다. 교사는 교사로서 받은 훈련의 한계를 고려해야 합니다.

우선적으로 해야 하는 일은 적절한 전문가에게 학생을 의뢰하는 것입니다. 우리 학교에서는 안내 전문가, 학교 간호사, 학교 심리학자든이 물진남용 문제를 가진 학생을 가장 먼저 다룹니다. 그러나 교실에서 있을 수 있는 일에 대해서 생각해 볼 때, 장애 학생을 위한 교수법을 물질남용 학생에게 적용하는 것이 완전히 비효과적일 것이라고 생각하기는 힘듭니다. 분명하고 명시적인 피드백, 성취에 초점 맞추기, 노력과 결과 간 관계를 이해시키기 등은 교사가 물질남용 학생을 위해 효과적으로 사용할 수 있는 전략들입니다.

선생님이 다루어야 하는 가장 일반적인 행동 문제는 무엇인가요?

주요 문제는 참여를 거부하는 것, 무단결석, 지각 등입니다. 참여 거부는 몸짓과 언어 등 다양한 형태로 나타나는데, 과제를 회피하고자 하는 것보다는 벌을 받겠다는 것처럼 보이기도 합니다. 나는 과제 참여에 대한 거부 형태가 무엇이든 간에 우리가 다루어야 하는 진짜 문제는 수업에서 벗어나고자 하는 것이라고 생각합니다. 주수업에서 나가게 되면 두 가지 매우 통제된 장면으로 가게 되는데, 특수학급과 영어전용 학급입니다. 비록 많은 사람들이 한정이라는 용어를 좋아하지만 그것은 개인의 의도와는 다르게 분리되는 것을 의미하는 것입니다. 내 학생들 대부분은 일반학급으로 되돌아갈 것을 싫어하는데, 그들은 일반학급에서 자신의 기술수준으로는 성공을 경험하지 못하고 인간적인 홀대를 경험하게 될 것임을 알기 때문입니다. 이러한 동질적 장면에서조차도 나는 많은 학생들이 수업에 대한 저항감을 나타내는 것을 볼 수 있습니다. 수업 참여 거부, 숙제하기 거부와 같은 과제 회피 행동, 혹은 학급 활동 참여 거부, 느릿느릿하기, 무단견서 등은 일반학급과 특수학급 모두에서 의도치 않게 보상되고 있습니다. 학생들이 일반교사에게 무시하는 듯한 인상을 보이면 교사는 수업시간이나 해야 할 과제의 양으로 제압합니다. 이러한 교사는 그 학생들에게 나머지 시간 동안에 과제에 임할 시간을 늘려주곤 합니다. 보조원, 부모, IEP팀 또한 학생들에게 수업에 필요한 기술을 제공하기보다는 학업적 요구에 대해 양해를 구하곤 합니다. 학생들이 고등학교에 갈 즈음이 되면, 이 학생들 대부분이 실패 경험에 압도되어 더 이상 위험을 기꺼이 감수하거나 학업적 성공을 위해 노력하려 하지 않습니다.

선생님이 가르치는 몇몇 아이들의 실제 사례를 말해 주세요.

캐리(Carrie)는 2학년인데, 아직 1학년 과정에 있습니다. 수업과 능력시험을 다 통과하지 못했기 때문입니다. 그녀는 할머니와 함께 살고 있는데, 수업에 많은 어려움을 가지고 있었으며 정말로 좋아했던 일자리를 잃었습니다. 그 이유는 자신이 좋아하지 않은 사람들과 함께 일했고 자신의 성질을 통제하지 못했으며 진실을 말했기 때문이었습니다. 그녀는 정서행동장애였고 특수학교에의 배치가 고려되었으나 그녀가 가진 문제를 기록한 문서가 부적절하다는 이유로 배치가 되지 않고 있었습니다.

케이트(Kate)는 학습장애를 가진 하급생이고 실제적인 수준도 꽤 성공적이었습니다. 그녀는 수업일수의 반만 수업에 참여하고 나머지는 그녀가 좋아하는 직장에서 일과 공부를 연계하도록 배치되어 있습니다. 케이트가 직업에 자부심을 가지고 있음에도, 현재는 운전면허 시험을 통과할 수 없기 때문에 장애 행동의 위험에 놓여 있습니다.

래리(Larry) 또한 하급생인데 장애를 가진 사람으로서 이해력과 수행력 측면에서 세 명의 학생 중 아마도 가장 성공적인 학생입니다. 그는 상급학년에서는 일반학급에서 공부하게 될 것입니다. 그는 지역사회에도 관여하고 있고 연기 관련 회사에서도 적극적으로 일하고 있습니다. 그는 매우 재능 있는 예술가입니다. 래리는 자신을 예전의 '깡패'라고 말하곤 하지만 그는 학교에서 잘 지내는 데 필요한 사회성 기술을 모두 숙달했습니다.

토론 질문

1. 청소년의 가장 심각한 문제로부터 학생을 구하기 위해 교사로서 할 수 있는 일은 무엇인가?
2. 만일 학생(어떤 연령이라도)의 물질남용 사실을 알게 되었다면, 당신은 무엇을 해야 하며 어떻게 해야 하는가?
3. 조기 성행위에 대한 이야기를 하는 학생에게 당신은 교사로서 어떻게 말할 것인가? 무엇을 물어볼 것인가? 무엇을 말할 것이며 어떻게 말할 것인가?

제4부 사정

개요

다음에 소개되는 두 장을 읽으면서 중재와 관련된 중요한 실제적 문제에 직면하길 바란다. 정서행동장애 아동을 교육하려면 먼저 아동을 판정해야 한다. 또한 정서행동장애가 의심되는 학생의 선별, 분류, 교육에 어떤 정보를 반영할 것인지를 결정해야 한다. 제4부에서 설명할 주요 문제는 다음 두 가지 질문에 담겨 있다.

- 아동의 장애를 확인하고 유용한 방법으로 분류하는 실제적 절차를 정서행동장애의 정의에 반영하려면 어떻게 해야 하는가?
- 학생을 효과적으로 가르치는 데 도움을 줄 정보를 어떻게 수집하고 사용할 것인가?

제14장은 사정 절차의 신뢰도와 타당도에 대한 개요이다. 이것은 모든 사정 절차에서 다루어져야 하는 기본적인 개념이다.

신뢰도와 타당도를 산출하는 방법은 다루지 않는다. 다만 그 개념에 대한 기본적인 이해를 돕고자 하고, 이해를 바탕으로 검사 결과나 다른 사정 자료를 어떻게 해석할 것인지에 대해 제안하고자 한다. 따라서 다음의 질문에 대한 설명이 될 것이다—사람들은 왜 사정을 하는가? 좋은 사정과 좋지 않은 사정을 어떻게 구분하는가?

다음에는 선별 문제를 다룬다. 언뜻 보아 선별은 쉬운 문제로 보인다. 심각한 정서행동장애 아동과 청소년은 누구나 확인하기 쉽다. 그들은 명백히 다르고 심하게 문제를 일으키기 때문에 사람들 눈에 띄기 쉽다. 정상적인 사람들은 대부분 일탈행동에 대한 공통된 의견을 갖고 있다. 그리고 대부분의 사람들은 명백하게 일탈된 행동은 어떤 중재를 필요로 한다고 생각한다. 심각한 장애를 가진 아동과 청소년에만 관심이 있다면 선별은 아주 쉬운 일이다. 그러나 정서행동장애가 항상 심각하거나 모든 장면에서 항상 명백한 것은 아니다. 그렇기 때문에 일부 정서행동장애 아동은 쉽게 확인되지 않는다. 장애의 정도를 아는 것이 정신병적 분류나 명칭보다 더 중요하다. 학교에서 정서행동장애라고 확인된 대부분의 학생은 장애 정도가 심각하다(Forness et al., 2012; Mattison, 2014). 정서행동장애는 우리가 특수교육의 '정서장애' 범주에서 알고 있는 가벼운 장애로 여겨져서는 안 된다.

사실, 대부분의 정서행동장애는 사람들에게 금방 드러날 만큼 심각하게 표출되지 않는다. 최소한 한 명의 어른이 분노하거나 관심을 갖기에 충분한 정도이다. 어떤 사람은 아동 행동의 대부분이 정상 범위 내에 있고 거의 문제가 되지 않으며 도움을 필요로 하지 않는다고 주장할 만큼 정서행동장애는 가볍거나 드물게 나타난다. 뿐만 아니라 가벼운 장애는 정상행동 속으로 안개처럼 스며들어 정상처럼 보인다. Kauffman, Bruce, Lloyd(2012)가 지적한 것처럼, 정서행동장애는 심각한 나쁜 행동은 드물게 나타나고 정상행동은 자주 나타나는 특성이 있기 때문에 드문 '지진'을 경험하지 못한 누군가가 아무 문제가 없다고 잘못 판단할 수도 있는 일이다. 어떤 개인이 정서행동장애인지 아닌지에 대한 의견이 전문가들 간에도 다른 것은 흔히 있는 일이다. 결론적으로 말하자면 경계선상의 정서행동 문제를 알아보기 위해서 선별 절차를 적용하는 것이 좋다. 선별 절차는 다음과 같은 질문에 대한 답이라고 보면 된다.

- 어떤 학생에게 관심을 가져야 하는가?
- 좀 더 심층적인 자료 수집이 필요한 학생을 어떻게 선정해야 하는가?
- 문제를 가지고 있는 학생이 특수교육을 필요로 하는지 여부는 어떻게 결정해야 하는가?

아동의 다양하고도 당혹스러운 행동은 정서행동장애 아동을 오래 다루어 본 경험을 가진 사람에게조차도 부담스러운 일이다. 그러므로 학생이 정서행동장애를 가졌으며 특수교육을 필요로 한다는 것은 충분한 설명이 되지 못한다. "이 학생은 어떤 유형의 장애를 가졌는가?"가 합리적인 질문이며 이에 대한 답은 범주 혹은 분류를 포함하는 내용이어야 한다. 우리가 사용하는 분류는 학생이 어떤 부류의 행동, 즉 우리가 예측하는 문제에 대한 더 많은 정보를 주어야 한다.

아동은 분명 각기 다른 한 개인이지만 모든 개인을 모든 면에서 독특한 사례로 다룰 수는 없다. 유사하거나 중요한 특성을 확인하여 문제의 유형에 대해 의사소통하기 위한, 그리고 어떤 중재를 시도해볼 것인지를 결정하기 위한 일정 기반을 만들어야 한다. 분류는 모든 과학에서 단지 기초적인 것이 아니다. 그것은 효과적인 의사소통과 중재를 위한 필수 불가결한 것이다. 따라서 문제는 우리가 부딪히는 문제의 유형을 가장 효과적으로 범주화하거나 분류하는 방법은 무엇인가이다. 사정에서 중요한 것은 정보를 교실에서 일어나는 일과 어떻게 연관시킬 것인가이다.

- 어떤 정보가 교육 프로그램을 계획하는 데 가장 도움이 되는가?

● 교육계획을 작성하고, 교육과정을 선정하고 진전을 평가할 때 내가 가진 학생에 관한 정보를 어떻게 사용해야 하는가?

최근 장애 아동 사정에서 중요한 변화가 일어났다. 한 가지 변화는 용어 변경이다. 심리학자와 교육자는 때로 아직도 진단이라는 용어를 사용하고, 정신병리학자는 정서행동장애와 관련하여 일반적으로 진단이라는 용어를 사용한다. 그러나 진단은 교육 용어로 평가(evaluation) 혹은 사정(assessment)이라는 용어로 바뀌었다. 진단은 질병의 분류를 내포하고 있기 때문이다. 생리학적 관점이나 최근의 뇌영상과 유전학에서조차도 정서나 행동의 결함이 질병이라는 증거는 어디에도 없다. 평가와 사정은 사회학습이나 적응과 관련된 비(非)생리학적, 비(非)의료적 측정을 내포하고 있기 때문에 교육적 목적에 더 잘 맞는다.

최근 사정 도구의 이용 가능성과 사정 절차에 관한 기술적 정보가 크게 증가했다. 당신이 정서행동장애 학생을 가르칠 준비를 하고 있다면 사정 절차를 좀 더 상세히 공부할 필요가 있다.

이용 가능한 도구와 기술적 정보의 증가 외에도, 최근 사정과 관련된 법적 문제가 많이 발생하고 있다. 특수교육에 의뢰된 학생은 장애인교육법(Individuals with Disabilities Education Act, IDEA)과 주 법률의 서비스를 받을 적격자인지를 결정하기 위한 평가를 받아야 한다. 연방법은 사정 결과가 특수교육 적격성(학생 배치가 특수교육 학급이든 일반교육 학급이든 상관없이)뿐만 아니라 교육계획을 결정하는 데도 사용될 것이기 때문에 다학문적 전문가팀이 사정하도록 규정하고 있다. 만일 학생이 특수교육 배치를 받으면, 개별화교육프로그램(IEP)에 평가 자료를 기술해야 한다. 현행법은 행동의 기능평가(functional behavioral assessment, FBA)를 문서화하도록 규정하고 있는데, 이는 특수교사가 학생의 요구를 IEP의 일부로 다루기 위해 학생이 왜 부적절한 행동을 하는지를 파악하고 긍정적이고 친사회적인 행동 중재 계획을 개발해야 한다는 것을 의미한다.

학생의 능력과 문제를 사정하는 것은 쉬운 일이 아니다. 그것은 다음 두 가지 중 한 가지의 이유로 엉망이 되기 쉽다. 첫 번째는 너무 부정확하게 되기 쉽다는 것이다. 주관적이고 일반적인 인상이 반영되기 때문에 중요한 사항을 놓치기 쉽고 단순히 객관적인 사실에 맞지 않는다는 판단하에 끝내버리기 쉽다. 두 번째는 너무 정확한 측정과 양적인 것에만 신경을 쓰다 보면 정서적이고 인간적인 측면을 무시하거나 큰 그림을 놓칠 수 있다는 것이다. 사정에서 최고의 도전은 객관적인 자료와 주관적인 해석 간의 균형을 유지하는 것이다. 사정을 능숙하게 하기 위한 도전은 민감한 과학자가 되기 위한 도전과 비슷하다. 다음의 두 장을 주의 깊게 읽으면서 객관적으로 기록되는 것과 오직 느낌으로만 알 수 있는 것 간에 균형 잡힌 이해를 하기 바란다.

14 측정, 선별, 확인

Africa Studio/Shutterstock

학습 목표

14.1 IDEA상의 특수교육 평가와 관련된 주요 필수요건과 보호요건에 대해 설명할 수 있다.

14.2 정서행동장애 사정에서 신뢰도와 타당도의 중요성에 대해 정의 및 논의할 수 있다.

14.3 선별과 그 목적 그리고 학교에서 정서행동장애를 선별할 수 있는 방법을 설명할 수 있다.

14.4 정서행동장애가 의심되는 학생에 대한 의뢰전 중재에서 법으로 규정되어야 하는 것과 효과적인 실제의 구성요소에 대해 설명할 수 있다.

14.5 특수교육 서비스를 위한 적격자 평가 절차에 대해 설명할 수 있다.

사정의 네 가지 목적(선별, 적합성, 교수 평가, 분류)을 살펴볼 것이나, 이 중 두 가지는 교육자와 정서행동장애 전문가들에게 일상의 주요 업무이다. 일반적으로, 장애를 가진 것으로 의심되는 학생이나 장애를 가진 것으로 확인된 학생은 그들과 가까이에서 함께 하는 사람들이 다음의 목적 중 하나를 위해 사정하게 된다. 첫째는 특수교육 적격성을 결정하기 위함이다. 둘째는 학생의 교육적 프로그램을 계획하기 위함이다. 이 두 가지 목적이 함께 적용되는 경우도 있겠지만, 각 목적에 사용되는 도구와 절차는 서로 다르다. 교수를 계획하고 실행해야 하는 교사들에게는 중재와 직접 연계되는 사정이 가장 유용하다(Bateman & Linden, 2012; Lane & Walker, 2015; Shapiro, 2011). 그러나 법상에는 특수교육을 받는 특수 아동 집단의 확인이 규준참조 사정을 통해 가장 효과적으로 수행된다고 명시되어 있다(Landrum, 2000). 규준참조 도구에 대한 전면적인 신뢰에서 벗어나 좀 더 교수 절차에 도움이 되는 대안적 방법을 고려해야 한다는 변화의 움직임이 있다(예 : 교육과정중심 사정 혹은 학업이나 행동 점검에 유용한 도구; Caldarella, Larsen, Williams, Wehby, Wills, & Kamps, 2016 참조). 그러나 이러한 비난에도 불구하고 규준참조 도구로부터 학생에 대한 많은 것을 얻을 수 있다(예 : Sacks, 1999). 교육 및 심리학 분야의 평가에서 규준참조 도구를 배제하는 것은 어리석은 일이다(Kauffman, 2010c, 2011; Kauffman & Konold, 2007).

이 장에서는 정서행동장애를 가졌거나 의심되는 학생을 사정하는 데 일반적으로 사용되는 절차를 살펴볼 것이다. 사정에 대한 서로 다른 목적에 초점을 맞추고, 주제를 순서적으로 다루지만, 실제 적용에서는 융통성 있게 진행해도 된다. 또한 특정 절차에서 사용한 도구로부터 결과를 산출하는 것이 사정의 목적이라는 것을 잊지 않는 것이 중요하다. 예를 들어 선별 도구는 다음과 같은 질문을 통해 유용한 정보를 제공한다. 우리 학교에는 심층적 사정이 필요한 문제행동 징조를 보이는 학생이 몇 명 있는가? 한 명이라도 존재하는가? 그러나 이러한 선별을 통해 수집된 정보는 정서행동장애 아동을 가르치는 교사에게 그렇게 유용하지 않다. 어떤 사정 목적은 규준참조 사정 절차(예 : 적합성 판정)를 통해 달성되는 반면 어떤 사정 목적은 정보에 좀 더 초점을 맞추는 절차(교수계획 평가나 진도 점검 평가)를 통해 달성된다. 이 장에서 다룰 주요 주제는 (a) 선별, (b) 특수교육 서비스를 위한 적합성 평가, (c) 교수 평가, (d) 분류이다. 이 내용을 깊이 논의하기 전에, 장애 학생 사정에 대한 법적 · 정책적 근거를 살펴보고 사정의 주요 개념(예 : 신뢰도와 타당도)에 대해서도 소개하고자 한다.

장애 학생의 사정, 확인, 분류 절차는 매우 중요하다. Bateman과 Linden(2012) 그리고 Huefner(2006)에 따르면, 개별화교육 프로그램(individualized education program, IEP) 개발 전에 종합적인 사정을 하는 것이 중요하다. Bateman과 Linden 그리고 Huefner가 말하는 종은 사정이란 아동의 강점, 약점, 현재 수행 수준에 대한 정확한 평가가 이후에 일어나는 모든 절차의 기초가 된다는 것을 이해하고 사정 절차를 수행하는 것이다. 사정은 개인의 특성을 식별하는 절차이다. 사정 목적이 장애 분류거나, 특수교육 적합성 결정이거나, 교수 계획 및 효과 점검이거나 간에 정서행동장애 아동의 사정은 철저한 절차에 기초하여 수행되어야 한다.

특수교육 평가의 일반 원칙

특수교육에 적용되는 다음의 일반 원칙은 연방법인 장애인교육법(Individuals with Disabilities Education Act, IDEA)에 규정되어 있는 것이다. 주의 법이 연방법보다 더 엄격할 수도 있어서, 보다 엄격한 수행을 요구할 수 있다(Bateman & Linden, 2012; Huefner, 2006; Yell, 2016 참조).

부모가 참여해야 한다

부모는 특수교육 적합성 결정, 개별화교육 프로그램 개발, 적절한 배치 결정을 위한 의사결정위원회의 구성원이 되어야 한다. 또한 학교 당국은 초기 사정 절차에 부모를 반드시 포함해야 하는데, 이것은 부모가 절차의 많은 부분에서 의미 있는 정보를 제공할 수 있기 때문이다. 예를 들어 부모는 학생의 특별한 관심 영역이나 강점에 관한 정보를 줄 수 있고, 또한 어떤 환경에서 문제를 일으키는지 혹은 수용 가능한 행동을 하는지 등에 대한 정보도 줄 수 있다. 부모는 또한 학생의 재평가에도 참여할 수 있다. 일부 부모는 사정-평가 절차에 참여하는 것을 거부할 수도 있으나 부모를 초청하는 것은 법으로 규정되어 있다. 만일 부모가 참여하지 않고 사정이 진행된 경우에는 학교 당국은 부모 참여를 위하여 충실하고 합당한 노력을 했음을 문서화해 놓아야 한다.

다양한 분야의 학문이 포함되어야 한다

평가는 학생의 교육적 요구에 대한 개별화된 사정이 필요하다. 일반적으로 의료적, 심리적, 사회적, 교육적 등의 네 가지 요소가 포함된다. 모든 평가 절차는 학생의 특수교육 적합성이 결정되기 전에 이루어져야 한다. 사정은 학생의 문제를 평가할 자격을 갖춘 전문가 집단이 수행해야 하고, 그들 중 최소한 한 명은 장애 학생을 가르칠 자격이 있는 교사나 전문가여야 한다.

장애가 확실하거나 의심되는 모든 문제가 정확하고 공정하게 사정되어야 한다

장애가 확실하거나 의심되는 모든 영역을 사정해야 한다. 평가는 인종이나 문화적 차별이 없는 방법 혹은 검사로 실행되어야 하고 사정은 학생의 모국어나 익숙한 의사소통 형식으로 수행되어야 한다. 검사는 신뢰도와 타당도가 사용 목적에 부합하는, 검증된 것이어야 한다. 또한 학생의 특수교육 적합성을 결정하는 준거로서 한 가지 검사나 평가 방법이 사용되어서는 안 된다. 학교 당국은 평가에 대한 부모의 동의를 받은 후 60일 이내에 모든 요소를 완성하고 적합성을 결정해야 한다(Yell, 2016). (주 : 60일은 연방 요구사항임. 일부 주는 60일 미만인 경우도 있음.)

사정 결과는 비밀이 보장되어야 한다

적합성 평가를 위해 수행된 학생의 모든 검사 결과와 기타 기록들은 비밀이 보장되어야 한다. 학생을 상대로 평가를 수행한 교사와 전문가를 제외한 어느 누구도 부모의 허락 없이 기록을 검토할 수 없다. 평가에 대한 정보를 누군가(학생 교육에 간접적으로 참여하는 기타 전문가 포함)와 공유하는 것은 비전문적이며 불법이다. 물론 부모에게는 그들의 사용 언어로 평가 결과가 고지되어야 하며 학교 당국은 부모가 원하면 자녀의 기록을 보여주어야 한다. IDEA상에는 아동의 IEP 실행에 책임이 있는 일반교사, 특수교사, 관련 서비스 제공자들에게 (a) 아동의 IEP 접근이 허용되고, (b) IEP상에 나타난 그들의 책임과 아동에게 제공되는 지원이나 교수 적합학 등에 대한 정보가 고지되어야 한다고 되어 있다.

부모는 중재나 적법절차에 의한 청문의 권리를 가진다

만일 부모가 학교 당국의 평가 결과에 동의할 수 없으면, 부모는 학교와 관련 없는 다른 평가자에게 자녀 평가를 의뢰하고 그 결과를 학교에 제출할 수 있는 권리를 가진다. 이후에도 부모와 학교 당국이 정확한 평가에 대해 동의하지 못하면, 양측 모두 법으로 공청회를 요청할 수 있다. 평가 문제에 대한 분쟁의 경우에는 중재가 권장되지만, 중재 참여는 자발적이어야 하고, 적법절차에 의한 청문을 지연하거나 회피할 수단으로 이용되어서는 안 된다.

정기적인 재평가가 요구된다

학생의 적합성이 결정되어 특수교육에 배치된 후에는 최소한 연간으로 진전 사항을 사정한다. 일반적으로 평가 전문가 전체 팀을 소집하기보다는 교육 목적이나 목표 달성을 위해 서비스를 제공하는 교사나 전문가가 평가를 수행한다. 연간 검토에서는 "학생이 IEP상의 연간 목적 달성을 위해 적절한 진전을 하고 있는가?", "제공된 목적과 목표 혹은 서비스가 조정이나 수정 혹은 갱신될 필요가 있는가?" 등의 물음에 근거하여 살펴본다. 연간 검토 외에 간학문적 팀을 포함하는 종합적인 재평가는 최소한 3년마다 수행되어야 한다. 이것을 **3년제 평가**(triennial evaluation)라고 하며 특수교육 적합성을 위한 초기 평가에서 사용된 절차를 그대로 반영해야 한다. 3년제 평가에서 사정팀은 정보의 적합성을 결정하기 위해 학생의 최근 평가에서 수집된 자료를 검토한다. 팀은 현재 시점에서 수집된 학생의 정보를 고려하기도 하고, 이전에 수집된 정보를 갱신하기 위한 사정을 하기도 하며, 새로운 자료를 수집하기도 한다. 3년제 평가 시점에서 중요한 문제는 학생이 여전히 특수교육 서비스를 필요로 하는지 여부이다. 3년제 평가에서 팀이 가지는 물음은 초기 평가에서 했던 것과 동일하게 "이 학생이 IDEA하의 장애를 가지고 있으며 그로 인해 특수교육 서비스를 필요로 하는가?" 이다.

16세 이상 학생의 IEP에는 전환계획이 포함되어야 한다

16세 이상 학생의 IEP에는 고등교육이나 직업으로의 전환계획이 반드시 포함되어야 한다. 이것은 학생의 장래 교육 및 고용에 대한 사정을 필요로 한다. 나이 든 학생의 경우 자신의 흥미와 선호도가 반영되도록 전환계획 프로그램에 적극적으로 참여해야 한다(Clark & Mathur, 2010; Wehmeyer, 2001).

교육 진전에 대한 일반 사정에 정서행동장애 학생도 포함되어야 한다

정서행동장애 학생을 포함하여 모든 장애 학생은 교육 진전에 대한 일반 사정 혹은 표준화 사정에 포함되어야 한다. 가능하다면 학생의 장애에 맞게 조절이나 적합화가 이루어져야 한다. 참여 여부와 참여 방법에 대한 결정은 IEP팀이 하며 학생의 IEP상에 명확히 기재해야 한다.

행동의 기능평가에 기초한 긍정적 행동중재계획이 IEP에 포함되어야 한다

만일 학생의 행동이 스스로의 학습을 방해한다면(앞서 소개된 정서행동장애 학생 사례), 문제행동을 설명하거나 예방하기 위한 긍정적 전략 계획(단지 잘못된 행동에 대한 벌 계획이 아닌)이 IEP에 포함되어야 한다. 행동중재계획은 **행동의 기능평가**(functional behavioral assessment, FBA)에 기초해야 한다. 이러한 법적 요구사항은 정학, 퇴학, 혹은 배치 변경 등의 징계 문제가 발생할 때 더욱 중요하게 작용한다. 그러나 법이 가지는 분명한 의도는 이러한 징계가 예측되기 전에 IEP상에 FBA를 포함시키는 것이다(Yell, 2016). 더군다나 FBA는 의미 있는 사정이어야 한다. 많은 학교에서 FBA 문서를 작성하는 절차를 채택해 왔으나, 문서 작성이 주와 연방법규에 표면적으로 순종하기 위한 요식행위로서 단지 인쇄된 양식에 체크하는 형태로 이루어진 경우가 너무 많았다. 이러한 문서는 아동의 교육 프로그램이나 징계 관련 결과를 고려하지 않은 채 작성되는 것이므로 법적 문제를 피하기 어렵다.

적합성을 위한 평가이든 중재를 위한 평가이든 간에, 의뢰인과 문제의 초기 형태 등 두 가지는 중요하게 고려되어야 한다. 유아를 포함하여 아동은 스스로를 평가에 의뢰하지 않는다. 아동과 청소년의 경우 대부분 부모나 교사 혹은 다른 성인이 그들을 정신건강 전문가나 특수교육 교사에게 데리고 온다. 따라서 아동 행동에 대한 평가는 아동 자신의 의견이기보다는 거의 성인의 판단으로 이루어진다. 성인이 아동을 의뢰할 때에는 다음의 두 가지를 고려해야 한다.

1. 평가에는 아동뿐만 아니라 의뢰하는 성인이 포함되어야 한다. 아동을 의뢰하는 성인에 대한 평가는 문제행동을 확인하기 위하여, 그리고 아동에 대한 성인의 반응이 어떻게 문제에 기여하게 되는지를 알아보기 위하여 필요한 일이다.
2. 문제가 되는 상황에 대한 아동 자신의 의견을 알아보아야 한다.

정서행동장애에 대한 인간적, 윤리적 측면에서 아동의 문제와 처치에 대한 그들 자신의 의견을 무시하거나 하찮게 여길 수 없다. 일부 아동은 의사소통기술이 부족하여 그들의 의견을 수용하기가 어렵고, 또 다른 일부 아동의 의견은 자신의 관심을 분명하게 설명하지 못하기 때문에 받아들이기 어렵다. 그럼에도 불구하고 아동의 권리는 보호되어야 하고, 그들의 의견은 확인과 중재 결정에 진정성 있게 고려되어야 한다. 정서 혹은 행동 문제는 한눈에 알아보기 어렵다. 때로는 발견이 어려운데, 그것은 장애가 개인의 심리 내에 깊이 숨어 있기 때문이 아니라 상황에서 가장 관련 있는 요인을 추출해내기가 어렵기 때문이다. 때로 평가에서는 학생의 행동에 지나치게 초점을 맞추고 수집하기 어려운 중요한 정보를 그냥 지나친다. 만일 학생의 행동이 그의 환경 맥락에서 이해된다면 학생의 특수교육 적합성이나 중재를 결정할 때 보다 확신을 가지고 해도 된다.

수용할 수 있는 사정을 위한 일반적인 준거

사정은 유용한 정보로 활용되기 위해 다음과 같은 기본적인 요건을 갖추어야 한다 — (a) 사정하고자 하는 것을 사정해야 한다. (b) 사정 영역에는 표적행동에 대한 합의된 정의나 구성개념이 반영되어야 한다. (c) 사정은 오류를 최소화해야 한다. (d) 사정은 다른 평가자가 수행했을 때 혹은 가까운 시일 내에 다시 수행했을 때 유사한 결과가 산출되어야 한다(Gresham, 2015 참조).

우수한 검사의 요건을 갖추지 못하면 완전성과는 거리가 멀어진다. 미국교육연구협회, 미국심리협회, 국립교육측정협회에서는 연합하여 사정 자격과 사정전문능력에 관한 성명서를 발표했다(American Educational Research Association, American Psychological Association, & National Council for Measurement in Education, 2014 참조). 이러한 기준에 관한 논의는 이 장에서 다루지 않는다. 그러나 정식 사정 절차에 참여하는 전문가는 이러한 기관에서 발표한 전문가 기준에 익숙해야 한다.

사정 도구의 심리측정 특성은 크게 두 가지 문제, 즉 **신뢰도**(reliability)와 **타당도**(validity)로 압축된다. 측정의 무선오차 문제와 시간에 따른 측정의 안정성 혹은 서로 다른 평가자 간 측정의 안정성이 측정의 신뢰도와 관련된다. 편견 없이 어떤 현상의 합의된 정의와 일치하는 방식으로 측정하고자 하는 것을 측정하는 것은 절차의 타당도와 관련된다(Bagner, Harwood, & Eyberg, 2006; Lane et al., 2012 참조).

신뢰도와 타당도는 서로 관련되지만, 그 관계가 때로 혼동되기도 한다. 신뢰도는 측정을 어떻게 일관성 있게 하느냐의 문제이며 타당도는 측정하는 내용의 범위에 관한 문제이다. 체온계가 일관적이고 반복적으로 체온을 27도로 나타내준다고 상상해보자. 이러한 체온계는 매우 신뢰할 수 있으며, 동일하거나 비슷한 결과를 일관적으로 제시해준다. 그러나 타당도와는 거리가 멀다. 그것이 정말로 사람의 신체 온도를 측정했는지는 의심의 여지가 있다. 정의에 따라 신뢰도와 타당도 간에 존재하는 관계가 이 예에 잘 나타나 있다. 상당한 정도의 신뢰도가 확보되지 않으면 측정은 타당하다고 볼 수 없다. 그러나 그 역은 참이 아닌 점에 주목해야 한다. 측정은 타당성이 확보되지 않아도 신뢰할 만한 결과를 나타낼 수는 있다. 또 다른 예를 들어보자. 어떤 사람의 체중이 어떤 날 체중계로 180파운드였는데 다음 날은 160파운드, 또 그다음 날은 200파운드였다고 가정해보자. 만일 몸무게가 그렇게 극적으로 변동하는 것이 실제로는 불가능한 일이라면, 일관적인 결과를 얻지 못했으므로 저울은 신뢰할 만하지 않다는 결론을 내는 것이 논리적이다. 게다가 측정하고자 하는 것을 합리적으로 측정한 결과가 산출되지 못했다면 저울은 신체의 무게를 측정하기에 타당하지 않다는 결론을 낼 수 있다. 그러므로 신뢰할 만하지 않은 도구가 측정한 것을 결코 옳다고 확신할 수 없다. 이것이 바로 신뢰도와 타당도의 개념이며 교육자는 교육 및 심리 검사를 수행하거나 그 결과를 해석할 때 반드시 유념해야 한다.

사정의 신뢰도

신뢰도는 검사가 측정하고자 하는 것을 얼마나 일관성 있게(consistently) 측정하는가를 의미한다. 그러나 우리가 알고 있듯이 모든 측정은 오류를 포함하고 있다(Brigham, Tochterman, & Brigham, 2001; Kauffman & Konold, 2007; Kauffman & Lloyd, 2017). 따라서 우리의 목적은 오류를 완전히 제거하는 것이 아니라(불가능한 일임) 사정과 그에 근거한 결정이 어떤 편견과 무선오차 없이 이루어지는 것이다. 많은 오차나 편견으로 사정이 이루어진다면 그것은 시간과 비용의 낭비에 불과하며 학생에게 해가 될 수도 있고 정서행동장애 개인을 도우려는 의미 있는 시도를 훼손하는 일이다. 무선오차와 편견은 모두 오류의 형태인데, 편견은 타당도 부분에서 논의할 것이다. 왜냐하면 편견은 변화되기 어렵고 체계적인 경향이 있어서 신뢰도보다는 타당도에 더 관련되기 때문이다.

측정과 더불어 고려되어야 할 신뢰도에는 몇 가지 종류가 있는데, 여기에서는 정서행동장애 사정에 특히 중요한 세 가지, 즉 검사-재검사 신뢰도, 동형검사 신뢰도, 평정자 간 신뢰도에 대해서 알아보고자 한다.

신뢰도 종류

검사-재검사 신뢰도(test-retest reliability)는 서로 다른 두 시기(일반적으로 1~2주를 넘지 않음)에 수행된 검사 결과가 비슷한 결과를 나타낼 때 확립되는 신뢰도이다. 이 신뢰도는 '만일 이 학생에게 동일한 검사를 1~2주 후에 다시 한다면 동일한 결과를 가질 수 있는가?'라는 질문에 대한 답으로 신뢰성을 말한다. 검사-재검사 신뢰도는 짧은 기간 내에 급격히 변화하지 않는 특성에 대해서만 적용되는 것이다. 예를 들어 지능검사나 일반적인 기능의 측정은 반드시 높은 검사-재검사 신뢰도를 확보해야 한다.

어떤 검사는 복합 형태(예 : A형, B형)로 되어 있는데, 학생을 반복적으로 사정할 필요가 있을 때 유용하다(예 : 시간에 따른 진전 점검). 이런 경우, 검사 개발자는 동형검사 신뢰도(alternate forms reliability)를 제시해야 한다. 이것은 두 가지 이상의 복합 형태 검사에서 동일한 결과가 산출될 때 신뢰도가 확립된다. 즉 어떤 형의 도구를 사용하더라도 동일한 결과를 갖게 된다. 그러나 모든 검사가 동일한 형태의 대안적 검사를 가지는 것은 아니므로 신뢰도 확립을 위해 검사-재검사 방법을 사용한다.

정서행동장애 사정에 중요한 신뢰도의 세 번째 유형은 평정자 간 신뢰도(inter-rater

reliability)이다. 평정자 간 신뢰도는 서로 다른 평정자가 어떤 개인이나 사건을 평정하기 위해 특정 사정 도구를 사용했을 때 동일한 결과를 얻음으로써 확립된다. 평정자 간 신뢰도는 특히 행동 관찰과 주관적 평가가 포함되는 사정에 중요하다(예 : 쓰기 과제).

신뢰도는 일반적으로 −1.0부터 +1.0의 상관계수로 표기된다. 부적 상관은 한 측정의 높은 점수가 다른 측정의 낮은 점수와 관련되는 것 혹은 그 반대를 의미한다. 정적 상관은 측정치들 간에 어떤 체계적인 동의 수준이 있다는 것을 의미한다(즉 한 측정의 높은 점수가 다른 측정의 높은 점수와 관련되고, 한 측정의 낮은 점수가 다른 측정의 낮은 점수와 관련된다). 0 혹은 0에 가까운 상관계수는 측정치들 간에 체계적인 상관이 없거나 거의 없음을 의미한다. 비교되는 특정 도구들에 따라, 정적 혹은 부적 상관이 높은 신뢰도를 나타낼 수 있다. 기억해야 할 것은 절댓값이 클수록 강한 상관, 즉 높은 신뢰도를 나타낸다는 것이다.

평정자 간 신뢰도는 흔히 관찰이나 평가 기회에서의 평정자 간 동의 백분율로 나타내는데, 그 범위는 전혀 동의하지 않음을 의미하는 0부터 모든 기회에 대해 완전히 동의함을 의미하는 100퍼센트까지다. 검사 신뢰도로서, 높은 동의 계수(100에 근접하는 계수)가 낮은 계수보다 바람직한 것이다.

신뢰도 해석

신뢰도 판단을 위한 지침이 제시되었으나, 우리는 검사가 '믿을 만하다'라고 말하지 않는다는 점에 주목해야 한다. 우리(혹은 검사 개발자)가 할 수 있는 최선은 신뢰도의 증거를 보고하는 것이다. 최고의 원칙은 집단 검사에서는 최소한 .80의 신뢰도 계수가 필요하며, 학생 개인을 위한 사정 도구로 사용될 때는 .90의 계수가 필요하다는 것이다. 그러나 도구의 신뢰도를 평가하기 위한 절대적인 규칙이 있는 것은 아니며, 신뢰도가 높을수록(즉 0으로부터의 차이 값이 큰) 좋은 것이다(Mills & Gay, 2016). 유념해야 할 점은 검사 결과가 중대한 결정에 사용될 때는 신뢰도가 더욱 중요하다는 것이다. 예컨대 특수교육 서비스 적합성을 결정할 때 전문가들은 신뢰도가 가장 잘 확보된 사정 도구를 사용해야 한다. 이 책에서는 평가자가 자신이 사용하는 도구의 신뢰도를 알아야 하며, 가장 신뢰할 만한 도구를 선정해야 한다고 언급하는 것으로 충분하다.

측정의 표준오차

모든 측정에 영향을 미치는, 신뢰도에 관한 또 다른 관심사가 있다. 앞서 언급한 바와 같이 인간의 특성에 대한 완벽한 측정은 존재하지 않는다. 즉 모든 측정은 오차를 포함하고 있다.

검사 점수는 피검인의 동기, 측정이 이루어지는 상황, 측정을 실행하는 사람, 혹은 실시와 채점상의 무선 오차 등과 같은 요인에 따라 편차가 발생한다. 만일 완벽한 측정을 할 수 있다면 이론적으로 '진'점수가 존재하겠지만, 오차가 존재한다는 것을 알고 오차를 산출해보는 것이 더 좋을 것이다. 어떤 측정에서 오차에 의한 획득 점수의 변산도를 측정의 표준오차(standard error of measurement, SEM)라고 한다. SEM은 심리측정 전문가와 통계 전문가에게도 매우 복잡한 주제지만(Belia, Fidler, Williams, & Cumming, 2005; Kauffman & Lloyd, 2017 참조) 여기에서 다루는 이유는 SEM의 개념이 정서행동장애 아동 사정에 많이 적용되기 때문이다. SEM은 보통 개인이 재측정 시에 받을 수 있는 점수 범위(획득 점수 ± 오차 점수)로 표현된다. 오차의 의미를 더하기 위하여 평균을 중심으로 한 정상분포의 개념을 사용하여 획득 점수의 신뢰구간을 산정할 수 있다. 예를 들어 만일 측정을 여러 번 했다면 그 점수들의 68%는 원래 점수의 1 SEM 내에, 그리고 95%는 2 SEM 내에 존재할 것이라고 예측할 수 있다. 만일 어떤 학생이 SEM 3인 어떤 검사에서 70점을 받았는데 재검을 한다면 학생의 점수는 67~73 사이(70±3)의 점수를 받을 가능성이 68%이고 64~76 사이(70±6)의 점수를 받을 가능성은 95%이다.

다시 말하지만, SEM은 분명 복잡한 주제이고, 여기에서의 논의는 실무자들에게 SEM의 의미를 기억하게 하기 위함이다. SEM의 개념은 적합성 사정에서와 같이 절선점수를 고려해야 할 때 더욱 중요하다. 만일 어떤 사정에서 학생의 점수가 절선점수의 1 SEM 혹은 2 SEM상에 있을 때는(같은 검사로 재검을 했을 때는 점수가 절선점수의 다른 쪽으로 나올 수 있음을 의미함), 사정팀이 중대한 결정을 하기 전에 학생에 관한 다른 정보를 신중하게 검토해야 한다.

불행히도 그러한 불확실함에 직면했을 때 어떻게 해야 하는지 특정할 수 없지만, 오차를 고려하지 않는다면 교육 및 심리 평가에서 고려해야 할 전문가 실행 지침을 준수하지 않은 것이다. 또한 사정에서 오차의 개념은 단 한 번의 검사에서 얻은 점수로 어떤 교육적 결정(예 : 특수교육 서비스를 위한 적합성, 졸업, 낙제)도 이루어져서는 안 되는 이유이기도 하다.

사정의 타당도

타당도는 측정하고자 하는 것을 측정하는 정도이다(Mills & Gay, 2016). 타당도는 특히 정서행동장애 평가에서 복잡한 주제가 될 수 있는데, 정서행동장애의 어떤 측면을 측정하고자 하는 사람들은 아동이 이후에 나타낼 것에 대한 동의를 구해야 하기 때문이다. 그러나 제2장에서 논의한 바와 같이, 정서행동장애 개체의 정의는 그 묘호학에 대해 비판받아 왔고, 여사적으로 폭넓은 동의를 받아 오지 못했다. 한 예로서, 20세기 중반에는 일부 사람들이 '히스테리성 발작'으로 진단받았다. 그러나 오늘날에는 그런 진단이 있다고는 거의 아무도 생각하지 않는다. 대부분의 전문가들은 '히스테리성 발작'의 진단을 믿지 않는다. 역으로, 과거에는 염두에 두지도 않았을 아동의 우울 문제는 오늘날 활발히 연구되고 있다. 최근에는 아동의 우울에 대한 사정이 많은 정신건강 전문가와 교육자에게 중요한 관심사가 되고 있다.

사정의 타당도와 관련된 또 다른 문제는 특정 행동이나 행동군을 개인의 다른 특성으로부터 분리하는 능력이다(예 : 사회경제적 수준, 인종, 성별, 교육적 기회, 언어 능력 및 차이). 많은 전문가들은 다른 요인들(오차 혹은 편견)에 의해 표적 기술이나 행동에 대한 측정이 오염되는 것을 염려한다. 아동이 문장을 읽고 풀어야 하는 수학 검사는 추가적 요인에 의해 측정이 오염되는(따라서 본질이 망가지게 되는) 좋은 예다. 적절한 읽기 능력을 갖춘 학생은 기술된 수학적 상황을 먼저 이해하고 풀이를 위해 정확하게 능력을 작동시킨다. 그러나 읽기 능력이 제한적인 학생에게는 문제가 좀 더 복잡해진다. 그러한 상황에서 정확한 풀이를 하지 못하는 것이 학생의 읽기 결함이나 수학적 능력, 혹은 이 요인들의 상호작용에 관련된 것일 수도 있다. 타당도 확립을 위해서는 편견에 구애됨이 없어야 하고 외생 변인이 아닌 표적 변인을 측정해야 하며, 변인을 민감하고 정확하게 측정해야 한다.

타당도 종류

전통적으로 타당도에는 다음의 네 가지 종류가 있다 — (a) **구인 타당도**(construct validity, 검사가 실제로 측정하는 것), (b) **공인준거관련 타당도**(concurrent criterion-related validity, 한 검사의 점수가 동일한 시기에 실시된 다른 점수와 유사한 정도), (c) **예언준거관련 타당도**(predictive criterion-related validity, 피검자가 미래에 다른 검사에서 얼마나 잘 수행할 것인지를 예견할 수 있는 정도), (d) **내용 타당도**(content validity, 검사가 측정하고자 하는 영역을 적절하게 측정하는 정도). (개요와 간결한 정의는 Lane et al., 2012 참조.)

타당도는 목적에 따라 서로 다른 타당도가 사용된다. 예를 들어 아직은 행동이 높은 정도로 문제가 되지 않지만 중재가 없으면 곧 그렇게 되기 쉬운 아동을 확인하기 위해서는 높은 예언 타당도가 필요하다. 아동이 학교에서 학습 활동을 통해 얼마나 잘 진전을 이루고 있는지를 표준화된 성취도 검사로 측정하고자 한다면 높은 내용 타당도가 필요하다.

검사를 새로 개발한 경우에는 검사 도구로서의 적절성을 증명하기 위해 공인 타당도가 사용된다. 만일 새로운 검사가 기존의 다른 검사와 매우 유사한 점수를 나타내면 검사 개발자는 새로운 검사가 최소한 기존의 검사만큼 유용하다고 주장할 수 있다. 마지막으로, 구인 타당도는 현상의 중요성을 증명하고자 할 때 사용된다.

타당도 해석

신뢰도에서처럼, 측정에서 타당도 산정에 대한 기준을 특정하기는 어렵다. 사정에서 높은 타당도가 확보되면, 그 정보는 특수교육이 필요한 아동을 확인하고 적절한 중재를 제안하는 데 유용하게 사용된다. 타당도가 미흡한 측정은 교육자나 학생에게 도움이 되지 못한다. 나아가 이러한 측정은 잘못된 진단을 하게 만들고 잘못된 검사 결과를 제공하며 내용 없는 교육 및 행동 중재에 관심을 갖게 하는 등 나쁜 결과를 초래한다. 정서행동장애 아동과 청소년을 평가하는 전문가들은 검사가 타당도를 갖추고 있는지를 고려해야 하며, 특히 평가 도구의 사용 목적에 따라 타당도 종류(구인, 공인, 예언, 내용)를 고려해야 한다.

정서행동장애 학생에 대한 신뢰할 만하고 타당한 측정의 중요성

평가 도구의 기술적인 적합성은 특별히 중요한데, 장애 학생은 비장애 또래들에게 적용되지 않는 권리를 보장받았기 때문이다(Bateman, 2017; Huefner, 2006; Yell, 2016; Yell & Drasgow, 2000). 사정 절차에 대한 법적 보호 조항에는 (a) 초기 사정이나 재평가가 필요한 경우 부모의 동의, (b) 검사 목적에 타당하고 아동의 모국어나 의사소통 양식에 적합한 다양한 검사 도구의 사용, (c) 검사 개발자가 제공한 지침에 따라 훈련받은 검사자가 실시한 검사, (d) 의심되는 모든 영역에 대한 검사 등이 포함된다. 게다가 연방법은 학생의 교육적 요구를 결정하는 팀에 직접적으로 도움을 줄 사정 정보를 요구하고 있다. 정서행동장애 학생의 적합성을 결정하는 데 사용되는 도구와 절차는 그 학생의 일반적인 요구에 대한 정보도 제공할 수 있다. 정서행동장애를 가진, 혹은 의심되는 학생을 사정하는 네 가지 주요 목적은 선별, 적합성, 교수 평가, 분류이다. 이 장에서는 선별과 평가를 알아보고, 제15장에서 교수 평가와 분류를 알아볼 것이다.

선별

행동적 어려움을 나타내는 학생에 대한 확인과 평가 절차는 큰 집단을 대상으로 하는 간단하고 일반적인 측정-선별(screening)-으로부터 특수교육 대상자인지를 결정하기 위한 보다 상세하고 집중적인 단계로 전개되어야 한다. Walker와 동료들(1988)은 이러한 점진적 집중 단계를 다관문질차(multiple gating procedures)라고 하였다. 그러나 학교들이 일반 집단에서의 정서행동장애 선별 업무를 거의 하지 않으면서, 학생의 행동이 더 이상 무시할 수 없거나 평가 절차를 시작하지 않고는 더 이상 참을 수 없을 때까지 기다리는 쪽을 택한다(Dunlap et al., 2006; Kauffman, 2012a; 2014a; Lane et al., 2009, 2012). 더욱이 학생이 최고조의 이상행동이나 참을 수 없는 행동을 나타낼 때 학교 관계자는 초기 선별 단계를 무시해 버린다. 여기에서는 유아 및 학령기 아동의 선별 절차뿐만 아니라 선별의 이론적 근거에 대해서도 살펴볼 것이다.

선별은 학생의 행동이 심각한 문제의 조짐이 있어 좀 더 심층적인 평가를 해보아야 하는지를 확인할 목적으로 어떤 기술이나 영역에서의 몇몇 행동을 간단히 살펴보는 절차이다(Overton, 2016). 간단히 말해서, 선별은 추가적인 검사가 필요한지를 결정하기 위한 절차이다. 그러나 선별은 영역을 특정하여 검사하는 것이 아니기 때문에 여기에서 얻어진 정보는 다음 단계를 위하여 학생을 선정하는 일 외에는 사용이 부적절하다. 정의에 의하면 선별은 경제적이고 효율적이다. 따라서 최소한의 경비와 시간으로 많은 수의 학생을 선별할 수 있기 때문에 학교는 선별을 통하여 학생의 행동이 더 이상 참을 수 없게 되어 가장 어려운 단계의 관찰 대상이 되기 전에 도움을 필요로 하는 학생을 확인할 수 있게 된다(Kauffman, 2004, 2012a, 2014a).

조기발견과 예방

조기발견은 예방으로 이어질 수 있기 때문에 선별이 중요한 절차이다. 비록 연구 결과들이 이러한 주장을 지지한다고 하더라도 예방을 위하여 선별에 관심을 갖게 되기는 어려운 일이다. 어려움 중의 으뜸은 예방될 장애를 정의하는 것 그리고 심각한 문제와 하찮은 문제를 구분하는 것이다. 효과적인 선별은 심각한 결과를 가져오지 않는 일반적인 문제를 배제해야 하고, 중재 없이도 저절로 해결될 문제를 배제해야 하며, 다음 단계의 조치가 취해지지 않으면 심각한 결과로 이어질 가능성이 큰 전조 증상에 관심을 가져야 한다. 문제를 예방하기 위해서는 생활연령, 생활사건, 서로 다른 환경, 중재 전략 등과 연계된 발달적 이정표에 대한 발달적 지식이 필요하다(Forness & Kavale, 1997).

예방의 형태에는 일차, 이차, 삼차 예방이 있다(혹은 보편적, 선택적, 집중적; O'Connell, Boat, & Warner, 2009 참조). 정서행동장애 선별의 목적은 보통 일차 예방이 아닌 이차 예방이다. 일차 예방은 장애가 발생하지 않도록 하는 것이다. 이것은 안전과 건강 유지를 위해 위험을 감소시키는 중재의 보편적인 적용을 의미한다. 일차 예방이 성공적이면 이차 예방은 필요하지 않다. 일단 장애가 발생했으면 그 대상에게 일차 예방은 더 이상 가능하지 않다. 따라서 문제는 이차 예방이다. 이차 예방은 장애가 더 악화하지 않게 하는 것이며 가능하다면 그것을 되돌려 놓거나 바로잡는 것이다. 삼차 예방은 장애의 단계가 발전되어 심각한 부작용이나 중복장애가 될 만한 상태에서 이루어지는 것이다. 삼차 예방은 장애로 인하여 개인과 주변 사람들이 방해받지 않게 하는 중재이다(Kauffman, 1999c, 2003b, 2005, 2010c, 2012a).

영 · 유아 중에서 정서행동장애를 선별하는 것은 특별히 어려운 문제이다. 자폐장애와 같은 전반적 발달장애 아동은 출생부터 혹은 매우 이른 시기부터 '다르다'고 부모들은 말하는데, 소아과 의사들은 이 집단의 극도로 심각한 문제행동이 전반적 발달장애의 일부라고 말한다. 반면에 상대적으로 가벼운 장애로 인하여 특수교육과 관련 서비스를 필요로 하는 영 · 유아를 선정하는 것은 또 다른 문제이다. 선정이 어려운 몇 가지 이유는 다음과 같다.

첫째, 영아기부터 아동기 중기까지는 발달이 크고 빠르게 변화한다. 영아와 유아는 사회적 상호작용의 기초가 되는 언어기술을 아직 습득하지 못한 상태이다.

둘째, 영아기의 행동 스타일이나 기질은 양육행동과 상호작용을 통하여 이후 아동의 행동 패턴으로 결정된다. 예를 들어 10개월 된 영아의 '다루기 어려운' 행동 X는 6세의 부적절한 행동 Y를 예견하는 데 필수적이지 않다. 아동의 행동에 대한 다른 사람의 반응과 10개월에서 6세까지 부모와 교사가 사용한 행동관리기술이 문제행동을 예견하는 데 더 중요하다.

셋째, 부모들은 아동을 대하는 정서 및 행동적 인내심의 차이가 매우 다양하다. 유아기에는 부모가 '이것은 문제다'라고 판단하기 때문에 일탈된 행동의 기준을 결정하기가 어렵다(Hayden & Mash, 2014). (언급한 바와 같이, 발달적 지체가 분명한 경우는 예외임.)

마지막으로, 학교 자체가 문제의 잠재적 근원지이다. 학교에 입학하기 전까지 드러나지 않았던 문제들이 학교의 구조, 새로운 기술 수행에 대한 요구, 획일화에 대한 강조 등에 의해 드러나게 된다. 매우 이른 나이에 문제를 확인하는 것이 중요하다고 인식하고 있음에도 불구하고, 반사회적 행동을 발달시키고 다른 심각한 행동 문제를 가질 위험이 있는 아동을 학령 초기나 학령 전기에 확인할 수 있다는 증거들이 늘어나고 있다(Briggs-Gowan et al., 2006; Dunlap et al., 2006; Nelson et al., 2007 참조). 이른 나이에 정서행동장애 위험이 있는 아동을 확인할 수 있는 가능성이 증가하고 있음에도 불구하고, 학교가 실제로 위험 아동을 찾아내고 있다는 자료는 없다(Dunlap et al., 2006; Walker, Nishioka, Zeller, Severson, & Feil, 2000). 많은 학자들이 Walker와 동료들(2000)의 "조기중재로 인하여 학생들의 문제가 실질적이고 긍정적으로 좋아질 수 있는 그 시점까지도 행동 위험군 학생의 대부분이 확인되지 않고 있다"(p. 30)는 주장에 동의한다(Briggs-Gowan et al., 2006; Dunlap et al., 2006 참고).

Dunlap 등(2006)은 유아의 정서행동장애('도전 행동')에 관한 연구자들의 합의사항을 발표하였다. 다시 말해 Dunlap과 동료들은 예방에 관한 다음의 세 가지 성명서를 발표하였다. 첫째, 심각한 정서행동 문제를 가진 아동이 빨리 발견되지 않고 적절한 교육이나 중재를 제공받지 못하면 문제가 오래 지속되는 경향이 있고 이후에는 좀 더 집중적인 서비스가 필요하게 된다. 둘째, 유아의 부적절한 행동이 빠르고 효과적으로 다루어지지 않으면 이후 학교에서의 학습활동이 지체되고 또래들이 그를 배제하게 될 가능성이 있으며 성인기에는 정신건강 서비스가 필요하게 될 수도 있다. 또한 가족과 지역사회에도 역효과를 가져오게 될 것이다. 셋째, 정서행동장애 아동의 조기발견을 위한 체계와 도구가 개발되어 있음에도, 실제로 이러한 아동을 발견하는 일은 드물며 적절한 서비스도 거의 제공되지 않고 있다. 연구자들은 선별과 조기발견이 상당히 중요함에도 불구하고 거의 이루어지지 않고 있다고 말한다.

알려진 바와 같이, 정서행동장애는 흔히 학습장애 혹은 심각한 학업 및 학습 문제를 동반한다. 또한 전문가와 부모는 정서행동장애 학생(특히 매우 어린 학생)의 발견을 꺼리고, LD라는 명칭을 좀 더 가볍게 받아들인다. 아마도 이러한 이유 때문에 특수교육 대상자로 확인되어 정서행동장애를 위한 서비스로부터 도움을 받을 많은 학생들이 학습장애 학생을 위한 프로그램에 배치되어 있다는 보고가 있다(Forness & Kavale, 1997). 그러나 조기중재를 통해 문제가 좀 더 심각하게 되는 것을 막을 수 있기 때문에 이것은 정말로 불행한 현실이다 (Dunlap et al., 2006; Serna, Lambros, Nielsen, & Forness, 2002; Serna, Nielsen, Lambros & Forness, 2000).

선별 절차의 선정과 설계 기준

어떤 선별 절차는 좀 더 효과적이고 효율적이다. 선별 도구와 절차의 본질과 목적을 상기해 볼 때, 과학적 엄격함과 실용성 그리고 사용의 편리성 등이 균형을 이루어야 한다. 많은 연구자들이 선별 도구가 가지는 심리측정적 결과 사용의 중요성과 학교에서 쉽게 사용할 수 있는 접근성을 중요하게 언급하고 있다. 특히 구체적 상황으로 점차 집중하는 다층지원체계(multi-tiered systems of support, MTSS)를 통해 교사가 필요할 때 사용할 수 있는 실시의 용이성이 중요하다고 말한다. MTSS는 중재에 대한 반응(Response-to-Intervention, RTI)과 긍정적 행동 중재 및 지원(Positive Behavior Interventions and Supports, PBIS)을 모두 포함할 수 있다(예 : Lane, Kalberg, Lambert, Crnobori, & Bruhn, 2010; Lane et al., 2009, 2012; Walker et al., 2010). 학교에서 사용할 때는 합리적인 심리측정 기준과 실제적인 기준 모두를 충족하는 절차를 선택하기 위한 주의가 필요하다. Walker 등(2004)은 반사회적 행동을 발견하고 선별하기 위한 네 가지 기준을 제안하였는데, 이 기준은 모든 정서행동장애 선별에도 적용이 가능하다.

1. 절차는 반응적이기보다는 주도적이어야 한다. 학교 당국은 장애의 위험요소를 가진 고위험 학생이 심각한 부적응행동을 할 때까지 기다렸다가 반응하지 말고 그들을 찾아내는 데 주도적으로 임해야 한다.

2. 가능하다면 다양한 사람들(예 : 교사, 부모, 훈련받은 관찰자)이 학생 행동에 대한 정보원이 되어야 하고, 학생의 행동은 다양한 장면(예 : 교실, 놀이터, 급식실, 가정)에서 평가되어야 한다. 문제가 되는 행동에 대해 가능한 한 폭넓은 객관성이 확보되어야 한다.

3. 선별은 학교 재학 기간 중 가능한 한 조기에 이루어져야 하는데 유치원 수준에서 하는 것이 가장 바람직하다. 선별을 통해 문제가 확인되면 대상 학생이 부적응행동을 더 키우고 학교에서의 수행에 실패하기 전에 중재 프로그램이 시작되어야 한다.

4. 교사 지명이나 순위 매기기, 교사 평정 등은 선별 시작 단계에서 적절한 것이긴 하지만 직접 관찰이나 시험 기록, 또래나 교사 평정, 기타 정보원 등으로 보충되어야 한다. 잘못된 판단을 최소화하기 위해 선별 절차는 폭넓고 철저하게 시행되어야 한다.

대안적 선별 도구

선별 도구로 사용할 수 있는 수백 가지의 행동평정척도가 나와 있다. 자기보고나 사회관계 측정법, 직접 관찰, 면접법 등의 방법으로 아동의 사회정서행동을 사정해도 된다. 이러한 도구를 사용하고 해석할 때는 검사 자료와 매뉴얼을 숙지해야 한다(Lane et al., 2012; McLean, Wolery, & Bailey, 2004; Pierangelo & Giuliani, 2006 참조).

최근 폭넓게 인식되고 있는 개념 중 하나가 강점중심 사정이다(Epstein, 2004; Hurley, Lambert, Epstein, & Stevens, 2015). Epstein 등(2004)이 개발한 강점중심 모델은 아동이 현재 학교생활에서 잘 적용할 수 있는 사회, 정서, 행동기술, 즉 또래와 성인과의 사회적 관계, 학교 안팎에서의 사회성 기술, 학교에서 만나는 어려움과 스트레스 요인 등을 주로 사정한다.

Epstein(2004)은 강점중심 사정을 하나의 도구로 만들었는데 이것이 행동 · 정서 평정척도(Behavioral and Emotional Rating Scale, BERS-2)이다. BERS-2에는 청소년 평정척도(자기보고 형식)(Youth Rating Scale), 교사 및 부모 평정척도(Teacher and Parent Rating Scales)가 있다. 이 도구는 52문항의 5개 하위 척도로 구성되어 있다.

1. 대인 간 강점(interpersonal strengths) : 사회적 상황에서 정서나 행동을 조절하는 능력을 측정

2. 가족 참여(family involvement) : 가족 내 개인의 참여와 관계를 측정

3. 개인 내 강점(intrapersonal strength) : 능력과 성취에 대한 개인의 지각을 사정

4. 학교 기능(school functioning) : 학교와 학급 내 과제에 대한 개인의 능력 측정

5. 정의적 강점(affective strengths) : 다른 사람의 정서를 수용하고 자신의 감정을 표현하는 개인의 능력을 측정

　　1990년에 초판이 발행된 행동장애 체계적 선별(Systematic Screening for Behavior Disorder, SSBD)은 선별 도구로서 주목할 만하다(Walker & Severson, 1990; Walker, Severson et al., 2014). 이 도구는 정서행동장애 학생을 발견하는 일에 있어서, 교사의 판단이 타당하고 효율적이라는 가정하에 초등학교에 사용할 목적으로 개발되었다. 교사는 외현화 행동 문제 혹은 품행 문제를 나타내는 학생을 과잉 의뢰하는 경향이 있다. 또한 교사는 내재화 행동 문제 혹은 불안이나 사회적 위축 문제를 나타내는 학생을 과소 의뢰하는 경향이 있다(Gresham & Kern, 2004). 선별에서 학생을 누락시키지 않고 시간과 노력을 최소화하기 위하여 3단계 혹은 '다관문' 절차가 사용된다(Walker et al., 1988).

　　SSBD의 첫 번째 단계 혹은 '문'에서는 교사가 외현화 및 내재화 문제의 정의에 가장 가까운 학생의 목록을 각각 작성하고 서열을 매긴다.

　　두 번째 단계에서는 교사가 첫 번째 '문'을 통과한 상위 3명의 학생을 대상으로 두 가지 체크리스트를 완성한다. 첫 번째 체크리스트에는 지난 한 달 동안 학생이 특별한 행동(예 : '훔치기', '울화', '음란한 언어나 욕')을 했는지 여부를 기술하도록 되어 있다. 이 체크리스트는 비록 낮은 빈도지만 고위험의 행동에 대한 문항으로 구성된 위기사건지표(Critical Events Index, CEI)인데, Gresham, Macmillan, Bocian(1996)은 이러한 고위험행동은 아동을 정서행동장애로 확인하게 되는 '행동 지진'과 같은 것이라고 하였다. 두 번째 체크리스트는 학생이 어떤 특성(예 : '학급 규칙 따르기', '집단 활동이나 상황에서 또래들과 협력하기')을 얼마나 자주('전혀', '가끔', '자주') 나타내는지에 대해 교사가 판정하는 것이다.

　　세 번째 단계는 두 번째 '문'을 통과한 학생을 대상으로 관찰하는 것인데, 이들은 체크리스트의 점수가 절선점수를 초과한 학생들이다. 담임교사가 아닌 다른 전문가(학교 심리학자, 상담가, 특수학급 교사)가 교실과 운동장에서 학생을 관찰한다. 교실 관찰은 학생의 학업 수행 정도에 대한 정보를 얻는 것이고, 운동장 관찰은 사회적 행동의 질적인 면을 사정하는 것이다. 교사 평정과 더불어 이러한 직접 관찰은 학생이 특수교육 평가가 필요한 문제를

가지고 있는지 여부를 결정하는 데 사용된다.

Walker와 동료들이 고안한 절차는 학교 장면에서 사용할 수 있는 가장 잘 개발된 선별체 계이다. Lane 등(2010)은 SSBD가 정서행동장애에 대한 체계적 선별 도구 중 '황금 기준'이 라고 평가하였다.

조기선별 프로젝트(Early Screening Project, ESP)는 SSBD의 확장형으로(Walker, Severson et al., 2014), 이것은 성공으로 가는 첫 번째 단계(First Steps to Success)(Frey, Small, Feil, Seeley, Walker, & Golly, 2013 참조)라는 조기중재 프로그램으로 이어지는 촉매저 역할을 했 다. ESP는 3세부터 5세 아동을 위한 것으로 그들을 대상으로 표준화되었다. Feil(1999)이 지 목한 바와 같이, "반사회적 행동 패턴의 시작은 조기에 확인될 수 있고, 더 심각하고 다루기 어려운 문제로 커지지 않도록 예방할 수 있다"(p. 53). 예비 연구들은 학생의 학업 참여 시 간 관찰뿐만 아니라 적응행동, 부적응행동, 공격성에 대한 ESP상의 교사의 평정이 긍정적 인 효과를 보였다고 보고하였다(Walker & Sprague, 2007). 그럼에도 불구하고 앞서 언급한 바와 같이, 예방을 외면하고, 심각한 행동 문제를 나타내는 유아의 확인에 대한 저항 세력이 있다(Kauffman, 2012a, 2014a).

학교 차원(예 : PBS)에서 사용될 수 있는 간단한 선별 도구의 필요성이 증가하면서 새로 운 관심을 받고 있는 두 번째 검사 도구는 학생 위험 선별척도(Student Risk Screening Scale, SRSS; Drummond, 1994)이다. SRSS는 무료로 이용할 수 있는, 한 페이지로 구성된 간편한 도구이다. 교사가 학급 학생 개개인을 대상으로 7문항에 대해 평정하도록 되어 있으며, 총 점으로 외현화 행동 문제를 예견한다. SRSS의 제한점은 내재화 문제보다 외현화 행동 문제 에 초점을 맞추었다는 것이다. SRSS의 유용성에 대한 일련의 연구에 기초하여, Lane과 동 료들은 SRSS가 수용할 만한 심리측정적 속성(예 : 내적 일치도, 검사-재검사 신뢰도)을 갖 추었고, 내재화 행동장애를 예견하는 것은 떨어지지만 외현화 행동장애를 예견함에 있어 SSBD에 필적한다고 보고하였다(Lane et al., 2008; Lane et al., 2010). Lane과 동료들은 학교 당국이 그들의 독특한 상황과 요구에 기초하여 다양한 선별 도구들 중에서 선택할 것을 제 안하였다

생활기록부조사(School Archival Records Search, SARS)는 초등학생의 학교 생활기록 자료 를 체계적으로 기호화하여 수량화하도록 고안된 것이다(Walker, Block-Pedego, Todis, & Severson, 1991). 11가지 요인을 검토하는데, 개인신상 정보, 출결 사항, 성취도 결과, 학업 실패(예 : 유급), 훈육 기록, 교내 의뢰 유무, 특수교육 여부, 분리 배치, 챕터원 서비스 여부, 교외 의뢰, 부정적 의견 등이 검토항목에 포함된다. SARS는 원래 SSBD의 네 번째 선별 턴

계로 개발되었지만 여러 가지 다른 목적으로 활용된다. SARS는 학생의 학교 경력에 관한 중요한 정보를 찾아내는 체계적인 방법이기 때문에 세 가지 다른 의사결정, 즉 자퇴 위험이 있는 학생의 발견, 학교 사정의 타당성 확보, 특수교육 적합성 결정 등에도 사용된다.

특정 문제의 집중과 확증으로서의 선별

사정을 전문적으로 실행함에 있어 주요 사항은 한 가지 절차나 정보원으로 중요한 결정을 해서는 안 된다는 것이며, 이것은 적합성 결정에 관한 IDEA의 요구조항이기도 하다(Yell, 2016). 한 사람을 통해 학생에 관한 잘못된 결론에 도달하는 위험은 무시하기에는 너무 크다. 동의하기 어려운 의견을 가진 전문가가 증거를 재분석하고, 외부의 보충 자료 없이 자신의 결정을 변경하는 것은 어려운 일이다. 게다가 앞서 언급한 바와 같이, 모든 검사와 측정은 어느 시점에서 혹은 특정 도구에 따라 점수가 다르게 나타나, 어느 정도의 오차를 가진다(Sternberg & Grigorenko, 2002). 그러므로 한 사람의 의견이나 한 가지 평정척도(혹은 다른 검사 도구)상의 점수만으로 선별을 하는 것은 적절하지 않다.

다수의 관찰자가 학생이 장애를 가진 것으로 의심된다는 의견을 공유하고, 구조화된 관찰 혹은 여러 정보원으로부터 수집된 자료가 관찰자들의 의견을 확인해줄 때만 비로소 학생이 다음의 평가 절차를 밟을 수 있도록 선별되어야 한다. 그렇지 않으면, 학생이 불필요한 평가를 받아 장애가 존재하지 않는데도 장애가 있는 것으로 잘못된 명칭을 부여받아 낙인이 찍힐 위험이 있고, 사적인 권리를 침해받거나 중요한 정보가 결실을 못 맺은 채 버려질 위험도 있다.

선별은 다양한 자원으로부터 정보를 수집해야 하며, 행동과 행동이 발생하는 환경, 그리고 학생의 개인적인 시각 간의 상호적 영향을 잘 알아볼 수 있는 도구 사용을 목표로 삼아야 한다. 이러한 목표는 생태학적 접근이나 사회-인지적 개념 모델에서 추구하는 목표와 일치한다.

선별과 확인 절차에서 특별히 중요한 사항은 문화적 다양성과 개인차에 대한 해석이다. 소수민족이나 그 문화권에 속한 학생은 특수교육이나 다른 서비스가 필요한 장애를 가진 것으로 확인될 위험이 매우 높은 반면에 다른 민족집단의 학생은 과소 확인될 위험이 있다(Forness et al., 2012; Osher et al., 2004; Oswald, Coutinho, Best, & Singh, 1999 참조). 평가자가 문화적, 민족적 행동 특성을 잘 알지 못하거나 잘못 이해하고 있으면 장애가 아닌 행동적 차이를 잘못 해석하거나 작은 문제를 심각한 행동 문제로 키울 수도 있다.

다양한 문화집단의 특성에 대한 편견은 결과적으로 과다 혹은 과소 확인의 결과를 초래할 수 있다. 교사는 학생 행동에 영향을 미치는 문화적 요인의 평가법에 대해 배울 필요가 있다. 아프리카계 미국 학생은 정서행동장애로 과다 확인된다(Harry & Klingner, 2014)는 보고가 있다. 그러나 이에 대한 명백한 이유나 해결책은 제시되지 않고 있다(Wiley, Brigham, Kauffman, & Bogan, 2013). 아프리카계 미국 학생을 포함하여 어떤 소수민족집단도 출현율보다 높은 수준으로 정서행동장애 학생을 위한 특수교육 프로그램의 혜택을 받지 못하고 있으며, 확인 절차에서의 인종적 편견이 과소 혹은 과다 불균형에 대한 주요 원인으로 꼽히지 않는다(Cullinan & Kauffman, 2005). 모든 민족집단에 대한 과소 서비스가 문제를 더 키우는 것으로 보인다(Dunlap et al., 2006; Forness et al., 2012; Kauffman, Mock, & Simpson, 2009; Wiley et al., 2013).

선별에서 행동의 기능평가 적용

행동의 기능평가(functional behavioral assessment, FBA)는 조기에 정서행동장애 아동을 확인하기 위한 도구로 사용되어 왔다(McLean et al., 2004; Landrum, 2017 참조). IDEA는 심각한 행동으로 발전될 도전행동이나 정학 혹은 퇴학 처분을 다루는 데 FBA를 사용하도록 요구하고 있다(Yell, 2016). 그러나 연구자들은 유아들에게도 FBA 적용을 시도해 왔다(Alter, Conroy, Mancil, & Haydon, 2008; Conroy & Davis, 2000; Conroy, Davis, Fox, & Brown, 2002). 중재를 고안하는 데 FBA를 사용하는 것이 광범위하게 연구되어 왔다(예 : Scott & Alter, 2017)는 점에 주목하라. 여기에서는 FBA의 선별 기능에 대해 살펴볼 것이다.

FBA는 아동의 도전행동에 대한 기본적인 질문에 답을 제공한다. 이 행동은 어떤 기능(function)으로 작용하는가? 아동은 가치 있는 어떤 것(예 : 음식 같은 유형의 강화물이나 활동에의 접근, 관심)을 얻는가? 아동은 어떤 것(예 : 과제 요구)을 회피하거나 도피하는가? FBA 실무자는 이러한 질문들에 대한 답들로 바람직하지 않은 행동을 유지하는 요인을 제거하거나 수정하는 중재를 고안할 수 있다. 현재 절대적인 FBA 절차는 없으며, 법상에도 FBA를 수행하는 특정 전략을 명확히 제시하지 않고 있다(Conroy et al., 2002; Pierangelo & Giuliani, 2006). 그러나 다음의 몇몇 단계는 FBA에서 공통적으로 수행되는 절차이다—(a) 표적행동을 명확하게 정의하기, (b) 행동 발생을 증가시키는 환경적 사건과 요인을 결정하기, (c) 행동의 선행사건과 후속결과를 확인하기, (d) 행동의 기능에 관한 가설 설정하기, (e) 실험적 조작을 통해 가설 검증하기, (f) 행동 유지에 기여한 요인을 다룰 행동 중재를 개발하고 실행하기.

Conroy와 동료들(2002)은 행동의 기능평가 모델을 사용하여 정서행동장애 아동을 확인하는 데 사용될 수 있는 다관문, 다수준 사정 체계를 개발하였다. 그들의 체계는 3수준으로 구성된다. 제1수준에서는 광범위한 환경적 사정이 이루어지고, 학급의 모든 아동에게 득이 될 중재가 수행된다. 바람직하지 않은 행동을 유지시키는 환경적 요소(물리적, 교수적 환경 모두)를 감소시키고 긍정적 행동을 지원하는 요소를 증가시킴으로써, 위양의 수를 대폭 감소시킨다(Brigham & Kauffman, 1998; Kauffman & Brigham, 2009). 제1수준에서의 평가는 면담, 체크리스트, 그리고 간혹 며칠에 걸쳐 문제행동이 발생하는 환경의 직접 관찰로 이루어진다. 문제행동에 기여하는 것으로 잠정적 확인이 된 환경을 살펴보고, 대상 아동의 행동을 관찰한다.

모두는 아니지만 많은 경우에 있어서, 학교에서 바람직하지 않은 행동을 나타내는 아동은 제1수준 중재로 충분하다. 어떤 아동은 제1수준의 환경적 중재가 수행된 후에도 바람직하지 않은 행동을 지속적으로 나타낸다. 이 학생은 고위험행동과 중재에 초점을 맞추는 제2수준 사정의 대상이다. Conroy 등(2002)은 이 수준에서 정서행동장애로 발전될 위험이 있는 아동을 확인하기 위하여 표준화된 선별 도구(예 : Walker, Severson et al., 2014)나 교사지명법 같은 기법을 사용하도록 제안하였다. 이 단계에서는 대상 아동의 사회성 기술과 의사소통기술을 검사하고 확인하는 데 초점을 맞춘다. 기술 결함으로 인해 행동 문제가 나타날 수 있기 때문이다(Wehby, Symons, & Canale, 1998). 결함을 가진 것으로 확인된 아동에게는 일반적인 순응 훈련뿐만 아니라 사회 및 의사소통기술 훈련이 제공된다(예 : Bellipanni, Tingstrom, Olmi, & Roberts, 2013; Brown, Musick, Conroy, & Schaffer, 2001; Ford, Olmi, Edwards, & Tingstrom, 2001).

제1수준과 제2수준의 중재에 저항하여 여전히 바람직하지 않은 행동을 나타내는 아동은 Conroy 등(2002) 사정 모델의 제3수준 사정과 중재의 후보이다. 이 모델에서 제3수준 선별은 표적행동에 대한 특정 선행사건과 후속결과를 알아내기 위하여 FBA 절차를 채택하여 해당 아동의 행동 중재를 개발하고 실행하며 점검한다. 이 수준에서의 사정은 제1수준과 제2수준보다 좀 더 집중적이고 시간이 많이 걸리며 개인에게 초점을 맞춘다. 매우 적은 수의 아동이 여기에 해당되며, 이들은 정서행동장애로 확인될 가능성이 있다.

적합성 평가

만일 학생이 선별(혹은 '문')을 통과하여 학교의 관심군에 포함되었고 보편적 중재에 의해 학교에서의 행동이 개선되지 못했을 때, 특수교육 서비스에 대한 적합성 평가에 공식적으로 의뢰하기 전에 아직 노력해볼 여지가 있다. 이 단계는 의뢰 전 중재로 알려져 있으며, RTI 혹은 MTSS와 연계된다(Kauffman, Badar, & Wiley, 출판 중 참조).

의뢰 전 전략과 중재반응 모형

교사는 특수교육 서비스를 위해 학생을 평가하기 전에 일반학급에서의 학생의 요구를 조절해보려는 시도를 해야 한다. 이러한 노력은 일반학급에서 사용된 행동관리 기법과 학생이 교육과정에 잘 반응하지 않는다는 것에 대한 객관적 자료로서 문서화되어야 한다.

IDEA 2004는 중재반응 모형(response to intervention, RTI)을 허용하지만, RTI의 실행은 남용될 수도 있다(Johns, Kauffman, & Martin, 2016). RTI는 교사가 학생을 특수교육에 의뢰하기 전에 학생이 증거기반 실제에 반응하지 않는다는 것을 보여주어야 한다는 개념이다(O'Connor, Sanchez, & Kim, 2017). 즉 교사는 과학적으로 효과가 입증된 중재 방법을 시행해 왔는데 학생이 기대만큼 반응을 보이지 않았다는 것이다. 비록 RTI가 교수와 학습 측면에서 적용되어 왔지만, 중재반응 개념은 사회적 행동에도 적용된다(Fairbanks, Sugai, Guardino, & Lathrop, 2007; Kauffman, Bruce, & Lloyd, 2012). 교사는 학생의 문제행동에 대해 특수교육에 의뢰하기 전에 일반학급 상황에서 적절한 긍정적 행동지원을 제공해야 한다.

의뢰 전 중재의 성공은 학교 관리자가 제공하는 지원에 달려 있다(Burns & Symington, 2002; Fairbanks et al., 2007). 적절한 훈련 및 지원을 제공하는 학교는 의뢰 전 중재의 효과를 다른 학교보다 월등히 높게 보고한다. 나아가 대학중심의 컨설팅팀이 참여하면 의뢰 전 중재에 대한 더 긍정적인 결과를 얻을 수 있는 것으로 보고되었다(Burns & Symington, 2002).

의뢰 전 전략은 위양을 감소시키고(즉 실제로 장애를 갖지 않은 학생에 대한 잘못된 확인을 피함), 불필요한 평가에 대한 노력을 낭비하지 않기 위함이다. 앞서 설명된 정서행동장애를 선별하기 위한 행동의 기능적 접근(Conroy et al., 2002)은 선별 절차의 일부로 의뢰 전 활동 요소를 많이 포함하고 있다.

선별은 선정된 학생에 대해 특수교육 평가 없이 일반교육에서 학생 문제에 대한 해결책을 찾기 위한 것이어야 한다. 합리적인 시간 내에 해결책 모색에 실패하면 평가에 의뢰해야 한다(Kauffman, 2014b; Kauffman et al., 2012 참조). 특화된 의뢰 전 절차는 부모의 동의 없이 수행되어서는 안 되며, 의뢰 전 절차가 성공적이지 않았을 때 학생을 일반학교에 두는 것은 IDEA 위반이 될 수 있다(Katsiyannis, 1994 참조). 그렇다면 교사가 의뢰를 위해 충분히 교육활동을 했다고 할 수 있는 시점은 언제인가? 그것은 개인마다 다르다. 다음 글상자 14.1에 제안된 것을 참고할 수 있다.

글상자 14.1

의뢰 전에 수행해야 할 것은 무엇인가?

의뢰 전에 여러분은 학생의 교육적 요구를 충족시키기 위해 학급에서 사용한 전략을 문서로 작성해야 한다. 나중에 학생이 장애를 가진 것으로 판명되든 아니든 상관없이, 여러분의 문서는 다음과 같은 점에서 유용할 것이다 — (a) 학생을 평가할 전문위원회가 요구하게 될 증거를 갖추는 것이다. (b) 학급에서 다른 학생에게 사용한 방법이 해당 학생에게는 적절하지 않았다는 것을 해당 학생의 부모에게 더 잘 이해시킬 수 있다. (c) 학생에게 성공적이거나 성공적이지 않은 방법에 대한 자료를 갖추게 되는데, 이것은 향후 다른 교사들에게도 유용할 것이다.

여러분이 해 왔던 것을 문서화하는 것은 많은 작업을 필요로 하는 것이지만, 사려 깊은 기록은 의미가 있는 것이다. 만일 어떤 학생이 심각한 문제를 발생시킨다면 그에 대해 기록해 두는 것이 현명할 것이다. 기록에는 다음의 사항이 포함되어야 한다.

- 여러분이 관심을 갖는 것
- 여러분이 관심을 가지는 이유
- 문제를 관찰한 날짜, 장소, 시간
- 문제를 해결하기 위해 여러분이 한 것
- 사용한 계획이나 전략 고안을 도와준 사람
- 전략이 성공적이거나 성공적이지 못한 증거

의뢰 전 전략은 때로 특수교육 없이 일반학급에서 학생 관리에 성공적이다. 문제를 조기에 발견하면 문제 상황에서 학생을 제거하지 않고도 효과적인 해결책을 찾을 가능성이 높아진다. 그러나 일반교사와 특수교사의 팀워크가 훌륭하고 최상의 의뢰 전 전략을 적용해도, 일반학급에서 요구가 충족되지 않는 학생도 있다(Bateman, 2017; Kauffman, 2010c; Kauffman et al., 2012; Kauffman, Bantz, & McCullough, 2002; Kauffman & Brigham, 2009; Mock & Kauffman, 2002 참조).

적합성 결정을 위한 평가

의뢰 전 혹은 중재반응 전략이 본격적으로 시행되었지만 개선점이 나타나지 않았다면, 공식적인 특수교육 평가 의뢰 절차가 뒤따르게 된다. 연방법은 다양한 정보원과 다학문팀(multidisciplinary team, MDT)에 의한 사정으로 적합성 평가를 수행하도록 규정하고 있다.

사정팀이 준수해야 할 가장 중요한 도구 중 하나는 정서행동장애의 정의이다. 물론 학교가 사용해야 하는 정의는 IDEA의 정의이다. 정서행동장애 범주하에서 서비스 요구에 대한 학생의 적격성 확인의 시작점은 IDEA의 다섯 가지 항목으로 구성된 정의이다(제2장에서 논의됨). 보통 사정 절차에서는 학생이 나타내는 정도를 다루어야 한다.

1. 지적, 감각적, 건강상의 요인으로 설명될 수 없는 학습의 무능력
2. 또래나 교사와의 만족할 만한 대인관계 형성과 유지의 무능력
3. 정상적인 환경에서의 부적절한 행동이나 감정
4. 일반적이고 전반적인 불행감이나 우울감
5. 개인적 혹은 학교 문제와 연관된 신체적 증상이나 공포를 갖는 경향

Landrum(2000, 2017)은 행동장애 영역이 아직도 대상 학생에 대해 적절하게 정의하지 못하고 있다고 지적하였다. 따라서 어떤 학생이 정서행동장애 범주하에서 서비스를 받기에 적합한지 적합하지 않은지 여부는 아직도 논쟁 중이고 지극히 극심한 사례를 제외하고는 결정하기가 어려운 사항이다.

정의의 각 항목을 생각해보자. 학교에서 학습은 분명히 중요한 문제인데, 학생의 학업 성취가 어떤 기준에 못 미칠 때 그것이 다른 문제 때문에 나타난 결과임에도 불구하고 정서 문제의 탓으로 돌리기 쉽다. 결국, 정서행동장애를 가진 것으로 의심되거나 확인된 대부분의 학생이 사회 적응 문제뿐만 아니라 심각한 학업 문제도 가지고 있기 때문에 학업 수행 평가는 매우 중요하다(Lane, Carter, Pierson, & Glaeser, 2006; Nicholson, 2014). 신체 및 인지 발달에 대한 평가 또한 중요한데, 이 영역에 문제가 생기면 대체로 정서행동장애로 발전되기 때문이다. 가정 내 사회적 환경에 대한 평가와 학생이 부모나 교사 혹은 또래들에게 보이는 정서적 반응에 대한 평가는 아동의 정서행동 문제에 영향을 미칠 사회적 영향을 이해하는 데 매우 중요하다(Epstein & Cullinan, 1998 참조).

최근에 정서행동장애와 언어장애가 매우 밀접하게 연계되어 있다고 알려져 있다(Chow & Wehby, 2016; Hollo, Wehby, & Oliver, 2014; Nelson, Benner, & Cheney, 2005; Nelson, Benner, & Rogers-Adkinson, 2003). 정서행동장애 학생은 흔히 다른 사람의 언어나 행동의 의미를 이해하는 데 어려움을 겪고, 자기 자신을 효과적으로 표현하는 데도 어려움을 겪는다(Rogers-Adkinson & Griffith, 1999).

MDT가 모든 영역의 평가에서 수집된 정보를 면밀히 검토한 후에 학생의 특수교육 적합성을 결정하는 것이 이상적이다. 그러나 불행히도 MDT는 이러한 기능을 발휘하지 못하는

것 같고 신뢰성도 없다. 실제로 적합성 결정이 매우 제한된 정보원에 기초하여 이루어지고 있고, 의사결정 과정을 신뢰하기 어려우며 검사나 관찰에 의한 객관적 자료에만 의지하기 때문에 과정을 예측하기는 어렵다. 예측이 어려운 이유 중 하나는 MDT의 기능이 명시된 지침이 없다는 것이다. 즉 사정에 대한 전문적이고 윤리적인 접근의 총체적인 개념과 다양한 안전장치에 관한 연방 차원의 지침이 있어야 하고, 특히 MDT 구성원이 결정과 관련하여 주와 학교 당국에 제시해야 할 단계별 절차가 상세히 명시된 지침이 있어야 한다. 또 다른 이유는 장애를 정의하는 명확한 준거가 부족하다는 점이다. MDT 구성원들은 정서행동장애 정의의 일부를 다르게 해석한다. 평가 절차에서 관련이 없거나 도움이 안 되는 정보를 수집하는 것도 여전히 하나의 이유가 된다. 예를 들면 어떤 생리적 혹은 심리학적 검사는 교육적 결정을 하는 데 쓸모가 없을 수도 있다. 의사결정은 정의에 대한 기준을 강화하고, 컴퓨터 프로그램을 통해 여러 정보원을 사용하는 전문 체계를 사용함으로써 보다 객관성을 확보할 수 있다. 의사결정 과정을 객관화하기 위한 이러한 노력은 불행히도, 앞서 제2장에서 언급한 바와 같이, 행동 문제의 정의가 필연적으로 주관적일 수밖에 없다는 것을 고려하지 못한 것이다. 보다 객관적이고 신뢰할 수 있는 도구와 컴퓨터 프로그램으로 좀 더 나은 결정을 할 수 있겠지만, 그러한 것들이 의사결정의 유일한 기반은 될 수 없다.

평가의 주요 문제는 표준화 검사 점수와 객관적 행동 관찰과 같은 기준으로 판단할 때 더 이상 특수교육 대상자라는 판단을 믿을 수 없게(예측 불가하거나 일관적이지 않은) 된다는 것이다. 서로 다른 집단이나 개인은 서로 다른 기준으로 평가한다. 성별, 인종, 사회경제적 수준 등이 서로 다른 학생에 대해 서로 다른 기준을 사용한다. 비일관성은 평가에서 편견이나 부적절한 차별을 암시하는 것일 수도 있으므로 심각한 문제이다. 해결책은 객관적 심리측정 기준(검사 점수나 컴퓨터 프로그램의 양적 평가 같은)에 따라서만 결정을 하지 않고, 보다 신뢰할 수 있고 예측 가능하며 일관적인 결정의 목표를 포기하지 않는 것이다. 가장 바람직한 것은 의사결정에서의 전문적 수행 능력을 강조하는 것이다. 다음은 전문적 수행 능력을 위한 행동지침이다.

- 적절한 평가 절차에 관한 연수 받기
- 자신이 자격을 갖추지 않은 평가 절차 거절하기, 비자격자로부터 수집된 평가 자료 사용을 거절하기
- 한 개인이 적합성 결정을 하지 않는다는 것을 보장하기 위하여 MDT의 구성원으로서 역할하기
- MDT에 의해 여러 정보원으로부터의 자료 수집이 가능하고, 적합성 결정은 모든 관련

자료에 기초하여 이루어진다고 주장하기

- 적합성 평가 전에 문서화된 의뢰 전 전략의 실행을 요구하기
- 문제의 본질을 알고 확인의 의미를 알도록 부모와 학생을 참여시키기
- 문제가 되는 행동과 그것이 학생의 교육에 끼치는 해로운 영향, 그리고 특수교육 및 관련 서비스의 요구를 문서화하기
- 학생, 또래, 부모, 교사 등 적합성 결정에 영향을 받을 모든 당사자의 관심을 고려하기
- 학생을 특수교육 대상자로 확인하는 것과 확인하지 않는 것으로 인한 모든 위험과 이득을 알아보기
- 확인의 결과로서 제안된 특수교육 프로그램이 학생에게 교육적 이득을 주도록 보장하기
- 절차와 자료 해석에서 편견의 가능성이 있는지 민감하게 지켜보기

요약

사정(선별, 적합성 결정, 교수 평가, 분류) 목적으로 사용되는 도구 선정은 측정 기준을 고려하여 신중하게 이루어져야 한다. 신뢰도는 시간, 관찰자, 도구 형태에 따른 측정의 안정성이다. 타당도는 도구가 측정하려는 것을 측정하는 정도이다. 정서행동장애를 가졌거나 가진 것으로 의심되는 개인을 사정하는 방법을 선정하기 위해서는 신뢰도와 타당도의 개념을 이해하는 것이 중요하다.

선별은 정서행동장애를 가질 가능성이 있는 학생 영역을 좁히는 것을 의미한다. 그것은 바람직한 '의심'도 포함하는 것이어서, 분명하지 않은 사례가 확인되는 과정이다. IDEA는 모든 장애 아동에 대한 확인을 요구하고 있지만, 정서행동장애 학생을 확인하기 위한 체계적인 선별 절차를 사용하는 학교는 많지 않다. 만일 학교 당국에서 그러한 선별 절차를 사용한다면 더 많은 학생이 선별될 것이다.

선별의 이론적 근거는 조기확인이 효과적인 조기중재로 이어진다는 점이다. 이러한 근거가 지지받을 수 있다고 하더라도 선별 절차에 관심을 갖게 하기는 어려운 일이다. 정서행동장애 선별은 대부분 현재 문제의 복합화와 악화를 예방하려는 제2차 예방이다. 가벼운 장애를 가진 영아와 유아에 대한 효과적인 선별은 특히 어려운 일인데, 어린 아동의 행동은 부모 관리에 따라 달라지고 교사가 아닌 부모가 유아의 문제행동을 정의하기 때문이다. 선별 도구는 주도적 절차(반응적이 아닌)이어야 하고 다양한 정보원으로부터 정보가 수집되어야 하며, 초기 학년에서 실행되는 것이어야 하고, 직접 관찰과 부모나 또래의 평정과 같은 부가적 절차 이후에 교사가 수행하는 것이어야 한다.

다양한 평정척도와 기타 도구들이 선별에 사용될 수 있다. 선별은 한 개인이 판단이나 한 가지

도구의 결과에 근거하여 이루어져서는 안 된다. 다양한 정보원으로부터의 확인에 기초하여 수렴된 의견이 선별 결과의 기초가 되어야 한다. 소수 민족이나 소수 문화권 아동을 선별하는 데 있어 편견을 없애기 위해서는 문화적 다양성과 개인차에 대한 조절이 필요하다.

의뢰 전 전략은 선별과 평가에의 의뢰 간에 중간적 단계로 필요하다. 특수교육에 대한 공식적인 평가에 의뢰하기 전에 학교 관계자는 중재반응 모형 등과 같은, 학생의 문제를 해결하기 위한 노력과 일반학급에서 적절한 교육을 제공했다는 것을 문서화해야 한다. 행동의 기능평가는 의뢰전 중재의 한 형태로 고려될 수 있다.

의뢰 전 전략이 실패했을 때, 교사는 학생을 평가에 의뢰하는 것을 지체해서는 안 된다. 특수교육 적합성을 결정하기 위한 공식적인 평가는 다학문팀에 의해 수행되며, 이것은 IDEA가 명시한 일련의 조항에 따르도록 되어 있다.

15 교수를 위한 사정

Patrick White/Pearson Education, Inc.

학습 목표

15.1 교수를 위한 사정이 다른 목적의 사정과 다른 점을 설명할 수 있다.

15.2 정서행동장애 학생에 대한 주요 사정 접근법(표준화, 규준참조 검사, 행동 평정, 직접 관찰, 면접, 교육과정중심 측정)의 장점을 기술할 수 있다.

15.3 장애 관련 여부 결정의 목적과 결정에 사용되는 접근법을 정의할 수 있다.

15.4 행동의 기능평가 정의와, 교수 사정 측면에서 행동의 기능평가의 중요성을 설명할 수 있다.

15.5 일반교육 사정에서 정서행동장애 학생의 적절한 통합에 대해 논의할 수 있다.

15.6 사정 자료를 정서행동장애 학생의 IEP 개발에 적절하게 사용하는 것에 대해 설명할 수 있다.

15.7 정서행동장애에 대한 편리하고 일관적인 분류 체계의 중요성을 설명할 수 있다.

교수를 위한 사정

IDEA에서는 특수교육 서비스에 대한 적합성을 결정하기 위하여 수집된 사정 정보는 해당 학생의 교육 프로그램을 계획하는 데 사용되어야 한다고 명확하게 규정하고 있다. 이전 장에서, 선별 목적이나 적합성 결정에 관련되는 사정 내용을 검토하였다. 여기서 사용되는 교수(instruction)라는 용어는 학업뿐만 아니라 행동 중재를 계획하고 점검하는 내용도 포함한다는 것을 유념해야 한다. 그러나 제1장에서 논의했듯이, 정서행동장애 학생의 교육과 처치에 있어서 학업적 교수를 강조하는 것은 첫 번째 방어선이 될 수 있고 뒤따르는 모든 것에 대한 기초가 될 수 있다. 선별과 적합성을 위한(그리고 이 장의 후반부에서 논의할 분류를 위한) 사정은 행동이 정상에서 얼마나 일탈되었는가 혹은 정서행동장애를 가진 다른 학생과 얼마나 유사한가에 대한 답이다. 교수를 위한 사정은 학생이 무엇을 배웠고 무엇을 배울 필요가 있는가에 대한 답이다.

교수에 유용한 사정이 되기 위해서는 교사가 교수에 관한 어떤 결정을 할 때 도움이 될 수 있도록, 사정을 수행할 때 행동상의 작은 변화에 민감해야 한다. 정서행동장애 학생의 교사는 학업과 사회 혹은 대인관계행동 모두에 대한 정보를 정기적으로 수집한다. 또한 의료적 중재(예 : 내과 의나 정신과 의사가 처방한 약물)와 언어치료 같은 관련 서비스의 결과를 점검하기 위해 점검표를 작성하거나 교실에서의 행동 및 학업 수행에 대한 보고서를 작성한다. 측정을 위한 형식적이고 상업적인 상품이 많이 나와 있지만 교사 나름대로 수행하는 비형식적 측정이 교수 안내에 더 효과적이다.

교수를 위한 교육적 사정의 최근 경향

현재 교육적 쟁점으로서 가장 주목받고 있는 주제는 학생의 학업 및 사회성 기술 숙달이다. 미국 학교와 교육자가 표준을 기반으로 하는 현재의 교육 책무성과 관련하여 곤경에 처했나는 뉴스가 연일 오르내리고 있나(Lindstrom, 2017). 뉴스는 교육자들을 좋게 평하지 않는다. 사실, Bracey(2007)가 관찰한 바와 같이, 미국 공립학교의 실패에 관한 뉴스는 두려움을 느낀 호사가들이 퍼뜨린 것이다. 특수교육 관련 뉴스도 일반교육보다 좋을 게 없다. 특수교육자 중 일부조차도 방법이 없다고 말한다(예 : Brantlinger, 2006; Harry & Klingner, 2006, 2007). 아마도 일반교육과 특수교육 모두 뉴스에서 말하는 것만큼 절망적인 상태는 아닐 것이다(Hallahan, Kauffman, & Pullen, 2015; Kauffman, 2009; Kauffman & Halllahan, 2005b

참조).

실패와 성공에 상관없이, 일반교육과 특수교육 모두의 개선이 물론 바람직한 일이다. 분명히, 몇몇 매우 훌륭한 교수적 과학기술로써 학생의 성취가 향상되고 정서행동장애 학생의 품행도 개선될 수 있을 것이다(Berkeley & Riccomini, 2017; Kauffman & Landrum, 2007; Landrum & Kauffman, 2006; Lane, 2004; Lane, Barton-Arwood, Rogers, & Robertson, 2007; Lane, Menzies, Bruhn, & Crnobori, 2011; Morris & Mather, 2008; Walker & Sprague, 2007 참조). 이를 위해 적절한 교수적 도구를 선정하려면 학생 개인의 교수적 요구를 명확하게 판정해야 할 필요가 있다.

대부분의 정서행동장애 학생은 교수적 문제를 나타낸다. 때로는 학생이 직면하고 있는 문제를 확인하는 것보다 중재가 제공되어야 할 문제의 우선순위를 결정하는 것이 더 어렵다. 중재의 우선순위 결정이 어려운 이유 중 하나는 교사나 학교나 지역사회에서 교육 프로그램의 서로 다른 측면에 가치를 두기 때문이다(Zigmond, 2003, 2007).

학교는 지역에 따라 서로 다른 교육방침으로 설립 승인을 요구한다. 예를 들어 어떤 학교는 창의성과 표현력을 강조하는 반면 다른 학교는 기초 기술이나 학업 위주의 교육과정을 강조한다. 이처럼 다양한 학교의 요구에 맞게 검사 제작자들이 다양한 검사를 개발하는 것이 놀랄 일은 아니다. 결과적으로 수많은 검사들이 넘쳐나고 있다. 더 안 좋은 것은 시중의 검사에 관해 지나치게 좋은 평가를 하고 있다는 점이다. 흔히 교사들은 어떤 검사가 학생의 특수교육적 요구를 확인해줄 뿐만 아니라 학생을 가르칠 방법에 대한 정보까지도 줄 수 있다고 말한다. 그러나 현재까지 그러한 주장에 대한 증거는 어디에도 없다.

교사는 학생을 어떻게 가르칠지에 대해 안내를 해줄 검사를 찾기보다는, 문제 해결을 위한 보다 과학적인 접근으로 교수적 의사결정을 해야 한다. 일반적으로 어떤 문제 해결 과제의 첫 번째 단계는 문제를 정의하는 것이다. 행동 문제는 보통 특정 기술이나 행동 부류 측면에서 과도하거나 과소한 것으로 정의된다. 학업 성취 문제는 기술, 기술 사용 능력, 개인의 축적된 일반 정보 등의 결함 때문에 나타난다.

학생의 학업적 강점을 고려하는 것도 좋은 방법이다. 문제를 정의하는 과정에는 결정을 정당화하는 증거를 수집하는 것도 포함된다. 문제의 본질과 범위에 관한 증거 자료를 수집하는 것, 가능한 원인과 악화 요인을 찾는 것, 그것을 변화시키기 위한 방법을 고안하는 것, 결과를 점검하는 것 등이 사정이다.

검사는 사정의 한 형태지만, 정서행동장애를 가진 개인에 대한 사정은 많은 도구를 필요로 할 수 있다(Berkeley & Riccomini, 2017 참조). 예를 들어 학생의 행동을 다양한 장면이나 상황에서 관찰해야 한다. 때로 대상 학생과 학생의 또래, 가족, 교사를 대상으로 하는 면접을 통해 다른 방법으로는 얻지 못할 통찰을 갖게 될 수도 있다(Orvaschel, 2006; Sharp, Reeves, & Gross, 2006).

정서행동장애 학생을 교육하는 사람들이 사용할 수 있는 사정 기법이 많이 있다. 학생의 교육적 요구에 온전히 대처하기 위해서 교사는 증거를 충분히 고려하고, 자료 수집과 교차점검을 위한 다양한 도구를 선정해야 한다. 이러한 형태의 평가가 곧 교육과 중재를 통합하는 진행형 절차이다.

앞서 논의한 바와 같이, 진행형 평가의 주요 관심사는 중재를 고안하고 진전을 측정하는 것인 반면 적합성을 위한 초기 평가의 초점은 특수교육과 관련 서비스에 대한 예-아니요의 결정이다. 적합성 평가는 문제의 원인을 배제해 나가는 것을 강조하는 다학문적 접근이다. 반면에 교수나 다른 중재를 위한 평가는 학생의 교실 행동과 학교에서의 수행 및 개선법에 대한 교사의 사정에 좀 더 초점을 맞춘다.

교수와 기타 중재를 위한 평가

중재를 위한 평가를 할 때는 문제행동이나 학업 결함의 원인과 수정에 중요하게 작용할 수 있는 요인들을 폭넓고도 주의 깊게 고려해야 한다. 많은 교육자들이 평가 과정을 검사와 유사한 과정으로 생각한다. 그러나 검사는 보통 통제된 환경하에서 단일 행동이나 기술의 시연에 초점을 맞추는 반면, 사정과 평가는 의사결정을 지지하는 증거를 모으기 위한 좀 더 폭넓은 수집활동이다. 모든 검사는 사정활동에 포함되지만 사정은 면접이나 학생 행동 관찰 같은 활동을 포함하기 때문에 모든 사정활동이 검사는 아니다. 정보는 부모, 교사, 또래, 학생 당사자, 공정한 관찰자들로부터 언제라도 수집될 수 있어야 한다.

특수교육 중재를 위한 평가 또한 학생이 학교에서 나타내는 문제에 초점을 맞추는 것이 필요한데, 이것은 학생이 학교에서 성공적으로 수행해야 할 기술이나 행동에 초점을 맞추어 사정을 해야 함을 의미한다. 의뢰된 학생을 평가하는 절차에는 최소한 표준화된 지능 및 성취도 검사, 행동 평정, 또래관계, 면접, 자기보고, 직접 관찰 등이 포함되어야 하는데 (Landrum, 2000, 2017), 다음에서 이들에 대해 간단히 살펴볼 것이다. 교수의 영향을 점검하는 데 적합한 주요 접근법은 교육과정중심 사정(curriculum-based assessment, CBA; Espin, McMaster, Rose, & Wayman, 2012; Hosp, Hosp, & Howell, 2016) 이다. CBA는 사회성 기술에도 적용될 수 있다.

특별히 문제행동 관련 평가에서 중요한 것은 특정 행동이 학생의 생활에서 어떤 목적 혹은 기능을 가지는가라는 질문에 대한 답을 찾는 일이다. **행동의 기능평가**(functional behavioral assessment, FBA)는 이러한 질문에 답하기 위해 고안된 사정법이다(Fox & Gable, 2004; McConnell, Cox, Thomas, & Hilvitz, 2001; O'Neill et al., 1997). 행동의 기능은 평가에서 다루어져야 할 중요한 문제이고, 잘 고안된 행동의 기능평가는 이 장에서 논의되는 모든 형태의 사정 정보를 끌어낼 수 있다.

마지막으로, 행동 사정법은 학업기술 사정법과 상당 부분 동일한 방법이 될 수도 있다. 사회-정서 행동은 '학생이 바르게 행동하도록 어떻게 가르칠 것인가?'와 같이 교수적 측면의 문제로 다루어질 수 있다. 교육자들이 가르치는 일에 초점을 맞추면, 사정과 교수를 연계시키게 되고, 잘못된 행동 발생을 예방하게 되며, 지속적으로 중재에 대한 긍정적인 계획을 하게 된다. 궁극적으로, 사정의 목적은 학생이 잘못된 행동을 하지 않도록 안내하고, 사정과 연계된 교수를 통해 바람직한 행동을 추구하는 **사전교정**(precorrection)이 되어야 한다(Colvin, Sugai, & Patching, 1993; Kauffman, Pullen et al., 2011; Walker et al., 2004).

지능과 성취에 대한 표준화된 규준참조검사

정서행동장애 학생에게 사용되는 일부 사정은 표준화된 **규준참조**(norm-referenced) 사정이 될 것이다. 사정에서 표준화는 측정 대상에게 동일한 방식으로 측정이나 절차를 적용하는 것을 의미한다. 표준화는 한 학생의 사정 결과를 다른 학생의 결과와 비교하고자 할 때 혹은 동일 학생의 사정 절차 결과를 이전의 결과와 비교하고자 할 때 필요하다.

규준참조는 검사 점수에 의미가 부여되는 방법이다. 규준참조검사에서는 학생의 검사 점수가 규준집단의 평균 점수로부터 얼마나 떨어져 있는가를 보고 학생의 수행을 평가한다. 지능검사와 대부분의 성취도검사는 규준참조이며, 이러한 검사의 매뉴얼에는 대상 연령이나 학년 수준에 따른 규준 자료가 포함되어 있다. 좋은 검사라면 성별, 인종, 사회경제적 수준에 따른 규준집단 구성에 대한 상세한 정보가 제시되어 있을 것이다. 그러나 대부분의 교실에서 수행되는 검사는 전국 규준과 비교하지 않는다. 해당 학급이나 학급의 개인을 전국 평균과 비교하기보다는, 이전 검사 결과와 비교하거나 지난해의 동일 학년들과 비교하거나 같은 학군 내의 학급과 비교한다. 교사들의 유일한 관심사는 특정 내용이나 기술의 습득 여부(예 : 모든 알파벳, 곱셈, 원자)이기 때문에 어떤 경우에는 규준이 전혀 필요하지 않다. 이런 경우, 교사는 준거참조검사(criterion-referenced test)-개인의 점수를 미리 설정된 어떤 준거와 비교하여 통과 여부를 판단하는 검사-를 사용할 수 있다. 준거참조검사에서는 피검자가 정반응을 보인 항목의 수나 백분율이 중요하다(예 : 90%). 규준참조검사에서도 피검자의 정반응 수가 중요하지만 비교집단의 정반응 수와 비교하여 상대적으로 해석된다(예 : 어떤 학생이 백분위 점수 50을 획득했다면 이것은 규준집단의 50%보다 더 높거나 같은 점수임을 의미한다). 비교집단 혹은 규준집단은 몇 가지 주요 요인과 과제 관련 측면에서 검사 대상과 유사한 학생들로 구성되어야 한다. 보통 연령과 학년 수준이 학업 및 지능 측정에서 고려되는 요인이다. 어떤 측정에서는 성별, 언어, 피검자의 문화 등이 주요 요인이 되기도 한다.

교사는 규준참조검사에 의한 정보를 사용할 때 규준집단의 규모가 대상 학생을 비교하기에 적합한지를 고려해야 한다. 만일 유아의 읽기 능력을 더 나이 든 아동과 비교한다면 적합하지 않은 비교가 될 것이다. 반대로, 계속 낙제를 했거나 유급된 학생에게는 득이 될 수도 있어, 해당 학년에서 1년만 공부를 한 학급의 다른 친구들보다 더 잘 지낼 수도 있다. 간단히 핵심만 말하자면, 학생의 읽기 수행을 다른 집단과 공정하게 비교하기 위해서는 비교집단이 비슷한 읽기 교수를 받은 동일 연령 혹은 동일 학년의 학생들로 구성되어야 한다는 것이다. 어떤 경우든, 규준참조검사상의 점수를 해석하기 위해서는 비교집단 혹은 규준집단의 규준표가 필요하다. 이 점에 있어서 최근의 논쟁점은 개인의 행동이나 수행을 평가할 때 서로 다른 민족에 대한 문화적 규준이 고려되어야 한다는 점이다. 더욱이 일부 연구자들은 여성과 남성의 인지발달 차이를 지적하기도 했다. 특정 민족이나 한 가지 성별로만 규준집단을 구성하는 것은 어떤 경우에는 장점이 될지도 모르겠으나 차이에 따른 특성 파악을 어렵게 할 수도 있다.

규준집단과의 비교에 관심을 가지게 되면서, 학생이 학습한 것을 측정하고, 그들의 수행을 또래의 규준과 비교하기 위하여 표준화검사가 사용되고 있다. 표준화검사는 현재의 능력과 교수가 필요한 영역에 대한 정보를 제공해준다. 지능검사는 학교에서의 수행을 예견하는 학생의 일반 기술에 대한 정보를 제공하고 학업 성취검사는 보다 구체적인 기술에 대한 정보를 제공한다. 그러나 어떤 표준화검사도 학생이 배워야 할 것에 대한 정보를 제공해주진 않는다.

표준화된 지능검사와 성취도검사를 사용하는 분명한 이유가 있다(Fuchs & Young, 2006; Kauffman, 2010c, 2011; Lindstrom, 2017 참조). 예를 들어 학생의 학습 진전을 전국의 다른 학생들과 비교하는 데 유용하다. 그러나 (a) 학생이 해당 검사에서 획득한 점수에는 오류의 여지가 있다는 것, (b) 교수 중의 혹은 교수 후의 점수 변화를 탐지하기 위해 수행하는 측정에는 한계가 있다는 것, (c) 일부 학생은 성취도검사와 교수적 기대 간에 불일치가 있을 수 있다는 것, (d) 어떤 점수는 중요한 결과를 예측하지 못할 수도 있다는 것 등을 유념해야 한다.

이 장의 앞에서 논의된 바와 같이, 측정의 결과는 최소한 두 가지로 구성되는데, 측정하고자 한 진짜 능력(가상적 진점수)과 측정 오차이다. 측정에서 나타나는 오차의 평균값을 **측정의 표준오차**(standard error of measurement, SEM)라고 한다. 검사 점수가 성장을 의미하는지(예 : 학년의 시작 시점에서 시행한 검사와 종료 시점에서 시행한 검사)를 알아보고자 할 때, 점수 간 차이값이 SEM을 초과하는지를 보아야 한다. 예를 들어 어떤 검사의 SEM이 ±3이라면 학생이 나타낸 3점 이하의 차이값은 측정 오차에 의한 것이며 학생 수행의 개선이나 악화로 볼 수 없다.

학생의 수행을 평가하는 데 사용되는 측정은 시간 경과에 따른 변화나 교수 후의 변화를 알아내는 데 탁월하다. 규준참조검사는 전국의 모든 학생에게 사용될 수 있도록 충분히 보편적으로 제작되기 때문에 보통 학생 행동의 작은 변화를 찾아낼 수 없다. 따라서 교육과정의 다양성, 활동, 교사 배경 등은 평균화되는 경향이 있다. 더욱이 규준참조의 표준화된 측정은 매우 폭넓은 연령층을 대상으로 하기 때문에 학생 수행의 작은 변화를 정확하고 믿을 만하게 찾아내기 위한 문항이 거의 없다(즉 어떤 연령이나 학년에 맞는 항목이 매우 적다). 반대로, 오랜 기간에 걸친 행동의 큰 변화를 찾아내는 데 더 적합한 표준화된 규준참조검사보다는 학급 내에서 수행하는 검사와 교육과정중심 측정이 특정 수준의 특정 영역 내용에서 많은 항목들을 포함하고 있기 때문에 교수를 안내해줄 수 있고, 학생에게 진전에 대한 피드백을 줄 수 있다(Brigham, Tochterman, & Brigham, 2001).

성취도검사와 교수적 기대 간의 일치를 고려하지 않은 검사 결과 해석은 민감하지 못할 수 있다. 비록 내부분의 주에서 표준교육과정을 개발해 놓고 있지만, 동일한 과정, 동일한 내용, 동일한 학년 그리고 동일한 학교에서조차도 교사들 간의 다양성이 존재한다. 교사는 자신의 교수가 반영된 측정을 하려면 표준화된 규준참조검사보다는 교육과정중심의 측정을 사용해야 한다. 교수의 영향을 의미 있게 측정하려면 검사가 실제 교수와 맞게 고안되어야 한다(예 : Fuchs & Fuchs, 2011).

교육 관련 측정에서 가장 큰 문제 중 하나는 점수가 주요 결과를 예측하지 못한다는 점이다. 예를 들어 표준화검사에서 산출된 IQ는 지적 잠재력에 대한 측정이 아니며, 고정적이거나 불변적이지도 않다. IQ는 어떤 영역에서의 일반적인 학습을 규준적 표본에 포함된 또래 학생의 학습과 비교하는 측정이다. IQ는 학생에게 특별한 중재가 제공되지 않았을 때 장래에 학습할 것에 대한 정확한 예측일 뿐이다. 또한 해당 검사에서의 학생 수행은 많은 요인에 의해 영향을 받을 수 있다는 것을 기억해야 한다. 최상의 조건하에서도 점수는 학생의 진점수 범위 내의 한 점수일 뿐이다.

정서행동장애 학생을 평가함에 있어 표준화된 검사와 관련된 함정을 아는 것이 특히 중요하다. 정서행동장애는 교수나 검사 동안에 학습 및 학업 수행을 방해하는 경향이 있다. 따라서 정서행동장애를 가진 학생은 표준화검사에서 자신이 가진 능력을 모두 발휘하지 못한다. 또한 정서행동장애 학생집단은 지능 및 성취도검사에서 평균보다 더 낮은 점수를 받는 경향이 있다. 그러므로 이들의 수행에 대한 기대가 잘못 설정되지 않도록 능력 평가가 신중하게 이루어져야 하겠다.

다른 표준화 측정뿐만 아니라 잘 알려진 지능 및 성취도검사에 대한 반대는 검사 점수의 부적절한 사용과 해석에 대한 비판에 근거하고 있다. 이러한 비판은 검사 자체보다는 일부 교육자들의 획일적이거나 비전문적인 사정 절차에 집중되어 있다. 이러한 잘못된 사용과 해석은 평가 절차의 가치도 파괴시킬 수 있다. 표준화된 규준적 검사의 장점과 제한점이 상세하게 논의되어 왔다(Salvia, Ysseldyke, & Witmer, 2012; Taylor, 2009 참조). 요약하면, 그러한 제한점에도 불구하고 표준화된 지능 및 성취도검사를 주의 깊게 사용하면 정서행동장애 학생의 강점과 약점 그리고 진전을 사정하는 데 도움이 될 수 있다(Kauffman, 2010c, 2011; Kauffman & Hallahan, 2005b; Kauffman & Konold, 2007).

행동평정척도

행동평정척도는 정서행동장애 학생의 평가와 교육 프로그램 개발에 보편적으로 사용되고 있다(Jones, Dohrn, & Dunn, 2004). 때로 학생의 주변 인물(예 : 부모와 교사)이 평정척도를 완성하고, 학생의 행동에 관한 동의 수준을 파악하기 위해 점수를 비교한다. 여러 명이 평정하면 편견 가능성을 줄일 수 있다. 사실, 부모나 교사 한 사람의 평정에만 근거하여 판단하는 것은 경계되어야 한다. Pierangelo와 Giuliani(2006)가 권고한 바와 같이, "아동의 일상 기능에 대한 다양한 관점을 수용함으로써 보다 포괄적인 평가를 이루어낼 수 있다"(p. 193)(Konold & Pianta, 2007 참조). 평정척도에서 얻은 점수는 행동이 중재를 필요로 하는지 여부를 판단하는 데 도움이 되고 또한 아동이 나타내는 문제의 형태를 기술하거나 분류하는 데 도움이 되는 규준과 비교한다(Gresham, 2015). 분류는 이 장의 후반부에서 논의될 것이다.

평정척도는 기술과 분류를 위한 유용성 외에도 반복적으로 실행할 수 있다는 장점이 있고, 획득 점수로 중재 목적이 달성되었는지를 평가할 수 있다. 그러나 평정척도는 직접 관찰이 요구되는, 변화시킬 특정 표적행동을 찾아내는 데는 적절하지 않다(Alberto & Troutman, 2017).

평정척도는 신뢰도, 타당도, 부적절한 적용, 편견 등의 검에서는 다른 표준화된 사정 도구처럼 잘못 사용되거나 잘못 해석될 위험이 있다(Pierangelo & Giuliani, 2006; Rietman, Hummek, Franz, & Gross, 1998 참조). 또 다른 잘못 사용될 가능성은 행동 평정척도를 완성하기 위해 학생에 대해 충분히 알지 못하는 사람에게 물어서 답하는 것이다.

직접 관찰과 측정

많은 행동 관련 연구에서는 문제가 발생하는 환경에서 학생을 관찰하는 것이 가장 좋다고 보고하고 있다(Alberto & Troutman, 2017; Greenwood, Carta, & Dawson, 2000; Kerr & Nelson, 2010). 직접 관찰은 관찰자(예 : 교사, 심리학자, 부모)가 행동이 발생할 때 그것을 보는 것을 의미하며, 직접 측정은 행동 발생을 즉각적으로 기록하는 것을 의미한다. 따라서 직접 관찰과 측정은 행동을 평정한다기보다는 행동이 발생하는 빈도, 비율, 기회 백분율 등에 대한 정보를 산출한다.

행동 관찰은 행동의 작은 변화를 민감하게 파악할 수 있는 장점이 있다(Alberto & Troutman, 2017; Gresham, 2015; Walker et al., 2004). 그러므로 평정척도가 아닌 관찰법으로 학생의 행동 기능이 개선되었는지 악화되었는지를 초기에 추적할 수 있다.

직접 관찰과 측정은 학생의 행동을 기록하는 것뿐만 아니라 (a) 행동을 측정할 장면 혹은 상황, (b) 체계적인 관찰 및 기록 방법, (c) 관찰의 신뢰도를 확보할 수 있는 절차, (d) 자료를 모으고 나열하고 해석할 방법 등을 선정하는 것도 포함한다. 초기 사정에서는 행동 자체에 대한 관찰 외에 즉각적인 선행사건(행동 바로 전에 일어난 일)과 후속결과(행동 바로 후에 일어난 일)도 관찰, 기록된다. 선행사건과 후속결과를 기록하는 이유는 이것이 행동 발생 이유를 설명하는 데 도움이 될 수 있고, 이것을 바꾼다면 행동이 변화할 수도 있기 때문이다(Kauffman, Pullen et al., 2011 참조).

직접 관찰과 측정을 위한 기술이 많이 개발되어 왔으며 그중 많은 것들이 교수에 직접 적용이 가능하다. 그러나 관찰과 측정 체계는 매우 복잡하고 비용이 많이 들어서 특수 전문가들만이 사용하고 있다. 일상의 교수 현장에 사용될 간단하고도 비용이 적게 드는 관찰기록체계의 개발에 주력하고 있는데, 이러한 교사가 친근하게 여길 수 있는 체계가 교실 중재에 즉시 사용 가능하다(Alberto & Troutman, 2017; Kauffman, Pullen et al., 2011; Kerr & Nelson, 2010 참조). 더욱이 교실 장면에서의 행동을 쉽게 이해할 수 있도록 중요한 사건을 정확하게 기록하고 요약해주는 컴퓨터 보조 관찰 체계(예 : Tapp, Wehby, & Ellis, 1995)가 태블릿, 스마트폰, 혹은 기타 간편 관찰 도구 등으로 발전되어 왔다(예 : Lewis, Scott, Wehby, & Wills, 2014).

하이브리드 혹은 직접 관찰과 평정척도의 혼합을 의미하는 새로운 접근을 직접행동평정 (direct behavior rating) 혹은 DBR이라고 한다(Chafouleas, 2011; Volpe & Briesch, 2012). 이 체계에서 교사는 짧은 시간 뒤에 이어서 단일 항목이나 매우 적은 수의 항목에 대해 아동의 수행을 평정한다. 예를 들어 교사는 수학 시간 동안의 학생의 참여 수준(혹은 파괴행동)을 1, 2, 3 등으로 표기하는 일일 카드를 작성한다.

직접 관찰은 학생이 다른 사람을 때리고 방해하는 등의 외현화 문제를 평가하는 데 특히 중요한 접근법이다. 행동의 형태에 상관없이 직접 관찰은 다음과 같은 질문에 역점을 둔다.

- 어떤 장면(가정, 학교, 수학시간, 운동장)에서 문제행동이나 행동 결함이 나타나는가?
- 행동이 다양한 장면에서 어떤 빈도, 지속시간, 강도로 발생하는가?
- 행동이 발생하기 직전에 어떤 일이 일어났는가? 행동이 발생되도록 어떤 일이 준비된 것 으로 보이는가?
- 행동이 발생한 직후에 그것을 강화하거나 약화시키는 어떤 일이 일어났는가?
- 기타 어떤 부적절한 반응이 관찰되었는가?
- 문제를 줄이기 위해 어떤 적절한 행동을 가르치고 강화해야 하겠는가?
- 학생의 행동이 다른 사람들에게 의사소통하고자 한 것은 무엇인가?

직접 관찰은 표적행동을 관찰 가능하게 정의하는 일과 행동 발생에 대한 기록을 빈번 하게(보통 매일) 해야 할 필요가 있다. 일부 중재와 평가 절차는 이 방법에 의존한다. 행동 적 접근의 교수에서는 직접 관찰이 주요 특징이다. 교육과정중심 사정은 학업 및 사회적 행동에 대한 직접 관찰과 기록에 의존하며, 직접 관찰은 기능 분석이 필요하다. 직접 관찰 은 또한 사회-인지 모델에서 나온 많은 중재의 주요 측면이기도 한다. 따라서 중재를 위한 평가의 모든 대안적 방법 중에서 행동의 직접 관찰과 측정은 가장 중요하다고 할 수 있다 (Landrum & Kauffman, 2006 참조).

면접

면접은 구조화 목적에 따라 매우 다양하다. 자유로운 대화 형식일 수도 있고 특정 행동이 나 발달 상태에 관하여 정보를 모으기 위한 질문에 답하는 형식이 될 수도 있다(Orvaschel, 2006; Sharp et al., 2006). 학교 관계자, 부모, 기타 해당 학생을 알고 있는 성인뿐만 아니라 말을 하는 아동과도 이루어질 수 있다(Scott, Liaupsin, Nelson, & Jolivette, 2003). 면접은 폭 넓은 문제를 사정하거나 우울, 불안 같은 특정 장애를 사정하도록 고안될 수 있으며(Hodg

& Zeman, 1993; Pierangelo & Giuliani, 2006; Taylor, 2009), 기술 습득과 수행 그리고 유창성 부족 간에 무엇이 문제인지를 구별하기 위해서도 사용될 수 있다(Gresham, 2015). 나중에 논의하겠지만, 교사 면접(그리고 때로 기타 관계자와 부모와의 면접, 해당 행동의 본질과 맥락에 따라)은 일반적으로 행동의 기능평가(FBA)의 일부이다(예 : Hagan-Burke, Gilmour, Gerow, & Crowder, 2015).

면접을 능숙하게 하는 것은 간단한 문제가 아니다. 면접의 주안점이 행동 문제인 경우, 피면접자는 보통 방어적인 태도를 취한다. 면접자와 피면접자의 문화적 배경이 다르면 의사소통이 잘못될 수 있고, 잘못된 정보나 회피, 오해 등으로 얼룩진 면접은 평가에 도움이 되지 못할 것이다. 더욱이 오래전 사건에 대한 기억이 요구되는 경우에는 이성적 태도를 유지해야 한다. 특히 피면접자의 반응이 감정적이거나 다른 주관적인 보고 혹은 객관적인 증거와 심각하게 다를 때는 피면접자의 주관적인 의견을 신중하게 숙고하는 것이 중요하다. 마지막으로 예리한 판단과 의사소통을 잘하기 위해서는 면접에서 가장 관련성이 높은 정보를 추출하고 정확하게 기록하는 것이 중요하다(Orvaschel, 2006).

면접은 평가자가 학생과 기타 의미 있는 사람이 어떻게 상호작용하고 서로에 대해 어떻게 느끼는지에 대한 전반적인 인상을 가질 수 있도록 돕는 것이 되어야 한다. 또한 평가팀의 구성원이 필요한 추가적인 정보가 무엇인지를 결정하는 데도 도움이 되어야 한다. 그러나 이것은 면접자가 훌륭한 대인관계기술, 임상적 판단을 위한 경험과 민감성, 관련 행동과 그 사회적 맥락에 대한 정보에 집중하는 능력을 가졌을 때에만 가능하다.

면접을 통히어 수집된 행동, 능력, 환경요건, 후속결과 등은 도움이 되지만 기껍은 부정확해서 다른 정보원으로부터 검증되지 않고는 신뢰할 수 없는 경우도 있다. 면접자에게 보고된 내용과 직접 관찰에서 수집된 정보가 불일치하면 주목하는 것이 중요하다. 이러한 불일치는 때로 중재를 개발하는 데 결정적인 역할을 하기 때문이다. 예를 들어 교사나 부모가 자신은 적절한 행동에 자주 칭찬하고 잘못된 행동은 무시한다고 보고했지만 직접 관찰상에서는 아닌 것으로 관찰되는 경우인데, 이러한 성인의 잘못된 지각은 중재 계획을 개발하는 데 반영되어야 한다.

또래관계 사정

또래집단에 수용되고 그들과 상호작용하는 것은 정상적인 사회성 발달에 필요한 일이다. 정서행동장애 학생은 흔히 정상적인 또래관계를 발달시키지 못한다(Landrum, 2017; Walker et al., 2004). 일부 아동은 사회적으로 위축되고 또래와의 상호작용을 피함으로써 학급친구들과의 상호작용 수준이 낮게 유지된다. 또 다른 일부 아동은 또래들에게 공격적이어서 집단 활동 시 파괴성을 드러내는데 긍정적인 관심을 받지 못하고 또래들이 적극적으로 그들을 거부하긴 하지만 학급친구들과의 상호작용 수준이 높게 유지된다(LeBlanc, Sautter, & Dore, 2006).

연구자들은 품행 문제를 가진 학생은 교우관계를 가지긴 하지만 그것이 또 다른 일탈 학생들과 이루어지는 관계일 가능성이 크다고 지적하였다(Card & Hodges, 2006; Estell, Farmer, Irvin, Crowther, Akos, & Boudah, 2009; Gest, Farmer, Cairns, & Xie, 2003; Olthof & Goossens, 2008; Parker, Rubin, Erath, Wojslawowicz, & Buskirk, 2006; Rubin, Coplan, & Bowker, 2009). 정서행동장애 학생 중 적지 않은 수가 긍정적인 상호 관계, 즉 우정을 위한 사회성 기술을 필요로 하지 않기 때문에 결국 혼자서 지내는 경우가 있으며 교우관계를 갖더라도 부정적인 영향을 미치는 사람과 우정을 키우곤 한다.

장애의 하위 유형에 대한 확인, 사회적 상태의 결정, 사회성 기술 훈련을 위한 학생 선정, 중재 결과에 대한 판단, 장기적 결과의 예측 등을 포함하는 또래관계 사정은 연구와 실제 측면에서 중요하다(Gresham, Robichaux, York, & O'Leary, 2012; Lane, Menzies, Oakes, & Germer, 2014). 또래관계는 다양한 방법으로 평가될 수 있다. 일부 선별 도구는 또래가 완성하는 평정척도이며, 일부는 또래들 간의 수용이나 거부를 사정하는 또래지명법이다. 때로 사회적 관계에 대한 면접을 하기도 한다. 또래지명법은 선별절차의 일부로 할 필요가 없지만 흔히 또래관계가 주관심사인 연구와 평가에서 사용된다(Mpofu, Carney, & Lambert, 2006). 직접 관찰은 학생이 사회적 시작행동이나 또래의 행동에 적절하게 반응하는 행동을 얼마나 하는지를 측정하는 데 사용되기도 한다. Brown, Odom, Buysse(2002)는 또래관계 사정에서 방법을 달리하면 다른 결과를 얻게 된다고 보고하면서 그렇기 때문에 또래관계를 사정할 때는 다수의 전략이 사용되어야 한다고 제안하였다.

자기보고

자기보고(self-report)는 학생이 체크리스트, 평정척도, 면접 등에 직접 임하여 자신의 행동이나 감정을 기술하는 사정 방법이다. 학생이 스스로를 어떻게 지각하고 다양한 상황에 대해 감정적으로 어떻게 반응하는지는 사정의 중요한 부분이다. 특히 자기보고는 높은 수준의 감정과 관련되고 직접 관찰에서는 잘 노출되지 않는 약물남용, 불안, 공포, 우울 같은 장애를 평가할 때 중요하다. 그러나 자기보고는 말을 하지 않거나 자신의 반응을 분명하게 조직화할 수 없는 청소년에게는 사용에 제한점이 있다. 더욱이 자기보고는 검사자가 알고 싶어 한다고 생각되는 것을 말하거나 자신을 특별하게 드러내고자 하는 것과 같이 의도적으로 과잉 혹은 과소 보고할 수 있다는 취약점이 있다. 그러므로 자기보고 자료는 다른 정보원의 자료로 확인되어야 한다.

일부 행동평정척도는 교사용 및 부모용과 함께 자기보고용을 포함하고 있고[예 : Behavior Assessment System for Children(BASC-3), Reynolds & Kamphaus, 2015], 행동 점수를 여러 차원에서 산출해낸다. 다른 자기보고척도는 자기지각 영역과 감정 영역 그리고 자기개념, 외로움, 알코올 사용, 우울 등과 같은 행동 영역으로 구성되어 있다. 모든 다른 사정 전략과 마찬가지로, 자기보고는 신뢰도와 타당도 측면에서, 그리고 다른 정보와의 맥락에서 신중하게 해석되어야 한다.

교육과정중심 평가

교육과정을 사용하여 학생의 수행을 자주 직접적으로 측정하는 평가 방법이 1980년대 중반에 출현하였다(Deno, 2003; Howell & Hyatt, 2004). 그것을 교육과정중심 측정(curriculum-based measurement, CBM), 교육과정중심 사정(curriculum-based assessment, CBA), 교육과정중심 평가(curriculum-based evaluation)라고 한다(Howell, Fox, & Morehead, 1993; Howell & Hyatt, 2004; Shapiro & Keller, 2006; 또한 Berkeley & Riccomini, 2017 참조). 일반적으로 이러한 구성개념은 진도점검이라고 볼 수 있으며, Shinn(2014)이 지적한 바대로, 어떤 것으로든 진도점검을 자주 하는 것은 정서행동장애 학생의 학업 진전을 지원해야 하는 교사에게는 강력한 도구가 될 수 있다.

이 장의 앞에서 논의된 전통적인 규준참조검사와 CBA 간에는 몇 가지 핵심적인 차이점이 있다(Deno, 2003). CBA에서 가장 중요한 것은 사정 대상 학생이 적용받고 있는 교육과정 교재가 검사문항을 추출하는 표본으로 사용된다는 점이다. 전통적인 검사 항목들은 일반적인 교육과정을 대표하는 문항으로 구성된다. 그러나 대부분의 규준참조 절차의 목적은 개인을 집단에 비교하여 순위를 매기는 것이다. 그러므로 규준참조검사의 문항은 실제의 교육과정 목적보다는 개인의 능력을 파악하기 위한 대표문항으로 구성된다. 반대로 CBA는 개인 간 차이보다는 개인 내의 진전에 대한 차이를 추적한다.

교육과정중심 사정(CBA)은 교육과정과 관련된 학생의 수행에 대한 정보를 모으는 정보수집절차를 지칭하는 일반적인 용어이다. 교육과정중심 측정(CBM)은 기초 기술에 대한 학생의 성장을 측정하기 위해 사용되는 CBA 내의 특정 절차이다(Deno, 2003; Hosp, Hosp, & Howell, 2007).

　교육과정중심 측정은 일반적으로 단일 과제(예 : 수학 읽기, 쓰기, 철자법)에 대한 수행을 짧고 빈번하게 실시하는 측정이다. 측정이 반복되기 때문에 중요한 것은 선정된 과제가 반복 측정에 적당한 것이어야 한다는 점이다. 연습이 요구되는 과제가 반복 측정에 가장 적합하다. 읽기 유창성과 산수 계산이 그러한 과제에 해당된다(Berkeley & Riccomini, 2017; O'Connor, Sanchez, & Kimm, 2017). 교과활동 시간의 어휘력 측정은 진전에 대한 타당하고 신뢰할 수 있는 지표로 입증되었다(Busch & Espin, 2003). 학생 개인의 수행은 동일한 교육과정을 사용하는 교내의 다른 학생의 수행과 비교된다. 예를 들어 학생은 일주일에 3회에 걸쳐 평상시 읽는 구절을 1분 동안 큰 소리로 읽고, 이것은 읽기 비율(분당 바르게 읽은 단어 수, 분당 오류 수 혹은 둘 다)로 기록된다. 쓰기 평가에서는 학생이 주제에 대하여 3분 동안 쓴 것을 평가한다. 수학 수행은 기초 교재에서 추출한 문제 중 학생이 2분 동안 완성한 계산을 평가하는 것이다. 이러한 사정의 결과는 그래프로 나타내고, 예측되는 진전을 나타내는 목표선과 비교하여 진전을 파악한다. 그림 15.1은 CBM의 예이다. 교사는 학생의 수행이 목표선 아래로 일정 수(대개 3 혹은 4)만큼 떨어지면 교육 프로그램을 변경함으로써 중재를 할 수 있다. 그림 15.1에서 목표선(점선)은 왼쪽에서 오른쪽으로 상승하고 있다. 이 경우에, 목표는 표적행동의 증가이고 목표선 아래의 자료점은 문제가 되는 수행을 나타낸다. 만일 목표가 표적행동의 감소라면, 목표선은 하강하는 그래프일 것이고 문제가 되는 수행은 목표선 위에 위치하는 자료점이 될 것이다.

　많은 교사들이 자신의 학급에서 CBM을 사용하는 것을 꺼리고 있다(Deno, 2003). 일부

그림 15.1 교육과정중심 측정 그래프의 예

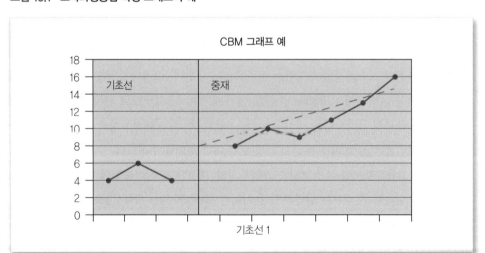

교사는 분리된 측정(예 : 읽기 정확도)이 진전에 대한 올바른 측정이 될 수 없다고 믿기 때문에 CBM 사용을 꺼린다. 축적된 연구 결과에 의하면 이러한 염려는 근거 없는 것이다. 형식적인 평가(진도 점검에 대한 다른 용어)에 대한 연구를 포괄적으로 검토한 연구에 따르면, 교사가 학생의 학업적 성공을 이루는 데 가장 강력한 영향을 미치는 것은 진도 점검을 자주 하는 것이다. 이것은 일찍이 Forness, Kavale, Blum, Lloyd(1997)의 분석에서도 확인되었다. CBM 사용을 꺼리는 또 다른 이유는 교사들이 친근하게 여기는 측정 체계와 CBM이 사뭇 다르기 때문이다. 이것은 정말 유감스러운 일인데, CBM 자료를 이용하여 개발된 IEP는 법적으로 정당하고 장애 학생에게 득이 되기 때문이다(Berkeley & Riccomini, 2017; Yell & Stecker, 2003).

교육과정중심 평가는 정서행동장애로 인해 특수교육을 받는 대부분의 학생이 학업적 결함을 가지기 때문에 중요하다(Kauffman & Brigham, 2009; Kerr & Nelson, 2010; Landrum, 2017). 더욱이 교육과정중심 방법은 측정 가능한 사회성 기술 수행을 포함한다(Howell & Hyatt, 2004; Kauffman et al., 2012). 학생과 그가 속한 학급의 또래들이 가진 행동 문제나 사회성 기술(예 : 친구 때리기, 자학하는 말, 긍정적인 사회적 시작행동, 차례 지키기 등)은 비교를 위해 체계적으로 기록될 수 있다. 만일 학생의 행동이 다른 학생의 행동과 매우 다르면 그 학생은 행동을 변화시키기 위해 특수교육이 필요하다고 볼 수 있고, 학생의 행동을 또래 집단에 비교하여 변화를 알아봄으로써 특수교육의 결과를 평가할 수 있다.

교육과정중심 접근법은 학교가 분명한 사회성 기술 교육과정을 사용하고 있다는 것, 즉 사회성 기술이 체계적으로 교육되고 있다는 것을 전제로 한다는 점에서 직접측정과 차이점이 있다. 그러나 불행하게도 사회성 기술 교육과정은 아직 잘 개발되어 있지 않고 많은 학교에서 현존하는 교육과정조차도 도입하고 있지 않다(Walker et al., 2004).

장애 관련 여부 결정

장애 관련 여부 결정은 학생의 잘못된 행동과 장애가 관련이 있는지 여부를 규명하는 것으로, 정서행동장애 학생에 대한 징계를 고려할 때 필요한 절차이다. 이것은 매우 어려운 과제이다. 그럼에도 불구하고 학교 관계자의 징계 절차로 인해 결과적으로 학생의 배치가 변화되거나 연속적으로 10일 이상의 정학이나 퇴학이 결정될 때 장애 관련 여부 결정(manifestation determination, MD)이 필요하다.

Yell(2016), Yell과 Drasgow(2000)는 장애 관련 여부 결정의 중요성에 대해 논의하고, MD

사정이 (a) 학생의 교육사를 입증하기 위한 학교 기록의 조사, (b) 부모, 교사, 대상 학생, 다른 학생들의 면접, (c) 서로 다른 맥락(예 : 운동장, 다른 교실이나 교실 활동, 매점)에서의 학생 행동 관찰 등에 대한 내용을 포함해야 한다고 제안하였다. 부모는 사정 자료(예 : 주치의나 개별 담당 심리학자 평가)를 MD팀에 제공할 수 있다. 팀은 관련 자료를 수집한 후에 먼저 학생의 IEP가 행동 문제와 관련하여 적절했는지 여부를 결정해야 한다. 즉 IEP에서 학생의 행동이 적절하게 다루어지고 있었는지를 결정하는 것이다. IEP가 적절했다면, 다음으로 팀은 IEP에 맞게 서비스가 제공되었는지 여부를 결정해야 한다. 이상의 두 가지 결정 중 어느 것 하나라도 적절하지 않은 것이 있다면 팀은 장래의 행동 문제 발생을 예방하기 위해 IEP와 서비스를 재개발해야 한다. 이런 경우, 부적절한 IEP 혹은 서비스 결정의 실패로 인해 행동과 장애가 관련된다고 판단되기 때문에 MD 활동은 종료된다. 반면에 두 가지 결정 중 어느 것 하나라도 적절하였다면 MD팀은 학생이 장애로 인하여 (a) 행동의 후속결과를 이해하기, (b) 표적행동을 조절하기 등의 능력에 결함을 가지게 되었는지 여부를 고려해야 한다. 만일 행동이 장애와 관련된다고 결정되면, 학교는 단순히 그것을 벌하기보다는 IEP를 통하여 행동을 보다 중점적으로 다루어야 한다.

행동의 기능평가

최소한 1990년대 초반 이래로, 학생 행동의 기능을 분석하는 것이 강조되었다(Cipani, 1999; O'Neill et al., 1997). 행동의 기능평가(FBA)는 문제행동이 발생한 첫 장소에서 그것을 야기한 것과 유지시키는 것을 더 잘 이해하기 위해 사정 자료를 수집하고 분석하는 체계적인 절차이다. 궁극적인 목적은 단지 문제행동의 본질과 원인을 이해하기 위한 것만이 아니며, 그보다는 이러한 사정 자료로 좀 더 효과적이고 긍정적인 중재를 개발하기 위함에 있다. FBA의 목적은 행동 기능을 중재에 직접적으로 연계하여 행동 지원의 효과성과 효율성을 개선하는 것이다(Sugai, Horner, & Gresham, 2002). Martens와 Lambert(2014)는 FBA를 (a) 문제행동을 유지시키는(강화하는) 것, (b) 해당 환경에서 학생이 문제행동을 하도록 촉진하는 요소, (c) 학생이 현재 동일한 강화인자를 얻기 위해 좀 더 적절한 대체행동을 할 수 있는지 여부, (d) 대체행동을 강화해줄 유용한 강화인자 등을 확인하는 일련의 절차라고 설명하였다.

학교가 문제행동을 나타내는 장애 학생을 위해 FBA를 실행하고 긍정적 행동 중재계획을 개발하는 요건은 1997년 IDEA 개정 조항에 포함되어 있다. 비록 행동의 기능평가가 일반적으로 환영받고는 있지만 일부에서는 FBA가 복잡하고 시간 소모가 많은 만큼(Alberto &

Troutman, 2017; Kerr & Nelson, 2010) 학교가 이러한 요구를 충족시킬 수 있는 전문적 능력을 갖추었는지에 대해서 의문을 나타내고 있다(예 : Sasso, Conroy, Stichter, & Fox, 2001).

FBA의 목적은 명백하지만, 학교에서의 실행은 다소 논란이 있다(Fox & Gable, 2004; Sasso, Conroy, Stichter, & Fox, 2001). 1997년 IDEA 개정은 행동이 자신이나 타인의 학습에 영향을 끼치는 장애 학생을 위하여 학교가 FBA를 실행하는 요건을 포함하고 있다. 이것은 많은 전문가와 옹호자들에게 환영을 받았지만 일부에서는 학교가 FBA 요건에 맞는 적합한 인력을 갖추고 있는지, 그들이 FBA 실행에 훈련되어 있는지에 대해 의문을 제기하였다(Sasso et al., 2001). 기능평가를 실행하는 방법은 애매하거나 불분명하진 않지만 시간 소모가 많고 사정 전략에 대한 많은 지식을 필요로 한다(Alberto & Troutman, 2017; Kerr & Nelson, 2010). 행동의 기능평가는 보통 구조화된 교사 면접(혹은 자기면접)으로 시작하는데, 면접의 목표는 문제행동의 본질(형태, 빈도, 지속시간, 강도 등을 포함)과 발생 내용(예 : 시간, 상황)을 분명하게 하는 것이다. 학생 행동에 대한 또래, 교사, 부모 등 다른 사람의 반응도 사정된다. 언제, 어떻게, 어디서 행동이 발생하는지, 행동이 어떤 후속결과를 가져오는지(학생이 무엇을 얻는지 그리고 학생이 무엇을 피하게 해주는지)를 파악하기 위해 학생의 행동을 하루 종일 추적한다. 다음으로, 교사는 사정 자료에 비추어 행동이 왜 발생했고, 문제를 해결하기 위해 무엇을 변경할지에 대한 가설을 설정한다.

좀 더 좋은 인지 능력을 갖추고 좀 더 복잡한 사회-정서 문제를 가진 나이 든 학생을 대상으로 FBA를 실행하는 것은 더 어렵다. 때로는 학생이 좋아하면서도 프로그램 목적과 일치하는 활동을 찾기가 매우 어렵다. 그러나 기능평가는 학생이 자신의 행동 문제를 해결하면서 최대한의 자율성과 자기조절이 발휘되도록 교실 조건과 교수 절차를 조정하는 기초 자료를 제공해준다. 어떤 행동의 기능을 알면 교사는 학생에 대해 공감할 수 있게 된다(Rao, Hoyer, Meehan, Young, & Guerrera, 2003). 그러나 기능평가가 기능에 근거한 행동 중재계획에 적용되지 못하면 별다른 사용처는 거의 없다(Scott et al., 2003).

긍정적 행동중재계획

장애 학생의 행동이 자신의 교육 진행을 방해하면 법(IDEA)에 의해서 IEP팀이 IEP의 일부로 긍정적 행동중재계획(behavior intervention plan, BIP)을 작성해야 하고, BIP는 행동 문제의 FBA에 근거해야 한다(Bateman & Linden, 2012; Yell, 2016; Yell, Bradley, & Shriner, 1999 참조). 긍정적 BIP는 행동 문제를 제거하기보다는 학생이 바람직하고 적절한 행동을 나타낼 가능성을 최대화하는 조건에 초점을 맞춘다. 물론 이러한 과정 중에 행동 문제는 감소되거나 제거될 수 있는데, 바람직한 결과는 바람직한 행동의 촉진을 통하여 간접적으로 성취된다.

교수적 문제로서의 사정 : 긍정적 BIP로서의 사전교정

교사들은 때로 적절한 사회-정서 행동을 가르치는 것이 가장 효과적인 학업기술 교수 전략 이라는 사실을 잊어버린다. 교수적 문제가 학업 문제이든 사회-정서 문제이든 어떤 실수 가 발생할 가능성이 큰 상황이나 맥락에 대해 주의를 기울이는 것이 문제를 해결하는 첫 번 째 단계이다. 교사가 문제가 되기 쉬운 전형적인 상황에 주목하면 문제가 덜 발생하도록 상 황을 수정할 수 있게 된다. 학생이 문제를 만들 기회를 줄이기 위한 다른 기법은 학생에게 올바른 반응을 연습시키고, 올바른 반응을 강화(보상)하고, 필요할 때 학생이 올바른 반응 을 하도록 촉구(다짐하기 혹은 거들기)하고, 학생의 진전을 점검하는 것이다. 이러한 접근 (사정과 선도적인 교수 전략의 조합)은 많은 잘못된 행동을 예방하는 데 사용된다. Colvin, Sugai, Patching(1993)은 행동을 교정할 필요가 없게 하는 전략이 사전교정(precorrection)이라 고 설명하였다. 일반적으로 사전교정은 다음의 단계를 포함한다 — (a) 문제행동으로 귀결되 는 상황을 확인하기, (b) 예측되는 문제행동을 대치할 수 있는 바람직한 대안적 반응(대체 행동)을 정의하기, (c) 학생이 문제 상황에 직면하기 전에 기대되는 긍정적 행동을 검토하기, (d) 문제 상황에서 학생이 바람직한 행동을 하도록 촉구하기, (e) 긍정적인 행동이 관찰되었 을 때 강화하기(Ennis, Schwab, & Jolivette, 2012; Hayden & Kroeger, 2016).

Stetter(1995)는 사전교정 절차의 개념을 명확히 알 수 있는 간단한 예를 제시하였다. Stetter는 2학년 학생들이 흔히 식당에서 줄을 서면서 식사에 필요한 물건(예 : 수저, 냅킨)을 챙기는 것을 잊어버린다는 것을 관찰하게 되었다. 결국 학생들은 이 물건을 가져오기 위해 다시 줄을 서곤 하였다. 이것은 학교 생활을 실패할 위험이 있는 학생을 가르치는 일에 종사 하지 않는 사람들에게는 중요하지 않은 문제로 보일지도 모른다. 그러나 경험이 많은 교사 는 이러한 하찮게 보이는 행동이 심각한 문제로 발전될 수 있다는 것을 인식하고 있다. 식탁 에서 일어나 줄을 서기 위해 가고 다시 식탁으로 돌아오면서 갈등을 일으킬 가능성이 매우 많은 것이다(예 : 밀기, 고자질, 말싸움, 더 심각한 반사회적 행동으로 발전될 수 있는 난투 극). Stetter는 문제행동을 어떻게 멈추게 할 수 있을지보다는 바람직한 행동을 어떻게 가르 칠지에 초점을 맞추었다. 그녀의 관찰에 의하면 학생들은 점심을 먹기 위해 식당으로 가서 줄을 서면서 준비해야 할 것을 잊어버린다. 그래서 Stetter는 다시 줄을 서는 일이 없도록 학 생들에게 줄을 서면서 필요한 물건을 기억하도록 가르치기로 했다. 그녀의 교수 절차는 더

음과 같다.

- **기대되는 행동을 강조하라.** 줄을 서면서 필요한 물건을 기억하라.
- **상황을 수정하라.** 점심식사를 위해 교실에서 나가기 전에 필요한 모든 물건의 목록을 작성하라(우유, 포크, 냅킨, 빨대 등).
- **행동을 연습하라.** 학생에게 필요한 물건의 목록을 반복적으로 인식하게 하라.
- **강력한 강화를 제공하라.** 학생이 모든 것을 기억한 것에 대해 사탕, 포인트, 휴식시간 등과 같은 작은 보상을 제공하라.
- **수행 직전에 바람직한 행동을 촉구하라.** 식당에 들어가기 직전에 상기시켜 줘라. "네가 필요한 것을 기억해야 해."
- **수행을 점검하라.** 학생이 다시 줄을 서기 위해 되돌아 간 횟수를 계산하라.

Stetter(1995)의 교수 절차는 사정(사전교정 계획)과 연계되어 학생이 다시 줄을 서는 횟수를 즉각적이고도 극적으로 감소시켰다. Stetter가 사전교정 계획을 실행하기 전 10일 동안에는 줄을 다시 서는 횟수가 하루에 6~7회였으나, 사전교정 계획을 실행한 후 10일 동안에는 첫날에 2회 그리고 그다음 날들에는 1회 혹은 0회가 관찰되었다. 더욱이 사전교정 계획을 실행한 후에 Stetter는 학생들이 서로에게 물건을 잊지 말라고 말해주거나 물건을 나누어 사용하는 등의 친사회적 행동을 보이는 것을 관찰할 수 있었다. 가장 좋은 장점은 Stetter 자신이 학생을 중재하기 위해 '소란'을 피우거나 교정해줄 필요가 없다는 점이다. 학생들의 행동을 달랠 필요도, 나무랄 필요도 없는 것이다. 아동은 스스로 선택을 결정하고 매번 '올바른' 선택을 한다. 이것은 교사와 학생 모두에게 긍정적인 경험이었다.

일반교육 사정에서의 통합을 위한 수정

1990년대에 연방 및 주정부 관계자들은 학생의 성취가 하향하고 있다는 점을 인식하고 이에 대해 관심을 갖게 되었으며, 이러한 관심은 21세기까지 지속되었다. 이러한 문제의식으로 말미암아 '표준중심'이 강조되었고, 표준화검사로 측정하는 성취도의 기준을 개발하게 되었다. 교육개혁가들은 교사의 기대가 너무 낮으며, 모든 학생은 더 높은 수행 기준을 충족시켜야 한다고 생각했다. 비록 장애에 상관없이 모든 학생이 동일한 수준의 실력을 갖추어야 한다는 기대는 분명히 불합리한 것이지만(Kauffman, 2010c; Kauffman & Konold, 2007; Rothstein, Jacobsen, & Wilder, 2006; Thurlow & Quenemoen, 2017), 2001년 아동낙오방지법(NCLB)은 그러한 터무니없는 내용을 법에 명시하였다. 공통핵심표준(Common Core State Standards, CCSS)은 가장 최근의 표준중심 운동의 예이며, 이러한 표준은 장애 학생을 포함하여 모든 학생은 해당 학년 수준의 기술과 내용에 대한 숙달을 성취할 수 있다는 메시지를 전하고 있다. 거의 모든 주에서 CCSS를 채택하고는 있지만 장애 학생이 이 기준으로 어떻게 살아갈지, 주와 구역, 학교, 교사, 학생들에게 어떤 결과가 나타날지, 이 새로운 기준을 충족시키지 못하는 장애 학생은 어떤 결과를 갖게 되는지에 대해서는 두고 보아야 할 일이다.

특수교육은 공교육 체계에 없어서는 안 될 부분이며 특수교육자들은 일반교육에의 참여를 매우 강조하고 있기 때문에 장애 학생도 높은 기준을 적용받게 되었다. 교육개혁가들은 특수교육 대상 학생들에 대한 기대가 너무 낮게 책정되었다고 주장하면서 장애 학생이 일반교육과정을 학습하도록 해야 할 뿐만 아니라 진전에 대한 사정에서 장애가 없는 학생들의 수준으로 수행할 것을 기대해야 한다고 주장하였다(Kauffman, 2005 참조). 덧붙여 교육개혁가들은 모든 학교와 주는 장애 학생이 일반교육에서 수용될 수 있는 진전과 동일한 수준의 진전을 나타내게 할 책임을 회피해서는 안 된다고 주장하였다. 일반교육에서 가르치는 것과 동일한 것을 장애 학생에게 가르치지 못하는 것은 이 학생들에 대한 기대가 낮다는 것을 의미하는 것이며, 이것은 결과적으로 장애 학생들의 낮은 성취로 이어졌고 성인으로의 성공적인 전환도 실패하게 된다(Hallahan, Kauffman, & Pullen, 2015 참조).

사실, 일반 규준에 비교해볼 때 장애 학생들이 어떻게 진전을 이루는지, 어떤 교육 개혁이 그들에게 영향을 미칠지에 대한 정보는 없다. 다만 많은 장애 학생들이 주 단위의 검사에 참여하고 있고, 주에서는 장애 학생이 사정 절차에 참여하여 수행했다는 것을 문서화하는 데만 열중하고 있다는 증거는 있다(Thompson & Thurlow, 2001; Thurlow & Quenemoen, 2017 참조). 표준중심 개혁운동에 대한 논란이 많이 이루어지고 있다.

- 무엇이 표준이 되어야 하는가?
- 그것은 얼마나 높아야 하는가?
- 교육과정의 어떤 영역에 표준을 설정해야 하는가?
- 누가 표준을 설정해야 하는가?
- 표준에 가까워지는 진전은 어떻게 측정되어야 하는가?
- 만일 학생이 표준을 충족시키지 못한다면 학생에 대한(그리고 학교나 주에 대한) 후속결과는 무엇이어야 하는가?

장애 학생에 대한 논란도 많이 이루어지고 있다.

- 장애에 상관없이 모든 학생에게 모든 표준이 적용되어야 하는가?
- 교정교육이나 직업교육, 자조교육보다 연령에 맞는 주나 지역의 학업 표준이 우선적으로 고려되어야 하는가?
- 장애 학생이 해당 표준을 충족시키지 못했을 때 어떤 후속결과가 주어져야 하는가?
- 대안적 표준은 어떤 환경하에서 적용하는 것이 적절한가?
- 진전을 사정할 때 특별한 조정은 어떤 환경하에서 이루어져야 하는가?

이러한 질문에 대한 답은 개별적 사례별로 전문적인 판단이 요구된다(Kauffman & Hallahan, 2005b 참조).

법은 일부 장애 학생의 경우 일반교육과정에서 다루지 않는 교육적 요구를 가진다는 것을 인정한다. 각 학생의 IEP에는 다음의 내용과 관련된 단기 목표나 기준을 포함하는 측정 가능한 연간 목적이 명시되어야 한다.

1. 아동이 일반교육과정에 포함되어 진전을 나타낼 수 있도록 아동의 장애로 인한 요구에 대한 내용
2. 아동의 장애로 인한 다른 교육적 요구에 대한 내용

따라서 각 장애 아동을 위한 IEP팀은 각 아동별로 아동이 어떻게 일반교육과정에 참여하고, 일반교육과정 참여를 통하여 충족되지 않는 교육적 요구는 무엇인지에 관한 결정을 하고 이것을 IEP에서 다루어야 한다. 이것은 특수학급이나 특수학교에 속한 아동들에게 적용된다.

평가를 위한 조정은 주어진 시간을 변경하기, 사정이 수행되는 장면을 바꾸기, 과제 제시 방법이나 반응 형태에 대한 대안적 방법을 사용하기 등이다. 이러한 조정을 통하여 장애를 가진 학생의 표준화검사 수행에 도움을 주고자 하지만, 때로 어떤 조정을 할지를 선정하는 것이 어렵고, 실제로는 학생을 돕지 못하는 경우도 있다(예 : Harrison, Bunford, Evans, & Owens, 2013; Kauffman, McGee, & Brigham, 2004; Lindstrom, 2017). 문제가 있는 학생에게 주어진 시간을 연장해주고 과제 수행을 하는 것을 생각해보자. 이러한 학생에게는 검사를 완성하는 시간을 연장해주는 것이 실제로 해가 될 수도 있다. 그보다는 검사를 작은 부분으로 나누어 서로 다른 시간에 할 수 있도록 하는 것이 더 좋을 것이다. 검사 조정은 학생 개인의 특성과 검사의 본질 및 요구사항에 근거하여 이루어져야 한다(Kettler, 2012).

평가와 사회적 타당도

학생 사정 업무를 하는 사람들은 결과의 사회적 타당도뿐만 아니라 사정의 과학적 혹은 기술적 측면에서의 질에 관심을 가져야 한다. 사회적 타당도(social validity)는 중재를 하는 사람뿐 아니라 도움을 받고 있는 내담자(학생, 부모, 교사)가 (a) 중요한 문제가 다루어지고 있고, (b) 중재 절차가 수용할 만하며, (c) 중재의 결과가 만족스럽다는 것에 대해 확신한다는 것을 의미한다(Luiselli & Reed, 2011 참조). 사회적 타당성(socil validation)은 중재이 임상적 중요성과 개인 혹은 사회적 의미를 평가하는 절차이다. 사회적 타당성은 사회적 비교와 주관적 평가를 포함한다(즉 장애를 나타내지 않는 또래와의 비교). 내담자의 행동에 대한 전문가 혹은 비전문가의 주관적 판단이 요구된다.

학생의 행동이 중재 전에는 비교집단의 행동과 명백하게 달랐지만 중재 후에는 비교집단의 행동과 구별할 수 없을 정도가 되었다는 사회적 비교에 의해 사회적 타당도가 입증된다(이것은 교육과정중심 방법론과 일치함). 또한 중재 전에는 수용할 수 없었던 학생의 행동이 중재 후에 현저하게 개선되었다는 학생과 관찰자의 주관적 평가에 의해 사회적 타당도가 입증된다. 사회적 타당성은 특수교육자들에게는 특별히 중요한 문제인데, 그것은 일반교육과 특수교육 간의 경계선이 또렷하지 않으며 장애 학생이 일반교육 교실에서 교육받는 것이 증가하고 있고 일반교육 교사들이 우선적으로 가르치기 때문이다.

개별화교육 프로그램 작성 시 평가 자료 활용

특수교육 평가는 전문적 시사점뿐만 아니라 법적 시사점도 제공한다. 궁극적으로 평가 자료는 학생의 확인과 교수, 그리고 배치에 대한 적법한 결정을 하는 데 사용되어야 한다. IDEA로 알려진 연방법에는 장애를 가진 모든 학생과 장애로 인하여 특수교육이 필요한 모든 학생은 그들이 받게 될 적절한 교육이 명시된 개별화교육 프로그램(individual education program, IEP) 문서를 갖도록 규정하고 있나(Bateman, 2017; Bateman & Linden, 2012; Huefner, 2006; Yell, 2016).

IEP 작성과 사용 절차에 대한 오해가 많은데, 여기에서 그 모든 것을 다룰 수는 없다(IEP 관련 상세 논의는 Bateman, 2017; Bateman & Linden, 2012; Yell, 2016 참조). IEP 작성은 IEP에 관한 지식뿐만 아니라 IEP 작성자와 IEP 팀이 기능을 발휘하는 방법에 관한 지식도 필요로 한다. IEP에 관한 기초적인 질문은 다음에서 다루어질 것이다.

IEP에 대한 설명

IEP는 학생의 요구와 이 요구를 다루기 위해 실행될 것에 관한 부모와 학교 당국 간 동의 문서이다. 사실상 학생에게 제공될 특화된 서비스에 관한 계약이며 목적을 충족시키기 위한 계약은 아니다. 법적으로 IEP는 다음의 내용을 포함해야 한다.

- 학업 성취 및 기능 수행에 대한 학생의 현재 수준[때로 PLAAFP(present levels of academic achievement and functional performance) 문서로 표기됨]
- 학생의 측정 가능한 연간 목표(연간 목표에 대한 좀 더 상세한 단기 교수목표나 기준 요건은 2004년 IDEA 규정에서 배제되었으나 주에서는 여전히 그것을 요구하고 있음)
- 제공된 특수교육 및 관련 서비스
- 학생이 교육 진전에 대해 주에서 실시하는(혹은 행정구역에서 실시하는) 사정에 참여할 범위
- 학생이 비장애 또래들과 일반 교실 및 학교 활동에 참여하지 않을 범위
- 행동이 학생 자신이나 다른 사람의 학습을 방해하는 경우, 행동의 기능평가(FBA)에 근거한 긍정적 행동중재계획(BIP)
- 고학년 학생의 경우, 직업이나 고등교육 전환에 대한 특별한 계획
- 서비스 시작과 서비스 예정 지속 기간에 대한 계획
- 최소한 연간으로 목표가 성취되었는지 여부에 대한 평가 계획

누가 IEP를 작성하는가? 학생의 첫 번째 IEP에 대해 법은 최소한 다음의 내용이 포함되어야 함을 명시하고 있다.

- 학생의 부모 혹은 법적 보호자
- 학생의 특수교육 교사
- 학생의 일반교육 교사
- 특수교육을 제공하거나 감독할 자격이 부여된 공교육기관이나 학교의 대표
- 사정 자료를 해석할 지식과 기술을 갖춘 최소 한 명의 전문가
- 학생 자신

교사는 학생의 IEP 목적 성취에 대한 법적 책임이 있지 않다. 즉 연방법은 명시된 목적이 충족되는 것을 요구하지 않는다. 그러나 교사와 학교 관계자는 IEP 작성에 필요한 모든 요소가 포함되어 있는지에 대해 알아야 할 책임이 있고, 부모가 IEP 개발에 참여하고 검토할

기회를 가지게 할 책임이 있으며, 배치 전에 부모에게 승인받고 IEP 내에 명시된 서비스를 실제로 제공할 책임이 있다. 교사와 학교 관계자는 IEP의 목표가 성취되도록 신뢰할 만한 노력을 해야 할 책임이 있다.

모든 형태의 평가 절차는 학생의 교육에 관한 관련 정보를 제공한다. 그런데 몇몇 절차는 정서행동장애 학생의 IEP에 특별히 중요하다. 모든 IEP에 포함되는 것은 아니지만 직접 관찰, 교육과정중심 평가, 사회적 타당도 절차는 교수적 계획에 기초가 되는 풍부한 정보원을 제공한다. 직접관찰 자료는 교사가 중재를 위한 표적행동을 선정하고, 행동 변화를 위한 목적과 목표를 양적으로 설정하는 데 도움이 된다. 교육과정중심 절차는 교사가 학생의 교육과정에 학업 목적과 목표를 명시하는 데 도움을 준다. 교육과정중심 접근법은 또한 교사가 정서행동장애 학생을 위한 주요 학습 영역이나 사회성 기술 교육과정을 선정하거나 고안하는 데도 도움을 준다. 직접 행동관찰과 교육과정중심 평가 둘 다 사회적 비교가 가능하고 사회적 타당도에 대한 기초를 제공한다. 법은 적합성 결정에 다학문적 팀이 관여하고 IEP 개발에 부모가 참여하도록 규정하고 있는데 이는 최소한의 사회적 타당도를 확보하는 데 필요한 것이다.

IEP는 형식, 상세 수준, 개념적 방향이 모두 다르다. 학교마다 각자의 형식을 선택하게 하면 IEP 작성을 어떻게 할 것인가에 대한 소위 '표준기반' IEP(Caruana, 2015 참조)에 관한 의견이 수렴되고, 정서행동장애 영역에서의 개념적 모델과 학생 개인의 요구 차이, 부모의 요구사항에 관한 의견 수렴이 이루어질 것이다(Bateman, 2017; Yell, 2016 참조). 그러나 Yell, Gatti, Allday(2014)에 따르면, 법적으로 정확하고 유용한 IEP는 최소한 다음 질문에 관한 정보를 포함해야 한다.

- 학생의 독특한 교육적 요구는 무엇인가?
- 학생의 의미 있는 교육적 혜택과 연관된 측정 가능한 목적은 무엇인가?
- 각 교육적 요구를 다루기 위해 제공되는 특수교육 서비스는 무엇인가?
- 교수적 프로그램에서 학생의 진전을 어떻게 점검하는가?

IEP를 작성할 때 학업 수행을 IEP 목적으로 다루면 작성을 쉽게 혹은 간단하게 할 수 있는 경우가 많다. 표준화된 사정은 물론 교육과정중심 측정에서도 명확한 현재 수행 수준을 제공하고, 명확한 목적을 설정할 수 있다(예: 4학년 교과서에서 분당 60개의 단어 읽기, 정확도 90%로 두 자릿수 곱셈 문제 풀기). 반대로, 현재의 수행 수준 설정과 의미 있는 목적 설정은 보다 도전적인 일이 될 수 있다.

IEP 작성에 도움이 되는 출판물이 많이 나와 있다(Yell & Plotner, 2014 참조). Bateman과 Linden(2012)이 가장 신뢰할 만하고 도움이 되는 지침을 제공하는 것으로 보인다. 그들은 책에서 저항적인 도전행동을 나타내는 학생을 위한 IEP 개발 사례를 제시하였다. 예를 들어 책에 나와 있는 한 예는 커트(Curt)에 관한 것인데, 이 학생의 사회적 행동 영역의 현재 수행은 하루에 10~30회의 부적절한 말이나 과격하게 던지는 행동 혹은 소동을 나타내는 수준이다. 이에 대한 서비스는 행동 계약, 주당 1시간의 사회성 기술 교수, 그리고 커트의 적절한 미술활동을 위한 교실 내 공간 제공이다. 이 예에서 커트의 표적행동, 즉 부적절한 말이나 던지기, 부수기, 피흘리기 등에 대한 중간 목표는 10일 동안 하루에 2회 이하의 발생과 30일 동안 주당 1회 이하의 발생이었고 최종 목표는 표적행동의 발생이 없는 것이다. 궁극적인 목적은 행동 발생이 0인 수준이지만 초기에 행동 발생 비율이 높았기 때문에 중간 목표는 관리할 수 있는 정도로 행동을 감소시키는 것이다.

Bateman과 Linden(2012)이 제공하는 커트와 다른 학생에 대한 IEP 예는 행동 문제뿐만 아니라 학업적 교수 전략과 특성도 포함하고 있는데 이것이 완전하다고 할 수는 없지만 교사에게 훌륭한 정보를 제공해준다. 연구자들은 법에서 요구하는 모든 사항을 다루는 IEP 예를 제공하고, 행동 문제와 중재계획을 어떻게 법적으로 완벽하면서 교육적으로 유용하게 제시할 수 있는지에 대한 설명도 제공하고 있다.

IEP와 배치

장애 학생, 특히 정서행동장애 학생의 교육적 배치는 특수교육 분야에서 가장 논쟁이 많은 문제 중 하나이다. Yell 등(2014)에 의하면 정서행동장애 학생을 위한 배치 절차에서의 혼란은 IEP팀의 배치 결정에 대한 고소 건수에서도 명백히 드러난다. 배치에 관한 문제는 복잡하고 여기서 모두 다룰 수 없다(Crockett & Kauffman, 1999; Dupre, 1996, 1997; Jakubecy, Mock, & Kauffman, 2003; Kauffman, Lloyd, Baker, & Riedel, 1995; Kauffman, Lloyd et al., 1995a, b 참조). 그러나 교육행정가와 교사가 다음의 연방법(IDEA) 필수조항을 이해하는 것은 중요하다.

1. 학교 당국은 필요한 지원을 제공하는 일반교육 배치부터 병원이나 기숙제 학교 배치까지 모든 대안적 배치를 제공해야 한다. 학생의 장애에 상관없이 모든 학생을 한 가지 형태의 환경에 배치(예 : 모든 정서행동장애 학생을 특수학급에, 혹은 특수교육을 받는 모든 학생을 통합 환경에)하거나 특정 대안적 배치(예 : 특수학급)를

거부하는 것은 위법 행위이다.

2. 학생은 적절한 교육이 제공될 수 있는 최소제한환경에 배치되어야 한다. 배치 결정을 할 때는 해당 학생과 일반학급 또래들에게 미칠 배치의 부정적 영향이 고려되어야 한다.

3. 배치 결정은 개별적으로 이루어져야 하고 학생의 IEP에 기초해야 하며 IEP상에 적절한 교육이 기술된 이후에 이루어져야 한다. 배치는 명칭이나 범주가 아닌 학생 개인의 교육적 요구에 근거하여 결정되어야 한다.

분류

앞에서 우리는 학교가 실행하는 행동 문제 선별 절차, 정서행동장애로 인한 특수교육 대상자 여부 결정 절차, 교수와 중재계획을 위한 평가 절차 등에 대해 살펴보았다. 평가의 또 다른 목적은 장애 분류(장애의 원천, 본질, 경과, 처치 등을 더 잘 이해하고자 공통적 행동 특성을 가진 개인을 함께 모으는 것)이다. 정서행동장애 학생은 독특하며 나아가 그들을 위한 교육계획은 법적으로 개별화되어야 한다는 점을 거듭 강조하여 왔다. 그러나 분류 체계는 과학에 근거하고, 분류 체계를 타당하게 구성함으로써 전문가들은 정서행동장애에 관한 의사소통을 할 수 있는 언어와 유용한 도구를 갖게 되며, 궁극적으로는 더 나은 이해와 중재를 이루게 된다(Kauffman, 2011, 2012a, 2012b 참조).

분류는 신뢰할 만하게 관찰된 현상에 근거해야 하며, 장애의 분류는 그 본질, 원천, 경과, 처치와의 명백한 관계성을 가져야 한다. 이상적 분류 체계는 조작적으로 정의된 범주(operationally defined categories) — 범주에 포함된 행동이 측정될 수 있는 형식으로 정의 — 를 포함해야 한다. 체계 또한 신뢰할 만해야 한다. 즉 서로 다른 관찰자가 한 개인을 일관되게 분류해야 하며, 일정 기간이 경과된 후에도 일관적인 범주화가 이루어져야 한다. 범주는 타당해야 한다. 즉 범주화는 다양한 방법(다양한 관찰 체계나 평정척도에 의해)으로 결정될 수 있어야 하고, 범주화로 인해 특정 행동을 예견할 수 있어야 한다(신뢰도와 타당도에 관한 내용 참조).

두 가지 형태의 분류, 즉 정신의학적 분류와 행동 차원적 분류에 대해 살펴볼 것이다. 대안적 분류 체계 중에서 정신의학적 분류는 일반적으로 법적 우위의 권위를 가지나, 교육자들에게 직접 관련되고 이상적인 체계에 가장 근접한 것은 행동적 차원 분류이다.

정신의학적 분류

신체의학에서 사용하는 질환에 대한 경험적 분류를 차용한 정신의학적 분류는 증명되었거나 추정되는 **정신질환**(mental diseases)에 기초한 분류 체계이다. 역사적으로 많은 정신의학적 분류가 신뢰할 만하지 않고, 처치, 특히 교육적 중재를 위한 시사점을 제시하지 못했다 (Achenbach, 1985; Kratochwill & McGivern, 1996; Sinclair, Forness, & Alexson, 1985). 그러나 정신의학적 분류는 광범위하게 사용되고 있고, 교육자들은 정신의학적 명칭으로 정서행동장애 학생을 설명할 것이며(예 : **강박충동장애**) 교사는 이것을 이해해야 한다(Mattison, 2014). 그러나 이것은 학교 관계자가 수행한 진단이 아니다. 학생은 오직 학교에 구성되어 있는 팀이 연방정부의 적격성 기준을 충족한다는 결정을 했을 때에만 정서장애 범주에 속하는 특수교육 서비스 대상이 된다. 학교에서 정서행동장애로 확인된 많은 학생들은 아마도 학교 밖에서 정신의학 전문가들을 많이 만나 왔기 때문에 정신의학적 진단도 받게 될 것이지만, 또한 그렇지 않은 경우도 많다. 최근 수십 년 동안에 정신의학적 분류가 크게 발전해 왔다. 최근의 범주는 지난 25년 전보다 좀 더 객관적이고 신뢰할 만하다. 그럼에도 불구하고 정신의학적 분류는 특수교육을 위한 적격성 기준에 부합하지 못한다. 다시 말해 정신의학적 진단을 통해 특수교육 대상자로 확인하기 어렵다.

가장 광범위하게 수용되고 있는 정신의학적 분류 체계는 미국정신의학회(American Psychiatric Association)가 고안한 체계로서, 정신장애의 진단 및 통계편람(Diagnostic and Statistical Manual of Mental Disorders, 2013) 혹은 DSM이라고 하는 체계이다. 이것은 가장 최근에 제5판이 출판되었으며 통상 DSM 5로 불리는, 표준이 되는 정신의학 진단 체계이다. 제5판은 1980년 이후의 이전 판에서 사용되어 왔던 분류 체계인 다축 체계를 채택하지 않았다. DSM 5 이전에 사용된 축 분류는 장애를 축 I, II, III과 연관된 범주로 기록한다는 것을 의미한다. 축 IV는 진단, 처치, 예후에 영향을 끼칠 수도 있는 심리사회적 및 환경적 문제나 요인(환경 같은)을 나타내는 데 사용되었다(개인의 중요한 지원그룹, 혹은 경제 상황 같은 것). 축 V에는 개인의 전반적인 일상생활 기능 수준에 대한 임상가의 판단이 기록되었다. DSM 5는 장애를 목록화하는 것 외에, 정신의학 혹은 다른 학문 분야의 전문가들이 처치를 계획하고 결과를 예측하는 데 도움을 줄 수 있도록 고안되었다.

DSM 5에서는 정신의학적 문제에 영향을 미칠 수도 있는 임상적 장애, 개인 장애, 일반적인 의료적 조건 혹은 신경학적 장애(이전에는 축 I, II, III으로 각각 표기된) 등에 대해 처치의 필요성을 우선적으로 고려하여 개별적 진단으로만 기록된다. DSM을 사용하는 임상가는 이전에 축 IV와 V에 기술되었던 요인을 분리하여 표기하여야 한다. 임상적 장애에는 품행장애, 불안장애, ADHD, 주요우울장애가 포함된다. 개인 장애에는 반사회적 성격장애, 강박충동장애(OCD)가 포함된다. 의료적 조건 혹은 신경학적 장애는 개인의 기능에 영향을 미칠 수도 있는 외상성 손상이나 질환이 포함된다.

DSM 5에는 신경발달장애(neurodevelopmental disorders)라는 범주하에 아동 및 청소년과 관련된 가장 많은 진단적 범주가 포함되어 있다. 이 범주에 속한 대부분의 장애는 DSM의 이전 판에서 '소아기, 유아기, 청소년기에 흔히 처음으로 진단되는 장애' 범주에 포함되어 있었다. DSM 5의 신경발달장애는 다음의 범주로 나뉜다.

- 지적장애
- 의사소통장애
- 자폐성 장애
- 주의력결핍 과잉행동장애
- 특정학습장애
- 운동장애
- 기타 발달장애

아동과 청소년이 물론 다른 범주에서 진단을 받을 수도 있다. 신경발달장애에 포함된 장애는 단순히 발병시기가 아동기인 장애이다. 이 장애들은 다른 형태의 정서 혹은 행동장애를 동반할 수 있지만 일반적으로 문헌에서는 해당 장애만 다루어진다(예 : Hallahan, Lloyd, Kauffman, Weiss, & Martinez, 2005).

DSM 이전 판에서 '소아기, 유아기, 청소년기에 흔히 처음으로 진단되는 장애'에 포함되었던 많은 다른 장애는 다른 범주로 분류되었는데 새로운 DSM에서는 연령 기준으로 장애를 구분하기보다는 전 생애 발달에 초점을 맞추었기 때문이다. 범주가 달라진 장애에는 **이식증**(pica)과 **되새김장애**(rumination) 같은 심각한 장애가 포함되는데 이들은 좀 더 넓은 범주인 '급식 및 섭식 장애'로 분류되었고, **분리불안장애**(separation anxiety)와 **선택적 함묵증**(selective mutism)은 '불안장애' 범주로 분류되었다. 아마도 정서행동장애 영역의 전문가들에게 가장 관련이 있을 적대적 반항장애와 품행장애는 새로운 범주인 '파괴적, 충동조절, 품행장애'로 분류되었는데, 여기에는 **간헐적 폭발장애**(intermittent explosive disorder), **반사회적 성격장애**(antisocial personality disorder), **병적 방화**(pyromania)(불, 불과 연관된 상황적 맥락과 관련된), **병적 도벽**(kleptomania) 등도 포함된다. 발병시기가 중요한 문제인 진단도 여전히 많이 있다(예 : 품행장애는 아동기 발병형, 청소년기 발병형, 명시되지 않은 발병 중 한 가지로 진단된다).

여기에서는 모든 범주를 다루지 않으며 대부분은 앞의 장에서 다루었다. DSM 5 내의 각 범주와 하위 범주는 번호가 매겨져 있다(예 : 자폐성 장애는 299.00).

DSM 5는 이전 판에서 사용되어 오던 전통적인 범주와 분류 체계에 대해 10년 이상의 개정 작업을 거쳐 완성되었다. 더욱이 이 개정판은 전통적인 분류의 다축 체계를 근본적으로 변화시켰다. 그렇기 때문에 DSM 5가 정서행동장애 아동과 청소년의 진단에 영향을 미칠지, 그리고 어떻게 미칠지는 아직 모르는 일이다. 흥미로운 것은 지금까지 역사적으로 관심을 가져 왔던 진단의 신뢰도에 관하여 새로운 DSM이 어느 정도 충족시킬 것인가이다. DSM의 이전 판(DSM-IV-TR)에서 제공되었던 진단적 지침은 정신의학적 진단에 대한 신뢰도를 개선한 것으로 받아들여졌다. 그러나 DSM 5에서 다축 체계를 배제함으로써 이러한 관심이 어떻게 영향을 받을지는 아직 알려지지 않았다.

아동이나 청소년이 단순히 DSM 5의 진단 준거를 충족함으로써 특수교육의 대상이 되지는 않는다. 정신의학적 명칭을 갖는 많은 아동이나 청소년이 특수교육의 대상이 되긴 하지만, 특수교육 대상인지에 대한 확인은 DSM 규준과는 다른 규준을 사용하여 독립적으로 이루어져야 한다는 것을 기억하는 것이 중요하다.

행동 차원적 분류

정신의학적 분류는 무엇보다도 먼저 장애의 종류 간 구별에 초점을 맞춘다. 차원적 분류는 개인이 나타내는 행동 형태의 정도가 얼마나 다른지를 나타낸다. 행동 차원은 행동군(서로 관련성이 높은 행동들)의 종류이다. 행동 차원을 알아내기 위해서는 행동 평정에 기초하여 요인분석과 같은 통계적 절차를 이용한다. 통계적 분석은 어떤 행동 문제가 차원을 형성하면서 함께 발생하는지를 밝혀준다. 초기 연구(예 : Ackerson, 1942; Hewitt & Jenkins, 1946)에서는 아동의 행동 사례를 역사적으로 검토하여 행동 특질을 알아냈다. 그런 후 자료를 시각적으로 검토하여 행동을 목록화하고 군집화하였다. 현재의 통계적 분석은 과거보다 훨씬 더 상세화되었다.

행동 차원은 일반적으로 두 가지로 대별되는데 이를 광대역(broadband)이라고도 한다. 이 중 하나는 **외현화**(externalizing) 문제이다(때로 과소통제라고 함). 외현화 문제는 공격성, 다른 사람에 대한 침해, 충동적이고 불순종적인 행동, 비행 등의 특성을 갖는다. 다른 하나는 **내재화**(internalizing) 문제로서(때로 과잉통제라고 함), 불안, 사회적 위축, 우울 등의 특성을 갖는다. 과잉행동, 비행, 우울, 품행장애 등과 같은 좀 더 세부적인 문제를 협대역

(narrowband)이라고 한다.

초기의 많은 연구에서 외현화 및 내재화라고 하는 광대역 형태가 언급되었는데, 이것이 서로 배타적인 것은 아니다(Achenbach, 1985, 1991; Achenbach & Edelbrock 1981, 1989, 1991; Achenbach, Howell, Quay, & Conners, 1991; Waldman & Lilienfeld, 1995 참조). 즉 어떤 개인이 문제를 복합적으로 가질 수 있다는 의미로, 협대역의 장애 중 몇 가지를 가질 수도 있고, 외현화 문제 중 어떤 것과 내재화 문재 중 어떤 것을 가질 수도 있다. 한 가지 장애 이상을 동시에 혹은 형태 간 교차적으로 가질 수 있다. 예를 들어 품행장애(이현화 형태)와 우울(내재화 형태)을 함께 가질 수 있다. 물론, 문제가 되는 행동의 형태에 있어서 개인이 아닌 집단을 비교할 수 있다. 최근에 쌍둥이 연구를 통하여 유전적 영향이 정신의학적 장애의 위험을 가져올 수 있다는 연구 결과가 보고되고 있고 환경적 영향도 아동의 장애(외현화 혹은 내재화) 형태에 기여한다는 보고가 있다(Rhee, Lahey, & Waldman, 2015).

연구자들은 외현화 장애와 내재화 장애를 가졌거나 위험이 있는 학생을 추적하기 위하여 신뢰도와 타당도를 갖춘 많은 도구를 개발해 왔다. 외현화 장애를 나타내는 학생의 행동이 성인들에게 분명하게 드러나기 때문에 그들의 행동이 여러 가지 사정 접근법을 통하여 보다 쉽게 확인된다고 여겨져 왔다. 구체적인 사정 접근법은 차원적 분류 형태로서, 여기에는 행동 및 정서 선별체계(Behavioral and Emotional Screening System, BASC-3 BESS)(Reynolds & Kamphaus, 2015), 행동장애 체계적 선별(Systematic Screening for Behavioral Disorders, SSBD)(Walker, Severson, & Feil, 2014), 사회성 기술 향상체계(Social Skills Improvement System, SSIS)(Gresham & Elliott, 2008), 학생 위험 선별척도(Student Risk Screening Scale, SRSS)(Drummond, 1994) 등이 포함된다.

무상으로 사용할 수 있는 선별 도구인 SRSS는 교사가 평정하는 4점 척도(0 전혀, 1 가끔, 2 때때로, 3 흔히)의 아래와 같은 7항목으로 구성되어 있다.

1. 훔치기
2. 거짓말, 속이기, 몰래 하기
3. 행농 눈제
4. 또래 거부
5. 낮은 학업 성취
6. 부정적 태도
7. 공격적 행동

이 척도는 원래 '반사회적 행동'을 파악하기 위해 고안되었으나 각 항목은 외현화 장애에 초점이 맞추어져 있다. 그럼에도 불구하고 연구자들은 이 척도를 통하여 외현화 및 내재화 행동의 위험이 있는 학생을 찾아낼 수 있다고 보고하였다. Lane과 동료들(Lane, Little et al., 2009)은 최근에 주로 내면화 문제를 갖는 학생의 발견을 위한 항목을 추가하였다. 그들의 최근 연구에서 SRSS에 추가된 항목은 다음과 같다.

1. 정서적 단조로움
2. 부끄러움, 위축
3. 슬픔, 우울
4. 염려
5. 외로움

행동 차원적 분류의 중요한 개념은 모든 개인이 모든 차원의 특성을 나타내지만 정도가 다양하다는 것이다(Waldman & Lillenfeld, 1995). 앞서 언급한 바와 같이, 개인은 한 가지 차원 이상에서 높게 평정될 수 있다. 많은 정서행동장애 학생이 복합적인 문제를 가지고 있고, 몇 가지 차원에서 높은 평정을 받을 것이다(Landrum Wiley, Tankersley, & Kauffman, 2014; Tankersley & Landrum, 1997). 평정척도상에서 학생의 행동은 통계적 항목군에 따라 분류되며, 개인이 분류되는 것이 아니다. 일부 정신의학적 분류에서도 동일한 관점이 적용되지만 (즉 사람이 아닌 장애를 분류함), 차원적 분류는 보다 신뢰할 만하고 경험적으로 도출된 범주에 근거한다는 장점을 가진다.

이러한 관점은 장애(disorder)의 정의와 관련된 근본적인 개념을 되돌아보게 해주는데, 정서행동장애는 절대적인(all-or-nothing) 현상이 아니다. '장애' 명칭을 부여하기 전에 개인의 행동이 다른 사람의 행동과 어떻게 다른가를 밝히는 것은 판단의 문제이며, 명백하고 함축적인 가치 체계에 근거한 임의의 결정이다. 동일한 개념이 일반적인 장애 범주 내의 하위 분류에도 적용된다. 개인의 행동이 문제라고 언급되기 전에 그의 평정이 특정 요인이나 차원에서 얼마나 높은가를 판단해야 한다. 판단은 통계적 분석에 근거해야 하나 통계적 분석만으로 판단하는 것은 충분하지 못하다(Kauffman & Lloyd, 2017 참조). 정신의학적 분류와 마찬가지로, 차원적 체계를 사용하는 분류도 그것만으로 아동이나 청소년의 특수교육 서비스 적합성을 판단하는 것은 충분하지 못하다.

복합적 분류와 공존장애의 문제

정신의학적 분류 체계를 사용하든 차원적 분류 체계를 사용하든 간에, 연구자와 임상가들은 아동이나 청소년이 한 가지 이상의 문제나 장애를 나타낸다는 것을 자주 발견하였다 (Landrum, 2017; Kessler, Berglund, Demler, Jin, & Walters, 2005; Kessler, Chiu, Demler, & Walters, 2005; Tankersley & Landrum, 1997). 사실, 최근에는 공존장애를 예외라고 보기보다는 표준으로 보는 것이 일반적으로 받아들여지고 있다(Rhee, Lahey, & Waldman, 2015). 복합적 분류는 단일 분류보나 너 일반적일지도 모른다. 예를 들면 품행장애를 나타내는 청소년이 우울할 수도 있고, 조현병을 가진 사람이 품행장애를 나타낼 수도 있으며, 전반적 발달장애는 배설장애와 동반될 수도 있다. 또한 행동이 한쪽 끝에서 다른 쪽 끝으로 심하게 왔다 갔다 하는 아동은 외현화와 내재화 항목에서 모두 높게 평정될 수도 있다. 일반적으로 장애의 공동 발생을 의미할 때 **공존장애**(comorbidity)라는 용어가 사용된다. 행동과 학습 문제가 공존하는 경우, 더 심각한 문제에 대한 처치 없이 나머지 한 가지에 대한 효과적인 처치를 수행한다.

중증장애의 분류

행동은 차원에 따라 사소하고 경미한 문제부터 극도로 심각한 문제까지 다양하게 나타날 수 있다. 사실, 정서행동장애를 가진 대부분의 학생이 그들의 진단적 분류에 상관없이 매우 심각한 문제를 가진다(Mattison, 2011). 그들의 문제는 경미하지 않은데, 말하자면 코를 훌쩍기리는 정도의 가벼운 감기보다는 폐렴에 더 가깝다. 대부분의 경우에 있어서, 그들이 가진 문제가 예사롭지 않은 것이지만 가볍기 때문에 정서행동장애를 가진 것으로 여겨지지 않았다.

일부 청소년의 행동은 질적으로나 양적으로 다른 특성을 나타낸다. 이러한 아동은 흔히 다른 사람에게 접근하는 것이 어렵고 다른 사람이 이들에게 접근하기도 어려우며 지적장애를 가진 경우도 있다. 이들은 다른 사람에게 반응하지 않고 이상한 언어와 말을 사용하며 기능적인 언어를 사용하지 못하고 부적절한 행동을 거칠게 나타내며 일상생활기술이 부족히기나 상동적 혹은 의식적 행동을 나타낸다. 일반적으로 아동이 정신병리(psychosis)로 의뢰되는 경우에는 심각한 장애를 가지고 있는지에 대한 논쟁을 많이 하지 않는다. Prior와 Werry(1986)는 정신병적 행동에 대한 정의를 "자신과 세상 그리고 세상 속에서의 자신의 위치에 대한 해석이 실상보다 심각하게 왜곡되어 일상의 적응을 방해하고 편견 없는 관찰자가 보았을 때 이해하기 어려운 행동"(p. 156)이라고 하였다. 전반적 발달장애를 가진 것으로 분류되는 많은 아동이 이러한 설명에 부합한다.

중증장애에 대한 하위 분류를 어떻게 신뢰할 만하고 유용하게 할 것인가에 대한 논쟁이 많이 이루어지고 있다. 그러나 현재 자폐성 장애가 IDEA상에서 별도의 범주로 되어있기 때문에 이 책에서는 더 이상 다루지 않기로 한다. 제13장에서 조현병과 다른 심각한 정서행동장애로 알려진 중증장애에 대해 살펴보았다.

진단적 분류에 관한 혼란과 불일치의 문제가 여전히 논란의 대상이 되고 있다. 그러나 조현병 증상의 발병시기가 아동기 혹은 청소년기인 경우 성인기에 발생한 조현병과 구분이 안될 수도 있는데(Asarnow, Thompson, & Goldstein, 1994; Gottesman, 1991), 18세 이전의 발병은 특이하고 13세 이전의 발병은 지극히 드물다. 그럼에도 불구하고 조현병의 유아기 초기 징후는 때로 자폐성 장애와 구분이 잘 되지 않고, 자폐증이나 다른 장애를 가진 아동이 가끔 청소년기나 성인기가 되어 조현병으로 진단된다. 더욱이 다른 중증장애도 조현병으로 오진될 수도 있다(Stayer et al., 2004).

조현병은 근본적으로 사고 및 지각 장애이다. 조현병 아동이나 청소년은 이상한 행동, 망상, 왜곡된 지각, 환각 등을 나타내고 그들의 정서는 많은 사회적 환경에서 부적절하게 나타난다. 그들은 자신이 외계의 힘에 의해 조절되고 있다고 믿는다. 망상과 환각은 청소년기 이전에는 드물게 나타나지만 조현병과 같은 중증장애의 일부라고 할 수 있다.

분류의 필요성

중재와 관련하여 신뢰할 만하고 타당한 분류 체계를 확립하기 위한 연구가 지속되고 있다. 일탈적 행동을 분류함으로써 개인이 가진 상이함에 대해 불필요한 낙인을 주는 위험성이 있지만 사람들이 가지는 문제에 대한 분류를 하지 않는 것은 어리석은 일이 될 것이다. 분류의 사용을 포기하는 것은 사회적, 행동적 어려움에 대한 과학적 연구를 포기하는 것과 같다. 우리는 문제에 대해 의사소통하고 문제를 예방하기 위해 명칭이 필요하다(Kauffman, 2011, 2012a, 2012b, 2014a, 2014b, 2014c; Kauffman & Konold, 2007). 그럼에도 불구하고 우리는 행동적 상이함을 기술하기 위해 사회적 낙인이 되는 단어의 사용을 줄이도록 노력해야 한다.

복잡성과 애매함

분류는 복잡한 업무이고, 학자들은 흔히 어떤 행동 특성을 어떻게 범주화할 것인지에 대해 서로 이견을 가진다. 게다가 이전에 완성된 일련의 범주가 의문을 가진 채 재구성되기도 한다. 모든 포괄적인 분류 체계는 행동의 특이함과 극단적인 경우를 위하여 기타 범주를 포함하고 있는데, 여기에는 동질성을 가지는 임의의 행동들이 포함된다. 제2부와 제3부에서 살펴본 바와 같이, 행동장애와 그 원인은 보통 다차원적이다. 장애나 그 원인이 단순하고 명확한 형태로 정의될 만큼 삶은 단순하지 않다. 청소년들은 다른 문제 요소로 오염되지 않은 한 가지의 장애를 나타내는 일이 드물고, 장애의 원인은 사실상 단일 요인으로 설명되지 않는다. 이와 관련된 사례로 과잉행동(hyperactivity), 품행장애(conduct disorder), 비행(delinquency) 간의 상호관련성을 고려해보자. 과잉행동은 품행장애를 가진 많은 아동의 현저한 행동 특성이다. 품행장애와 비행은 중복되는 범주인데, 왜냐하면 품행장애는 겉으로 드러나는 직접적인 공격성과 훔치기, 거짓말하기 방화와 같은 간접적인 반사회적 행동 특성을 모두 갖기 때문이다. 비행 또한 그러한 행동 특성을 갖지만 법을 위반하는 특성도 갖는다. 품행장애와 비행을 야기하는 동일한 요인이 과잉행동에도 기여할 수 있다. 따라서 특정 유형의 장애를 집단화하는 것은 어느 정도 객관적일 필요가 있고 분류는 항상 어느 정도의 애매함을 동반할 수밖에 없다.

요약

교수를 위한 평가는 일반적으로 표준화된 지능검사와 성취도검사, 행동 평정척도, 또래관계 사정, 면접, 자기보고, 직접 행동관찰 등을 포함해야 한다. 교육 분야에서 많이 사용되는 접근법은 교육과정중심 평가로서 학생들이 사용하는 교육과정을 사용하여 학생의 수행을 측정한다. 교육과정 중심 방법은 학업뿐만 아니라 사회성 기술에도 적용될 수 있다.

학생의 행동으로 인하여 배치를 변경하게 되거나 학교 제적 등의 결과가 발생하면 팀은 학생의 장애와 행동 간 관련성과 IEP 및 관련 서비스의 적합성을 내용으로 하는 장애 관련 여부를 결정해야 한다.

행동의 기능평가는 학생이 지닌의 행동 문제에 대해 자율성과 자기조절을 발휘하도록 교실 조건과 교수적 절차가 어떻게 기여했는지를 나타낸다. 사전교정으로 알려진 사정을 위한 교수적 접근법은 사정과 교수 절차를 통합하여 교사가 행동 문제를 예방하는 것이다. 긍정적 행동중재계획은 사전교정과 맥을 같이 한다.

장애 학생은 적절한 조정을 통하여 주나 행정구역 내의 교육 진도에 대한 일반 사정에 포함되어야 한다. 학생 개인의 특성과 특정 검사의 요구를 감안하여 효과적이고 적절한 조정을 택해야 한다.

사회적 타당성은 행동 문제를 가진 학생의 중재 전후 행동 간 비교뿐만 아니라 해당 학생과 그의 또래 간 비교를 통한 평가 전략이다. 이것은 객관적인 증거를 강조하고 주요 당사자들 간 (a) 문제의 중요성, (b) 중재의 적절성, (c) 결과의 만족성에 대한 합의를 강조한다.

평가 자료는 특수교육에 배치된 학생의 IEP 작성에 유용해야 한다. 직접 관찰, 교육과정중심 평가, 사회적 타당도 등이 정서행동장애 학생의 IEP와 관련된 절차이다. IEP는 양식과 내용에 있어 매우 다양한데, 어떤 양식이든 구성요소(독특한 특성 혹은 요구, 특수교육과 관련 서비스 혹은 수정사항, 서비스의 시작일과 기간, 현재 수행 수준과 측정 가능한 연간 목표)를 반드시 포함해야 한다. 학교 당국은 학생에게 주어질 수 있는 배치의 연속체를 제공해야 한다. 배치 결정은 개별화되어야 하고 적절한 교육이 기술되기 전이 아닌 후에 이루어져야 한다.

분류는 인간 행동 관련 과학을 포함한 어떤 과학에서든 기초이다. 분류는 우리가 어떤 것이 분류되는 본질, 원천, 과정을 이해하게 해준다. 정신의학적 분류 체계는 교육 목적에 부합하는 신뢰성과 타당성이 있다고 보기 어렵기 때문에 교육자들에게는 각별히 중요하다고 볼 수는 없다. 교사들은 아마도 가장 폭넓게 수용되고 있는 정신의학적 분류 체계인 미국정신의학회의 분류 체계(DSM의 여러 가지 개정판, 공식적인 진단 및 통계 편람)를 보게 될 것이다.

차원적 분류는 신뢰도와 타당도, 유용성 측면에서 볼 때 교육 분야에서 좀 더 이상적인 체계에 근접하다고 볼 수 있다. 차원적 접근법이 전제하고 있는 것은 모든 개인이 분류 가능한 행동을 나타내고 있지만 정도가 다르다는 것이다. 따라서 개인이 아닌 행동을 분류한다. 양적이면서 차원적인 접근법으로 장애행동을 보았을 때 가장 광범위한 범주는 내재화(위축)와 외현화(행동화)이다. 이러한 폭넓은 차원 내에 좀 더 세분화된 범주가 있다. 정서행동장애 학생은 일반적으로 다른 특수교육 범주에 속한 학생들보다 더 많은 차원에서 높은 평정을 받거나 모든 범주에서 높은 평정을 받는다. 남학생은 보통 여학생보다 높은 점수를 받는다. 학생의 범주 간 차이는 품행장애 차원에서 가장 큰 경향이 있다.

최중증장애에 대한 분류는 특별한 어려움을 동반한다. 중증장애의 일반적인 범주는 조현병이다. 아동기에 조현병이 발병하는 것은 일반적인 일은 아니다. 조현병은 왜곡된 사고 패턴을 가지며 환각이나 망상을 보인다.

장애에 관하여 의사소통을 하기 위해서는 범주와 명칭이 중요하기 때문에 분류는 피할 수 없는 과정이다. 모든 분류 체계는 일부 애매한 기타 범주를 포함하고 있다. 많은 정서행동장애 아동과 청소년이 장애의 한 가지 유형(혹은 차원) 이상을 나타내며, 중증 문제를 가진다. 장애의 동반 발생을 공존장애라고 한다.

논의를 위한 사례

특별한 도전 : 로저

로저가 또 피를 흘리고 있다. 로저가 심하게 흥분된 행동을 하면 매일같이 출혈과 분노폭발이 뒤따른다. 그는 자신의 전형적인 패턴의 초기 단계에 있는 듯하다. 보통 때처럼 오늘도 특수학교의 모든 아이들이 로저가 학교에서 무슨 일을 벌일지, 집으로 돌려보내질지 염려하고 있다. 모두가 긴장한 가운데 오늘도 어른들이 로저와 몸싸움하는 것으로 끝났고 누군가가 다쳤거나 기물이 파손되는 분위기가 느껴졌다. 로저와 같은 7학년과 몸싸움을 하면 불쾌감과 무력감을 느끼게 마련이다. 7학년쯤 되면 로저를 책임지고 있는 교사나 다른 스태프들에게 패배감과 무력함을 주기에 충분하다. 로저는 그것을 알고 있는 듯하다. 그는 다른 친구들과의 싸움을 즐기고 있다.

로저의 분노는 끝이 없어 보인다. 어른들은 어떻게 하면 그를 멈추게 할 수 있는지를 알아내려 고군분투하고 있다. 가끔은 학업 문제 때문인 것 같기도 하고 다른 것 때문인 것 같기도 하다. 로저를 학교에 계속 머무르게 하기 위한 첫 번째 목적은 로저가 단지 자신이나 누군가를 해치지 않게 하는 것이다. 학교 관계자들은 로저의 최절정 분노폭발의 신호탄 격인 주먹다짐이나 밀기, 의자 던지기 등의 행동에 대비하기 위해 스스로 준비태세를 하고 있다. 로저는 분노를 폭발하면서 "엿 먹어!", "전부 다 지옥에나 가!", "나를 말리지 않는 게 좋을 거야!", "네 목과 이빨을 부러뜨려 놓겠어. 이건 협박이 아니라 약속이야!"라고 소리 지른다. 그는 책을 찢고 실제로 의자를 유리창으로 던진다. 모두가 로저를 말리는 과정에서 아무도 다치지 않기를 기도하고 있다. 모두가 로저의 분노폭발이 조금 잦아들 수 있는 방법을 알고 싶어 한다.

일부에서는 로저의 행동을 '도전 행동'이라고 부른다. 물론 이것은 하나의 도전이다. 그러나 그러한 완곡한 표현을 쓰는 것이 이 문제를 다루는 사람들에게 아무런 도움이 되지 않는다. 사실 로저의 행동은 이것이 변화되도록 방법을 모색해야만 하는 관계자들에게 도전이다. 로저에게 학업이나 사회성 기술을 가르치는 것 또한 도전이다. 교사가 그에게 제시하는 학업 과제가 무엇이든 간에, 교사가 기대하는 학업 및 행동 수준이 무엇이든 간에 로저는 똑같은 패턴, 즉 피 흘리고 심하게 흥분하며 결국은 교사나 다른 관계자들과 몸싸움을 하는 일련의 과정을 따르는 것 같다. 교사는 로저에게 주는 숙제를 조정해보았고 기대 수준을 낮추어보았으며 최소한의 학업만 하도록 해보았다. 그러나 지금까지는 학교에서의 여러 가지 기대에 순응하지 않음으로써 로저가 '이겼다'. 교사들은 차라리 로저를 혼자 놔두는 것이 낫다고 생각할 만큼 좌절했으며 로저에게 아무것도 하지 말고 조용히 앉아 있으라고 했다(그가 원하면).

사례에 관한 토론 과제

1. 당신이 로저의 선생님이라면 어떤 사정 전략을 사용할 것인가?

2. 이 사례에서의 정보에 근거하여 로저의 IEP를

작성한다고 가정해보자. 로저를 위해 어떻게 작성할 것인가(IEP에 대한 설명과 커트와 애런의 예를 참조할 것)?

3. 당신이 로저의 부모와 교사를 면담한다고 가정해보자. 로저의 문제를 사정하고 로저를 보다 성공적으로 가르치기 위해 그들에게 어떤 질문을 할 것인가?

가성 지적장애(Pseudoretardation) 환경 요인이 바뀌면 평균 정도의 기능을 발휘할 수 있는 수준의 지적장애. 지적장애로 잘못 진단된 상태.

간헐성 폭발장애(Intermittent explosive disorder) 공격적 충동을 통제하지 못하여 반복적으로 폭발행동을 보이는 장애.

갑상선 기능 항진증(Hyperthyroidism) 갑상선에서 호르몬이 과도하게 분비되거나 갑상선이 비대해지는 것으로 신경과민, 허약, 끊임없는 과잉활동 등을 초래함.

강박관념(Obsession) 특정 사물, 사건 또는 생각에 사로잡히는 것.

강박장애(Obsessive-compulsive disorder, OCD) 강박사고(특정 사물, 사건 또는 생각에 사로잡히는 것)와 강박행동(특정 행동에 대한 참을 수 없는 열망으로, 종종 반복적으로 발생)이 너무나 심하여 일상적 기능을 방해하는 장애.

강박행동(Compulsion) 특정 행동을 해야 할 것 같은 참을 수 없는 충동을 말하며 반복적 또는 의례적으로 나타날 때가 많음(예 : 문이 잠겼는지 세 번 확인하기).

강화(Reinforcement) 특정 행동이 미래에 일어날 가능성을 높이기 위해 행동 직후에 특정 자극을 제공하거나 제거하는 것. **정적 강화**란 긍정적 자극(보상)을 제공하는 것. **부적 강화**란 학생의 반응 직후에 부정적 자극(벌이 될 만한 것)을 제거하는 것을 말함. 두 가지 강화 모두 아동반응의 비율이나 강도를 높임.

개념 모델(Conceptual model) 정서행동장애의 원인과 문제의 본질 그리고 치료 메커니즘의 특징에 대한 일련의 가설 또는 이론. 연구와 실제를 안내하는 일련의 가설.

개별화교육 프로그램(Individualized Education Program, IEP) 미국장애인교육법(IDEA)에 의해 특수교육 서비스를 받는 모든 학생을 위해 작성해야 하는 문서로, 제공될 서비스와 다루게 될 목표를 제시함.

개인대행(Personal agency) 사회적 학습 이론에 근거한 것으로, 개인은 자의식을 갖고 있으며 예측과 선택을 할 수 있다는 가정.

개인변인(Person variables) 개인의 사고, 감정, 지각. 사적인 사건이나 상태.

거시문화(Macroculture) 국가 또는 문화를 공유하는 거대한 사회 체계.

경조증(Hypomanic) 조증(manic) 참조.

고위험(Heightened risk) 한 개인이 특정 사건이나 조건을 경험(예 : 약물을 사용함, 외상성 뇌손상을 입음, 범죄에 연루됨, 학교에서 낙제함, 조현병으로 진단받음)할 가능성이나 위험이 일반인에 비해 큰 상태.

고정관념(Stereotype) 어떤 집단의 특징을 묘사하는 데 사용되는 단순화되고 획일적인 개념이나 이미지. 그 집단이 지속적으로 특정 행동을 반복한다고 보는 것.

공존성(Comorbidity) 둘 이상의 장애가 함께 나타나는 것(예 : 우울과 품행장애가 함께 나타남).

공포증(Phobia) 사람을 쇠약하게 만드는 불합리한 공포.

과잉선택적 주의집중(Overselective attention) 선택적 주의집중 참조.

과소선택적 주의집중(Underselective attention) 선택적 주의집중 참조.

과잉교정(Overcorrection) 행동오류를 강력하게 교정하기 위한 절차. **긍정적 연습** 과잉교정(아동에게 적응행동이나 적절한 행동을 거듭 연습하게 하는 것)과 **복구형** 과잉교정(아동에게 문제행동이 발생하기 전의 상태보다 더 나은 상태로 환경을 복구하게 하는 것)의 두 가지 방식이 있음.

과잉행동(Hyperactivity, Hyperactive) 사회적으로 부적절한 행동을 동반하는 지나치게 높은 정도의 활동성으로, 흔히 품행 문제, 주의산만, 충동성 등을 포함함.

교육과정중심 평가, 교육과정중심 사정, 교육과정중심 측정(Curriculum-based evaluation, curriculum-based assessment, curriculum-based measurement) 실제 교육과정에서의 학생 수행을 바탕으로 한 평가나 검사로, 교사가 수업에서 사용하는 자료(교과서, 문제지 등)를 이용함. 일상적인 교수 자료를 이용하여 학생의 수행을 짧게 자주 측정해야 함.

교육에서의 관용적 접근(Permissive approach to education) 한계를 광범위하거나 느슨하게 설정한 후 그 한계 내에서는 아동이 원하는 대로 행동하게 하는 것. 아동이 자신의 감정을 표출하게 하는 것이 치료에 도움이 되며 교사가 아동과 건강한 관계를 맺으려면 허용적이어야 한다는 가정을 토대로 함. 주로 정신분석 이론에서 파생된 접근.

교육을 위한 구조적 접근(Structured approach to education) 행동에 대한 명확한 지시 제공, 학생이 배운 대로 행동할 것이라는 확고한 기대, 일관성 있는 후속결과 제공 등을 통해 교실 환경을 매우 예측 가능하게 만드는 것. 아동들의 일상생활에 질서와 예측성이 부족하므로 고도로 구조화된(예측 가능한) 환경을 제공하면 자기통제를 잘 배울 것이라는 가정을 토대로 함. 주로 학습 이론에 기반을 둠.

교육사(Educateur) 다양한 지역사회 환경에서 아동과 청소년의 사회적 발달을 촉진하도록 훈련된 사람. 문제를 가진 아동과 청소년의 사회적 환경에 개입하기 위해 교육학 및 관련 분야에서 훈련된 사람.

교환(Transactions) 주고받음.

귀납적 접근(Induction approach) 훈육 시, 특히 윤리적 기준을 지도하거나 강조할 때 추론하기, 설명하기, 모델링, 사랑과 관심 표현하기 등을 활용하는 것.

규준(Normative) 규준에 근거하여 점수가 정규분포를 이룬다고 가정할 수 있는 샘플. 대표 샘플의 통계적 평균에 비교함.

규준참조(Norm-referenced) 유사한 특징을 가진 집단의 평균 수행과 비교하는 것.

긍정적 행동지원/긍정적 행동 중재 및 지원[Positive behavior support(PBS)/Positive behavioral intervention and supports(PBIS)] 행동 문제의 해결을 위해 행동분석을 체계적으로 적용하는 행동 중재 모델을 뜻하며, 이 두 용어는 호환적으로 사용됨. 이 모델은 긍정적 절차를 중시하며, 다양한 상황에서 행동에 영향을 미치는 환경 및 맥락변인을 강조함. 대부분의 경우, PBS와 PBIS가 호환적으로 사용되지만 간혹 PBS는 어떤 상황에서도 벌을 사용하지 않고 행동관리를 해야 한다는 신념을 일컫기도 함.

기능분석(Functional analysis) 행동의 목적, 목표, 또는 기능을 알아내기 위한 행동 평가.

기분부전장애(Dysthymia) 최소 2년 이상 대부분의 날에 우울한 기분을 느끼는 장애. 주요 우울 삽화나 임상적 우울증으로 진단될 만큼 심한 정도는 아님.

기분장애(Mood disorders) 삶에 대한 태도에 영향을 주는 정서의 장애. 일반적으로 흥분 또는 침체의 특징을 보임. 일회성일 수도 있고 만성적일 수도 있으며, 조증일 수도 있고 우울증일 수도 있음.

기억상실증(Amnesia) 만성적으로 혹은 심각하게 기억을 하지 못하는 상태. 기억의 상실이 일시적이라기보다는 상시적임.

기억술(Mnemonics) 기억을 높는 방법.

기질(Temperament) 선천적인 정서행동 유형을 말하며, 일반적 활동 수준, 규칙성이나 예측 가능성, 접근 또는 위축, 적응성, 반응의 강도, 반응성, 기분, 분산성, 지속성 등을 포함함.

기질성(Organicity) 뇌손상 또는 기질적 결함을 알려주는 행동 특성.

기질성 정신장애(Organic mental disorders) 일시적 또는 영구적 뇌기능장애로 야기되는 장애. 무산소증, 약이나 기타 독성 물질 섭취, 또는 뇌세포 손상에 의해 발생하는 경우가 많음.

기질적 뇌 증후군, 기질적(성) 정신병(Organic brain syndrome; Organic psychosis) 뇌손상으로 야기되는 장애.

긴장행동(Catatonic behavior) 근육의 경직과 정신적 혼미함을 특징으로 하는 행동. 때로는 심한 흥분 시기와 교대로 나타남. 정상적으로 움직이거나 상호작용하지 못함. 얼어붙은 듯한 자세나 정서를 보임.

내인성 우울증(Endogenous depression) 불우한 환경 때문이 아니고 명백하게 생물학적 요인 때문에 촉발된 우울증.

내재화(Internalizing) 수줍음, 불안, 우울 등과 같이 주로 사회적 위축과 연관된 행동.

놀이치료(Play therapy) 치료사와 아동 간 의사소통의 주제로 놀이를 활용하는 치료적 처치.

뇌 증후군(Brain syndrome) 기질적 뇌 증후군 참조.

뇌성마비(Cerebral palsy) 출생 전, 출산 중, 또는 출산 직후에 발생한 뇌손상에서 비롯되는 발달장애로, 사지의 쇠약이나 마비를 주요 특징으로 함. 지적장애, 감각 문제 또는 행동장애를 동반하는 경우가 많음.

뇌염(Encephalitis) 감염의 결과로 주로 발생하며 무기력 등의 행동 특성을 동반하는 뇌의 염증.

뇌염 후 행동증후군(Postencephalitic behavior syndrome) 뇌염(뇌의 염증)을 앓은 후 보이는 특이 행동.

뇌전증(Epilepsy) 발작(seizure)을 유발하는 반복적이고 비정상적인 뇌의 전기적 방출. 발작이 반복하여 발생할 경우에만 뇌전증으로 간주함.

뇌파(Electroencephalogram, EEG) 뇌의 전위(electrical potential) 변화를 나타내는 그래프. 신경학 및 생리학 연구에 사용됨.

다운증후군(Down syndrome) 추가의 염색체[23쌍 중 21번째 염색체가 3개. 21삼체성(trisomy 21)이라고도 부름]를 가지고 태어난 아동이 보이는 유전적 결함으로, 지적장애를 동반함.

다종약물(Polydrug) 주로 원하는 효과를 얻기 위한 의도로 여러 종류의 약을 동시에 복용하는 것.

다중 지능(Multiple intelligences) 매우 구체적인 문제해결능력 유형(예 : 분석적, 융합적, 실용적 지능) 또는 특정 영역에서의 지능(예 : 언어지능, 음악지능, 공간지능, 대인관계지능, 자기성찰지능, 신체운동지능, 논리-수학지능). 인간은 일반지능을 가진 것이 아니라 다양한 수행 영역에서의 특수지능을 가지고 있다는 이론.

다축 평가(Multiaxial assessment) DSM-IV에서 사용되었던 진단 체계로, 환자들을 다음의 다섯 가지 축에 의해 평가함 — 임상적 장애, 성격장애 또는 지적장애, 일반적인 의학적 상태, 심리사회 및 환경 문제, 전반적 기능평가.

단극성(Unipolar) 심리학에서 한 방향으로만 기분의 변화가 일어나는 것(예 : 조증 행동이나 행복감을 경험하는 일은 없고, 평상적인 감정과 우울감만 오가는 상태).

대뇌 외상(Cerebral trauma) 외상성 뇌손상 참조.

대리 강화(Vicarious reinforcement) 타인이 특정 반응을 하여 강화제(보상)를 받는 모습을 지켜봄으로써 얻는 강화.

대리 소거(Vicarious extinction) 타인이 별 두려움 없이 불안을 일으키는 활동을 하는 것을 지켜보게 하여 공포를 소거하는 것. 타인의 행동을 관찰함으로써 공포(또는 다른 반응)를 없앰.

대용량비타민 치료(Megavitamin therapy) 행동장애를 개선하거나 치료하려고 다량의 비타민을 투여하는 것.

도의적 치료(Moral therpy, Moral treatment) 18세기 후반과 19세기 초반에 제공된 치료로, 인격적이고 친절한 돌봄, 치료적 활동, 행동에 대한 일관성 있는 후속결과 제공을 특징으로 함.

동물행동학(Ethology) 동물과 인간 행동을 과학적으로 비교하는 연구 분야로, 특히 인간의 성격 발달을 연구함.

두부 손상(Craniocerebral trauma) 외상성 뇌손상 참조.

둔감화, 체계적 둔감화(Desensitization, Systematic desensitization) 공포를 가진 개인에게 편안하고 두려움 없는 상태에서 불안을 일으키는 자극(실제 또는 상상의)을 점진적으로 강도를 높여 가며 노출시킴으로써 두려움이나 공포를 제거하는 방법.

투렛장애(Tourette's disorder) 하루에도 여러 번 운동틱과 음성틱을 보이는 장애(두 가지가 꼭 동시에 일어나야 하는 것은 아님). 18세 이전에 시작되어 심각한 스트레스를 야기하거나 사회적·직업적 기능을 현저하게 손상시킴.

투렛증후군(Tourette's syndrome, TS) 투렛장애 참조.

레이브 파티(Rave) 청소년과 청년들이 자주 하는 밤샘 댄스파티로, 전자댄스음악과 흥분제 및 기타 금지된 물질의 남용이 이루어짐.

레트장애(Rett's disorder) 최소한 생후 5개월까지는 명확하게 정상발달을 보이다가 5~48개월 사이에 두부 성장(head growth) 속도가 줄어들고 심리운동기술을 상실하며 표현언어와 수용언어가 심각하게 손상되는 장애. 일반적으로 심한 지적장애를 동반함.

망상(Delusion) 잘못된 믿음을 갖는 비정상적 정신상태.

망상장애(Delusional disorder) 조현병과는 달리 기괴하지 않은(즉 실제로 일어날 수도 있는) 망상을 특징으로 하는 장애.

모델링(시범 보이기)(Modeling) 학생이 모방할 수 있는 예시를 제공하는 것. 바람직한 행동에 대한 명확한 모델이 제공되는 행동 수정 기법(일반적으로 모델을 잘 따라 하면 강화가 주어짐).

목표평가(Target assessment) 문제라고 생각되는 행동을 정의하고 직접 측정(계수)하는 것(행동 특성이나 정신적 특성을 측정하기 위해 고안된 심리학적 검사 실행과 대조되는 용어).

무도성 무정위 운동(Choreoathetoid movement) 신경학적 장애 중 일부 유형에서 나타나는 비자발적이고 무의미하며 통제할 수 없는 움직임.

무산소증, 저산소증(Anoxia, Hypoxia) 뇌손상이 야기될 만큼 오랜 시간 산소 공급이 중단되는 상태.

무정위 운동(Athetoid movement) 자신의 의도와 무관하게 갑자기 몸을 뒤트는 움직임(특히 손가락이나 손목). 불수의 운동형 뇌성마비와 관련됨.

물질 유발성 정신증적 장애(Substance-induced psychotic disorder) 약이나 기타 물질의 중독 또는 복용 중단으로 야기되는 망상이나 환각.

미국장애인교육법(Individual with Disabilities Education Act, IDEA) 미국 연방 차원의 특수교육법으로, 공법 94-142라고도 알려진 1975년의 전장애아교육법이 1990년에 개정된 것. 가장 최근에 이루어진 2004년 개정에서는 법의 이름이 미국장애인교육육성법(Individuals with Disabilities Education Improvement Act)으로 바뀌었으며 IDEIA 또는 IDEIA 2004라고도 부르나 가장 최근의 2004년 개정법을 일컬을 때도 IDEA라는 원래의 약자가 더 보편적으로 쓰임.

미성숙(Immaturity-inadequacy) 사회적 무능력, 소극성, 백일몽, 어린아이 같은 행동 등의 특징을 보이는 장애.

미소 뇌기능장애, 미소 뇌손상(Minimal brain dysfunction, Minimal brain damage) 뇌손상의 증거가 없는데도 뇌손상과 관련되어 보이는 행동 특성(예 : 과잉행동, 주의산만)을 보이는 아동들에게 적용되는 용어.

미소 대뇌기능장애(Minimal cerebral dysfunction) 미소 뇌기능장애 참조.

미시문화(Microculture) 거대한 문화집단 내에 존재하는 소집단으로, 고유의 가치, 방식, 언어, 방언, 비구어적 의사소통방식, 인식, 준거 기준, 정체성 등을 가지고 있음.

민감화 접근(Sesnsitization approach) 도덕적 기준을 가르치거나 강요할 때 가혹한 벌, 위협, 강압적인 힘을 사용하는 훈육방식.

바른 권위(Authoritative) 반응과 요구를 적절하게 사용하는 양육 스타일(나쁜 권위의 반대 개념).

반응대가(Response cost, RC) 문제행동을 한 직후 좋아하는 사물이나 상품을 박탈하는 벌하기 방법. 벌금의 원리. 문제행동을 한 아동이 그 행동에 대한 대가를 치르게 하는 것.

반응성 우울증(Reactive depression) 특정 사건으로 촉발된 것이 명백한 우울증. 불우한 환경에 대한 반응으로 나타나는 우울증.

반응장애(Reactive disorders) 심한 스트레스를 주는 환경에 대한 반응으로 야기된 것이 분명한 정서행동장애.

반응적 조건형성(Respondent conditioning) 이전에는 중립적이던 자극을 다른 자극(이미 반응을 끌어낼 수 있는 무조건적 자극)과 결합하는 시도를 한 번 이상 실시하여 반응행동을 유도하게 만드는 과정.

반응행동(Respondent behavior) 유도된 반응. 자극을 제시하면 자동적으로 유도되는 반사행동(예 : 눈에 빛을 비추면 동공이 축소됨).

반응 형태(Response topography) 반응을 구성하는 특정 동작이나 모습. 개인의 반응이 환경에 어떤 영향을 미쳤는지를 보는 것이 아니라 그 반응이 관찰자에게 어떻게 보이는지를 말함.

반이론주의자(Countertheorists) 인본주의 교육 참조.

반추장애(Rumination, Mercyism) 무엇이든 먹으면 토하는 장애로, 체중 감소나 사망에 이르게 됨.

반항성 장애(Oppositional defiant disorder, ODD) 아동의 연령과 발달 단계에 맞지 않는 거부적, 적대적, 반항적 행동 패턴으로, 최소한 6개월 이상 나타남. 분노폭발, 성인과의 말다툼, 성인의 요구나 규칙 준수에 대한 거부, 고의로 타인을 화나게 하기 등을 특징으로 하며, 사회적, 학업적, 직업적 기능에 심각한 손상을 야기함.

반향어, 반향적(성)(Echolalia, Echolalic) 단어나 구를 들은 직후나 들은 지 한참 지나서 그 말을 앵무새처럼 따라하는 것. 말을 배우는 매우 어린 아동에게는 일반적인 현상. 나이가 든 아동이나 어른의 경우, 조현병이나 자폐증일 경우에 주로 나타남.

발달장애(Developmental disorders) 아동이 정상적인 속도나 일반적인 순서로 성장하지 못하는 데서 비롯되는 장애.

발병 전 상태, 발병 전 성격(Premorbid, Premorbid personality) 미래에 병이나 장애를 갖게 되리라고 예측하게 해주는 성격 특성이나 조건.

발생률(Incidence) 특정 기간에 주어진 인구 내에서 어떤 장애가 새로 발생하는 비율(예 : 1년에 1,000명 중 25명이 특정 장애를 가진 것으로 처음 진단받음).

벌(Punishment) 행동이 미래에 일어날 가능성을 줄이는 후속결과. 반응대가(좋아하는 사물이나 상품을 뺏는 것) 또는 혐오적 조건화(찰싹 때리기 또는 전기충격 같은 혐오적인 자극을 제시하는 것)의 형태로 제시됨.

병적 도벽(Kleptomania) 훔치고 싶은 충동을 억누르지 못하는 장애. 훔친 물건보다는 훔쳤다는 행위 자체가 만족, 기쁨 또는 안도감을 줌.

병적 방화(Pyromania) 불에 열광하고, 주로 기쁨이나 만족을 얻기 위해 의도적인 방화를 반복하는 장애.

복구(Restitution) 과잉교정 참조.

부적 강화(Negative reinforcement) 행동 직후에 혐오적인 사건이나 자극을 제거하거나 미루어주는 것으로, 그 행동의 발생 가능성을 높임.

부적 강화의 덫(Negative reinforcement trap) Gerald Patterson이 처음 설명한 상호작용 패턴으로, 교사나 부모가 아동의 바람직하지 못한 행동에 대해 본의 아니게 부적 강화를 제공할 수 있으며(부과된 요구나 혐오 자극을 제거해줌으로써), 이렇게 함으로써 아동이 야기한 혐오적인 사건(예 : 울기, 징징거리기)을 회피할 수 있게 되어 이것이 또한 교사/부모를 부적으로 강화하는 현상. 양쪽이 앞으로도 동일한 부정적 패턴에 빠질 가능성이 크기 때문에 이를 '덫'이라고 부름.

분리불안장애(Separation anxiety disorder) 집이나 애착대상으로부터의 분리에 대해 발달적으로 부적절하고 과도한 불안이 4주 이상 지속되는 장애로, 18세 이전에 발생하며 심한 스트레스와 사회적 · 학업적 기능의 손상을 야기함.

분자교정치료(Orthomolecular therapy) 화학물질, 비타민, 또는 약물을 적용하는 치료. 이러한 것들이 정서행동장애를 야기하는 화학적 또는 분자적 오류를 교정할 것이라는 가정에 근거를 두고 있음.

불안 위축(Anxiety withdrawal) 불안, 부적절감, 당황스러워함, 부끄러워함, 사회적 접촉을 꺼림 등의 특징을 보이는 행동.

불안장애(Anxiety disorders) 불안을 주요 특징으로 하는 장애. 분리나 낯선 사람과의 사회적 접촉과 같은 특정 상황에 대한 불안일 수도 있고, 모든 것에 대한 일반적인 불안일 수도 있음.

불안정성(Lability) 정서적 불안정성 참조.

불쾌감(Dysphoria) 근거가 없거나 생활 환경에 맞지 않는 일상적인 불행감이나 불편감.

비만(Obesity) 체지방이 건강에 해로울 만큼 과도하게 축적된 상태.

비자살적 자해(Nonsuicidal self-injury, NSSI) 죽음을 목적으로 하지 않는 자해. 보통 충동적, 의례적, 일화적 성격을 띰(예 : 피부에 상처를 내거나 피부를 떼어냄).

비행, 청소년 비행(Delinquency, Deliquent, Juvenile deliquent) 미성년자의 범법 행위.

사례(Case) 예화. 당면 문제와 그 문제를 이해하는 데 도움이 될 정보를 서술한 이야기.

사이코패스(Psychopath, Psychopathic) 도덕관념이 없거나 반사회적 행동을 보이고, 대체로 충동적이며 책임감이 없고 타인에 대한 배려 없이 자기만족만 추구하는 사람. 소시오패스라고도 부름.

사전교정(Precorrection) 문제행동을 예측하고 예방하는 전략으로, 문제행동의 발생 가능성이 큰 맥락을 판별하고 이를 수정하는 것. 문제행동에 대한 교정보다는 바람직한 행동의 지도를 위한 예방적 절차에 중점을 둠.

사회인지 이론, 사회인지 모델(Social-cognitive theory, social-cognitive model) 사회학습 이론에 기반을 둔 행동 모델. 행동주의 모델에 기반을 두되 인지적 영향력을 함께 고려함. 사회학습 이론 참조.

사회적 타당도(Social validity) 부모나 다른 소비자들이 중재절차를 수용 가능하고 의미 있다고 평가하는 정도.

사회학습 이론(Social learning theory) 선행사건이나 배경사건(예 : 모델의 존재, 수업 등), 후속결과(보상과 벌), 인지적 과정(인식, 사고, 정서)이 모두 행동에 영향을 미친다고 보는 이론. 행동주의 모델이나 행동수정의 특징과 함께 인지적 요소에 대한 추가적인 고려를 포함함.

사회학적 모델(sociological model) 생태학적 모델과 거의 유사한 의미임.

사회화되지 않은 공격성(Unsocialized aggression) 적대적 성향, 충동성, 따돌림 등을 특징으로 하는 무분별한 공격행동.

사회화된 비행, 하위문화 비행(Socialized delinquency, Subcultural delinquency) 반사회적 또래집단의 맥락에서 행해지는 비행행동.

삼차 예방(Tertiary prevention) 심하거나 만성적인 장애(또는 질병)가 합병증으로 이어지거나 그 개인이나 주변사람들에게 심각한 부담을 주지 않게 하려고 고안된 절차.

상동증(Stereotypy) 자기자극, 자해, 틱과 관련된 지속적이고 반복적인 행동이나 발성.

상동증적 운동장애(Stereotypic movement disorder) 반복적이고 스스로 제어할 수 없으며 비기능적인 움직임. 일상적 활동을 현저하게 방해하거나 의료적 처치가 필요할 정도로 자신을 해치는 상처를 입힐 수 있음.

상동행동(Stereotypic behavior) 어떤 말이나 동작을 계속 반복하는 것.

상습범(Recidivists) 상습적 범행(recidivism)이란 범죄 행위를 반복하는 것을 말함. 상습범이란 범죄를 여러 번 저지른 것으로 알려진 사람을 말함.

상호 억제(Reciprocal inhibition) 둔감화 참조.

상호작용 모델(Interactional-transactional model) 정서행동장애는 아동과 타인이 서로에게 미치는 상호적 영향에서 비롯되며, 따라서 가장 효과적인 예방책과 치료적 중재는 아동과 타인 간 상호작용의 성격을 변화시키는 것이라고 보는 모델.

생물학적 모델(Biological model) 정서행동장애는 중추신경계의 역기능(뇌손상, 신경화학적 이상, 또는 유전적 결함)에서 비롯되며, 이에 대한 가장 효과적인 예방조치와 치료적 중재는 그러한 생물학적 결함을 예방하거나 교정하는 것이라고 보는 모델.

생애영향 교육과정(Life-impact curriculum) 자신의 경험과 선택에 대한 학생의 생각을 변화시키기 위한 특별한 교육과정. 인본주의 또는 전인교육 철학에 기반을 둔 교육과정.

생태학적 모델(ecological model) 정서행동장애는 다양한 요소들(예 : 아동, 학교, 가족, 교회, 지역사회)이 상호의존적으로 연결된 복잡한 사회 체계의 결함에서 비롯되며, 가장 효과적인 예방책과 치료적 중재는 사회 체계 전체의 변화라고 보는 모델.

생태행동분석(Ecobehavioral analysis) 자연스럽게 발생하는 기능적 사건을 판별하여 교수와 행동관리에 적용하는 절차.

생활사건면담(Life space interview, LSI) 문제를 가진 아동과 함께 그 아동의 행동에 관해 이야기를 나누는 치료적 방식. 치료적 의사소통을 이용하여 행동을 관리하는 일련의 기술들.

생활사건 위기중재(Life space crisis intervention) 아동이 성찰과 계획을 통해 자신의 행동을 이해하고 변화시키도록 돕기 위해 심리교육 이론에 근거하여 아동과 대화하는 방법.

선별(Screening) 특정 영역에서 좀 더 심화된 검사를 필요로 하는 학생을 판별하려는 목적으로, 한 집단의 상태를 광범위하게 포착하기 위해 고안된 간단하고 빠른 검사 절차.

선택적 주의집중(Selective attention) 주어진 상황에서 자신의 주의를 적절하고 관련성 있는 자극에 기울이고 유지하는 능력. 선택적 주의집중장애에는 과소선택적 주의집중장애(중요한 자극에만 선택적으로 주의를 기울이는 데 어려움을 보이는 장애, 사소한 자극을 선택적으로 무시하는 데 어려움을 보이는 장애)와 과잉선택적 주의집중장애(중요한 자극이 여러 가지일 때 그것에 고루 주의를 집중하지 못하는 장애, 사소한 자극에까지 주의를 기울이는 장애)가 있음.

선택적 함묵증(Elective mutism, Selective mutism) 학교와 같이 말하기가 기대되는 특정 사회적 상황에서 지속적으로 말을 하지 않는 장애(집과 같은 다른 상황에서는 말을 하는데도 불구하고)로, 언어에 대한 지식 부족이나 말을 사용하는 능력이 없어서 발생하는 것이 아님.

성 불편증(Gender dysphoria) 자신의 생물학적 성 (gender)을 매우 불편하게 느끼는 상태.

성격 문제(Personality problem) 신경증적 행동, 우울, 위축을 특징으로 하는 장애.

성격장애(Personality disorders) 자신 및 환경에 대한 관계 맺기, 인식, 사고에서의 부적응적 패턴이 뿌리 깊게 자리잡아 개인의 적응 기능을 손상시키거나 주관적인 스트레스를 유발하는 장애.

소시오패스(Sociopath, Sociopathic) 사이코패스 참조.

소아기 붕괴성 장애(Childhood disintegrative disorder) 일반 발달을 보이다가 2~10세 사이에 이전에 습득했던 사회성 기술, 언어, 자조기술, 놀이기술이 심각하게 소실되는 장애. 사회적 상호작용이나 의사소통의 질적인 손상 및 정형화된 행동을 동반함.

소아기 정신병(Childhood psychosis) 자폐, 조현병, 공생 정신병과 같이 광범위한 중도, 최중도의 장애를 일컫는 용어.

소아자폐증(Infantile autism) 자폐성 장애 참조.

순환성 기분장애(Cyclothymia, Cyclothymic disorder) 우울과 조증이 번갈아 나타나는 장애로, 그 증상이 양극성 장애로 진단될 만큼 심각한 정도는 아님. 양극성 장애, 우울, 조증 참조.

스트라우스 증후군(Strauss syndrome) 과잉행동, 주의산만, 충동성, 지각장애 등의 정서행동 특성을 보이는 장애. 이 장애를 가진 사람들은 뇌손상이 짐작되는 병력을 가지고 있으나 지적장애 가족력은 가지고 있지 않음. Alfred A. Strauss의 이름에서 비롯된 명칭임.

신경성 식욕부진증(Anorexia nervosa) 심각할 정도로 음식을 섭취하지 않아 생명을 위협할 정도로 체중이 감소하는 장애. 청소년기 여성에게 가장 흔히 발생함.

신경성 폭식증(Bulimia) 폭식을 한 후 체중 증가를 막기 위해 구토나 관장 또는 기타 보상행동(예 : 단식 또는 과도한 운동)을 반복하는 장애로, 체형이나 체중에 대한 집착을 동반함.

신경이완제(Neuroleptics) 항정신성 약품. 정신증의 증상을 억제하거나 예방하는 약. 주요 진정제.

신경증, 신경증적 행동(Neurosis, Neurotic behavior) 현실감각은 가지고 있지만 심한 정서적 갈등(emotional conflict)을 보이는 장애.

신뢰도(Reliability) 어떤 측정 도구를 이용하여 측정을 반복할 때 동일한 결과가 나오는 정도.

신조어(Neologism) 신어조작증을 가진 사람들이 만들어내는 말로, 다른 사람들은 그 의미를 알 수 없음. 정신병이나 전반적 발달장애인의 말에 포함된 의미 없는 단어를 말함.

신체적인(Somatic) 신체의 또는 신체와 관련된.

신체형 장애(Somatoform disorders) 신체적으로 문제가 있음을 알리는 신체적 증상이 나타나지만, 이 증상을 설명할 수 있는 명백한 기질적 문제를 찾을 수 없는 장애.

실금(Incontinence, Incontinent) 부적절한 시간에 또는 부적절한 장소에서 소변이나 대변을 보는 것. 방광이나 장의 기능을 통제하지 못하는 것.

심리교육적 모델(Psycheducational model) 무의식적 동기와 같은 정신분석적 개념을 고려하지만 아동이 자신의 행동에 대한 통찰력을 갖게 하는 자아 과정(ego process)에 중재의 초점을 두는 교육적 접근.

심리내적, 심리내적 원인요소(Intrapsychic, Intrapsychic causal factors) 심리와 관련된 것, 심리 그 자체. 심리의 구성요소들 간(정신분석 이론에서는 원초아, 자아, 초자아) 갈등이나 불균형, 특히 무의식에서의 갈등.

심리치료(Psychotherapy) 의학적 절차보다는 환자와 치료사 간의 구어적, 비구어적 의사소통에 주로 의존하는 모든 유형의 치료. 일반적으로 행동수정은 여기에 포함되지 않음. 정신과 의사 또는 임상심리학자가 실행함.

아동낙오방지법(No Child Left Behind Act, NCLB) 2001년에 제정된 주요 연방법으로, 학교의 책무성 제고, '적절한 연간 진보'를 이루지 못한 학교에 다니는 학생의 학부모에게 확대된 선택권 보장, 연방정부가 지원하는 교육비 지출에 대한 주와 일선 학교의 재량권 확대 등을 강조함.

아스퍼거 증후군(Asperger's syndrome, AS) 사회적 행동(예 : 눈 맞춤, 얼굴 표정, 또래관계, 경험 공유, 사회적 상호교류)의 손상, 제한적이고 반복적이며 정형화된 행동 패턴이나 관심 영역을 특징으로 하는 장애. 언어나 인지발달에 심각한 지체는 보이지 않음.

약체 X 증후군(Fragile X syndrome) 지적장애와 다양한 정신적 문제나 행동 문제를 동반하는 유전적 장애로, X염색체의 일부에 절단(breaks)이나 결손(gaps) 같은 변이가 있음.

양극성 장애(Bipolar disorder) 조증 삽화와 우울 삽화를 모두 보이는 주요 기분장애. 우울 삽화, 조증 삽화 참조.

역추적 연구(Follow-back studies) 장애 발생의 배경을 의학적, 교육적, 사회적 생애사를 통해 파악하기 위해 특정 장애를 가진 성인의 삶을 과거로 거슬러 올라가며 조사하는 연구.

역동정신의학(Dynamic psychiatry) 정서적 과정 및 정신적 메커니즘과 그 근원에 대한 학문이자 인간 행동과 그 동기의 진화, 진보나 퇴보에 관한 학문. 고정적인 임상적 패턴, 증상, 분류에 초점을 두는 기술정신의학(descriptive psychiatry)과 구별되는 개념.

역조건화(Counterconditioning) 고전적, 조작적 조건화를 이용하여 부적응적 반응과 양립할 수 없는 적응적 반응을 가르치는 행동치료.

연성 신경학적 징후(Soft neurological signs) 협응 문제, 주의산만, 충동성, 지각 문제, 특정 신경반사 패턴 등의 행동 징후를 말하며, 뇌손상을 입은 사람뿐

아니라 뇌손상을 입지 않은 사람에게도 나타날 수 있음. 뇌손상의 징후일 수 있으나, 확실한 뇌손상 지표라고는 할 수 없음.

영아기 혹은 소아 초기 섭식장애(Feeding disorder of infancy or early childhood) 음식의 적절한 섭취와 그에 따른 체중 증가가 지속적으로 이루어지지 못하는 것을 특징으로 하는 섭식장애로 6세 이전에 발생. 위장이나 다른 일반적 의학적 상태로 인한 것은 아님.

영아기 혹은 소아 초기 반응성 애착장애(Reactive attachment disorder of infancy or early childhood) 발달적으로 부적절한 사회적 행동을 매우 심각하게 보이는 장애로 5세 이전에 시작됨. 아동의 기본적인 정서적, 신체적 요구의 방치, 주양육자의 잦은 변경(예 : 위탁 가정을 자주 옮겨 다님)에서 비롯된다고 알려짐.

외상후 스트레스장애(Posttraumatic stress disorder, PTSD) 심각한 외상적 사건을 경험한 후 지속적으로 그 사건을 재경험하거나, 그 사건과 관련된 자극을 회피하거나, 무반응적이 되거나, 각성이 지속되어(예 : 과도하게 경계함, 예민함, 집중하지 못함, 잠들지 못함) 심각한 일상생활 기능의 손상을 야기하는 장애.

외상성 뇌손상(Traumatic brain injury, TBI) 선천적이거나 퇴행에 의한 것이 아닌 외부의 힘에 의한 뇌손상으로, 의식상태의 감소나 변화, 신경학적 또는 신경행동학적 기능 문제를 야기함.

외상성 두부 손상(Traumatic head injury) 외상성 뇌손상 참조.

외현화(Externalizing) 싸움 등과 같은 폭발행동이나 신체적이거나 언어적 공격성을 포함하는 행동. 품행장애를 묘사할 때 사용되기도 함.

우생학(Eugenics) 선택적 짝짓기를 통해 인류가 진화할 수 있다는 신념. 어떤 인종이나 종족이 가진 유전적 특성의 개선을 다루는 과학.

우울, 우울증 삽화(Depression, Depressive episode) 우울한 기분, 거의 모든 일상 활동에서 흥미나 기쁨의 상실. 삽화는 최소 2주 지속됨.

운동과다(Hyperkinesis) 과도한 움직임.

위험(Risk) 특정 결과나 일련의 결과들이 일어날 가능성 또는 확률. 위험요인이란 특정 결과의 발생 가능성을 높이는 사건이나 조건을 말함.

유관계약(Contingency contract) 아동과 성인 사이에 합의된 특정 행동의 결과가 명시된 서면으로, 행동 수정에서 사용됨.

유뇨증(Enursis, Enuretic) 소변을 조절하지 못하는 상태로, 낮 시간에 소변실수를 하는 경우와 밤에 잘 때 소변실수를 하는 경우가 있음.

유병률(출현율)(Prevalence) 주어진 인구 중 특정 장애를 가진 사람들이 차지하는 총 수나 퍼센트(예 : 2퍼센트). **시점 유병률**(point prevalence)이란 특정 시점에 그 장애를 가진 사람들의 총 수나 퍼센트를 말하고, **누적 유병률**(cumulative prevalence)이란 특정 기간 동안에 그 장애를 갖게 된 사람들의 총 수나 퍼센트(예 : 고등학교 졸업 전까지 특정 장애를 갖게 된 아동의 누적 퍼센트)를 말함.

유분증(Encopresis) 대변을 조절하지 못하는 상태로, 정기적으로 옷이나 침대에 대변 실수를 하거나, 옷이나 침대에 변이 지속적으로 배어남.

이식증(Pica) 비영양적 물질(예 : 페인트, 석고, 천)을 지속적으로 먹는 장애.

이차 예방(Secondary prevention) 장애(또는 질병)가 있음을 알게 된 직후에 실행하는 절차. 장애 상태를 반전시키거나 교정하기 위해, 장애 상태가 악화되는 것을 예방하기 위해 고안됨.

인격장애(Character disorder) 폭발적이고 공격적인 행동을 보이지만 불안이나 죄책감은 거의 또는 전혀 보이지 않는 상태.

인본주의 교육(Humanistic education) 급진적 학교 개혁과 아동의 자기결정 증신을 주장한 반이론주의자들(countertheorists)에 의해 제안된 교육. 자유, 개방, 혁신, 학생의 자기주도와 자기평가 및 학생-교사 간 상호 공유가 실현되는 교육.

일반 지능(General intelligence) 한 개인이 문제를 해결하고 사회적 기대에 부응하게 하는 기술과 지식의 총체. 지능은 특정 과제를 수행하는 능력이 아니라 일반적인 문제 해결 능력으로 구성된다는 이론.

일차 예방(Primary prevention) 장애(또는 질병)가 발생하지 못하게 하기 위한 절차.

임시적 대안교육환경(Interim alternative educational setting, IAES) 장애 학생이 10일 이상의 정학이나 퇴학 처분을 받을 만한 규칙 위반을 한 경우 사용 가능한 배치로, 이 환경에서도 특수교육은 지속되어야 함.

자기교수(Self-instruction) 무엇을 할지 또는 어떻게 할지를 스스로에게 말하는 것. 아동에게 자신이 하고 있는 것을 스스로에게 말하게 하여 자기통제를 가르치고, 자신의 수행을 개선하는 방법을 지도하는 기법.

자기자극(Self-stimulation) 감각적 피드백을 얻기 위한 반복적이고 정형화된 행동.

자아(Ego) 의식(conscious mind). 프로이트 심리학에서 행동의 의지적 측면.

자아심리학(Ego psychology) 자아(ego)를 강조하는 심리학 이론이나 모델.

자폐성 장애(Autism spectrum disorder) 3세 이전에 시작되는 전반적 발달장애로, 사회적 상호작용과 의사소통의 질적인 손상, 제한되고 반복적이며 정형화된 행동 패턴과 관심사 및 활동을 수반함. 이러한 특징을 모두 보이는 전형적 자폐증에서부터 아스퍼거 증후군이나 자폐적 행동과 같이 비교적 가벼운 형태에 이르기까지 광범위한 자폐적 증상을 포함함.

자폐증(Autism, Autitstic) 자폐성 장애 참조.

장애공존 상태(Comorbid condition) 여러 장애가

동시에 나타나는 상태.

저산소증(Hypoxia) 산소공급이 심각하게 감소된 상태. 무산소증(anoxia) 참조.

저혈당증(Hypoglycemia) 혈당이 비정상적으로 낮은 상태. 과민성, 초조함, 혼란 상태, 반항, 공격성 등의 행동증상을 야기할 수 있음. 당뇨와 관련이 있을 수 있음.

적극적 연습(Positive practice) 과잉교정 참조.

적응장애(Adjustment disorders) 확인 가능한 스트레스 사건이나 환경에 대한 부적응적 반응. 사회적 기능이나 직업적 기능의 손상을 포함함. 스트레스가 제거되면 부적응행동도 변화될 것으로 예상됨.

전반적 발달장애(Pervasive developmental disorder, PDD) 자폐증의 경우처럼 대부분 또는 모든 발달 영역에서 이상이나 지체가 나타나는 장애. 아스퍼거 증후군, 아동기 붕괴성 장애, 레트 장애 참조.

전이(Transference) 의식적으로 자신의 감정을 다른 사람에게 옮기는 것(예 : 교사에게 반응할 때 마치 교사가 부모인 것처럼 반응함). 정신분석 이론에서는 치료사에게 반응할 때 다른 사람(주로 부모)에게 하듯이 반응하는 것을 말함.

선인교육(Holistic education) 개인이 자신의 경험에 기초하여 자신만의 고유한 실재를 구축하는 것을 강조하는 접근으로, 분석적이고 정량적인 전통적 관점을 거부함.

전환(Transition) 학교에서 학교 이후의 환경으로 옮겨 가는 것을 말하며, 미국장애인교육법에 규정된 서비스임. 특수교육 서비스를 받는 학생은 학교 졸업 이후의 고용, 심화교육이나 훈련, 자립생활을 향해 성공적으로 나아가기 위한 조화로운 전환 서비스를 받을 권리가 있음.

정동장애(Affective disorders) 기분장애 참조.

정서장애(Emotional Disturbance) 연방 특수교육법 (미국장애인교육법)에서 사용되는 용어로 학문적으로는 정서행동장애라고 불리는 장애 범주.

정서적 불안정성(Emotional lability) 정서 상태가 안정되지 못하거나 급격하게 변하는 것.

정서지능(Emotional intelligence) 능숙하게 정서를 인식하고 관리하는 능력으로, 자신의 감정을 지각하고 타인의 감정 상태를 인식하며 자신의 감정과 동기를 조절하고, 대인관계를 관리하는 기술을 포함함.

정신성적 장애(Psychosexual disorder) 성기능 또는 성 관련 행동을 포함하는 장애.

정신병(Psychosis) 사고 과정이 왜곡된(예 : 조현병) 주요 정신적 질병.

정신병리학(Psychopathology) 정신병. 정신의학에서는 정신병의 주요 원인과 진전에 대한 학문을 말함. 좀 더 일반적으로는 정서행동장애를 뜻함.

정신분석 모델(Psychoanalytic model) 정서행동장애는 무의식적 갈등에서 비롯되며, 이에 대한 가장 효과적인 예방책과 치료적 중재는 무의식적 동기를 찾아내고 이해하는 것이라고 보는 모델.

정신생리적 장애(Psychophysiological disorder) 심리적(정서적) 갈등에서 비롯된다고 여겨지는 신체적 장애.

정신신경증, 정신신경증적(Psychoneurosis, Psycho-neurotic) 신경증 참조.

정신신체장애(Psychosomaticization) 정신생리적 장애 참조.

정신역동 모델(Psychodynamic model) 정신분석 모델 참조.

정신장애의 진단 및 통계편람(Diagnostic and Statistical Manual of Mental Disorders, DSM) 마지막에 붙은 숫자가 몇 판인지를 알려줌. 2013년 출판된 5판이 가장 최근의 편람임.

정신장애, 정신증적 행동(Psychotic disorder, Psychotic behavior) 일반적인 행동, 사고, 감정 패턴으로부터 심하게 이탈하는 것을 특징으로 하는 정서행동장애 (예 : 조현병).

정적 강화(Positive reinforcement) 어떤 행동에 대한 후속결과로 긍정적인 강화제(보상)를 제시하는 것을 말하며, 그 행동이 또 일어나게 할 가능성을 높임.

조작적 조건화(Operant conditioning) 후속결과를 바꾸어서 행동을 변화시키는 것. 후속결과로 강화 또는 벌을 제공하여 미래의 행동 발생 가능성을 바꾸는 것.

조증(Mania) 과도한 흥분이나 열광. 주로 특정 활동이나 사물에 집중함.

조증, 조증 삽화(Manic, Manic episode) 지속적으로 고양되어 있고, 과대망상적이며, 흥분한 정서 상태. 이러한 기분이 최소한 1주일 이상 지속되는 삽화.

조현병(Schizophrenia) 조현양상 장애 참조.

조현병 유발요인(Schizophrenogenic) 조현병을 야기하는 사람(정신분석 이론에서는 주로 어머니)이나 사물.

조현병적 장애(Schizophrenic disorder) 사고의 왜곡, 비정상적 감각, 특이한 행동과 감정을 특징으로 하는 정신증적 장애로 최소한 6개월 이상 지속됨.

조현성, 조현병스펙트럼 행동(Schizoid, Schizophrenic spcctrum behavior) 조현양상 장애 참조.

조현양상 장애(Schizophreniform disorder) 조현병에서 나타나는 것과 비슷한 행동을 보이지만 조현병에 비해 지속기간이 짧거나 조현병만큼의 기능 감소를 동반하지 않음. 조현병적 장애 참조.

조현정동장애(Schizoaffective disorder) 조현병과 동시에 발생하는 기분장애 삽화.

좌절-공격가설(Frustration-aggression hypothesis) 좌절은 항상 공격을 유발하고, 공격은 좌절의 결과라는 가설.

주의력결핍 과잉행동장애(Attention deficit-hyper-activity disorder, ADHD) 부주의, 충동성, 과잉행동이 심각한 정도로 지속되어 둘 이상의 환경(예 : 학교와 집)에서 사회적, 학업적, 직업적 기능에 손상을 야기함. 주의력결핍 우세형과 과잉행동 충동성 우세형으로 나타날 수 있음.

주의력결핍 및 파괴적 행동장애(Attention deficit and disruptive behavior disorders) 주의력결핍 과잉행동장애, 품행장애, 반항장애, 파괴적 행동장애를 포함하는 장애 범주.

주의산만(Distractibility) 주어진 상황에서 적절하거나 관련된 자극에 주의를 집중하거나 유지하지 못함.

주의집중 전략(Attentional strategies) 적절한 자극에 효율적으로 주의를 기울이는 아동의 능력을 향상시키기 위해 사용하는 전략으로, 말로 명명하기, 시연하기, 자기교수 등을 포함함.

준거참조검사(Criterion-referenced test) 평균이나 규준이 아니라 학생이 도달해야 할 기준이나 표준을 중심으로 한 검사.

준자살(Parasuicide) 자살미수.

중대범죄(Index crime) 연령을 고려하지 않는(연령에 따른 선처가 허용되지 않는) 불법행위. 경범죄에서 살인까지를 포함하는 범죄로 FBI에 기록이 남는 범죄.

중재(Intervention) 정서행동장애를 다루는 데 사용되는 방법이나 전략.

중재반응 (Response to intervention, RTI) 다층적인 서비스 모델을 말하며, 이 용어는 주로 학업 영역에 적용되지만 다층적인 행동지원을 의미할 수도 있음. 중재반응 이론의 개념틀에서는 모든 학생이 효과적인 교수의 보편적 지원을 받음(1차 지원). 1차 지원에 적절하게 반응하지 않는 학생들에게는 좀 더 구체화된 2차 지원이 소집단 형태로 제공되고, 2차 지원에 반응하지 않는 학생에게는 개별화된 교수적 지원인 3차 중재가 제공됨.

증거 명시(Manifestation determination) 학생의 문제행동이 장애로 인한 것인지 여부를 판정하는 학교 차원의 절차로서, 심각한 문제행위에 대해 적절한 징계를 결정하기 위한 과정에서 실행됨.

청소년 비행(Juvenile delinquency) 비행 참소.

청소년 우범행동(Status offense) 미성년자가 하면 불법이 되는 행동(예 : 술을 사거나 마시는 것).

체계적 둔감화(Systematic desensitization) 둔감화 참조.

초인지(Metacognition, Metacognitive) 자신의 사고에 대한 고찰. 자신의 사고 과정에 대한 인식과 분석. 자신의 인지 과정에 대한 통제.

촉진된 의사소통(Facilitated communication, FC) 말로 의사소통을 할 수 없는 사람이 키보드를 이용하여 의사소통하게 하는 절차. 장애인이 타이핑을 하는 동안 촉진자가 정서적, 신체적으로 지원하여 의사소통을 도움. FC는 과학적 연구의 지지를 받지 못하고 있음.

충동성(Impulsivity) 신중하게 대안을 고려하고 주의 깊게 선택하는 대신, 성급하고 부적절하게 상황에 반응하는 경향.

측정의 표준오차(Standard error of measure, SEM) 특정 검사에서 나온 개인의 점수가 그 개인의 실제 점수와 얼마나 다른지의 정도.

치료적 환경(Therapeutic milieu) 치료를 위한 총체적인 중재 환경. 물리적, 사회적 분위기가 갖는 치료적 중요성에 관심을 두는 환경.

친사회적 행동(Prosocial behavior) 긍정적인 사회적 접촉을 촉진하거나 유지하는 행동. 바람직하고 적절한 사회적 행동.

카타르시스(Catharsis) 특정 상황에서 자유롭게 감정을 표출하는 것을 말하며, 정신분석 이론에서는 이것이 치료적 효과가 있다고 봄(예 : 샌드백이나 인형을 향해 주먹을 날리는 행동처럼 안전한 방식으로 공격성을 자유롭게 표출하면 공격적 충동이 줄어든다고 봄).

캐너증후군, 소아자폐증(Kanner's syndrome; Early infantile autism) 1943년 Leo Kanner에 의해 처음으로 묘사된 장애. 자폐성 장애 참조.

타당도(Validity) 검사 도구가 측정하고자 하는 바를 측정하는지의 정도.

타임아웃(Time-out) 기술적으로는 정적 강화로부터 배제되는 시간을 말함. 강화(보상)를 얻을 수 없는 시간. 교실 상황으로 설명하자면, 아동이 관심이나 보상을 받지 못하고 사회적으로 고립되는 짧은 시간을 말함.

토큰 경제, 토큰강화, 토큰 체계(Token economy, Token reinforcement, Token system) 점수, 플라스틱 칩, 금속고리, 포커칩, 게임머니 등의 구체물이나 토큰 강화제를 보상으로 주고, 나중에 아동이 좋아하는 백업 강화제(예 : 음식, 작은 장신구, 놀이 시간, 책)로 교환할 수 있게 하는 행동수정 체계. 바람직한 행동을 촉진하기 위해 사용되는 축소된 경제 시스템.

통제소(Locus of control) 개인의 행동은 내적 통제 또는 외적 통제하에 있다는 믿음. 내적 통제소를 가진 사람일수록 자신의 행동에 대한 책임이 스스로에게 있다고 믿으며 외적 통제소를 가진 사람일수록 운이나 타인의 행동에 의해 자신의 행동이 결정된다고 믿음.

통합(Inclusion) 장애 학생들이 일반교육환경에서 비장애 학생과 함께 교육받아야 한다는 철학.

틱(Tic) 갑작스럽고 빠르며 반복적으로 발생하지만 주기적이지 않고 정형화된 움직임이나 소리.

틱장애(Tic disorder) 대근육운동을 조절하지 못하는 정형화된 운동장애. 빈발하고 불수의적(비자발적)이며 빠르고 반복적이며 목적 없는 움직임. 일시적일 수도 있고 만성적일 수도 있음.

품행장애, 품행 문제(Conduct disorder, Conduct problem) 타인의 기본적인 권리를 침해하거나 연령에 맞는 사회적 규준이나 규칙을 위반하는 행동 패턴이 반복적으로 지속되는 상태. 사람과 동물에 대한 공격성, 기물 파괴, 사기나 도둑질, 심각한 가족규칙이나 학교규칙 위반을 포함함. 아동기 또는 청소년기에 시작될 수 있으며, 경도에서 중도까지 다양한 장애 정도를 보임.

학교 공포증(School phobia)   학교에 가는 것을 두려워하는 증상. 아침에 학교에 가기 위해 집을 떠나기 직전 복통, 메스꺼움이나 기타 신체적 통증을 호소하며 등교에 대한 불안을 나타냄.

행동중재계획(Behavior intervention plan, BIP)   문제행동을 변화시키기 위한 계획.

행동 수정(Behavior modification)   관찰 가능한 반응을 구체적으로 변화시키기 위한 환경 사건, 특히 후속결과의 체계적 통제. 특정 반응을 증가시키거나 제거하기 위해 사용되는 강화, 벌, 모델링, 자기교수, 체계적 둔감화, 안내된 연습, 그 외 여러 전략을 포함함.

행동의 기능평가(Functional behavioral assessment, FBA)   학생이 문제행동을 보이는 이유를 알아내기 위해 고안된 절차로, 선행사건과 후속결과 및 문제행동의 분명한 목표에 대한 진단을 포함함.

행동장애(Behaviorally disordered)   몇몇 주에서 정서장애(미국장애인교육법상의 용어)로 특수교육에 의뢰된 학생을 부르는 명칭.

행동주의 모델(Behavioral model)   정서행동장애는 주로 부적절한 학습에서 비롯되며, 이에 대한 가장 효과적인 예방조치와 치료적 중재는 아동의 환경을 통제하여 적절한 반응을 가르치는 것이라고 보는 모델.

행복감(Euphoria)   의기양양한 상태. 비현실적일 정도로 큰 행복감.

향정신성 물질사용장애(Psychoactive substance use disorders)   기분을 바꾸는 물질(예 : 알코올이나 기타 약물)을 남용하는 장애.

현상학적 모델(Phenomenological model)   정서행동장애는 주로 삶에서 일어난 사건에 대한 부적절하거나 왜곡된 의식적 경험(conscious experiences)에서 비롯되며, 이에 대한 가장 효과적인 예방책과 치료적 중재는 개인이 세상에 대한 자신의 의식적 경험을 성찰하도록 돕는 것이라고 보는 모델.

혐오적 조건화(Aversive conditioning)   벌의 한 형태. 발생 빈도나 발생률을 줄여야 하는 행동을 한 직후에 혐오적인(고통스럽거나 불쾌한) 후속결과를 제시하는 것.

형태(Topography)   반응 형태 참조.

화용론(Pragmatics)   사회적 상황에서 언어를 실용적으로 활용하는 것. 문장구조나 문법보다는 언어를 기능적으로 사용하는 것을 말함.

후유증(Sequela)   이후에 발생하는 증상. 후속결과. 상해나 질병의 영향이 남아 있는 것.

1차 과정 사고(Primary process thinking)   무질서하거나 미성숙한 사고나 활동은 무의식적 정신 과정의 직접적 표출이라고 보는 정신분석적 개념. 2차 과정(이성적이고 논리적인) 사고와 구분되는 개념.

3년제 평가(Triennial evaluation)   특수교육 대상 학생이 특수교육 서비스 적격성을 계속 충족하는지(즉 미국장애인교육법에 포함된 장애를 여전히 가지고 있는지) 판별하기 위해 매 3년마다 시행하는 평가.

3자 간 상호작용(Triadic reciprocality)   아동의 사회적 발달에서 환경, 개인변인(사고, 감정), 행동이 서로에게 미치는 영향.

Abidin, R. R., & Robinson, L. L. (2002). Stress, biases, or professionalism: What drives teachers' referral judgments of students with challenging behaviors? *Journal of Emotional and Behavioral Disorders, 10*, 204–212.

Achenbach, J. (2015, December 2). Faster, cheaper way to alter DNA points up ethics issues: Summit on gene editing examines technology that makes changes heritable. *Washington Post*, A7.

Achenbach, T. M. (1982). Assessment and taxonomy of children's behavior disorders. In B. B. Lahey & A. E. Kazdin (Eds.), *Advances in clinical child psychology* (Vol. 5, pp. 2–38). New York, NY: Plenum.

Achenbach, T. M. (1985). *Assessment and taxonomy of child and adolescent psychopathology.* Beverly Hills, CA: Sage.

Achenbach, T. M. (1991). *Manual for the Child Behavior Checklist/4–18 and 1991 profile.* Burlington, VT: University of Vermont, Department of Psychiatry.

Achenbach, T. M., & Edelbrock, C. S. (1981). Behavior problems and competencies reported by parents of normal and disturbed children aged four through sixteen. *Monographs of the Society for Research in Child Development, 46*(1, Serial No. 188).

Achenbach, T. M., & Edelbrock, C. S. (1989). Diagnostic, taxonomic, and assessment issues. In T. H. Ollendick & M. Hersen (Eds.), *Handbook of child psychopathology* (2nd ed., pp. 53–69). New York, NY: Plenum.

Achenbach, T. M., & Edelbrock, C. S. (1991). *Child behavior checklist—Teacher's report.* Burlington, VT: University Associates in Psychiatry.

Achenbach, T. M., Howell, C. T., Quay, H. C., & Conners, C. K. (1991). National survey of problems and competencies among four- to sixteen-year-olds. *Monographs of the Society for Research in Child Development, 56*(3, Serial No. 225).

Ackerson, L. (1942). *Children's behavior problems.* Chicago, IL: University of Chicago Press.

Adamczyk-Robinette, S. L., Fletcher, A. C., & Wright, K. (2002). Understanding the authoritative parenting—early adolescent tobacco use link: The mediating role of peer tobacco use. *Journal of Youth and Adolescence, 31*, 311–318.

Adams, P. J., Katz, R. C., Beauchamp, K., Cohen, E., & Zavis, D. (1993). Body dissatisfaction, eating disorders, and depression: A developmental perspective. *Journal of Child and Family Studies, 2*, 37–46.

Ahern, E. C., Lyon, T. D., & Quas, J. A. (2011). Young children's emerging ability to make false statements. *Developmental Psychology, 47*(1), 61–66.

Albano, A. M., Chorpita, B. F., & Barlow, D. H. (2003). Childhood anxiety disorders. In E. J. Mash & R. A. Barkley (Eds.), *Child psychopathology* (2nd ed., pp. 279–329). New York, NY: Guilford.

Alberto, P. A., & Troutman, A. C. (2017). *Applied behavior analysis for teachers* (9th ed.). Upper Saddle River, NJ: Pearson.

Algozzine, K., & Algozzine, B. (2014). Schoolwide prevention and proactive behavior. In P. Garner, J. M. Kauffman, & J. G. Elliott (Eds.), *The Sage handbook of emotional and behavioral difficulties* (2nd ed.) (pp. 363–372). London, U.K.: Sage.

Alter, P. J., Conroy, M. A., Mancil, G. R., & Haydon, T. (2008) A comparison of functional behavior assessment methodologies with young children: Descriptive methods and functional analysis. *Journal of Behavioral Education, 17*, 200–219.

American Educational Research Association, American Psychological Association, & National Council on Measurement in Education. (1999). *Standards for educational and psychological testing.* Washington, DC: Authors.

American Educational Research Association, American Psychological Association, & National Council on Measurement in Education (2014). *Standards for educational and psychological testing.* Washington, DC: AERA.

American Psychiatric Association. (2000). *Diagnostic and statistical manual of mental disorders* (4th text rev. ed.). Washington, D.C.: American Psychiatric Publishing.

American Psychiatric Association. (2013). *Diagnostic and statistical manual of mental Disorders* (5th ed.). Arlington, VA: American Psychiatric Publishing.

American Psychological Association. (1993). *Violence and youth: Psychology's response: Vol. 1. Summary report of the American Psychological Association Commission on Violence and Youth.* Washington, DC: Author.

Anastasiou, D. (Ed.). (2017). Section XIII. Cultural and international issues. In J. M. Kauffman, D. P. Hallahan, & P. C. Pullen (Eds.), *Handbook of special education* (2nd ed.). New York, NY: Taylor & Francis.

Anastasiou, D., Gardner, R., III, & Michail, D. (2011). Ethnicity and exceptionality. In J. M. Kauffman & D. P. Hallahan (Eds.), *Handbook of special education* (pp. 745–758). New York, NY: Taylor & Francis.

Anastasiou, D., & Kauffman, J. M. (2009). When special education goes to the marketplace: The case of vouchers. *Exceptionality, 17*, 205–222.

Anastasiou, D., & Kauffman, J. M. (2011). A social constructionist approach to disability: Implications for special education. *Exceptional Children, 77*, 367–384.

Anastasiou, D., & Kauffman, J. M. (2012). Disability as cultural difference: Implications for special education. *Remedial and Special Education, 33*, 139–149.

Anastasiou, D., & Kauffman, J. M. (2013). The social model of disability: Dichotomy between impairment and disability. *Journal of Medicine and Philosophy, 38*, 441–459.

Anastasiou, D., Kauffman, J. M., & Michail, D. (2016). Disability in multicultural theory: Conceptual and social justice issues. *Journal of Disability Policy Studies, 27*, 3–12.

Anastasiou, D., & Keller, C. D. (2017). Cross-national differences in special education: A typological approach.

In J. M. Kauffman, D. P. Hallahan, & P. C. Pullen (Eds.), *Handbook of special education* (2nd ed.). New York, NY: Taylor & Francis.

Anastasiou, D., Morgan, P. L., Farkas, G., & Wiley, A. (in press, 2017). Minority disproportionate representation in special education: Politics and evidence, issues and implications. In J. M. Kauffman & D. P. Hallahan (Eds.), *Handbook of special education* (2nd ed.). New York, NY: Routledge.

Anderson, J. C. (1994). Epidemiological issues. In T. H. Ollendick, N. J. King, & W. Yule (Eds.), *International handbook of phobic and anxiety disorders in children and adolescents* (pp. 43–65). New York: Plenum.

Anderson, J., & Werry, J. S. (1994). Emotional and behavioral problems. In I. B. Pless (Ed.), *The epidemiology of childhood disorders* (pp. 304–338). New York: Oxford University Press.

Armstrong, S. W., & Kauffman, J. M. (1999). Functional behavioral assessment: Introduction to the series. *Behavioral Disorders, 24*, 167–168.

Anonymous. (1994). First person account: Schizophrenia with childhood onset. *Schizophrenia Bulletin, 20*, 587–590.

Arthur, M. W., Hawkins, D. J., Pollard, J. A., Catalano, R. F., & Baglioni, A. J. (2002). Measuring risk and protective factors for substance use, delinquency, and other adolescent problem behaviors: The Communities That Care Youth Survey. *Evaluation Review, 26*, 575–601.

Arnold-Saritepe, A. M., Mudford, O. C. & Cullen, C. (2016). Gentle teaching. In R. M. Foxx & J. A. Mulick (Eds.), *Controversial therapies for autism and intellectual disabilities: Fad, fashion, and science in professional practice* (2nd ed.) (pp. 223–244). New York, NY: Francis & Taylor.

Asarnow, J. R., & Asarnow, R. F. (2003). Childhood-onset schizophrenia. In E. J. Mash & R. A. Barkley (Eds.), *Child psychopathology* (2nd ed., pp. 455–485). New York, NY: Guilford.

Asarnow, J. R., Thompson, M. C., & Goldstein, M. J. (1994). Childhood-onset schizophrenia: A follow-up study. *Schizophrenia Bulletin, 20*, 599–617.

Asarnow, R. F., Asamen, J., Granholm, E., Sherman, T., Watkins, J. M., & Williams, M. E. (1994). Cognitive/neuropsychological studies of children with schizophrenic disorders. *Schizophrenia Bulletin, 20*, 647–669.

Asarnow, R. F., & Asarnow, J. R. (1994). Childhood-onset schizophrenia: Editors' introduction. *Schizophrenia Bulletin, 20*, 591–597.

Azar, S. T., & Wolfe, D. A. (1998). Child physical abuse and neglect. In E. J. Mash & R. A. Barkley (Eds.), *Treatment of childhood disorders* (2nd ed., pp. 501–544). New York: Guilford.

Baer, J. S., MacLean, M. G., Marlatt, G. A. (1998). Linking etiology and treatment for adolescent substance abuse: Toward a better match. In R. Jessor (Ed.), *New perspectives on adolescent risk behavior* (pp. 182–220). New York: Cambridge University Press.

Bagner, D. M., Harwood, M. D., & Eyberg, S. M. (2006). Psychometric considerations. In M. Hersen (Ed.), *Clinician's handbook of child behavioral assessment* (pp. 63–79). Boston, MA: Academic Press.

Bagwell, C. L., & Coie, J. D. (2004). The best friendships of aggressive boys: Relationship quality, conflict management, and rule-breaking behavior. *Journal of Experimental Child Psychology, 88*(1), 5–24.

Bagwell, C. L., Molina, B. S. G., Kashdan, T. B., Pelham, W. E., & Hoza, B. (2006). Anxiety and mood disorders in adolescents with childhood attention-deficit/hyperactivity disorder. *Journal of Emotional and Behavioral Disorders, 14*, 178–187.

Baker, H. J. (1934). Common problems in the education of the normal and the handicapped. *Exceptional Children, 1*, 39–40.

Baker, P. (1996, January 16). Virginia joins movement to get tough on violent youths. *The Washington Post*, pp. B1, B4.

Bandura, A. (1977). *Social learning theory*. Upper Saddle River, NJ: Prentice Hall.

Bandura, A. (1978). The self-system in reciprocal determinism. *American Psychologist, 33*, 344–358.

Bandura, A. (1986). *Social foundations of thought and action: A social cognitive theory*. Upper Saddle River, NJ: Prentice Hall.

Bandura, A. (1995a). Comments on the crusade against the causal efficacy of human thought. *Journal of Behavior Therapy and Experimental Psychiatry, 26*, 179–190.

Bandura, A. (1995b). Exercise of personal and collective efficacy in changing societies. In A. Bandura (Ed.), *Self-efficacy in changing societies* (pp. 1–45). New York: Cambridge University Press.

Bandura A., & Locke, E. A. (2003). Negative self-efficacy and goal effects revisited. *Journal of Applied Psychology, 88*, 87–99.

Banks, J. A., & Banks, C. A. (2007). *Multicultural education: Issues and perspectives* (6th ed.). Hoboken, NJ: Wiley.

Barkley, R. A. (2003). Attention-deficit/hyperactivity disorder. In E. J. Mash & R. A. Barkley (Eds.), *Child psychopathology* (2nd ed., pp. 75–143). New York, NY: Guilford.

Barlow, Z. (2003, July 19). When gangs come to town: Small towns like Staunton are "virgin territory." *The Roanoke Times*, pp. A1, A6, A7.

Baron, A., & Galizio, M. (2005). Positive and negative reinforcement: Should the distinction be preserved? *The Behavior Analyst, 28*, 85–98.

Baron, A., & Galizio, M. (2006). The distinction between positive and negative reinforcement: Use with care. *The Behavior Analyst, 29*, 141–151.

Barrios, B. A., & O'Dell, S. L. (1998). Fears and anxieties. In E. J. Mash & R. A. Barkley (Eds.), *Treatment of childhood disorders* (2nd ed., pp. 249–337). New York: Guilford.

Bateman, B. D. (1992). Learning disabilities: The changing landscape. *Journal of Learning Disabilities, 25*, 29–36.

Bateman, B. D. (1994). Who, how, and where: Special education's issues in perpetuity. *Journal of Special Education, 27*, 509–520.

Bateman, B. D. (2004). *Elements of successful teaching: General and special education students*. Verona, WI: IEP Resources.

Bateman, B. D. (2007). Law and the conceptual foundations of special education practice. In J. B. Crockett, M. M., Gerber, & T. J. Landrum (Eds.), *Achieving the radical reform of special education: Essays in honor of James M. Kauffman* (pp. 95–114). Mahwah, NJ: Erlbaum.

Bateman, B. D. (2017). Individual education programs for children with disabilities. In J. M. Kauffman, D. P. Hallahan, & P. C. Pullen (Eds.), *Handbook of special education* (2nd ed.). New York, NY: Taylor & Francis.

Bateman, B. D., & Chard, D. J. (1995). Legal demands and constraints on placement decisions. In J. M. Kauffman, J. W. Lloyd, D. P. Hallahan, & T. A. Astuto (Eds.), *Issues in educational placement: Students with emotional and behavioral disorders* (pp. 285–316). Hillsdale, NJ: Erlbaum.

Bateman, B. D., & Linden, M. A. (2012). *Better IEPs: How to develop legally correct and educationally useful programs* (5th ed.). Verona, WI: Attainment.

Bateman, B. D., Lloyd, J. W., & Tankersley, M. (Eds.) (2015). *Enduring issues in special education: Personal perspectives.* New York, NY: Routledge.

Bateman, B. D., Lloyd, J. W., Tankersley, M., & Brown, T. S. (2015). What is special education? In B. D. Bateman, J. W. Lloyd, & M. Tankersley (Eds.), *Enduring issues in special education: Personal perspectives* (pp. 11–20). New York, NY: Routledge.

Batshaw, M. L. (2002b). Chromosomes and heredity: A toss of the dice. In M. L. Batshaw (Ed.), *Children with disabilities* (5th ed., pp. 3–26). Baltimore, MD: Brookes.

Batshaw, M. L. (Ed.). (2002a). *Children with disabilities* (5th ed.). Baltimore, MD: Brookes.

Baumeister, R. F., Campbell, J. D., Krueger, J. I., & Vohs, K. D. (2003). Does high self-esteem cause better performance, interpersonal success, happiness, or healthier lifestyles? *Psychological Science in the Public Interest, 4*(1), 1–44.

Baumrind, D. (1995). *Child maltreatment and optimal caregiving in social contexts.* New York: Garland.

Baumrind, D. (1996). The discipline controversy revisited. *Journal of Applied Family and Child Studies, 45,* 405–414.

Bayat, M. (2011). Clarifying issues regarding the use of praise with young children. *Topics in Early Childhood Special Education, 31,* 121–128.

Bear, G. G. (1998). School discipline in the United States: Prevention, correction, and long-term social development. *School Psychology Review, 27,* 14–32.

Beardslee, W. R., Versage, E. M., Van de Velde, P., Swatling, S., & Hoke, L. (2002). Preventing depression in children through resiliency promotion: The preventive intervention project. In R. J. McMahon & R. D. Peters (Eds.), *The effects of parental dysfunction on children* (pp. 71–86). New York, NY: Kluwer.

Beck, A. T. (1976). *Cognitive therapy and emotional disorders.* New York, NY: International Universities Press.

Becker, J. V., & Bonner, B. (1998). Sexual and other abuse of children. In R. J. Morris & T. R. Kratochwill (Eds.), *The practice of child therapy* (3rd ed., pp. 367–389). Boston: Allyn & Bacon.

Becker, W. C. (1964). Consequences of different kinds of parental discipline. In M. L. Hoffman & L. W. Hoffman (Eds.), *Review of child development research* (Vol. 1, pp. 169–208). New York, NY: Russell Sage Foundation.

Beer, D. A., Karitani, M., Leonard, H. L., March, J. S., & Sweda, S. E. (2002). Obsessive-compulsive disorder. In S. Kutcher (Ed.), *Practical child and adolescent psychopharmacology* (pp. 159–186). New York, NY: Cambridge University Press.

Beesdo, K., Knappe, S., & Pine, D. S. (2009). Anxiety and anxiety disorders in children and adolescents: Developmental issues and implications for DSM-V. *Psychiatric Clinics of North America, 32,* 483–524.

Beidel, D. C., & Turner, S. M. (1998). *Shy children, phobic adults: Nature and treatment of social phobia.* Washington, D.C.: American Psychological Association.

Belcher, T. L. (1995). Behavioral treatment vs. behavioral control: A case study. *Journal of Developmental and Physical Disabilities, 7,* 235–241.

Belia, S., Fidler, F., Williams, J., & Cumming, G. (2005). Researchers misunderstand confidence intervals and standard error bars. *Psychological Methods, 10*(4), 389.

Bell, R. Q. (1968). A reinterpretation of the direction of effects in studies of socialization. *Psychological Review, 75,* 81–95.

Bellack, A. S., Mueser, K. T., Gingerich, S., & Agresta, J. (2004). *Social skills training for schizophrenia: A step-by-step guide.* New York: Guilford.

Bellipanni, K. D., Tingstrom, D. H., Olmi, D. J., & Roberts, D. S. (2013). The sequential introduction of positive antecedent and consequent components in a compliance training package with elementary students. *Behavior modification, 37*(6), 768–789.

Bennett, D. E., Zentall, S. S., French, B. F., & Giorgetti-Borucki, K. (2006). The effects of computer-administered choice on students with and without characteristics of attention-deficit/hyperactivity disorder. *Behavioral Disorders, 31,* 189–203.

Bergman, R. L., Piacentini, J., & McCracken, J. T. (2002). Prevalence and description of selective mutism in a school-based sample. *Journal of the American Academy of Child and Adolescent Psychiatry, 41,* 938–946.

Berkeley, S., & Riccomini, P. J. (2017). Academic progress monitoring. In J. M. Kauffman, D. P. Hallahan, & P. C. Pullen (Eds.), *Handbook of special education* (2nd ed.). New York: Taylor & Francis.

Berliner, D. C. (2010). *Poverty and potential: Out-of-school factors and school success.* Boulder and Tempe: Education and the Public Interest Center & Education Policy Research Unit. Retrieved December 18, 2010 from http://epicpolicy.org/publication/poverty-and-potential.

Berry, C. S. (1936). The exceptional child in regular classes. *Exceptional Children, 3,* 15–16.

Best, S. J., Heller, K. W., & Bigge, J. L. (2005). *Teaching individuals with physical or multiple disabilities* (5th ed.). Upper Saddle River, NJ: Prentice Hall.

Best, S. J., Heller, K. W., & Bigge, J. L. (2010). *Teaching individuals with physical or multiple disabilities* (6th ed.). Upper Saddle River, NJ: Prentice Hall.

Beyers, J. M., & Loeber, R. (2003). Untangling developmental relations between depressed mood in male adolescents. *Journal of Abnormal Child Psychology, 31,* 247–266.

Bhatia, S., K., & Bhatia, S. C. (2007). Childhood and adolescent depression. *American Family Physician, 75,* 73–80.

Bicard, D. F., & Neef, N. A. (2002). Effects of strategic versus tactical instructions on adaptation to changing contingencies in children with ADHD. *Journal of Applied Behavior Analysis, 35,* 375–389.

Bielinski, J. (2001). Overview of test accommodations. *Assessment for Effective Intervention, 26*(2), 17–20.

Bierman, K. L., Coie, J. D., Dodge, K. A., Greenberg, M. T., Lochman, J. E., McMahon, R. J., et al. (2002). Using the Fast Track randomized prevention trial to test the early-starter model of the development of serious conduct problems. *Development and Psychopathology, 14,* 925–943.

Biglan, A. (1995). Translating what we know about the context of antisocial behavior into lower prevalence of such behavior. *Journal of Applied Behavior Analysis, 28,* 479–492.

Biklen, D. (1990). Communication unbound: Autism and praxis. *Harvard Educational Review, 60,* 291–314.

Biklen, D., & Schubert, A. (1991). New words: The communication of students with autism. *Remedial and Special Education, 12*(6), 46–57.

Billingsley, B. S., Fall, A., & Williams, T. O. (2006). Who is teaching students with emotional and behavioral disorders? A profile and comparison to other special educators. *Behavioral Disorders, 31,* 252–264.

Blackburn, R. (1993). *The psychology of criminal conduct: Theory, research, and practice.* New York, NY: Wiley.

Blackorby, J., Knokey, A., Wagner, M., Levine, P., Schiller, E., & Sumi, C. (2007, February). *SEELS: What makes a difference? Influences on outcomes for students with disabilities.* Project Report, U. S. Department of Education contract # ED-00-CO-0017.

Blake, C., Wang, W., Cartledge, G., & Gardner, R. (2000). Middle school students with serious emotional disturbances serve as social skills trainers and reinforcers for peers with SED. *Behavioral Disorders, 25,* 280–298.

Bloch, M. H., Peterson, B. S., Scahill, L., Otka, J., Katsovich, L., Zhang, H. J., Leckman, J. F. 2006). Adulthood outcome of tic and obsessive-compulsive symptom severity in children with Tourette syndrome. *Archives of Pediatrics and Adolescent Medicine, 160,* 65–69.

Bodfish, J. W. (2007). Stereotypy, self-injury, and related abnormal repetitive behaviors. In J. W. Jacobson, J. A. Mulick, & J. Rojahn (Eds.), *Handbook of intellectual and developmental disabilities* (pp. 481–505). New York, NY: Springer.

Boe, E. E., & Cook, L. H. (2006). The chronic and increasing shortage of fully certified teachers in special and general education. *Exceptional Children, 72,* 443–460.

Bolgar, R., Zweig-Frank, H., & Paris, J. (1995). Childhood antecedents of interpersonal problems in young adult children of divorce. *Journal of the American Academy of Child and Adolescent Psychiatry, 34,* 143–150.

Bower, E. M. (1960). *Early identification of emotionally handicapped children in school.* Springfield, IL: Thomas.

Bower, E. M. (1981). *Early identification of emotionally handicapped children in school* (3rd ed.). Springfield, IL: Thomas.

Bower, E. M. (1982). Defining emotional disturbance: Public policy and research. *Psychology in the Schools, 19,* 55–60.

Bracey, G. W. (2007, May 2). A test everyone will fail. *The Washington Post,* A25.

Bradley, R., Doolittle, J., & Bartolotta, R. (2008). Building on the data and adding to the discussion: The experiences and outcomes of students with emotional disturbance. *Journal of Behavioral Education, 17,* 4–23.

Brantlinger, E. A. (Ed.). (2006). *Who benefits from special education? Remediating (fixing) other people's children.* Mahwah, NJ: Erlbaum.

Bremner, R. H. (Ed.). (1970). *Children and youth in America: A documentary history: Vol. 1. 1600–1865.* Cambridge, MA: Harvard University Press.

Bremner, R. H. (Ed.). (1971). *Children and youth in America: A documentary history: Vol. 2. 1866–1932.* Cambridge, MA: Harvard University Press.

Briggs-Gowan, M. J., Carter, A. S., Bosson-Heenan, J., Guyer, A. E., & Horwitz, S. M. (2006). Are infant-toddler social-emotional and behavioral problems transient? *Journal of the American Academy of Child and Adolescent Psychiatry, 45,* 849–858.

Brigham, F. J., Ahn, S. Y., Stride, A. N., & McKenna, J. W. (2017). FAPE accompli: Misapplication of the principles of inclusion and students with EBD. In J. P. Bakken, F. E. Obiakor, & A. Rotatori (Eds.), *Advances in special education, Vol. 31a—General and special education in an age of change.* Bingley, UK: Emerald.

Brigham, F. J., Bakken, J. P., & Rotatori, A. F. (2012). Families and students with emotional and behavioral disorders. In J. P. Bakken, F. E. Obiakor, & A. Rotatori (Eds.), *Advances in special education, Vol. 23—Behavioral disorders: Current perspectives and issues* (pp. 205–228). Bingley, U.K.: Emerald.

Brigham, F. J., & Cole, J. E. (1999). Selective mutism: Developments in definition, etiology, assessment and treatment. In T. Scruggs & M. Mastropieri (Eds.), *Advances in learning and behavioral disabilities* (Vol. 13, pp. 183–216). Greenwich, CT: JAI.

Brigham, F. J., & Kauffman, J. M. (1998). Creating supportive environments for students with emotional or behavioral disorders. *Effective School Practices, 17*(2), 5–35.

Brigham, F. J., Tochterman, S., & Brigham, M. S. P. (2001). Students with emotional and behavioral disorders and their teachers in test-linked systems of accountability. *Assessment for Effective Intervention, 26*(1), 19–27.

Brigham, F. J., Weiss, M., & Jones, C. D. (1998, April). *Synthesis of follow-along and outcome studies of students with mild disabilities.* Paper presented at the annual meeting of the Council for Exceptional Children, Minneapolis, MN.

Brigham, M. M., Brigham, F. J., & Lloyd, J. W. (2002, November). *Accommodations and assessment: Supporting, distracting or enabling?* Paper presented at the annual conference of Teacher Educators of Children with Behavior Disorders, Scottsdale, AZ.

Brooks, D. (2011). *The social animal: The hidden sources of love, character, and achievement.* New York, NY: Random House.

Brooks, M. (2014). *At the edge of uncertainty: 11 discoveries taking science by surprise.* New York, NY: Overlook.

Brown, F. (1943). A practical program for early detection of atypical children. *Exceptional Children, 10*, 3–7.

Brown, W. H., Musick, K., Conroy, M., & Schaffer, E. H. (2001). A proactive approach for promoting young children's compliance. *Beyond Behavior, 11*(20), 3–8.

Brown, W. H., Odom, S. L., & Buysse, V. (2002). Assessment of preschool children's peer-related social competence. *Assessment for Effective Intervention, 27*(4), 61–71.

Bruhn, A., McDaniel, S., & Kreigh, C. (2015). Self-monitoring interventions for students with behavior problems: A systematic review of current research. *Behavioral Disorders, 40*, 102–121.

Bryant, E. S., Rivard, J. C, Addy, C. L., Hinkle, K. T., Cowan, T. M., & Wright, G. (1995). Correlates of major and minor offending among youth with severe emotional disturbance. *Journal of Emotional and Behavioral Disorders, 3*, 76–84.

Bukstein, O. G. (1995). *Adolescent substance abuse: Assessment, prevention, and treatment.* New York: Wiley.

Bullis, M., & Cheney, D. (1999). Vocational and transition interventions for adolescents and young adults with emotional or behavioral disorders. *Focus on Exceptional Children, 31*(7), 1–24.

Burke, J. D., Loeber, R., & Birmaher, B. (2002). Oppositional defiant disorder and conduct disorder: A review of the past 10 years, part II. *Journal of the Academy of Child and Adolescent Psychiatry, 41*, 1275–1293.

Burns, J. M., & Swerdlow, R. H. (2003). Right orbitofrontal tumor with pedophilia symptom and constructional apraxia sign. *Archives of Neurology, 60*, 437–440.

Burns, M. K., & Symington, T. (2002). A meta-analysis of pre-referral intervention teams: Student and systemic outcomes. *Journal of School Psychology, 40*(5), 437–447.

Busch, T. W., & Espin, C. A. (2003). Using curriculum-based measurement to prevent learning and assess learning in content areas. *Assessment for Effective Intervention, 28*(3/4), 49–58.

Butler, C. M., & Watkins, T. R. (2006). Effective social control measures in school and community programs: Implications for policy and practice. In B. Sims & P. Preston (Eds.), *Handbook of juvenile justice: Theory and practice* (pp. 145–167). Boca Raton, FL: Taylor & Francis.

Caeti, T. J., & Fritsch, E. J. (2006). Is it time to abolish the juvenile justice system? In B. Sims & P. Preston (Eds.), *Handbook of juvenile justice: Theory and practice* (pp. 653–673). Boca Raton, FL: Taylor & Francis.

Caldarella, P., Larsen, R. A., Williams, L., Wehby, J. H., Wills, H., & Kamps, D. (2016). Monitoring academic and social skills in elementary school: A psychometric evaluation of the classroom performance survey. *Journal of Positive Behavior Interventions*, published online before print, doi; 10,1177/1098300716665081,

Campbell, S. B. (1983). Developmental perspectives in child psychopathology. In T. H. Ollendick & M. Hersen (Eds.), *Handbook of child psychopathology* (pp. 13–40). New York: Plenum.

Cannon, Y., Gregory, M., & Waterstone, J. (2013). A solution hiding in plain sight: Special education and better outcomes for students with social, emotional, and behavioral challenges. *Fordham Urban Law Journal, 41*, 403–497.

Cantrell, R. P., & Cantrell, M. L. (Eds.). (2007). *Helping troubled children and youth: Continuing evidence for the Re-ED approach.* Nashville, TN: American Re-Education Association.

Caplan, R., Guthrie, D., Tang, B., Komo, S., & Asarnow, R. F. (2000). Thought disorder in childhood schizophrenia: Replication and update of concept. *Journal of the American Academy of Child and Adolescent Psychiatry, 39*, 771–778.

Caprara, G., Barbarnelli, C., Pastorelli, C., Bandura, A., & Zimbardo, P. (2000). Prosocial foundations of children's academic achievement. *Psychological Science, 11*, 302–326.

Capuzzi, D., & Gross, D. R. (2014). *Youth at risk: A prevention resource for counselors, teachers, and parents.* John Wiley & Sons.

Card, N. A., & Hodges, E. V. E. (2006). Shared targets for aggression by early adolescent friends. *Developmental Psychology, 42*, 1327–1338.

Card, N. A., Stucky, B. D., Sawalani, G. M. and Little, T. D. (2008), Direct and indirect aggression during childhood and adolescence: A meta-analytic review of gender differences, intercorrelations, and relations to maladjustment. *Child Development, 79*, 1185–1229.

Carey, G., & Goldman, D. (1997). The genetics of antisocial behavior. In D. M. Stoff, J. Breiling, & J. D. Maser (Eds.), *Handbook of antisocial behavior* (pp. 243–254). Hoboken, NJ: John Wiley & Sons.

Carlberg, C., & Kavale, K. (1980). The efficacy of special versus regular class placement for exceptional children: A meta-analysis. *Journal of Special Education, 29*, 155–162.

Carr, A. (2002). *Depression and attempted suicide in adolescence.* Malden, MA: BPS Blackwell.

Cartledge, G., Kea, C. D., & Ida, D. J. (2000). Anticipating differences—celebrating strengths: Providing culturally competent services for students with serious emotional disturbance. *Teaching Exceptional Children, 32*(3), 30–37.

Caruana, V. (2015). Accessing the common core standards for students with learning disabilities: Strategies for writing standards-based IEP goals. *Preventing School Failure: Alternative Education for Children and Youth, 59*(4), 237–243.

Caspi, A., Henry, B., McGee, R. O., Moffitt, T. E., & Silva, P. A. (1995). Temperamental origins of child and adolescent behavior problems: From age three to age fifteen. *Child Development, 66*, 55–68.

Center, D. B., & Kemp, D. (2003). Temperament and personality as potential factors in the development and treatment of conduct disorders. *Education and Treatment of Children, 26*, 75–88.

Cepeda, C. (2007). *Psychotic symptoms in children and adolescents: Assessment, differential diagnosis, and treatment.* New York, NY: Routledge.

Cha, C. B., & Nock, M. K. (2014). Suicidal and nonsuicidal self-injurious thoughts and behaviors. In E. J. Mash & R. A. Barkley (Eds.), *Child psychopathology* (2nd ed., pp. 317–342). New York, NY: Guilford.

Chafouleas, S. M. (2011). Direct behavior rating: A review of the issues and research in its development. *Education and Treatment of Children, 34*(4), 575–591.

Chan, D. W. (2006). Perceived multiple intelligences among male and female Chinese gifted students in Hong Kong: The structure of the Student Multiple Intelligences Profile. *Gifted Child Quarterly, 50,* 325–338.

Chang, J. J., Chen, J. J., & Brownson, R. C. (2003). The role of repeat victimization in adolescent delinquent behaviors and recidivism. *Journal of Adolescent Health, 32,* 272–280.

Chang, V. Y., Bendel, T. L., Koopman, C., McGarvey, E. L., & Canterbury, R. J. (2003). Delinquents' safe sex attitudes. *Criminal Justice and Behavior, 30,* 210–229.

Chase, P. N. (2006). Teaching the distinction between positive and negative reinforcement. *The Behavior Analyst, 29,* 113–115.

Chassin, L., Ritter, J., Trim, R. S., & King, K. M. (2003). Adolescent substance use disorders. In E. J. Mash & R. A. Barkley (Eds.), *Child psychopathology* (2nd ed., pp. 199–230). New York, NY: Guilford.

Cheney, D., & Bullis, M. (2004). Research findings and issues in the school-to-community transition of adolescents with emotional or behavioral disorders. In R. B. Rutherford, M. M. Quinn, & S. R. Mathur (Eds.), *Handbook of research in emotional and behavioral disorders.* New York, NY: Guilford.

Chess, S., & Thomas, A. T. (2003). Foreword. In B. K. Keogh, *Temperament in the classroom: Understanding individual differences* (pp. ix–xii). Baltimore, MD: Brookes.

Chow, J. C., & Wehby, J. H. (2016). Associations between language and problem behavior: A systematic review and correlational meta-analysis. *Educational Psychology Review,* 1–22. (Online first publication) doi:10.1007/s10648-016-9385-z.

Christakis, N. A., & Fowler, J. H. (2007). The spread of obesity in a large social network over 32 years. *New England Journal of Medicine, 357,* 370–379.

Cimpric, A. (2010, April). *Children accused of witchcraft: An anthropological study of contemporary practices in Africa.* Dakar: UNICEF.

Cipani, E. (1999). *A functional analysis of behavior (FAB) model for school settings.* Visalia, CA: Cipani & Associates.

Clark, H. G., & Mathur, S. R. (2010). Practices in transition for youth in the juvenile justice system. In D. Cheney (Ed.), *Transition of secondary students with emotional or behavioral disabilities: Current approaches for positive outcomes* (2nd ed., pp. 375–395). Arlington, VA: Council for Children with Behavioral Disorders/Division of Career Development and Transition.

Clark, H. G., & Unruh, D. (2010). Transition practices for adjudicated youth with E/BDs and related disabilities. *Behavioral Disorders, 36,* 43–51.

Clarkwest, A., Killewald, A. A., & Wood, R. G. (2015). Stepping up or stepping back: Highly disadvantaged parents' responses to the Building Strong Families program. In O. Patterson & E. Fosse (Eds.), *The cultural matrix: Understanding black youth* (pp. 444–470). Cambridge, MA: Harvard University Press.

Cline, D. H. (1990). A legal analysis of policy initiatives to exclude handicapped/disruptive students from special education. *Behavioral Disorders, 15,* 159–173.

Cluett, S. E., Forness, S. R., Ramey, S., Ramey, C., Hsu, C., Kavale, K. A., Gresham, F. M. (1998). Consequences of differential diagnostic criteria on identification rates of children with emotional or behavior disorders. *Journal of Emotional and Behavioral Disorders, 6,* 130–140.

Cohan, S. L., Chavira, D. A., & Stein, M. B. (2006). Practitioner review: Psychosocial interventions for children with selective mutism: A critical evaluation of the literature from 1990–2005. *Journal of Child Psychology and Psychiatry, 47,* 1085–1097.

Coleman, M., & Vaughn, S. (2000). Reading interventions for students with emotional/behavioral disorders. *Behavioral Disorders, 25,* 93–104.

Coles, E. K., Pelham, W. E., Gnagy, E. M., Burrows-MacLean, L., Fabiano, G. A., Chacko, A., et al. (2005). A controlled evaluation of behavioral treatment with children with ADHD attending a summer treatment program. *Journal of Emotional and Behavioral Disorders, 13,* 99–112.

Collins, F. (2003, April 22). A common thread. *The Washington Post,* p. A19.

Collins, F., Green, E. D., Guttmacher, A. E., & Guyer, E. S. (2003). A vision for the future of genomics research. *Nature, 422,* 835–847.

Colvin, G. (1992). *Managing acting-out behavior.* Eugene, OR: Behavior Associates.

Colvin, G., Sugai, G., & Patching, B. (1993). Precorrection: An instructional approach for managing predictable problem behaviors. *Intervention in School and Clinic, 28,* 143–150.

Comer, J. P. (1988). Is "parenting" essential to good teaching? *NEA Today, 6*(6), 34–40.

Conduct Problems Prevention Research Group. (1999). Initial impact of the Fast Track prevention trial for conduct problems: II Classroom effects. *Journal of Consulting and Clinical Psychology, 67,* 648–657.

Conduct Problems Prevention Research Group. (2011). The effects of the Fast Track preventive intervention on the development of conduct disorder across childhood. *Child Development, 82,* 331–345.

Connor, D. F., Boone, R. T., Steingard, R. J., Lopez, I. D., & Melloni, R. (2003). Psychopharmacology and aggression: II. A meta-analysis of nonstimulant medication effects on overt aggression-related behaviors in youth with SED. *Journal of Emotional and Behavioral Disorders, 11,* 157–168.

Connor, D. F., Glatt, S. J., Lopez, I. D., Jackson, D., & Melloni, R. H. (2002). Psychopharmacology and aggression. I: A meta-analysis of stimulant effects on overt/covert aggression-related behaviors in ADHD. *Journal of the American Academy of Child and Adolescent Psychiatry, 41,* 253–261.

Conroy, M. A. (2017). Section XII: Early identification and intervention in exceptionality. In J. M. Kauffman, D. P. Hallahan, & P. C. Pullen (Eds.), *Handbook of special education* (2nd ed.). New York, NY: Taylor & Francis.

Conroy, M. A., & Davis, C. A. (2000). Early elementary-aged children with challenging behaviors: Legal and educational issues related to IDEA and assessment. *Preventing School Failure, 44*(4), 163–168.

Conroy, M. A., Davis, C. A., Fox, J. J., & Brown, W. H. (2002). Functional assessment of behavior and effective supports for young children with challenging behaviors. *Assessment for Effective Intervention, 27*(4), 35–47.

Conroy, M. A., Hendrickson, J. M., & Hester, P. P. (2004). Early identification and prevention of emotional and behavioral disorders. In R. B. Rutherford, M. M. Quinn, & S. R. Mathur (Eds.). *Handbook of research in emotional and behavioral disorders* (pp. 199–215). New York: Guilford.

Conroy, M. A., Stichter, J. P., & Gage, N. (2017). Current issues and trends in the education of children and youth with autism spectrum disorders. In J. M. Kauffman, D. P. Hallahan, & P. C. Pullen (Eds.), *Handbook of special education* (2nd ed.). New York, NY: Taylor & Francis.

Cook, B. G., Landrum, T. J., Tankersley, M., & Kauffman, J. M. (2003). Bringing research to bear on practice: Effecting evidence-based instruction for students with emotional or behavioral disorders. *Education and Treatment of Children, 26,* 345–361.

Cook, B. G., & Ruhaak, A. E. (2014). Causality and emotional or behavioral disorders: An introduction. In P. Garner, J. M. Kauffman, & J. G. Elliott (Eds.), *The Sage handbook of emotional and behavioral difficulties* (2nd ed.) (pp. 97–108). London, U.K.: Sage.

Cook, B. G., & Schirmer, B. R. (2006). Conclusion: An overview and analysis of the role of evidence-based practices in special education. In B. G. Cook & B. R. Schirmer (Eds.), *What is special about special education? Examining the role of evidence-based practices* (pp. 175–185). Austin, TX: Pro-Ed.

Cooper, P. (2014) Biology, emotion and behavior: The value of a biopsychosocial perspective in understanding SEBD. In P. Garner, J. M. Kauffman, & J. G. Elliott (Eds.), *The Sage handbook of emotional and behavioral difficulties* (2nd ed.) (pp. 109–130). London, U.K.: Sage.

Copeland, W. E., Keeler, G., Angold, A., & Costello, E. J. (2007). Traumatic events and posttraumatic stress in childhood. *Archives of General Psychiatry, 64,* 577–584.

Costello, E. J., Egger, H., & Angold, A. (2005). 1-year research update review: The epidemiology of child and adolescent psychiatric disorders: I. Methods and public health burden. *Journal of the American Academy of Child and Adolescent Psychiatry, 44,* 972–986.

Costello, E. J., Foley, D. L., & Angold, A. (2006). Ten-year research update review: The epidemiology of child and adolescent psychiatric disorders: II. Developmental epidemiology. *Journal of the American Academy of Child and Adolescent Psychiatry, 45,* 8–25.

Costenbader, V., & Buntaine, R. (1999). Diagnostic discrimination between social maladjustment and emotional disturbance: An empirical study. *Journal of Emotional and Behavioral Disorders, 7,* 2–10.

Cottle, M. (2001, June 18). Reform school. *The New Republic, 224,* 14–15.

Council for Children with Behavioral Disorders. (1996). Guidelines for providing appropriate services to culturally diverse youngsters with emotional and/or behavioral disorders: Report of the Task Force of the CCBD Ad Hoc Committee on Ethnic and Multicultural Concerns. *Behavioral Disorders, 21,* 137–144.

Council for Children with Behavioral Disorders Executive Committee. (1987). Position paper on definition and identification of students with behavioral disorders. *Behavioral Disorders, 13,* 9–19.

Council for Exceptional Children. (1997–1999). *CEC standards for professional practice in special education.* Reston, VA: Council for Exceptional Children.

Crawford, L., & Tindal, G. (2002). Curriculum-based collaboration in secondary schools. In M. R. Shinn, H. M. Walker, & G. Stoner (Eds.), *Interventions for academic and behavior problems II: Preventive and remedial approaches* (pp. 825–853). Bethesda, MD: National Association of School Psychologists.

Crenshaw, T. M., Kavale, K. A., Forness, S. R., & Reeve, R. E. (1999). Attention deficit hyperactivity disorder and the efficacy of stimulant medication: A meta-analysis. In T. Scruggs & M. Mastropieri (Eds.), *Advances in learning and behavioral disabilities* (Vol. 13, pp. 135–165). Greenwich, CT: JAI.

Crews, G. A., Purvis, J. R., & Hjelm, M. (2006). The emerging problem of preppie gangs in America. In B. Sims & P. Preston (Eds.), *Handbook of juvenile justice: Theory and practice* (pp. 193–217). Boca Raton, FL: Taylor & Francis.

Crijnen, A. A. M., Achenbach, T. M., & Verhulst, F. C. (1997). Comparisons of problems reported by parents of children in 12 cultures: Total problems, externalizing, and internalizing. *Journal of the Academy of Child and Adolescent Psychiatry, 36,* 1269–1277.

Crockett, J. B. (Ed.). (2001). The meaning of science and empirical rigor in the social sciences [Special issue]. *Behavioral Disorders, 27*(1).

Crockett, J. B., & Kauffman, J. M. (1999). *The least restrictive environment: Its origins and interpretations in special education.* Mahwah, NJ: Erlbaum.

Cullinan, D. (2002). *Students with emotional and behavior disorders: An introduction for teachers and other helping professionals.* Upper Saddle River, NJ: Merrill/Prentice Hall.

Cullinan, D. (2004). Classification and definition of emotional and behavioral disorders. In R. B. Rutherford, M. M. Quinn, & S. R. Mathur (Eds.). *Handbook of research in emotional and behavioral disorders* (pp. 32–53). New York: Guilford.

Cullinan, D., Epstein, M. H., & Lloyd, J. W. (1991). Evaluation of conceptual models of behavior disorders. *Behavioral Disorders, 16,* 148–157.

Cullinan, D., & Kauffman, J. M. (2005). Do race of student and race of teacher influence ratings of emotional and behavioral problem characteristics of students with emotional disturbance? *Behavioral Disorders, 30,* 393–402.

Culp, A. M., Clyman, M. M., & Culp, R. E. (1995). Adolescent depressed mood, reports of suicide attempts, and asking for help. *Adolescence, 30,* 827–837.

Cummings, E. M., & Davies, P. (1999). Depressed parents and family functioning: Interpersonal effects and children's functioning and development. In T. Joiner & J. C. Coyne (Eds.), *The interactional nature of depression* (pp. 299–327). Washington, DC: American Psychological Association.

Curry, J. F., March, J. S., & Hervey, A. S. (2004). Comorbidity of childhood and adolescent anxiety disorders: Prevalence and implications. In T. S. Ollendick & J. S. March (Eds.), *Phobic and anxiety disorders in children and adolescents* (pp. 116–140). New York, NY: Oxford University Press.

Dadds, M. R. (2002). Learning and intimacy in the families of anxious children. In R. J. McMahon & R. D. Peters (Eds.), *The effects of parental dysfunction on children* (pp. 87–104). New York, NY: Kluwer.

Dean, A. J., Duke, S. G., George, M., & Scott, J. (2007). Behavioral management leads to reduction in aggression in a child and adolescent psychiatric inpatient unit. *Journal of the American Academy of Child and Adolescent Psychiatry, 46*, 711–720.

DeJong, S., & Frazier, J. A. (2003). Bipolar disorder in children with pervasive developmental disorder. In B. Geller & M. P. DelBello (Eds.), *Bipolar disorder in childhood and early adolescence* (pp. 51–75). New York, NY: Guilford.

Delaney, T. (2006). *American street gangs*. Upper Saddle River, NJ: Prentice Hall.

Dell Orto, A. E., & Power, P. W. (2000). *Brain injury and the family: A live and living perspective* (2nd ed.). Washington, DC: CRC.

DeLuca, S., Clampet-Lundquist, S., & Edin, K. (2016). *Coming of age in the other America*. New York, NY: Russel Sage Foundation.

Denham, S., Blair, K., Schmidt, M., & DeMulder, E. (2002). Compromised emotional competence: Seeds of violence sown early? *American Journal of Orthopsychiatry, 72*, 70–82.

Deno, S. L. (2003). Curriculum-based measures: Development and perspectives. *Assessment for Effective Intervention, 28*(3/4), 3–12.

DeVoe, J. F., & Bauer, L (2010). *Student victimization in U.S. schools: Results from the 2007 School Crime Supplement to the National Crime Victimization Survey* (NCES 2010-319). Washington, DC: National Center for Education Statistics, Institute of Education Sciences, U.S. Department of Education.

Dinitz, S., Scarpitti, F. R., & Reckless, W. C. (1962). Delinquency vulnerability: A cross group and longitudinal analysis. *American Sociological Review, 27*, 515–517.

Dodge, K. A., & Pettit, G. S. (2003). A biopsychosocial model of the development of chronic conduct problems in adolescence. *Developmental Psychology, 39*, 349–371.

Donenberg, G. R., Bryant, F. B., Emerson, E., Wilson, H. W., & Pasch, K. E. (2003). Tracing the roots of early sexual debut among adolescents in psychiatric care. *Journal of the American Academy of Child and Adolescents in Psychiatric Care, 42*, 594–608.

Donohue, B. C., Karmely, J., & Strada, M. J. (2006). Alcohol and drug abuse. In M. Hersen (Ed.), *Clinician's handbook of child behavioral assessment* (pp. 337–375). Boston MA: Academic Press.

Donovan, J., & Jessor, R. (1985). Structure of problem behavior in adolescence and young adulthood. *Journal of Consulting and Clinical Psychology, 53*, 890–904.

Dow, S. P., Sonies, B. C., Scheib, D., Moss, S. E., & Leonard, H. L. (1995). Practical guidelines for the assessment and treatment of selective mutism. *Journal of the American Academy of Child and Adolescent Psychiatry, 34*, 836–846.

Doyle, C. (2003). Child emotional abuse: The role of educational professionals. *Educational and Child Psychology, 20*, 8–21.

Drummond, T. (1994). *The Student Risk Screening Scale* (SRSS). Grants Pass, OR: Josephine County Mental Health Program.

Dulcan, M. (1997). Practice parameters for the assessment and treatment of children, adolescents, and adults with attention-deficit/hyperactivity disorder. *Journal of the American Academy of Child and Adolescent Psychiatry, {Suppl. 36}* (10), 85S–121S.

Duncan, B. B., Forness, S. R., & Hartsough, C. (1995). Students identified as seriously emotionally disturbed day treatment: Cognitive, psychiatric, and special education characteristics. *Behavioral Disorders, 20*, 238–252.

Dunlap, G., & Fox, L. (2014). Supportive interventions for young children with social, emotional, and behavioral delays and disorders. In H. M. Walker & F. M. Gresham (Eds.), *Handbook of evidence-based practices for emotional and behavioral disorders: Applications in schools* (pp. 503–517). New York, NY: Guilford.

Dunlap, G., Strain, P. S., Fox, L., Carta, J. J., Conroy, M., Smith, B. J., … Sowell, C. (2006). Prevention and intervention with young children's challenging behavior: Perspectives regarding current knowledge. *Behavioral Disorders, 32*, 29–45.

DuPaul, G. J., & Barkley, R. A. (1998). Attention-deficit hyperactivity disorder. In R. J. Morris & T. R. Kratochwill (Eds.), *The practice of child therapy* (3rd ed., pp. 132–166). Boston: Allyn & Bacon.

Dupre, A. P. (1996). Should students have constitutional rights? Keeping order in the public schools. *George Washington Law Review, 65*(1), 49–105.

Dupre, A. P. (1997). Disability and the public schools: The case against "inclusion." *Washington Law Review, 72*, 775–858.

Dwyer, R. G., & Laufersweiler-Dwyer, D. L. (2006). Juvenile sex offenders: An overview. In B. Sims & P. Preston (Eds.), *Handbook of juvenile justice: Theory and practice* (pp. 359–374). Boca Raton, FL: Taylor & Francis.

Earley, P. (2006). *Crazy: A father's search through America's mental health madness*. New York, NY: Penguin.

Eber, L., Malloy, J. M., Rose, J., & Flamini, A. (2014). School-based wraparound for adolescents: The RENEW model for transition-age youth with or at risk of emotional and behavior disorders. In H. M. Walker & F. M. Gresham (Eds.), *Handbook of evidence-based practices for emotional and behavioral disorders: Applications in schools* (pp. 1–5; 583–585). New York, NY: Guilford.

Eddy, J. M., Reid, J. B., & Curry, V. (2002). The etiology of youth antisocial behavior, delinquency, and violence and a public health approach to prevention. In M. R. Shinn, H. M. Walker, & G. Stoner (Eds.), *Interventions for academic and behavior problems II: Preventive and remedial approaches* (pp. 27–52). Bethesda, MD: National Association of School Psychologists.

Edgar, E., & Siegel, S. (1995). Postsecondary scenarios for troubled and troubling youth. In J. M. Kauffman, J. W. Lloyd,

D. P. Hallahan, & T. A. Astuto (Eds.), *Issues in educational placement: Students with emotional and behavioral disorders* (pp. 251–283). Hillsdale, NJ: Erlbaum.

Edgar, E. B. (1987). Secondary programs in special education: Are many of them justifiable? *Exceptional Children, 53*, 555–561.

Eggers, C., Bunk, D., & Drause, D. (2000). Schizophrenia with onset before the age of eleven: Clinical characteristics of onset and course. *Journal of Autism and Developmental Disorders, 30*, 29–38.

Egley, A., Jr., & Ritz, C. E. (2006). *Highlights of the 2004 National Youth Gang Survey.* Fact Sheet No. 2006-01. Washington, DC: U.S. Department of Justice, Office of Juvenile Justice and Delinquency Prevention.

Ehrensaft, M. K., Wasserman, G. A., Verdelli, L., Greenwald, S., Miller, L. S., & Davies, M. (2003). Maternal antisocial behavior, parent practices, and behavior problems in boys at risk for antisocial behavior. *Journal of Child and Family Studies, 12*, 27–40.

Eiduson, B. T., Eiduson, S., & Geller, E. (1962). Biochemistry, genetics, and the nature–nurture problem. *American Psychologist, 119*, 342–350.

Elliott, S. N., & Gresham, F. M. (2007). *Social Skills Improvement System: Classwide Intervention Program.* Bloomington, MN: Pearson Assessments.

Eme, R. F., & Danielak, M. H. (1995). Comparison of fathers of daughters with and without maladaptive eating attitudes. *Journal of Emotional and Behavioral Disorders, 3*, 40–45.

Engelmann, S. (1997). Theory of mastery and acceleration. In J. W. Lloyd, E. J. Kameenui, & D. Chard (Eds.), *Issues in educating students with disabilities* (pp. 177–195). Mahwah, NJ: Erlbaum.

Engelmann, S., & Carnine, D. (2011). *Could John Stuart Mill have saved our schools?* Verona, WI: Attainment.

Ennis, R. P., Schwab, J. R., & Jolivette, K. (2012). Using precorrection as a secondary-tier intervention for reducing problem behaviors in instructional and noninstructional settings. *Beyond Behavior, 22*(1), 40–47.

Ensminger, M. E., & Juon, H. S. (1998). Transition to adulthood among high-risk youth. In R. Jessor (Ed.), *New perspectives on adolescent risk behavior* (pp. 365–391). New York, NY: Cambridge University Press.

Epstein, M. H. (2004). *Behavioral and Emotional Rating Scale: A Strength-Based Approach to Assessment: Examiner's Manual.* Pro-Ed.

Epstein, M. H., & Cullinan, D. (1998). Scale for assessing emotional disturbance. Austin, TX: *Pro-Ed*.

Espin, C. A., McMaster, K. L., Rose, S., & Wayman, M. M. (Eds.), (2012), *A measure of success: The influence of curriculum-based measurement on education.* Minneapolis, MN: University of Minnesota Press.

Esposito, C., Johnson, B., Wolfsdorf, B. A., & Spirito, A. (2003). Cognitive factors: Hopelessness, coping, and problem solving. In A. Spirito, & J. C. Overholser (Eds.), *Evaluating and treating adolescent suicide attempters: From research to practice* (pp. 89–112). New York, NY: Academic Press.

Estell, D. B., Farmer, T. W., Irvin, M. J., Crowther, A., Akos, P., & Boudah, D. J. (2009). Students with exceptionalities and the peer group context of bullying and victimization in late elementary school. *Journal of Child and Family Studies, 18*, 136–150.

Evans, E. D., & Richardson, R. C. (1995). Corporal punishment: What teachers should know. *Teaching Exceptional Children, 27*(2), 33–36.

Evans, S. W., Rybak, T., Strickland, H., & Owens, J. S. (2014). The role of school mental health models in preventing and addressing children's emotional and behavioral problems. In H. M. Walker & F. M. Gresham (Eds.), *Handbook of evidence-based practices for emotional and behavioral disorders: Applications in schools* (pp. 394–409). New York, NY: Guilford.

Evertson, C., & Weinstein, C. (Eds.). (2006). *Handbook of classroom management: Research, practice, and contemporary issues.* Mahwah, NJ: Erlbaum.

Eyre, S. L., & Millstein, S. G. (1999). What leads to sex? Adolescents' preferred partners and reasons for sex. *Journal of Research on Adolescence, 9*, 277–307.

Fagan, J., & Wilkinson, D. L. (1998). Social contexts and functions of adolecent violence. In D. S. Elliott, B. A. Hamburg, & K. R. Williams (Eds.), *Violence in American schools* (pp. 31–54). New York: Cambridge University Press.

Fairbanks, S., Sugai, G., Guardino, D., & Lathrop, M. (2007). Response to intervention: Examining classroom behavior support in second grade. *Exceptional Children, 73*, 288–310.

Farmer, T. W. (2000). Misconceptions of peer rejection and problem behavior: A social interactional perspective of the adjustment of aggressive youth with mild disabilities. *Remedial and Special Education, 21*, 194–208.

Farmer, T. W., Leung, M-C., Pearl, R., Rodkin, P. C., Cadwallader, T. W., & Van Acker, R. (2002). Deviant or diverse peer groups? The peer affiliations of aggressive students. *Journal of Educational Psychology, 94*, 611–620.

Farmer, T. W., Rodkin, P. C., Pearl, R., & Van Acker, R. (1999). Teacher-assessed behavioral configurations, peer assessments, and self-concepts of elementary students with mild disabilities. *Journal of Special Education, 33*(3), 66–80.

Farrington, D. P. (2007). Introduction. In G. Sayre-McCord (Ed.), *Crime and family: Selected essays of Joan McCord* (pp. 1–10). Philadelphia, PA: Temple University Press.

Farrington, D. P., Loeber, R., Stallings, R., & Ttofi, M. M. (2011). Bullying perpetration and victimization as predictors of delinquency and depression in the Pittsburgh Youth Study. *Journal of Aggression, Conflict and Peach Research, 3*, 74–81.

Farson, M. R. (1940). Education of the handicapped child for social competency. *Exceptional Children, 6*, 138–144, 150.

Feil, E. G. (1999). Using the preschool-age as a developmental leverage to prevent behavior problems with early screening and intervention. *Effective School Practices, 17*(3): 50–55.

Feil, E. G., Frey, A. Walker, H. M., Small, J. W., Seeley, J. R., Golly, A., & Forness, S. R. (2014). The efficacy of a home-school intervention for pre-schoolers with challenging behaviors: A randomized controlled trial of preschool first step to success. *Journal of Early Intervention, 36*, 151–170.

Feil, E. G., Small, J. W., Forness, S. R., Serna, L. A., Kaiser, A. P., Hancock, T. B., et al. (2005). Using different measures, informants, and clinical cut-off points to estimate prevalence of emotional or behavioral disorders in preschoolers: Effects on age, gender, and ethnicity. *Behavioral Disorders, 30,* 375–391.

Fisher, M. (2003, April 6). Pass/fail. *The Washington Post Magazine,* 14–18, 37–48.

Fitzgerald, H. E., Davies, W. H., & Zucker, R. A. (2002). Growing up in an alcoholic family: Structuring pathways for risk aggregation and theory-driven intervention. In R. J. McMahon & R. D. Peters (Eds.), *The effects of parental dysfunction on children* (pp. 127–146). New York, NY: Kluwer.

Flannery, D. J., & Huff, C. R. (Eds.). (1999). *Youth violence: Prevention, intervention, and social policy.* Washington, DC: American Psychiatric Press.

Fletcher, K. E. (2003). Childhood posttraumatic stress disorder. In E. J. Mash & R. A. Barkley (Eds.), *Child psychopathology* (2nd ed., pp. 330–371). New York, NY: Guilford.

Flory, K., Milich, R., Lynam, D. R., Leukefeld, C., & Clayton, R. (2003). The relationship between disruptive behavior disorders and substance use and dependence symptoms in young adulthood: Individuals with symptoms of attention-deficit/hyperactivity disorder are uniquely at risk. *Psychology of Addictive Behaviors, 17,* 151–158.

Ford, A. D., Olmi, D. J., Edwards, R. P., & Tingstrom, D. H. (2001). The sequential introduction of compliance training components with elementary-aged children in general education classroom settings. *School Psychology Quarterly, 16*(2), 142–157.

Ford, M. C. (2006). The relationship between childhood maltreatment and delinquency. In B. Sims & P. Preston (Eds.), *Handbook of juvenile justice: Theory and practice* (pp. 127–143). Boca Raton, FL: Taylor & Francis.

Forness, S. R. (1988a). Planning for the needs of children with serious emotional disturbance: The national special education and mental health coalition. *Behavioral Disorders, 13,* 127–133.

Forness, S. R. (1988b). School characteristics of children and adolescents with depression. In R. B. Rutherford, C. M. Nelson, & S. R. Forness (Eds.), *Bases of severe behavioral disorders of children and youth* (pp. 177–203). Boston: Little, Brown.

Forness, S. R. (2005). The pursuit of evidence-based practice in special education for children with emotional or behavioral disorders. *Behavioral Disorders, 30,* 311–330.

Forness, S. R., & Beard, K. Y. (2007). Strengthening the research base in special education: Evidence-based practice and interdisciplinary collaboration. In J. Crockett, M. Gerber, & T. J. Landrum (Eds.), *Achieving the radical reform of special education: Essays in honor of James M. Kauffman* (pp. 169–188). Mahwah, NJ: Erlbaum.

Forness, S. R., Freeman, S. F. N., & Paparella, T. (2006). Recent randomized clinical trials comparing behavioral interventions and psychopharmacologic treatments for school children with EBD. *Behavioral Disorders, 31,* 284–296.

Forness, S. R., Freeman, S. F. N., Paparella, T., Kauffman, J. M., & Walker, H. M. (2012). Special education implications of

point and cumulative prevalence for children with emotional or behavioral disorders. *Journal of Emotional and Behavioral Disorders, 20,* 1–14.

Forness, S. R., & Kavale, K. A. (1997). Defining emotional or behavioral disorders in school and related services. In J. W. Lloyd, E. J. Kameenui, & D. Chard (Eds.), *Issues in educating students with disabilities* (pp. 45–61). Mahwah, NJ: Erlbaum.

Forness, S. R., & Kavale, K. A. (2001). Ignoring the odds: Hazards of not adding the new medical model to special education decisions. *Behavioral Disorders, 26,* 269–281.

Forness, S. R., Kavale, K. A., Blum, I. M., & Lloyd, J. W. (1997). Mega-analysis of meta-analyses: What works in special education and related services. *Teaching Exceptional Children, 29*(6), 4–9.

Forness, S. R., Kavale, K. A., King, B. H., & Kasari, C. (1994). Simple versus complex conduct disorders: Identification and phenomenology. *Behavioral Disorders, 19,* 306–312.

Forness, S. R., Kavale, K. A., Sweeney, D. P., & Crenshaw, T. M. (1999). The future of research and practice in behavioral disorders: Psychopharmacology and its school implications. *Behavioral Disorders, 24,* 305–318.

Forness, S. R., & Knitzer, J. (1992). A new proposed definition and terminology to replace "serious emotional disturbance" in Individuals with Disabilities Education Act. *School Psychology Review, 21,* 12–20.

Forness, S. R., Walker, H. M., & Kavale, K. A. (2003). Psychiatric disorders and treatment. *Teaching Exceptional Children, 36*(2), 42–49.

Fosse, E. (2015). The values and beliefs of disconnected black youth. In O. Patterson & E. Fosse (Eds.), *The cultural matrix: Understanding black youth* (pp. 139–166). Cambridge, MA: Harvard University Press.

Fox, J., & Gable, R. A. (2004). Functional behavioral assessment. In R. B. Rutherford, M. M. Quinn, & S. R. Mathur (Eds.), *Handbook of research in emotional and behavioral disorders* (pp. 143–162). New York, NY: Guilford.

Foxx, R. M. (2016a). The perpetuation of the myth of the nonaversive treatment of severe behavior. In R. M. Foxx & J. A. Mulick (Eds.), *Controversial therapies for autism and intellectual disabilities: Fad, fashion, and science in professional practice* (2nd ed.) (pp. 223–244). New York, NY: Francis & Taylor.

Foxx, R. M. (2016b). Why ABA is not a fad, a pseudoscience, a dubious or controversial treatment, or politically correct. In R. M. Foxx & J. A. Mulick (Eds.), *Controversial therapies for autism and intellectual disabilities: Fad, fashion, and science in professional practice* (2nd ed.) (pp. 422–432). New York, NY: Francis & Taylor.

Foxx, R. M., & Mulick, J. A. (Eds.) (2016). *Controversial therapies for autism and intellectual disabilities.* New York. Routledge.

Freeman, K. A., & Hogansen, J. M. (2006). Conduct disorders. In M. Hersen (Ed.), *Clinician's handbook of child behavioral assessment* (pp. 477–501). Boston, MA: Academic Press.

Frey, A.J., Lingo, A., & Nelson, C.M. (2008). Positive Behavior Support. A call for leadership. *Children & Schools, 30,* 5–14.

Frey, A. J., Small, J., Feil, E., Seeley, J., Walker, H., & Golly, A. (2013). The feasibility of First Step to Success with preschoolers. *Children & Schools, 35*(3), 171–186.

Frick, P. J., & Loney, B. R. (2002). Understanding the association between parent and child antisocial behavior. In R. J. McMahon & R. D. Peters (Eds.), *The effects of parental dysfunction on children* (pp. 105–126). New York, NY: Kluwer Academic.

Fridrich, A. H., & Flannery, D. J. (1995). The effects of ethnicity and acculturation on early adolescent delinquency. *Journal of Child & Family Studies, 4,* 69–87.

Fuchs, D., & Young, C. L. (2006). On the irrelevance of intelligence in predicting responsiveness to reading instruction. *Exceptional Children, 73,* 8–30.

Fuchs, L. S., & Fuchs, D. (2001). Helping teachers formulate sound test accommodation decisions for students with learning disabilities. *Learning Disabilities Research & Practice, 16*(3), 174–181.

Fuchs, L. S., & Fuchs, D. (2011). Using CBM for Progress Monitoring in Reading. *National Center on Student Progress Monitoring.*

Fuchs, L. S., Fuchs, D., Eaton, S. B., Hamlett, C., Binkley, E., & Crouch, R. (2000). Using objective data sources to enhance teacher judgments about test accommodations. *Exceptional Children, 67,* 67–81.

Fujiura, G. T., & Yamaki, K. (2000). Trends in demography of childhood poverty and disability. *Exceptional Children, 66,* 187–199.

Furlong, M. J., Morrison, G. M., & Jimerson, S. (2004). Externalizing behaviors of aggression and violence and the school context. In R. B. Rutherford, M. M. Quinn, & S. R. Mathur (Eds.). *Handbook of research in emotional and behavioral disorders* (pp. 243–261). New York, NY: Guilford.

Gadow, K. D., & Sprafkin, J. (1993). Television "violence" and children with emotional and behavioral disorders. *Journal of Emotional and Behavioral Disorders, 1,* 54–63.

Gage, N., Adamson, R., Mitchell, B. S., Lierheimer, K., O'Connor, K. V., Bailey, N., … Jones, S. (2010). Promise and possibility in special education services for students with emotional or behavioral disorders: Peacock Hill revisited. *Behavioral Disorders, 35*(4), 294–307.

Gagnon, J. C. (2010). Characteristics of and services provided to youth in secure care facilities. *Behavioral Disorders, 36,* 7–19.

Gagnon, J. C., & Leone, P. E. (2005). Elementary day and residential schools for children with emotional and behavioral disorders: Characteristics and entrance and exit policies. *Remedial and Special Education, 26,* 141–150.

Gallagher, J. J. (2007). *Driving change in special education.* Baltimore, MD: Brookes.

Gardner, M. (2001, January/February). Facilitated communication: A cruel farce. *Skeptical Inquirer,* 17–19.

Garfinkel, L. (2010). Improving family involvement for juvenile offenders with emotional/behavioral disorders and related disabilities. *Behavioral Disorders, 36,* 52–60.

Garland, E. J. (2002). Anxiety disorders. In S. Kutcher (Ed.), *Practical child and adolescent psychopharmacology* (pp. 187–229). New York, NY: Cambridge University Press.

Garner, P. (2014). Curriculum, inclusion and EBD. In P. Garner, J. M. Kauffman, & J. Elliott (Eds), *The Sage handbook of emotional and behavioral difficulties* (2nd ed.) (pp. 291–302). London, U.K.: Sage.

Garner, P., Kauffman, J. M., & Elliott, J. G. (Eds.). (2014). *The Sage handbook of emotional and behavioral difficulties* (2nd ed.). London, U.K.: Sage.

Gavazzi, S. M., Wasserman, D., Partridge, C., & Sheridan, S. (2000). The Growing Up FAST Diversion Program: An example of juvenile justice program development for outcome evaluation. *Aggression and Violent Behavior, 5,* 159–175.

Gay, L. R, Mills, G. E., & Airasian, P. W. (2009). *Educational research: Competencies for analysis and applications* (9th ed.). Boston: Allyn & Bacon.

Geller, B., & DelBello, M. P. (Eds.). (2003). *Bipolar disorder in childhood and early adolescence.* New York, NY: Guilford.

Genaux, M., Morgan, D. P., & Friedman, S. G. (1995). Substance use and its prevention: A summary of classroom practices. *Behavioral Disorders, 20,* 279–289.

Gerber, M. M. (2005). Teachers are still the test: Limitations of response to instruction strategies for identifying children with learning disabilities. *Journal of Learning Disabilities, 38,* 516–524.

Gerber, M. M. (2014). Developing intervention and resilience strategies. In P. Garner, J. M. Kauffman, & J. G. Elliott (Eds.), *The Sage handbook of emotional and behavioral difficulties* (2nd ed.) (pp. 279–290). London, U.K.: Sage.

Gerber, M. M. (2017). A history of special education. In J. M. Kauffman, D. P. Hallahan, & P. C. Pullen (Eds.), *Handbook of special education* (2nd ed.). New York, NY: Taylor & Francis.

Gerber, M. M., & Semmel, M. I. (1984). Teacher as imperfect test: Reconceptualizing the referral process. *Educational Psychologist, 19,* 137–148.

Gerenser, J., & Forman, B. (2007). Speech and language deficits in children with developmental disabilities. In J. W. Jacobson, J. A. Mulick, & J. Rojahn (Eds.), *Handbook of intellectual and developmental disabilities* (pp. 563–579). New York, NY: Springer.

Germann, G., & Tindal, G. (1985). An application of curriculum-based assessment: The use of direct and repeated measurement. *Exceptional Children, 52,* 244–265.

Gershoff, E. T. (2002). Corporal punishment by parents and associated child behaviors and experiences: A meta-analytic and theoretical review. *Psychological Bulletin, 128,* 539–579.

Gershon, J. (2002). A meta-analytic review of gender differences in ADHD. *Journal of Attention Disorders, 5,* 143–154.

Gest, S. D., Farmer, T., Cairns, B., & Xie, H. (2003). Identifying children's peer social networks in school classrooms: Links between peer reports and observed interactions. *Social Development, 12*(4), 513–529.

Gibbs, J. T., & Huang, L. N. (Eds.) (1998). *Children of color: Psychological interventions with culturally diverse youth.* San Francisco: Jossey-Bass.

Ginsburg, C., & Demeranville, H. (1999). Sticks and stones: The jailing of mentally ill kids. *Nation, 269*(21), 17–20.

Goin, M. K. (2007, July 8). The wrong place to treat mental illness. *Washington Post,* B7.

Goldstein, A. P., Carr, E. G., Davidson, W. S., & Wehr, P. (Eds.) (1981). *In response to aggression.* New York, NY: Pergamon.

Goldstein, R. N. (2014). *Plato at the Googleplex: Why philosophy won't go away*. New York: Random House.

Goodman, R. (1997). The strengths and difficulties questionnaire: A research note. *Journal of Child Psychology and Psychiatry, 38*, 581–586.

Goodman, S. H., Gravitt, G. W., & Kaslow, N. J. (1995). Social problem solving: A moderator of the relation between negative life stress and depression symptoms in children. *Journal of Abnormal Child Psychology, 23*, 473–485.

Goldston, D. B. (2003). *Measuring suicidal behavior and risk in children and adolescents*. Washington, DC: American Psychological Association.

Goleman, D. (1995). *Emotional intelligence*. New York: Bantam.

Gordon, B. N., & Schroeder, C. S. (1995). *Sexuality: A developmental approach to problems*. New York: Plenum.

Gottesman, I. (1987). Schizophrenia: Irving Gottesman reveals the genetic factors. *University of Virginia Alumni News, 75*(5), 12–14.

Gottesman, I. I. (1991). *Schizophrenia genesis: The origins of madness*. New York, NY: Freeman.

Graber, J. A., Brooks-Gunn, J., & Galen, B. R. (1998). Betwixt and between: Sexuality in the context of adolescent transitions. In R. Jessor (Ed.), *New perspectives on adolescent risk behavior* (pp. 270–316). New York: Cambridge University Press.

Grapen, M., Cross, D., Ortigo, K., Graham, A., Johnson, E., Evces, M., ... Bradley, B. (2011). Perceived neighborhood disorder, community cohesion, and PTSD symptoms among low-income African Americans in a urban health setting. *American Journal of Orthopsychiatry, 81*, 31–37.

Graziano, A. M., & Dorta, N. J. (1995). Behavioral treatment. In M. Hersen & R. T. Ammerman (Eds.), *Advanced abnormal child psychology* (pp. 171–187). Hillsdale, NJ: Erlbaum.

Greenwood, C. R., Carta, J. J., & Dawson, H. (2000). Ecobehavioral assessment system software (EBASS): A system for observation in education settings. In T. Thompson, D. Felce., & F. J. Symons (Eds.), *Behavioral observation: Technology and applications in developmental disabilities* (pp. 229–251). Baltimore, MD: Brookes.

Gregory, A., Cornell, D., Fan, X., Sheras, P. L, Shih, T., & Huang, F. (2010). Authoritative school discipline: High school practices associated with lower student bullying and victimization. *Journal of Educational Psychology, 102*, 483–496.

Gresham, F. M. (2014). Treatment integrity within a three-tiered model. In H. M. Walker & F. M. Gresham (Eds.), *Handbook of evidence-based practices for emotional and behavioral disorders: Applications in schools* (pp. 446–456). New York, NY: Guilford.

Gresham, F. M. (2015). *Disruptive behavior disorders: Evidence-based practice for assessment and intervention*. New York: Guilford.

Gresham, F. M., & Elliott, S. N. (1990). *Social Skills Rating System*. Circle Pines, MN: American Guidance Service.

Gresham, F. M., & Elliott, S. N. (2008). *Social Skills Improvement System (SSIS) Rating Scales*. Upper Saddle River, NJ: Pearson.

Gresham, F. M., & Elliott, S. N. (2014). Social skills assessment and training in emotional and behavioral disorders. In H. M. Walker & F. M. Gresham (Eds.), *Handbook of evidence-based*

practices for emotional and behavioral disorders: Applications in schools (pp. 152–172). New York, NY: Guilford.

Gresham, F. M., Elliott, S. N., & Evans-Fernandez, S. E. (1993). *Student Self-Concept Scale*. Circle Pines, MN: American Guidance Service.

Gresham, F. M., & Kern, L. (2004). Internalizing behavior problems in children and adolescents. In R. B. Rutherford, M. M. Quinn, & S. R. Mathur (Eds.), *Handbook of research in emotional and behavioral disorders* (pp. 262–281). New York, NY: Guilford.

Gresham, F. M., MacMillan, D. L., & Bocian, K. (1996). "Behavioral Earthquakes": Low frequency, salient behavioral events that differentiate students at-risk for behavioral disorders. *Behavioral Disorders, 21*, 277–292.

Gresham, F. M., Robichaux, N., York, H., & O'Leary, K. (2012). Issues related to identifying and implementing evidence-based social skills interventions for students with high-incidence disabilities. In B. G. Cook, M. Tankersley, & T. J. Landrum (Eds.), *Classroom Behavior, Contexts, and Interventions: Advances in Learning and Behavioral Disabilities, Volume 25* (pp. 23–45). Bingley, UK: Emerald Group Publishing Limited.

Griffin-Shelley, E. (1994). *Adolescent sex and love addicts*. Westport, CT: Praeger.

Grigorenko, E. L. (2014). Genetic causes and correlates of EBD: A snapshot in time and space. In P. Garner, J. M. Kauffman, & J. G. Elliott (Eds.), *The Sage handbook of emotional and behavioral difficulties* (2nd ed.) (pp. 131–144). London, U.K.: Sage.

Groopman, J. (2007, April 9). What's normal? The difficulty of diagnosing bipolar disorder in children. *The New Yorker*, 28–33.

Grosenick, J. K., & Huntze, S. L. (1979). *National needs analysis in behavior disorders: A model for a comprehensive needs analysis in behavior disorders*. Columbia, MS: University of Missouri, Department of Special Education.

Gully, V., Northup, J., Hupp, S., Spera, S., LeVelle, J., & Ridgway, A. (2003). Sequential evaluation of behavioral treatments and methylphenidate dosage for children with attention deficit hyperactivity disorder. *Journal of Applied Behavior Analysis, 36*, 375–378.

Gumpel, T. P., Wiesenthal, V., & Söderberg, P. (2015). Narcissism, perceived social status, and social cognition and their influence on aggression. *Behavioral Disorders, 40*, 138–156.

Gunter, P. L., Hummel, J. H., & Conroy, M. A. (1998). Increasing correct academic responding: An effective intervention strategy to decrease behavior problems. *Effective School Practices, 17*(2), 36–54.

Haas, A. P., Eliason, M., Mays, V. M., Mathy, R. M., Cochran, S. D., D'Augelli, A. R., ... Clayton, P. J. (2010). Suicide and suicide risk in lesbian, gay, bisexual, and transgender populations: Review and recommendations. *Journal of Homosexuality, 58*, 10–51.

Hagan-Burke, S., Gilmour, M. W., Gerow, S., & Crowder, W. C. (2015). Identifying academic demands that occasion problem behaviors for students with behavioral disorders. Illustrations at the elementary school level. *Behavior Modification, 39*(1), 215–241.

Hagedorn, J. M. (Ed.). (2007). *Gangs in the global city: Alternatives to traditional criminology.* Urbana, IL: University of Illinois Press.

Hallahan, D. P., & Kauffman, J. M. (1977). Categories, labels, behavioral characteristics: ED, LD, and EMR reconsidered. *Journal of Special Education, 11,* 139–149.

Hallahan, D. P., Kauffman, J. M., & Pullen, P. C. (2015). *Exceptional learners: An introduction to special education* (13th ed.). Upper Saddle River, NJ: Pearson Education.

Hallahan, D. P., Lloyd, J. W., Kauffman, J. M., Weiss, M., & Martinez, E. (2005). *Introduction to learning disabilities* (3rd ed.). Boston, MA: Allyn & Bacon.

Hallenbeck, B. A., & Kauffman, J. M. (1995). How does observational learning affect the behavior of students with emotional or behavioral disorders? A review of research. *Journal of Special Education, 29,* 45–71.

Hammen, C. L., & Rudolph, K. D. (2003). Childhood mood disorders. In E. J. Mash & R. A. Barkley (Eds.), *Child psychopathology* (2nd ed., pp. 233–278). New York: Guilford.

Hammen, C. L., Rudolph, K. D., & Abaied, J. L. (2014). Child and adolescent depression. In E. J. Mash & R. A. Barkley (Eds.), *Child psychopathology* (2nd ed., pp. 225–263). New York, NY: Guilford.

Hanson, M. J., & Carta, J. J. (1996). Addressing the challenges of families with multiple risks. *Exceptional Children, 62,* 201–212.

Harden, P. W., Pihl, R. O., Vitaro, F., Gendreau, P. L., & Tremblay, R. E. (1995). Stress response in anxious and nonanxious disruptive boys. *Journal of Emotional and Behavioral Disorders, 3,* 183–190.

Hare, E. H. (1962). Masturbatory insanity: The history of an idea. *Journal of Mental Science, 108,* 1–25.

Harrington, R. (2001). Cognitive behaviour therapy. In H. Remschmidt (Ed.), *Psychotherapy with children and adolescents* (pp.113–123). New York: Cambridge University Press.

Harris, J. R. (1995). Where is the child's environment? A group socialization theory of development. *Psychological Review, 102,* 458–489.

Harrison, J. R., Bunford, N., Evans, S. W., & Owens, J. S. (2013). Educational accommodations for students with behavioral challenges: A systematic review of the literature. *Review of Educational Research, 83*(4), 551–597.

Harry, B., & Klingner, J. (2006). *Why are so many minority students in special education? Understanding race & disability in schools.* New York, NY: Teachers College Press.

Harry, B., & Klingner, J. (2007). Discarding the deficit model. *Educational Leadership, 64*(5), 16–21.

Harry, B., & Klingner, J. (2014). *Why are so many minority students in special education? Understanding race & disability in schools* (2nd ed.). New York: Teachers College Press.

Hart, B., & Risley, T. R. (1995). *Meaningful differences in the everyday experience of young American children.* Baltimore: Brookes.

Hartman, C., Hox, J., Mellenbergh, G. J., Boyle, M. H., Offord, D. R., Racine, Y., et al. (2001). DSM–IV internal construct validity: When a taxonomy meets data. *Journal of Child Psychology & Psychiatry & Allied Disciplines, 42,* 817–836.

Harvill, L. M. (1991). Standard error of measurement. *Educational Measurement: Issues and Practice, 10,* 33–41.

Hattie, J. (2008). *Visible learning: A synthesis of over 800 meta-analyses relating to achievement.* New York: Routledge.

Hattie, & Yates, (2013). *Visible learning and the science of how we learn.* New York, NY: Routledge.

Hawkins, S., & Radcliffe, J. (2006). Current measures of PTSD for children and adolescents. *Journal of Pediatric Psychology, 31* (4), 420–430.

Hay, D. A., & Levy, F. (2001). Implications of genetic studies of attentional problems for education and intervention. In F. Levy & D. A. Hay (Eds.), *Attention, genes and ADHD* (pp. 214–224). Philadelphia, PA: Taylor & Francis.

Hayden, E. P., & Mash, E. J. (2014). Child psychopathology: A developmental-systems perspective. In E. J. Mash & R. A. Barkley (Eds). *Child psychopathology* (3rd ed.) (pp. 3–72). New York, NY: Guilford.

Haydon, T., & Kroeger, S. D. (2016). Active supervision, precorrection, and explicit timing: a high school case study on classroom behavior. *Preventing School Failure: Alternative Education for Children and Youth, 60*(1), 70–78.

Hendershott, A. B. (2002). *The politics of deviance.* San Francisco, CA: Encounter.

Henderson, J., & MacKay, S. (2010). Retail availability of fire-starting materials and their misuse by children and adolescents. *Fire Safety Journal, 44,* 131–134.

Herbert, M. (1994). Etiological considerations. In T. H. Ollendick, N. J. King, & W. Yule (Eds.), *International handbook of phobic and anxiety disorders in children and adolescents* (pp. 3–20). New York: Plenum.

Heron, M. (2016). Deaths: Leading Causes for 2013. National vital statistics reports: from the Centers for Disease Control and Prevention, National Center for Health Statistics, National Vital Statistics System, 65(2), 1–14.

Hersen, M. (Ed.). (2006). *Clinician's handbook of child behavioral assessment.* Boston: Academic Press.

Heubeck, B., & Lauth, G. (2014). Parent training for behavioral difficulties during the transition to school: Promises and challenges for prevention and early intervention. In P. Garner, J. M. Kauffman, & J. G. Elliott (Eds.), *The Sage handbook of emotional and behavioral difficulties* (2nd ed.) (pp. 317–334). London, U.K.: Sage.

Heward, W. L. (2003). Ten faulty notions about teaching and learning that hinder the effectiveness of special education. *The Journal of Special Education, 36,* 186–205.

Hewitt, L. E., & Jenkins, R. L. (1946). *Fundamental patterns of maladjustment: The dynamics of their origin.* Springfield, IL: State of Illinois.

Higa-McMillan, C. K., Francis, S. E., & Chorpita, B. F. (2014). Anxiety disorders. In E. J. Mash & R. A. Barkley (Eds.), *Child psychopathology* (2nd ed., pp. 345–428). New York, NY: Guilford.

Hill, H. M., Soriano, F. I., Chen, S. A., & LaFromboise, T. D. (1994). Sociocultural factors in the etiology and prevention of violence among ethnic minority youth. In L. D. Eron, J. H. Gentry, & P. Schlegel (Eds.), *Reason to hope: A psychosocial perspective on violence and youth* (pp. 59–97). Washington, DC: American Psychological Association.

Hills, A., L., Afifi, T. O., Cox, B. J., Bienvenu, O. J., & Sareen, J. (2009). Externalizing psychopathology and risk for suicide attempt: Cross-sectional and longitudinal findings from the Baltimore Epidemiologic Catchment Area Study. *The Journal of Nervous and Mental Disease, 197,* 293–297.

Himle, M. B., Flessner, C. A., Bonow, J. T., & Woods, D. W. (2006). Habit disorders. In M. Hersen (Ed.), *Clinician's handbook of child behavioral assessment* (pp. 527–546). Boston, MA: Academic Press.

Hinshaw, S. P., & Lee, S. S. (2003). Conduct and oppositional defiant disorders. In E. J. Mash & R. A. Barkley (Eds.), *Child psychopathology* (2nd ed., pp. 144–198). New York, NY: Guilford.

Hintze, J. M. (2002). Interventions for fears and anxiety problems. In M. R. Shinn, H. M. Walker, & G. Stoner (Eds.), *Interventions for academic and behavior problems II: Preventive and remedial approaches* (pp. 939–960). Bethesda, MD: National Association of School Psychologists.

Hirsch, S. E., Lloyd, J. W., & Kennedy, M. J. (2014). Improving behavior through instructional practices for students with high incidence disabilities: EBD, ADHD, and LD. In P. Garner, J. M. Kauffman, & J. G. Elliott (Eds.), *The Sage handbook of emotional and behavioral difficulties* (2nd ed.) (pp. 205–220). London, U.K.: Sage.

Hobbs, N. (1966). Helping the disturbed child: Psychological and ecological strategies. *American Psychologist, 21,* 1105–1115.

Hobbs, N. (1974). Nicholas Hobbs. In J. M. Kauffman & C. D. Lewis (Eds.), *Teaching children with behavior disorders: Personal perspectives* (pp. 142–167). Upper Saddle River, NJ: Merrill/Prentice Hall.

Hodges, K., & Zeman, J. (1993). Interviewing. In T. H. Ollendick & M. Hersen (Eds.), *Handbook of child and adolescent assessment* (pp. 65–81). New York, NY: Pergamon.

Hodgkinson, H. L. (1995). What should we call people? Race, class, and the census for 2000. *Phi Delta Kappan, 77,* 173–179.

Hollo, A., Wehby, J. H., & Oliver, R. M. (2014). Unidentified language deficits in children with emotional and behavioral disorders: a meta-analysis. *Exceptional Children, 80*(2), 169–186.

Hooper, S. R., Roberts, J. E., Zeisel, S. A., & Poe, M. (2003). Core language predictors of behavioral functioning in early elementary school children: Concurrent and longitudinal findings. *Behavioral Disorders, 29,* 10–24.

Hops, H., Finch, M., & McConnell, S. (1985). Social skills deficits. In P. H. Bornstein & A. E. Kazdin (Eds.), *Handbook of clinical behavior therapy with children* (pp. 543–598). Homewood, IL: Dorsey.

Horn, W. F., & Tynan, D. (2001). Time to make special education "special" again. In C. E. Finn, A. J. Rotherham, & C. R. Hokanson (Eds.), *Rethinking special education for a new century* (pp. 23–51). Washington, DC: Fordham Foundation.

Hosp, M. K., Hosp, J. L., & Howell, K. W. (2007). *The ABCs of CBM: A practical guide to curriculum-based measurement.* New York, NY: Guilford Press.

Hosp, M. K., Hosp, J. L., & Howell, K. W. (2016). *The ABCs of CBM: A practical guide to curriculum-based measurement.* New York: Guilford Publications.

Houchins, D. E., Shippen, M. E., & Lambert, R. (2010). Advancing high-quality literacy research in juvenile justice: Methodological and practical considerations. *Behavioral Disorders, 36,* 61–69.

Howell, K. W., Fox, S. L., & Morehead, M. K. (1993). *Curriculum-based evaluation for teaching and decision making* (2nd ed.). Pacific Grove, CA: Brooks/Cole.

Howell, K. W., & Hyatt, K. (2004). Curriculum-based measurement of students with EBD: Assessment for databased decision making. In R. B. Rutherford, M. M. Quinn, & S. R. Mathur (Eds.). *Handbook of research in emotional and behavioral disorders* (pp. 181–198). New York, NY: Guilford.

Hudley, C., & Graham, S. (1995). School-based interventions for aggressive African-American boys. *Applied and Preventive Psychology, 4,* 185–195.

Hudson, J. I., Hiripi, E., Pope, H. G., & Kessler, R. C. (2007). The prevalence and correlates of eating disorders in the National Comorbidity Survey Replication. *Biological Psychiatry, 61,* 348–358.

Huefner, D. S. (2006). *Getting comfortable with special education law: A framework for working with children with disabilities* (2nd ed.). Norwood, MA: Christopher Gordon.

Huesmann, L. R., Moise-Titus, J., Podolski, C., & Eron, L. (2003). Longitudinal relations between children's exposure to TV violence and their aggressive and violent behavior in young adulthood: 1977–1992. *Developmental Psychology, 39,* 201–221.

Hufner, D. S. (2015). Placements for special education students: The promise and the peril. In B. D. Bateman, J. W. Lloyd, & M. Tankersley (Eds.), *Enduring issues in special education: Personal perspectives* (pp. 215–230). New York, NY: Routledge.

Hultquist, A. M. (1995). Selective mutism: Causes and interventions. *Journal of Emotional and Behavioral Disorders, 3,* 100–107.

Hurley, K. D., Lambert, M. C., Epstein, M. H., & Stevens, A. (2015). Convergent validity of the strength-based Behavioral and Emotional Rating Scale with youth in a residential setting. *The Journal of Behavioral Health Services & Research, 42,* 346–354.

Hyman, I. A. (1995). Corporal punishment, psychological maltreatment, violence, and punitiveness in America: Research, advocacy, and public policy. *Applied and Preventive Psychology, 4,* 113–130.

Hyter, Y. D., Rogers-Addinson, D. L., Self, T. L., & Jantz, J. (2002). Pragmatic language intervention for children with language and emotional/behavioral disorders. *Communication Disorders Quarterly, 23*(1), 4–16.

Insel, B. J., & Gould, M. S. (2008). Impact of modeling on adolescent suicidal behavior. *Psychiatric Clinics of North America, 31*, 293–316.

Ispa-Landa, S. (2015). Effects of affluent suburban schooling: Learning skilled ways of interacting with educational gatekeepers. In O. Patterson & E. Fosse (Eds.), *The cultural matrix: Understanding black youth* (pp. 393–414). Cambridge, MA: Harvard University Press.

Jakubecy, J. J., Mock, D. R., & Kauffman, J. M. (2003). Special education, current trends. In J. W. Guthrie (Ed.), *Encyclopedia of education* (2nd ed., pp. 2284–2290). New York, NY: Macmillan Reference.

Jenkins, J. M., Rasbash, J., & O'Connor, T. G. (2003). The role of the shared family context in differential parenting. *Developmental Psychology, 39*, 99–113.

Jensen, P. S., Hinshaw, S. P., Swanson, J. M., Greenhill, L. L., Conners, C., Arnold, L., … Wigal, T. (2001). Findings from the NIMH Multimodal Treatment Study of ADHD (MTA): Implications and applications for primary care providers. *Journal of Developmental & Behavioral Pediatrics, 22*, 60–73.

Jessor, R. (1998). New perspectives on adolescent risk behavior. In R. Jessor (Ed.), *New perspectives on adolescent risk behavior* (pp. 1–10). New York, NY: Cambridge University Press.

Jessor, R., & Jessor, S. L. (1977). *Problem behavior and psychosocial development: A longitudinal study of youth.* New York, NY: Academic Press.

Jessor, R., Van Den Bos, J., Vanderryn, J., Costa, F. M., & Turbin, M. S. (1995). Protective factors in adolescent problem behavior: Moderator effects and developmental change. *Developmental Psychology, 31*, 923–933.

Johns, B. J., Kauffman, J. M., & Martin, E. W. (2016). The concept of RTI: Billion dollar boondoggle. Available from http://SpedPro.org/documents/JohnsEtAl_ConceptRTI_2016.pdf.

Johnson, J. G., Cohen, P., Kasen S., & Brook, J. S. (2007). Extensive television viewing and the development of attention and learning difficulties during adolescence. *Archives of Pediatrics and Adolescent Medicine, 161*, 480–486.

Johnston, H. F., & March, J. S. (1992). Obsessive–compulsive disorders in children and adolescents. In W. R. Reynolds (Ed.), *Internalizing disorders in children and adolescents* (pp. 107–148). New York: Wiley.

Johnston, L. D., O'Malley, P. M., Bachman, J. G., & Schulenberg, J. E. (2009). *Monitoring the Future national survey results on drug use, 1975–2008: Volume I, Secondary school students* (NIH Publication No. 09-7402). Bethesda, MD: National Institute on Drug Abuse.

Jolivette, K., & Nelson, C. M. (2010a). Introduction to the special issue of behavioral disorders: Juvenile justice issues. *Behavioral Disorders, 36*, 4–6.

Jolivette, K., & Nelson, C. M. (2010b). Adapting positive behavioral interventions and supports for secure juvenile justice settings: Improving facility-wide behavior. *Behavioral Disorders, 36*, 28–42.

Jones, V., Dohrn, E., & Dunn, C. (2004). *Creating effective programs for students with emotional and behavior disorders: Interdisciplinary approaches for adding meaning and hope to behavior change interventions.* Boston, MA: Allyn & Bacon.

Judson, O. (2002). *Dr. Tatiana's sex advice to all creation.* New York, NY: Holt.

Justice, L. (2006). *Communication sciences and disorders: An introduction.* Upper Saddle River, NJ: Prentice Hall.

Kame'enui, E. J. (2015). Special education as "specially designed instruction": Ode to the architecture of information and the message. In B. D. Bateman, J. W. Lloyd, & M. Tankersley (Eds.), *Enduring issues in special education: Personal perspectives* (pp. 74–91). New York, NY: Routledge.

Kaminer, Y. (1994). *Adolescent substance abuse: A comprehensive guide to theory and practice.* New York: Plenum.

Kanner, L. (1960). Child psychiatry: Retrospect and prospect. *American Journal of Psychiatry, 117*, 15–22.

Kaplan, S. G., & Cornell, D. G. (2005). Threats of violence by students in special education. *Behavioral Disorders, 31*, 107–119.

Kashani, J. H., Dahlmeier, J. M., Borduin, C. M., Soltys, S., & Reid, J. C. (1995). Characteristics of anger expression in depressed children. *Journal of the American Academy of Child and Adolescent Psychiatry, 34*, 322–326.

Kaslow, N. J., Morris, M. K., & Rehm, L. P. (1998). Childhood depression. In R. J. Morris & T. R. Kratochwill (Eds.), *The practice of child therapy* (3rd ed., pp. 48–90). Boston, MA: Allyn & Bacon.

Katsiyannis, A. (1994). Pre-referral practices: Under Office of Civil Rights scrutiny. *Journal of Developmental and Physical Disabilities, 6*, 73–76.

Kauffman, J. M. (1976). Nineteenth century views of children's behavior disorders: Historical contributions and continuing issues. *Journal of Special Education, 10*, 335–349.

Kauffman, J. M. (1997). Conclusion: A little of everything, a lot of nothing is an agenda for failure. *Journal of Emotional and Behavioral Disorders, 5*, 76–81.

Kauffman, J. M. (1999a). Comments on social development research in emotional and behavioral disorders. *Journal of Emotional and Behavioral Disorders, 7*, 189–191.

Kauffman, J. M. (1999b). Educating students with emotional or behavioral disorders: What's over the horizon? In L. M. Bullock & R. A. Gable (Eds.), *Educating students with emotional and behavioral disorders: Historical perspective and future directions* (pp. 38–59). Reston, VA: Council for Children with Behavioral Disorders.

Kauffman, J. M. (1999c). How we prevent the prevention of emotional and behavioral disorders. *Exceptional Children, 65*, 448–468.

Kauffman, J. M. (1999d). The role of science in behavioral disorders. *Behavioral Disorders, 24*, 265–272.

Kauffman, J. M. (1999e). The special education story: Obituary, accident report, conversion experience, reincarnation, or none of the above? *Exceptionality, 8*(1), 3–11.

Kauffman, J. M. (1999f). Today's special education and its messages for tomorrow. *Journal of Special Education, 32*, 244–254.

Kauffman, J. M. (1999g). What we make of difference and the difference we make. Foreword in V. L. Schwean & D. H.

Saklofske (Eds.), *Handbook of psychosocial characteristics of exceptional children* (pp. ix–xii). New York: Plenum.

Kauffman, J. M. (2003a). Appearances, stigma, and prevention. *Remedial and Special Education, 24*, 195–198.

Kauffman, J. M. (2003b). Reflections on the field. *Behavioral Disorders, 28*, 205–208.

Kauffman, J. M. (2004). The president's commission and the devaluation of special education. *Education and Treatment of Children, 27*, 307–324.

Kauffman, J. M. (2005). Waving to Ray Charles: Missing the meaning of disability. *Phi Delta Kappan, 86*, 520–521, 524.

Kauffman, J. M. (2007a). Conceptual models and the future of special education. *Educatioin and Treatment of Children, 30*(4), 241–258.

Kauffman, J. M. (2007b). Would we recognize progress if we saw it? *Journal of Behavioral Education.*

Kauffman, J. M. (2007c). Labels and the nature of special education: We need to face realities. *Learning Disabilities: A Multidisciplinary Journal.*

Kauffman, J. M. (2008a). Emotional and behavioral disorders. In E. M. Anderman & L. H. Anderman (Eds.), *Psychology of classroom learning: An encyclopedia*, Vol. 1, (pp. 361–365). Farmington Hills, MI: Gale/Cengage Learning.

Kauffman, J. M. (2008b). Special education. In T. L. Good (Ed.), *21st Century education: A reference handbook*, Vol. 1, (pp. 405–413). Thousand Oaks, CA: Sage.

Kauffman, J. M. (2009). Attributions of malice to special education policy and practice. In T. E. Scruggs & M. A. Mastropieri (Eds.), *Advances in learning and behavioral disabilities: Vol. 22. Policy and practice* (pp. 33–66). Bingley, U.K.: Emerald.

Kauffman, J. M. (2010a). Commentary: Current status of the field and future directions. *Behavioral Disorders, 35*, 180–184.

Kauffman, J. M. (2010b). The problem of early identification. In H. Ricking & G. C. Schulze (Eds.), *Förderbedarf in der emotionalen und sozialen Entwicklung: Prävention, Interdisziplinarität, und Professionalisierung* (pp. 171–177). Bad Heilbrunn, Germany: Klinkhardt.

Kauffman, J. M. (2010c). *The tragicomedy of public education: Laughing and crying, thinking and fixing.* Verona, WI: Attainment.

Kauffman, J. M. (2011). *Toward a science of education: The battle between rogue and real science.* Verona, WI: Attainment.

Kauffman, J. M. (2012a). Labeling and categorizing children and youth with emotional and behavioral disorders in the USA: Current practices and conceptual problems. In T. Cole, H. Daniels, & J. Visser (Eds.), *International companion to emotional and behavioural difficulties.* London, U.K.: Taylor & Francis.

Kauffman, J. M. (2012b). Science and the education of teachers. In R. Detrich, R. Keyworth, & J. States (Eds.), *Advances in evidence-based education, Volume 2. Education at the crossroads: The state of teacher education* (pp. 47–64). Oakland, CA: Wing Institute. CA.

Kauffman, J. M. (2014a). How we prevent the prevention of emotional and behavioral difficulties in education. In P. Garner, J. M. Kauffman, & J. G. Elliott (Eds.), *The Sage handbook of emotional and behavioral difficulties* (2nd ed.) (pp. 505–516). London, U.K.: Sage.

Kauffman, J. M. (2014b). Past, present, and future in EBD and special education. In B. Cook, M. Tankersley, & T. Landrum (Eds.), *Advances in learning and behavioral disabilities, Vol. 27: Classroom behavior, contexts, and interventions* (pp. 63–87). Bingley, U.K.: Emerald.

Kauffman, J. M. (2014c). Prologue: On following the scientific evidence; Epilogue: Science, a harsh mistress. In H. M. Walker & F. M. Gresham (Eds.), *Handbook of evidence-based practices for emotional and behavioral disorders: Applications in schools* (pp. 1–5; 583–585). New York, NY: Guilford.

Kauffman, J. M. (2015a). Opinion on recent developments and the future of special education. *Remedial and Special Education, 36*, 9–13.

Kauffman, J. M. (2015b). The "B" in EBD is not just for bullying. *Journal of Research in Special Educational Needs, 15*, 167–175.

Kauffman, J. M. (2015c). Why exceptionality is more important for special education than exceptional children. *Exceptionality, 23*, 225–236.

Kauffman, J. M. (2015d). Why we should have special education. In B. Bateman, M. Tankersley, & J. Lloyd (Eds.), *Enduring issues in special education: Personal perspectives* (pp. 397–408). New York, NY: Routledge.

Kauffman, J. M. (2016). Anxiety about the future of special education for students with emotional and behavioral disorders. *Journal of Modern Education Review, 6*, 357–363.

Kauffman, J. M. (in preparation). Foreword. In C. Watkins, D. Carnine, J. Lloyd, & T. Slocum (Eds.), *Does Direct Instruction deserve status as an evidence-based practice?* Eugene, OR: Association for Direct Instruction.

Kauffman, J. M., & Anastasiou, D. (2017). On cultural politics in special education: Is much of it justifiable? *Journal of Disability Policy Studies.*

Kauffman, J. M., Anastasiou, D., Badar, J., Travers, J. C., & Wiley, A. L. (2016). Inclusive education moving forward. In J. P. Bakken, F. E. Obiakor, & A. Rotatori (Eds.), *Advances in special education, Vol. 31b—General and special education in an age of change: Roles of professionals involved* (pp. 153–177). Bingley, U.K.: Emerald.

Kauffman, J. M., Anastasiou, D., & Maag, J. W. (2016). Special education at the crossroad: An identity crisis and the need for a scientific reconstruction. *Exceptionality*, doi: 10.1080/09362835.2016.1238380.

Kauffman, J. M., & Badar, J. (2013). How we might make special education for students with emotional or behavioral disorders less stigmatizing. *Behavioral Disorders, 39*, 16–27.

Kauffman, J. M., & Badar, J. (2014a). Better thinking and clearer communication will help special education. *Exceptionality, 22*, 17–32. doi: 10.1080/09362835.2014.865953

Kauffman, J. M., & Badar, J. (2014b). Instruction, not inclusion, should be the central issue in special education: An alternative view from the USA. *Journal of International Special Needs Education, 17*, 13–20.

Kauffman, J. M., & Badar, J. (2016). It's instruction over place—not the other way around! *Phi Delta Kappan, 98*(4), 55–59.

Kauffman, J. M., & Badar, J. (2017). Extremism and disability chic. *Exceptionality*.

Kauffman, J. M., Badar, J., & Wiley, A. L. (in press). RtI: Controversies and solutions. In P. C. Pullen & M. M. Kennedy (Eds.), *Handbook of response to intervention and multi-tiered systems of support*. New York, NY: Routledge.

Kauffman, J. M., Bantz, J., & McCullough, J. (2002). Separate and better: A special public school class for students with emotional and behavioral disorders. *Exceptionality, 10*, 149–170.

Kauffman, J. M., & Brigham, F. J. (2009). *Working with troubled children*. Verona, WI: Attainment.

Kauffman, J. M., Brigham, F. J., & Mock, D. R. (2004). Historical to contemporary perspectives on the field of emotional and behavioral disorders. In R. B. Rutherford, M. M. Quinn, & S. R. Mathur (Eds.), *Handbook of research in emotional and behavioral disorders* (pp. 15–31). New York: Guilford.

Kauffman, J. M., Bruce, A., & Lloyd, J. W. (2012). Response to intervention (RtI) and students with EBD. In J. P. Bakken, F. E. Obiakor, & A. Rotatori (Eds), *Advances in special education: Vol. 22. Behavioral disorders: Current perspectives and issues*. Bingley, U.K.: Emerald.

Kauffman, J. M., Conroy, M., Gardner, R., & Oswald, D. (2008). Cultural sensitivity in the application of behavior principles to education. *Education and Treatment of Children, 31*, 239–262.

Kauffman, J. M., & Hallahan, D. P. (Eds.). (2005a). *The illusion of full inclusion: A comprehensive critique of a current special educational bandwagon* (2nd ed.). Austin, TX: Pro-Ed.

Kauffman, J. M., & Hallahan, D. P. (2005b). *What special education is and why we need it*. Boston, MA: Allyn & Bacon.

Kauffman, J. M., & Hallahan, D. P. (2009). Parental choices and ethical dilemmas involving disabilities: Special education and the problem of deliberately chosen disabilities. *Exceptionality, 17*, 45–62.

Kauffman, J. M., & Kneedler, R. D. (1981). Behavior disorders. In J. M. Kauffman & D. P. Hallahan (Eds.), *Handbook of special education* (pp. 165–194). Upper Saddle River, NJ: Prentice Hall.

Kauffman, J. M., & Konold, T. R. (2007). Making sense in education: Pretense (including NCLB) and realities in rhetoric and policy about schools and schooling. *Exceptionality, 15*, 75–96.

Kauffman, J. M., & Landrum, T. J. (2006). *Children and youth with emotional and behavioral disorders: A history of their education*. Austin, TX: Pro-Ed.

Kauffman, J. M., & Landrum, T. J. (2007). Educational service interventions and reforms. In J. W. Jacobson, J. A. Mulick, & J. Rojahn (Eds.), *Handbook of intellectual and developmental disabilities* (pp. 173–188). New York, NY: Springer.

Kauffman, J. M., & Landrum, T. J. (2009). Politics, civil rights, and disproportional identification of students with emotional and behavioral disorders. *Exceptionality, 17*, 177–188.

Kauffman, J. M., & Lewis, C. D. (Eds.). (1974). *Teaching children with behavior disorders: Personal perspectives*. Upper Saddle River, NJ: Merrill/Prentice Hall.

Kauffman, J. M., & Lloyd, J. W. (1995). A sense of place: The importance of placement issues in contemporary special education. In J. M. Kauffman, J. W. Lloyd, D. P. Hallahan, & T. A. Astuto (Eds.), *Issues in educational placement: Students with emotional and behavioral disorders* (pp. 3–19). Hillsdale, NJ: Erlbaum.

Kauffman, J. M., & Lloyd, J. W. (2017). Statistics, data, and special education decisions: Basic links to realities. In J. M. Kauffman, D. P. Hallahan, & P. C. Pullen (Eds.), *Handbook of special education* (2nd ed.). New York, NY: Taylor & Francis.

Kauffman, J. M., Lloyd, J. W., Baker, J., & Riedel, T. M. (1995). Inclusion of all students with emotional or behavioral disorders? Let's think again. *Phi Delta Kappan, 76*, 542–546.

Kauffman, J. M., Lloyd, J. W., Hallahan, D. P., & Astuto, T. A. (Eds.). (1995a). *Issues in educational placement: Students with emotional and behavioral disorders*. Hillsdale, NJ: Erlbaum.

Kauffman, J. M., Lloyd, J. W., Hallahan, D. P., & Astuto, T. A. (Eds.). (1995b). Toward a sense of place for special education in the 21st century. In J. M. Kauffman, J. W. Lloyd, D. P. Hallahan, & T. A. Astuto (Eds.), *Issues in educational placement: Students with emotional and behavioral disorders* (pp. 379–385). Hillsdale, NJ: Erlbaum.

Kauffman, J. M., McGee, K., & Brigham, M. (2004). Enabling or disabling? Observations on changes in the purposes and outcomes of special education. *Phi Delta Kappan, 85*, 618–620.

Kauffman, J. M., Mock, D. R., & Simpson, R. L. (2007). Problems related to underservice of students with emotional or behavioral disorders. *Behavioral Disorders, 33*, 43–57.

Kauffman, J. M., Mock, D. R., Tankersley, M., & Landrum, T. J. (2008). Effective service delivery models. In R. J. Morris & N. Mather (Eds.), *Evidence-based interventions for students with learning and behavioral challenges* (pp. 359–378). Mahwah, NJ: Lawrence Erlbaum Associates.

Kauffman, J. M., Nelson, C. M., Simpson, R. L., & Mock, D. R. (2017). Contemporary issues. In J. M. Kauffman, D. P. Hallahan, & P. C. Pullen (Eds.), *Handbook of special education* (2nd ed.). New York, NY: Taylor & Francis.

Kauffman, J. M., & Pullen, P. L. (1996). Eight myths about special education. *Focus on Exceptional Children, 28*(5), 1–12.

Kauffman, J. M., Pullen, P. L., Mostert, M. P., & Trent, S. C. (2011). *Managing classroom behavior: A reflective case-based approach* (5th ed.) Upper Saddle River, NJ: Pearson Education.

Kauffman, J. M., & Sasso, G. M. (2006a). Toward ending cultural and cognitive relativism in special education. *Exceptionality, 14*, 65–90.

Kauffman, J. M., & Sasso, G. M. (2006b). Certainty, doubt, and the reduction of uncertainty: A rejoinder. *Exceptionality, 14*, 109–120.

Kauffman, J. M., Simpson, R. L., & Mock, D. R. (2009). Problems related to underservice: A rejoinder. *Behavioral Disorders, 34*, 172–180.

Kauffman, J. M., & Smucker, K. (1995). The legacies of placement: A brief history of placement options and issues with commentary on their evolution. In J. M. Kauffman,

J. W. Lloyd, D. P. Hallahan, & T. A. Astuto (Eds.), *Issues in educational placement: Students with emotional and behavioral disorders* (pp. 21–44). Hillsdale, NJ: Erlbaum.

Kauffman, J. M., Ward, D. M., & Badar, J. (2016). The delusion of full inclusion. In R. M. Foxx & J. A. Mulick (Eds.), *Controversial therapies for autism and intellectual disabilities* (2nd ed.) (pp. 71–86). New York, NY: Taylor & Francis.

Kavale, K. A., & Forness, S. R. (2000). History, rhetoric and reality: An analysis of the inclusion debate. *Remedial and Special Education, 21*, 279–296.

Kavale, K. A., Kauffman, J. M., Bachmeier, R. J., & LeFever, G. G. (2008). Response-to-intervention: Separating the rhetoric of self-congratulation from the reality of specific learning disability identification. *Learning Disability Quarterly, 31*, 135–150.

Kavale, K. A., Mathur, S. R., & Mostert, M. P. (2004). Social skills training and teaching social behavior to students with EBD. In R. B. Rutherford, M. M. Quinn, & S. R. Mathur (Eds.), *Handbook of research in emotional and behavioral disorders* (pp. 446–461). New York, NY: Guilford.

Kavale, K. A., & Mostert, M. P. (2003). River of ideology, islands of evidence. *Exceptionality, 11*, 191–208.

Kazdin, A. E. (1993). Conduct disorder. In T. H. Ollendick & M. Hersen (Eds.), *Handbook of child and adolescent assessment* (pp. 292–310). New York: Pergamon.

Kazdin, A. E. (1994). Interventions for aggressive and antisocial children. In L. D. Eron, J. H. Gentry, & P. Schlegel (Eds.), *Reason to hope: A psychosocial perspective on violence and youth* (pp. 341–382). Washington, DC: American Psychological Association.

Kazdin, A. E. (1995). *Conduct disorders in childhood and adolescence* (2nd ed.). Thousand Oaks, CA: Sage.

Kazdin, A. E. (1998). Conduct disorder. In R. J. Morris & T. R. Kratochwill (Eds.), *The practice of child therapy* (3rd ed., pp. 199–230). Boston: Allyn & Bacon.

Kazdin, A. E. (2001). *Behavior modification in applied settings* (6th ed.). Belmont, CA: Wadsworth.

Kazdin, A. E. (2003). Problem-solving skills training and parent management training for conduct disorder. In A. E. Kazdin & J. R. Weisz (Eds.), *Evidence-based psychotherapies for children and adolescents* (pp. 241–262). New York: Guilford Press.

Kazdin, A. E. (2008). *The Kazdin method for parenting the defiant child*. Boston, MA: Houghton Mifflin.

Kazdin, A. E., & Marciano, P. L. (1998). Childhood and adolescent depression. In E. J. Mash & R. A. Barkley (Eds.), *Treatment of childhood disorders* (2nd ed., pp. 211–248). New York. Guilford.

Kearney, C., & Albano, A.M. (2007). *When children refuse school: A cognitive-behavioral therapy approach* (2nd ed.). New York, NY: Oxford University Press.

Kendall, P. C., & Gosch, E. A. (1994). Cognitive-behavioral interventions. In T. H. Ollendick, N. J. King, & W. Yule (Eds.), *International handbook of phobic and anxiety disorders in children and adolescents* (pp. 415–438). New York: Plenum.

Kendziora, K. T. (2004). Early intervention for emotional and behavioral disorders. In R. B. Rutherford, M. M. Quinn, & S. R.

Mathur (Eds.), *Handbook of Research in Emotional and Behavioral Disorders* (pp. 327–351). New York, NY: Guilford Press.

Keogh, B. K. (2003). *Temperament in the classroom: Understanding individual differences*. Baltimore, MD: Brookes.

Kerr, M. M., & Nelson, C. M. (2010). *Strategies for addressing behavior problems in the classroom* (6th ed.). Upper Saddle River, NJ: Merrill/Prentice Hall.

Kerr, M. M., Nelson, C. M., & Lambert, D. L., (1987). *Helping adolescents with learning and behavior problems*. Upper Saddle River, NJ: Merrill/Prentice Hall.

Kessler, R. C., Berglund, P., Demler, O., Jin, R., & Walters, E. E. (2005). Lifetime prevalence and age-of-onset distributions of DSM-IV disorders in the national comorbidity survey replication. *Archives of General Psychiatry, 62*, 593–602.

Kessler, R. C., Chiu, W. T., Demler, O., & Walters, E. E. (2005). Prevalence, severity, and comorbidity of 12-month DSM-IV disorders in the national comorbidity survey replication. *Archives of General Psychiatry, 62*, 617–627.

Kettler, R. J. (2012). Testing accommodations: Theory and research to inform practice. *International Journal of Disability, Development and Education, 59*(1), 53–66.

Kimonis, E. R., Frick, P. J., & McMahon, R. G. (2014). Conduct and oppositional defiant disorders. In E. J. Mash & R. A. Barkley (Eds.) *Child psychopathology* (3rd ed.) (pp. 145–179). New York, NY: Guilford.

King, N. J., Hamilton, D. I., & Murphy, G. C. (1983). The prevention of children's maladaptive fears. *Child and Family Behavior Therapy, 5*(2), 43–57.

King, N. J., Heyne, D., & Ollendick, T. H. (2005). Cognitive-behavioral treatments for anxiety and phobic disorders in children and adolescents: A review. *Behavioral Disorders, 30*, 241–257.

Kingery, P. M., & Walker, H. M. (2002). What we know about school safety. In M. R. Shinn, H. M. Walker, & G. Stoner (Eds.), *Interventions for academic and behavior problems II: Preventive and remedial approaches* (pp. 71–88). Bethesda, MD: National Association of School Psychologists.

Klein, M. W. (1995). *The American street gang: Its nature, prevalence, and control*. New York, NY: Oxford University Press.

Klein, M. W. (2006). The value of comparisons in street gang research. In J. F. Short & L. A. Hughes (Eds.), *Studying youth gangs* (pp. 129–144). New York, NY: Rowman & Littlefield.

Klein, R. G., & Last, C. G. (1989). *Anxiety disorders in children*. Newbury Park, CA: Sage.

Kleinheksel, K. A., & Summy, S. E. (2003). Enhancing student learning and social behavior through mnemonic strategies. *Teaching Exceptional Children, 36*(2), 30–35.

Klinger, L. G., Dawson, G., Barnes, K., & Crisler, M. (2014). Autism spectrum disorder. In E. J. Mash & R. A. Barkley (Eds.), *Child psychopathology* (3rd ed., pp. 531–572). New York: Guilford.

Klingner, J., Moore, B., Davidson, A. O., Boele, A., Boardman, A., Figueroa, R., ... Sager, N. (2015). Cultural and linguistic diversity in special education. In B. D. Bateman, J. W. Lloyd, &

M. Tankersley (Eds.), *Enduring issues in special education: Personal perspectives* (pp. 110–131). New York, NY: Routledge.

Knitzer, J. (1982). *Unclaimed children: The failure of public responsibility to children and adolescents in need of mental health services.* Washington, DC: Children's Defense Fund.

Knoll, C., & Sickmund, M. (2010). *Delinquency cases in juvenile court, 2007.* Office of Juvenile Justice and Delinquency Prevention Fact Sheet. Washington, D.C.: U. S. Department of Justice.

Kohler, P. K., Manhart, L. E., & Lafferty, W. E. (2008). Abstinence-only and comprehensive sex education and the initiation of sexual activity and teen pregnancy. *Journal of Adolescent Health, 42,* 344–351.

Kohn, A. (1993). *Punished by rewards.* New York, NY: Houghton Mifflin.

Kolko, D. (2002). (Ed.). *Handbook on firesetting in children and youth.* New York, NY: Academic Press.

Kolko, D. J., Herschell, A. D., & Scharf, D. M. (2006). Education and treatment for boys who set fires: Specificity, moderators, and predictors of recidivism. *Journal of Emotional and Behavioral Disorders, 14,* 227–239.

Kolko, D. J., & Kazdin, A. E. (1986). A conceptualization of fire setting in children and adolescents. *Journal of Abnormal Child Psychology, 14,* 49–61.

Kolko, D. J., & Kazdin, A. E. (1989). The Children's Firesetting Interview with psychiatrically referred and nonreferred children. *Journal of Abnormal Child Psychology, 17,* 609–624.

Konold, T. R., & Pianta, R. C. (2007). The influence of informants on ratings of children's behavioral functioning: A latent variable approach. *Journal of Psychoeducational Assessment, 25,* 222–236.

Konopasek, D. E., & Forness, S. R. (2014). Issues and criteria for effective use of psychopharmacological interventions in schooling. In H. M. Walker & F. M. Gresham (Eds.), *Handbook of evidence-based practices for emotional and behavioral disorders: Applications in schools* (pp. 457–472). New York, NY: Guilford.

Kopelowicz, A., Liberman, R. P., & Zarate, R. (2006) Recent advances in social skills training for schizophrenia. *Schizophrenia Bulletin, 32* (suppl 1), S12–S23.

Kotchick, B. A., Shaffer, A., Miller, K. S., & Forehand, R. (2001). Adolescent sexual risk behavior: A multi-system perspective. *Clinical Psychology Review, 21,* 493–519.

Kotler, L. A., Devlin, M. J., & Walsh, B. T. (2002). Eating disorders and related disturbances. In S. Kutcher (Ed.), *Practical child and adolescent psychopharmacology* (pp. 410–430). New York: Cambridge University Press.

Kratochwill, T. R., & McGivern, J. E. (1996). Clinical diagnosis, behavioral assessment, and functional analysis: Examining the connection between assessment and intervention. *School Psychology Review, 25,* 342–355.

Kratzer, L., & Hodgins, S. (1999). A typology of offenders: A test of Moffitt's theory among males and females from childhood to age 30. *Criminal Behavior and Mental Health, 9,* 57–73.

Kroneman, L. M., Loeber, R., Hipwell, A. E., & Koot, H. M. (2009). Girls' disruptive behavior and its relationship to

family functioning: A review. *Journal of Child and Family Studies, 18,* 259–273.

Kuniyoshi, J., & McClellan, J. M. (2014). Early-onset schizophrenia. In E. J. Mash & R. A. Barkley (Eds.). *Child psychopathology* (3rd ed.) (pp. 573–592). New York, NY: Guilford.

Kurlan, R. (2010). Tourette's syndrome. *New England Journal of Medicine, 363,* 2332–2338.

Kusumakar, V., Lazier, L., MacMaster, F. P., & Santor, D. (2002). Bipolar mood disorders: Diagnosis, etiology, and treatment. In S. Kutcher (Ed.), *Practical child and adolescent psychopharmacology* (pp. 106–133). New York, NY: Cambridge University Press.

Kutcher, S. (Ed.). (2002). *Practical child and adolescent psychopharmacology.* New York, NY: Cambridge University Press.

Kyger, M. M. (1999). *Fix it before it breaks: Training teachers to use precorrection procedures.* Unpublished doctoral dissertation, University of Virginia, Charlottesville.

Laird, R. D., Pettit, G. S., Bates, J. E., & Dodge, K. A. (2003). Parents' monitoring-relevant knowledge and adolescents' delinquent behavior: Evidence of correlated developmental changes and reciprocal influences. *Child Development, 74,* 752–768.

Lajiness-O'Neill, R., & Erdodi, L. A. (2017). Traumatic brain injury. In J. M. Kauffman, D. P. Hallahan, & P. C. Pullen (Eds.), *Handbook of special education* (2nd ed.). New York, NY: Taylor & Francis.

Lambros, K. M., Ward, S. L., Bocian, K. M., MacMillan, D. L., & Gresham, F. M. (1998). Behavioral profiles of children at-risk for emotional and behavioral disorders: Implications for assessment and classification. *Focus on Exceptional Children, 30*(5), 1–16.

Landrum, T. J., (1997). Why data don't matter. *Journal of Behavioral Education, 7,* 123–129.

Landrum, T. J. (2000). Assessment for eligibility: Issues in identifying students with emotional or behavioral disorders. *Assessment for Effective Intervention, 26*(1), 41–49.

Landrum, T. J. (2015). Science matters in special education. In B. Bateman, M. Tankersley, & J. Lloyd (Eds.), *Enduring issues in special education: Personal perspectives* (pp. 429–440). New York, NY: Routledge.

Landrum, T. J. (2017). Emotional and behavioral disorders. In J. M. Kauffman, D. P. Hallahan, & P. C. Pullen (Eds.), *Handbook of special education* (2nd ed.). New York, NY: Taylor & Francis.

Landrum, T. J., & Kauffman, J. M. (2003). Emotionally disturbed, education of. In J. W. Guthrie (Ed.), *Encyclopedia of education* (2nd ed., pp. 726–728). New York: Macmillan Reference.

Landrum, T. J., & Kauffman, J. M. (2006). Behavioral approaches to classroom management. In C. M. Evertson & C. S. Weinstein (Eds.), *Handbook of classroom management: Research, practice, and contemporary issues* (pp. 47–71). Mahwah, NJ: Erlbaum.

Landrum, T. J., Scott, T. M., & Lingo, A. S. (2011). Classroom misbehavior is predictable and preventable. *Phi Delta Kappan, 93*(2), 30–34.

Landrum, T. J., & Tankersley, M. T. (1999). Emotional and behavioral disorders in the new millennium: The future is now. *Behavioral Disorders, 24,* 319–330.

Landrum, T. J., & Tankersley, M. T. (2004). Science in the schoolhouse: An uninvited guest. *Journal of Learning Disabilities, 37*, 207–212.

Landrum, T. J., Tankersley, M., & Kauffman, J. M. (2006). What's special about special education for students with emotional or behavioral disorders. In B. Cook & B. Shirmer (Eds.), *What's special about special education? Examining the role of evidence-based practices* (pp. 12–25) Austin, TX: PRO-ED.

Landrum, T. J., Wiley, A. L., Tankersley, M., & Kauffman, J. M. (2014). Is EBD "special," and is "special education" an appropriate response? In P. Garner, J. M. Kauffman, & J. G. Elliott (Eds.), *The Sage handbook of emotional and behavioral difficulties* (2nd ed.) (pp. 69–81). London: Sage.

Lane, K. L. (2004). Academic instruction and tutoring interventions for students with emotional and behavioral disorders: 1990 to the present. In R. B. Rutherford, M. M. Quinn, & S. R. Mathur (Eds.), *Handbook of research in emotional and behavioral disorders* (pp. 462–486). New York, NY: Guilford.

Lane, K. L., & Menzies, H. M. (Eds.). (2010). Special issue: Reading and writing interventions for students with and at risk for emotional and behavioral disorders. *Behavioral Disorders, 35*(2).

Lane, K. L., Barton-Arwood, S. M., Rogers, L. A., & Robertson, E. J. (2007). Literacy interventions for students with and at-risk for emotional or behavioral disorders: 1997–present. In J. B. Crockett, M. M. Gerber, & T. J. Landrum (Eds.), *Achieving the radical reform of special education: Essays in honor of James M. Kauffman* (pp. 213–241). Mahwah, NJ: Erlbaum.

Lane, K. L., Carter, E. W., Pierson, M. R., & Glaeser, B. C. (2006). Academic, social, and behavioral characteristics of high school students with emotional disturbances or learning disabilities. *Journal of Emotional and Behavioral Disorders, 14*(2), 108–117.

Lane, K. L., Kalberg, J. R., Lambert, E. W., Crnobori, M., & Bruhn, A. L. (2010). A comparison of systematic screening tools for emotional and behavioral disorders: A replication. *Journal of Emotional and Behavioral Disorders, 18*, 100–112.

Lane, K. L., Kalberg, J. R., & Menzies, H. M. (2009). *Developing schoolwide programs to prevent and manage problem behaviors: A step-by-step approach.* New York, NY: Guilford.

Lane, K. L., Little, M. A., Casey, A. M., Lambert, W., Wehby, J. H., & Weisenbach, J. L., et al. (2009). A comparison of systematic screening tools for emotional and behavioral disorders: How do they compare? *Journal of Emotional and Behavioral Disorders, 17*, 93–105.

Lane, K. L., Menzies, H. M., Bruhn, A. L., & Crnobori, M. (2011). *Managing challenging behaviors in schools: Research-based strategies that work.* New York, NY: Guilford.

Lane, K, L., Menzies, H. M., Oakes, W. P., & Germer, K. A. (2014). Screening and identification approaches for detecting students at-risk. In H. M. Walker & F. M. Gresham (Eds.), *Handbook of evidence-based practices for students having emotional and behavioral disorders* (2nd ed.) (pp. 129–151). New York: Guilford.

Lane, K. L., Menzies, H. M., Oakes, W. P., & Kalberg, J. R. (2012). *Systematic screenings of behavior to support instruction: From preschool to high school.* New York, NY: Guilford.

Lane, K. L., & Walker, H. M. (2015). The connection between assessment and intervention: How can screening lead to better intervention? In B. Bateman, J. W. Lloyd, & M. Tankersley (Eds.), *Enduring issues in special education: Personal perspectives* (pp. 285–301). New York: Routledge.

Lattimore, P. K., Visher, C. A., & Linster, R. L. (1995). Predicting rearrest for violence among serious youthful offenders. *Journal of Research in Crime and Delinquency, 32*, 54–83.

Laub, J. H., & Lauritsen, J. L. (1998). The interdependence of school violence with neighborhood and family conditions. In D. S. Elliott, B. A. Hamburg, & K. R. Williams (Eds.), *Violence in American schools* (pp. 127–155). New York, NY: Cambridge University Press.

LaVigna, G. W., & Donnellan, A. M. (1986). *Alternatives to punishment: Solving behavior problems with nonaversive strategies.* New York: Irvington.

Lay, B., Blanz, B., Hartmann, M., & Schmidt, M. H. (2000). The psychosocial outcome of adolescent-onset schizophrenia: A 12-year followup. *Schizophrenia Bulletin, 26*, 801–816.

Learoyd-Smith, S., & Daniels, H. (2014). Social contexts, cultures and environments. In P. Garner, J. M. Kauffman, & J. G. Elliott (Eds.), *The Sage handbook of emotional and behavioral difficulties* (2nd ed.) (pp. 145–164). London, U.K.: Sage.

LeBlanc, L. A., Sautter, R. A., & Dore, D. J. (2006). In M. Hersen (Ed.), *Clinician's handbook of child behavioral assessment* (pp. 377–399). Boston, MA: Academic Press.

Lee, P., Moss, S., Friedlander, R., Donnelly, T., & Horner, W. (2003). Early-onset schizophrenia in children with mental retardation: Diagnostic reliability and stability of clinical features. *Journal of the American Academy of Child and Adolescent Psychiatry, 42*, 162–169.

Leech, S. L., Day, N. L., Richardson, G. A., & Goldschmidt, L. (2003). Predictors of self-reported delinquent behavior in a sample of young adolescents. *Journal of Early Adolescence, 23*, 78–106.

Leff, S. S., Waanders, C., Waasdorp, T. E., & Paskewich, B. S. (2014). Bullying and aggression in school settings. In H. M. Walker & F. M. Gresham (Eds.), *Handbook of evidence-based practices for emotional and behavioral disorders: Applications in schools* (pp. 277–291). New York, NY: Guilford.

Lembke, E. S. (2015). Who should receive special education services and how should educators identify which students are to receive special education services? In B. D. Bateman, J. W. Lloyd, & M. Tankersley (Eds.), *Enduring issues in special education: Personal perspectives* (pp. 133–153). New York, NY: Routledge.

Lemov, D. (2014). *Teach like a champion 2.0: 62 techniques that put students on the path to college.* San Francisco, CA: Jossey-Bass.

Lenzenweger, M. F., & Dworkin, R. H. (Eds.). (1998). *Origins and development of schizophrenia: Advances in experimental psychopathology.* Washington, DC: American Psychological Association.

Leone, P. E., Rutherford, R. B., & Nelson, C. M. (1991). *Special education in juvenile corrections.* Reston, VA: Council for Exceptional Children.

Lerman, D. C., & Vorndran, C. M. (2002). On the status of knowledge for using punishment: Implications for treating behavior disorders. *Journal of Applied Behavior Analysis, 35*, 431–464.

Lern, L. (2017, January 3). Detentions, suspension and expulsion do not curb violent behavior. The Hechinger Report. Retrieved January 7 from http://hechingerreport.org/detentions-suspension-expulsion-not-curb-violent-behavior.

Levy, F., & Hay, D. A. (Eds.). (2001). *Attention, genes and ADHD.* Philadelphia, PA: Taylor & Francis.

Lewinsohn, P. M., Gotlib, I. H., & Seeley, J. R. (1995). Adolescent psychopathology. IV: Specificity of psychosocial risk factors for depression and substance abuse in older adolescents. *Journal of the American Academy of Child and Adolescent Psychiatry, 34*, 1221–1229.

Lewis, C. D. (1974). Introduction: Landmarks. In J. M. Kauffman & C. D. Lewis (Eds.), *Teaching children with behavior disorders: Personal perspectives* (pp. 2–23). Upper Saddle River, NJ: Merrill/Prentice Hall.

Lewis, T. J., Lewis-Palmer, T., Stichter, J., & Newcomer, L. L. (2004). Applied behavior analysis and the education and treatment of students with emotional and behavioral disorders. In R. Rutherford, M. M. Quinn, & S. Mathur (Eds.), *Handbook of research in emotional and behavioral disorders* (pp. 523–545). New York, NY: Guilford.

Lewis, T. J., Mitchell, B. S., Johnson, N. W., & Richter, M. (2014). Supporting children and youth with emotional/behavioral disorders through school-wide systems of positive behavioral support. In P. Garner, J. M. Kauffman, & J. G. Elliott (Eds.), *The Sage handbook of emotional and behavioral difficulties* (2nd ed.) (pp. 373–384). London, U.K.: Sage.

Lewis, T. J., Scott, T. M., Wehby, J. H., & Wills, H. P. (2014). Direct observation of teacher and student behavior in school settings: Trends, issues and future directions. *Behavioral Disorders, 39*, 190–200.

Lewis, T. J., Sugai, G., & Colvin, G. (1998). Reducing problem behavior through a school-wide system of effective behavioral support: Investigation of a school-wide social skills training program and contextual interventions. *School Psychology Review, 27*, 446–459.

Leyba, E. G., & Massat, C. R. (2009). Attendance and truancy: Assessment, prevention, and intervention strategies for school social workers. In C. R. Massat, R. Constable, S. McDonald & J. P. Flynn (Eds.), *School social work: Practice, policy and research* (7th ed.) (pp. 692–712). Chicago, IL: Lyceum Books.

Liaupsin, C. J., Jolivette, K., & Scott, T. M. (2004). Schoolwide systems of behavior support: Maximizing student success in schools. In R. B. Rutherford, M. M. Quinn, & S. R. Mathur (Eds.), *Handbook of research in emotional and behavioral disorders* (pp. 487–501). New York, NY: Guilford.

Liddle, H. A., Dakof, G. A., Turner, R. M., Henderson, C. E., & Greenbaum, P. E. (2008). Treating adolescent drug abuse: A randomized trial comparing multidimensional family therapy and cognitive behavior therapy. *Addiction, 103*, 1660–1670.

Lien-Thorne, S., & Kamps, D. (2005). Replication of the First Step to Success intervention program. *Behavioral Disorders, 31*, 18–32.

Lindberg, L. D., & Maddow-Zimet, I. (2012). Consequences of sex education on teen and young adult sexual behaviors and outcomes. *Journal of Adolescent Health, 51*(4), 332–338.

Lindsay, R. (2016). California voters legalize recreational marijuana: Will federal law follow? Christian Science Monitor, retrieved from http://www.csmonitor.com/USA/2016/1109/California-voters-legalize-recreational-marijuana-Will-federal-law-follow.

Lindstrom, J. H. (2017). High stakes testing and accommodations. In J. M. Kauffman, D. P. Hallahan, & P. C. Pullen (Eds.), *Handbook of special education* (2nd ed.). New York: Taylor & Francis.

Lingo, A.S., Slaton, D.B., & Jolivette, K. (2006). Effects of corrective reading on the reading abilities and classroom behaviors of middle school students with reading deficits and challenging behaviors. *Behavioral Disorders, 31*, 265–283.

Linnoila, M. (1997). On the psychobiology of antisocial behavior. In D. M. Stoff, J. Breiling, & J. D. Maser (Eds.), *Handbook of antisocial behavior* (pp. 336–340). New York, NY: Wiley.

Lloyd, J. W., Forness, S. R., & Kavale, K. A. (1998). Some methods are more effective than others. *Intervention in School and Clinic, 33*(4), 195–200.

Lloyd, J. W., & Hallahan, D. P. (2007). Advocacy and reform of special education. In J. B. Crockett, M. M. Gerber, & T. J. Landrum (Eds.), *Achieving the radical reform of special education: Essays in honor of James M. Kauffman* (pp. 245–263). Mahwah, NJ: Erlbaum.

Lloyd, J. W., & Kauffman, J. M. (1995). What less restrictive placements require of teachers. In J. M. Kauffman, J. W. Lloyd, D. P. Hallahan, & T. A. Astuto (Eds.), *Issues in educational placement: Students with emotional and behavioral disorders* (pp. 317–334). Hillsdale, NJ: Erlbaum.

Lloyd, J. W., Kauffman, J. M., Landrum, T. J., & Roe, D. L. (1991). Why do teachers refer pupils for special education? An analysis of referral records. *Exceptionality, 2*, 115–126.

Lloyd, J. W., Tankersley, M., & Bateman, B. D. (2015). Introduction: Does special education have issues? In B. D. Bateman, J. W. Lloyd, & M. Tankersley (Eds.), *Enduring issues in special education: Personal perspectives.* New York, NY: Routledge.

Loeber, R. (1982). The stability of antisocial and delinquent child behavior: A review. *Child Development, 53*, 1431–1446.

Loeber, R., & Farrington, D. P. (2000). Young children who commit crime: Epidemiology, developmental origins, risk factors, early interventions, and policy implications. *Development and Psychopathology, 12*, 737–762.

Loeber, R., Farrington, D. P., & Petechuk, D. (2003). *Child delinquency: Early intervention and prevention.* US Department of Justice, Office of Justice Programs, Office of Juvenile Justice and Delinquency Prevention.

Loeber, R., Farrington, D. P., Stouthamer-Loeber, M., & Van Kammen, W. B. (1998a). *Antisocial behavior and mental health problems: Explanatory factors in childhood and adolescence.* Mahwah, NJ: Erlbaum.

Loeber, R., Farrington, D. P., Stouthamer-Loeber, M., & Van Kammen, W. B. (1998b). Multiple risk factors for multi-problem boys: Co-occurrence of delinquency, substance use, attention deficit, conduct problems, physical aggression, covert behavior, depressed mood, and shy/withdrawn behavior. In R. Jessor (Ed.), *New perspectives on adolescent risk behavior* (pp. 90–149). New York, NY: Cambridge University Press.

Loeber, R., Green, S. M., Keenan, K., & Lahey, B. B. (1995). Which boys will fare worse? Early predictors of the onset of conduct disorder in a six-year longitudinal study. *Journal of the American Academy of Child and Adolescent Psychiatry, 34,* 499–509.

Loeber, R., & Schmaling, K. B. (1985a). Empirical evidence for overt and covert patterns of antisocial conduct problems: A meta analysis. *Journal of Abnormal Child Psychology, 13,* 337–352.

Loeber, R., & Schmaling, K. B. (1985b). The utility of differentiating between mixed and pure forms of antisocial child behavior. *Journal of Abnormal Child Psychology, 13,* 315–336.

Loeber, R., & Stouthamer-Loeber, M. (1998). *Juvenile aggression at home and at school.* In D. S. Elliott, B. A. Hamburg, & K. R. Williams (Eds.), *Violence in American schools: A new perspective* (pp. 94–126). New York: Cambridge University Press.

Loeber, R., Wung, P., Keenan, K., Giroux, B., Stouthamer-Loeber, M., Van Kammen, W., & Maughan, B. (1993). Developmental pathways in disruptive child behavior. *Development and Psychopathology, 5,* 103–134.

Logan, S. (2009). *This is for the Mara Salvatrucha: Inside the MS-13, America's most violent gang.* New York, NY: Hyperion.

Long, N. J., Wood, M. M., & Fecser, F. A. (2001). *Life space crisis intervention: Talking with students with in conflict.* Austin, TX: Pro-Ed.

Lonke, P. T. (2017). Communication disorders. In J. M. Kauffman, D. P. Hallahan, & P. C. Pullen (Eds.), *Handbook of special education* (2nd ed.). New York, NY: Taylor & Francis.

Lous, A. M., de Wit, C. A. M., De Bruyn, E. E. J., & Riksen-Walraven, J. M. (2002). Depression markers in young children's play: A comparison between depressed and nondepressed 3- to 6-year-olds in various play situations. *Journal of Child Psychology and Psychiatry and Allied Disciplines, 43,* 1029–1038.

Louv, R. (2005). *The last child in the woods: Saving our children from nature-deficit disorder.* Chapel Hill, NC: Algonquin Press.

Luiselli, J. K., & Reed, D. D. (2011). Social validity. In S. Goldstein & J. Naglieri (Eds.), *Encyclopedia of Child Behavior and Development* (p. 1406). New York: Springer.

Lundman, R. J. (1993). *Prevention and control of juvenile delinquency* (2nd ed.). New York: Oxford University Press.

Lynn, D., & King, B. H. (2002). Aggressive behavior. In S. Kutcher (Ed.), *Practical child and adolescent psychopharmacology* (pp. 305–327). New York: Cambridge University Press.

Lyons-Ruth, K., Zeanah, C. H., Benoit, D., Madigan, S., & Mills-Koonce, R. (2014). Disorder and risk for disorder during infancy and toddlerhood. In E. J. Mash & R. A. Barkley (Eds). *Child psychopathology* (3rd ed.) (pp. 673–736). New York, NY: Guilford.

Maag, J. W. (2001). Rewarded by punishment: Reflections on the disuse of positive reinforcement in schools. *Exceptional Children, 67,* 173–186.

Maag, J. W. (2006). Social skills training for students with emotional and behavioral disorders: A review of reviews. *Behavioral Disorders, 32,* 5–17.

Maag, J. W., & Swearer, S. M. (2005). Cognitive-behavioral interventions for depression: Review and implications for school personnel. *Behavioral Disorders, 30,* 250–276.

Macera, M. H., & Mizes, J. S. (2006). Eating disorders. In M. Hersen (Ed.), *Clinician's handbook of child behavioral assessment* (pp. 437–457). Boston, MA: Academic Press.

Madge, N., & Harvey, J. G. (1999). Suicide among the young— The size of the problem. *Journal of Adolescence, 22,* 145–155.

Mahfouz, N. (2001). *The Cairo trilogy* (W. M. Hutchins, O. E., Kenny, L. M. Kenny, & A. B. Samaan, Trans.). London, U.K.: Everyman.

Malecki, C. K., & Demaray, M. K. (2003). Carrying a weapon to school and perceptions of social support in an urban middle school. *Journal of Emotional and Behavioral Disorders, 11,* 169–178.

Malone, J. C. (2003). Advances in behaviorism: It's not what it used to be. *Journal of Behavioral Education, 12,* 85–89.

March, J. S. (1995). Cognitive-behavioral psychotherapy for children and adolescents with OCD: A review and recommendations for treatment. *Journal of the American Academy of Child and Adolescent Psychiatry, 34,* 7–18.

March, J. S., & Mulle, K. (1998). *OCD in children and adolescents: A cognitive-behavioral treatment manual.* New York: Guilford.

Mark Twain Foundation. (1966). *Mark Twain: Collected tales, sketches, speeches, & essays, 1891–1910.* New York: Library of America.

Marsh, R. L., & Patrick, S. B. (2006). Juvenile diversion programs. In B. Sims & P. Preston (Eds.), *Handbook of juvenile justice: Theory and practice* (pp. 473–430). Boca Raton, FL: Taylor & Francis.

Marshall, W. (2015). Hip-hop's irrepressible refashionability: Phases in the cultural production of black youth. In O. Patterson & E. Fosse (Eds.), *The cultural matrix: Understanding black youth* (pp. 167–197). Cambridge, MA: Harvard University Press.

Martella, R. C., Nelson, J. R., Marchand-Martella, N. E., & O'Reilly, M. (2012). *Comprehensive behavior management: Individualized, classroom, and schoolwide, approaches* (2nd ed.). London, U.K.: Sage.

Martens, B. K., & Lambert, T. L. (2014). Conducting functional behavior assessments for students with emotional/behavioral disorders. In H. M. Walker & F. M. Gresham (Eds.), *Handbook of evidence-based practices for emotional and behavioral disorders: Applications in schools* (pp. 243–257). New York, NY: Guilford.

Martens, E. H., & Russ, H. (1932). *Adjustment of behavior problems of school children: A description and evaluation of the clinical program in Berkeley, Calif.* Washington, DC: U.S. Government Printing Office.

Martin, E. W. (2013). *Breakthrough: Federal special education legislation 1965–1981.* Sarasota, FL: Bardolf.

Martin, J. A. (1981). A longitudinal study of the consequences of early mother–infant interaction: A microanalytic approach. *Monographs of the Society for Research in Child Development, 43*(3, Serial No. 190).

Mash, E. J., & Barkley. R. A. (Eds.) (2003). Child psychopathology (2nd ed). New York, NY: Guilford.

Mash, E. J., & Barkley, R. A. (Eds.). (2014). *Child psychopathology* (3rd ed.). New York, NY: Guilford.

Masi, G., Sbrana, B., Poli, P., Tomaiuolo, F., Favilla, L., & Marcheschi, M. (2000). Depression and school functioning in non-referred adolescents: A pilot study. *Child Psychiatry and Human Development, 30,* 161–171.

Mathur, S. R., & Schoenfeld, N. (2010). Effective instructional practices in juvenile justice facilities *Behavioral Disorders, 36,* 20–27.

Matson, J. L., & Laud, R. B. (2007). Assessment and treatment [of] psychopathology among people with developmental delays. In J. W. Jacobson, J. A. Mulick, & J. Rojahn (Eds.), *Handbook of intellectual and developmental disabilities* (pp. 507–539). New York, NY: Springer.

Mattai, A. K., Hill, J. L., & Lenroot, R. K. (2010). Treatment of early onset schizophrenia. *Current Opinion in Psychiatry, 23,* 304–310.

Mattison, R. E. (2004). Psychiatric and psychological assessment of EBD during school mental health consultation. In R. B. Rutherford, M. M. Quinn, & S. R. Mathur (Eds.), *Handbook of research in emotional and behavioral disorders* (pp. 163–180). New York: Guilford.

Mattison, R. E. (2011, October 29). *A psychiatric consultant/researcher's perspective on the future of the EBD field.* Presentation at the 35th Annual Conference of Teacher Educators for Children with Behavioral Disorders, Tempe, AZ.

Mattison, R. E. (2014). The interface between child psychiatry and special education in the treatment of students with emotional/behavioral disorders in school settings. In H. M. Walker & F. M. Gresham (Eds.), *Handbook of evidence-based practices for emotional and behavioral disorders: Applications in schools* (pp. 104–126). New York, NY: Guilford.

Mattison, R. E., Hooper, S. R., & Carlson, G. A. (2006). Neuropsychological characteristics of special education students with serious emotional/behavioral disorders. *Behavioral Disorders, 31,* 176–188.

Maxson, C. (2011). Street gangs. In J. Q. Wilson & J. Petersilia (Eds.), *Crime and public policy* (pp. 158–182). New York, NY: Oxford University Press.

Mayer, G. R., Nafpaktitis, M., Butterworth, T., & Hollingsworth, P. (1987). A search for the elusive setting events of school vandalism: A correlational study. *Education and Treatment of Children, 10,* 259–270.

Mayer, G. R., & Sulzer-Azaroff, B. (1991). Interventions for vandalism. In G. Stoner, M. R. Shinn, & H. M. Walker (Eds.), *Interventions for achievement and behavior problems* (pp. 559–580). Silver Spring, MD: National Association of School Psychologists.

Mayer, G. R., & Sulzer-Azaroff, B. (2002). Interventions for vandalism and aggression. In M. R. Shinn, H. M. Walker, & G. Stoner (Eds.), *Interventions for academic and behavior problems II: Preventive and remedial approaches* (pp. 853–884). Bethesda, MD: National Association of School Psychologists.

Mayer, M. J., & Furlong, M. J. (2010). How safe are our schools? *Educational Researcher, 39*(1), 16–26.

Mayer, M. J., & Leone, P. E. (2007). School violence and disruption revisited: Equity and safety in the school house. *Focus on Exceptional Children, 40*(1), 1–28.

McClelland, M. M., & Scalzo, C. (2006). Social skills deficits. In M. Hersen (Ed.), *Clinician's handbook of child behavioral assessment* (pp. 313–335). Boston, MA: Academic Press.

McConnell, M. E., Cox, C. J., Thomas, D. D., & Hilvitz, P. B. (2001). *Functional behavioral assessment.* Denver, CO: Love.

McGinnis, J. C., Friman, P. C., & Carlyon, W. D. (1999). The effect of token rewards on "intrinsic" motivation for doing math. *Journal of Applied Behavior Analysis, 32,* 375–379.

McGrath, H. (2014). Directions in teaching social skills to students. In P. Garner, J. M. Kauffman, & J. G. Elliott (Eds.), *The Sage handbook of emotional and behavioral difficulties* (2nd ed.) (pp. 303–316). London, U.K.: Sage.

McLean, M., Wolery, M., & Bailey, D. B. (2004). *Assessing infants and preschoolers with special needs* (3rd ed.). Upper Saddle River, NJ: Prentice Hall.

McLoughlin, J. A., & Nall, M. (1994). Allergies and learning/behavioral disorders. *Intervention in School and Clinic, 29,* 198–207.

McMahon, R. J., & Wells, K. C. (1998). Conduct problems. In E. J. Mash & R. A. Barkley (Eds.), *Treatment of childhood disorders* (2nd ed., pp. 111–207). New York: Guilford.

McMaster, K., Fuchs, D., Fuchs, L. S., & Compton, D. L. (2002). Monitoring the academic progress of children who are unresponsive to generally effective early reading intervention. *Assessment for Effective Intervention, 27*(4), 23–34.

McWhorter, J. H. (2000). Explaining the black education gap. *The Wilson Quarterly, 24*(3), 73–92.

Meadows, N. B., & Stevens, K. B. (2004). Teaching alternative behaviors to students with emotional and behavioral disorders. In R. B. Rutherford, M. M. Quinn, & S. R. Mathur (Eds.), *Handbook of research in emotional and behavioral disorders* (pp. 385–398). New York: Guilford.

Meese, R. L. (2005). A few new children: Postinstitutionalized children of intercountry adoption. *Journal of Special Education, 39,* 157–167.

Metropolitan Area Child Study Research Group (2002). A cognitive-ecological approach to preventing aggression in urban settings: initial outcomes for high-risk children. *Journal of Consulting and Clinical Psychology, 70*(1), 179–194.

Middleton, M. B., & Cartledge, G. (1995). The effects of social skills instruction and parental involvement on the aggressive behavior of African American males. *Behavior Modification, 19,* 192–210.

Milby, J. B., Robinson, S. L., & Daniel, S. (1998). Obsessive compulsive disorders. In R. J. Morris & T. R. Kratochwill (Eds.), *The practice of child therapy* (3rd ed., pp. 5–47). Boston: Allyn & Bacon.

Miller, G. E., & Prinz, R. J. (1991). Designing interventions for stealing. In G. Stoner, M. R. Shinn, & H. M. Walker (Eds.), *Interventions for achievement and behavior problems* (pp. 593–616). Silver Spring, MD: National Association of School Psychologists.

Miller, J. (2015). Culture, inequality, and gender relations among urban black youth. In O. Patterson & E. Fosse (Eds.), *The cultural matrix: Understanding black youth* (pp. 369–390). Cambridge, MA: Harvard University Press.

Miller, K. S., Potter, G. W., & Kappeler, V. E. (2006). The myth of the juvenile superpredator. In B. Sims & P. Preston (Eds.), *Handbook of juvenile justice: Theory and practice* (pp. 173–192). Boca Raton, FL: Taylor & Francis.

Miller-Johnson, S., Coie, J. D., Maumary-Gremaud, A., Lochman, J., & Terry, R. (1999). Peer rejection and aggression in childhood and severity and type of delinquency during adolescence among African-American youth. *Journal of Emotional and Behavioral Disorders, 7*, 137–146.

Mills, G. E., & Gay, L. R. (2016). *Educational research: Competencies for analysis and applications* (11th ed.). Boston: Pearson.

Mindell, J. A., & Owens, J. A. (2003). *A clinical guide to pediatric sleep: Diagnosis and management of sleep problems*. New York, NY: Lippincott Williams & Wilkins.

Miner, M. H. (2002). Factors associated with recidivism in juveniles: An analysis of serious juvenile sex offenders. *Journal of Research and Crime and Delinquency, 39*, 421–436.

Mirza, K. A. H. (2002). Adolescent substance use disorder. In S. Kutcher (Ed.), *Practical child and adolescent psychopharmacology* (pp. 328–381). New York: Cambridge University Press.

Mithaug, D. K., & Mithaug, D. E. (2003). Effects of teacher-directed versus student-directed instruction on self-management of young children with disabilities. *Journal of Applied Behavior Analysis, 36*, 133–136.

Mock, D., & Kauffman, J. M. (2002). Preparing teachers for full inclusion: Is it possible? *The Teacher Educator, 37*, 202–215.

Montague, M., & Dietz, S. (2009). Evaluating the evidence base for cognitive strategy instruction and mathematical problem solving. *Exceptional Children, 75*, 285–302.

Mooney, P., Epstein, M. H., Reid, R., & Nelson, J. R. (2003). Status and trends of academic research for students with emotional disturbance. *Remedial and Special Education, 24*, 273–287.

Moore, D. R., Chamberlain, P., & Mukai, L. H. (1979). Children at risk for delinquency: A follow-up comparison of aggressive children and children who steal. *Journal of Abnormal Child Psychology, 7*, 345–355.

Moore, J. W., & Edwards, R. P. (2003). An analysis of aversive stimuli in classroom demand contexts. *Journal of Applied Behavior Analysis, 36*, 339–348.

Morgan, P. L., Farkas, G., Cook, M., Strassfeld, N. M., Hillemeier, M. M., Pun, W. H., & Schussler, D. L. (2016). Are black children disproportionately overrepresented in special education? A best-evidence synthesis. *Exceptional Children, 83*, 1–18.

Morgan, P. L., Farkas, G., Hillemeier, M., Mattison, R., Maczuga, S., Li, H., & Cook, M. (2015). Minorities are disproportionately underrepresented in special education: Longitudinal evidence across five disability conditions. *Educational Researcher, 20*, 1-15.

Morris, R. J., & Kratochwill, T. R. (1983). *Treating children's fears and phobias*. New York: Pergamon.

Morris, R. J., & Kratochwill, T. R. (1998). Childhood fears and phobias. In R. J. Morris & T. R. Kratochwill (Eds.), *The practice of child therapy* (3rd ed., pp. 91–131). Boston: Allyn & Bacon.

Morris, R. J., & Mather, N. (Eds.). (2008). *Evidence-based interventions for students with learning and behavioral challenges*. Mahwah, NJ: Erlbaum.

Morse, W. C. (1985). *The education and treatment of socioemotionally impaired children and youth*. Syracuse, NY: Syracuse University Press.

Morse, W. C. (1994). Comments from a biased point of view. *Journal of Special Education, 27*, 531–542.

Mostert, M. P. (2001). Facilitated communication since 1995: A review of published studies. *Journal of Autism and Developmental Disorders, 31*, 287–313.

Mostert, M. P., Kauffman, J. M., & Kavale, K. R. (2003). Truth and consequences. *Behavioral Disorders, 28*, 333–347.

Mostert, M. P., Kavale, K. A., & Kauffman, J. M. (Eds.). (2008). *Challenging the refusal of reasoning in special education*. Denver, CO: Love.

Mountjoy, P. T., Ruben, D. H., & Bradford, T. S. (1984). Recent technological advancements in the treatment of enuresis. *Behavior Modification, 8*, 291–315.

Mowbray, C. T., & Mowbray, O. P. (2006). Psychosocial outcomes of adult children of mothers with depression and bipolar disorder. *Journal of Emotional and Behavioral Disorders, 14*, 130–142.

Mpofu, E., Carney, J., & Lambert, M. C. (2006). Peer sociometric assessment. In M. Hersen (Ed.), *Clinician's handbook of child behavioral assessment* (pp. 235–263). Boston, MA: Academic Press.

Mueller, C., Field, T., Yando, R., Harding, J., Gonzalez, K. P., Lasko, D., et al. (1995). Under-eating and over-eating concerns among adolescents. *Journal of Child Psychology and Psychiatry, 36*, 1019–1025.

Mukherjee, S. (2016, March 28). Annals of science. Runs in the family: New findings about schizophrenia rekindle old questions about genes and identity. *The New Yorker*, 26–32.

Mukhopadhyay, C., & Henze, R. C. (2003). How real is race? Using anthropology to make sense of human diversity. *Phi Delta Kappan, 84*, 669–678.

Mulick, J. A., & Butter, E. M. (2016). Positive behavior support: A paternalistic utopian delusion. In R. M. Foxx & J. A. Mulick (Eds.), *Controversial therapies for autism and intellectual disabilities: Fad, fashion, and science in professional practice* (2nd ed.) (pp. 303–321). New York, NY: Francis & Taylor.

Mundschenk, N. A., & Simpson, R. (2014). Defining emotional or behavioral disorders: The quest for affirmation. In P. Garner, J. M. Kauffman, & J. G. Elliott (Eds.), *The Sage handbook of emotional and behavioral difficulties* (2nd ed.) (pp. 43–54). London, U.K.: Sage.

Muris, P., Merckelbach, H., Mayer, B., & Snieder, N. (1998). The relationship between anxiety disorder symptoms and negative self-statements in normal children. *Social Behavior and Personality, 26,* 307–316.

Murphy, D. M. (1986). The prevalence of handicapping conditions among juvenile delinquents. *Remedial and Special Education, 7*(3), 7–17.

Nader, K., & Fletcher, K. E. (2014). Childhood posttraumatic stress disorder. In E. J. Mash & R. A. Barkley (Eds.). *Child psychopathology* (2nd ed., pp. 476–528). New York, NY: Guilford.

Nakamura, D. (2003, April 6). Fast times at Asakita High. *The Washington Post Magazine,* 28–31, 48–51.

Nanda, M. (1998). The epistemic charity of the social constructivist critics of science and why the third world should refuse the offer. In N. Koertge (Ed.), *A house built on sand: Exposing postmodernist myths about science* (pp. 286–311). New York: Oxford University Press.

National Mental Health Association. (1986). *Severely emotionally disturbed children: Improving services under Education of the Handicapped Act (P.L. 94–142).* Washington, DC: Author.

National Research Council. (2002). *Minority students in special and gifted education.* (M. S. Donovan & C. T. Cross, Eds.), Committee on Minority Representation in Special Education. Washington, DC: National Academy Press, Division of Behavioral and Social Sciences Education.

Neighbors, H. W., Caldwell, C., Williams, D. R., Nesse, R., Taylor, R. J., Bullard, K. M., ... Jackson, J. S. (2007). Race, ethnicity, and the use of services for mental disorders: Results from a national survey of American life. *Archives of General Psychiatry, 64,* 485–494.

Nelson, C. M., Jolivette, K., Leone, P. E., & Mathur, S. R. (2010). Meeting the needs of at-risk and adjudicated youth with behavioral challenges: The promise of juvenile justice. *Behavioral Disorders, 36,* 70–80.

Nelson, C. M. & Kauffman, J. M. (2009). The past is prologue: Suggestions for moving forward in emotional and behavioral disorders. *Beyond Behavior, 18*(2), 36–41.

Nelson, C. M., Leone, P. E., & Rutherford, R. B. (2004). Youth delinquency: Prevention and intervention. In R. B. Rutherford, M. M. Quinn, & S. R. Mathur (Eds.), *Handbook of research in emotional and behavioral disorders* (pp. 282–301). New York, NY: Guilford.

Nelson, J. R., Benner, G. J., & Bohaty, J. (2014). Addressing the academic problems and challenges of EBD students. In H. M. Walker & F. M. Gresham (Eds.), *Handbook of evidence-based practices for emotional and behavioral disorders: Applications in schools* (pp. 363–377). New York, NY: Guilford.

Nelson, J. R., Benner, G. J., & Cheney, D. (2005). An investigation of the language skills of students with emotional disturbance served in public school settings. *Journal of Special Education, 39,* 97–105.

Nelson, J. R., Benner, G. J., & Rogers-Adkinson, D. L. (2003). An investigation of the characteristics of K–12 students with co-morbid emotional disturbance and significant language deficits served in public school settings. *Behavioral Disorders, 29,* 25–33.

Nelson, J. R., Roberts, M. L., Mathur, S R., & Rutherford, R. B. (1999). Has public policy exceeded our knowledge base? A review of the functional behavioral assessment literature. *Behavioral Disorders, 24,* 169–179.

Nelson, J. R., Stage, S., Duppong-Hurley, K., Synhorst, L., & Epstein, M. H. (2007). Risk factors predictive of the problem behavior of children at risk for emotional and behavioral disorders. *Exceptional Children, 73,* 367–379.

Newcomb, M. D., & Richardson, M. A. (1995). Substance use disorders. In M. Hersen & R. T. Ammerman (Eds.), *Advanced abnormal child psychology* (pp. 411–431). Hillsdale, NJ: Erlbaum.

Newcomer, P. L., Barenbaum, E., & Pearson, N. (1995). Depression and anxiety in children and adolescents with learning disabilities, conduct disorders, and no disabilities. *Journal of Emotional and Behavioral Disorders, 3,* 27–39.

Newsom, C., & Kroeger, K. A. (2016). Nonaversive treatment. In R. M. Foxx & J. A. Mulick (Eds.), *Controversial therapies for autism and intellectual disabilities: Fad, fashion, and science in professional practice* (2nd ed.) (pp. 322–338). New York, NY: Francis & Taylor.

Ng-Mak, D. S., Salzinger, S., Feldman, R., & Stueve, A. (2002). Normalization of violence among inner-city youth: A formulation for research. *American Journal of Orthopsychiatry, 72,* 92–101.

Nicholson, T. (2014). Academic achievement and behavior. In P. Garner, J. M. Kauffman, & J. Elliott (Eds), *The Sage handbook of emotional and behavioral difficulties* (2nd ed.) (pp. 177–188). London: Sage.

Nigg, J. T. (2006). *What causes ADHD? Understanding what goes wrong and why.* New York: Guilford.

Nigg, J. T., & Barkley, R. A. (2014). Attention-deficit/hyperactivity disorder. In E. J. Mash & R. A. Barkley (Eds.). *Child psychopathology* (2nd ed., pp. 75–143). New York, NY: Guilford.

Noble, K. G., Houston, S. M., Brito, N. H., Bartsch, H., Kan, E., Kuperman, J. M... . Sowell, E. R. (2015). Family income, parental education and brain structure in children and adolescents. *Nature Neuroscience, 18,* 773–778.

Nock, M. K., Kazdin, A. E., Hiripi, E., & Kessler, R. C. (2006). Prevalence, subtypes, and correlates of DSM-IV conduct disorder in the National Comorbidity Survey Replication. *Psychological Medicine, 36,* 699–710.

Norton, M. I., & Ariely, D. (2011). Building a better America— One wealth quintile at a time. *Perspectives on Psychological Science, 6,* 9–12.

Nutt, A. E. (2016, March 22). Beyond the catchprase: OCD goes under the microscope so scientists can end the suffering it causes. *Washington Post,* A1, A12.

O'Brennan, L. M., Furlong, M. J., O'Malley, M. D., & Jones, C. N. (2014). The influence of school contexts and processes on violence and disruption. In P. Garner, J. M. Kauffman, & J. G. Elliott (Eds.), *The Sage handbook of emotional and behavioral difficulties* (2nd ed.) (pp. 165–176). London, U.K.: Sage.

O'Connell, K. A. (2015, May 19). Suddenly her pre-schooler stopped talking. A mom discovers what can make a child go silent. *Washington Post,* E1, E6.

O'Connell, M. E., Boat, T., & Warner, K. E. (Eds.) (2009). *Preventing mental, emotional, and behavioral disorders among young people: Progress and possibilities.* Washington, D.C.: The National Academies Press.

O'Connor, R. E., & Sanchez, V. (2017). Responsiveness to intervention models for reducing reading difficulties and identifying learning disabilities. In J. M. Kauffman, D. P. Hallahan, & P. C. Pullen (Eds.), *Handbook of special education* (2nd ed.). New York: Taylor & Francis.

O'Connor, R. E., Sanchez, V., & Kim, J. J. (2017). Responsiveness to intervention and multi-tiered systems of support for reducing reading difficulties and identifying learning disability. In J. M. Kauffman, D. P. Hallahan, & P. C. Pullen (Eds.), *Handbook of special education* (2nd ed.). New York: Taylor & Francis.

Odgers, C. L., Caspi, A., Broadbent, J. M., Dickson, N., Hancox, R. J., et al. (2007). Prediction of differential adult health burden by conduct problem subtypes in males. *Archives of General Psychiatry, 64,* 476–484.

Ohannessian, C. M., Hesslebrock, V. M., Kramer, J., Kuperman, S., Bucholz, M. A., Schuckit, M. A.,... Nurnberger, J. I. (2005). The relationship between parental psychopathology and adolescent psychopathology: An examination of gender patterns. *Journal of Emotional and Behavioral Disorders, 13,* 67–76.

O'Leary, K. D., & Wilson, G. T. (1975). *Behavior therapy: Applications and outcomes.* Upper Saddle River, NJ: Prentice Hall.

O'Leary, S. G. (1995). Parental discipline mistakes. *Current Directions in Psychological Science, 4,* 11–13.

Olfson, M., Druss, B. G., & Marcus, S. C. (2015). Trends in mental health care among children and adolescents. *New England Journal of Medicine, 372,* 2029–2038.

Oliver, C. (1995). Annotation: Self-injurious behaviour in children with learning disabilities: Recent advances in assessment and intervention. *Journal of Child Psychology and Psychiatry, 30,* 909–927.

Olsson, C. A., Bond, L., Burns, J. M., Vella-Brodrick, D. A., & Sawyer, S. M. (2003). Adolescent resilience: A concept analysis. *Journal of Adolescence, 26,* 1–11.

Olthof, T., & Goossens, F. A. (2008). Bullying and the need to belong: Early adolescents' bullying-related behavior and the acceptance they desire and receive from particular classmates. *Social Development, 17,* 24–46.

Olweus, D. (1979). Stability of aggressive reaction patterns in males: A review. *Psychological Bulletin, 86,* 852–875.

Olweus, D. (1991). Bully/victim problems among school children: Basic facts and effects of a school based intervention program. In D. J. Pepler & K. H. Rubin (Eds.), *The development of childhood aggression* (pp. 411–446). Hillsdale, NJ: Erlbaum.

O'Mahony, P. (2014). Childhood emotional and behavioral problems and later criminality: Continuities and discontinuities. In P. Garner, J. M. Kauffman, & J. G. Elliott (Eds.), *The Sage handbook of emotional and behavioral difficulties* (2nd ed.) (pp. 189–204). London, U.K.: Sage.

O'Neill, R. E., Horner, R. H., Albin, R. W., Sprague, J. R., Storey, K., & Newton, J. S. (1997). *Functional assessment and program development for problem behavior.* Pacific Grove, CA: Brooks/Cole.

Orvaschel, H. (2006). Structured and semistructured interviews. In M. Hersen (Ed.), *Clinician's handbook of child behavioral assessment* (pp. 159–179). Boston, MA: Academic Press.

Osher, D., Cartledge, G., Oswald, D., Sutherland, K. S., Artiles, A. J., & Coutinho, M. (2004). Cultural and linguistic competency and disproportionate representation. In R. B. Rutherford, M. M. Quinn, & S. R. Mathur (Eds.), *Handbook of research in emotional and behavioral disorders* (pp. 54–77). New York, NY: Guilford.

Oswald, D. (2003). Response to Forness: Parting reflections on education of children with emotional or behavioral disorders. *Behavioral Disorders, 28,* 202–204.

Oswald, D. P., Best, A. M., Coutinho, M. J., & Nagle, H. A. L. (2003). Trends in the special education identification rates of boys and girls: A call for research and change. *Exceptionality, 11,* 223–237.

Oswald, D. P., Coutinho, M. J., Best, A. M., & Singh, N. N. (1999). Ethnic representation in special education: The influence of school-related economic and demographic variables. *Journal of Special Education, 32,* 194–206.

Overton, T. (2016). *Assessing learners with special needs: An applied approach* (8th ed.). Upper Saddle River, NJ: Pearson.

Palmer, D. S., Fuller, K., Arora, T., & Nelson, M. (2001). Taking sides: Parent views on inclusion for their children with severe disabilities. *Exceptional Children, 67,* 467–484.

Papolos, D. F. (2003). Bipolar disorder and comorbid disorders: The case for a dimensional nosology. In B. Geller & M. P. DelBello (Eds.), *Bipolar disorder in childhood and early adolescence* (pp. 76–106). New York, NY: Guilford.

Park, J., Turnbull, A. P., & Turnbull, H. R. (2002). Impacts of poverty on quality of life in families of children with disabilities. *Exceptional Children, 68,* 151–170.

Park, K. L., & Scott, T. M. (2009). Antecedent-based interventions for young children at risk for emotional and behavioral disorders. *Behavioral Disorders, 34,* 196–211.

Parker, J. G., Rubin, K. H., Erath, S., Wojslawowicz, J. C., & Buskirk, A. (2006). Peer relationships, child development, and adjustment: A developmental psychopathology perspective. In D. Cicchetti (Ed.), *Developmental psychopathology: Vol. 3: Risk, disorder, and adaptation* (pp. 419–493). New York, NY: Wiley.

Pascoe, J. M., Wood, D. L., Duffee, J. H., Kuo, A., & Committee on Psychosocial Aspects of Child and Family Health, Council on Community Pediatrics. American Academy of Pediatrics Technical Report (2016). *Pediatrics, 137*(4). Retrieved from http://pediatrics.aappublications.org/content/pediatrics/early/2016/03/07/peds.2016-0340.full.pdf. See also *Pediatrics, 2016, 137*(4).

Patterson, G. R. (1973). Reprogramming the families of aggressive boys. In C. Thoresen (Ed.), *Behavior modification in education.* Chicago: University of Chicago Press.

Patterson, G. R. (1975). The aggressive child: Victim or architect of a coercive system? In L. A. Hammerlynck, L. C. Handy,

& E. J. Mash (Eds.), *Behavior modification and families* (pp. 267–316). New York: Brunner/Mazel.

Patterson, G. R. (1980). Mothers: The unacknowledged victims. *Monographs of the Society for Research in Child Development, 45*(5, Serial No. 186).

Patterson, G. R. (1982). *Coercive family process.* Eugene, OR: Castalia.

Patterson, G. R. (1986a). The contribution of siblings to training for fighting: A microsocial analysis. In D. Olweus, J. Block, & M. Radke-Yarrow (Eds.), *Development of antisocial and prosocial behavior: Research, theories, and issues* (pp. 235–262). New York: Academic Press.

Patterson, G. R. (1986b). Performance models for antisocial boys. *American Psychologist, 41*, 432–444.

Patterson, G. R., & Capaldi, D. M. (1990). A mediational model for boys' depressed mood. In J. Rolf, A. S. Masten, D. Cicchetti, K. H. Nuechterlein, & S. Weintraub (Eds.), *Risk and protective factors in the development of psychopathology* (pp. 141–163). New York: Cambridge University Press.

Patterson, G. R., Reid, J. B., & Dishion, T. J. (1992). *Antisocial boys.* Eugene, OR: Castalia.

Patterson, G. R., Reid, J. B., Jones, R. R., & Conger, R. E. (1975). *A social learning approach to family intervention: Vol. 1. Families with aggressive children.* Eugene, OR: Castalia.

Patterson, O. (2015a). The nature and dynamics of cultural processes. In O. Patterson & E. Fosse (Eds.), *The cultural matrix: Understanding black youth* (pp. 25–44). Cambridge, MA: Harvard University Press.

Patterson, O. (2015b). The social and cultural matrix of black youth. In O. Patterson & E. Fosse (Eds.), *The cultural matrix: Understanding black youth* (pp. 45–135). Cambridge, MA: Harvard University Press.

Patterson, O., & Fosse, E. (Eds.). (2015). *The cultural matrix: Understanding black youth.* Cambridge, MA: Harvard University Press.

Patterson, O., & Rivers, J. (2015). "Try on the outfit and just see how it works": The psychocultural responses of disconnected youth to work. In O. Patterson & E. Fosse (Eds.), *The cultural matrix: Understanding black youth* (pp. 415-443). Cambridge, MA: Harvard University Press.

Peacock Hill Working Group. (1991). Problems and promises in special education and related services for children and youth with emotional or behavioral disorders. *Behavioral Disorders, 16*, 299–313.

Pearl, R. (2002). Students with learning disabilities and their classroom companions. In B. Y. L. Wong & M. Donahue (Eds.), *The social dimensions of learning disabilities: Essays in honor of Tanis Bryan* (pp. 77–91). Mahwah, NJ: Erlbaum.

Penn, E. B., Greene, H. T., & Gabbidon, S. L. (Eds.). (2006). *Race and juvenile justice.* Durham, NC: Carolina Academic Press.

Perou, R., Bitsko, R., Blumberg, S. J., Pastor, P., Ghandour, R. M., Gfroerer, J. C., … Huang, L. N. (2013, May 17). Mental health surveillance among children—United States, 2005–2011. *Supplements 62*(02), 1–35.

Peterson, L., Reach, K., & Grabe, S. (2003). Health-related disorders. In E. J. Mash & R. A. Barkley (Eds.). *Child psychopathology* (2nd ed., pp. 716–749). New York, NY: Guilford.

Peterson, R., & Ishii-Jordan, S. (Eds.). (1994). *Multicultural issues in the education of students with behavioral disorders.* Cambridge, MA: Brookline.

Petrosino A., Turpin-Petrosino, C., & Buehler J. (2002). "Scared Straight" and other juvenile awareness programs for preventing juvenile delinquency. *Cochrane Database of Systematic Reviews, Issue 2.* Art. No.: CD002796.

Pfiffner, L. J., & O'Leary, S. G. (1987). The efficacy of all-positive management as a function of the prior use of negative consequences. *Journal of Applied Behavior Analysis, 20*, 265–271.

Piacentini, J., Chang, S., Snorrason, I., & Woods, D. W. (2014). Obsessive-compulsive spectrum disorders. In E. J. Mash & R. A. Barkley (Eds.), *Child psychopathology* (2nd ed., pp. 429–475). New York, NY: Guilford.

Pierangelo, R., & Giuliani, G. A. (2006). *Assessment in special education* (2nd ed.). Boston, MA: Allyn & Bacon.

Pinker, S. (2002). *The blank slate: The modern denial of human nature.* New York, NY: Viking.

Pinsonneault, I. L., Richardson, J. P., & Pinsonneault, J. (2002). Three models of educational interventions for child and adolescent firesetters. In D. Kolko (Ed.), *Handbook on firesetting in children and youth* (pp. 261–278). New York, NY: Academic Press.

Pionek Stone, B., Kratochwill, T. R., Sladezcek, I., & Serlin, R. C. (2002). Treatment of selective mutism: A best-evidence synthesis. *School Psychology Quarterly, 17*, 168–190.

Place, M., Reynolds, J., Cousins, A., & O'Neill, S. (2002). Developing a resilience package for vulnerable children. *Child and Adolescent Mental Health, 7*, 162–167.

Plasencia-Peinado, J., & Alvarado, J. L. (2000). Assessing students with emotional and behavioral disorders using curriculum based measurement. *Assessment for Effective Intervention, 26*(1), 59–66.

Plomin, R. (1995). Genetics and children's experiences in the family. *Journal of Child Psychology and Psychiatry, 36*, 33–68.

Polanczyk, G., Moffitt, T. E., Arsenault, L., Cannon, M., Ambler, A., Keefe, R. S. E., … Caspi, A. (2010). Etiological and clinical features of childhood psychotic symptoms. *Archives of General Psychiatry, 67*, 328–338.

Polsgrove, L. (2003). Reflections on past and future. *Behavioral Disorders, 28*, 221–226.

Polsgrove, L., & Smith, S. W. (2004). Informed practice in teaching behavioral self-control to children with EBD. In R. B. Rutherford, M. M. Quinn, & S. R. Mathur (Eds.), *Handbook of research in emotional and behavioral disorders* (pp. 399–425). New York: Guilford.

Ponitz, C. C., Rimm-Kaufman, S. E., Grimm, K. J., & Curby, T. W. (2009). Kindergarten classroom quality, behavioral engagement, and reading achievement. *School Psychology Review, 38*, 102–120.

Popenhagen, M. P., & Qualley, R. M. (1998). Adolescent suicide: Detection, intervention, and prevention. *Professional School Counseling, 1*(4), 30–36.

Postel, H. H. (1937). The special school versus the special class. *Exceptional Children, 4*, 12–13, 18–19.

Poulin, F., & Boivin, M. (1999). Proactive and reactive aggression and boys' friendship quality in mainstream classrooms. *Journal of Emotional and Behavioral Disorders, 7*, 168–177.

Powell, S., & Nelson, B. (1997). Effects of choosing academic assignments on a student with attention deficit hyperactivity disorder. *Journal of Applied Behavior Analysis, 30*, 181–183.

Preston, P. (2006). The disabled juvenile offender. In B. Sims & P. Preston (Eds.), *Handbook of juvenile justice: Theory and practice* (pp. 347–358). Boca Raton, FL: Taylor & Francis.

Prior, M., & Werry, J. S. (1986). Autism, schizophrenia, and allied disorders. In H. C. Quay & J. S. Werry (Eds.), *Psychopathological disorders of childhood* (3rd ed., pp. 156–210). New York, NY: Wiley.

Pullen, P. C., & Hallahan, D. P. (2015). What is special education instruction? In B. D. Bateman, J. W. Lloyd, & M. Tankersley (Eds.), *Enduring issues in special education: Personal perspectives* (pp. 37–50). New York, NY: Routledge.

Pullen, P. C., Lane, H. B., Ashworth, K. E., & Lovelace, S. P. (2017). Learning disabilities. In J. M. Kauffman, D. P. Hallahan, & P. C. Pullen (Eds.), *Handbook of special education* (2nd ed.). New York, NY: Taylor & Francis.

Pullen, P. L. (2004). *Brighter beginnings for teachers*. Lanham, MD: Scarecrow Education.

Putnam, R. D. (2015). *Our kids: The American dream in crisis*. New York, NY: Simon & Schuster.

Qi, C. H., & Kaiser, A. P. (2003). Behavior problems of preschool children from low-income families: A review of the literature. *Topics in Early Childhood Education, 23*, 188–216.

Quay, H. C. (1986a). Classification. In H. C. Quay & J. S. Werry (Eds.), *Psychopathological disorders of childhood* (3rd ed., pp. 1–34). New York, NY: Wiley.

Quay, H. C. (1986b). Conduct disorders. In H. C. Quay & J. S. Werry (Eds.), *Psychopathological disorders of childhood* (3rd ed., pp. 35–72). New York: Wiley.

Quay, H. C., & La Greca, A. M. (1986). Disorders of anxiety, withdrawal, and dysphoria. In H. C. Quay & J. S. Werry (Eds.), *Psychopathological disorders of childhood* (3rd ed., pp.73–110). New York: Wiley.

Rabian, B., & Silverman, W. K. (1995). Anxiety disorders. In M. Hersen & R. T. Ammerman (Eds.), *Advanced abnormal child psychology* (pp. 235–252). Hillsdale, NJ: Erlbaum.

Rabiner, D. L., Coie, J. D., Miller-Johnson, S., Boykin, A. M., & Lochman, J. E. (2005). Predicting the persistence of aggressive offending of African-American males from adolescence into young adulthood: The importance of peer relations, aggressive behavior, and ADHD symptoms. *Journal of Emotional and Behavioral Disorders, 13*, 131–140.

Ramakrishnan, K. (2008). Evaluation and treatment of enuresis. *American Family Physician, 78*, 489–496.

Rao, S., Hoyer, L., Meehan, K., Young, L., & Guerrera, A. (2003). Using narrative logs: Understanding students' challenging behaviors. *Teaching Exceptional Children, 35*(5), 22–25.

Rapee, R. M., Schniering, C. A., & Hudson, J. L. (2009). Anxiety disorders during childhood and adolescence: Origins and treatment. *Annual Review of Clinical Psychology, 5*, 311–341.

Rapp, J. T., Miltenberger, R. G., Galensky, T. L., Ellingson, S. A., & Long, E. S. (1999). A functional analysis of hair pulling. *Journal of Applied Behavior Analysis, 32*, 329–337.

Rapport, M. D., Timko, T. M., & Wolfe, R. (2006). Attention-deficit/hyperactivity disorder. In M. Hersen (Ed.), *Clinician's handbook of child behavioral assessment* (pp. 401–435). Boston: Academic Press.

Ravitch, D. (2003). *The language police: How pressure groups restrict what students learn*. New York: Knopf.

Ravitch, D. (2010). *The death and life of the great American school system*. New York: Basic Books.

Reed, L., Gable, R. A., & Yanek, K. (2014). Hard times and an uncertain future: Issues that confront the field of emotional disabilities. In P. Garner, J. M. Kauffman, & J. G. Elliott (Eds.), *The Sage handbook of emotional and behavioral difficulties* (2nd ed.) (pp. 453–464). London, U.K.: Sage.

Reid, J. B., & Eddy, J. M. (1997). The prevention of antisocial behavior: Some considerations in the search for effective interventions. In D. M. Stoff, J. Breiling, & J. D. Maser (Eds.), *Handbook of antisocial behavior* (pp. 343–356). New York, NY: Wiley.

Reid, J. B., & Hendricks, A. (1973). Preliminary analysis of the effectiveness of direct home intervention for the treatment of predelinquent boys who steal. In L. A. Hammerlynck, L. C. Handy, & E. J. Mash (Eds.), *Behavior change: Methodology, concepts and practice* (pp. 209–219). Champaign, IL: Research Press.

Reid, J. B., & Patterson, G. R. (1976). The modification of aggression and stealing behavior of boys in the home setting. In A. Bandura & E. Ribes (Eds.), *Behavior modification: Experimental analyses of aggression and delinquency* (pp. 123–145). Hillsdale, NJ: Erlbaum.

Reid, R., Trout, A. L., & Schartz, M. (2005). Self-regulation interventions for children with attention deficit/hyperactivity disorder. *Exceptional Children, 71*, 361–377.

Reinke, W. M. Frey, A. J., Herman, K. C., & Thompson, C. V. (2014). Improving engagement and implementation of interventions for children with emotional and behavioral disorders in home and school settings. In H. M. Walker & F. M. Gresham (Eds.), *Handbook of evidence-based practices for emotional and behavioral disorders: Applications in schools* (pp. 432–445). New York, NY: Guilford.

Reitman, D., Hummel, R., Franz, D. Z., & Gross, A. M. (1998). A review of methods and instruments for assessing externalizing disorders: Theoretical and practical considerations in rendering a diagnosis. *Clinical Psychology Review, 18*, 555–584.

Reschly, D. J. (1997). Utility of individual ability measures and public policy choices for the 21st century. *School Psychology Review, 26*, 234–241.

Reynolds, C. R., & Kamphaus, R. W. (2004). *Behavior Assessment Scale for Children* (2nd ed.). Circle Pines, MN: AGS Publishing.

Reynolds, C., & Kamphaus, R. (2015). Behavioral Assessment System for Children—Third edition (BASC-3). Upper Saddler River, NJ: Pearson.

Reynolds, W. M. (1992). Depression in children and adolescents. In W. R. Reynolds (Ed.), *Internalizing disorders in children and adolescents* (pp. 149–253). New York: Wiley.

Reynolds, W. M. (2006). Depression. In M. Hersen (Ed.), *Clinician's handbook of child behavioral assessment* (pp. 291–312). Boston, MA: Academic Press.

Rhee S. H., Lahey B. B., Waldman I. D. (2015). Comorbidity among dimensions of childhood psychopathology: Converging evidence from behavior genetics. *Child Development Perspectives, 9*, 26–31.

Rhode, G., Jenson, W. R., & Reavis, H. K. (2010). *The tough kid book: Practical classroom management strategies* (2nd ed). Eugene, OR: Pacific Northwest Publishing.

Ricaurte, G. A., Yuan, J., Hatzidimitriou, G., Cord, B. J., & McCann, U. D. (2003). "MDMA ("Ecstasy") and neurotoxicity": Response. *Science, 300*, 1504–1505.

Richardson, B. G., & Shupe, M. J. (2003). The importance of teacher self-awareness in working with students with emotional and behavioral disorders. *Teaching Exceptional Children, 36*(2), 8–13.

Rimm-Kaufman, S. E., & Kagan, J. (2005). Infant predictors of kindergarten behavior: The contribution of inhibited and uninhibited temperament types. *Behavioral Disorders, 30*, 331–347.

Robb, A. S., & Dadson, M. J. (2002). Eating disorders in males. *Child and Adolescent Psychiatric Clinics of North America, 11*, 399–418.

Roberts, R. E., Roberts, C. R., & Xing, Y. (2006). Prevalence of youth-reported DSM-IV psychiatric disorders among African, European, and Mexican American adolescents. *Journal of the Academy of Child and Adolescent Psychiatry, 45*, 1329–1337.

Robins, L. N. (1966). *Deviant children grown up.* Baltimore: Williams & Wilkins.

Robins, L. N. (1986). The consequences of conduct disorder in girls. In D. Olweus, J. Block, & M. Radke-Yarrow (Eds.), *Development of antisocial and prosocial behavior: Research, theories, and issues* (pp. 385–414). New York: Academic Press.

Rock, M. L., & Billingsley, B. S. (2015). Who makes a difference! Next generation special education workforce renewal. In B. D. Bateman, J. W. Lloyd & M. Tankersley (Eds.), *Enduring issues in special education: Personal perspectives* (pp. 168–185). New York, NY: Routledge.

Rodriguez, J. O., Montesinos, L., & Preciado, J. (2005). A 19th century predecessor of the token economy. *Journal of Applied Behavior Analysis, 38*, 427.

Roerig, J. L., Mitchell, J. E., Myers, T. C., & Glass, J. B. (2002). Pharmacotherapy and medical complications of eating disorders in children and adolescents. *Child and Adolescent Psychiatric Clinics of North America, 11*, 365–385.

Rogers-Adkinson, D. (1999). Psychiatric disorders in children. In D. Rogers-Adkinson & P. Griffith (Eds.), *Communication disorders and children with psychiatric and behavioral disorders* (pp. 39–68). San Diego, CA: Singular.

Rogers-Adkinson, D. L. (2003). Language processing in children with emotional disorders. *Behavioral Disorders, 29*, 43–47.

Rogers-Adkinson, D., & Griffith, P. (Eds.). (1999). *Communication disorders and children with psychiatric and behavioral disorders.* San Diego, CA: Singular.

Rojewski, J. W., & Gregg, N. (2017). Choice patterns and behaviors of work-bound youth with high incidence disabilities. In J. M. Kauffman, D. P. Hallahan, & P. C. Pullen (Eds.), *Handbook of special education* (2nd ed.). New York, NY: Taylor & Francis.

Roll, J. M. (2005). Assessing the feasibility of using contingency management to modify cigarette smoking by adolescents. *Journal of Applied Behavior Analysis, 38*, 463–467.

Romaniuk, C., Miltenberger, R., Conyers, C., Jenner, N., Jurgens, M., & Ringenberg, C. (2002). The influence of activity choice on problem behaviors maintained by escape versus attention. *Journal of Applied Behavior Analysis, 35*, 349–362.

Rooney, K. J. (2017). Attention-deficit/hyperactivity disorder. In J. M. Kauffman. D. P. Hallahan, & P. C. Pullen (Eds.), *Handbook of special education* (2nd ed.). New York, NY: Taylor & Francis.

Rosenberg, M. S., & Jackman, L. A. (2003). Development, implementation, and sustainability of comprehensive school-wide behavior management systems. *Intervention in School and Clinic, 39*, 10–21.

Rosenblatt, P., Edin, K, & Zhu, Q. (2015). "I do me": Young black men and the struggle to resist the street. In O. Patterson & E. Fosse (Eds.), *The cultural matrix: Understanding black youth* (pp. 229–251). Cambridge, MA: Harvard University Press.

Rosenfield, R., Bray, T. M., & Egley, A. (1999). Facilitating violence: A comparison of gang-motivated, gang-affiliated and nongang youth homicides. *Journal of Quantitative Criminology, 15*, 495–516.

Rosenthal, P. A., & Rosenthal, S. (1984). Suicidal behavior by preschool children. *American Journal of Psychiatry, 141*, 520–525.

Rothman, E. P. (1970). *The angel inside went sour.* New York, NY: McKay.

Rothstein, R., Jacobsen, R., & Wilder, T. (2006, November). *"Proficiency for all"—An oxymoron.* Paper presented at a symposium on "Examining America's commitment to closing achievement gaps: NCLB and its alternatives." New York, NY: Teachers College, Columbia University.

Rubin, K. H., Burgess, K. B., Kennedy, A. E., & Stewart, S. L. (2003). Social withdrawal in childhood. In E. J. Mash & R. A. Barkley (Eds.), *Child psychopathology* (2nd ed., pp. 372–406). New York, NY: Guilford.

Rubin, K.H., Coplan, R.J., & Bowker, J.C. (2009). Social withdrawal and shyness in childhood and adolescence. *Annual Review of Psychology, 60*, 141–171.

Rupke, S. J., Blecke, D., & Renfro, M. (2006). Cognitive therapy for depression. *American Family Physician, 73*, 83–86.

Russell, A. T. (1994). The clinical presentation of childhood-onset schizophrenia. *Schizophrenia Bulletin, 20*, 631–646.

Rutter, M. (1995). Clinical implications of attachment concepts: Retrospect and prospect. *Journal of Child Psychology and Psychiatry, 36*, 549–571.

Ryan, J. B., Sanders, S., Katsiyannis, A., & Yell, M. (2007). Using time-out effectively in the classroom. *Teaching Exceptional Children, 39*, 60–67.

Ryan, N. D. (2002). Depression. In S. Kutcher (Ed.), *Practical child and adolescent psychopharmacology* (pp. 91–105). New York, NY: Cambridge University Press.

Sachs, B. (1905). *A treatise on the nervous diseases of children: For physicians and students.* New York, NY: William Wood.

Sacks, O. (1995). *An anthropologist on Mars.* New York, NY: Knopf.

Sacks, O. (2015). *On the move: A life.* New York: Knopf.

Sacks, P. (1999). *Standardized minds: The high price of America's testing culture and what we can do to change it.* Cambridge, MA: Perseus.

Saez, M. (2010, July 17). Striking it richer: The evolution of top incomes in the United States (update with 2008 estimates). Retrieved September 28, 2010 from http://elsa.berkeley.edu/~saez/saez-UStopincomes-2008.pdf.

Saigh, P. A. (1998). Posttraumatic stress disorder. In R. J. Morris & T. R. Kratochwill (Eds.), *The practice of child therapy* (3rd ed., pp. 390–418). Boston: Allyn & Bacon.

Salvia, J., Ysseldyke, J. E., & Witmer, S. (2017). *Assessment in special and inclusive education.* Boston, MA: Cengage Learning.

Sampson, R. T. (2015). Continuity and change in neighbourhood culture: Toward a structurally embedded theory of social altruism and moral cynicism. In O. Patterson & E. Fosse (Eds.), *The cultural matrix: Understanding black youth* (pp. 201–228). Cambridge, MA: Harvard University Press.

Sasso, G. M. (2001). The retreat from inquiry and knowledge in special education. *The Journal of Special Education, 34*, 178–193.

Sasso, G. M. (2007). Science and reason in special education: The legacy of Derrida and Foucault. In J. B. Crockett, M. M. Gerber, & T. J. Landrum (Eds.), *Achieving the radical reform of special education: Essays in honor of James M. Kauffman* (pp. 143–167). Mahwah, NJ: Erlbaum.

Sasso, G. M., Conroy, M. A., Stichter, J. P., & Fox, J. J. (2001). Slowing down the bandwagon: The misapplication of functional assessment for students with emotional and behavioral disorders. *Behavioral Disorders, 26*, 282–296.

Satterfield, J. H., Faller, K., Crinella, F. M., Schell, A. M., Swanson, J. M., & Homer, L. D. (2007). A 30-year prospective follow-up study of hyperactive boys with conduct problems: Adult criminality. *Journal of the American Academy of Child and Adolescent Psychiatry, 46*, 601–610.

Sayre-McCord, G. (Ed.). (2007). *Crime and family: Selected essays of Joan McCord.* Philadelphia, PA: Temple University Press.

Schaeffer, J. L., & Ross, R. G. (2002). Childhood-onset schizophrenia: Premorbid and prodromal diagnostic and treatment histories. *Journal of the American Academy of Child and Adolescent Psychiatry, 41*, 538–545.

Schaffner, L. (2006). *Girls in trouble with the law.* New Brunswick, NJ: Rutgers University Press.

Scheuermann, B., & Webber, J. (2002). *Autism: Teaching does make a difference.* Belmont, CA: Wadsworth.

Schnoes, C., Reid, R., Wagner, M., & Marder, C. (2006). ADHD among students receiving special education services: A national survey. *Exceptional Children, 72*, 483–496.

Schofield, H. T., Bierman, K. L., Heinrichs, B., Nix, R. L., & Conduct Problems Prevention Research Group (2008). Predicting early sexual activity with behavior problems exhibited at school entry and in early adolescence. *Journal of Abnormal Child Psychology, 36*, 1175–1188.

Schreibman, L. (1994). General principles of behavior management. In E. Schopler & G. B. Mesibov (Eds.), *Behavioral issues in autism* (pp. 11–38). New York: Plenum.

Schreibman, L., Stahmer, A. C., & Akshoomoff, N. (2006). Pervasive developmental disorders. In M. Hersen (Ed.), *Clinician's handbook of child behavioral assessment* (pp. 503–525). Boston: Academic Press.

Schwartz, I. S., & Baer, D. M. (1991). Social validity assessments: Is current practice state of the art? *Journal of Applied Behavior Analysis, 24*, 189–204.

Scott, T. M., & Alter, P. J. (2017). Examining the case for functional behavior assessment as an evidence-based practice for students with emotional and behavioral disorders in general education classrooms. *Preventing School Failure: Alternative Education for Children and Youth, 61*(1), 80–93.

Scott, T. M., Liaupsin, C. J., Nelson, C. M., & Jolivette, K. (2003). Ensuring student success through team-based functional behavioral assessment. *Teaching Exceptional Children, 35*(5), 16–21.

Scott, T. M., & Nelson, C. M. (1999). Functional behavioral assessment: Implications for training and staff development. *Behavioral Disorders, 24*, 249–252.

Scott, T. M. & Shearer-Lingo, A. (2002). The effects of reading fluency instruction on the academic and behavioral success of middle school students in a self-contained EBD classroom. *Preventing School Failure, 46*, 167–173.

Scruggs, T. E., & Mastropieri, M. A. (2015). What makes special education special? In B. D. Bateman, J. W. Lloyd, & M. Tankersley (Eds.), *Enduring issues in special education: Personal perspectives* (pp. 22–35). New York, NY: Routledge.

Scruggs, T., Mastropieri, M., Brigham, F. J., & Milman, L. (2017). Science and social studies. In J. M. Kauffman, D. P. Hallahan, & P. C. Pullen (Eds.), *Handbook of special education* (2nd ed.). New York, NY: Taylor & Francis.

Scull, A. (2015). *Madness in civilization: A cultural history of insanity from the Bible to Freud, from the madhouse to modern medicine.* Princeton, NJ: Princeton University Press.

Sedgwick, J. (2007). *In my blood: Six generations of madness and desire in an American family.* New York, NY: Harper Collins.

Seeley, J. R., Rohde, P., Lewinsohn, P. M., & Clarke, G. N. (2002). Depression in youth: Epidemiology, identification, and intervention. In M. R. Shinn, H. M. Walker, & G. Stoner (Eds.), *Interventions for academic and behavior problems II: Preventive and remedial approaches* (pp. 885–911). Bethesda, MD: National Association of School Psychologists.

Seeley, J. R., Severson, Hf. H., & Fixsen, A. A. M. (2014). Empirically based targeted prevention approaches for addressing externalizing and internalizing behavior disorders within school contexts. In H. M. Walker & F. M. Gresham (Eds.), *Handbook of evidence-based practices for emotional and behavioral disorders: Applications in schools* (pp. 307–323). New York, NY: Guilford.

Serbin, L. A., Stack, D. M., Schwartzman, J. C., Bentley, V., Saltaris, C., & Ledingham, J. E. (2002). A longitudinal study of aggressive and withdrawn children in adulthood: Patterns of parenting and risk to offspring. In R. J. McMahon & R. D. Peters (Eds.), *The effects of parental dysfunction on children* (pp. 43–69). New York, NY: Kluwer.

Serna, L. A., Lambros, K., Nielsen, E., & Forness, S. R. (2002). Head Start children at risk for emotional or behavioral disorders: Behavior profiles and clinical implications of a primary prevention program. *Behavioral Disorders, 27*, 137–141.

Serna, L., Nielsen, E., Lambros, K., & Forness, S. (2000). Primary prevention with children at risk for emotional or behavioral disorders: Data on a universal intervention for Head Start classrooms. *Behavioral Disorders, 26*, 70–84.

Severson, H., & James, L. (2002). Prevention and early interventions for addictive behaviors: Health promotion in the schools. In M. R. Shinn, H. M. Walker, & G. Stoner (Eds.), *Interventions for academic and behavior problems II: Preventive and remedial approaches* (pp. 681–702). Bethesda, MD: National Association of School Psychologists.

Shaffer, D., Gould, M., & Hicks, R. C. (1994). Worsening suicide rates in Black teenagers. *American Journal of Psychiatry, 151*, 1810–1812.

Shaffer, D., & Waslick, B. D. (Eds.). (2002). *The many faces of depression in children and adolescents.* Washington, DC: American Psychiatric Publishing.

Shane, H. C. (Ed.). (1994). *Facilitated communication: The clinical and social phenomenon.* San Diego: Singular.

Shapiro, E. S. (2011). *Academic skills problems: Direct assessment and intervention.* New York: Guilford Press.

Shapiro, E. S., Durnan, S. L., Post, E. E., & Levinson, T. S. (2002). Self-monitoring procedures for children and adolescents. In M. R. Shinn, H. M. Walker, & G. Stoner (Eds.), *Interventions for academic and behavior problems II: Preventive and remedial approaches* (pp. 433–454). Bethesda, MD: National Association of School Psychologists.

Shapiro, E. S., & Keller, M. A. (2006). Academic skills problems. In M. Hersen (Ed.), *Clinician's handbook of child behavioral assessment* (pp. 605–630). Boston, MA: Academic Press.

Sharp, W. G., Reeves, C. B., & Gross, A. M. (2006). Behavioral interviewing of parents. In M. Hersen (Ed.), *Clinician's handbook of child behavioral assessment* (pp. 103–124). Boston, MA: Academic Press.

Sheehan, S. (1993a, January 11). A lost childhood. *New Yorker*, pp. 54–85.

Sheehan, S. (1993b, January 18). A lost motherhood. *New Yorker*, pp. 52–79.

Sheras, P. (2002). *Your child: Bully or victim? Understanding and ending school yard tyranny.* New York, NY: Skylight.

Shermer, M. (2011). *The believing brain: From ghosts and gods to politics and conspiracies—How we construct beliefs and reinforce them as truths.* New York: Times Books.

Shiner, R. L., & Tackett, J. L. (2014). Personality disorders in children and adolescents. In E. J. Mash & R. A. Barkley (Eds.). *Child psychopathology* (2nd ed., pp. 848–896). New York, NY: Guilford.

Shinn, M. R. (2014). Progress monitoring methods and tools for academic performance. In H. M. Walker & F. M. Gresham (Eds.), *Handbook of evidence-based practices for emotional and behavioral disorders: Applications in schools* (pp. 104–126). New York, NY: Guilford.

Shinn, M. R., Shinn, M. M., Hamilton, C., & Clarke, B. (2002). Using curriculum-based measurement in general education classrooms to promote reading success. In M. R. Shinn, H. M. Walker, & G. Stoner (Eds.), *Interventions for academic and behavior problems II: Preventive and remedial approaches* (pp. 113–142). Bethesda, MD: National Association of School Psychologists.

Shinn, M. R., Walker, H. M., & Stoner, G. (Eds.). (2002). *Interventions for academic and behavior problems II: Preventive and remedial approaches.* Bethesda, MD: National Association of School Psychologists.

Shirk, S. R., Kaplinski, H., & Gudmundsen, G. (2009). School-based cognitive-behavioral therapy for adolescent depression. *Journal of Emotional and Behavioral Disorders, 17*, 106–117.

Shores, D., & Wehby, J. H. (1999). Analyzing the social behavior of students with emotional and behavioral disorders in classrooms. *Journal of Emotional and Behavioral Disorders, 7*, 194–199.

Short, J. F., & Hughes, L. A. (Eds.). (2006a). *Studying youth gangs.* New York, NY: Rowman & Littlefield.

Short, J. F., & Hughes, L. A. (2006b). Moving gang research forward. In J. F. Short & L. A. Hughes (Eds.), *Studying youth gangs* (pp. 225–238). New York, NY: Rowman & Littlefield.

Sidman, M. (2006). The distinction between positive and negative reinforcement: Some additional considerations. *The Behavior Analyst, 29*, 135–139.

Siegel, L. J. (1992). Somatic disorders of childhood and adolescence. In W. R. Reynolds (Ed.), *Internalizing disorders in children and adolescents* (pp. 283–310). New York: Wiley.

Siegel, L. J. (1998). Somatic disorders. In R. J. Morris & T. R. Kratochwill (Eds.), *The practice of child therapy* (3rd ed., pp. 231–302). Boston: Allyn & Bacon.

Siegel, L. J., & Ridley-Johnson, R. (1985). Anxiety disorders of childhood and adolescence. In P. H. Bornstein & A. E. Kazdin (Eds.), *Handbook of clinical behavior therapy with children* (pp. 266–308). Homewood, IL: Dorsey.

Siegel, L., & Welsh, B. (2011). *Juvenile delinquency: The core* (4th ed.). Belmont, CA: Wadsworth.

Siegel L., & Welsh, B. (2012). *Juvenile delinquency: Theory, practice, and law* (11th ed.). Belmont, CA: Cengage Learning/Wadsworth.

Silbereisen, R. K. (1998). Lessons we learned—problems still to be solved. In R. Jessor (Ed.), *New perspectives on adolescent risk behavior* (pp. 518–543). New York, NY: Cambridge University Press.

Silvestri, S. M., & Heward, H. L. (2016). The neutralization of special education, revisited. In R. M. Foxx & J. A. Mulick (Eds.), *Controversial therapies for autism and itellectual disabilities: Fad, fashion, and science in professional practice* (2nd ed) (pp. 136–153). New York, NY: Routledge.

Sims, B., & Preston, P. (Eds.) (2006). *Handbook of juvenile justice: Theory and practice.* Boca Raton, FL: Taylor & Francis.

Sinclair, E., Forness, S. R., & Alexson, J. (1985). Psychiatric diagnosis: A study of its relationship to school needs. *Journal of Special Education, 19*, 333–344.

Singer, G. H. S., Maul, C., Wang, M., & Ethridge, B. L. (2017). Resilience in families of children with disabilities: Risk and protective factors. In J. M. Kauffman, D. P. Hallahan, & P. C. Pullen (Eds.), *Handbook of special education* (2nd ed.). New York, NY: Taylor & Francis.

Skiba, R. J., Middelberg, L V., & McClain, M. B. (2014). Multicultural issues for schools and students with emotional and behavioral disorders: Disproportionality in discipline and special education. In H. M. Walker & F. M. Gresham (Eds.), *Handbook of evidence-based practices for emotional and behavioral disorders: Applications in schools* (pp. 54–70). New York, NY: Guilford.

Smit, F., Monshouwer, K., & Verdurmen, J. (2002). Polydrug use among secondary school students: Combinations, prevalences and risk profiles. *Drug Education Prevention & Policy, 9*, 355–365.

Smith, K. (1992). Suicidal behavior in children and adolescents. In W. R. Reynolds (Ed.), *Internalizing disorders in children and adolescents* (pp. 255–282). New York: Wiley.

Smith, P. K., Mahdavi, J., Carvalho, M., Fisher, S., Russell, S., & Tippett, N. (2008), Cyberbullying: its nature and impact in secondary school pupils. *Journal of Child Psychology and Psychiatry, 49*, 376–385.

Smith, R. G., & Churchill, R. M. (2002). Identification of environmental determinants of behavior disorders through functional analysis of precursor behaviors. *Journal of Applied Behavior Analysis, 35*, 125–136.

Smith, T. B., McCullough, M. E., & Poll, J. (2003). Religiousness and depression: Evidence for a main effect and the moderating influence of stressful life events. *Psychological Bulletin, 129*, 614–636.

Smucker, K. S., Kauffman, J. M., & Ball, D. W. (1996). School-related problems of special education foster care students with emotional or behavioral disorders: Comparison to other groups. *Journal of Emotional and Behavioral Disorders, 4*, 30–39.

Snell, M. E., & Brown, F. (2006). *Instruction of students with severe disabilities* (6th ed.). Upper Saddle River, NJ: Prentice Hall.

Snider, V. E. (2006). *Myths and misconceptions about teaching: What really happens in the classroom.* Lanham, MD: Rowman & Littlefield.

Snyder, J. M. (2001). *AD/HD & driving. A guide for parents of teens with AD/HD.* Whitefish, MT: CHAAD. Also retrieved from www.whitefishconsultants.com

Specter, M. (2009). *Denialism: How irrational thinking hinders scientific progress, harms the planet, and threatens our lives.* New York, NY: Penguin.

Spencer, T., Biederman, J., & Wilens, T. (2002). Attention-deficit/hyperactivity disorder. In S. Kutcher (Ed.), *Practical child and adolescent psychopharmacology* (pp. 230–264). New York: Cambridge University Press.

Spergel, I. A. (1995). *The youth gang problem: A community approach.* New York: Oxford University Press.

Spergel, I. A. (2007). *Reducing youth gang violence.* New York, NY: Rowman & Littlefield.

Spergel, I. A., Wa, K. M., & Sosa, R. V. (2006). The comprehensive, community-wide, gang program model: Success and failure. In J. F. Short and L. A. Hughes (Eds.), *Studying youth gangs* (pp. 203–224). Lanham, MD: AltaMira Press.

Spirito, A., & Overholser, J. C. (Eds.). (2003). *Evaluating and treating adolescent suicide attempters: From research to practice.* New York, NY: Academic Press.

Sprafkin, J., Gadow, K. D., & Adelman, R. (1992). *Television and the exceptional child: A forgotten audience.* Hillsdale, NJ: Erlbaum.

Sprague, J. R., Jolivette, K., & Nelson, C. M. (2014). Applying positive behavioral interventions and supports. In H. M. Walker & F. M. Gresham (Eds.), *Handbook of evidence-based practices for emotional and behavioral disorders: Applications in schools* (pp. 261–276). New York, NY: Guilford.

Sprick, R. S., & Howard, L. M. (1995). *The teacher's encyclopedia of behavior management.* Longmont, CO: Sopris West.

Sridhar, D., & Vaughn, S. (2001). Social functioning of students with learning disabilities. In D. P. Hallahan & B. K. Keogh (Eds), *Research and global perspectives in learning disabilities: Essays in honor of William M. Cruickshank* (pp. 65–91). Mahwah, NJ: Erlbaum.

Sroufe, L. A., Steucher, H. U., & Stutzer, W. (1973). The functional significance of autistic behaviors for the psychotic child. *Journal of Abnormal Child Psychology, 1*, 225–240.

St. George, D. (2007, June 19). Getting lost in the great indoors: Many adults worry about children losing touch with nature. *The Washington Post*, A1, A10.

St. George, D. (2011, October 18). He wants kids in class—not in court. *Washington Post*, C1, C4.

Stage, S. A., & Quiroz, D. R. (1997). A meta-analysis of interventions to decrease disruptive classroom behavior in public education settings. *School Psychology Review, 26*, 333–368.

Stark, K. D., Ostrander, R., Kurowski, C. A., Swearer, S., & Bowen, B. (1995). Affective and mood disorders. In M. Hersen & R. T. Ammerman (Eds.), *Advanced abnormal child psychology* (pp. 253–282). Hillsdale, NJ: Erlbaum.

Stayer, C., Sporn, A., Gogtay, N., Tossell, J., Lenane, M., Gochman, P., & Rapoport, J. L. (2004). Looking for childhood schizophrenia: Case series of false positives. *Journal of the American Academy of Child and Adolescent Psychiatry, 43*, 1026–1029.

Steege, M. W., & Brown-Chidsey, R. (2005). Functional behavioral assessment: The cornerstone of effective problem solving.

In R. Brown-Chidsey (Ed.), *Assessment for intervention: A problem solving approach* (pp. 131–154). New York: Guilford.

Steele, R. G., Forehand, R., Armistead, L., & Brody, G. (1995). Predicting alcohol and drug use in early adulthood: The role of internalizing and externalizing behavior problems in early adolescence. *American Journal of Orthopsychiatry, 65*, 380–388.

Steinberg, L., & Avenevoli, S. (1998). Disengagement from school and problem behavior in adolescence: A developmental–contextual analysis of the influences of family and part-time work. In R. Jessor (Ed.), *New perspectives on adolescent risk behavior* (pp. 392–424). New York: Cambridge University Press.

Steiner, H. (1997). Practice parameters for the assessment and treatment of children and adolescents with conduct disorder. *Journal of the American Academy of Child and Adolescent Psychiatry, Supplement, 36*(10), 122S–139S.

Sternberg, R. J., & Grigorenko, E. L. (2002). Difference scores in the identification of children with learning disabilities: It's time to use a different method. *Journal of School Psychology, 40*, 65–83.

Stetter, G. M. T. (1995). *The effects of pre-correction on cafeteria behavior.* Unpublished manuscript, University of Virginia, Charlottesville.

Stevenson-Hinde, J., & Shouldice, A. (1995). 4.5 to 7 years: Fearful behaviour, fears and worries. *Journal of Child Psychology and Psychiatry, 36*, 1027–1038.

Stichter, J. P., Conroy, M. A., & Kauffman, J. M. (2008). *An introduction to students with high-incidence disabilities.* Upper Saddle River, NJ: Merrill/Prentice Hall.

Stokes, T. F., & Osnes, P. G. (1991). Honesty, lying, and cheating: Their elaboration and management. In G. Stoner, M. R. Shinn, & H. M. Walker (Eds.), *Interventions for achievement and behavior problems* (pp. 617–631). Silver Spring, MD: National Association of School Psychologists.

Stouthamer-Loeber, M., & Loeber, R. (1986). Boys who lie. *Journal of Abnormal Child Psychology, 14*, 551–564.

Strain, P. S., Odom, S. L., & McConnell, S. (1984). Promoting social reciprocity of exceptional children: Identification, target behavior selection, and intervention. *Remedial and Special Education, 5*(1), 21–28.

Strain, P. S., & Timm, M. A. (2001). Remediation and prevention of aggression: An evaluation of the Regional Intervention Program over a quarter century. *Behavioral Disorders, 26*, 297–313.

Strand, P. S., Barnes-Holmes, Y., & Barnes-Holmes, D. (2003). Educating the whole child: Implications of behaviorism as a science of meaning. *Behavioral Education, 12*, 103–117.

Stribling, F. T. (1842). Physician and superintendent's report. In *Annual Reports to the Court of Directors of the Western Lunatic Asylum to the Legislature of Virginia* (pp. 1–70). Richmond, VA: Shepherd & Conlin.

Striegel-Moore, R. H., Dohm, F. A., Kraemer, H. C., Taylor, C. B., Daniels, S., Crawford, P. B., et al. (2003). Eating disorders in white and black women. *American Journal of Psychiatry, 160*, 1326–1331.

Stubblefield, A. (2011). Sound and fury: When opposition to facilitated communication functions as hate speech. *Disability Studies Quarterly, 31*(4), accessed November 1, 2011 at http://dsq-sds.org/article/view/1729/1777.

Sturmey, P. (2007). Psychosocial and mental status assessment. In J. W. Jacobson, J. A. Mulick, & J. Rojahn (Eds.), *Handbook of intellectual and developmental disabilities* (pp. 295–315). New York, NY: Springer.

Substance Abuse and Mental Health Services Administration. (2010). *Results from the 2009 National Survey on Drug Use and Health: Volume I. Summary of National Findings.* Office of Applied Studies, NSDUH Series H-38A, HHS Publication No. SMA 10-4856Findings. Rockville, MD.

Sugai, G., & Colvin, G. (1997). Debriefing: A transition step for promoting acceptable behavior. *Education and Treatment of Children, 20*, 209–221.

Sugai, G., & Horner, R. (2006). A promising approach for expanding and sustaining school-wide positive behavior support. *School Psychology Review, 35*, 245–259.

Sugai, G., Horner, R. H., & Gresham, F. M. (2002). Behaviorally effective school environments. In M. R. Shinn, H. Walker, & G. Stoner (Eds.), *Interventions for achievement and behavior problems II: Preventative and remedial approaches* (pp. 315–350). Bethesda, MD: National Association of School Psychologists.

Sugai, G., Horner, R. H., & Sprague, J. R. (1999). Functional assessment-based behavior support planning: Research to practice. *Behavioral Disorders, 24*, 253–257.

Sugai, G., & Lewis, T. J. (2004). Social skills instruction in the classroom. In C. B. Darch & E. J. Kame'enui (Eds.), *Instructional classroom management: A positive approach to behavior management* (2nd ed., pp. 152–173). White Plains, NY: Longman.

Suhay, L. (2007, June 16). Va. Tech lesson: What families need to help. *Washington Post*, A15.

Sukhodolsky, D. G., & Butter, E. M. (2007). Social skills training for children with intellectual disabilities. In J. W. Jacobson, J. A. Mulick, & J. Rojahn (Eds.), *Handbook of intellectual and developmental disabilities* (pp. 601–618). New York: Springer.

Sutherland, K. S., & Conroy, M. (2010). Preventing problem behavior in young children: The role of teacher-child interactions. In H. Ricking & G. C. Schulze (Eds.), *Förderbedarf in der emotionalen und sozialen Entwicklung: Prävention, Interdisziplinarität, und Professionalisierung* (pp. 189–197). Bad Heilbrunn, Germany: Klinkhardt.

Sutphen, R. D., Ford, J. P., & Flaherty, C. (2010). Truancy interventions: A review of the research literature. *Research on Social Work Practice, 20*, 161–171.

Swan, A. J., Cummings, C. M., Caporino, N. E., & Kendall, P. C. (2014). Evidence-based intervention approaches for students with anxiety and related disorders. In H. M. Walker & F. M. Gresham (Eds.), *Handbook of evidence-based practices for emotional and behavioral disorders: Applications in schools* (pp. 324–344). New York, NY: Guilford.

Sweeney, D. P., & Hoffman, C. D. (2004). Research issues in autism spectrum disorders. In R. B. Rutherford, M. M. Quinn,

& S. R. Mathur (Eds.). *Handbook of research in emotional and behavioral disorders* (pp. 302–318). New York: Guilford.

Talbott, E., & Callahan, K. (1997). Antisocial girls and the development of disruptive behavior disorders. In J. W. Lloyd, E. J. Kame'enui, & D. Chard (Eds.), *Issues in educating students with disabilities* (pp. 305–322). Mahwah, NJ: Erlbaum.

Talbott, E., Celinska, D., Simpson, J., & Coe, M. G. (2002). "Somebody else making somebody else fight": Aggression and the social context among urban adolescent girls. *Exceptionality, 10*, 203–220.

Talbott, E., & Thiede, K. (1999). Pathways to antisocial behavior among adolescent girls. *Journal of Emotional and Behavioral Disorders, 7*, 31–39.

Tankersley, M., & Landrum, T. J. (1997). Comorbidity of emotional and behavioral disorders. In J. W. Lloyd, E. J. Kame'enui, & D. Chard (Eds.), *Issues in educating students with disabilities* (pp. 153–173). Mahwah, NJ: Erlbaum.

Tankersley, M., Landrum, T. J., & Cook, B. G. (2004). How research informs practice in the field of emotional and behavioral disorders. In R. B. Rutherford, M. M. Quinn, & S. R. Mathur (Eds.), *Handbook of research in emotional and behavioral disorders* (pp. 98–114). New York, NY: Guilford.

Tanner, E. M., & Finn-Stevenson, M. (2002). Nutrition and brain development: Social policy implications. *American Journal of Orthopsychiatry, 72*, 182–193.

Tapp, J., Wehby, J., & Ellis, D. (1995). A multiple option observation system for experimental studies: MOOSES. *Behavior Research Methods, Instruments, & Computers, 27*(1), 25–31.

Tapscott, M., Frick, P. J., Wootton, J. M., & Kruh, I. (1996). The intergenerational link to antisocial behavior: Effects of paternal contact. *Journal of Child and Family Studies, 5*, 229–240.

Tattum, D. P., & Lane, D. A. (Eds.). (1989). *Bullying in schools*. Stoke-on-Trent, England: Trentham.

Tavris, Carol (2003). The widening scientist-practitioner gap: A view from the bridge. In S. O. Lilienfeld, J. M. Lohr, & S. J. Lynn (Eds.), *Science and pseudoscience in contemporary clinical psychology*. New York: Guilford Press.

Taylor, C. A., Manganello, J. A., Lee, S. J., & Rice, J. C. (2010). Mothers' spanking of 3-year-old children and subsequent risk of children's aggressive behavior. *Pediatrics, 125*, 1057–1065.

Taylor, P. D., & Turner, R. K. (1975). A clinical trial of continuous, intermittent, and overlearning "bell and pad" treatments for nocturnal enuresis. *Behaviour Research and Therapy, 13*, 281–293.

Taylor, R. L. (2006). *Assessment of exceptional students: Educational and psychological procedures* (7th ed.). Boston: Allyn & Bacon.

Taylor, R. L. (2009). *Assessment of exceptional students: Educational and psychological procedures* (8th ed.). Upper Saddle River, NJ: Pearson.

Taylor-Richardson, K. D., Heflinger, C. A., & Brown, T. N. (2006). Experience of strain among different types of caregivers responsible for children with serious emotional and behavioral disorders. *Journal of Emotional and Behavioral Disorders, 14*, 157–168.

Terr, L. C. (1995). Childhood traumas: An outline and overview. In G. S. Everly & J. M. Lating (Eds.), *Psychotraumatology: Key papers and core concepts in post-traumatic stress* (pp. 301–320). New York: Plenum.

Thomas, A., & Chess, S. (1984). Genesis and evolution of behavioral disorders: From infancy to early adult life. *American Journal of Psychiatry, 141*, 1–9.

Thomas, A., Chess, S., & Birch, H. G. (1968). *Temperament and behavior disorders in children*. New York, NY: New York University Press.

Thompson, R. A., & Wilcox, B. L. (1995). Child maltreatment research: Federal support and policy issues. *American Psychologist, 50*, 789–793.

Thompson, S. J., & Thurlow, M. L. (2001). Participation of students with disabilities in statewide assessment systems. *Assessment for Effective Intervention, 26*(2), 5–8.

Thompson, S. J., Thurlow, M. L., Esler, A., & Whetstone, P. J. (2001). Addressing standards and assessments on the IEP. *Assessment for Effective Intervention, 26*(2), 77–84.

Thunfors, P., & Cornell, D. (2008). The popularity of middle school bullies. *Journal of School Violence, 7*, 65–82.

Thurlow, M. L., & Quenemoen, R. F. (2017). Standards-based reform and students with disabilities. In J. M. Kauffman, D. P. Hallahan, & P. C. Pullen (Eds.), *Handbook of special education* (2nd ed.). New York: Taylor & Francis.

Tobin, T. J., & Sugai, G. M. (1999). Using sixth-grade school records to predict school violence, chronic discipline problems, and high school outcomes. *Journal of Emotional and Behavioral Disorders, 7*, 40–53.

Tolan, P. H. (1987). Implications of age of onset for delinquency risk. *Journal of Abnormal Child Psychology, 15*, 47–65.

Tolan, P. H., & Thomas, P. (1995). The implications of age of onset for delinquency risk. II: Longitudinal data. *Journal of Abnormal Child Psychology, 23*, 157–181.

Torres, J. B., Solberg, V. S. H., & Carlstrom, A. M. (2002). The myth of sameness among Latino men and their machismo. *American Journal of Orthopsychiatry, 72*, 163–81.

Tournaki, N., & Criscitiello, E. (2003). Using peer tutoring as a successful part of behavior management. *Teaching Exceptional Children, 36*(2), 22–29.

Treasure, J., Claudino, A. M., & Zucker, N. (2010). Eating disorders. *The Lancet, 375*, 583–593.

Trenholm, C., Devaney, B., Fortson, K., Quay, L., Wheeler, J., & Clark, M. (2007). *Impacts of Four Title V, Section 510 Abstinence Education Programs: Final Report*. Trenton, NJ: Mathematica Policy Research.

Trout, A., Epstein, M. H., Mickelson, W. T., Nelson, J. R., & Lewis, L. M. (2003). Effects of a reading intervention for kindergarten students at-risk of emotional disturbance and reading deficits. *Behavioral Disorders, 28*, 313–321.

Trout, A. L., Nordness, P. D., Pierce, C. D., & Epstein, M. H. (2003). Research on the academic status of children and youth with emotional and behavioral disorders: A review of the literature from 1961–2000. *Journal of Emotional and Behavioral Disorders, 11*, 198–210.

Turner, S. M., Beidel, D. C., Roberson-Nay, R., & Tervo, K. (2003). Parenting behaviors in parents with anxiety disorders. *Behaviour Research and Therapy, 41*, 541–554.

Udry, F. R., & Bearman, P. S. (1998). New methods for new research on adolescent sexual behavior. In R. Jessor (Ed.), *New perspectives on adolescent risk behavior* (pp. 242–269). New York: Cambridge University Press.

Umbreit, M. S., Greenwood, J., & Coates, R. (2000). *Restorative justice and mediation series.* Washington, D.C.: U.S. Department of Justice, Office for Victims of Crime.

Ungar, M. (2011). The social ecology of resilience: Addressing contextual and cultural ambiguity of a nascent construct. *American Journal of Orthopsychiatry, 81*, 1–17.

Unruh, D., & Bullis, M. (2005). Female and male juvenile offenders with disabilities: Differences in the barriers to their transition to the community. *Behavioral Disorders, 30*, 105–117.

Unruh, D. K., & Murray, C. J. (2014). Improving the transition outcomes for students with emotional and behavioral disorders. In H. M. Walker & F. M. Gresham (Eds.), *Handbook of evidence-based practices for emotional and behavioral disorders: Applications in schools* (pp. 410–431). New York, NY: Guilford.

Upadhyaya, H. P., Brady, K. T., Wharton, M., & Liao, J. (2003). Psychiatric disorders and cigarette smoking among child and adolescent psychiatry inpatients. *American Journal of Addictions, 12*, 144–152.

Urbach, B. J., Reynolds, K. M., & Yacoubian, G. S., Jr. (2002). Exploring the relationship between race and ecstasy involvement among a sample of arrestees. *Journal of Ethnicity in Substance Abuse, 1*, 49–61.

U. S. Department of Education. (2009). 28th Annual report to Congress on the implementation of the *Individuals with Disabilities Education Act, 2006.* Washington, DC: Author.

U.S. Department of Health and Human Services. (2001). *Report of the Surgeon General's conference on children's mental health: A national action agenda.* Washington, DC: Author.

U.S. Department of Health and Human Services, Administration for Children and Families, Administration on Children, Youth and Families, Children's Bureau (2015). *Child maltreatment 2013.* Available from http://www.acf.hhs.gov/programs/cb/research-data-technology/statistics-research/child-maltre.

Vance, T. D. (2016). *Hillbilly elegy: A memoir of a family and culture in crisis.* New York, NY: HarperCollins.

van Lier, P. A. C., Vitaro, F., Barker, E. D., Koot, H. M., & Tremblay, R. E. (2009). Developmental links between trajectories of physical violence, vandalism, theft, and alcohol-drug use from childhood to adolescence. *Journal of Abnormal Child Psychology, 37*, 481–492.

Vasquez, J. A. (1998, Winter). Dinstinctive traits of Hispanic students. *Prevention Researcher*, pp. 1–4.

Vaughn, M. G., Fu, Q., DeLisi, M., Wright, J. P., Beaver, K. M., Perron, B. E., & Howard, M. O. (2010). Prevalence and correlates of fire-setting in the United States: Results from the National Epidemiological Survey on Alcohol and Related Conditions. *Comprehensive Psychiatry, 51*, 217–223.

Vaughn, S., Kim, A., Sloan, C. V. M., Hughes, M. T., Elbaum, B., & Sridhar, D. (2003). Social skills interventions for young children with disabilities. *Remedial and Special Education, 24*, 2–15.

Vermeiren, R., Schwab-Stone, M., Ruchkin, V., De Clippele, A., & Deboutte, D. (2002). Predicting recidivism in delinquent adolescents from psychological and psychiatric assessment. *Comprehensive Psychiatry, 43*, 142–149.

Viana, A. G., Beidel, D. C., & Rabian, B. (2009). Selective mutism: A review and integration of the last 15 years. *Clinical Psychology Review, 29*, 59–67.

Vivian, D., Fischel, J. E., & Liebert, R. M. (1986). Effect of "wet nights" on daytime behavior during concurrent treatment of enuresis and conduct problems. *Journal of Behavior Therapy and Experimental Psychiatry, 17*, 301–303.

Volpe, R. J., & Briesch, A. M. (2012). Generalizability and dependability of single-item and multiple-item direct behavior rating scales for engagement and disruptive behavior. *School Psychology Review, 41*(3), 246.

Volz, C., & Heyman, I. (2007). Case series: Transformation obsession in young people with obsessive-compulsive disorder. *Journal of the Academy of Child and Adolescent Psychiatry, 46*, 766–772.

Von Ranson, K. M., & Wallace, L. M. (2014). Eating disorders. In E. J. Mash & R. A. Barkley (Eds.). *Child psychopathology* (2nd ed., pp. 801–847). New York, NY: Guilford.

Wagner, M., Friend, M., Bursuck, W. D., Kutash, K., Duchnowski, A. J., Sumi, W. C., et al. (2006). Educating students with emotional disturbances: A national perspective on school programs and services. *Journal of Emotional and Behavioral Disorders, 13*(2), 79–96.

Waldman, I. D., & Lillenfeld, S. O. (1995). Diagnosis and classification. In M. Hersen & R. T. Ammerman (Eds.), *Advanced abnormal child psychology* (pp. 21–36). Hillsdale, NJ: Erlbaum.

Walker, H. M. (1986). The Assessment for Integration into Mainstream Settings (AIMS) assessment system: Rationale, instruments, procedures, and outcomes. *Journal of Clinical Child Psychology, 15*, 55–63.

Walker, H. M. (1995). *The acting-out child: Coping with classroom disruption* (2nd ed.). Longmont, CO: Sopris West.

Walker, H. M. (2003, February 20). *Comments on accepting the Outstanding Leadership Award from the Midwest Symposium for Leadership in Behavior Disorders.* Kansas City, KS: Author.

Walker, H. M., Block-Pedego, A., Todis, B., & Severson, H. (1991). *School Archival Records Search (SARS).* Longmont, CO: Sopris West.

Walker, H. M., Forness, S. R., Kauffman, J. M., Epstein, M. H., Gresham, F. M., Nelson, C. M., & Strain, P. S. (1998). Macrosocial validation: Referencing outcomes in behavioral disorders to societal issues and problems. *Behavioral Disorders, 24*, 7–18.

Walker, H. M., & Gresham, F. M. (Eds.). (2014). *Handbook of evidence-based practices for emotional and behavioral disorders: Applications in schools.* New York, NY: Guilford.

Walker, H. M., Kavanagh, K., Stiller, B., Golly, A., Severson, H., & Feil, E. G. (1998). First Step to Success: An early intervention approach for preventing school antisocial behavior. *Journal of Emotional and Behavioral Disorders, 6,* 66–80.

Walker, H. M., & McConnell, S. (1988). *The Walker–McConnell Scale of Social Competence and School Adjustment: A social skills rating scale for teachers.* Austin, TX: Pro-Ed.

Walker, H. M., McConnell, S., Holmes, D., Todis, B., Walker, J., & Golden, N. (1983). *The Walker social skills curriculum: The ACCEPTS program.* Austin, TX: Pro-Ed.

Walker, H. M., Nishioka, V. M., Zeller, R., Severson, H. H., & Feil, E. G. (2000). Causal factors and potential solutions for the persistent under-identification of students having emotional or behavioral disorders in the context of schooling. *Assessment for Effective Intervention, 26*(1), 29–39.

Walker, H. M., Ramsey, E., & Gresham, F. M. (2004). *Antisocial behavior in school: Strategies and best practices* (2nd ed.). Pacific Grove, CA: Brooks/Cole.

Walker, H. M., & Rankin, R. (1983). Assessing the behavioral expectations and demands of less restrictive settings. *School Psychology Review, 12,* 274–284.

Walker, H. M., Schwarz, I. E., Nippold, M. A., Irvin, L. K., & Noell, J. W. (1994). Social skills in school-age children and youth: Issues and best practices in assessment and intervention. *Topics in Language Disorders, 14*(3), 70–82.

Walker, H. M., & Severson, H. H. (1990). *Systematic Screening for Behavior Disorders (SSBD): A multiple gating procedure.* Longmont, CO: Sopris West.

Walker, H. M., Severson, H. H., & Feil, E. G. (1994). *The Early Screening Project: A proven child-find process.* Longmont, CO: Sopris West.

Walker, H. M., Severson, H. H., & Feil, E. G. (2014). *Systematic screening for behavior disorders (SSBD)* (2nd ed.). Eugene, OR: Pacific Northwest Publishing.

Walker, H. M., Severson, H. H., Naquin, G., D'Atrio, C., Feil, E., Hawken, L., & Sabey, C. (2010). Implementing universal screening systems within an RtI/PBS context (pp. 96–120). In B. Doll, W. Pfohl, & J. Yoon (Eds.), *Handbook of youth prevention science.* New York, NY: Routledge.

Walker, H. M., Severson, H. H., Nicholson, F., Kehle, T., Jenson, W. R., & Clark, E. (1994). Replication of the Systematic Screening for Behavior Disorders (SSBD) procedure for the identification of at-risk children. *Journal of Emotional and Behavioral Disorders, 2,* 66–77.

Walker, H. M., Severson, H. H., Seeley, J. R., Feil, E. G., Small, J., Golly, A. M., … Forness, S. R. (2014). The evidence base of the First Step Intervention for preventing emerging antisocial behavior patterns. In H. M. Walker & F. M. Gresham (Eds.), *Handbook of evidence-based practices for emotional and behavioral disorders: Applications in schools* (pp. 518–533). New York, NY: Guilford.

Walker, H. M., Severson, H., Stiller, B., Williams, G., Haring, N., Shinn, M., & Todis, B. (1988). Systematic screening of pupils in the elementary age range at risk for behavior disorders: Development and trial testing of a multiple gating model. *Remedial and Special Education, 9*(3), 8–20.

Walker, H. M., & Shinn, M. R. (2002). Structuring school-based interventions to achieve integrated primary, secondary and tertiary prevention goals for safe and effective schools. In M. R. Shinn, H. M. Walker, & G. Stoner (Eds.), *Interventions for academic and behavior problems II: Preventive and remedial approaches* (pp. 1–26). Bethesda, MD: National Association of School Psychologists.

Walker, H. M., Shinn, M. R., O'Neill, R. E., & Ramsey, E. (1987). A longitudinal assessment of the development of antisocial behavior in boys: Rationale, methodology, and first year results. *Remedial and Special Education, 8*(4), 7–16.

Walker, H. M., & Sprague, J. R. (1999). The path to school failure, delinquency, and violence: Causal factors and some potential solutions. *Interventions in School and Clinic, 35,* 67–73.

Walker, H. M., & Sprague, J. R. (2007). Early, evidence-based intervention with school-based behavior disorders: Key issues, continuing challenges, and promising practices. In J. B. Crockett, M. M. Gerber, & T. J. Landrum (Eds.), *Achieving the radical reform of special education: Essays in honor of James M. Kauffman* (pp. 37–58). Mahwah, NJ: Erlbaum.

Walker, H. M., Yell, M. L., & Murray, C. M. (2014). Identifying EBD students in the context of schooling using the Federal ED definition: Where we've been, and where we need to go. In P. Garner, J. M. Kauffman, & J. G. Elliott (Eds.), *The Sage handbook of emotional and behavioral difficulties* (2nd ed.) (pp. 55–68). London, U.K.: Sage.

Walker, H. M., Zeller, R. W., Close, D. W., Webber, J., & Gresham, F. (1999). The present unwrapped: Change and challenge in the field of behavior disorders. *Behavioral Disorders, 24,* 293–304.

Walkup, J. T. (2002). Tic disorders and Tourette's syndrome. In S. Kutcher (Ed.), *Practical child and adolescent psychopharmacology* (pp. 382–409). New York, NY: Cambridge University Press.

Wallerstein, J. S. (1987). Children of divorce: Report of a ten-year follow-up of early latency-age children. *American Journal of Orthopsychiatry, 57,* 199–211.

Wang, P. S., Berglund, P., Olfson, M., Pincus, H. A., Wells, K. B., & Kessler, R. C. (2005). Failure and delay in initial treatment contact after first onset of mental disorders in the national comorbidity survey replication. *Archives of General Psychiatry, 62,* 603–613.

Wang, P. S., Lane, M., Olfson, M., Pincus, H. A., Wells, K. B., & Kessler, R. C. (2005). Twelve-month use of mental health services in the United States. *Archives of General Psychiatry, 62,* 629–640.

Wang, S. (2007, July 24). Shock value. *The Washington Post,* F1, F5.

Warner, J. (2010). *We've got issues: Children and parents in the age of medication.* New York, NY: Riverhead Books.

Warren, J. S., Edmonson, H. M., Griggs, P., Lassen, S. R., McCart, A., Turnbull, A., & Sailor, W. (2003). Urban applications of school-wide positive behavior support: Critical issues and lessons learned. *Journal of Positive Behavior Interventions, 5,* 80–91.

Waslick, B. D., Kandel, R., & Kakouros, A. (2002). Depression in children and adolescents. In D. Shaffer, & B. D. Waslick, (Eds.), *The many faces of depression in children and adolescents* (pp. 1–36). Washington, D.C.: American Psychiatric Publishing.

Wasserstein, J., Wolf, L. E., & Lefever, F. F. (Eds.). (2001). *Adult attention deficit disorder: Brain mechanisms and life outcomes*. New York: New York Academy of Sciences.

Webb, M. W., II. (1983). A scale for evaluating standardized reading tests, with results for *Nelson-Denny, Iowa*, and *Stanford*. *Journal of Reading, 26*(5), 424–429.

Webber, J., & Scheuermann, B. (1991). Accentuate the positive. Eliminate the negative. *Teaching Exceptional Children, 24,* 13–19.

Webster-Stratton, C., & Dahl, R. W. (1995). Conduct disorder. In M. Hersen & R. T. Ammerman (Eds.), *Advanced abnormal child psychology* (pp. 333–352). Hillsdale, NJ: Erlbaum.

Wehby, J. H., & Lane, K. L. (Eds.). (2003). Special series: Academic status of children with emotional disturbance. *Journal of Emotional and Behavioral Disorders, 11*(4), Whole issue.

Wehby, J. H., Symons, F. J., & Canale, J. A. (1998). Teaching practices in classrooms for students with emotional and behavioral disorders: Discrepancies between recommendations and observations. *Behavioral Disorders, 24,* 51–56.

Wehmeyer, M. L. (2001). Assessment in self-determination: Guiding instruction and transition planning. *Assessment for Effective Intervention, 26*(4), 41–49.

Weiner, J. (1999). *Time, love, memory: A great biologist and his quest for the origins of behavior*. New York, NY: Knopf.

Weiss, R. (1995, June 13). Gene studies fuel the nature-nurture debate. *The Washington Post (Health section)*, pp. 11, 13.

Weiss, R. (1996, January 9). The perfect fat pill is still a long weigh off: As discoveries mount, so does evidence of the body's complexity. *The Washington Post (Health section)*, p. 11.

Wentzel, K. R., & Asher, S. R. (1995). The academic lives of neglected, rejected, and controversial children. *Child Development, 66,* 754–763.

Werner, E. E. (1999). Risk and protective factors in the lives of children with high-incidence disabilities. In R. Gallimore, L. P. Bernheimer, D. L. MacMillan, D. L. Speece, & S. Vaughn (Eds.), *Developmental perspectives on children with high-incidence disabilities* (pp. 15–31). Mahwah, NJ: Erlbaum.

Werry, J. S. (1986a). Biological factors. In H. C. Quay & J. S. Werry (Eds.), *Psychopathological disorders of childhood* (3rd ed., pp. 294–331). New York: Wiley.

Werry, J. S. (1986b). Organic and substance use disorders. In H. C. Quay & J. S. Werry (Eds.), *Psychopathological disorders of childhood* (3rd ed., pp. 211–230). New York: Wiley.

Werry, J. S. (1986c). Physical illness, symptoms and allied disorders. In H. C. Quay & J. S. Werry (Eds.), *Psychopathological disorders of childhood* (3rd ed., pp. 232–293). New York: Wiley.

West, B. A., Swahn, M. H., & McCarty, F. (2010). Children at risk for suicide attempt and attempt-related injuries: Findings from the 2007 Youth Risk Behavior Survey. *Western Journal of Emergency Medicine, 11,* 257–263.

Weyandt, L. L. (2007). *An ADHD primer* (2nd ed.). Mahwah, NJ: Erlbaum.

Whalen, C. K. (1983). Hyperactivity, learning problems, and the attention deficit disorders. In T. H. Ollendick & M. Hersen (Eds.), *Handbook of child psychopathology* (pp. 151–199). New York, NY: Plenum.

Whalen, C. K., & Henker, B. (1991). Social impact of stimulant treatment for hyperactive children. *Journal of Learning Disabilities, 24,* 231–241.

Wheeler, J. J., & Mayton, M. R. (2014). The integrity of interventions in social emotional skill development for students with emotional and behavioral disorders. In P. Garner, J. M. Kauffman, & J. G. Elliott (Eds.), *The Sage handbook of emotional and behavioral difficulties* (2nd ed.) (pp. 385–398). London, U.K.: Sage.

Whelan, R. J. (1999). Historical perspective. In L. M. Bullock & R. A. Gable (Eds.), *Educating students with emotional and behavioral disorders: Historical perspective and future directions* (pp. 3–36). Reston, VA: Council for Children with Behavioral Disorders.

Whelan, R. J. (Ed.). (1998). *Emotional and behavioral disorders: A 25-year focus*. Denver, CO: Love.

White, K. K. (2006). Restorative justice programming. In B. Sims & P. Preston (Eds.), *Handbook of juvenile justice: Theory and practice* (pp. 509–520). Boca Raton, FL: Taylor & Francis.

Whitlock, J. (2010) Self-injurious behavior in adolescents. *PLoS Med 7*(5): e1000240. doi:10.1371/journal.pmed.1000240.

Wickman, E. K. (1929). *Children's behavior and teachers' attitudes*. New York: Commonwealth Fund, Division of Publications.

Wilcox, B. (Ed.). (2010). *When marriage disappears*. Charlottesville, VA: National Marriage Project and the Institute for American Values.

Wilens, T. E., Biederman, J., & Spencer, T. J. (2002). Attention deficit/hyperactivity disorder across the lifespan. *Annual Review of Medicine, 53,* 113–131.

Wiley, A. L. (2015). Place values: What moral psychology can tell us about the full inclusion debate in special education. In B. D. Bateman, J. W. Lloyd, & M. Tankersley (Eds.), *Enduring issues in special education: Personal perspectives* (pp. 232–250). New York, NY: Routledge.

Wiley, A L., Brigham, F. J., Kauffman, J. M., & Bogan, J. E. (2013). Disproportionate poverty, conservatism, and the disproportionate identification of minority students with emotional and behavioral disorders. *Education and Treatment of Children, 36*(4), 29–50.

Wiley, A. L., Kauffman, J. M., & Plageman, K. (2015). Conservatism and the under-identification of students with emotional and behavioral disorders in special education. *Exceptionality, 22,* 237–251.

Wiley, A. L., & Siperstein, G. N. (2011). Seeing red, feeling blue: The impact of state political leaning on state identification rates for emotional disturbance. *Behavioral Disorders, 36,* 195–207.

Williams, K. E., & Foxx, R. M. (2016). The gluten-free, casein-free diet. In R. M. Foxx & J. A. Mulick (Eds.), *Controversial therapies for autism and intellectual disabilities: Fad, fashion, and science in professional practice* (2nd ed.) (pp. 410–421). New York, NY: Taylor & Francis.

Williams, R. L. M. (1985). Children's stealing: A review of theft-control procedures for parents and teachers. *Remedial and Special Education, 6*(2), 17–23.

Williams, T. C. (2007, May 28). Black culture beyond hip-hop. *The Washington Post*, A17.

Willingham, D. T. (2004, Summer). Reframing the mind. *Education Next*. Retrieved December 20, 2007, from http://www.hoover.org/publications/ednext/3398131.html.

Willingham, D. T. (2009). *Why don't students like school? A cognitive scientist answers questions about how the mind works and what it means for your classroom.* San Francisco, CA: Jossey-Bass.

Wilson, E. O. (1998). *Consilience: The unity of knowledge.* New York: Vintage.

Wilson, G. T., Becker, C. B., & Heffernan, K. (2003). Eating disorders. In E. J. Mash & R. A. Barkley (Eds.). *Child psychopathology* (2nd ed., pp. 687–715). New York, NY: Guilford.

Witt, J. C., VanDeHeyden, A. M., & Gilbertson, D. (2004). Instruction and classroom management: Prevention and intervention research. In R. B. Rutherford, M. M. Quinn, & S. R. Mathur (Eds.), *Handbook of research in emotional and behavioral disorders* (pp. 426–445). New York, NY: Guilford.

Wodarski, J. S., & Feit, M. D. (1995). *Adolescent substance abuse: An empirical-based group preventive health paradigm.* New York: Haworth.

Wolfe, V. V. (1998). Child sexual abuse. In E. J. Mash & R. A. Barkley (Eds.), *Treatment of childhood disorders* (2nd ed., pp. 545–597). New York: Guilford.

Wong, B. Y. L., & Donahue, M. (Eds.). (2002). *The social dimensions of learning disabilities: Essays in honor of Tanis Bryan.* Mahwah, NJ: Erlbaum.

Wooden, W. S., & Berkey, M. L. (1984). *Children and arson: America's middle class nightmare.* New York: Plenum.

Woodruff-Borden, J., & Leyfer, O. T. (2006). Anxiety and fear. In M. Hersen (Ed.), *Cinician's handbook of child behavioral assessment* (pp. 267–290). Burlington, MA: Elsevier Academic Press.

Xie, H., Cairns, R. B., & Cairns, B. D. (1999). Social networks and social configurations in inner-city schools: Aggression, popularity, and implications for students with EBD. *Journal of Emotional and Behavioral Disorders, 7*, 147–155.

Yacoubian, G. S. (2003). Correlates of ecstasy use among students surveyed through the 1997 College Alcohol Study. *Journal of Drug Education, 33*, 61–69.

Yamamoto, J., Silva, J. A., Ferrari, M., & Nukariya, K. (1997). Culture and psychopathology. In G. Johnson-Powell, J. Yamamoto, G. E. Wyatt, & W. Arroyo (Eds.), *Transcultural child development: Psychological assessment and treatment* (pp. 34–57). New York: Wiley.

Ybarra, M. L., Diener-West, M., Markow, D., Leaf, P. J., Hamburger, M., & Boxer, P. (2008). Linkages between internet and other media violence with seriously violent behavior by youth. *Pediatrics, 122*:5, 929–937.

Yell, M. L. (2012). *The law and special education* (3rd ed.). Upper Saddle River, NJ: Merrill/Pearson.

Yell, M. L. (2016). *The law and special education* (4th ed.). Upper Saddle River, NJ: Pearson.

Yell, M. L., Bradley, R., & Shriner, J. G. (1999). The IDEA amendments of 1997: A school-wide model for conducting functional behavioral assessments and developing behavior intervention plans. *Education and Treatment of Children, 22*, 244–266.

Yell, M. L., Crockett, J. B., Shriner, J. G., & Rozalski, M. (2017). Free appropriate public education. In J. M. Kauffman, D. P. Hallahan, & P. C. Pullen (Eds.), *Handbook of special education* (2nd ed.). New York, NY: Taylor & Francis.

Yell, M. L., & Drasgow, E. (2000). Legal requirements for assessing students with emotional and behavioral disorders. *Assessment for Effective Intervention, 26*(1), 5–17.

Yell, M. L., Gatti, S. N., & Allday, R. A. (2014). Legislation, regulation, litigation, and the delivery of support services to students with emotional and behavioral disorders in school settings. In H. M. Walker & F. M. Gresham (Eds.), *Handbook of evidence-based practices for emotional and behavioral disorders* (pp. 71–85). New York: Routledge.

Yell, M. L., Katsiyannis, A., & Bradley, M. R. (2017). The Individuals with Disabilities Education Act: The evolution of special education law. In J. M. Kauffman, D. P. Hallahan, & P. C. Pullen (Eds.), *Handbook of special education* (2nd ed.). New York: Taylor & Francis.

Yell, M. L., & Plotner, A. J. (2014). Developing educationally meaningful and legally sound individual education programs. In M. L. Yell, N. B. Meadows, E. Drasgow, & J. G. Shriner (Eds.), *Evidence-based practices for educating students with emotional and behavioral disorders* (2nd ed.) (pp. 190–214). Upper Saddle River, NJ: Pearson.

Yell, M. L., & Stecker, P. M. (2003). Developing legally correct and educationally meaningful IEPs using curriculum-based measurement. *Assessment for Effective Intervention, 28*(3/4), 73–88.

Young, E. L., Sabbah, H. Y., Young, B. J., Reiser, M. L., & Richardson, M. J. (2010). Gender differences and similarities in a screening process for emotional and behavioral risks in secondary schools. *Journal of Emotional and Behavioral Disorders, 18*, 225–235.

Youngstrom, E. A., & Algorta, G. P. (2014). Pediatric bipolar disorder. In E. J. Mash & R. A. Barkley (Eds.) *Child psychopathology* (3rd ed.) (pp. 264–316). New York, NY: Guilford.

Zabel, R. H., & Nigro, F. A. (1999). Juvenile offenders with behavioral disorders, learning disabilities, and no disabilities: Self-reports of personal, family, and school characteristics. *Behavioral Disorders, 25*, 22–40.

Zack, I. (1995, October 11). UVA forums to focus on roles of black males. *Charlottesville Daily Progress*, pp. B1–B2.

Zahn-Waxler, C., Shirtcliff, E. A., & Marceau, K. (2008). Disorders of childhood and adolescence: Gender and psychopathology. *Annual Review of Clinical Psychology, 4*, 275–303.

Zigler, E. F., & Finn-Stevenson, M. (1997). Policy efforts to enhance child and family life: Goals for 2010. In R. P. Weissberg, T. P. Gullotta, R. L. Hampton, B. A. Ryan, & G. R. Adams (Eds.), *Establishing preventive services* (pp. 27–60). Thousand Oaks, CA: Sage.

Zigmond, N. (2003). Where should students with disabilities receive special education services? Is one place better than another? *The Journal of Special Education, 37,* 193–199.

Zigmond, N. (2007). Delivering special education is a two-person job: A call for unconventional thinking. In J. B. Crockett, M. M. Gerber, & T. J. Landrum (Eds.), *Achieving the radical reform of special education: Essays in honor of James M. Kauffman* (pp. 115–137). Mahwah, NJ: Erlbaum.

Zigmond, N. (2015). Where should students with disabilities receive their education? In B. D. Bateman, J. W. Lloyd, & M. Tankersley (Eds.), *Enduring issues in special education: Personal perspectives* (pp. 198–213). New York, NY: Routledge.

Zigmond, N., & Kloo, A. (2017). General and special education are (and should be) different. In J. M. Kauffman, D. P. Hallahan, & P. C. Pullen (Eds.), *Handbook of special education* (2nd ed.). New York, NY: Taylor & Francis.

Zigmond, N., Kloo, A., & Volonino, V. (2009). What, where, and how? Special education in the climate of full inclusion. *Exceptionality, 17,* 189–204.

Zimmerman, F. J., & Chistakis, D. A. (2005). Children's television viewing and cognitive outcomes. *Archives of Pediatrics and Adolescent Medicine, 159,* 619–625.

Zirpoli, T. J., & Lloyd, J. W. (1987). Understanding and managing self-injurious behavior. *Remedial and Special Education, 8*(5), 46–57.

찾아보기

ㅊ

방명애
미국 미시간주립대학교 특수교육학 박사
우석대학교 특수교육과 교수

김은경
단국대학교 특수교육학 박사
단국대학교 특수교육과 교수

박지연
미국 캔자스대학교 특수교육학 박사
이화여자대학교 특수교육과 교수

이효신
대구대학교 특수교육학 박사
대구대학교 유아특수교육과 교수